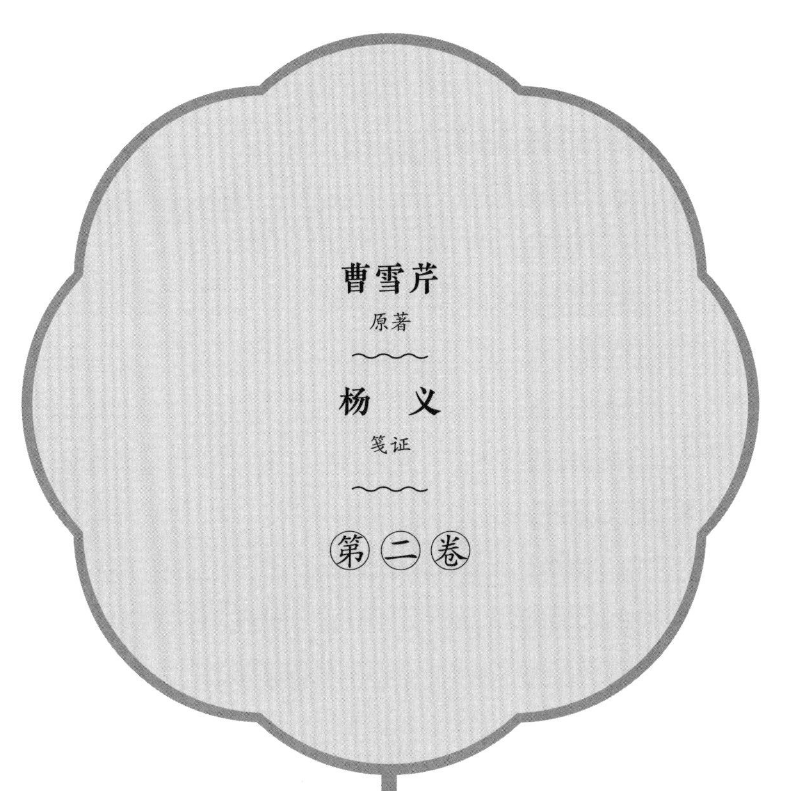

曹雪芹
原著
杨　义
笺证

第二卷

红楼梦精华笺证

文化藝術出版社
Culture and Art Publishing House

目录

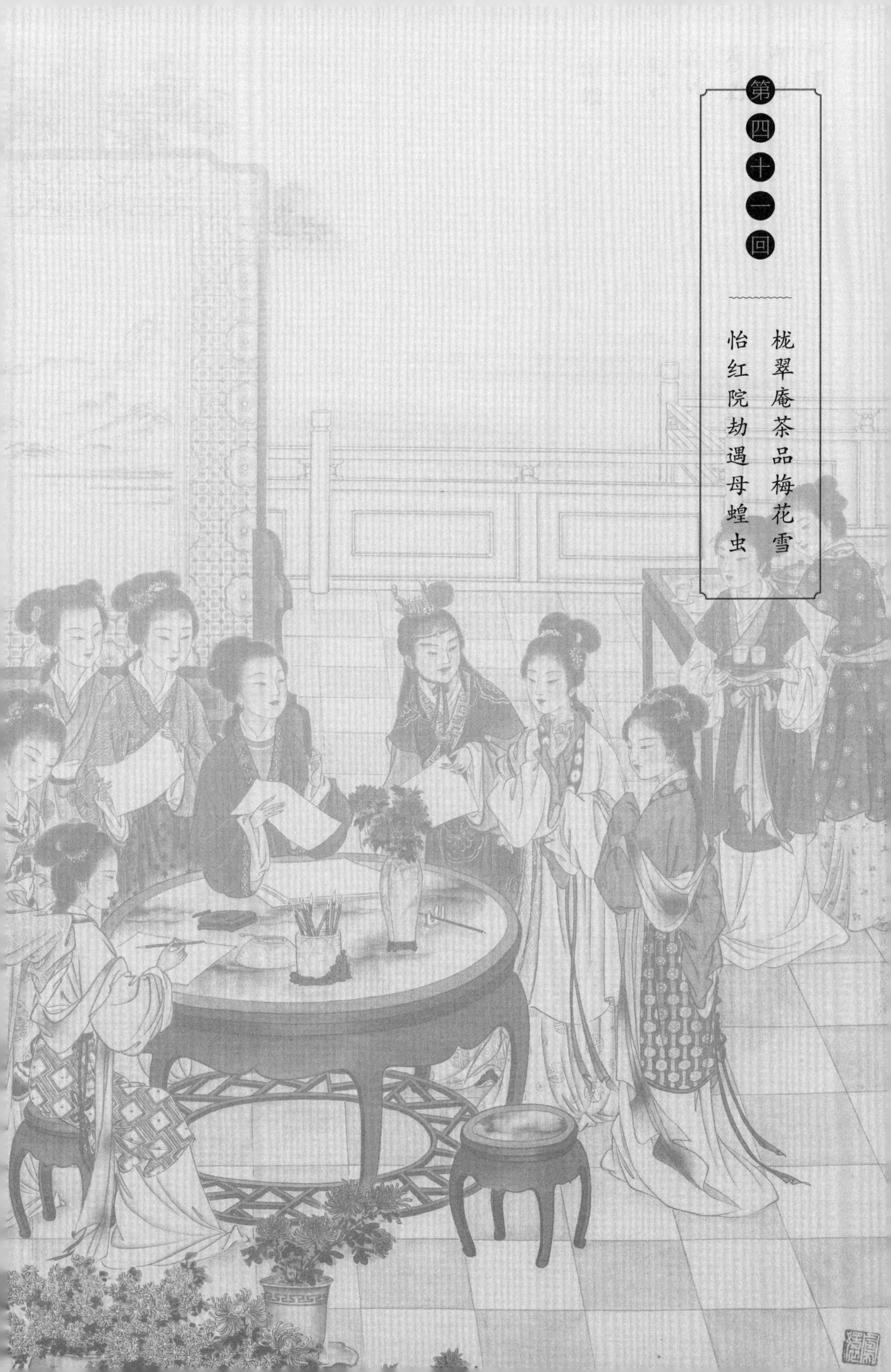

第四十一回

栊翠庵茶品梅花雪
怡红院劫遇母蝗虫

话说刘姥姥两只手比着说道："花儿落了结个大倭瓜。"众人听了哄堂大笑起来。于是吃过门杯，因又逗趣笑道："实告诉说罢，我的手脚子粗笨，又喝了酒，仔细失手打了这瓷杯。有木头的杯取个子来，我便失了手，掉了地下也无碍。"众人听了，又笑起来。凤姐儿听如此说，便忙笑道："果真要木头的，我就取了来。可有一句先说下：这木头的可比不得瓷的，他都是一套，定要吃遍一套方使得。"刘姥姥听了心下战敠道："我方才不过是趣话取笑儿，谁知他果真竟有。我时常在村庄乡绅大家也赴过席，金杯银杯倒都也见过，从来没见有木头杯之说。哦，是了，想必是小孩子们使的木碗儿，不过诓我多喝两碗。别管他，横竖这酒蜜水儿似的，多喝点子也无妨。"想毕，便说："取来再商量。"凤姐乃命丰儿："到前面里间屋，书架子上有十个竹根套杯取来。"丰儿听了，答应才然要去，鸳鸯笑道："我知道你这十个杯还小。况且你才说是木头的，这会子又拿了竹根子的来，倒不好看。不如把我们那里的黄杨根整抠的十个大套杯拿来，灌他十下子。"凤姐儿笑道："更好了。"鸳鸯果命人取来。刘姥姥一看，又惊又喜：惊的是一连十个，挨次大小分下来，那大的足似个小盆子，第十个极小的还有手里的杯子两个大；喜的是雕镂奇绝，一色山水树木人物，并有草字以及图印。因忙说道："拿了那小的来就是了，怎么这样多？"凤姐儿笑道："这个杯没有喝一个的理。我们家因没有这大量的，所以没人敢使他。姥姥既要，好容易寻了出来，必定要挨次吃一遍才使得。"刘姥姥唬的忙道："这个不敢。好姑奶奶，饶了我罢。"贾母、薛姨妈、王夫人知道他上了年纪的人，禁不起，忙笑道："说是说，笑是笑，不可多吃了，只吃这头一杯罢。"刘姥姥道："阿弥陀佛。我还是小杯吃罢。把这大杯收着，我带了家去慢慢的吃罢。"说的众人又笑起来。鸳鸯无法，只得命人满斟了一大杯，刘姥姥两手捧着喝。贾母、薛姨妈都道："慢些，不要呛了。"薛姨妈又命凤姐儿布了菜。凤姐笑道："姥姥要吃什么，说出名儿来，我搛了喂你。"刘姥姥道："我知什么名儿，样样都是好的。"贾母笑道："你把茄鲞搛些喂他。"凤姐儿听说，依言搛些茄鲞送入刘姥姥口中，因笑道："你们天天吃茄子，也尝尝我们的茄子弄的可口不可口。"刘姥姥笑道："别哄我了，茄子跑出这个味儿来了，我们也不用种粮食，只种茄子了。"众人笑道："真是茄子，我们再不哄你。"刘姥姥诧异道："真是茄子？我白吃了半日。姑奶奶再喂我些，这一口细嚼嚼。"凤姐儿果又搛了些放入口内。刘姥姥细嚼了半日，笑道："虽有一点茄子香，只是还不像是茄子。告诉我是个什么法子弄的，我也弄着吃去。"凤姐儿笑道："这也不难。你把才下来的茄子把皮刨了，只要净肉，切成碎钉子，用鸡油炸了，再用鸡脯子肉并香菌、新笋、蘑菇、五香腐干、各色干果子，俱切成钉子，用鸡汤煨了，将香油一收，外加糟油一拌，盛在瓷罐子里封严，要吃时拿出来，用炒的鸡瓜一拌就是。"刘姥姥听了，摇头吐舌说道："我的佛祖。倒得十来只鸡来配他，怪道这个味儿。"一面说笑，一面慢慢的吃完了酒，还只管细玩那杯。凤姐笑道："还是不足兴，再吃一杯罢。"刘姥姥忙道："了不得，那就醉死了。我因为爱这样范，亏他怎么作了。"鸳鸯笑道："酒吃完了，到底这杯子是什么木的？"刘姥姥笑道："怨不得姑娘不认得，你们在这金门绣户的，如何认得木头！我们成日家和树林子作街坊，困了枕着他睡，乏了靠着他坐，荒年间饿了还吃他，眼睛里天天见他，耳朵里天天听他，口儿里天天讲他，所以好歹真假，我是认得的。让我认一认。”一面说，一面细细端详了半日，道：“你们这样人家断没有那贱东西，那容易得的木头，你们也不收着了。我掂着这杯体重，断乎不是杨木，这一定是黄松的。”众人听了，哄堂大笑起来。

只见一个婆子走来请问贾母，说：“姑娘们都到了藕香榭，请示下，就演罢还是再等一会子？”贾母忙笑道：“可是倒忘了他们，就叫他们演罢。”那个婆子答应去了。不一时，只听得箫管悠扬，笙笛并发。正值风清气爽之时，那乐声穿林度水而来，自然使人神怡心旷。宝玉先禁不住，拿起壶来斟了一杯，一口饮尽。复又斟上，才要饮，只见王夫人也要饮，命人换暖酒，宝玉连忙将自己的杯捧了过来，送到王夫人口边，王夫人便就他手内吃了两口。一时暖酒来了，宝玉仍归旧坐，王夫人提了暖壶下席来，众人皆都出了席，薛姨妈也立起来，贾母忙命李、凤二人接过壶来：“让你姨妈坐了，大家才便。”王夫人见如此说，方将壶递与凤姐，自己归坐。贾母笑道：“大家吃上两杯，今日着实有趣。”说着擎杯让薛姨妈，又向湘云、宝钗道：“你姐妹两个也吃一杯。你妹妹虽不大会吃，也别饶他。”说着自己已干了。湘云、宝钗、黛玉也都干了。当下刘姥姥听见这般音乐，且又有了酒，越发喜的手舞足蹈起来。宝玉因下席过来向黛玉笑道：“你瞧刘姥姥的样子。”黛玉笑道：“当日圣乐一奏，百兽率舞，如今才一牛耳。”众姐妹都笑了。

须臾乐止，薛姨妈出席笑道：“大家的酒想也都有了，且出去散散再坐罢。”贾母也正要散散，于是大家出席，都随着贾母游玩。贾母因要带着刘姥姥散闷，遂携了刘姥姥至山前树下盘桓了半晌，又说与他这是什么树，这是什么石，这是什么花。刘姥姥一一的领会，又向贾母道：“谁知城里不但人尊贵，连雀儿也是尊贵的。偏这雀儿到了你们这里，他也变俊了，也会说话了。”众人不解，因问什么雀儿变俊了，会讲话。刘姥姥道：“那廊下金架子上站的绿毛红嘴是鹦哥儿，我是认得的。那笼子里黑老鸹子怎么又长出凤头来，也会说话呢。”众人听了都笑将起来。

一时只见丫鬟们来请用点心。贾母道：“吃了两杯酒，倒也不饿。也罢，就拿了这里来，大家随便吃些罢。”丫鬟听说，便去抬了两张几来，又端了两个小捧盒。揭开看时，每个盒内两样：这盒内一样是藕粉桂糖糕，一样是松穰鹅油卷，那盒内一样是一寸来大的小饺儿。贾母因问什么馅儿，婆子们忙回是螃蟹的。贾母听了，皱眉说：“这油腻腻的，谁吃这个！”那一样是奶油炸的各色小面果，也不喜欢。因让薛姨妈吃，薛姨妈只拣了一块糕，贾母拣了一个卷子，只尝了一尝，剩的半个递与丫鬟了。刘姥姥因见那各式各样的小面果子都玲珑剔透，便拣了一朵牡丹花样的笑道：“我们那里最巧的姐儿们，也不能铰出这么个纸的来。我又爱吃，又舍不得吃，包些家去给他们做花样子去倒好。”众人都笑了。贾母道：“家去我送你一瓷坛子。你先趁热吃这个罢。”别人不过拣各人爱吃的吃了一两点就罢了，刘姥姥原不曾吃过这些东西，且都作的小巧，不显盘堆的，他和板儿每样吃了些，就去了半盘子。剩的，凤姐又命攒了两盘并一个攒盒，与文官等吃去。忽见奶子抱了大姐儿来，大家哄他顽了一会。那大姐儿因抱着一个大柚子玩的，忽见板儿抱着一个佛手，便也要佛手。丫鬟哄他取去，大姐儿等不得，便哭了。众人忙把柚子与了板儿，将板儿的佛手哄过来与他才罢。那板儿因顽了半日佛手，此刻又两手抓着些果子吃，又忽见这柚子又香又圆，更觉好顽，且当球踢着玩去，也就不要佛手了。

笺证

“红楼餐饮”成了名牌，离不开那份豪华的红楼菜谱。红楼食品见于全书记载者，多达180多种。其展示的意图，在于借此描绘贵族世家体面奢靡的生活，暗示人物的复杂性格，甚至推动情节的曲折发展，一句话，就是借写吃以写人。尽管《红楼梦》并不是一部关于“吃”的书，但是其中的饮食艺术是中国古代烹饪文化的一个弥足珍贵的缩影。第四十一回贾母让给刘姥姥夹茄鲞吃，刘姥姥笑说：“别哄我了，茄子跑出这个味儿来了，我们也不用种粮食，只种茄子了。”凤姐解释做茄鲞的法子：“这也不难。你把才下来的茄子把皮劗了，只要净肉，切成碎钉子，用鸡油炸了，再用鸡脯子肉并香菌、新笋、蘑菇、五香腐干、各色干果子，俱切成钉子，用鸡汤煨了，将香油一收，外加糟油一拌，盛在瓷罐子里封严，要吃时拿出来，用炒的鸡瓜一拌就是。”这就让刘姥姥摇头吐舌了：“我的佛祖。倒得十来只鸡来配他，怪道这个味儿。”从刘姥姥的角度谈论茄鲞的味道，用乡村眼光看贵族风味，以巨大的文化空间的反差，令刘姥姥惊讶于茄鲞的配料做法，这就在动态中，把菜谱写得诙谐而有神韵。再加上戏子奏乐，刘姥姥听了喜得手舞足蹈起来。黛玉笑评：“当日圣乐一奏，百兽率舞，如今才一牛耳。”蒙古王府本侧批说：“随笔写来，趣极。”其实这里的“趣极”，是以贵族小姐的博学和矜持，嘲笑农村老妪蠢笨如牛。这种不作拘束的村野趣味与矜持尖酸的贵族趣味碰撞，又给活跃的场面增添了富有文化内涵的潜台词。

当下贾母等吃过茶，又带了刘姥姥至栊翠庵来。妙玉忙接了进去。至院中见花木繁盛，贾母笑道：“到底是他们修行的人，没事常常修理，比别处越发好看。”一面说，一面便往东禅堂来。妙玉笑往里让，贾母道：“我们才都吃了酒肉，你这里头有菩萨，冲了罪过。我们这里坐坐，把你的好茶拿来，我们吃一杯就去了。”妙玉听了，忙去烹了茶来。宝玉留神看他是怎么行事。只见妙玉亲自捧了一个海棠花式雕漆填金云龙献寿的小茶盘，里面放一个成窑五彩小盖钟，捧与贾母。贾母道：“我不吃六安茶。”妙玉笑说：“知道。这是老君眉。”贾母接了，又问是什么水。妙玉笑回：“是旧年蠲的雨水。”贾母便吃了半盏，便笑着递与刘姥姥说：“你尝尝这个茶。”刘姥姥便一口吃尽，笑道：“好是好，就是淡些，再熬浓些更好了。”贾母众人都笑起来。然后众人都是一色官窑脱胎填白盖碗。

那妙玉便把宝钗和黛玉的衣襟一拉，二人随他出去，宝玉悄悄的随后跟了来。只见妙玉让他二人在耳房内，宝钗坐在榻上，黛玉便坐在妙玉的蒲团上。妙玉自向风炉上扇滚了水，另泡一壶茶。宝玉便走了进来，笑道：“偏你们吃梯己茶呢。”二人都笑道：“你又赶了来蹭茶吃。这里并没你的。”妙玉刚要去取杯，只见道婆收了上面的茶盏来。妙玉忙命：“将那成窑的茶杯别收了，搁在外头去罢。”宝玉会意，知为刘姥姥吃了，他嫌脏不要了。又见妙玉另拿出两只杯来。一个旁边有一耳，杯上镌着“𤫩瓟斝”三个隶字，后有一行小真字是“晋王恺珍玩”，又有“宋元丰五年四月眉山苏轼见于秘府”一行小字。妙玉便斟了一斝，递与宝钗。那一只形似钵而小，也有三个垂珠篆字，镌着“点犀䀉”。妙玉斟了一䀉与黛玉。仍将前番自己常日吃茶的那只绿玉斗来斟与宝玉。宝玉笑道：“常言‘世法平等’，他两个就用那样古玩奇珍，我就是个俗器了。”妙玉道：“这是俗器？不是我说狂话，只怕你家里未必找的出这么一个俗器来呢。”宝玉笑道：“俗话说‘随乡入乡’，到了你这里，自然把那金玉珠宝一概贬为俗器了。”妙玉听如此说，十分欢喜，遂又寻出一只九曲十环一百二十节蟠虬整雕竹根的一个大盒出来，笑道：“就剩了这一个，你可吃的了这一海？”宝玉喜的忙道：“吃的了。”妙玉笑道：“你虽吃的了，也没这些茶糟踏。岂不闻‘一杯为品，二杯即是解渴的蠢物，三杯便是饮牛饮骡了’。你吃这一海便成什么？”说的宝钗、黛玉、宝玉都笑了。妙玉执壶，只向海内斟了约有一杯。宝玉细细吃了，果觉轻浮无比，赏赞不绝。妙玉正色道：“你这遭吃的茶是托他两个福，独你来了，我是不给你吃的。”宝玉笑道：“我深知道的，我也不领你的情，只谢他二人便是了。”妙玉听了，方说：“这话明白。”黛玉因问：“这也是旧年的雨水？”妙玉冷笑道：“你这么个人，竟是大俗人，连水也尝不出来。这是五年前我在玄墓蟠香寺住着，收的梅花上的雪，共得了那一鬼脸青的花瓮一瓮，总舍不得吃，埋在地下，今年夏天才开了。我只吃过一回，这是第二回了。你怎么尝不出来？隔年蠲的雨水那有这样轻浮，如何吃得？”黛玉知他天性怪僻，不好多话，亦不好多坐，吃完茶，便约着宝钗走了出来。

宝玉和妙玉陪笑道：“那茶杯虽然脏了，白撂了岂不可惜？依我说，不如就给那贫婆子罢，他卖了也可以度日。你道可使得？”妙玉听了，想了一想，点头说道：“这也罢了。幸而那杯子是我没吃过的，若是我吃过的，我就砸碎了也不能给他。你要给他，我也不管你，只交给你，快拿了去罢。”宝玉笑道：“自然如此，你那里和他说话授受去，越发连你也脏了。只交与我就是了。”妙玉便命人拿来递与宝玉。宝玉接了，又道：“等我们出去了，我叫几个小幺儿来河里打几桶水来洗地如何？”妙玉笑道：“这更好了，只是你嘱咐他们，抬了水只搁在山门外头墙根下，别进门来。”宝玉道：“这是自然的。”说着，便袖着那杯，递与贾母房中小丫头拿着，说：“明日刘姥姥家去，给他带去罢。”交代明白，贾母已经出来要回去。妙玉亦不甚留，送出山门，回身便将门闭了。不在话下。

笺证

栊翠庵是大观园中一个独特的小世界。连妙玉品茶的杯子都是西晋与石崇斗富的国戚王恺之物，并有“苏轼见于秘府”的题款。妙玉品茶的那份讲究，世间罕见。她取笑宝玉说：“岂不闻‘一杯为品，二杯即是解渴的蠢物，三杯便是饮牛饮骡了’。你吃这一海便成什么？”竟把宝玉饮茶取笑为饮牛饮骡。沏茶的水也讲究得无以复加，冷笑调侃黛玉说："你这么个人，竟是大俗人，连水也尝不出来。这是五年前我在玄墓蟠香寺住着，收的梅花上的雪，共得了那一鬼脸青的花瓮一瓮，总舍不得吃，埋在地下，今年夏天才开了。我只吃过一回，这是第二回了。你怎么尝不出来？隔年蠲的雨水那有这样轻浮，如何吃得？"这就是对"栊翠庵茶品梅花雪"的点题，连宝玉也不解其妙，连黛玉也知妙玉天性怪僻。刘姥姥饮过茶的成窑瓷器杯，妙玉嫌脏不要了，只好让宝玉转赠给刘姥姥。妙玉是金陵十二钗正册中的人物，这里以绣花针把她绣出来，她的洁癖竟然连林黛玉都感到过分。《红楼梦》建构的大观园世界，大世界中含着小世界，形成了色彩斑斓的七巧板式的组合。正如清朝中晚期的陆以湉《冷庐杂识》卷一说："近又有《七巧图》，其式五，其数七，其变化之式多至千余。体物肖形，随手变幻，盖游戏之具，足以排闷破寂，故世俗皆喜为之。"[1]七巧板的特点是多元组合而富有变化。

[1]（清）陆以湉：《冷庐杂识》，上海古籍出版社2012年版，第43页。

且说贾母因觉身上乏倦，便命王夫人和迎春姊妹陪了薛姨妈去吃酒，自己便往稻香村来歇息。凤姐忙命人将小竹椅抬来，贾母坐上，两个婆子抬起，凤姐李纨和众丫鬟婆子围随去了，不在话下。这里薛姨妈也就辞出。王夫人打发文官等出去，将攒盒散与众丫鬟们吃去，自己便也乘空歇着，随便歪在方才贾母坐的榻上，命一个小丫头放下帘子来，又命他捶着腿，吩咐他："老太太那里有信，你就叫我。"说着也歪着睡着了。

宝玉、湘云等看着丫鬟们将攒盒搁在山石上，也有坐在山石上的，也有坐在草地下的，也有靠着树的，也有傍着水的，倒也十分热闹。一时又见鸳鸯来了，要带着刘姥姥各处去逛，众人也都赶着取笑。一时来至“省亲别墅”的牌坊底下，刘姥姥道：“嗳呀！这里还有个大庙呢。”说着，便爬下磕头。众人笑弯了腰。刘姥姥道：“笑什么？这牌楼上字我都认得。我们那里这样的庙宇最多，都是这样的牌坊，那字就是庙的名字。”众人笑道：“你认得这是什么庙？”刘姥姥便抬头指那字道：“这不是‘玉皇宝殿’四字？”众人笑的拍手打脚，还要拿他取笑。刘姥姥觉得腹内一阵乱响，忙的拉着一个小丫头，要了两张纸就解衣。众人又是笑，又忙喝他：“这里使不得。”忙命一个婆子带了东北角上去了。那婆子指与地方，便乐得走开去歇息。

那刘姥姥因喝了些酒，他脾气不与黄酒相宜，且吃了许多油腻饮食，发渴多喝了几碗茶，不免通泻起来，蹲了半日方完。及出厕来，酒被风禁，且年迈之人，蹲了半天，忽一起身，只觉得眼花头眩，辨不出路径。四顾一望，皆是树木山石楼台房舍，却不知那一处是往那里去的了，只得认着一条石子路慢慢的走来。及至到了房舍跟前，又找不着门，再找了半日，忽见一带竹篱，刘姥姥心中自忖道：“这里也有扁豆架子。”一面想，一面顺着花障走了来，得了一个月洞门进去。只见迎面忽有一带水池，只有七八尺宽，石头砌岸，里面碧浏清水流往那边去了，上面有一块白石横架在上面。刘姥姥便度石过去，顺着石子甬路走去，转了两个弯子，只见有一房门。于是进了房门，只见迎面一个女孩儿，满面含笑迎了出来。刘姥姥忙笑道：“姑娘们把我丢下来了，要我碰头碰到这里来。”说了，只觉那女孩儿不答。刘姥姥便赶来拉他的手，“咕咚”一声，便撞到板壁上，把头碰的生疼。细瞧了一瞧，原来是一幅画儿。刘姥姥自忖道：“原来画儿有这样活凸出来的。”一面想，一面看，一面又用手摸去，却是一色平的，点头叹了两声。一转身方得了一个小门，门上挂着葱绿撒花软帘。刘姥姥掀帘进去，抬头一看，只见四面墙壁玲珑剔透，琴剑瓶炉皆贴在墙上，锦笼纱罩，金彩珠光，连地下踩的砖，皆是碧绿凿花，竟越发把眼花了，找门出去，那里有门？左一架书，右一架屏。刚从屏后得了一门转去，只见他亲家母也从外面迎了进来。刘姥姥诧异，忙问道：“你想是见我这几日没家去，亏你找我来。那一位姑娘带你进来的？”他亲家只是笑，不还言。刘姥姥笑道："你好没见世面，见这园里的花好，你就没死活戴了一头。"他亲家也不答。便心下忽然想起："常听大富贵人家有一种穿衣镜，这别是我在镜子里头呢罢？"说毕伸手一摸，再细一看，可不是，四面雕空紫檀板壁将镜子嵌在中间。因说："这已经拦住，如何走出去呢？"一面说，一面只管用手摸。这镜子原是西洋机括，可以开合。不意刘姥姥乱摸之间，其力巧合，便撞开消息，掩过镜子，露出门来。刘姥姥又惊又喜，迈步出来，忽见有一副最精致的床帐。他此时又带了七八分醉，又走乏了，便一屁股坐在床上，只说歇歇，不承望身不由己，前仰后合的，朦胧着两眼，一歪身就睡熟在床上。

且说众人等他不见，板儿见没了他姥姥，急的哭了。众人都笑道："别是掉在茅厕里了？快叫人去瞧瞧。"因命两个婆子去找，回来说没有。众人各处搜寻不见。袭人掇其道路："是他醉了迷了路，顺着这一条路往我们后院子里去了。若进了花障子到后房门进去，虽然碰头，还有小丫头们知道；若不进花障子再往西南上去，若绕出去还好，若绕不出去，可够他绕回子好的。我且瞧瞧去。"一面想，一面回来，进了怡红院便叫人，谁知那几个房子里小丫头已偷空顽去了。

袭人一直进了房门，转过集锦槅子，就听的鼾齁如雷。忙进来，只闻见酒屁臭气，满屋一瞧，只见刘姥姥扎手舞脚的仰卧在床上。袭人这一惊不小，慌忙赶上来将他没死活的推醒。那刘姥姥惊醒，睁眼见了袭人，连忙爬起来道："姑娘，我失错了！并没弄脏了床帐。"一面说，一面用手去掸。袭人恐惊动了人，被宝玉知道了，只向他摇手，不叫他说话。忙将鼎内贮了三四把百合香，仍用罩子罩上。些须收拾收拾，所喜不曾呕吐，忙悄悄的笑道："不相干，有我呢。你随我出来。”刘姥姥满口答应，跟了袭人，出至小丫头们房中，命他坐了，向他说道：“你就说醉倒在山子石上打了个盹儿。”刘姥姥答应知道。又与他两碗茶吃，方觉酒醒了，因问道：“这是那个小姐的绣房，这样精致？我就像到了天宫里的一样。”袭人微微笑道：“这个么，是宝二爷的卧室。”那刘姥姥吓的不敢作声。袭人带他从前面出去，见了众人，只说他在草地下睡着了，带了他来的。众人都不理会，也就罢了。

一时贾母醒了，就在稻香村摆晚饭。贾母因觉懒懒的，也不吃饭，便坐了竹椅小敞轿，回至房中歇息，命凤姐儿等去吃饭。他姊妹方复进园来。要知端的——

笺证

乡下人进入大观园的迷魂阵，难免在许多圈套、陷阱上迷迷惑惑、晕晕眩眩、磕磕碰碰。不同文化空间的碰撞，产生了璀璨的文化火花。明代许仲琳《封神演义》第六十八回姜子牙就操练士兵演习六甲迷魂阵，以便克敌制胜。清代李汝珍《镜花缘》第九十回的道姑有言：“人生在世，千谋万虑，赌胜争强，奇奇幻幻，死死生生，无非一局围棋。只因参不透这座迷魂阵，所以为他所误。”[2]《红楼梦》第四十一回刘姥姥醉入怡红院，迷迷糊糊地闯入迷魂阵，把竹篱当作扁豆架子，向画上女孩儿打招呼，把穿衣镜里自己影像当成亲家母，笑她“好没见世面，见这园里的花好，你就没死活戴了一头”。她扮演了喜剧性的角色，带着七八分醉，又走乏了，便一屁股坐在宝玉的床上，不承望前仰后合，两眼朦胧，一歪身就睡熟在床上，鼾声如雷，弄得满屋酒屁臭气。这是对怡红公子生活空间的侵入和亵渎了。这种侵入和亵渎，以乡村野性糊弄了贵族的典雅，在充满喜剧的韵味中，暗藏着一场文化论衡。从本回“怡红院劫遇母蝗虫”的题目来看，文化论衡的立场是相当明显的，它站在贵族的典雅层面贬抑乡村的俚俗。如下面第四十二回就在林黛玉口中说出“他是那一门子的姥姥，直叫他是个‘母蝗虫’就是了”。宝钗笑着做了这样的评点：“世上的话，到了凤丫头嘴里也就尽了。幸而凤丫头不认得字，不大通，不过一概是市俗取笑，更有颦儿这促狭嘴，他用‘春秋’的法子，将市俗的粗话，撮其要，删其繁，再加润色比方出来，一句是一句。这‘母蝗虫’三字，把昨儿那些形景都现出来了。亏他想的倒也快。”母蝗虫吃草而多子，比起千娇百媚的贵族小姐具有更强的生命力。这还是刘姥姥闯入怡红院，如果也闯入潇湘馆、蘅芜苑、栊翠庵，究竟又如何呢？那简直是泼天大祸。《红楼梦》没有写这种泼天大祸，但许多问题已经在不写之写中了。

❷（清）李汝珍：《镜花缘》，崇文书局2015年版，第352页。

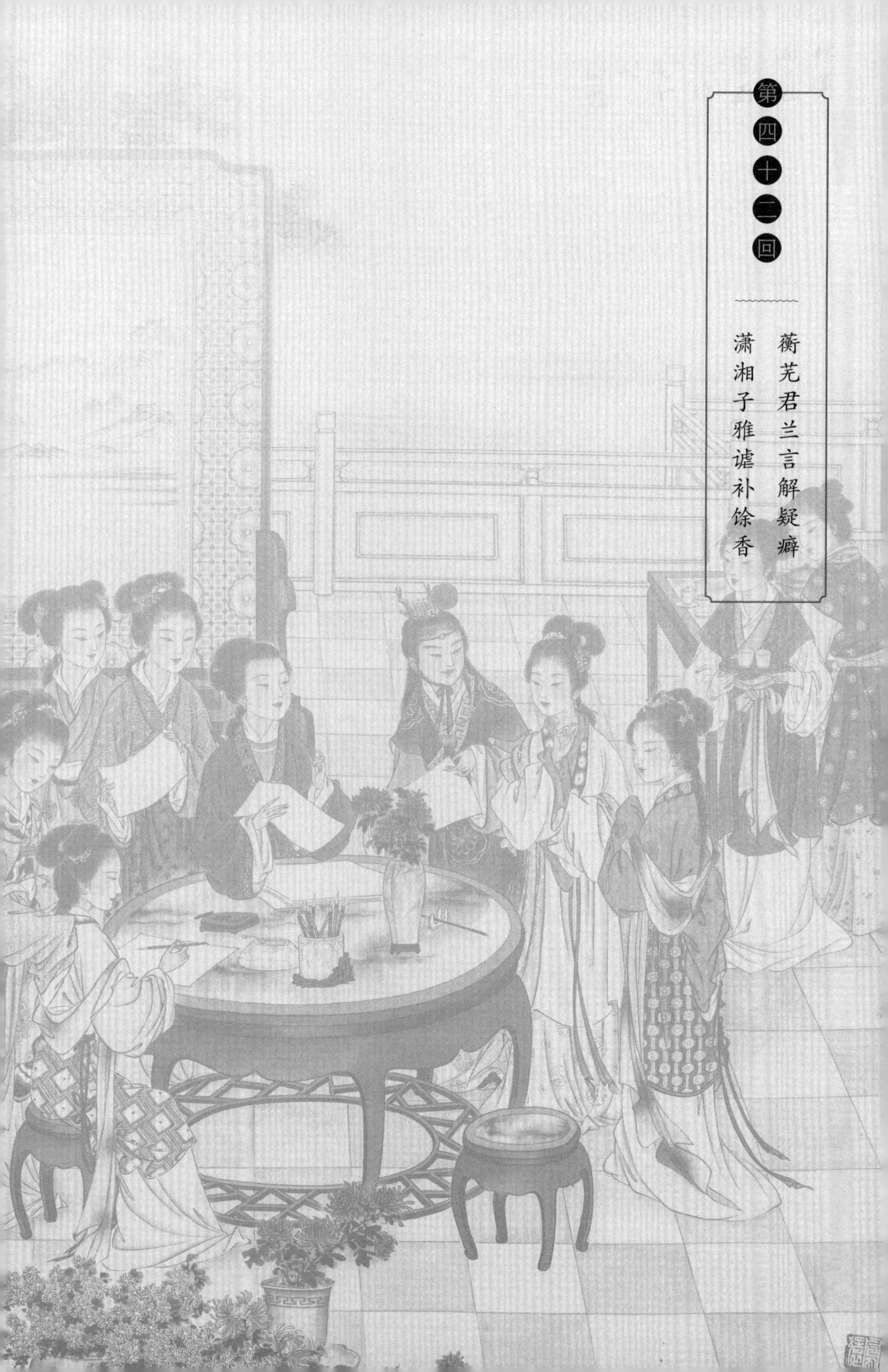
第四十二回
蘅芜君兰言解疑癖
潇湘子雅谑补馀香

话说他姊妹复进园来，吃过饭，大家散出，都无别话。

且说刘姥姥带着板儿，先来见凤姐儿，说："明日一早定要家去了。虽住了两三天，日子不多，却把古往今来没见过的，没吃过的，没听见过的，都经验了。难得老太太和姑奶奶并那些小姐们，连各房里的姑娘们，都这样怜贫惜老照看我。我这一回去后没别的报答，惟有请些高香天天给你们念佛，保佑你们长命百岁的，就算我的心了。"

凤姐儿笑道："你别喜欢。都是为你，老太太也被风吹病了，睡着说不好过。我们大姐儿也着了凉，在那里发热呢。"刘姥姥听了，忙叹道："老太太有年纪的人，不惯十分劳乏的。"凤姐儿道："从来没像昨儿高兴。往常也进园子逛去，不过到一二处坐坐就回来了。昨儿因为你在这里，要叫你逛逛，一个园子倒走了多半个。大姐儿因为找我去，太太递了一块糕给他，谁知风地里吃了，就发起热来。"刘姥姥道："小姐儿只怕不大进园子，生地方儿，小人儿家原不该去。比不得我们的孩子，会走了，那个坟圈子里不跑去。一则风扑了也是有的；二则只怕他身上干净，眼睛又净，或是遇见什么神了。依我说，给他瞧瞧祟书本子，仔细撞客着了。"一语提醒了凤姐儿，便叫平儿拿出《玉匣记》着彩明来念。彩明翻了一回念道："八月二十五日，病者在东南方得遇花神。用五色纸钱四十张，向东南方四十步送之，大吉。"凤姐儿笑道："果然不错，园子里头可不是花神！只怕老太太也是遇见了。"一面命人请两分纸钱来，着两个人来，一个与贾母送祟，一个与大姐儿送祟。果见大姐儿安稳睡了。

笺证

《红楼梦》高度重视民俗信仰的描绘，民俗信仰带有普泛化的民间宗教的性质，具有极强的穿透力，因而由民俗信仰可以深切透视雅俗人物的心理状态。民俗信仰的跨社会阶层的渗透性极强，渗透及于凤姐阶层和刘姥姥阶层。第四十二回此处提到的《玉匣记》又名《玉匣记通书》，其书假托周公、鬼谷子、张天师、诸葛孔明、李淳风、袁天罡等智慧人物之名为说。据传东晋道士许逊（真君）得其妙要，传录于世，取名“玉匣记”。书中内容包罗万象，从祭祀、嫁娶、丧葬、赴任、出行、入学、生病遭灾、建屋盘灶、畋猎打鱼、相猫纳犬，甚至于耳鸣、眼跳、剃头、占梦、秤骨等各种千奇百怪的占卜推验之术，无不罗列其间。明宣德八年（1433）耕笔斋吴子谨作序说：“《玉匣记》者，旌阳许真君之所著也。真君昔以道济人，化瓦为金以输民之通负，置符于水愈人之疾，诛巨蟒于上辽，馘毒蜃于江西。功德溥博，未可具述，及其拔宅上仙，而救世之心倦倦不已。见人之祈禳者，触犯天地禁忌，致生灾殃，连绵不宁。若曰：太上以好生为德，而下民建斋设醮，本以谢过缴福，惟不知禁忌，反受殃咎。乃恻然怜之，躬考天曹簿籍，日辰甲子，福祸灾祥，毫分缕析，流传于世。俾亿兆有缘，或祈或禳，庶知避凶趁吉，同跻寿域。真君是心，盖亦太上之心也。……慕道之士，诚能礼信而用之。于以禳灾谢过，于以请福延生，其福庆必有所归矣。”在《红楼梦》这第四十二回书中，凤姐谈起贾母受风生病、大姐儿入园子后发热，刘姥姥说：“小姐儿只怕不大进园子，生地方儿，小人儿家原不该去。比不得我们的孩子，会走了，那个坟圈子里不跑去。一则风扑了也是有的；二则只怕他身上干净，眼睛又净，或是遇见什么神了。依我说，给他瞧瞧祟书本子，仔细撞客着了。”于是凤姐叫拿出《玉匣记》翻检，看到“八月二十五日，病者在东南方得遇花神。用五色纸钱四十张，向东南方四十步送之，大吉。”凤姐笑说：“果然不错，园子里头可不是花神！只怕老太太也是遇见了。”于是命人请两分纸钱来，给贾母、大姐儿送祟。果见大姐儿安稳睡了。庚辰本于此夹批说：“岂真送了就安稳哉？盖妇人之心意皆如此，即不送岂有一夜不睡之理？作者正描愚人之见耳。”[1]曹雪芹自然也知道这一点，不过其用心在于揭示了民俗信仰的浸润力量，竟然使这种信仰穿行于乡村婆婆和贵族女子之间，这就是《红楼梦》的深刻处。

凤姐儿笑道：“到底是你们有年纪的人经历的多。我这大姐儿时常肯病，也不知是个什么原故。”刘姥姥道：“这也有的事。富贵人家养的孩子多太娇嫩，自然禁不得一些儿委曲，再他小人儿家，过于尊贵了，也禁不起。以后姑奶奶少疼他些就好了。”凤姐儿道：“这也有理。我想起来，他还没个名字，你就给他起个名字。一则借借你的寿，二则你们是庄家人，不怕你恼，到底贫苦些，你贫苦人起个名字，只怕压的住他。”刘姥姥听说，便想了一想，笑道：“不知他几时生的？”凤姐儿道：“正是生日的日子不好呢，可巧是七月初七日。”刘姥姥忙笑道：“这个正好，就叫他是巧哥儿。这叫作‘以毒攻毒，以火攻火’的法子。姑奶奶定要依我这名字，他必长命百岁。日后大了，各人成家立业，或一时有不遂心的事，必然是遇难成祥，逢凶化吉，却从这‘巧’字上来。”

笺证

姓名学中蕴含着民俗信仰。古时孩子出生三月，由父亲命“名”，男子二十岁举行冠礼，并取“字”。明人都穆《听雨纪谈》说：“古之人有小名，必有小字。《离骚》云：皇览揆予于初度兮，肇锡予以嘉名。名予曰正则兮，字予曰灵均。盖屈原字平，而正则。灵均，则其小名小字也。予尝见宋进士同年录，皆书小名小字。犹存古人之意。然亦有不尽然者。如司马相如，小名犬子。扬雄子小字童乌。相如未闻其小字，杨氏子未闻其小名也。今之人生子，亦但有小名，而无所谓小字。唐陆鲁望有小名录，宋陈思有小字录，又有所谓侍儿小名录。岂小名小字，固可互称邪？”[2]从《离骚》可知，古人起名的仪式是非常典重的。第四十二回刘姥姥为巧姐起名，又牵连上节日时令的民俗信仰。金陵十二钗正册人物，唯有巧姐是乡村婆婆起的名字，刘姥姥问明她的生日是七月初七日，笑说：“这个正好，就叫他是巧哥儿。这叫作‘以毒攻毒，以火攻火’的法子。姑奶奶定要依我这名字，他必长命百岁。日后大了，各人成家立业，或一时有不遂心的事，必然是遇难成祥，逢凶化吉，却从这‘巧’字上来。”七夕乞巧，起源于汉代，东晋葛洪《西京杂记》记载：“汉彩女常以七月七日穿七孔针于开襟楼，人俱习之。”元白仁甫《唐明皇秋夜梧桐雨》第一折中，杨贵妃说：“今日是七月七夕，牛女相会，人间乞巧令节。已曾分付宫娥，排设乞巧筵在长生殿，妾身乞巧一番。宫娥，乞巧筵设定不曾？”[3]刘姥姥借用七夕乞巧风俗给巧姐起名，一个“巧”字，有如《周礼·冬官·考工记》所说“天有时，地有气，材有美，工有巧。合此四者，然后可以为良”，“巧”字是会给巧姐带来福气的，这就在世俗迷信中混合着名字对于主人的逢凶化吉的心理暗示，由人间经验通向先验的哲学。金陵十二钗正册人物，唯有巧姐日后托庇于刘姥姥，刘姥姥吉人天相，使巧姐获得与其他十一人不一样的结局。

❶（清）曹雪芹著，脂砚斋评：《脂砚斋重评石头记庚辰校本》，作家出版社2006年版，第761页。

❷ 踪凡编：《司马相如资料汇编》，中华书局2008年版，第194页。

❸（元）白朴著，王文才校注：《白朴戏曲集校注》，人民文学出版社1984年版，第11页。

凤姐儿听了，自是欢喜，忙道谢，又笑道：“只保佑他应了你的话就好了。”说着叫平儿来吩咐道:“明儿咱们有事，恐怕不得闲儿。你这空儿把送姥姥的东西打点了，他明儿一早就好走的便宜了。”刘姥姥忙说:“不敢多破费了。已经遭扰了几日，又拿着走，越发心里不安起来。”凤姐儿道:“也没有什么，不过随常的东西。好也罢，歹也罢，带了去，你们街坊邻舍看着也热闹些，也是上城一次。”只见平儿走来说:“姥姥过这边瞧瞧。”

刘姥姥忙跟了平儿到那边屋里，只见堆着半炕东西。平儿一一的拿与他瞧着，说道:“这是昨日你要的青纱一匹，奶奶另外送你一个实地子月白纱作里子。这是两个茧绸，作袄儿裙子都好。这包袱里是两匹绸子，年下做件衣裳穿。这是一盒子各样内造点心，也有你吃过的，也有你没吃过的，拿去摆碟子请客，比你们买的强些。这两条口袋是你昨日装瓜果子来的，如今这一个里头装了两斗御田粳米，熬粥是难得的；这一条里头是园子里果子和各样干果子。这一包是八两银子。这都是我们奶奶的。这两包，每包里头五十两，共是一百两，是太太给的，叫你拿去或者作个小本买卖，或者置几亩地，以后再别求亲靠友的。”说着又悄悄笑道:“这两件袄儿和两条裙子，还有四块包头，一包绒线，可是我送姥姥的。衣裳虽是旧的，我也没大狠穿，你要弃嫌我就不敢说了。”平儿说一样，刘姥姥就念一句佛，已经念了几千声佛了。又见平儿也送他这些东西，又如此谦逊，忙念佛道:“姑娘说那里话?这样好东西我还弃嫌!我便有银子也没处去买这样的呢。只是我怪臊的，收了又不好，不收又辜负了姑娘的心。”平儿笑道:“休说外话，咱们都是自己，我才这样。你放心收了罢，我还和你要东西呢，到年下，你只把你们晒的那个灰条菜干子和豇豆、扁豆、茄子、葫芦条儿各样干菜带些来，我们这里上上下下都爱吃。这个就算了，别的一概不要，别罔费了心。”刘姥姥千恩万谢答应了。平儿道:“你只管睡你的去。我替你收拾妥当了就放在这里，明儿一早打发小厮们雇辆车装上，不用你费一点心的。”

刘姥姥越发感激不尽，过来又千恩万谢的辞了凤姐儿，过贾母这一边睡了一夜，次早梳洗了就要告辞。因贾母欠安，众人都过来请安，出去传请大夫。一时婆子回大夫来了。老妈妈请贾母进幔子去坐。贾母道："我也老了，那里养不出那阿物儿来，还怕他不成！不要放幔子，就这样瞧罢。"众婆子听了，便拿过一张小桌来，放下一个小枕头，便命人请。

一时只见贾珍、贾琏、贾蓉三个人将王太医领来。王太医不敢走甬路，只走旁阶，跟着贾珍到了阶矶上。早有两个婆子在两边打起帘子，两个婆子在前导引进去，又见宝玉迎了出来。只见贾母穿着青皱绸一斗珠的羊皮褂子，端坐在榻上，两边四个未留头的小丫鬟都拿着蝇帚漱盂等物；又有五六个老嬷嬷雁翅摆在两旁，碧纱橱后隐隐约约有许多穿红着绿戴宝簪珠的人。王太医便不敢抬头，忙上来请了安。贾母见他穿着六品服色，便知是御医了，也便含笑问："供奉好。"因问贾珍："这位供奉贵姓？"贾珍等忙回："姓王。"贾母道："当日太医院正堂王君效，好脉息。"王太医忙躬身低头，含笑回说："那是晚晚生家叔祖。"贾母听了，笑道："原来这样，也是世交了。"一面说，一面慢慢的伸手放在小枕上。老嬷嬷端着一张小杌，连忙放在小桌前，略偏些。王太医便屈一膝坐下，歪着头诊了半日，又诊了那只手，忙欠身低头退出。贾母笑说："劳动了。珍儿让出去好生看茶。"

贾珍、贾琏等忙答了几个"是"，复领王太医出到外书房中。王太医说："太夫人并无别症，偶感一点风凉，究竟不用吃药，不过略清淡些，暖着一点儿，就好了。如今写个方子在这里，若老人家爱吃便按方煎一剂吃，若懒待吃，也就罢了。"说着，吃过茶写了方子。刚要告辞，只见奶子抱了大姐儿出来，笑说："王老爷也瞧瞧我们。"王太医听说忙起身，就奶子怀中，左手托着大姐儿的手，右手诊了一诊，又摸了一摸头，又叫伸出舌头来瞧瞧，笑道："我说姐儿又骂我了，只是要清清净净的饿两顿就好了。不必吃煎药，我送丸药来，临睡时用姜汤研开，吃下去就是了。”说毕作辞而去。

贾珍等拿了药方来，回明贾母原故，将药方放在桌上出去，不在话下。这里王夫人和李纨、凤姐儿、宝钗姊妹等见大夫出去，方从橱后出来。王夫人略坐一坐，也回房去了。

刘姥姥见无事，方上来和贾母告辞。贾母说：“闲了再来。”又命鸳鸯来：“好生打发刘姥姥出去。我身上不好，不能送你。”刘姥姥道了谢，又作辞，方同鸳鸯出来。到了下房，鸳鸯指炕上一个包袱说道：“这是老太太的几件衣服，都是往年间生日节下众人孝敬的，老太太从不穿人家做的，收着也可惜，却是一次也没穿过的。昨日叫我拿出两套儿送你带去，或是送人，或是自己家里穿罢，别见笑。这盒子里是你要的面果子。这包子里是你前儿说的药：梅花点舌丹也有，紫金锭也有，活络丹也有，催生保命丹也有，每一样是一张方子包着，总包在里头了。这是两个荷包，带着顽罢。”说着便抽系子，掏出两个笔锭如意的锞子来给他瞧，又笑道：“荷包拿去，这个留下给我罢。”刘姥姥已喜出望外，早又念了几千声佛，听鸳鸯如此说，便说道：“姑娘只管留下罢。”鸳鸯见他信以为真，仍与他装上，笑道：“哄你顽呢，我有好些呢。留着年下给小孩子们罢。”说着，只见一个小丫头拿了个成窑钟子来递与刘姥姥，“这是宝二爷给你的。”刘姥姥道：“这是那里说起。我那一世修了来的，今儿这样。”说着便接了过来。鸳鸯道：“前儿我叫你洗澡，换的衣裳是我的，你不弃嫌，我还有几件，也送你罢。”刘姥姥又忙道谢。鸳鸯果然又拿出两件来与他包好。刘姥姥又要到园中辞谢宝玉和众姊妹王夫人等去。鸳鸯道：“不用去了。他们这会子也不见人，回来我替你说罢。闲了再来。”又命了一个老婆子，吩咐他：“二门上叫两个小厮来，帮着姥姥拿了东西送出去。”婆子答应了，又和刘姥姥到了凤姐儿那边一并拿了东西，在角门上命小厮们搬了出去，直送刘姥姥上车去了。不在话下。

且说宝钗等吃过早饭，又往贾母处问过安，回园至分路之处，宝钗便叫黛玉道：“颦儿跟我来，有一句话问你。”黛玉便同了宝钗，来至蘅芜苑中。进了房，宝钗便坐了笑道："你跪下，我要审你。"黛玉不解何故，因笑道："你瞧宝丫头疯了！审问我什么？"宝钗冷笑道："好个千金小姐！好个不出闺门的女孩儿！满嘴里说的是什么？你只实说便罢。"黛玉不解，只管发笑，心里也不免疑惑起来，口里只说："我何曾说什么？你不过要捏我的错儿罢了。你倒说出来我听听。"宝钗笑道："你还装憨儿。昨儿行酒令你说的是什么？我竟不知那里来的。"黛玉一想，方想起来昨儿失于检点，那《牡丹亭》《西厢记》说了两句，不觉红了脸，便上来搂着宝钗，笑道："好姐姐，原是我不知道随口说的。你教给我，再不说了。"宝钗笑道："我也不知道，听你说的怪生的，所以请教你。"黛玉道："好姐姐，你别说与别人，我以后再不说了。"宝钗见他羞得满脸飞红，满口央告，便不肯再往下追问，因拉他坐下吃茶，款款的告诉他道："你当我是谁，我也是个淘气的。从小七八岁上也够个人缠的。我们家也算是个读书人家，祖父手里也爱藏书。先时人口多，姊妹弟兄都在一处，都怕看正经书。弟兄们也有爱诗的，也有爱词的，诸如这些《西厢》《琵琶》以及《元人百种》，无所不有。他们是偷背着我们看，我们却也偷背着他们看。后来大人知道了，打的打，骂的骂，烧的烧，才丢开了。所以咱们女孩儿家不认得字的倒好。男人们读书不明理，尚且不如不读书的好，何况你我。就连作诗写字等事，这不是你我分内之事，究竟也不是男人分内之事。男人们读书明理，辅国治民，这便好了。只是如今并不听见有这样的人，读了书倒更坏了。这是书误了他，可惜他也把书糟踏了，所以竟不如耕种买卖，倒没有什么大害处。你我只该做些针黹纺织的事才是，偏又认得了字，既认得了字，不过拣那正经的看也罢了，最怕见了些杂书，移了性情，就不可救了。”一席话，说的黛玉垂头吃茶，心下暗伏，只有答应“是”的一字。

笺证

《红楼梦》在人物品格精神映衬中，往往一笔兼写两面，或兼及传统与世俗，或兼及视觉与听觉，或兼及行为与心理，或兼及存在与评议。一笔兼写两面，是高明的叙事法，鲁迅《中国小说史略》就称《金瓶梅》：“作者之于世情，盖诚极洞达，凡所形容，或条畅，或曲折，或刻露而尽相，或幽伏而含讥，或一时并写两面，使之相形，变幻之情，随在显见，同时说部，无以上之。”[4]《红楼梦》第四十二回薛宝钗由于林黛玉在行牙牌酒令时用了《西厢记》《牡丹亭》中语，就用“兰言”解她的“疑癖”：“你当我是谁，我也是个淘气的。从小七八岁上也够个人缠的。我们家也算是个读书人家，祖父手里也爱藏书。先时人口多，姊妹弟兄都在一处，都怕看正经书。弟兄们也有爱诗的，也有爱词的，诸如这些《西厢》《琵琶》以及《元人百种》，无所不有。他们是偷背着我们看，我们却也偷背着他们看。后来大人知道了，打的打，骂的骂，烧的烧，才丢开了。所以咱们女孩儿家不认得字的倒好。男人们读书不明理，尚且不如不读书的好，何况你我。就连作诗写字等事，这不是你我分内之事，究竟也不是男人分内之事。男人们读书明理，辅国治民，这便好了。只是如今并不听见有这样的人，读了书倒更坏了。这是书误了他，可惜他也把书糟踏了，所以竟不如耕种买卖，倒没有什么大害处。你我只该做些针黹纺织的事才是，偏又认得了字，既认得了字，不过拣那正经的看也罢了，最怕见了些杂书，移了性情，就不可救了。”对于“诸如这些《西厢》《琵琶》以及《元人百种》，无所不有”，蒙古王府本侧批说：“藏书家当留意。”对于“男人们读书明理，辅国治民，这便好了”，侧批又说：“作者一片苦心，代佛说法，代圣讲道，看书者不可轻忽。”这都是顺着薛宝钗的意思立论的，宝钗一面提醒黛玉，另一面又现身说法，要以自己的人格影响黛玉的人格。在贵族中国哗啦啦坍塌的过程中，薛宝钗的药方是以贤内助的方式，缓解危机。至于薛宝钗的药方，林黛玉的反应是含而不露，“心下暗伏，只有答应‘是’的一字”。但是一席话是否就能改变一个人的品性，蒙古王府本侧批说“结得妙”，不知妙在何处？

忽见素云进来说：“我们奶奶请二位姑娘商议要紧的事呢。二姑娘、三姑娘、四姑娘、史姑娘、宝二爷都在那里等着呢。”宝钗道：“又是什么事？”黛玉道：“咱们到了那里就知道了。”说着便和宝钗往稻香村来，果见众人都在那里。

李纨见了他两个，笑道：“社还没起，就有脱滑的了，四丫头要告一年的假呢。”黛玉笑道：“都是老太太昨儿一句话，又叫他画什么园子图儿，惹得他乐得告假了。”探春笑道：“也别要怪老太太，都是刘姥姥一句话。”林黛玉忙笑道：“可是呢，都是他一句话。他是那一门子的姥姥，直叫他是个‘母蝗虫’就是了。”说着大家都笑起来。宝钗笑道：“世上的话，到了凤丫头嘴里也就尽了。幸而凤丫头不认得字，不大通，不过一概是市俗取笑。更有颦儿这促狭嘴，他用‘春秋’的法子，将市俗的粗话，撮其要，删其繁，再加润色比方出来，一句是一句。这‘母蝗虫’三字，把昨儿那些形景都现出来了。亏他想的倒也快。”众人听了，都笑道：“你这一注解，也就不在他两个以下。”李纨道：“我请你们大家商议，给他多少日子的假。我给了他一个月，他嫌少，你们怎么说？”黛玉道：“论理一年也不多。这园子盖才盖了一年，如今要画自然得二年工夫呢。又要研墨，又要蘸笔，又要铺纸，又要着颜色，又要……”刚说到这里，众人知道他是取笑惜春，便都笑问说：“还要怎样？”黛玉也自己撑不住笑道：“‘又要照着这样儿慢慢的画’，可

④ 鲁迅：《中国小说史略》，中国书籍出版社2016年版，第159页。

不得二年的工夫！”众人听了，都拍手笑个不住。宝钗笑道：“‘又要照着这个慢慢的画’，这落后一句最妙。所以昨儿那些笑话儿虽然可笑，回想是没味的。你们细想颦儿这几句话虽是淡的，回想却有滋味。我倒笑的动不得了。”惜春道：“都是宝姐姐赞的他越发逞强，这会子拿我也取笑儿。”黛玉忙拉他笑道：“我且问你，还是单画这园子呢，还是连我们众人都画在上头呢？”惜春道：“原说只画这园子的，昨儿老太太又说，单画了园子成个房样子了，叫连人都画上，就像‘行乐’似的才好。我又不会这工细楼台，又不会画人物，又不好驳回，正为这个为难呢。”黛玉道：“人物还容易，你草虫上不能。”李纨道：“你又说不通的话了，这个上头那里又用的着草虫？或者翎毛倒要点缀一两样。”黛玉笑道：“别的草虫不画罢了，昨儿‘母蝗虫’不画上，岂不缺了典！”众人听了，又都笑起来。黛玉一面笑的两手捧着胸口，一面说道：“你快画罢，我连题跋都有了，起个名字，就叫作《携蝗大嚼图》。”众人听了，越发哄然大笑，前仰后合。只听“咕咚”一声响，不知什么倒了，急忙看时，原来是湘云伏在椅子背儿上，那椅子原不曾放稳，被他全身伏着背子大笑，他又不提防，两下里错了劲，向东一歪，连人带椅都歪倒了，幸有板壁挡住，不曾落地。众人一见，越发笑个不住。宝玉忙赶上去扶了起来，方渐渐止了笑。宝玉和黛玉使个眼色儿。黛玉会意，便走至里间将镜袱揭起，照了一照，只见两鬓略松了些，忙开了李纨的妆奁，拿出抿子来，对镜抿了两抿，仍旧收拾好了，方出来，指着李纨道：“这是叫你带着我们作针线教道理呢，你反招我们来大顽大笑的。”李纨笑道：“你们听他这刁话。他领着头儿闹，引着人笑了，倒赖我的不是。真真恨的我只保佑明儿你得一个利害婆婆，再得几个千刁万恶的大姑子小姑子，试试你那会子还这么刁不刁了！”

笺证

《红楼梦》一笔兼写两面，造成人物品格精神的相互映衬，俗冲击着雅，雅还击着俗，往往深化了文化反思的意蕴。刘姥姥二进大观园的骚动在第四十二回还有余波，林黛玉忙笑道："他是那一门子的姥姥，直叫他是个'母蝗虫'就是了。"说着大家都笑起来。对于刘姥姥，大观园的贵族小姐没有贾母的厚道心态，于是宝钗接着就笑说："世上的话，到了凤丫头嘴里也就尽了。幸而凤丫头不认得字，不大通，不过一概是市俗取笑，更有颦儿这促狭嘴，他用'春秋'的法子，将市俗的粗话，撮其要，删其繁，再加润色比方出来，一句是一句。这'母蝗虫'三字，把昨儿那些形景都现出来了。亏他想的倒也快。"不仅如此，黛玉兴犹未尽，一面笑的两手捧着胸口，提议画大观园图的惜春把刘姥姥也画进来，说："你快画罢，我连题跋都有了，起个名字，就叫作《携蝗大嚼图》。"如此作贱乡村婆婆的尖酸刻薄，与贾母怜老惜贫，在乡村婆婆的村俗谈吐中获取快乐，存在着明显的代沟。其实到头来，刘姥姥比黛玉、宝钗都福大命大。贾母和贵族小姐的世界由于刘姥姥的闯入瞬间分裂，造成大观园的大世界中含小世界，不同的小世界的表演推动了大世界的旋转和位移，文化就在这种角力中转型。在这番旋转中，简直分不清谁正谁邪，如鲁迅在《上海所感》中说："我们从幼小以来，就受着对于意外的事情，变化非常的事情，绝不惊奇的教育。那教科书是《西游记》，全部充满着妖怪的变化。例如牛魔王呀，孙悟空呀……就是。据作者所指示，是也有邪正之分的，但总而言之，两面都是妖怪，所以在我们人类，大可以不必怎样关心。然而，假使这不是书本上的事，而自己也身历其境，这可颇有点为难了。以为是洗澡的美人罢，却是蜘蛛精；以为是寺庙的大门罢，却是猴子的嘴，这教人怎么过。早就受了《西游记》教育，吓得气绝是大约不至于的，但总之，无论对于什么，就都不免要怀疑了。"[5] 在这里有必要对黛玉的"母蝗虫"

[5] 鲁迅：《鲁迅全集》（编年版 第7卷），人民文学出版社2014年版，第484页。

说法做一点考究。《圣经》多次提到蝗灾，《出埃及记》第十章十二至十五节说，神降灾埃及，吃尽地上一切的蔬菜和树上的果实。《启示录》提及世界末日前将发生七年大灾难，蝗虫是魔鬼，象征毁灭，“蝗虫从空中出来飞到地上”，“形状好像预备出战的马一样，头上戴的好像金冠冕，脸面好像男人脸面，头发像女人的头发，牙齿像狮子的牙齿”，它们被吩咐“要伤害头上没有神印记的人”。中国古代也是重视灭蝗除灾的，但称为螽斯的蝗虫却象征着生殖崇拜。《诗经·周南·螽斯》的螽斯一般释为蝈蝈，也有人释为蝗虫的一种。诗云：“螽斯羽，诜诜兮。宜尔子孙，振振兮。螽斯羽，薨薨兮。宜尔子孙，绳绳兮。螽斯羽，揖揖兮。宜尔子孙，蛰蛰兮。”❻诗中以螽斯起兴，祈求子孙众多，家族兴旺，和睦欢畅。《红楼梦》林黛玉把刘姥姥贬为“母蝗虫”，这只母蝗虫比起整天哭鼻子的贵族小姐，何尝不是具有卑贱却顽强的生存能力和生殖能力呢？但是《红楼梦》写那班贵族小姐听了林黛玉的比喻，都哄然大笑，前仰后合。它到底是站在贵族小姐一边，还是站在刘姥姥一边，就不必费人猜详了。

林黛玉早红了脸，拉着宝钗说：“咱们放他一年的假罢。”宝钗道：“我有一句公道话，你们听听。藕丫头虽会画，不过是几笔写意。如今画这园子，非离了肚子里头有几副丘壑的才能成画。这园子却是像画儿一般，山石树木，楼阁房屋，远近疏密，也不多，也不少，恰恰的是这样。你只照样儿往纸上一画，是必不能讨好的。这要看纸的地步远近，该多该少，分主分宾，该添的要添，该减的要减，该藏的要藏，该露的要露。这一起了稿子，再端详斟酌，方成一幅图样。第二件，这些楼台房舍，是必要用界划的。一点不留神，栏杆也歪了，柱子也塌了，门窗也倒竖过来，阶矶也离了缝，甚至于桌子挤到墙里去，花盆放在帘子上来，岂不倒成了一张笑‘话’儿了。第三，要插人物，也要有疏密，有高低。衣折裙带，手指足步，最是要紧；一笔不细，不是肿了手就是瘸了腿，染脸撕发倒是小事。依我看来竟难的很。如今一年的假也太多，一月的假也太少，竟给他半年的假，再派了宝兄弟帮着他。并不是为宝兄弟知道教着他画，那就更误了事；为的是有不知道的，或难安插的，宝兄弟好拿出去问问那会画的相公，就容易了。”

宝玉听了，先喜的说：“这话极是。詹子亮的工细楼台就极好，程日兴的美人是绝技，如今就问他们去。”宝钗道：“我说你是无事忙，说了一声你就问去。等着商议定了再去。如今且拿什么画？”宝玉道：“家里有雪浪纸，又大又托墨。”宝钗冷笑道：“我说你不中用！那雪浪纸写字画写意画儿，或是会山水的画南宗山水，托墨，禁得皴染。拿了画这个，又不托色，又难滃，画也不好，纸也可惜。我教你一个法子。原先盖这园子，就有一张细致图样，虽是匠人描的，那地步方向是不错的。你和太太要了出来，也比着那纸大小，和凤丫头要一块重绢，叫相公矾了，叫他照着这图样删补着立了稿子，添了人物就是了。就是配这些青绿颜色并泥金泥银，也得他们配去。你们也得另爖上风炉子，预备化胶、出胶、洗笔。还得一张粉油大案，铺上毡子。你们那些碟子也不全，笔也不全，都得从新再置一份儿才好。”惜春道：“我何曾有这些画器？不过随手写字的笔画画罢了。就是颜色，只有赭石、广花、藤黄、胭脂这四样。再有，不过是两支着色笔就完了。”宝钗道：“你该早说。这些东西我却还有，只是你也用不着，给你也白放着。如今我且替你收着，等你用着这个的时候我送你些，也只可留着画扇子，若画这大幅的也就可惜了的。今儿替你开个单子，照着单子和老太太要去。你们也未必知道的全，我说着，宝兄弟写。”宝玉早已预备下笔砚了，原怕记不清白，要写了记着，听宝钗如此说，喜的提起笔来静听。宝钗说道：“头号排笔四支，二号排笔四支，三号排笔四支，大染四支，中染四支，小染四支，大南蟹爪十支，小蟹爪十支，须眉十支，大著色二十支，小著色二十支，开

❻（汉）毛亨传，（汉）郑玄笺，（唐）孔颖达疏：《毛诗正义》，北京大学出版社1999年版，第43—45页。

面十支，柳条二十支，箭头朱四两，南赭四两，石黄四两，石青四两，石绿四两，管黄四两，广花八两，蛤粉四匣，胭脂十片，大赤飞金二百帖，青金二百帖，广匀胶四两，净矾四两。矾绢的胶矾在外，别管他们，你只把绢交出去叫他们矾去。这些颜色，咱们淘澄飞跌着，又顽了，又使了，包你一辈子都够使了。再要顶细绢箩四个，粗绢箩四个，担笔四支，大小乳钵四个，大粗碗二十个，五寸粗碟十个，三寸粗白碟二十个，风炉两个，沙锅大小四个，新瓷罐二口，新水桶四只，一尺长白布口袋四条，桴炭二十斤，柳木炭一斤，三屉木箱一个，实地纱一丈，生姜二两，酱半斤。”黛玉忙道：“铁锅一口，锅铲一个。”宝钗道：“这作什么？”黛玉笑道：“你要生姜和酱这些作料，我替你要铁锅来，好炒颜色吃的。”众人都笑起来。宝钗笑道：“你那里知道。那粗色碟子保不住不上火烤，不拿姜汁子和酱预先抹在底子上烤过了，一经了火是要炸的。”众人听说，都道：“原来如此。”

黛玉又看了一回单子，笑着拉探春悄悄的道：“你瞧瞧，画个画儿又要这些水缸箱子来了。想必他糊涂了，把他的嫁妆单子也写上了。”探春“嗳”了一声，笑个不住，说道：“宝姐姐，你还不拧他的嘴？你问问他编排你的话。”宝钗笑道：“不用问，狗嘴里还有象牙不成！”一面说，一面走上来，把黛玉按在炕上，便要拧他的脸。黛玉笑着忙央告道：“好姐姐，饶了我罢！颦儿年纪小，只知说，不知道轻重，作姐姐的教导我。姐姐不饶我，还求谁去？”众人不知话内有因，都笑道：“说的好可怜见的，连我们也软了，饶了他罢。”宝钗原是和他顽，忽听他又拉扯前番说他胡看杂书的话，便不好再和他厮闹，放起他来。黛玉笑道：“到底是姐姐，要是我，再不饶人的。”宝钗笑指他道：“怪不得老太太疼你，众人爱你伶俐，今儿我也怪疼你的了。过来，我替你把头发拢一拢。”黛玉果然转过身来，宝钗用手拢上去。宝玉在旁看着，只觉更好看，不觉后悔不该令他抿上鬓去，也该留着，此时叫他替他抿去。正自胡思，只见宝钗说道：“写完了，明儿回老太太去。若家里有的就罢，若没有的，就拿些钱去买了来，我帮着你们配。”宝玉忙收了单子。

大家又说了一回闲话。至晚饭后又往贾母处来请安。贾母原没有大病，不过是劳乏了，兼着了些凉，温存了一日，又吃了一剂药疏散一疏散，至晚也就好了。不知次日又有何话，且听下回分解。

笺证

人们惯常说，《红楼梦》是贵族中国繁华与崩溃的百科全书。既然称百科全书，就是记述人类多方面知识和景观的总汇，《红楼梦》出色地做到这一点了。第四十二回宝钗、黛玉、宝玉去看贾母委托绘画大观园的惜春，宝钗说："藕丫头虽会画，不过是几笔写意。如今画这园子，非离了肚子里头有几副丘壑的才能成画。这园子却是像画儿一般，山石树木，楼阁房屋，远近疏密，也不多，也不少，恰恰的是这样。你只照样儿往纸上一画，是必不能讨好的。这要看纸的地步远近，该多该少，分主分宾，该添的要添，该减的要减，该藏的要藏，该露的要露。这一起了稿子，再端详斟酌，方成一幅图样。第二件，这些楼台房舍，是必要用界划的。一点不留神，栏杆也歪了，柱子也塌了，门窗也倒竖过来，阶矶也离了缝，甚至于桌子挤到墙里去，花盆放在帘子上来，岂不倒成了一张笑'话'儿了。第三，要插人物，也要有疏密，有高低。衣折裙带，手指足步，最是要紧；一笔不细，不是肿了手就是瘸了腿，染脸撕发倒是小事。依我看来竟难的很。如今一年的假也太多，一月的假也太少，竟给他半年的假，再派了宝兄弟帮着他。并不是为宝兄弟知道教着他画，那就更误了事；为的是有不知道的，或难安插的，宝兄弟好拿出去问问那会画的相公，就容易了。"宝钗由此开列了一大串绘画工具，引得黛玉悄悄地笑她："想必他糊涂了，把他的嫁妆单子也写上了。"其实这是曹雪芹借宝钗之口，传达自己的写实性兼写意性的绘画理念，这只是曹雪芹百科全书式的小说建构的冰山之一角。

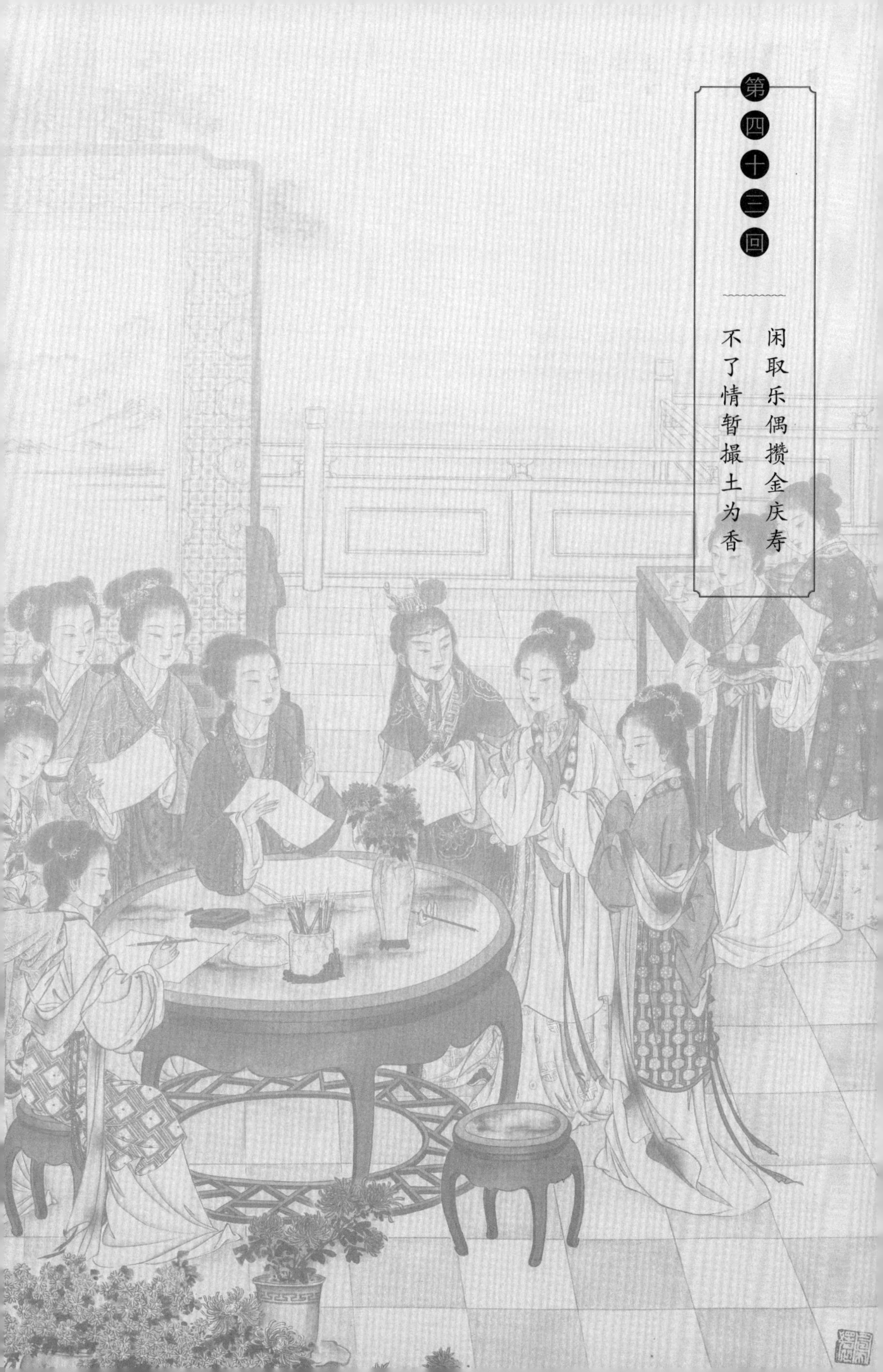

第四十三回

闲取乐偶攒金庆寿 不了情暂撮土为香

话说王夫人因见贾母那日在大观园不过着了些风寒，不是什么大病，请医生吃了两剂药也就好了，便放了心，因命凤姐来吩咐他预备给贾政带送东西。正商议着，只见贾母打发人来请，王夫人忙引着凤姐儿过来。王夫人又请问:“这会子可又觉大安些？”贾母道:“今日可大好了。方才你们送来野鸡崽子汤，我尝了一尝，倒有味儿，又吃了两块肉，心里很受用。”王夫人笑道:“这是凤丫头孝敬老太太的。算他的孝心虔，不枉了素日老太太疼他。”贾母点头笑道:“难为他想着。若是还有生的，再炸上两块，咸浸浸的，吃粥有味儿。那汤虽好，就只不对稀饭。”凤姐听了，连忙答应，命人去厨房传话。

这里贾母又向王夫人笑道:“我打发人请你来，不为别的。初二是凤丫头的生日，上两年我原早想替他做生日，偏到跟前有大事，就混过去了。今年人又齐全，料着又没事，咱们大家好生乐一日。”王夫人笑道:“我也想着呢。既是老太太高兴，何不就商议定了？”贾母笑道:“我想往年不拘谁作生日，都是各自送各自的礼，这个也俗了，也觉很生分似的。今儿我出个新法子，又不生分，又可取笑。”王夫人忙道:“老太太怎么想着好，就是怎么样行。”贾母笑道:“我想着，咱们也学那小家子大家凑分子，多少尽着这钱去办，你道好顽不好顽？”

王夫人笑道:“这个很好，但不知怎么凑法？”贾母听说，益发高兴起来，忙遣人去请薛姨妈、邢夫人等，又叫请姑娘们并宝玉，那府里珍儿媳妇并赖大家的等有头脸管事的媳妇也都叫了来。

众丫头婆子见贾母十分高兴也都高兴，忙忙的各自分头去请的请，传的传，没顿饭的工夫，老的，少的，上的，下的，乌压压挤了一屋子。只薛姨妈和贾母对坐，邢夫人、王夫人只坐在房门前两张椅子上，宝钗姊妹等五六个人坐在炕上，宝玉坐在贾母怀前，地下满满的站了一地。贾母忙命拿几个小杌子来，给赖大母亲等几个高年有体面的妈妈坐了。贾府风俗，年高服侍过父母的家人，比年轻的主子还有体面，所以尤氏、凤姐儿等只管地下站着，那赖大的母亲等三四个老妈妈告个罪，都坐在小杌子上了。

贾母笑着把方才一席话说与众人听了。众人谁不凑这趣儿？再也有和凤姐儿好的，有情愿这样的；有畏惧凤姐儿的，巴不得来奉承的：况且都是拿的出来的，所以一闻此言，都欣然应诺。贾母先道："我出二十两。"薛姨妈笑道："我随着老太太，也是二十两了。"邢夫人、王夫人道："我们不敢和老太太并肩，自然矮一等，每人十六两罢了。"尤氏、李纨也笑道："我们自然又矮一等，每人十二两罢。"贾母忙和李纨道："你寡妇失业的，那里还拉你出这个钱，我替你出了罢。"凤姐忙笑道："老太太别高兴，且算一算帐再揽事。老太太身上已有两分呢，这会子又替大嫂子出十二两，说着高兴，一会子回想又心疼了。过后儿又说'都是为凤丫头花了钱'，使个巧法子，哄着我拿出三四分子来暗里补上，我还做梦呢。"说的众人都笑了。贾母笑道："依你怎么样呢？"凤姐笑道："生日没到，我这会子已经折受的不受用了。我一个钱饶不出，惊动这些人实在不安，不如大嫂子这一分我替他出了罢了。我到了那一日多吃些东西，就享了福了。"邢夫人等听了，都说"很是"。贾母方允了。凤姐儿又笑道："我还有一句话呢。我想老祖宗自己二十两，又有林妹妹、宝兄弟的两分子。姨妈自己二十两，又有宝妹妹的一分子，这倒也公道。只是二位太太每位十六两，自己又少，又不替人出，这有些不公道。老祖宗吃了亏了。”贾母听了，忙笑道：“倒是我的凤姐儿向着我，这说的很是。要不是你，我叫他们又哄了去了。”凤姐笑道：“老祖宗只把他姐儿两个交给两位太太，一位占一个，派多派少，每位替出一分就是了。”贾母忙说：“这很公道，就是这样。”赖大的母亲忙站起来，笑说道：“这可反了！我替二位太太生气。在那边是儿子媳妇，在这边是内侄女儿，倒不向着婆婆、姑娘，倒向着别人。这儿媳妇成了陌路人，内侄女儿竟成了个外侄女儿了。”说的贾母与众人都大笑起来了。赖大之母因又说道：“少奶奶们十二两，我们自然也该矮一等了。”贾母听说，道：“这使不得。你们虽该矮一等，我知道你们这几个都是财主，果位虽低，钱却比他们多。你们和他们一例才使得。”众妈妈听了，连忙答应。贾母又道：“姑娘们不过应个景儿，每人照一个月的月例就是了。”又回头叫鸳鸯来，“你们也凑几个人，商议凑了来”。鸳鸯答应着，去不多时带了平儿、袭人、彩霞等还有几个小丫鬟来，也有二两的，也有一两的。贾母因问平儿：“你难道不替你主子作生日，还入在这里头？”平儿笑道：“我那个私自另外有了，这是官中的，也该出一分。”贾母笑道：“这才是好孩子。”凤姐又笑道：“上下都全了。还有二位姨奶奶，他出不出，也问一声儿。尽到他们是理，不然，他们只当小看了他们了。”贾母听了，忙说：“可是呢，怎么倒忘了他们！只怕他们不得闲儿，叫一个丫头问问去。”说着，早有丫头去了，半日回来说道：“每位也出二两。”贾母喜道：“拿笔砚来算明，共计多少。”尤氏因悄骂凤姐道：“我把你这没足厌的小蹄子。这么些婆婆婶子来凑银子给你过生日，你还不足，又拉上两个苦瓠子作什么？”凤姐也悄笑道：“你少胡说，一会子离了这里，我才和你算帐。他们两个为什么苦呢？有了钱也是白填送别人，不如拘来咱们乐。”

说着，早已合算了，共凑了一百五十两有馀。贾母道：“一日戏酒用不了。”尤氏道：“既不请客，酒席又不多，两三日的用度都够了。头等，戏不用钱，省在这上头。”贾母道：“凤丫头说那一班好，就传那一班。”凤姐儿道："咱们家的班子都听熟了，倒是花几个钱叫一班来听听罢。"贾母道："这件事我交给珍哥媳妇了。越性叫凤丫头别操一点心，受用一日才算。"尤氏答应着。又说了一回话，都知贾母乏了，才渐渐的都散出来。

尤氏等送邢夫人、王夫人二人散去，便往凤姐房里来商议怎么办生日的话。凤姐儿道："你不用问我，你只看老太太的眼色行事就完了。"尤氏笑道："你这阿物儿，也忒行了大运了。我当有什么事叫我们去，原来单为这个。出了钱不算，还要我来操心，你怎么谢我？"凤姐笑道："你别扯臊，我又没叫你来，谢你什么！你怕操心？你这会子就回老太太去，再派一个就是了。"尤氏笑道："你瞧他兴的这样儿。我劝你收着些儿好。太满了就泼出来了。"二人又说了一回方散。

笺证

《红楼梦》对各种情境叙事的布局落子，都力求全局在胸，下一步看三步，步步为营，暗含神机，煞费苦心。有如唐王建《夜看美人宫棋》诗云："宫棋布局不依经，黑白相和子数停。"清初钱谦益《观棋绝句》云："当局休论下子迟，争先一着有人知。由来国手超然处，正在推枰敛手时。"民国初年吴梅《题天香石砚斋棋谱》诗云："敛边丰腹审四隅，布局落子无其偶。"这都讲究眼观八路，心运全局，把握关键，潇洒从容。第四十三回贾母为凤姐筹措过生日，且看她如何布局下子。贾母笑说："我想着，咱们也学那小家子大家凑分子，多少尽着这钱去办，你道好顽不好顽？"庚辰本夹批说："原来凑分子是小家的事。近见多少人家红白事一出，且筹算分子之多寡，不知何说。"夹批进一步说："看他写与宝钗作生日后，又偏写与凤姐作生日。阿凤何人也，岂不为彼之华诞大用一回笔墨哉？只是亏他如何想来，特写于宝钗之后，较姊妹胜而有余；于贾母之前，较诸父母相去不远。一部书中，若一个一个只管写过生日，复成何文哉？故起用宝钗，盛用阿凤，终用贾母，各有妙文，各有妙景。余者诸人，或一笔不写，或偶因一语带过，或丰或简，其情当理合，不表可知。岂必谆谆死笔，按数而写众人之生日哉？"[1]这种夹批提醒人们，过生日乃是身份的体现，身份调动了财源。这局棋不仅为凤姐生日下，而且前后牵连宝钗生日、贾母生日，既有局内之局，又有局外之局。说到凑分子的方法，也只有凤姐的身份适用，她管理偌大家产，因而"也有和凤姐儿好的，有情愿这样的；有畏惧凤姐儿的，巴不得来奉承的"，摊派制度之下，有几人是心口合一？这不只是呈现凤姐在宝钗、贾母之间的位置而已，而且呈现凤姐作为贾府操盘手的特别功能。凑分子由此就变成一场戏，顺水推舟，添油加醋，趁窝和泥，呈现各色人等的嘴脸。行文如此布局落子，深切契合人物的身份与社会联系，把人的存在写成社会关系的总和。后来尤氏笑着对凤姐说："你瞧他兴的这样儿。我劝你收着些儿好。太满了就泼出来了。"尤氏给凤姐泼了一盆冷水，最后一句带有深刻的人生哲理。《易·丰卦》彖曰："日中则昃，月盈则食，天地盈虚，与时消息，而况于人乎，况于鬼神乎！"[2]对此，西汉刘向《说苑·敬慎》记述："孔子读《易》，至于'损益'，则喟然而叹。子夏避席而问曰：'夫子何为叹？'孔子曰：'夫自损者益，自益者缺，吾是以叹也。'子夏曰：'然则学者不可以益乎？'孔子曰：'否，天之道，成者未尝得久也。以虚受之，故曰得。苟不知持满，则天下之善言不得入其耳矣。昔尧履天子之位，犹允恭以持之，虚静以待下，故百载以逾盛，迄今而益章。昆吾自臧而满意，穷高而不衰，故当时而亏败，迄今而逾恶，是非损益之征与？吾故曰：谦也者，致恭以存其位者也。夫丰明而动，故能大，苟大，则亏矣。吾戒之，故曰：天下之善言不得入其耳矣。日中则昃，月盈则食，天地盈虚，与时消息。是以圣人不敢当盛，升舆而遇三人则下，二人则轼，调其盈虚，故能长久也。'子夏曰：'善。请终身诵之。'"[3]又记述："孔子观于周庙，而有欹器焉。孔子问守庙者曰：'此为何器？'对曰：'盖为右坐之器。'孔子曰：'吾闻右坐之器，满则覆，虚则欹，中则正。有之乎？'对曰：'然。'孔子使子路取水而试之，满则覆，中则正，虚则欹。孔子喟然叹曰：'呜呼，恶有满而不覆者哉！'子路曰：'敢问持满有道乎？'孔子曰：'持满之道，挹而损之。'子路曰：'损之有道乎？'孔子曰：'高而能下，满而能虚，富而能俭，贵而能卑，智而能愚，勇而能怯，辩而能讷，博而能浅，明而能暗：是谓损而不极，能行此道，唯至德者及之。《易》曰：不损而益之，故损，自损而终故益。'"[4] 尤氏对凤姐的作威作福采取冷眼旁观的态度，嘲讽凤姐："太满了就泼出来了。"此所谓旁观者清也。尤氏也会下棋乎？何其能够看到未来的两三步也，看到了命运在作弄人。

❶（清）曹雪芹著，脂砚斋评：《脂砚斋重评石头记庚辰校本》，作家出版社2006年版，第776页。

❷兰甲云译注：《周易通释》，岳麓书社2016年版，第220页。

❸（汉）刘向撰，赵善诒疏证：《说苑疏证》，华东师范大学出版社1985年版，第272页。

❹（汉）刘向撰，赵善诒疏证：《说苑疏证》，华东师范大学出版社1985年版，第273页。

次日将银子送到宁国府来，尤氏方才起来梳洗，因问是谁送过来的，丫鬟们回说："是林大娘。"尤氏便命叫了他来。丫鬟走至下房，叫了林之孝家的过来。尤氏命他脚踏上坐了，一面忙着梳洗，一面问他："这一包银子共多少？"林之孝家的回说："这是我们底下人的银子，凑了先送过来。老太太和太太们的还没有呢。"正说着，丫鬟们回说："那府里太太和姨太太打发人送分子来了。"尤氏笑骂道："小蹄子们，专会记得这些没要紧的话。昨儿不过老太太一时高兴，故意的要学那小家子凑分子，你们就记得，到了你们嘴里当正经的说。还不快接了进来好生待茶，再打发他们去。"丫鬟应着，忙接了进来，一共两封，连宝钗、黛玉的都有了。尤氏问还少谁的，林之孝家的道："还少老太太、太太、姑娘们的和底下姑娘们的。"尤氏道："还有你们大奶奶的呢？"林之孝家的道："奶奶过去，这银子都从二奶奶手里发，一共都有了。”

说着，尤氏已梳洗了，命人伺候车辆，一时来至荣府，先来见凤姐。只见凤姐已将银子封好，正要送去。尤氏问:“都齐了？”凤姐儿笑道:“都有了，快拿了去罢，丢了我不管。”尤氏笑道:“我有些信不及，倒要当面点一点。”说着果然按数一点，只没有李纨的一分。尤氏笑道:“我说你肏鬼呢，怎么你大嫂子的没有？”凤姐儿笑道:“那么些还不够使？短一分儿也罢了，等不够了我再给你。”尤氏道:“昨儿你在人跟前作人，今儿又来和我赖，这个断不依你。我只和老太太要去。”凤姐儿笑道:“我看你利害。明儿有了事，我也丁是丁卯是卯的，你也别抱怨。”尤氏笑道:“你一般的也怕。不看你素日孝敬我，我才是不依你呢。”说着，把平儿的一分拿了出来，说道:“平儿，来。把你的收起去，等不够了，我替你添上。”平儿会意，因说道:“奶奶先使着，若剩下了再赏我一样。”尤氏笑道:“只许你那主子作弊，就不许我作情儿？”平儿只得收了。尤氏又道:“我看着你主子这么细致，弄这些钱那里使去。使不了，明儿带了棺材里使去。”

一面说着，一面又往贾母处来。先请了安，大概说了两句话，便走到鸳鸯房中和鸳鸯商议，只听鸳鸯的主意行事，何以讨贾母的喜欢。二人计议妥当。尤氏临走时，也把鸳鸯二两银子还他，说:“这还使不了呢。”说着，一径出来，又至王夫人跟前说了一回话。因王夫人进了佛堂，把彩云一分也还了他。见凤姐不在跟前，一时把周、赵二人的也还了。他两个还不敢收。尤氏道:“你们可怜见的，那里有这些闲钱？凤丫头便知道了，有我应着呢。”二人听说，千恩万谢的方收了。于是尤氏一径出来，坐车回家。不在话下。

展眼已是九月初二日，园中人都打听得尤氏办得十分热闹，不但有戏，连耍百戏并说书的男女先儿全有，都打点取乐顽耍。李纨又向众姊妹道:“今儿是正经社日，可别忘了。宝玉也不来，想必他只图热闹，把清雅就丢开了。”说着，便命丫鬟去瞧作什么，快请了来。丫鬟去了半日，回说:“花大姐姐说，今儿一早就出门去了。”众人听了，都诧异说:“再没有出门之理。这丫头糊涂，不知说话。”因又命翠墨去。一时翠墨回来说:

"可不真出了门了。说有个朋友死了，出去探丧去了。"探春道:"断然没有的事。凭他什么，再没今日出门之理。你叫袭人来，我问他。"刚说着，只见袭人走来。李纨等都说道:"今儿凭他有什么事，也不该出门。头一件，你二奶奶的生日，老太太都这等高兴，两府上下众人来凑热闹，他倒走了；第二件，又是头一社的正日子，他也不告假，就私自去了！"袭人叹道:"昨儿晚上就说了，今儿一早起有要紧的事到北静王府里去，就赶回来的。劝他不要去，他必不依。今儿一早起来，又要素衣裳穿，想必是北静王府里的要紧姬妾没了，也未可知。"李纨等道:"若果如此，也该去走走，只是也该回来了。"说着，大家又商议:"咱们只管作诗，等他回来罚他。"刚说着，只见贾母已打发人来请，便都往前头来了。袭人回明宝玉的事，贾母不乐，便命人去接。

原来宝玉心里有件私事，于头一日就吩咐茗烟:"明日一早要出门，备下两匹马在后门口等着，不要别一个跟着。说给李贵，我往北府里去了。倘或要有人找我，叫他拦住不用找，只说北府里留下了，横竖就来的。"茗烟也摸不着头脑，只得依言说了。今儿一早，果然备了两匹马在园后门等着。天亮了，只见宝玉遍体纯素，从角门出来，一语不发跨上马，一弯腰，顺着街就趱下去了。茗烟也只得跨马加鞭赶上，在后面忙问:"往那里去？"宝玉道:"这条路是往那里去的？"茗烟道:"这是出北门的大道。出去了冷清清没有可顽的。"宝玉听说，点头道:"正要冷清清的地方好。"说着，越性加了鞭，那马早已转了两个弯子，出了城门。茗烟越发不得主意，只得紧紧跟着。

一气跑了七八里路出来，人烟渐渐稀少，宝玉方勒住马，回头问茗烟道:"这里可有卖香的？"茗烟道:"香倒有，不知是那一样？”宝玉想道：“别的香不好，须得檀、芸、降三样。”茗烟笑道：“这三样可难得。”宝玉为难。茗烟见他为难，因问道：“要香作什么使？我见二爷时常小荷包有散香，何不找一找。”一句提醒了宝玉，便回手向衣襟上掏出一个荷包来，摸了一摸，竟有两星沉速，心内欢喜：“只是不恭些。”再想自己亲身带的，倒比买的又好些。于是又问炉炭。茗烟道：“这可罢了。荒郊野外那里有？用这些何不早说，带了来岂不便宜？”宝玉道：“糊涂东西，若可带了来，又不这样没命的跑了。”茗烟想了半日，笑道：“我得了个主意，不知二爷心下如何？我想二爷不止用这个呢，只怕还要用别的。这也不是事。如今我们往前再走二里地，就是水仙庵了。”宝玉听了忙问：“水仙庵就在这里？更好了，我们就去。”说着，就加鞭前行，一面回头向茗烟道：“这水仙庵的姑子长往咱们家去，咱们这一去到那里，和他借香炉使使，他自然是肯的。”茗烟道：“别说他是咱们家的香火，就是平白不认识的庙里，和他借，他也不敢驳回。只是一件，我常见二爷最厌这水仙庵的，如何今儿又这样喜欢了？”宝玉道：“我素日因恨俗人不知原故，混供神混盖庙，这都是当日有钱的老公们和那些有钱的愚妇们听见有个神，就盖起庙来供着，也不知那神是何人，因听些野史小说，便信真了。比如这水仙庵里面因供的是洛神，故名水仙庵，殊不知古来并没有个洛神，那原是曹子建的谎话，谁知这起愚人就塑了像供着。今儿却合我的心事，故借他一用。”

说着早已来至门前。那老姑子见宝玉来了，事出意外，竟像天上掉下个活龙来的一般，忙上来问好，命老道来接马。宝玉进去，也不拜洛神之像，却只管赏鉴。虽是泥塑的，却真有“翩若惊鸿，婉若游龙”之态，“荷出绿波，日映朝霞”之姿。宝玉不觉滴下泪来。老姑子献了茶。宝玉因和他借香炉。那姑子去了半日，连香供纸马都预备了来。宝玉道：“一概不用。”说着，便命茗烟捧着炉出至后院中，拣一块干净地方儿，竟拣不出。茗烟道：“那井台儿上如何？”宝玉点头，一齐来至井台上，将炉放下。

茗烟站过一旁。宝玉掏出香来焚上，含泪施了半礼，回身命收了去。茗烟答应，且不收，忙爬下磕了几个头，口内祝道：“我茗烟跟二爷这几年，二爷的心事，我没有不知道的，只有今儿这一祭祀没有告诉我，我也不敢问。只是这受祭的阴魂虽不知名姓，想来自然是那人间有一，天上无双，极聪明极俊雅的一位姐姐妹妹了。二爷心事不能出口，让我代祝：若芳魂有感，香魄多情，虽然阴阳间隔，既是知己之间，时常来望候二爷，未尝不可。你在阴间保佑二爷来生也变个女孩儿，和你们一处相伴，再不可又托生这须眉浊物了。”说毕，又磕几个头，才爬起来。

笺证

《红楼梦》叙事，存在着不少莫明底细、扑朔迷离之处，放出虚无缥缈的线索，藏掖着错综复杂的玄机，令人一头雾水，梦里说梦，不知伊于胡底。有如北朝乐府《木兰诗》说：“雄兔脚扑朔，雌兔眼迷离；双兔傍地走，安能辨我是雄雌？”这是说，把兔子耳朵提起，近距离观察，雄兔扑腾，雌兔眯眼，是可以分辨雌雄的，可是在地上跑的时候就雌雄难辨了。雌雄难辨，就是扑朔迷离。第四十三回宝玉无头无脑的行为举止，就留有扑朔迷离，颇费参详的悬念。宝玉穿着素服，带着茗烟出城，并不说明原因，一路到了水仙庵。宝玉有一种理论：“我素日因恨俗人不知原故，混供神混盖庙，这都是当日有钱的老公们和那些有钱的愚妇们听见有个神，就盖起庙来供着，也不知那神是何人，因听些野史小说，便信真了。比如这水仙庵里面因供的是洛神，故名水仙庵，殊不知古来并没有个洛神，那原是曹子建的谎话，谁知这起愚人就塑了像供着。今儿却合我的心事，故借他一用。”洛神的驰名，因缘于曹植在魏文帝黄初四年（223）所著《洛神赋》。《昭明文选》有序言说，曹植由京城返回封地时，途经洛水，忽然有感而发，并作此赋。洛神为中国神话里伏羲氏（宓羲）之女儿，因于洛水溺死，而成为洛水之神，即洛神。但是宝玉并不输心于洛神，反而认为“古来并没有个洛神，那原是曹子建的谎话”，因为他心中有一位比洛神更加刻骨铭心的女儿神。宝玉在水仙庵借了香炉，在井台上不知何故而焚香含泪施了半礼，茗烟却叩头祝祷，说出了宝玉心声：“我茗烟跟二爷这几年，二爷的心事，我没有不知道的，只有今儿这一祭祀没有告诉我，我也不敢问。只是这受祭的阴魂虽不知名姓，想来自然是那人间有一，天上无双，极聪明极俊雅的一位姐姐妹妹了。二爷心事不能出口，让我代祝：若芳魂有感，香魄多情，虽然阴阳间隔，既是知己之间，时常来望候二爷，未尝不可。你在阴间保佑二爷来生也变个女孩儿，和你们一处相伴，再不可又托生这须眉浊物了。”茗烟的祷告，是按照宝玉一贯思想来设计的，对于宝玉选在金钏儿的生日到郊外祭祀金钏儿的本心，至此依然是懵然的悬念。这就留下了一种雾里看花的朦胧艺术效果。而且宝玉、茗烟的这场孤寂的戏，是在贾府为凤姐过生日的热闹的戏之外演出的，这就是《红楼梦》冷热金针的叙事法。

宝玉听他没说完，便撑不住笑了，因踢他道：“休胡说，看人听见笑话。”茗烟起来收过香炉，和宝玉走着，因道：“我已经和姑子说了，二爷还没用饭，叫他随便收拾了些东西，二爷勉强吃些。我知道今儿咱们里头大排筵宴，热闹非常，二爷为此才躲了出来的。横竖在这里清净一天，也就尽到礼了。若不吃东西，断使不得。”宝玉道：“戏酒既不吃，这随便素的吃些何妨？”茗烟道：“这便才是。还有一说，咱们来了，还有人不放心。若没有人不放心，便晚了进城何妨？若有人不放心，二爷须得进城回家去才是。第一老太太、太太也放了心。第二礼也尽了，不过如此。就是家去了看戏吃酒，也并不是二爷有意，原不过陪着父母尽孝道。二爷若单为了这个，不顾老太太、太太悬心，就是方才那受祭的阴魂也不安生。二爷想我这话如何？”宝玉笑道：“你的意思我猜着了，你想着只你一个跟了我出来，回来你怕担不是，所以拿这大题目来劝我。我才来了，不过为尽个礼，再去吃酒看戏，并没说一日不进城。这已完了心愿，赶着进城，大家放心，岂不两尽其道。”茗烟道：“这更好了。”说着二人来至禅堂，果然那姑子收拾了一桌素菜，宝玉胡乱吃了些，茗烟也吃了。

二人便上马仍回旧路。茗烟在后面只嘱咐：“二爷好生骑着，这马总没大骑的，手里提紧着。”一面说着，早已进了城，仍从后门进去，忙忙来至怡红院中。袭人等都不在房里，只有几个老婆子看屋子，见他来了，都喜的眉开眼笑，说：“阿弥陀佛，可来了。把花姑娘急疯了。上头正坐席呢，二爷快去罢。”宝玉听说忙将素服脱了，自去寻了华服换上，问在什么地方坐席，老婆子回说在新盖的大花厅上。

宝玉听说，一径往花厅来，耳内早已隐隐闻得歌管之声。刚至穿堂那边，只见玉钏儿独坐在廊檐下垂泪，一见他来，便收泪说道：“凤凰来了，快进去罢。再一会子不来，都反了。”宝玉陪笑道：“你猜我往那里去了？”玉钏儿不答，只管擦泪。宝玉忙进厅里，见了贾母王夫人等，众人真如得了凤凰一般。宝玉忙赶着与凤姐儿行礼。贾母、王夫人都说他不知道好歹，“怎么也不说声就私自跑了，这还了得。明儿再这样，等老爷回家来，必告诉他打你。”说着又骂跟的小厮们都偏听他的话，说那里去就去，也不回一声儿。一面又问他到底那去了，可吃了什么，可唬着了。宝玉只回说：“北静王的一个爱妾昨日没了，给他道恼去。他哭的那样，不好撇下就回来，所以多等了一会子。”贾母道：“以后再私自出门，不先告诉我们，一定叫你老子打你。”宝玉答应着。因又要打跟的小子们，众人又忙说情，又劝道：“老太太也不必过虑了，他已经回来，大家该放心乐一回了。”贾母先不放心，自然发狠，如今见他来了，喜且有馀，那里还恨，也就不提了，还怕他不受用，或者别处没吃饱，路上着了惊怕，反百般的哄他。袭人早过来服侍。大家仍旧看戏。当日演的是《荆钗记》。贾母薛姨妈等都看的心酸落泪，也有叹的，也有骂的。要知端的，下回分解。

笺证

社日本来是祭祀土地神或农业神的时令节日。但《红楼梦》第四十三回的社日，既是凤姐的生日，贾母用凑份子的方式为她办得风风光光，又是宝玉到水仙庵祭奠金钏儿的凄凄切切的日子。如此悲喜交集，可不是唐代诗人王驾《社日》诗所云的春社，其诗云："鹅湖山下稻粱肥，豚栅鸡栖半掩扉。桑柘影斜春社散，家家扶得醉人归。"祭祀社神的风俗起源甚早，后经不少变化，其中蕴含着丰富的民俗信仰。谨录以供喜欢探究民俗信仰者参考和吟味。早在郑玄注《礼记·月令》"择元日，命民社"时就给社祭祀定性说："社，后土也，使民祀焉。神其农业也。祀社日用甲。"《艺文类聚》卷四十九引西晋挚虞《新礼议》曰："故事，祀皋陶于廷尉寺，新礼移祀于律寺，以同祭先圣于太学也。又故事，祀以社日，新礼改以孟秋之月，以应秋政。臣虞谨案，皋陶作士，惟明克允，国重其功，人思其当，是以狱官祀其神，系者致其祭，律非正署，废兴无常，宜如旧礼。"[5]这就有了春社和秋社二祭。南朝梁沈约《宋书·礼志》云："祠太社、帝社、太稷，常以岁二月、八月二社日祠之。"[6]南朝梁宗懔《荆楚岁时记》："社日，四邻并结宗会社，宰牲牢，为屋于树下，先祭神，然后享其胙。"[7]《全唐文》卷九百七十四收录《请以寿星配社两京立万寿殿状（开元二十四年七月）》说："《月令》云：'八月日月会于寿星，居列宿之长。五者土之数，以生为大。'臣窃以寿者圣人之长也，土者皇家之德也。陛下首出寿星之次，旅于土德之数，示五运开元之期，万寿无疆之应。请两京各改一殿，以'万寿'为名，至千秋节会，百寮于此殿如受元之礼。每至八月社日配寿星祠，至于大社坛享之。"[8]唐末五代诗僧贯休《江边祠》写道："松森森，江浑浑，江边古祠空闭门。精灵应醉社日酒，白龟咬断菖蒲根。花残冷红宿雨滴，土龙甲湿鬼眼赤。天符早晚下空碧，昨夜前村行霹雳。”[9]在这位诗僧的心目中，社日充满着天地鬼神的奇异行为。南宋叶梦得《石林诗话》卷上把思维伸向人间，记录了社酒可以治耳聋的风俗，说是：“世言社日饮酒治聋，不知其何据。五代李涛有《春社从李昉求酒诗》云：‘社公今日没心情，为乞治聋酒一瓶。恼乱玉堂将欲遍，依稀巡到第三厅。’（李）昉时为翰林学士，有日给内库酒，故涛从乞之，则其传亦已久矣。社公，涛小字也。唐人在庆侍下，虽达官高年，皆称小字。涛性疏达不羁，善谐谑，与朝士言，亦多以社公自名，闻者无不以为笑。然亮直敢言，后官亦至宰相。”[10]南宋吴自牧《梦粱录》卷四对社日的记载，更多风俗味，说是：“八月上旬丁日，太宗孝宗庠县学俱行秋丁释奠礼。秋社日，朝廷及州县差官祭社稷于坛，盖春祈而秋报也。秋社日，有士庶家妻女归外家回，皆以新葫芦儿、枣儿等为遗，俗谚云谓之‘宜良外甥儿’之兆耳。”[11]南宋陆游《社日》诗加注，多涉风俗，诗云：“百谷登场酒满卮，神林箫鼓晚清悲。蝉依疏柳长言处，燕委空巢大去时。幼学已忘那用忌（乡俗，小儿女社日忌习业），微聋自乐不须医（古谓社酒治聋）。伤心故里鸡豚集，父老逢迎正见思。”[12]元人俞希鲁《至顺镇江志》卷三又记载春秋二社日的风俗：“二社日卖社糕（春、秋二社日，清晨，小儿捧糕于街头卖之）。”明谢肇淛《五杂组》卷二又记述另一种关于聪明的风俗：“唐、宋以前，皆以社日停针线，而不知其所从起。余按吕公忌云：‘社日男女辍业一日，否则令人不聪。’始知俗传社日饮酒治耳聋者，为此，而停针线者，亦以此也。”[13]清徐鼒《读书杂释》卷六对社日风俗作了总结：“（《月令》）‘择元日，命民社’，《吕

❺（唐）欧阳询：《艺文类聚》，上海古籍出版社1965年版，第884页。

❻（梁）沈约：《宋书》，中华书局2000年版，第236页。

❼王毓荣校注：《荆楚岁时记校注》，文津出版社1988年版，第106页。

❽周绍良主编：《全唐文新编》，吉林文史出版社2000年版，第13288页。

❾（清）彭定求等编：《全唐诗》，中州古籍出版社2008年版，第4168页。

❿（清）何文焕辑：《历代诗话》，中华书局1981年版，第413—414页。

⓫（宋）吴自牧：《梦粱录》，浙江人民出版社1980年版，第26页。

⓬（宋）陆游注，钱仲联点校：《剑南诗稿》，岳麓书社1998年版，第92页。

⓭上海古籍出版社编：《明代笔记小说大观》，上海古籍出版社2005年版，第1496页。

览》作‘择元日，命人社’。按康成注：‘社，后土也。使民祀焉，神其农业也。祀社日用甲。’孔颖达疏曰：‘祀社日用甲者，解经元日也。《郊特牲》云祀社日用甲，用日之始也。《召诰》：戊午，乃社于新邑。用戊者，周公告营洛邑，位成，非常祭也。’高诱注：‘元，善也。日，从甲至癸也。社祭后土，所以为民祈谷也。嫌日有从否，重农事，故卜择之。’鼒谓：郑据《郊特牲》云‘日用甲’，则经当如前文云‘以’元日，不当云‘择’，盖用甲，则无所庸择也。今云‘择元日’，则与‘择元辰’同例，知高义为优也。又，唐《月令》注‘元日’云‘近春分前后戊日’，与郑用甲不同。说者谓：社祭土，土畏木，甲属木，故不用，而用戊日，戊属土，且以《召诰》用戊午也。盖此社乃群姓立社之社，非天子之社也，故择吉而用之，不必定如《郊特牲》之礼也。”[14] 自东周秦汉到明清的这些文献，展示了丰富的社日民俗信仰的特征和内涵，可供反观凤姐、宝玉在社日的或喜或悲的情感行为。

[14]（清）徐鼒撰，阎振益、钟夏点校：《读书杂释》，中华书局1997年版，第90页。

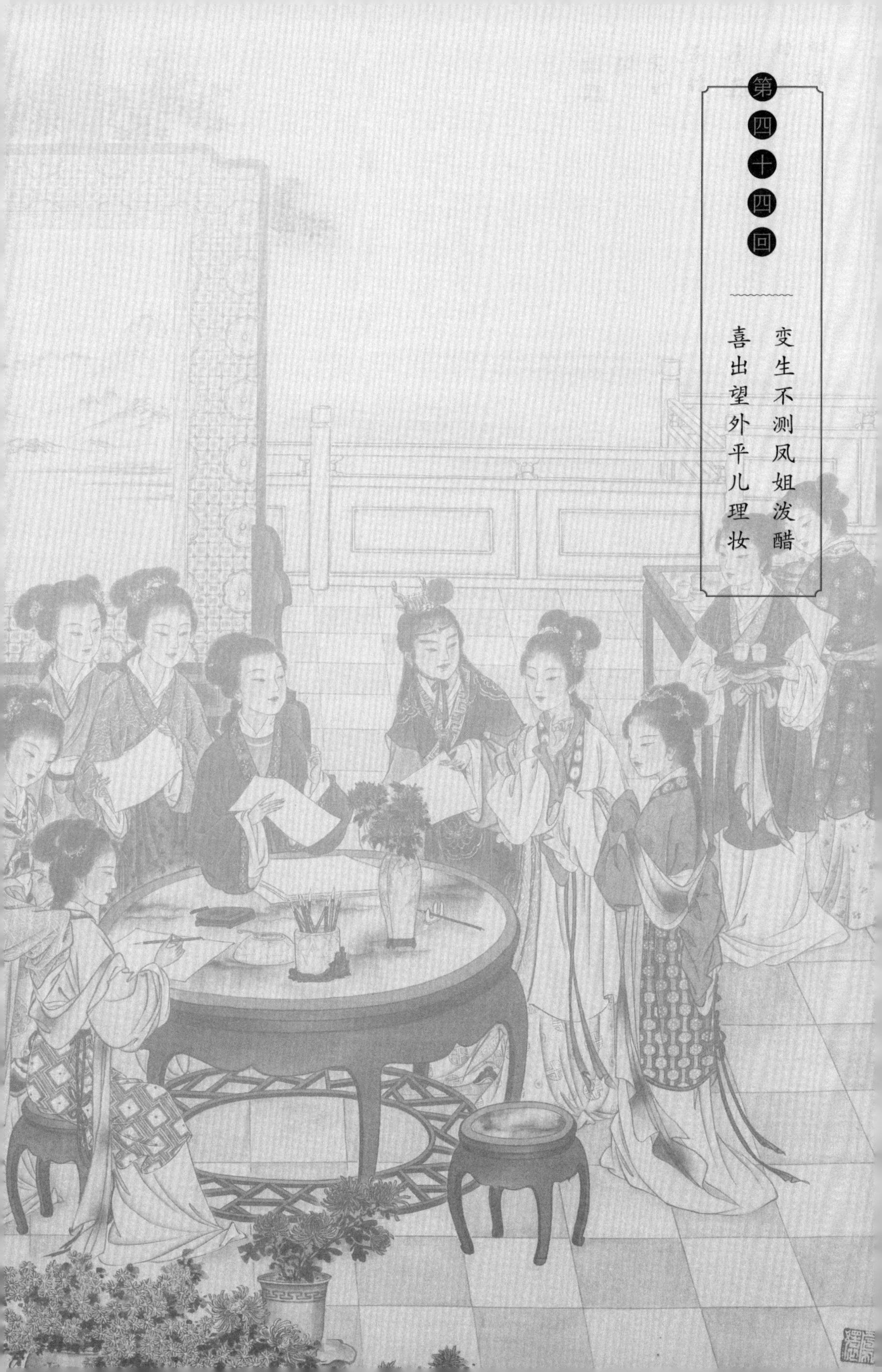

第四十四回

变生不测凤姐泼醋
喜出望外平儿理妆

话说众人看演《荆钗记》，宝玉和姐妹一处坐着。林黛玉因看到《男祭》这一出上，便和宝钗说道："这王十朋也不通的很，不管在那里祭一祭罢了，必定跑到江边子上来作什么。俗语说，'睹物思人'，天下的水总归一源，不拘那里的水舀一碗看着哭去，也就尽情了。"宝钗不答。宝玉回头要热酒敬凤姐儿。

笺证

《红楼梦》借戏曲来言事寓意之处甚多，可见其小说戏曲观相当舒展、丰富和平民化。长袖善舞，戏曲是《红楼梦》翩翩舞姿的拂拂长袖。还在第四十二回，薛宝钗就对林黛玉提到家中藏书有"《西厢》《琵琶》以及《元人百种》"。因而第四十四回此处的《荊钗记》，应是《元人百种》本，其第三十出是《祭江》。《荆钗记》描写王十朋、钱玉莲"义夫节妇"，生死不渝的夫妇之爱。温州穷书生王十朋幼年丧父，家境清贫。贡元钱流行赏识王十朋聪明好学，为人正派，就将前妻所生的女儿玉莲相许配。王十朋母亲因家贫，便以荆钗为聘礼。而玉莲继母嫌贫爱富，想将玉莲嫁给富豪孙汝权。钱玉莲拒绝孙汝权的求婚，宁肯嫁给以"荆钗"为聘的王十朋。后来王十朋中了状元，因拒绝万俟卨丞相逼婚，被派往荒僻的潮阳任佥判。孙汝权暗自更改王十朋的家书为"休书"，哄骗玉莲上当；钱玉莲的后母也逼她改嫁，玉莲不从，投河自尽，幸被新任福建安抚钱载和救起，收为义女。钱载和来到福州上任后，即差人去饶州寻找王十朋。差人打听到新任饶州姓王太守到任不久病故，回来告知，使玉莲误以丈夫已死，悲痛欲绝。而王十朋在赴任前接取母亲与妻子来京城，听说玉莲已投江而亡，十分悲恸。五年后，王十朋调任吉安太守，而钱载和也由福建安抚升任两广巡抚，赴任途中路过吉安府，王十朋前去码头拜谒。当钱载和知道了王十朋就是玉莲的丈夫后，就在船上设宴，使十朋与玉莲得以团圆。剧中戏里有戏，极尽巧合误会、悲欢离合之能事。《红楼梦》林黛玉嘲笑《荆钗记·男祭》中王十朋跑到江边祭妻，乃是王十朋梦见玉莲托梦说："十朋，我只与你同忧，不与你同乐。"王十朋母亲得知此梦，认为是玉莲前来讨祭，十朋就在清明时节备下祭礼到江边哭祭玉莲。值得注意的，一是在凤姐庆生日时，上演生死不渝"义夫节妇"的《荆钗记》，转眼间却是"变生不测凤姐泼醋"，出现丈夫偷情、夫妻反目的一幕，以强烈的悖谬感震碎了理想形态的家庭生活。二是黛玉嘲讽《荆钗记·男祭》主人公的做作，可见她欣赏《西厢记》《牡丹亭》的纯情，讨厌矫揉造作的大团圆把戏。这些都显示了《红楼梦》戏里人生与戏外人生两相映照，台词背后的潜台词中的人生哲学丰富深湛，可以让人们从不同侧面看人生。

原来贾母说今日不比往日，定要叫凤姐痛乐一日。本来自己懒待坐席，只在里间屋里榻上歪着和薛姨妈看戏，随心爱吃的拣几样放在小几上，随意吃着说话儿，将自己两桌席面赏那没有席面的大小丫头并那应差听差的妇人等，命他们在窗外廊檐下也只管坐着随意吃喝，不必拘礼。王夫人和邢夫人在地下高桌上坐着，外面几席是他姊妹们坐。

贾母不时吩咐尤氏等："让凤丫头坐在上面，你们好生替我待东，难为他一年到头辛苦。"尤氏答应了，又笑回说道："他坐不惯首席，坐在上头横不是竖不是的，酒也不肯吃。"贾母听了，笑道："你不会，等我亲自让他去。"凤姐儿忙也进来笑说："老祖宗别信他们的话，我吃了好几钟了。"贾母笑着，命尤氏："快拉他出去，按在椅子上，你们都轮流敬他。他再不吃，我当真的就亲自去了。"尤氏听说，忙笑着又拉他出来坐下，命人拿了台盏斟了酒，笑道："一年到头难为你孝顺老太太、太太和我。我今儿没什么疼你的，亲自斟杯酒，乖乖儿的在我手里喝一口。"凤姐儿笑道："你要安心孝敬我，跪下我就喝。"尤氏笑道："说的你不知是谁。我告诉你说，好容易今儿这一遭，过了后儿，知道还得像今儿这样不得了。趁着尽力灌丧两钟罢。"凤姐儿见推不过，只得喝了两钟。接着众姊妹也来，凤姐也只得每人的喝一口。赖大妈妈见贾母尚这等高兴，也少不得来凑趣儿，领着些嬷嬷们也来敬酒。凤姐儿也难推脱，只得喝了两口。鸳鸯等也来敬，凤姐儿真不能了，忙央告道："好姐姐们，饶了我罢，我明儿再喝罢。"鸳鸯笑道："真个的，我们是没脸的了。就是我们在太太跟前，太太还赏个脸儿呢。往常倒有些体面，今儿当着这些人，倒拿起主子的款儿来了。我原不该来，不喝，我们就走。"说着真个回去了。凤姐儿忙赶上拉住，笑道："好姐姐，我喝就是了。"说着拿过酒来，满满的斟了一杯喝干。鸳鸯方笑了散去，然后又入席。

凤姐儿自觉酒沉了，心里突突的似往上撞，要往家去歇歇，只见那耍百戏的上来，便和尤氏说："预备赏钱，我要洗洗脸去。"尤氏点头。凤姐儿瞅人不防，便出了席，往房门后檐下走来。平儿留心，也忙跟了来，凤姐儿便扶着他。才至穿廊下，只见他房里的一个小丫头正在那里站着，见他两个来了，回身就跑。凤姐儿便疑心，忙叫："站住！"那丫头先只装听不见，无奈后面连平儿也叫，只得回来。凤姐儿越发起了疑心，忙和平儿进了穿堂，叫那小丫头子也进来，把槅扇关了，凤姐儿坐在小院子的台阶上，命那丫头子跪了，喝命平儿："叫两个二门上的小厮来，拿绳子鞭子，把那眼睛里没主子的小蹄子打烂了。"那小丫头子已经唬的魂飞魄散，哭着只管碰头求饶。凤姐儿问道："我又不是鬼，你见了我，不说规规矩矩站住，怎么倒往前跑？”小丫头子哭道：“我原没看见奶奶来。我又记挂着房里无人，所以跑了。”凤姐儿道：“房里既没人，谁叫你来的？你便没看见我，我和平儿在后头扯着脖子叫了你十来声，越叫越跑。离的又不远，你聋了不成。你还和我强嘴？”说着便扬手一掌打在脸上，打的那小丫头一栽，这边脸上又一下，登时小丫头子两腮紫胀起来。平儿忙劝：“奶奶仔细手疼。”凤姐便说：“你再打着问他跑什么。他再不说，把嘴撕烂了他的。”那小丫头子先还强嘴，后来听见凤姐儿要烧了红烙铁来烙嘴，方哭道：“二爷在家里，打发我来这里瞧着奶奶的，若见奶奶散了，先叫我送信儿去的。不承望奶奶这会子就来了。”凤姐儿见话中有文章，便又问道：“叫你瞧着我作什么，难道怕我家去不成？必有别的原故，快告诉我，我从此以后疼你。你若不细说，立刻拿刀子来割你的肉。”说着，回头向头上拔下一根簪子来，向那丫头嘴上乱戳，唬的那丫头一行躲，一行哭求道：“我告诉奶奶，可别说我说的。”平儿一旁劝，一面催他，叫他快说。丫头便说道：“二爷也是才来房里的，睡了一会醒了，打发人来瞧瞧奶奶，说才坐席，还得好一会才来呢。二爷就开了箱子，拿了两块银子，还有两根簪子，两匹缎子，叫我悄悄的送与鲍二的老婆去，叫他进来。他收了东西就往咱们屋里来了。二爷叫我来瞧着奶奶，底下的事我就不知道了。”

凤姐听了，已气的浑身发软，忙立起身来一径来家。刚至院门，只见又有一个小丫头在门前探头儿，一见了凤姐，也缩头就跑。凤姐儿提着名字喝住。那丫头本来伶俐，见躲不过了，越性跑了出来，笑道：“我正要告诉奶奶去呢，可巧奶奶来了。”凤姐儿道：“告诉我什么？”那小丫头便说二爷在家这般如此如此，将方才的话也说了一遍。凤姐啐道:“你早作什么了?这会子我看见你了,你来推干净儿。”说着也扬手一下打的那丫头一个趔趄,便蹑手蹑脚的走至窗前。往里听时,只听里头说笑。那妇人笑道:“多早晚你那阎王老婆死了就好了。”贾琏道:“他死了,再娶一个也是这样,又怎么样呢?”那妇人道:“他死了,你倒是把平儿扶了正,只怕还好些。”贾琏道:“如今连平儿他也不叫我沾一沾了。平儿也是一肚子委曲不敢说。我命里怎么就该犯了‘夜叉星’?”

凤姐听了,气的浑身乱战,又听他俩都赞平儿,便疑平儿素日背地里自然也有愤怨语了,那酒越发涌了上来,也并不忖度,回身把平儿先打了两下,一脚踢开门进去,也不容分说,抓着鲍二家的撕打一顿。又怕贾琏走出去,便堵着门站着骂道:“好淫妇,你偷主子汉子,还要治死主子老婆。平儿过来。你们淫妇忘八一条藤儿,多嫌着我,外面儿你哄我。”说着又把平儿打几下,打的平儿有冤无处诉,只气得干哭,骂道:“你们做这些没脸的事,好好的又拉上我做什么?”说着也把鲍二家的撕打起来。贾琏也因吃多了酒,进来高兴,未曾作的机密,一见凤姐来了,已没了主意,又见平儿也闹起来,把酒也气上来了。凤姐儿打鲍二家的,他已又气又愧,只不好说的,今见平儿也打,便上来踢骂道:“好娼妇!你也动手打人。”平儿气怯,忙住了手,哭道:“你们背地里说话,为什么拉我呢?”凤姐见平儿怕贾琏,越发气了,又赶上来打着平儿,偏叫打鲍二家的。平儿急了,便跑出来找刀子要寻死。外面众婆子丫头忙拦住解劝。这里凤姐见平儿寻死去,便一头撞在贾琏怀里,叫道:“你们一条藤儿害我,被我听见了,倒都唬起我来。你也勒死我!”贾琏气的墙上拔出剑来,说道:“不用寻死,我也急了,一齐杀了,我偿了命,大家干净。”正闹的不开交,只见尤氏等一群人来了,说:“这是怎么说,才好好的,就闹起来。”贾琏见了人,越发“倚酒三分醉”,逞起威风来,故意要杀凤姐儿。凤姐儿见人来了,便不似先前那般泼了,丢下众人,便哭着往贾母那边跑。

此时戏已散出,凤姐跑到贾母跟前,爬在贾母怀里,只说:“老祖宗救我。琏二爷要杀我呢。”贾母、邢夫人、王夫人等忙问怎么了。凤姐儿哭道："我才家去换衣裳，不防琏二爷在家和人说话，我只当是有客来了，唬得我不敢进去。在窗户外头听了一听，原来是和鲍二家的媳妇商议，说我利害，要拿毒药给我吃了治死我，把平儿扶了正。我原气了，又不敢和他吵，原打了平儿两下，问他为什么要害我。他臊了，就要杀我。"贾母等听了，都信以为真，说："这还了得，快拿了那下流种子来！"一语未完，只见贾琏拿着剑赶来，后面许多人跟着。贾琏明仗着贾母素习疼他们，连母亲、婶母也无碍，故逞强闹了来。邢夫人、王夫人见了，气的忙拦住骂道："这下流种子，你越发反了，老太太在这里呢！"贾琏乜斜着眼，道："都是老太太惯的他，他才这样，连我也骂起来了。"邢夫人气的夺下剑来，只管喝他："快出去。"那贾琏撒娇撒痴，涎言涎语的还只乱说。贾母气的说道："我知道你也不把我们放在眼里，叫人把他老子叫来。"贾琏听见这话，方趔趄着脚儿出去了，赌气也不往家去，便往外书房来。

这里邢夫人、王夫人也说凤姐儿。贾母笑道："什么要紧的事。小孩子们年轻，馋嘴猫儿似的，那里保得住不这么着。从小儿世人都打这么过的。都是我的不是，叫你多吃了两口酒，又吃起醋来。"说的众人都笑了。贾母又道："你放心，等明儿我叫他来替你赔不是。你今儿别要过去臊着他。"因又骂："平儿那蹄子，素日我倒看他好，怎么暗地里这么坏？"尤氏等笑道："平儿没有不是，是凤丫头拿着人家出气。两口子不好对打，都拿着平儿煞性子。平儿委曲的什么似的呢，老太太还骂人家。"贾母道："原来这样，我说那孩子倒不像那狐媚魔道的。既这么着，可怜见的，白受他们的气。"因叫琥珀来："你出去告诉平儿，就说我的话：我知道他受了委曲，明儿我叫凤姐儿替他赔不是。今儿是他主子的好日子，不许他胡闹。"

原来平儿早被李纨拉入大观园去了。平儿哭的哽咽难止。宝钗劝道："你是个明白人，素日凤丫头何等待你，今儿不过他多吃一口酒。他可不拿你出气，难道倒拿别人出气不成？别人又笑话他吃醉了。你只管这会子委曲，素日你的好处，岂不都是假的了？"正说着，只见琥珀走来，说了贾母的话。平儿自觉面上有了光辉，方才渐渐的好了，也不往前头来。宝钗等歇息了一回，方来看贾母、凤姐。

宝玉便让平儿到怡红院中来。袭人忙接着，笑道："我先原要让你的，只因大奶奶和姑娘们都让你，我就不好让的了。"平儿也陪笑说"多谢"。因又说道："好好儿的从那里说起，无缘无故白受了一场气。"袭人笑道："二奶奶素日待你好，这不过是一时气急了。"平儿道："二奶奶倒没说的，只是那淫妇治的我，他又偏拿我凑趣，况还有我们那糊涂爷倒打我。"说着便又委曲，禁不住落泪。宝玉忙劝道："好姐姐，别伤心，我替他两个赔不是罢。"平儿笑道："与你什么相干？"宝玉笑道："我们弟兄姊妹都一样。他们得罪了人，我替他赔个不是也是应该的。"又道："可惜这新衣裳也沾了，这里有你花妹妹的衣裳，何不换了下来，拿些烧酒喷了熨一熨。把头也另梳一梳。"一面说，一面便吩咐了小丫头子们舀洗脸水，烧熨斗来。平儿素习只闻人说宝玉专能和女孩儿们接交，宝玉素日因平儿是贾琏的爱妾，又是凤姐儿的心腹，故不肯和他厮近，因不能尽心，也常为恨事。

平儿今见他这般，心中也暗暗的敁敠：果然话不虚传，色色想的周到。又见袭人特特的开了箱子，拿出两件不大穿的衣裳来与他换，便赶忙的脱下自己的衣服，忙去洗了脸。宝玉一旁笑劝道："姐姐还该擦上些脂粉，不然倒像是和凤姐姐赌气了似的。况且又是他的好日子，而且老太太又打发了人来安慰你。"

平儿听了有理，便去找粉，只不见粉。宝玉忙走至妆台前，将一个宣窑瓷盒揭开，里面盛着一排十根玉簪花棒，拈了一根递与平儿。又笑向他道："这不是铅粉，这是紫茉莉花种，研碎了兑上香料制的。"平儿倒在掌上看时，果见轻白红香，四样俱美，摊在面上也容易匀净，且能润泽肌肤，不似别的粉青重涩滞。然后看见胭脂也不是成张的，却是一个小小的白玉盒子，里面盛着一盒，如玫瑰膏子一样。宝玉笑道：“那市卖的胭脂都不干净，颜色也薄。这是上好的胭脂拧出汁子来，淘澄净了渣滓，配了花露蒸叠成的。只用细簪子挑一点儿抹在手心里，用一点水化开抹在唇上，手心里就够打颊腮了。”平儿依言妆饰，果见鲜艳异常，且又甜香满颊。宝玉又将盆内的一枝并蒂秋蕙用竹剪刀撷了下来，与他簪在鬓上。忽见李纨打发丫头来唤他，方忙忙的去了。

宝玉因自来从未在平儿前尽过心，——且平儿又是个极聪明极清俊的上等女孩儿，比不得那起俗蠢拙物——深为恨怨。今日是金钏儿的生日，故一日不乐。不想落后闹出这件事来，竟得在平儿前稍尽片心，亦今生意中不想之乐也。因歪在床上，心内怡然自得。忽又思及贾琏惟知以淫乐悦己，并不知作养脂粉。又思平儿并无父母兄弟姊妹，独自一人，供应贾琏夫妇二人。贾琏之俗，凤姐之威，他竟能周全妥帖，今儿还遭荼毒，想来此人薄命，比黛玉犹甚。想到此间，便又伤感起来，不觉洒然泪下。因见袭人等不在房内，尽力落了几点痛泪。复起身，又见方才的衣裳上喷的酒已半干，便拿熨斗熨了叠好，见他的手帕子忘去，上面犹有泪渍，又拿至脸盆中洗了晾上。又喜又悲，闷了一回，也往稻香村来，说一回闲话，掌灯后方散。

平儿就在李纨处歇了一夜，凤姐儿只跟着贾母。贾琏晚间归房，冷清清的，又不好去叫，只得胡乱睡了一夜。次日醒了，想昨日之事，大没意思，后悔不来。邢夫人记挂着昨日贾琏醉了，忙一早过来，叫了贾琏过贾母这边来。贾琏只得忍愧前来，在贾母面前跪下。贾母问他：“怎么了？”贾琏忙陪笑说：“昨儿原是吃了酒，惊了老太太的驾了，今儿来领罪。”贾母啐道：“下流东西，灌了黄汤，不说安分守己的挺尸去，倒打起老婆来了。凤丫头成日家说嘴，霸王似的一个人，昨儿唬得可怜。要不是我，你要伤了他的命，这会子怎么样？”贾琏一肚子的委屈，不敢分辩，只认不是。贾母又道：“那凤丫头和平儿还不是个美人胎子？你还不足！成日家偷鸡摸狗，脏的臭的，都拉了你屋里去。为这起淫妇打老婆，又打屋里的人，你还亏是大家子的公子出身，活打了嘴了。若你眼睛里有我，你起来，我饶了你，乖乖的替你媳妇赔个不是，拉了他家去，我就喜欢了。要不然，你只管出去，我也不敢受你的跪。”

贾琏听如此说，又见凤姐儿站在那边，也不盛妆，哭的眼睛肿着，也不施脂粉，黄黄脸儿，比往常更觉可怜可爱。想着：“不如赔了不是，彼此也好了，又讨老太太的喜欢了。”想毕，便笑道：“老太太的话，我不敢不依，只是越发纵了他了。”贾母笑道：“胡说！我知道他最有礼的，再不会冲撞人。他日后得罪了你，我自然也作主，叫你降伏就是了。”

贾琏听说，爬起来，便与凤姐儿作了一个揖，笑道：“原来是我的不是，二奶奶饶过我罢。”满屋里的人都笑了。贾母笑道：“凤丫头，不许恼了，再恼我就恼了。”

说着，又命人去叫了平儿来，命凤姐儿和贾琏两个安慰平儿。贾琏见了平儿，越发图不得了，所谓“妻不如妾，妾不如偷”，听贾母一说，便赶上来说道：“姑娘昨日受了委屈了，都是我的不是。奶奶得罪了你，也是因我而起。我赔了不是不算外，还替你奶奶赔个不是。”说着，也作了一个揖，引的贾母笑了，凤姐儿也笑了。贾母又命凤姐儿来安慰他。平儿忙走上来给凤姐儿磕头，说：“奶奶的千秋，我惹了奶奶生气，是我该死。”凤姐儿正自愧悔昨日酒吃多了，不念素日之情，浮躁起来，为听了旁人的话，无故给平儿没脸。今反见他如此，又是惭愧，又是心酸，忙一把拉起来，落下泪来。平儿道：“我服侍了奶奶这么几年，也没弹我一指甲。就是昨儿打我，我也不怨奶奶，都是那淫妇治的，怨不得奶奶生气。”说着，也滴下泪来了。贾母便命人将他三人送回房去，“有一个再提此事，即刻来回我，我不管是谁，拿拐棍子给他一顿。”

三个人从新给贾母、邢王二位夫人磕了头。老嬷嬷答应了，送他三人回去。至房中，凤姐儿见无人，方说道：“我怎么像个阎王，又像夜叉？那淫妇咒我死，你也帮着咒我。我千日不好，也有一日好。可怜我熬的连个淫妇也不如了，我还有什么脸来过这日子？”说着，又哭了。贾琏道：“你还不足？你细想想，昨儿谁的不是多？今儿当着人还是我跪了一跪，又赔不是，你也争足了光了。这会子还叨叨，难道还叫我替你跪下才罢？太要足了强也不是好事。”说的凤姐儿无言可对，平儿嗤的一声又笑了。贾琏也笑道：“又好了。真真我也没法了。”

正说着，只见一个媳妇来回说：“鲍二媳妇吊死了。”贾琏凤姐儿都吃了一惊。凤姐忙收了怯色，反喝道：“死了罢了，有什么大惊小怪的。”一时，只见林之孝家的进来悄回凤姐道：“鲍二媳妇吊死了，他娘家的亲戚要告呢。”凤姐儿笑道：“这倒好了，我正想要打官司呢。”林之孝家的道：“我才和众人劝了他们，又威吓了一阵，又许了他几个钱，也就依了。”凤姐儿道：“我没一个钱。有钱也不给，只管叫他告去。也不许劝他，也不用镇吓他，只管让他告去。告不成倒问他个‘以尸讹诈’。”

林之孝家的正在为难，见贾琏和他使眼色儿，心下明白，便出来等着。贾琏道：“我出去瞧瞧，看是怎么样。”凤姐儿道：“不许给他钱。”贾琏一径出来，和林之孝来商议，着人去作好作歹，许了二百两发送才罢。贾琏生恐有变，又命人去和王子腾说，将番役仵作人等叫了几名来，帮着办丧事。那些人见了如此，纵要复辨亦不敢辨，只得忍气吞声罢了。贾琏又命林之孝将那二百银子入在流年帐上，分别添补开销过去。又梯己给鲍二些银两，安慰他说：“另日再挑个好媳妇给你。”鲍二又有体面，又有银子，有何不依，便仍然奉承贾琏，不在话下。

里面凤姐心中虽不安，面上只管佯不理论，因房中无人，便拉平儿笑道：“我昨儿灌丧了酒了，你别埋怨，打了那里，让我瞧瞧。”平儿道：“也没打重。”只听得说，奶奶姑娘都进来了。要知端的，下回分解。

笺证

第四十四回变生不测，使凤姐生日庆典成了一出狂风骤雨的闹剧。这么一闹，却闹出了一部贾府家庭伦理的颠三倒四的生态景观。所谓“变生不测凤姐泼醋”，是从凤姐捉奸厮闹着眼，而对贾琏不忠于妻子，与偷情者咒骂“阎王老婆”“夜叉星”的谴责是有限度的。关键的一句话，是贾母笑着说：“什么要紧的事。小孩子们年轻，馋嘴猫儿似的，那里保得住不这么着。从小儿世人都打这么过的。都是我的不是，叫你多吃了两口酒，又吃起醋来。”贾琏馋嘴猫儿似的通奸行为，所谓“妻不如妾，妾不如偷”，被看成是贾府的习惯成自然的通例。他在气头上拔剑追杀凤姐，贾母又喝止了贾琏：“那凤丫头和平儿还不是个美人胎子？你还不足！成日家偷鸡摸狗，脏的臭的，都拉了你屋里去。为这起淫妇打老婆，又打屋里的人，你还亏是大家子的公子出身，活打了嘴了。若你眼睛里有我，你起来，我饶了你，乖乖的替你媳妇赔个不是，拉了他家去，我就喜欢了。要不然，你只管出去，我也不敢受你的跪。”贾母维护贾府秩序的方法，是认同贾府的性浑浊通例，使各人不失体面。在贾母的斥责监护下，贾琏向凤姐、平儿作揖赔罪，平儿知道贾母说她倒不像那狐媚魇道的，明白她受了委曲，要叫凤姐向她赔不是，就感到脸上有了光辉。奴才的荣光，在于主子对自己安分守己的称赞。谁想到与贾琏通奸的鲍二媳妇上吊自尽，贾琏私自拿出二百两银子给她娘家，又出一些银两让鲍二娶房新媳妇。人命关天，但发生在仆人家，花点银子就可以摆平。面对巨大的权势淫威，不摆平又能怎样？凤姐这盆醋泼得可谓大矣，溅出来的泡沫，也足够宝玉庆幸不已。宝玉把平儿让到怡红院，有了新的心灵满足。宝玉又代替贾琏赔罪，又让平儿梳洗换衣。紫茉莉花香料抹脸，玫瑰膏子涂唇，平儿依言妆饰，果见鲜艳异常，且又甜香满颊。宝玉又剪下一枝并蒂秋蕙簪在她的鬓上，使平儿感到宝玉事事想得周到。在这一系列的服侍中，宝玉得到巨大的精神补偿："宝玉因自来从未在平儿前尽过心——且平儿又是个极聪明极清俊的上等女孩儿，比不得那起俗蠢拙物——深为恨怨。今日是金钏儿的生日，故一日不乐。不想落后闹出这件事来，竟得在平儿前稍尽片心，亦今生意中不想之乐也。因歪在床上，心内怡然自得。忽又思及贾琏惟知以淫乐悦己，并不知作养脂粉。又思平儿并无父母兄弟姊妹，独自一人，供应贾琏夫妇二人。贾琏之俗，凤姐之威，他竟能周全妥帖，今儿还遭荼毒，想来此人薄命，比黛玉犹甚。想到此间，便又伤感起来，不觉洒然泪下。因见袭人等不在房内，尽力落了几点痛泪。"庚辰本夹批说："忽使平儿在绛芸轩中梳妆，非世人想不到，宝玉亦想不到者也。作者费尽心机了。写宝玉最善闺阁中事，诸如脂粉等类，不写成别致文章，则宝玉不成宝玉矣。然要写又不便特为此费一番笔墨，故思及借人发端。然借人又无人，若袭人辈则逐日皆如此，又何必拣一日细写？似觉无味。若宝钗等又系姊妹，更不便来细搜袭人之妆奁，况也是自幼知道的了。因左想右想须得一个又甚亲、又甚疏、又可唐突、又不可唐突、又和袭人等极亲、又和袭人等不大常处、又得袭人辈之美、又不得袭人辈之修饰一人来方可发端。故思及平儿一人方如此，故放手细写绛芸闺中之什物也。"[1] 对于前回野外含混未明的私祭，至此才点明是祭金钏儿。庚辰本夹批又说："原来为此！

[1]（清）曹雪芹著，脂砚斋评：《脂砚斋重评石头记庚辰校本》，作家出版社2006年版，第796页。

宝玉之私祭，玉钏之潜哀俱针对矣。然于此刻补明，又一法也。真千变万化之文，万法具备，毫无脱漏，真好书也。”❷在贾府这场伦理污浊混乱的大戏中，宝玉似乎置身于世俗伦理之外，又处在痴情伦理之中。贵族伦理大戏遵循着自身的尺度和话题，迸发出许多心机迷雾，互相撕扯，各有攻防套路，使贾府泼醋闹剧迅速归于风平浪静，如此经典叙事实在是永远开不败的花儿。

❷（清）曹雪芹著，脂砚斋评:《脂砚斋重评石头记庚辰校本》，作家出版社2006年版，第797页。

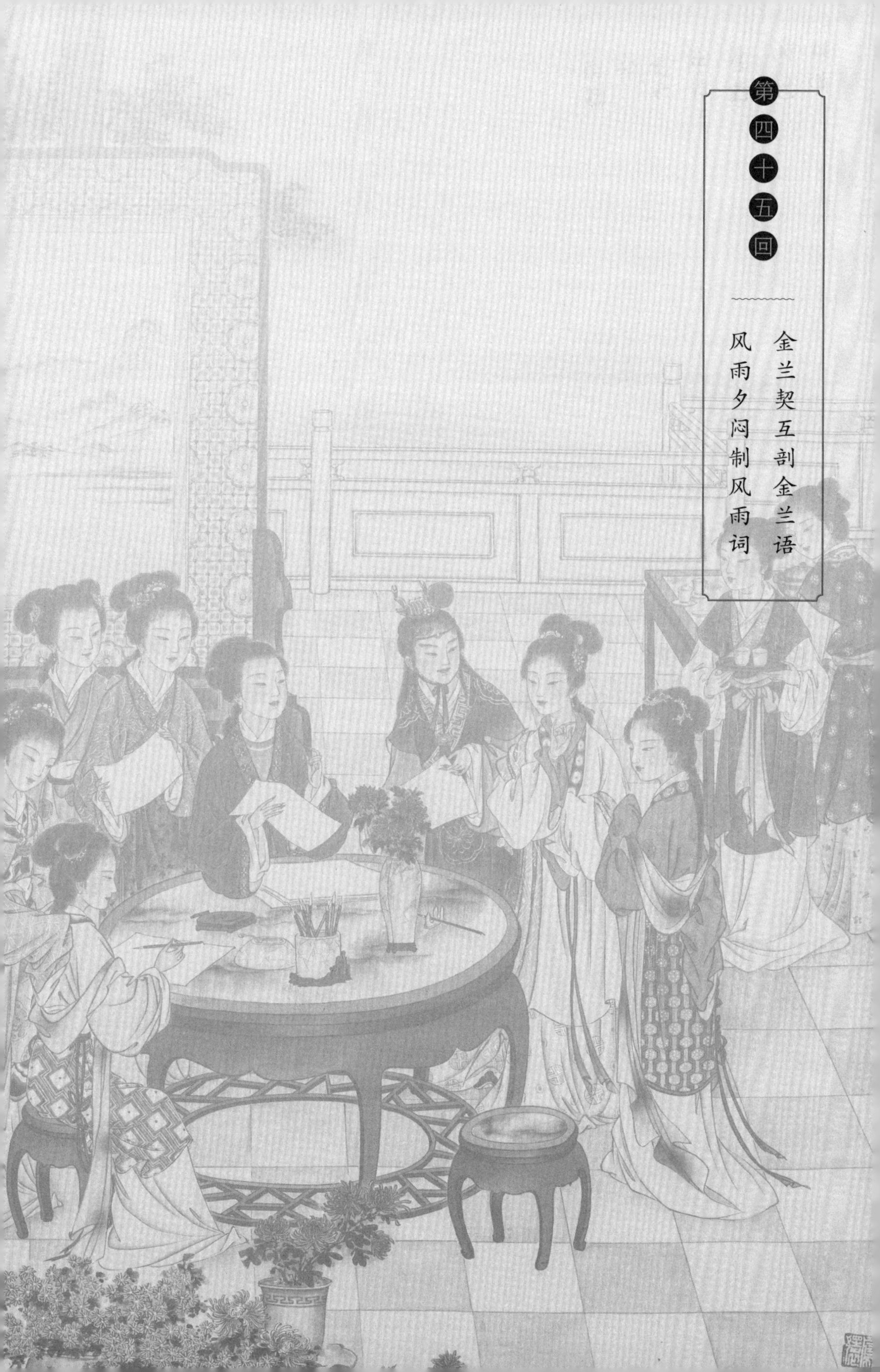

第四十五回

金兰契互剖金兰语　风雨夕闷制风雨词

话说凤姐儿正抚恤平儿，忽见众姊妹进来，忙让坐了，平儿斟上茶来。凤姐儿笑道："今儿来的这么齐，倒像下贴子请了来的。"探春笑道："我们有两件事：一件是我的，一件是四妹妹的，还夹着老太太的话。"凤姐儿笑道："有什么事，这么要紧？"探春笑道："我们起了个诗社，头一社就不齐全，众人脸软，所以就乱了。我想必得你去作个监社御史，铁面无私才好。再四妹妹为画园子，用的东西这般那般不全，回了老太太，老太太说：'只怕后头楼底下还有当年剩下的，找一找，若有呢拿出来，若没有，叫人买去。'"凤姐笑道："我又不会作什么'湿的''干的'，要我吃东西去不成？"探春道："你虽不会作，也不要你作。你只监察着我们里头有偷安怠惰的，该怎么样罚他就是了。"凤姐儿笑道："你们别哄我，我猜着了，那里是请我作监社御史。分明是叫我作个进钱的铜商。你们弄什么社，必是要轮流作东道的。你们的月钱不够花了，想出这个法子来拘了我去，好和我要钱。可是这个主意？"一席话说的众人都笑起来了。

李纨笑道："真真你是个水晶心肝玻璃人。"凤姐儿笑道："亏你是个大嫂子呢。把姑娘们原交给你带着念书学规矩针线的，他们不好，你要劝。这会子他们起诗社，能用几个钱，你就不管了？老太太、太太罢了，原是老封君。你一个月十两银子的月钱，比我们多两倍银子。老太太、太太还说你寡妇失业的，可怜，不够用，又有个小子，足的又添了十两，和老太太、太太平等。又给你园子地，各人取租子。年终分年例，你又是上上分儿。你娘儿们，主子奴才共总没十个人，吃的穿的仍旧是官中的。一年通共算起来，也有四五百银子。这会子你就每年拿出一二百两银子来陪他们顽顽，能几年的限？他们各人出了阁，难道还要你赔不成？这会子你怕花钱，调唆他们来闹我，我乐得去吃一个河涸海干，我还通不知道呢。"

李纨笑道："你们听听，我说了一句，他就疯了，说了两车的无赖泥腿市俗专会打细算盘分斤拨两的话出来。这东西亏他托生在诗书大宦名门之家做小姐，出了嫁又是这样，他还是这么着；若是生在贫寒小户人家，作个小子，还不知怎么下作贫嘴恶舌的呢。天下人都被你算计了去！昨儿还打平儿呢，亏你伸的出手来！那黄汤难道灌丧了狗肚子里去了？气的我只要给平儿打报不平儿。忖度了半日，好容易'狗长尾巴尖儿'的好日子，又怕老太太心里不受用，因此没来，究竟气还未平。你今儿又招我来了。给平儿拾鞋也不要，你们两个只该换一个过子才是。"说的众人都笑了。凤姐儿忙笑道："竟不是为诗为画来找我，这脸子竟是为平儿来报仇的。竟不承望平儿有你这一位仗腰子的人。早知道，便有鬼拉着我的手打他，我也不打了。平姑娘，过来！我当着大奶奶姑娘们替你赔个不是，担待我酒后无德罢。"说着，众人又都笑起来了。李纨笑问平儿道："如何？我说必定要给你争争气才罢。"平儿笑道："虽如此，奶奶们取笑，我禁不起。"李纨道："什么禁不起，有我呢。快拿了钥匙叫你主子开了楼房找东西去。"

凤姐儿笑道："好嫂子，你且同他们回园子里去。才要把这米帐和他们算一算，那边大太太又打发人来叫，又不知有什么话说，须得过去走一趟。还有年下你们添补的衣服，还没打点给他们做去。"李纨笑道："这些事我都不管，你只把我的事完了我好歇着去，省得这些姑娘小姐闹我。”凤姐忙笑道：“好嫂子，赏我一点空儿。你是最疼我的，怎么今儿为平儿就不疼我了？往常你还劝我说，事情虽多，也该保养身子，捡点着偷空儿歇歇，你今儿反倒逼我的命了。况且误了别人的年下衣裳无碍，他姊妹们的若误了，却是你的责任，老太太岂不怪你不管闲事，这一句现成的话也不说？我宁可自己落不是，岂敢带累你呢？”李纨笑道：“你们听听，说的好不好？把他会说话的！我且问你，这诗社你到底管不管？”凤姐儿笑道：“这是什么话，我不入社花几个钱，不成了大观园的反叛了，还想在这里吃饭不成？明儿一早就到任，下马拜了印，先放下五十两银子给你们慢慢作会社东道。过后几天，我又不作诗作文，只不过是个俗人罢了。‘监察’也罢，不‘监察’也罢，有了钱了，你们还撵出我来？”说的众人又都笑起来。凤姐儿道：“过会子我开了楼房，凡有这些东西都叫人搬出来你们看，若使得，留着使，若少什么，照你们单子，我叫人替你们买去就是了。画绢我就裁出来。那图样没有在太太跟前，还在那边珍大爷那里呢。说给你们，别碰钉子去。我打发人取了来，一并叫人连绢交给相公们矾去，如何？”李纨点首笑道：“这难为你，果然这样还罢了。既如此，咱们家去罢，等着他不送了去再来闹他。”说着，便带了他姊妹就走。凤姐儿道：“这些事再没两个人，都是宝玉生出来的。”李纨听了，忙回身笑道：“正是为宝玉来，反忘了他。头一社是他误了。我们脸软，你说该怎么罚他？”凤姐想了一想，说道：“没有别的法子，只叫他把你们各人屋子里的地罚他扫一遍才好。”众人都笑道：“这话不差。”

说着才要回去，只见一个小丫头扶了赖嬷嬷进来。凤姐儿等忙站起来，笑道：“大娘坐。”又都向他道喜。赖嬷嬷向炕沿上坐了，笑道：“我也喜，主子们也喜。若不是主子们的恩典，我们这喜从何来？昨儿奶奶又打发彩哥儿赏东西，我孙子在门上朝上磕了头了。”李纨笑道：“多早晚上任去？”赖嬷嬷叹道：“我那里管他们，由他们去罢。前儿在家里给我磕头，我没好话，我说：‘哥哥儿，你别说你是官儿了，横行霸道的。你今年活了三十岁，虽然是人家的奴才，一落娘胎胞，主子恩典，放你出来，上托着主子的洪福，下托着你老子娘，也是公子哥儿似的读书认字，也是丫头、老婆、奶子捧凤凰似的，长了这么大。你那里知道那“奴才”两字是怎么写的？只知道享福，也不知道你爷爷和你老子受的那苦恼，熬了两三辈子，好容易挣出你这么个东西来。从小儿三灾八难，花的银子也照样打出你这么个银人儿来了。到二十岁上，又蒙主子的恩典，许你捐个前程在身上。你看那正根正苗的忍饥挨饿的要多少。你一个奴才秧子，仔细折了福。如今乐了十年，不知怎么弄神弄鬼的，求了主子，又选了出来。州县官儿虽小，事情却大，为那一州的州官，就是那一方的父母。你不安分守己，尽忠报国，孝敬主子，只怕天也不容你。”李纨、凤姐儿都笑道：“你也多虑。我们看他也就好了。先那几年还进来了两次，这有好几年没来了，年下生日，只见他的名字就罢了。前儿给老太太、太太磕头来，在老太太那院里，见他又穿着新官的服色，倒越发的威武了，比先时也胖了。他这一得了官，正该你乐呢，反倒愁起这些来。他不好，还有他父亲呢，你只受用你的就完了。闲了坐个轿子进来，和老太太斗一日牌，说一天话儿，谁好意思的委屈了你。家去一般也是楼房厦厅，谁不敬你，自然也是老封君似的了。”

平儿斟上茶来，赖嬷嬷忙站起来接了，笑道：“姑娘不管，叫那个孩子倒来罢了，又折受我。”说着，一面吃茶，一面又道：“奶奶不知道，这些小孩子们全要管的严。饶这么严，他们还偷空儿闹个乱子来叫大人操心。知道的说小孩子们淘气；不知道的，人家就说仗着财势欺人，连主子名声也不好。恨的我没法儿，常把他老子叫来骂一顿，才好些。”因又指宝玉道：“不怕你嫌我，如今老爷不过这么管你一管，老太太护在头里。当日老爷小时挨你爷爷的打，谁没看见的。老爷小时，何曾像你这么天不怕地不怕的了。还有那大老爷，虽然淘气，也没像你这扎窝子的样儿，也是天天打。还有东府里你珍哥儿的爷爷，那才是火上浇油的性子，说声恼了，什么儿子，竟是审贼！如今我眼里看着，耳朵里听着，那珍大爷管儿子倒也像当日老祖宗的规矩，只是管的到三不着两的。他自己也不管一管自己，这些兄弟侄儿怎么怨的不怕他？你心里明白，喜欢我说，不明白，嘴里不好意思，心里不知怎么骂我呢。”

正说着，只见赖大家的来了，接着周瑞家的、张材家的都进来回事情。凤姐儿笑道："媳妇来接婆婆来了。”赖大家的笑道："不是接他老人家，倒是打听打听奶奶姑娘们赏脸不赏脸？”赖嬷嬷听了，笑道："可是我糊涂了，正经说的话且不说，且说陈谷子烂芝麻的混捣熟。因为我们小子选了出来，众亲友要给他贺喜，少不得家里摆个酒。我想，摆一日酒，请这个也不是，请那个也不是。又想了一想，托主子洪福，想不到的这样荣耀，就倾了家，我也是愿意的。因此吩咐他老子连摆三日酒：头一日，在我们破花园子里摆几席酒，一台戏，请老太太、太太们、奶奶姑娘们去散一日闷；外头大厅上一台戏，摆几席酒，请老爷们、爷们去增增光。第二日再请亲友，第三日再把我们两府里的伴儿请一请。热闹三天，也是托着主子的洪福一场，光辉光辉。”李纨、凤姐儿都笑道："多早晚的日子？我们必去，只怕老太太高兴要去也定不得。”赖大家的忙道："择了十四的日子，只看我们奶奶的老脸罢了。”凤姐笑道："别人不知道，我是一定去的。先说下，我是没有贺礼的，也不知道放赏，吃完了一走，可别笑话。”赖大家的笑道："奶奶说那里话？奶奶要赏，赏我们三二万银子就有了。”赖嬷嬷笑道："我才去请老太太，老太太也说去，可算我这脸还好。”说毕又叮咛了一回，方起身要走，因看见周瑞家的，便想起一事来，因说道："可是还有一句话问奶奶，这周嫂子的儿子犯了什么不是，撵了他不用？”凤姐儿听了，笑道："正是我要告诉你媳妇，事情多也忘了。赖嫂子回去说给你老头子，两府里不许收留他小子，叫他各人去罢。”

赖大家的只得答应着。周瑞家的忙跪下央求。赖嬷嬷忙道："什么事？说给我评评。”凤姐儿道："前日我生日，里头还没吃酒，他小子先醉了。老娘那边送了礼来，他不说在外头张罗，他倒坐着骂人，礼也不送进来。

两个女人进来了，他才带着小幺们往里抬。小幺们倒好，他拿的一盒子倒失了手，撒了一院子馒头。人去了，打发彩明去说他，他倒骂了彩明一顿。这样无法无天的忘八羔子，不撵了作什么！”赖嬷嬷笑道：“我当什么事情，原来为这个。奶奶听我说：他有不是，打他骂他，使他改过，撵了去断乎使不得。他又比不得是咱们家的家生子儿，他现是太太的陪房。奶奶只顾撵了他，太太脸上不好看。依我说，奶奶教导他几板子，以戒下次，仍旧留着才是。不看他娘，也看太太。”凤姐儿听说，便向赖大家的说道：“既这样，打他四十棍，以后不许他吃酒。”赖大家的答应了。周瑞家的磕头起来，又要与赖嬷嬷磕头，赖大家的拉着方罢。然后他三人去了，李纨等也就回园中来。

至晚，果然凤姐命人找了许多旧收的画具出来，送至园中。宝钗等选了一回，各色东西可用的只有一半，将那一半又开了单子，与凤姐儿去照样置买，不必细说。

一日，外面矾了绢，起了稿子进来。宝玉每日便在惜春这里帮忙。探春、李纨、迎春、宝钗等也多往那里闲坐，一则观画，二则便于会面。宝钗因见天气凉爽，夜复渐长，遂至母亲房中商议打点些针线来。日间至贾母处、王夫人处省候两次，不免又承色陪坐闲话半时，园中姊妹处也要度时闲话一回，故日间不大得闲，每夜灯下女工必至三更方寝。

黛玉每岁至春分秋分之后，必犯嗽疾；今秋又遇贾母高兴，多游玩了两次，未免过劳了神，近日又复嗽起来，觉得比往常又重，所以总不出门，只在自己房中将养。有时闷了，又盼个姊妹来说些闲话排遣，及至宝钗等来望候他，说不得三五句话又厌烦了。众人都体谅他病中，且素日形体娇弱，禁不得一些委屈，所以他接待不周，礼数粗忽，也都不苛责。

这日宝钗来望他，因说起这病症来。宝钗道：“这里走的几个太医虽都还好，只是你吃他们的药总不见效，不如再请一个高明的人来瞧一瞧，治好了岂不好？每年间闹一春一夏，又不老又不小，成什么？不是个常法。”黛玉道:“不中用。我知道我这样病是不能好的了。且别说病，只论好的日子我是怎么形景，就可知了。”宝钗点头道:“可正是这话。古人说‘食谷者生’，你素日吃的竟不能添养精神气血，也不是好事。”黛玉叹道:“‘死生有命，富贵在天’，也不是人力可强的。今年比往年反觉又重了些似的。”说话之间，已咳嗽了两三次。宝钗道:“昨儿我看你那药方上，人参、肉桂觉得太多了。虽说益气补神，也不宜太热。依我说，先以平肝健胃为要，肝火一平，不能克土，胃气无病，饮食就可以养人了。每日早起拿上等燕窝一两，冰糖五钱，用银铫子熬出粥来，若吃惯了，比药还强，最是滋阴补气的。”

黛玉叹道:“你素日待人，固然是极好的，然我最是个多心的人，只当你心里藏奸。从前日你说看杂书不好，又劝我那些好话，竟大感激你。往日竟是我错了，实在误到如今。细细算来，我母亲去世的早，又无姊妹兄弟，我长了今年十五岁，竟没一个人像你前日的话教导我。怨不得云丫头说你好，我往日见他赞你，我还不受用，昨儿我亲自经过，才知道了。比如若是你说了那个，我再不轻放过你的，你竟不介意，反劝我那些话，可知我竟自误了。若不是从前日看出来，今日这话，再不对你说。你方才说叫我吃燕窝粥的话，虽然燕窝易得，但只我因身上不好了，每年犯这个病，也没什么要紧的去处。请大夫，熬药，人参肉桂，已经闹了个天翻地覆，这会子我又兴出新文来熬什么燕窝粥，老太太、太太、凤姐姐这三个人便没话说，那些底下的婆子丫头们，未免不嫌我太多事了。你看这里这些人，因见老太太多疼了宝玉和凤丫头两个，他们尚虎视眈眈，背地里言三语四的，何况于我？况我又不是他们这里正经主子，原是无依无靠投奔了来的，他们已经多嫌着我了。如今我还不知进退，何苦叫他们咒我？”

宝钗道:“这样说，我也是和你一样。”黛玉道:“你如何比我？你又有母亲，又有哥哥，这里又有买卖地土，家里又仍旧有房有地。你不过是亲戚的情分，白住了这里，一应大小事情，又不沾他们一文半个，要走就走了。我是一无所有，吃穿用度，一草一纸，皆是和他们家的姑娘一样，那起小人岂有不多嫌的？”宝钗笑道：“将来也不过多费得一副嫁妆罢了，如今也愁不到这里。”黛玉听了，不觉红了脸，笑道：“人家才拿你当个正经人，把心里的烦难告诉你听，你反拿我取笑儿。”宝钗笑道：“虽是取笑儿，却也是真话。你放心，我在这里一日，我与你消遣一日。你有什么委屈烦难，只管告诉我，我能解的，自然替你解一日。我虽有个哥哥，你也是知道的，只有个母亲比你略强些。咱们也算同病相怜。你也是个明白人，何必作‘司马牛之叹’？你才说的也是，多一事不如省一事。我明日家去和妈妈说了，只怕我们家里还有，与你送几两，每日叫丫头们就熬了，又便宜，又不惊师动众的。”黛玉忙笑道：“东西事小，难得你多情如此。”宝钗道：“这有什么放在口里的。只愁我人人跟前失于应候罢了。只怕你烦了，我且去了。”黛玉道：“晚上再来和我说句话儿。”宝钗答应着便去了，不在话下。

笺证

第四十五回所谓“金兰契互剖金兰语”，言语源于《周易·系辞上》说：“二人同心，其利断金；同心之言，其臭如兰。”典故源于《世说新语·贤媛》记载：“山公（涛）与嵇（康）、阮（籍）一面，契若金兰。山妻韩氏，觉公与二人异于常交，问公，公曰：‘我当年可以为友者，唯此二生耳。’妻曰：‘负羁之妻亦亲观狐、赵，意欲窥之，可乎？’他日，二人来，妻劝公止之宿，具酒肉。夜穿墉以视之，达旦忘反。公入曰：‘二人何如？’妻曰：‘君才致殊不如，正当以识度相友耳。’公曰：‘伊辈亦常以我度为胜。’”[1]后世少女结为异姓姐妹，称为结“金兰契”。此风在某些地区特别

[1]（南北朝）刘义庆：《世说新语》，岳麓书社2015年版，第147—148页。

流行。清梁绍壬《两般秋雨盦随笔》卷四说:“广州顺德村落女子,多以拜盟结姊妹,名‘金兰会’。女出嫁后归宁,恒不返夫家。若促之过甚,则众姊妹相约自尽。此等弊习,虽贤有司弗能禁也。”❷胡朴安《中华全国风俗志·广东》记载:“‘金兰契’俗名‘夸相知’,又名‘识朋友’,其俗不知始于何时……如双方颇有意,其一方必先备花生糖、蜜枣等物为致敬品,以为意思之表示。若其他方既受纳,好为承诺,否则为拒绝。至履行契约时,如有积蓄者,或遍请朋侪作长夜饮,而其朋侪,亦群往贺之。写后坐卧起居,无不形影相随,曾梁鸿、孟光不足比其乐也。契约既经成立,或有异志,即以为背约,必兴娘子军为问罪之师,常备殴辱,几成一种习惯法。”❸友情文化在长时间和广空间的发展变化过程中,金兰契的意义已经分化得非常复杂。《红楼梦》意思是宝钗、黛玉之间发生了精神默契,情同义结金兰。宝钗既关心黛玉的病情用药,又关心黛玉婚姻,笑说:“将来也不过多费得一副嫁妆罢了,如今也愁不到这里。”庚辰本夹批说:“宝钗此一戏,直抵过通部黛玉之戏宝钗矣,又恳切,又真情,又平和,又雅致,又不穿凿,又不牵强。黛玉因识得宝钗后方吐真情,宝钗亦识得黛玉后方肯戏也。此是大关节大章法,非细心看不出。◇细思二人此时好看之极,真是儿女小窗中喁喁也。”❹钗、黛二人寄居大观园,同病相怜,至此已经达到喁喁私语,背地里说悄悄话的程度。黛玉感叹说:“你素日待人,固然是极好的,然我最是个多心的人,只当你心里藏奸。从前日你说看杂书不好,又劝我那些好话,竟大感激你。往日竟是我错了,实在误到如今。细细算来,我母亲去世的早,又无姊妹兄弟,我长了今年十五岁,竟没一个人像你前日的话教导我。怨不得云丫头说你好,我往日见他赞你,我还不受用,昨儿我亲自经过,才知道了。比如若是你说了那个,我再不轻放过你的,你竟不介意,反劝我那些话,可知我竟自误了。”宝钗劝解黛玉,何必作“司马牛之叹”,此典故出自《论语·颜渊》:“司马牛忧曰:‘人皆有兄弟,我独亡。’”这是劝解黛玉莫作孑然一身、孤立无援的感叹。有意思的是,“变生不测凤姐泼醋”的闹剧之后,经过李纨一班姊妹请凤姐当海棠诗社的“监社御史”的相互调侃取笑,再到小窗中如此喁喁女儿语,《红楼梦》终于使轩然大波转换为粼粼波纹，就可以深入人物心灵深处了。以转移法推出新的审美兴奋点，动用多种维度刺激读者的审美认识、判断、评价、感知、感受、意识和想象，这就是《红楼梦》的章法学。

❷（清）梁绍壬撰：《两般秋雨盦随笔》，上海古籍出版社2012年版，第167页。

❸胡朴安：《中国风俗》，九州出版社2007年版，第286页。

❹（清）曹雪芹著，脂砚斋评：《脂砚斋重评石头记庚辰校本》，作家出版社2006年版，第813页。

这里黛玉喝了两口稀粥，仍歪在床上，不想日未落时天就变了，淅淅沥沥下起雨来。秋霖脉脉，阴晴不定，那天渐渐的黄昏，且阴的沉黑，兼着那雨滴竹梢，更觉凄凉。知宝钗不能来，便在灯下随便拿了一本书，却是《乐府杂稿》，有《秋闺怨》《别离怨》等词。黛玉不觉心有所感，亦不禁发于章句，遂成《代别离》一首，拟《春江花月夜》之格，乃名其词曰《秋窗风雨夕》。其词曰：

秋花惨淡秋草黄，耿耿秋灯秋夜长。已觉秋窗秋不尽，那堪风雨助凄凉！助秋风雨来何速，惊破秋窗秋梦绿。抱得秋情不忍眠，自向秋屏移泪烛。泪烛摇摇爇短檠，牵愁照恨动离情。谁家秋院无风入，何处秋窗无雨声，罗衾不奈秋风力，残漏声催秋雨急。连宵脉脉复飕飕，灯前似伴离人泣。寒烟小院转萧条，疏竹虚窗时滴沥。不知风雨几时休，已教泪洒窗纱湿。

吟罢搁笔，方要安寝，丫鬟报说："宝二爷来了。"一语未完，只见宝玉头上带着大箬笠，身上披着蓑衣。黛玉不觉笑了："那里来的渔翁！"宝玉忙问："今儿好些？吃了药没有？今儿一日吃了多少饭？"一面说，一面摘了笠，脱了蓑衣，忙一手举起灯来，一手遮住灯光，向黛玉脸上照了一照，觑着眼细瞧了一瞧，笑道："今儿气色好了些。"

黛玉看脱了蓑衣，里面只穿半旧红绫短袄，系着绿汗巾子，膝下露出油绿绸撒花裤子，底下是掐金满绣的绵纱袜子，靸著蝴蝶落花鞋。黛玉问道："上头怕雨，底下这鞋袜子是不怕雨的？也倒干净。”宝玉笑道：“我这一套是全的。有一双棠木屐，才穿了来，脱在廊檐上了。”黛玉又看那蓑衣、斗笠不是寻常市卖的，十分细致轻巧，因说道：“是什么草编的？怪道穿上不像那刺猬似的。”宝玉道：“这三样都是北静王送的。他闲了下雨时在家里也是这样。你喜欢这个，我也弄一套来送你。别的都罢了，惟有这斗笠有趣，竟是活的。上头的这顶儿是活的，冬天下雪，带上帽子，就把竹信子抽了，去下顶子来，只剩了这圈子。下雪时男女都戴得，我送你一顶，冬天下雪戴。”黛玉笑道：“我不要他。戴上那个，成个画儿上画的和戏上扮的渔婆了。”及说了出来，方想起话未忖夺，与方才说宝玉的话相连，后悔不及，羞的脸飞红，便伏在桌上嗽个不住。

宝玉却不留心，因见案上有诗，遂拿起来看了一遍，又不禁叫好。黛玉听了，忙起来夺在手内，向灯上烧了。宝玉笑道：“我已背熟了，烧也无碍。”黛玉道：“我也好了许多，谢你一天来几次瞧我，下雨还来。这会子夜深了，我也要歇着，你且请回去，明儿再来。”宝玉听说，回手向怀中掏出一个核桃大小的一个金表来，瞧了一瞧，那针已指到戌末亥初之间，忙又揣了，说道：“原该歇了，又扰的你劳了半日神。”说着，披蓑戴笠出去了，又翻身进来问道：“你想什么吃，告诉我，我明儿一早回老太太，岂不比老婆子们说的明白？”黛玉笑道：“等我夜里想着了，明儿早起告诉你。你听雨越发紧了，快去罢。可有人跟着没有？”有两个婆子答应：“有人，外面拿着伞点着灯笼呢。”黛玉笑道：“这个天点灯笼？”宝玉道：“不相干，是明瓦的，不怕雨。”黛玉听说，回手向书架上把个玻璃绣球灯拿了下来，命点一支小蜡来，递与宝玉，道：“这个又比那个亮，正是雨里点的。”宝玉道：“我也有这么一个，怕他们失脚滑倒了打破了，所以没点来。”黛玉道：“跌了灯值钱，跌了人值钱？你又穿不惯木屐子。那灯笼命他们前头照着。这个又轻巧又亮，原是雨里自己拿着的，你自己手里拿着这个，岂不好？明儿再送来。就失了手也有限的，怎么忽然又变出这‘剖腹藏珠’的脾气来！”宝玉听说，连忙接了过来，前头两个婆子打着伞提着明瓦灯，后头还有两个小丫鬟打着伞。宝玉便将这个灯递与一个小丫头捧着，宝玉扶着他的肩，一径去了。

就有蘅芜苑的一个婆子，也打着伞提着灯，送了一大包上等燕窝来，还有一包子洁粉梅片雪花洋糖。说："这比买的强。姑娘说了：姑娘先吃着，完了再送来。"黛玉道："回去说'费心'。"命他外头坐了吃茶。婆子笑道："不吃茶了，我还有事呢。"黛玉笑道："我也知道你们忙。如今天又凉，夜又长，越发该会个夜局，痛赌两场。"婆子笑道："不瞒姑娘说，今年我大沾光儿了。横竖每夜各处有几个上夜的人，误了更也不好，不如会个夜局，又坐了更，又解闷儿。今儿又是我的头家，如今园门关了，就该上场了。"黛玉听说笑道："难为你。误了你发财，冒雨送来。"命人给他几百钱，打些酒吃，避避雨气。那婆子笑道："又破费姑娘赏酒吃。"说着，磕了一个头，外面接了钱，打伞去了。

紫鹃收起燕窝，然后移灯下帘，服侍黛玉睡下。黛玉自在枕上感念宝钗，一时又羡他有母兄；一面又想宝玉虽素习和睦，终有嫌疑。又听见窗外竹梢焦叶之上，雨声淅沥，清寒透幕，不觉又滴下泪来。直到四更将阑，方渐渐的睡了。暂且无话。要知端的——

笺证

《红楼梦》总是把最情意超逸的诗，奉给林黛玉，尤其是《葬花吟》和第四十五回这首《秋窗风雨夕》，都堪称绝唱。诗中循环往复地使用了十五个"秋"字，其诗品有若唐人崔颢《黄鹤楼》重叠使用三个"黄鹤"，又用了"悠悠""历历""萋萋"等连绵词。传说李白登黄鹤楼说："眼前有景道不得，崔颢题诗在上头。"宋人严羽《沧浪诗话》点评："唐人七言律诗，当以崔颢《黄鹤楼》为第一。"黛玉诗云："助秋风雨来何速，惊破秋窗秋梦绿。抱得秋情不忍眠，自向秋屏移泪烛。……谁家秋院无风入，何处秋窗无雨声！罗衾不奈秋风力，残漏声催秋雨急。”这里没有崔颢的超旷，却有黛玉特有的哀感缠绵。难怪宝玉着屐披蓑戴笠进来，见案上此诗，拿起来看了一遍，就不禁叫好。《红楼梦》运笔充满灵性，并不在赞美此诗上腻腻歪歪，而是写黛玉忙起来夺过诗稿，向灯上烧了。宝玉笑道：“我已背熟了，烧也无碍。”这就收束了对黛玉感伤内心的剖析。送走宝玉，接着写宝钗派婆子给黛玉送来上等燕窝和一包子洁粉梅片雪花洋糖。婆子走时笑说她们夜间值更打牌解闷的乐事：“不瞒姑娘说，今年我大沾光儿了。横竖每夜各处有几个上夜的人，误了更也不好，不如会个夜局，又坐了更，又解闷儿。今儿又是我的头家，如今园门关了，就该上场了。”脂砚斋毕竟是过来人，在庚辰本夹批中说：“几句闲话，将潭潭大宅夜间所有之事描写一尽。虽偌大一园，且值秋冬之夜，岂不寥落哉？今用老妪数语，更写得每夜深人定之后，各处［灯］光灿烂、人烟簇集，柳陌（之）［小］巷之中，或提灯同酒，或寒月烹茶者，竟仍有络绎人迹不绝，不但不见寥落，且觉更胜于日间繁华矣。此是大宅妙景，不可不写出。又伏下后文，且又衬出后文之冷落。此闲话中写出，正是不写之写也。脂砚斋评。”[5]这就不仅关注贵族儿女的情感做派，而且不忘仆人夜生活的风俗场合，呈现了大观园夜间的各色生命活动。由黛玉雅致的诗，转向婆子们夜间取乐的花样，《红楼梦》腾挪自如，展示丰富的人情世态。应该认识到，《红楼梦》腾挪自如地展示人情世态，触动了和开拓了中国小说史的潮流。鲁迅在《中国小说的历史的变迁》第六讲中说：“人情派：此派小说，即可以著名的《红楼梦》做代表。……至于说到《红楼梦》的价值，可是在中国底小说中实在是不可多得的。其要点在敢于如实描写，并无讳饰，和从前的小说叙好人完全是好，坏人完全是坏的，大不相同，所以其中所叙的人物，都是真的人物。总之自有《红楼梦》出来以后，传统的思想和写法都打破了。——它那文章的旖旎和缠绵，倒是还在其次的事。但是反对者却很多，以为将给青年以不好的影响。这就因为中国人看小说，不能用赏鉴的态度去欣赏它，却自己钻入书中，硬去充一个其中的脚色。所以青年看《红楼梦》，便以宝玉，黛玉自居；而年老人看去，又多占据了贾政管束宝玉的身分，满心是利害的打算，别的什么也看不见了。”[6] 对于《红楼梦》开拓的小说史潮流，又说：“直到道光年中，《红楼梦》才谈厌了。但要叙常人之家，则佳人又少，事故不多，于是便用了《红楼梦》的笔调，去写优伶和妓女之事情，场面又为之一变。这有《品花宝鉴》，《青楼梦》可作代表。《品花宝鉴》是专叙乾隆以来北京底优伶的。其中人物虽与《红楼梦》不同，而仍以缠绵为主；所描写的伶人与狎客，也和佳人与才子差不多。《青楼梦》全书都讲妓女，但情形并非写实的，而是作者的理想。他以为只有妓女是才子的知己，经过若干周折，便即团圆，也仍脱不了明末的佳人才子这一派。到光绪中年，又有《海上花列传》出现，虽然也写妓女，但不像《青楼梦》那样的理想，却以为妓女有好，有坏，较近于写实了。一到光绪末年，《九尾龟》之类出，则所写的妓女都是坏人，狎客也像了无赖，与《海上花列传》又不同。这样，作者对于妓家的写法凡三变，先是溢美，中是近真，临末又溢恶，并且故意夸张，谩骂起来；有几种还是诬蔑，讹诈的器具。人情小说底末流至于如此，实在是很可以诧异的。”[7] 清朝嘉、道、同、光年间，人情世态小说如《品花宝鉴》《花月痕》《海上花列传》《九尾龟》之类，都是规武《红楼梦》的法度，虽然精神境界有所滑坡，但能另辟疆域，上承才子佳人小说之绪，下开鸳鸯蝴蝶派小说之端，实为中国小说观念和模式的蜕变转型推波助澜。就其主要趋势和形态而言：篇幅上由二十回左右的中篇演变为数十回的长篇，视野上由纯情故事转向畸形病态社会的摹写，情调上减弱了理想主义色彩，转为世俗的纪实。这类小说，或称为“狭邪小说”，实际上是市井风情小说。令人遗憾的是，《红楼梦》以后，再也读不到《葬花吟》和《秋窗风雨夕》这样的好诗了。

[5]（清）曹雪芹著，脂砚斋评：《脂砚斋重评石头记庚辰校本》，作家出版社2006年版，第816页。

[6] 鲁迅：《中国小说史略》，中国书籍出版社2016年版，第302页。

[7] 鲁迅：《中国小说史略》，中国书籍出版社2016年版，第303页。

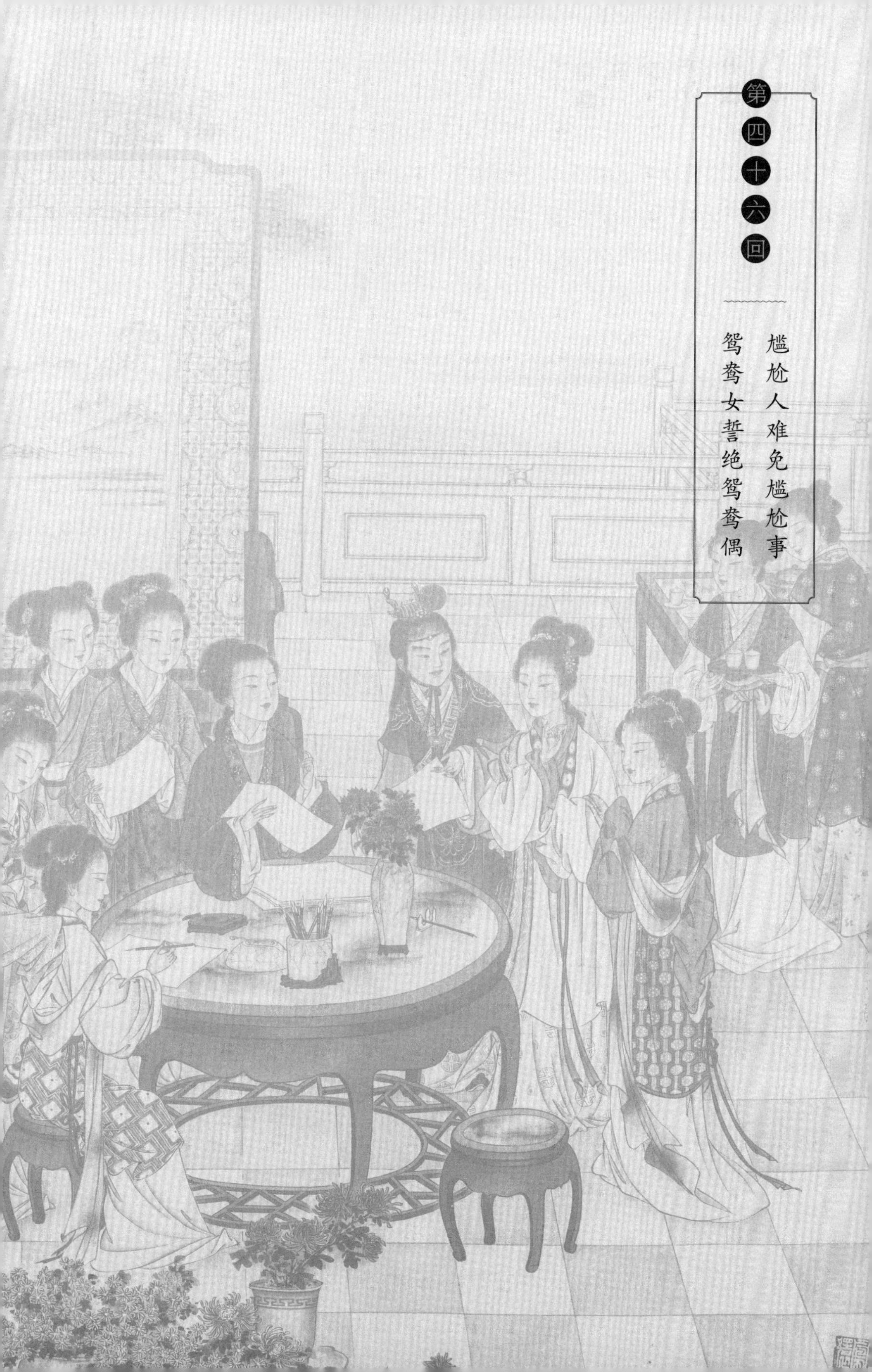

第四十六回

尴尬人难免尴尬事 鸳鸯女誓绝鸳鸯偶

话说林黛玉直到四更将阑，方渐渐的睡去，暂且无话。

如今且说凤姐儿因见邢夫人叫他，不知何事，忙另穿戴了一番，坐车过来。邢夫人将房内人遣出，悄向凤姐儿道："叫你来不为别事，有一件为难的事，老爷托我，我不得主意，先和你商议。老爷因看上了老太太的鸳鸯，要他在房里，叫我和老太太讨去。我想这倒平常有的事，只是怕老太太不给，你可有法子？"凤姐儿听了，忙道："依我说，竟别碰这个钉子去。老太太离了鸳鸯，饭也吃不下去的，那里就舍得了？况且平日说起闲话来，老太太常说，老爷如今上了年纪，作什么左一个小老婆右一个小老婆放在屋里，没的耽误了人家。放着身子不保养，官儿也不好生作去，成日家和小老婆喝酒。太太听这话，很喜欢老爷呢？这会子回避还恐回避不及，倒拿草棍儿戳老虎的鼻子眼儿去了！太太别恼，我是不敢去的。明放着不中用，而且反招出没意思来。老爷如今上了年纪，行事不妥，太太该劝才是。比不得年轻，作这些事无碍。如今兄弟、侄儿、儿子、孙子一大群，还这么闹起来，怎样见人呢？"邢夫人冷笑道："大家子三房四妾的也多，偏咱们就使不得？我劝了也未必依。就是老太太心爱的丫头，这么胡子苍白了又作了官的一个大儿子，要了作房里人，也未必好驳回的。我叫了你来，不过商议商议，你先派上了一篇不是。也有叫你要去的理？自然是我说去。你倒说我不劝，你还不知道那性子的，劝不成，先和我恼了。"

凤姐儿知道邢夫人禀性愚强，只知承顺贾赦以自保，次则婪聚财货为自得，家下一应大小事务，俱由贾赦摆布。凡出入银钱事务，一经他手，便克啬异常，以贾赦浪费为名，“须得我就中俭省，方可偿补”，儿女奴仆，一人不靠，一言不听的。如今又听邢夫人如此的话，便知他又弄左性，劝了不中用，连忙陪笑说道：“太太这话说的极是。我能活了多大，知道什么轻重。想来父母跟前，别说一个丫头，就是那么大的活宝贝，不给老爷给谁？背地里的话那里信得？我竟是个呆子。琏二爷或有日得了不是，老爷太太恨的那样，恨不得立刻拿来一下子打死，及至见了面，也罢了，依旧拿着老爷太太心爱的东西赏他。如今老太太待老爷，自然也是那样了。依我说，老太太今儿喜欢，要讨今儿就讨去。我先过去哄着老太太发笑，等太太过去了，我搭讪着走开，把屋子里的人我也带开，太太好和老太太说的。给了更好，不给也没妨碍，众人也不知道。”邢夫人见他这般说，便又喜欢起来，又告诉他道：“我的主意先不和老太太要。老太太要说不给，这事便死了。我心里想着先悄悄的和鸳鸯说。他虽害臊，我细细的告诉了他，他自然不言语，就妥了。那时再和老太太说，老太太虽不依，搁不住他愿意，常言‘人去不中留’，自然这就妥了。”凤姐儿笑道：“到底是太太有智谋，这是千妥万妥的。别说是鸳鸯，凭他是谁，那一个不想巴高望上，不想出头的？这半个主子不做，倒愿意做个丫头，将来配个小子就完了。”邢夫人笑道：“正是这个话了。别说鸳鸯，就是那些执事的大丫头，谁不愿意这样呢。你先过去，别露一点风声，我吃了晚饭就过来。”

凤姐儿暗想：“鸳鸯素习是个极有心胸识见的丫头，虽如此说，保不严他就愿意。我先过去了，太太后过去，若他依了便没话说；倘或不依，太太是多疑的人，只怕就疑我走了风声，使他拿腔作势的。那时太太又见了应了我的话，羞恼变成怒，拿我出起气来，倒没意思。不如同着一齐过去了，他依也罢，不依也罢，就疑不到我身上了。”想毕，因笑道：“方才临来，舅母那边送了两笼子鹌鹑，我吩咐他们炸了，原要赶太太晚饭上送过来的。我才进大门时，见小子们抬车，说太太的车拔了缝，拿去收拾去了。不如这会子坐了我的车一齐过去倒好。”邢夫人听了，便命人来换衣服。凤姐忙着服侍了一回，娘儿两个坐车过来。凤姐儿又说道：“太太过老太太那里去，我若跟了去，老太太若问起我过去作什么的，倒不好。不如太太先去，我脱了衣裳再来。”

邢夫人听了有理，便自往贾母处，和贾母说了一回闲话，便出来假托往王夫人房里去，从后门出去，打鸳鸯的卧房前过。只见鸳鸯正然坐在那里做针线，见了邢夫人，忙站起来。邢夫人笑道：“做什么呢？我瞧瞧，你扎的花儿越发好了。”一面说，一面便接他手内的针线瞧了一瞧，只管赞好。放下针线，又浑身打量。只见他穿着半新的藕合色的绫袄，青缎掐牙背心，下面水绿裙子。蜂腰削背，鸭蛋脸面，乌油头发，高高的鼻子，两边腮上微微的几点雀斑。鸳鸯见这般看他，自己倒不好意思起来，心里便觉诧异，因笑问道：“太太，这会子不早不晚的，过来做什么？”邢夫人使个眼色儿，跟的人退出。邢夫人便坐下，拉着鸳鸯的手笑道：“我特来给你道喜来了。”鸳鸯听了，心中已猜着三分，不觉红了脸，低了头不发一言。听邢夫人道：“你知道你老爷跟前竟没有个可靠的人，心里再要买一个，又怕那些人牙子家出来的不干不净，也不知道毛病儿，买了来家，三日两日，又要肏鬼吊猴的。因满府里要挑一个家生女儿收了，又没个好的：不是模样儿不好，就是性子不好，有了这个好处，没了那个好处。因此冷眼选了半年，这些女孩子里头，就只你是个尖儿，模样儿，行事作人，温柔可靠，一概是齐全的。意思要和老太太讨了你去，收在屋里。你比不得外头新买的，你这一进去了，进门就开了脸，就封你姨娘，又体面，又尊贵。你又是个要强的人，俗话说的‘金子终得金子换’，谁知竟被老爷看中了你。如今这一来，你可遂了素日志大心高的愿了，也堵一堵那些嫌你的人的嘴。跟了我回老太太去。”说着拉了他的手就要走。鸳鸯红了脸，夺手不行。邢夫人知他害臊，因又说道："这有什么臊处？你又不用说话，只跟着我就是了。"鸳鸯只低了头不动身。邢夫人见他这般，便又说道："难道你不愿意不成？若果然不愿意，可真是个傻丫头了。放着主子奶奶不作，倒愿意作丫头！三年二年，不过配上个小子，还是奴才。你跟了我们去，你知道我的性子又好，又不是那不容人的人。老爷待你们又好。过一年半载，生下个一男半女，你就和我并肩了。家里人你要使唤谁，谁还不动？现成主子不做去，错过这个机会，后悔就迟了。"鸳鸯只管低了头，仍是不语。邢夫人又道："你这么个响快人，怎么又这样积粘起来？有什么不称心之处，只管说与我，我管保你遂心如意就是了。"鸳鸯仍不语。邢夫人又笑道："想必你有老子娘，你自己不肯说话，怕臊。你等他们问你，这也是理。让我问他们去，叫他们来问你，有话只管告诉他们。"说毕，便往凤姐儿房中来。

笺证

第四十六回揭示了贵族中国主仆之间的人身依附的规则及其运作方式。所谓人身依附关系，指的是主子与奴才的附属依赖关系，是主子决定奴才的前程命运，奴才则把前程命运托付给主子的一种非正常的社会关系。按照大户人家三房四妾，老爷要母亲老太太心爱的丫头作房里人，未必好驳回的成规，贾赦想纳贾母的丫鬟鸳鸯为姨娘，让邢夫人当说客。邢夫人想拉上凤姐做帮手，但凤姐深知邢夫人的昏庸倔犟，又熟谙贾母、鸳鸯的关系和脾性，把邢夫人推到这个棘手尴尬的公案的前沿，让邢夫人"拿草棍儿戳老虎的鼻子眼儿"，自己机关算尽，躲闪腾挪，就是不愿粘锅。邢夫人自信她的逻辑和理由能够打动鸳鸯的心："难道你不愿意不成？若果然不愿意，可真是个傻丫头了。放着主子奶奶不作，倒愿意作丫头！三年二年，不过配上个小子，还是奴才。你跟了我们去，你知道我的性子又好，又不是那不容人的人。老爷待你们又好。过一年半载，生下个一男半女，你就和我并肩了。家里人你要使唤谁，谁还不动？现成主子不做去，错过这个机会，后悔就迟了。"在主子与奴才的人身依附关系中，主子还可以在利益分配上做文章，使奴才尝到有限度分沾好处往上爬的甜头，以钻入更深的人身依附的圈套中。在鸳鸯含而不露的态度面前，邢夫人自以为设下的圈套已经得手，就四方游说，到处张罗，满园开花。因为她感觉到贵族家族的主仆间人身依附的潜规则在运行了。

凤姐儿早换了衣服，因房内无人，便将此话告诉了平儿。平儿也摇头笑道："据我看，此事未必妥。平常我们背着人说起话来，听他那主意，未必是肯的。也只说着瞧罢了。"凤姐儿道："太太必来这屋里商议。依了还可，若不依，白讨个臊，当着你们，岂不脸上不好看。你说给他们炸鹌鹑，再有什么配几样，预备吃饭。你且别处逛逛去，估量着去了再来。"平儿听说，照样传给婆子们，便逍遥自在的往园子里来。

这里鸳鸯见邢夫人去了，必在凤姐儿房里商议去了，必定有人来问他的，不如躲了这里，因找了琥珀说道："老太太要问我，只说我病了，没吃早饭，往园子里逛逛就来。"琥珀答应了。鸳鸯也往园子里来，各处游玩，不想正遇见平儿。平儿因见无人，便笑道："新姨娘来了。"鸳鸯听了，便红了脸，说道："怪道你们串通一气来算计我！等着我和你主子闹去就是了。"平儿听了，自悔失言，便拉他到枫树底下，坐在一块石上，越性把方才凤姐过去回来所有的形景言词始末原由告诉与他。鸳鸯红了脸，向平儿冷笑道："这是咱们好，比如袭人、琥珀、素云、紫鹃、彩霞、玉钏儿、麝月、翠墨，跟了史姑娘去的翠缕，死了的可人和金钏，去了的茜雪，连上你我，这十来个人，从小儿什么话儿不说？什么事儿不作？这如今因都大了，各自干各自的去了，然我心里仍是照旧，有话有事，并不瞒你们。这话我且放在你心里，且别和二奶奶说：别说大老爷要我做小老婆，就是太太这会子死了，他三媒六聘的娶我去作大老婆，我也不能去。”

平儿方欲笑答，只听山石背后哈哈的笑道：“好个没脸的丫头，亏你不怕牙碜。”二人听了不免吃了一惊，忙起身向山石背后找寻，不是别人，却是袭人笑着走了出来问：“什么事情？告诉我。”说着，三人坐在石上。平儿又把方才的话说与袭人，袭人听了说道：“真真这话论理不该我们说，这个大老爷太好色了，略平头正脸的，他就不放手了。”平儿道：“你既不愿意，我教你个法子，不用费事就完了。”鸳鸯道：“什么法子？你说来我听。”平儿笑道：“你只和老太太说，就说已经给了琏二爷了，大老爷就不好要了。”鸳鸯啐道：“什么东西！你还说呢。前儿你主子不是这么混说的！谁知应到今儿了。”袭人笑道：“他们两个都不愿意，我就和老太太说，叫老太太，说把你已经许了宝玉了，大老爷也就死了心了。”鸳鸯又是气，又是臊，又是急，因骂道：“两个蹄子不得好死的！人家有为难的事，拿着你们当正经人，告诉你们与我排解排解，你们倒替换着取笑儿。你们自为都有了结果了，将来都是做姨娘的。据我看，天下的事未必都遂心如意。你们且收着些儿，别忒乐过了头儿！”二人见他急了，忙陪笑央告道：“好姐姐，别多心，咱们从小儿都是亲姊妹一般，不过无人处偶然取个笑儿。你的主意告诉我们知道，也好放心。”鸳鸯道：“什么主意！我只不去就完了。”平儿摇头道：“你不去未必得干休。大老爷的性子你是知道的。虽然你是老太太房里的人，此刻不敢把你怎么样，将来难道你跟老太太一辈子不成？也要出去的。那时落了他的手，倒不好了。”鸳鸯冷笑道：“老太太在一日，我一日不离这里，若是老太太归西去了，他横竖还有三年的孝呢，没个娘才死了他先放小老婆的！等过三年，知道又是怎么个光景，那时再说。纵到了至急为难，我剪了头发作姑子去，不然，还有一死。一辈子不嫁男人，又怎么样？乐得干净呢！”平儿、袭人笑道：“真这蹄子没了脸，越发信口儿都说出来了。”鸳鸯道：“事到如此，臊一会怎么样！你们不信，慢慢的看着就是了。太太才说了，找我老子娘去。我看他南京找去！”平儿道：“你的父母都在南京看房子，没上来，终久也寻的着。现在还有你哥哥嫂子在这里。可惜你是这里的家生女儿，不如我们两个人是单在这里。”鸳鸯道：“家生女儿怎么样？‘牛不吃水强按头’？我不愿意，难道杀我的老子娘不成？”

正说着，只见他嫂子从那边走来。袭人道：“当时找不着你的爹娘，一定和你嫂子说了。”鸳鸯道：“这个娼妇专管是个‘九国贩骆驼的’，听了这话，他有个不奉承去的！”说话之间，已来到跟前。他嫂子笑道：“那里没找到，姑娘跑了这里来！你跟了我来，我和你说话。”平儿、袭人都忙让坐。他嫂子说：“姑娘们请坐，我找我们姑娘说句话。”袭人、平儿都装不知道，笑道：“什么话这样忙？我们这里猜谜儿赢手批子打呢，等猜了这个再去。”鸳鸯道：“什么话？你说罢。”他嫂子笑道：“你跟我来，到那里我告诉你，横竖有好话儿。”鸳鸯道：“可是大太太和你说的那话？”他嫂子笑道：“姑娘既知道，还奈何我！快来，我细细的告诉你，可是天大的喜事。”鸳鸯听说，立起身来，照他嫂子脸上下死劲啐了一口，指着他骂道：“你快夹着屄嘴离了这里，好多着呢！什么‘好话’？宋徽宗的鹰、赵子昂的马，都是好画儿。什么‘喜事’！状元痘儿灌的浆儿——又满是喜事。怪道成日家羡慕人家女儿作了小老婆，一家子都仗着他横行霸道的，一家子都成了小老婆了！看的眼热了，也把我送在火坑里去。我若得脸呢，你们在外头横行霸道，自己就封自己是舅爷了。我若不得脸败了时，你们把忘八脖子一缩，生死由我。”一面说，一面哭，平儿、袭人拦着劝。他嫂子脸上下不来，因说道：“愿意不愿意，你也好说，不犯着牵三挂四的。俗语说，‘当着矮人，别说短话’。姑奶奶骂我，我不敢还言；这二位姑娘并没惹着你，小老婆长小老婆短，人家脸上怎么过得去？”袭人、平儿忙道：“你倒别这么说，他也并不是说我们，你倒别牵三挂四的。你听见那位太太、太爷们封我们做小老婆？况且我们两个也没有爹娘哥哥兄弟在这门子里仗着我们横行霸道的。他骂的人自有他骂的，我们犯不着多心。”鸳鸯道：“他见我骂了他，他臊了，没的盖脸，又拿话挑唆你们两个，幸亏你们两个明白。原是我急了，也没分别出来，他就挑出这个空儿来。”他嫂子自觉没趣，赌气去了。

鸳鸯气得还骂，平儿袭人劝他一回，方才罢了。平儿因问袭人道：“你在那里藏着做甚么的？我们竟没看见你。”袭人道：“我因为往四姑娘房里瞧我们宝二爷去的，谁知迟了一步，说是来家里来了。我疑惑怎么不遇见呢，想要往林姑娘家里找去，又遇见他的人说也没去。我这里正疑惑是出园子去了，可巧你从那里来了，我一闪，你也没看见。后来他又来了。我从这树后头走到山子石后，我却见你两个说话来了，谁知你们四个眼睛没见我。”

一语未了，又听身后笑道：“四个眼睛没见你？你们六个眼睛竟没见我。”三人唬了一跳，回身一看，不是别个，正是宝玉走来。袭人先笑道：“要我好找，你那里来？”宝玉笑道：“我从四妹妹那里出来，迎头看见你来了，我就知道是找我去的，我就藏了起来哄你。看你趁着头过去了，进了院子就出来了，逢人就问。我在那里好笑，只等你到了跟前唬你一跳的，后来见你也藏藏躲躲的，我就知道也是要哄人了。我探头往前看了一看，却是他两个，所以我就绕到你身后。你出去，我就躲在你躲的那里了。”平儿笑道：“咱们再往后找找去，只怕还找出两个人来也未可知。”宝玉笑道：“这可再没了。”鸳鸯已知话俱被宝玉听了，只伏在石头上装睡。宝玉推他笑道：“这石头上冷，咱们回房里去睡，岂不好？”说着拉起鸳鸯来，又忙让平儿来家坐吃茶。平儿和袭人都劝鸳鸯走，鸳鸯方立起身来，四人竟往怡红院来。宝玉将方才的话俱已听见，心中自然不快，只默默的歪在床上，任他三人在外间说笑。

那边邢夫人因问凤姐儿鸳鸯的父母，凤姐因回说："他爹的名字叫金彩，两口子都在南京看房子，从不大上京。他哥哥金文翔，现在是老太太那边的买办。他嫂子也是老太太那边浆洗上的头儿。"邢夫人便令人叫了他嫂子金文翔媳妇来，细细说与他。金家媳妇自是喜欢，兴兴头头找鸳鸯，指望一说必妥，不想被鸳鸯抢白一顿，又被袭人、平儿说了几句，羞恼回来，便对邢夫人说："不中用，他倒骂了我一场。"因凤姐儿在旁，不敢提平儿，只说："袭人也帮着他抢白我，也说了许多不知好歹的话，回不得主子的。太太和老爷商议再买罢。谅那小蹄子也没有这么大福，我们也没有这么大造化。"邢夫人听了，因说道："又与袭人什么相干？他们如何知道的？"又问："还有谁在跟前？"金家的道："还有平姑娘。"凤姐儿忙道："你不该拿嘴巴子打他回来？我一出了门，他就逛去了，回家来连一个影儿也摸不着他！他必定也帮着说什么呢！"金家的道："平姑娘没在跟前，远远的看着倒像是他，可也不真切，不过是我白忖度。"凤姐便命人去："快打了他来，告诉他我来家了，太太也在这里，请他来帮个忙儿。"丰儿忙上来回道："林姑娘打发了人下请字请了三四次，他才去了。奶奶一进门我就叫他去的。林姑娘说：'告诉你奶奶，我烦他有事呢。'"凤姐儿听了方罢，故意的还说："天天烦他，有些什么事！"

邢夫人无计，吃了饭回家，晚间告诉了贾赦。贾赦想了一想，即刻叫贾琏来说："南京的房子还有人看着，不止一家，即刻叫上金彩来。"贾琏回道："上次南京信来，金彩已经得了痰迷心窍，那边连棺材银子都赏了，不知如今是死是活，便是活着，人事不知，叫来也无用。他老婆子又是个聋子。"贾赦听了，喝了一声，又骂："下流囚攮的，偏你这么知道，还不离了我这里！"唬得贾琏退出，一时又叫传金文翔。贾琏在外书房伺候着，又不敢家去，又不敢见他父亲，只得听着。一时金文翔来了，小幺儿们直带入二门里去，隔了五六顿饭的工夫才出来去了。贾琏暂且不敢打听，隔了一会，又打听贾赦睡了，方才过来。至晚间凤姐儿告诉他，方才明白。

鸳鸯一夜没睡。至次日，他哥哥回贾母接他家去逛逛，贾母允了，命他出去。鸳鸯意欲不去，又怕贾母疑心，只得勉强出来。他哥哥只得将贾赦的话说与他，又许他怎么体面，又怎么当家作姨娘。鸳鸯只咬定牙不愿意。他哥哥无法，少不得去回覆了贾赦。贾赦怒起来，因说道："我这话告诉你，叫你女人向他说去，就说我的话：'自古嫦娥爱少年'，他必定嫌我老了。大约他恋着少爷们，多半是看上了宝玉，只怕也有贾琏。果有此心，叫他早早歇了心，我要他不来，此后谁还敢收？此是一件。第二件，想着老太太疼他，将来自然往外聘作正头夫妻去。叫他细想，凭他嫁到谁家去，也难出我的手心。除非他死了，或是终身不嫁男人，我就服了他！若不然时，叫他趁早回心转意，有多少好处。"贾赦说一句，金文翔应一声"是"。贾赦道："你别哄我，我明儿还打发你太太过去问鸳鸯，你们说了，他不依，便没你们的不是。若问他，他再依了，仔细你的脑袋。"

金文翔忙应了又应，退出回家，也不等得告诉他女人转说，竟自己对面说了这话。把个鸳鸯气的无话可回，想了一想，便说道："便愿意去，也须得你们带了我回声老太太去。"他哥嫂听了，只当回想过来，都喜之不胜。他嫂子即刻带了他上来见贾母。

可巧王夫人、薛姨妈、李纨、凤姐儿、宝钗等姊妹并外头的几个执事有头脸的媳妇，都在贾母跟前凑趣儿呢。鸳鸯喜之不尽，拉了他嫂子，到贾母跟前跪下，一行哭，一行说，把邢夫人怎么来说，园子里他嫂子又如何说，今儿他哥哥又如何说，"因为不依，方才大老爷越性说我恋着宝玉，不然要等着往外聘，我到天上，这一辈子也跳不出他的手心去，终久要报仇。我是横了心的，当着众人在这里，我这一辈子莫说是‘宝玉’，便是‘宝金’‘宝银’‘宝天王’‘宝皇帝’，横竖不嫁人就完了。就是老太太逼着我，我一刀抹死了，也不能从命！若有造化，我死在老太太之先；若没造化，该讨吃的命，服侍老太太归了西，我也不跟着我老子娘哥哥去，我或是寻死，或是剪了头发当尼姑去！若说我不是真心，暂且拿话来支吾，日后再图别的，天地鬼神，日头月亮照着嗓子，从嗓子里头长疔烂了出来，烂化成酱在这里！”原来他一进来时，便袖了一把剪子，一面说着，一面左手打开头发，右手便铰。众婆娘丫鬟忙来拉住，已剪下半绺来了。众人看时，幸而他的头发极多，铰的不透，连忙替他挽上。贾母听了，气的浑身乱战，口内只说：“我通共剩了这么一个可靠的人，他们还要来算计！”因见王夫人在旁，便向王夫人道：“你们原来都是哄我的！外头孝敬，暗地里盘算我。有好东西也来要，有好人也要，剩了这么个毛丫头，见我待他好了，你们自然气不过，弄开了他，好摆弄我！”王夫人忙站起来，不敢还一言。薛姨妈见连王夫人怪上，反不好劝的了。李纨一听见鸳鸯的话，早带了姊妹们出去。探春有心的人，想王夫人虽有委曲，如何敢辩；薛姨妈也是亲姊妹，自然也不好辩的；宝钗也不便为姨母辩，李纨、凤姐、宝玉一概不敢辩；这正用着女孩儿之时，迎春老实，惜春小，因此窗外听了一听，便走进来陪笑向贾母道：“这事与太太什么相干？老太太想一想，也有大伯子要收屋里的人，小婶子如何知道？便知道，也推不知道。”犹未说完，贾母笑道：“可是我老糊涂了！姨太太别笑话我。你这个姐姐他极孝顺我，不像我那大太太一味怕老爷，婆婆跟前不过应景儿。可是委屈了他。”薛姨妈只答应“是”，又说：“老太太偏心，多疼小儿子媳妇，也是有的。”贾母道：“不偏心！”因又说道：“宝玉，我错怪了你娘，你怎么也不提我，看着你娘受委屈？”宝玉笑道：“我偏着娘说大爷大娘不成？通共一个不是，我娘在这里不认，却推谁去？我倒要认是我的不是，老太太又不信。”贾母笑道：“这也有理。你快给你娘跪下，你说太太别委屈了，老太太有年纪了，看着宝玉罢。”宝玉听了，忙走过去，便跪下要说，王夫人忙笑着拉他起来，说："快起来，快起来，断乎使不得。终不成你替老太太给我赔不是不成？"宝玉听说，忙站起来。贾母又笑道："凤姐儿也不提我。"凤姐儿笑道："我倒不派老太太的不是，老太太倒寻上我了？"贾母听了，与众人都笑道："这可奇了！倒要听听这不是。"凤姐儿道："谁教老太太会调理人，调理的水葱儿似的，怎么怨得人要？我幸亏是孙子媳妇，若是孙子，我早要了，还等到这会子呢。"贾母笑道："这倒是我的不是了？"凤姐儿笑道："自然是老太太的不是了。"贾母笑道："这样，我也不要了，你带了去罢！"凤姐儿道："等着修了这辈子，来生托生男人，我再要罢。"贾母笑道："你带了去，给琏儿放在屋里，看你那没脸的公公还要不要了？"凤姐儿道："琏儿不配，就只配我和平儿这一对烧糊了的卷子和他混罢。"说的众人都笑起来了。丫鬟回说："大太太来了。"王夫人忙迎了出去。要知端的——

笺证

在第四十六回中，存在于贵族世家的主仆之间的人身依附规则，竟然遇上了前所未见的反抗。这是人权意识在发挥作用吗？是在反对奴役和压迫、呼唤人的尊严和平等的自然权利吗？是有如《世界人权宣言》序言所说"为使人类不致迫不得已铤而走险对暴政和压迫进行反叛，有必要使人权受法治的保护"吗？《红楼梦》的反抗意识还处在古典阶段，或者由于曹雪芹的敏感，触摸到古典难以维持而开始崩溃的阶段，但还扯不上如此冠冕堂皇的"现代性"。贾母大丫鬟鸳鸯的反抗，只是奴隶的挣扎，对于"牛不喝水强按头"偏要挣扎着怒目抬头。说到底，鸳鸯的反抗离不开家长权威的笼罩，这种家长权威是维护主仆之间的人身依附关系的。这就是它遵循的礼，反抗不能逾越礼。鸳鸯诚然有一股刚烈的性子，她并不敢直接拒绝邢夫人的游说，只能四方招架、左拦右挡，只对中了邢夫人道儿的嫂子才开口啐骂："怪道成日家羡慕人家女儿作了小老婆，一家子都仗着他横行霸道的，一家子都成了小老婆了！看的眼热了，也把我送在火坑里去。我若得脸呢，你们外头横行霸道，自己就封自己是舅爷了。我若不得脸败了时，你们把忘八脖子一缩，生死由我。"鸳鸯又向平儿、袭人吐露了不从贾赦夫妇胁迫的心声，红了脸向平儿冷笑说："这是咱们好，比如袭人、琥珀、素云、紫鹃、彩霞、玉钏儿、麝月、翠墨，跟了史姑娘去的翠缕，死了的可人和金钏，去了的茜雪，连上你我，这十来个人，从小儿什么话儿不说？"庚辰本夹批："余按此一算，亦是十二钗，真镜中花，水中月，云中豹，林中之鸟，穴中之鼠，无数可考，无人可指，有迹可追，有形可据，九曲八折，远响近影、迷离烟灼，纵横隐现，千奇百怪，眩目移神，现千手千眼大游戏法也。脂砚斋。"[1]除了袭人已知是金陵十二钗又副册的人物外，其余十一人应属册外册。"十二"是《红楼梦》中的"千手千眼大游戏法"的神秘数字，不必在这里大做文章。鸳鸯虽然有这么多贴心人可诉苦，但这是阻止不了贾赦胁迫的势头。于是在外面呼朋引友、骂尽无耻之后，只能借助贾母的家长权威。鸳鸯趁着王夫人、薛姨妈、李纨、凤姐、宝钗等姊妹并外头的几个执事有头脸的媳妇都在贾母跟前，跪下哭诉，邢夫人怎么游说，自己嫂子、哥哥又如何应承，"因为不依，方才大老爷越性说我恋着宝玉，不然要等着往外聘，我到天上，这一辈子也跳不出他的手心去，终久要报仇。我是横了心的，当着众人在这里，我这一辈子莫说是宝玉，便是'宝金''宝银''宝天王''宝皇帝'，横竖不嫁人就完了。就是老太太逼着我，我一刀抹死了，也不能从命！若有造化，我死在老太太之先；若没造化，该讨吃的命，服侍老太太归了西，我也不跟着我老子娘哥哥去，我或是寻死，或是剪了头发当尼姑去！若说我不是真心，暂且拿话来支吾，日后再图别的，天地鬼神，日头月亮照着嗓子，从嗓子里头长疔烂了出来，烂化成酱在这里！"讲了这番辣味十足的话后，随即拿起剪子铰下头发。女奴隶在这种男权主义的社会中，要维护自身的尊严，付出的是不嫁人为筹码，折损的是自己的青春、名分和难以把握的生命。鸳鸯如此斩钉截铁，使得贾母听了，气得浑身乱战说：“我通共剩了这么一个可靠的人，他们还要来算计！”大庭广众中告状的效应，更重要的是加上贾母的震怒和对邢夫人的嘲讽劝责，终于抑制了贾赦胁迫的劲头。凤姐在整个过程中是狡猾的，前躲后闪，左右都不沾包，最后还八面玲珑地奉承贾母说：“谁教老太太会调理人，调理的水葱儿似的，怎么怨得人要？我幸亏是孙子媳妇，若是孙子，我早要了，还等到这会子呢。”一场“鸳鸯女誓绝鸳鸯偶”的大戏，经过凤姐的一番调侃，蓦然谢幕。还须补充说明的是，鸳鸯在中国被看成爱情的象征，雄为鸳，雌为鸯，同行同宿，厮守一生，是恒久的爱与美满婚姻的象征。这是一种民俗信仰，而这里却用“誓绝”二字，鸳鸯割断了人间姻缘，而成为某种意义上的“圣女”，使用的已经是反民俗信仰的写法了。

❶（清）曹雪芹著，脂砚斋评：《脂砚斋重评石头记庚辰校本》，作家出版社2006年版，第826页。

第四十七回

呆霸王调情遭苦打
冷郎君惧祸走他乡

话说王夫人听见邢夫人来了，连忙迎了出去。邢夫人犹不知贾母已知鸳鸯之事，正还要来打听信息，进了院门，早有几个婆子悄悄的回了他，他方知道。待要回去，里面已知，又见王夫人接了出来，少不得进来，先与贾母请安，贾母一声儿不言语，自己也觉得愧悔。凤姐儿早指一事回避了。鸳鸯也自回房去生气。薛姨妈、王夫人等恐碍着邢夫人的脸面，也都渐渐的退了。邢夫人且不敢出去。

贾母见无人，方说道："我听见你替你老爷说媒来了。你倒也三从四德，只是这贤慧也太过了。你们如今也是孙子、儿子满眼了，你还怕他，劝两句都使不得，还由着你老爷性儿闹。"邢夫人满面通红，回道："我劝过几次不依。老太太还有什么不知道呢，我也是不得已儿。"贾母道："他逼着你杀人，你也杀去？如今你也想想，你兄弟媳妇本来老实，又生得多病多痛，上上下下那不是他操心？你一个媳妇虽然帮着，也是天天丢下笆儿弄扫帚。凡百事情，我如今都自己减了。他们两个就有一些不到的去处，有鸳鸯，那孩子还心细些，我的事情他还想着一点子，该要去的，他就要了来，该添什么，他就度空儿告诉他们添了。鸳鸯再不这样，他娘儿两个，里头外头，大的小的，那里不忽略一件半件，我如今反倒自己操心去不成？还是天天盘算和你们要东西去？我这屋里有的没的，剩了他一个，年纪也大些，我凡百的脾气性格儿他还知道些。二则他还投主子们的缘法，也并不指着我和这位太太要衣裳去，又和那位奶奶要银子去。所以这几年一应事情，他说什么，从你小婶和你媳妇起，以至家下大大小小，没有不信的。所以不单我得靠，连你小婶媳妇也都省心。我有了这么个人，便是媳妇和孙子媳妇有想不到的，我也不得缺了，也没气可生了。这会子他去了，你们弄个什么人来我使？你们就弄他那么一个真珠的人来，不会说话也无用。我正要打发人和你老爷说去，他要什么人，我这里有钱，叫他只管一万八千的买，就只这个丫头不能。留下他服侍我几年，就比他日夜服侍我尽了孝的一般。你来的也巧，你就去说，更妥当了。”

说毕，命人来：“请了姨太太、你姑娘们来说个话儿，才高兴，怎么又都散了？”丫头们忙答应着去了。众人忙赶着又来。只有薛姨妈向丫鬟道：“我才来了，又作什么去？你就说我睡了觉了。”那丫头道：“好亲亲的姨太太，姨祖宗！我们老太太生气呢，你老人家不去，没个开交了，只当疼我们罢。你老人家嫌乏，我背了你老人家去。”薛姨妈道：“小鬼头儿，你怕些什么？不过骂几句完了。”说着，只得和这小丫头子走来。贾母忙让坐，又笑道：“咱们斗牌罢。姨太太的牌也生，咱们一处坐着，别叫凤姐儿混了我们去。”薛姨妈笑道：“正是呢，老太太替我看着些儿。就是咱们娘儿四个斗呢，还是再添个呢？”王夫人笑道：“可不只四个。”凤姐儿道：“再添一个人热闹些。”贾母道：“叫鸳鸯来，叫他在这下手里坐着。姨太太眼花了，咱们两个的牌都叫他瞧着些儿。”凤姐儿叹了一声，向探春道：“你们知书识字的，倒不学算命。”探春道：“这又奇了。这会子你倒不打点精神赢老太太几个钱，又想算命。”凤姐儿道：“我正要算算命今儿该输多少呢？我还想赢呢！你瞧瞧，场子没上，左右都埋伏下了。”说的贾母薛姨妈都笑起来。

一时鸳鸯来了，便坐在贾母下手，鸳鸯之下便是凤姐儿。铺下红毡，洗牌告幺，五人起牌。斗了一回，鸳鸯见贾母的牌已十严，只等一张二饼，便递了暗号与凤姐儿。凤姐儿正该发牌，便故意踌躇了半晌，笑道："我这一张牌定在姨妈手里扣着呢。我若不发这一张，再顶不下来的。"薛姨妈道："我手里并没有你的牌。"凤姐儿道："我回来是要查的。"薛姨妈道："你只管查。你且发下来，我瞧瞧是张什么。"凤姐儿便送在薛姨妈跟前。薛姨妈一看是个二饼，便笑道："我倒不稀罕他，只怕老太太满了。"凤姐儿听了，忙笑道："我发错了。"贾母笑的已掷下牌来，说："你敢拿回去！谁叫你错的不成？"凤姐儿道："可是我要算一算命呢！这是自己发的，也怨埋伏。"贾母笑道："可是呢，你自己该打着你那嘴，问着你自己才是。"又向薛姨妈笑道："我不是小器爱赢钱，原是个彩头儿。"薛姨妈笑道："可不是这样，那里有那样糊涂人说老太太爱钱呢？"凤姐儿正数着钱，听了这话，忙又把钱穿上了，向众人笑道："够了我的了。竟不为赢钱，单为赢彩头儿。我到底小器，输了就数钱，快收起来罢。"贾母规矩是鸳鸯代洗牌，因和薛姨妈说笑，不见鸳鸯动手，贾母道："你怎么恼了，连牌也不替我洗。"鸳鸯拿起牌来，笑道："二奶奶不给钱。"贾母道："他不给钱，那是他交运了。"便命小丫头子："把他那一吊钱都拿过来。"小丫头子真就拿了，搁在贾母旁边。凤姐儿笑道："赏我罢，我照数儿给就是了。"薛姨妈笑道："果然是凤丫头小器，不过是顽儿罢了。"凤姐听说，便站起来，拉着薛姨妈，回头指着贾母素日放钱的一个木匣子笑道："姨妈瞧瞧，那个里头不知顽了我多少去了。这一吊钱顽不了半个时辰，那里头的钱就招手儿叫他了。只等把这一吊也叫进去了，牌也不用斗了，老祖宗的气也平了，又有正经事差我办去了。"话说未完，引的贾母众人笑个不住。偏有平儿怕钱不够，又送了一吊来。凤姐儿道："不用放在我跟前，也放在老太太的那一处罢。一齐叫进去倒省事，不用做两次，叫箱子里的钱费事。"贾母笑的手里的牌撒了一桌子，推着鸳鸯，叫："快撕他的嘴！"

平儿依言放下钱，也笑了一回，方回来。至院门前遇见贾琏，问他："太太在那里呢？老爷叫我请过去呢。"平儿忙笑道："在老太太跟前呢，站了这半日还没动呢。趁早儿丢开手罢。老太太生了半日气，这会子亏二奶奶凑了半日趣儿，才略好了些。”贾琏道：“我过去只说讨老太太的示下，十四往赖大家去不去，好预备轿子的。又请了太太，又凑了趣儿，岂不好？”平儿笑道：“依我说，你竟不去罢。合家子连太太、宝玉都有了不是，这会子你又填限去了。”贾琏道：“已经完了，难道还找补不成？况且与我又无干。二则老爷亲自吩咐我请太太的，这会子我打发了人去，倘或知道了，正没好气呢，指着这个拿我出气罢。”说着就走。平儿见他说得有理，也便跟了过来。

贾琏到了堂屋里，便把脚步放轻了，往里间探头，只见邢夫人站在那里。凤姐儿眼尖，先瞧见了，使眼色儿不命他进来，又使眼色与邢夫人。邢夫人不便就走，只得倒了一碗茶来，放在贾母跟前。贾母一回身，贾琏不防，便没躲伶俐。贾母便问：“外头是谁？倒像个小子一伸头。”凤姐儿忙起身说：“我也恍惚看见一个人影儿，让我瞧瞧去。”一面说，一面起身出来。贾琏忙进去，陪笑道：“打听老太太十四可出门，好预备轿子。”贾母道：“既这么样，怎么不进来？又作鬼作神的。”贾琏陪笑道：“见老太太玩牌，不敢惊动，不过叫媳妇出来问问。”贾母道：“就忙到这一时，等他家去，你问多少问不得？那一遭儿你这么小心来着！又不知是来作耳报神的，也不知是来作探子的，鬼鬼祟祟的，倒唬了我一跳。什么好下流种子！你媳妇和我顽牌呢，还有半日的空儿，你家去再和那赵二家的商量治你媳妇去罢。”说着众人都笑了。鸳鸯笑道：“鲍二家的，老祖宗又拉上赵二家的。”贾母也笑道：“可是，我那里记得什么抱着背着的，提起这些事来，不由我不生气！我进了这门子作重孙子媳妇起，到如今我也有了重孙子媳妇了，连头带尾五十四年，凭着大惊大险千奇百怪的事，也经了些，从没经过这些事。还不离了我这里呢！”

贾琏一声儿不敢说，忙退了出来。平儿站在窗外悄悄的笑道："我说着你不听，到底碰在网里了。"正说着，只见邢夫人也出来，贾琏道："都是老爷闹的，如今都搬在我和太太身上。"邢夫人道："我把你没孝心雷打的下流种子！人家还替老子死呢，白说了几句，你就抱怨了。你还不好好的呢，这几日生气，仔细他捶你。"贾琏道："太太快过去罢，叫我来请了好半日了。"说着，送他母亲出来过那边去。

邢夫人将方才的话只略说了几句，贾赦无法，又含愧，自此便告病，且不敢见贾母，只打发邢夫人及贾琏每日过去请安。只得又各处遣人购求寻觅，终久费了八百两银子买了一个十七岁的女孩子来，名唤嫣红，收在屋内。不在话下。

这里斗了半日牌，吃晚饭才罢。此一二日间无话。

笺证

长篇小说家必须具备大操作的叙事手腕，无此手腕，不足以称长篇小说家。读《红楼梦》，看到波涛滚滚，起伏有致，不能不感叹曹雪芹既善于以一浪推一浪的方式，掀起轩然大波；又善于以一浪减一浪的方式，消减轩然大波。推与减，如海潮起落，自然浑成，惊心动魄后波光潋滟，于退中求进，为新的波涛酝酿积蓄动能，在别开生面中翻新和优化审美创造力。贾赦觊觎鸳鸯，引发的自然是轩然大波。贾母为了平息风波，对兴波作浪的邢夫人又责又劝，于准情度理中绵里藏针，暗含着犀利的锋芒："他逼着你杀人，你也杀去？如今你也想想，你兄弟媳妇本来老实，又生得多病多痛，上上下下那不是他操心？你一个媳妇虽然帮着，也是天天丢下笆儿弄扫帚。凡百事情，我如今都自己减了。他们两个就有一些不到的去处，有鸳鸯，那孩子还心细些，我的事情他还想着一点子，该要去的，他就要了来，该添什么，他就度空儿告诉他们添了。鸳鸯再不这样，他娘儿两个，里头外头，大的小的，那里不忽略一件半件，我如今反倒自己操心去不成？还是天天盘算和你们要东西去？我这屋里有的没的，剩了他一个，年纪也大些，我凡百的脾气性格儿他还知道些。二则他还投主子们的缘法，也并不指着我和这位太太要衣裳去，又和那位奶奶要银子去。所以这几年一应事情，他说什么，从你小婶和你媳妇起，以至家下大大小小，没有不信的。所以不单我得靠，连你小婶媳妇也都省心。我有了这么个人，便是媳妇和孙子媳妇有想不到的，我也不得缺了，也没气可生了。这会子他去了，你们弄个什么人来我使？你们就弄他那么一个真珠的人来，不会说话也无用。我正要打发人和你老爷说去，他要什么人，我这里有钱，叫他只管一万八千的买去，就只这个丫头不能。留下他服侍我几年，就比他日夜服侍我尽了孝的一般。你来的也巧，你就去说，更妥当了。"称赞鸳鸯的种种好处，实际上也是为贾母强挺鸳鸯的理由作补叙，《红楼梦》在这些地方顺水推舟，滴水不漏。这些话在称赞凤姐、鸳鸯的同时，对贾赦的胡闹又来了一个釜底抽薪。但这还不足以平息贾母内心波澜，就用打牌取乐，鸳鸯在一旁帮衬，凤姐在一旁凑趣，又拿贾琏开涮，贾母才眉开眼笑地说："我进了这门子作重孙子媳妇起，到如今我也有了重孙子媳妇了，连头带尾五十四年，凭着大惊大险千奇百怪的事，也经了些，从没经过这些事。还不离了我这里呢！"在儿孙辈面前摆摆陈年老谱，对于一个久经享福或久经风霜的老人，何尝不是一种精神上的自恋和慰藉？

展眼到了十四日，黑早，赖大的媳妇又进来请。贾母高兴，便带了王夫人、薛姨妈及宝玉姊妹等，到赖大花园中坐了半日。那花园虽不及大观园，却也十分齐整宽阔，泉石林木，楼阁亭轩，也有好几处惊人骇目的。外面厅上，薛蟠、贾珍、贾琏、贾蓉并几个近族的，很远的也没来，贾赦也没来。赖大家内也请了几个现任的官长并几个世家子弟作陪。因其中有柳湘莲，薛蟠自上次会过一次，已念念不忘。又打听他最喜串戏，且串的都是生旦风月戏文，不免错会了意，误认他作了风月子弟，正要与他相交，恨没有个引进，这日可巧遇见，乐得无可不可。且贾珍等也慕他的名，酒盖住了脸，就求他串了两出戏。下来，移席和他一处坐着，问长问短，说此说彼。

那柳湘莲原是世家子弟，读书不成，父母早丧，素性爽侠，不拘细事，酷好耍枪舞剑，赌博吃酒，以至眠花卧柳，吹笛弹筝，无所不为。因他年纪又轻，生得又美，不知他身分的人，却误认作优伶一类。那赖大之子赖尚荣与他素习交好，故他今日请来坐陪。不想酒后别人犹可，独薛蟠又犯了旧病。他心中早已不快，得便意欲走开完事，无奈赖尚荣死也不放。赖尚荣又说："方才宝二爷又嘱咐我，才一进门虽见了，只是人多不好说话，叫我嘱咐你散的时候别走，他还有话说呢。你既一定要去，等我叫出他来，你两个见了再走，与我无干。"说着，便命小厮们到里头找一个老婆子，悄悄告诉"请出宝二爷来"。那小厮去了没一盏茶时，果见宝玉出来了。赖尚荣向宝玉笑道："好叔叔，把他交给你，我张罗人去了。"说着，一径去了。

宝玉便拉了柳湘莲到厅侧小书房中坐下，问他这几日可到秦钟的坟上去了。湘莲道："怎么不去？前日我们几个人放鹰去，离他坟上还有二里。我想今年夏天的雨水勤，恐怕他的坟站不住。我背着众人，走去瞧了一瞧，果然又动了一点子。回家来就便弄了几百钱，第三日一早出去，雇了两个人收拾好了。"宝玉道："怪道呢，上月我们大观园的池子里头结了莲蓬，我摘了十个，叫茗烟出去到坟上供他去，回来我也问他可被雨冲坏了没有。他说不但不冲，且比上回又新了些。我想着，不过是这几个朋友新筑了。我只恨我天天圈在家里，一点儿做不得主，行动就有人知道，不是这个拦就是那个劝的，能说不能行。虽然有钱，又不由我使。"湘莲道："这个事也用不着你操心，外头有我，你只心里有了就是。眼前十月一，我已经打点下上坟的花消。你知道我一贫如洗，家里是没的积聚，纵有几个钱来，又随手就光的，不如趁空儿留下这一分，省得到了跟前扎煞手。”宝玉道：“我也正为这个要打发茗烟找你，你又不大在家，知道你天天萍踪浪迹，没个一定的去处。”湘莲道：“这也不用找我，这个事不过各尽其道。眼前我还要出门去走走，外头逛个三年五载再回来。”宝玉听了，忙问道：“这是为何？”柳湘莲冷笑道：“你不知道我的心事，等到跟前你自然知道。我如今要别过了。”宝玉道：“好容易会着，晚上同散岂不好？”湘莲道：“你那令姨表兄还是那样，再坐着未免有事，不如我回避了倒好。”宝玉想了一想，道：“既是这样，倒是回避他为是。只是你要果真远行，必须先告诉我一声，千万别悄悄的去了。”说着便滴下泪来。柳湘莲道：“自然要辞的。你只别和别人说就是。”说着便站起来要走，又道：“你们进去，不必送我。”

一面说，一面出了书房。刚至大门前，早遇见薛蟠在那里乱嚷乱叫说：“谁放了小柳儿走了！”柳湘莲听了，火星乱迸，恨不得一拳打死，复思酒后挥拳，又碍着赖尚荣的脸面，只得忍了又忍。薛蟠忽见他走出来，如得了珍宝，忙趔趄着上来一把拉住，笑道：“我的兄弟，你往那里去了？”湘莲道：“走走就来。”薛蟠笑道：“好兄弟，你一去都没兴了，好歹坐一坐，你就疼我了。凭你有什么要紧的事，交给哥，你只别忙，有你这个哥，你要做官发财都容易。”湘莲见他如此不堪，心中又恨又愧，早生一计，便拉他到避人之处，笑道：“你真心和我好，假心和我好呢？”薛蟠听这话，喜的心痒难挠，乜斜着眼忙笑道：“好兄弟，你怎么问起我这话来？我要是假心，立刻死在眼前！”湘莲道：“既如此，这里不便。等坐一坐，我先走，你随后出来，跟到我下处，咱们替另喝一夜酒。我那里还有两个绝好的孩子，从没出门。你可连一个跟的人也不用带，到了那里，服侍的人都是现成的。”薛蟠听如此说，喜得酒醒了一半，说：“果然如此？”湘莲道：“如何！人拿真心待你，你倒不信了！”薛蟠忙笑道：“我又不是呆子，怎么有个不信的呢！既如此，我又不认得，你先去了，我在那里找你？”湘莲道：“我这下处在北门外头，你可舍得家，城外住一夜去？”薛蟠笑道：“有了你，我还要家做什么！”湘莲道：“既如此，我在北门外头桥上等你。咱们席上且吃酒去。你看我走了之后你再走，他们就不留心了。”薛蟠听了，连忙答应。于是二人复又入席，饮了一回。那薛蟠难熬，只拿眼看湘莲，心内越想越乐，左一壶右一壶，并不用人让，自己便吃了又吃，不觉酒已八九分了。

湘莲便起身出来，瞅人不防去了，至门外，命小厮杏奴：“先家去罢，我到城外就来。”说毕，已跨马直出北门，桥上等候薛蟠。没顿饭时工夫，只见薛蟠骑着一匹大马，远远的赶了来，张着嘴，瞪着眼，头似拨浪鼓一般不住左右乱瞧。及至从湘莲马前过去，只顾望远处瞧，不曾留心近处，反踩过去了。湘莲又是笑，又是恨，便也撒马随后赶来。薛蟠往前看时，渐渐人烟稀少，便又圈马回来再找，不想一回头见了湘莲，如获奇珍，忙笑道：“我说你是个再不失信的。”湘莲笑道：“快往前走，仔细人看见跟了来，就不便了。”说着，先就撒马前去，薛蟠也紧紧的跟来。

湘莲见前面人迹已稀，且有一带苇塘，便下马，将马拴在树上，向薛蟠笑道：“你下来，咱们先设个誓，日后要变了心，告诉人去的，便应了誓。”薛蟠笑道：“这话有理。”连忙下了马，也拴在树上，便跪下说道：“我要日久变心，告诉人去的，天诛地灭。”一语未了，只听“嘡”的一声，颈后好似铁锤砸下来，只觉得一阵黑，满眼金星乱迸，身不由己，便倒下来，湘莲走上来瞧瞧，知道他是个笨家，不惯捱打，只使了三分气力，向他脸上拍了几下，登时便开了果子铺。薛蟠先还要挣挫起来，又被湘莲用脚尖点了两点，仍旧跌倒，口内说道：“原是两家情愿，你不依，只好说，为什么哄出我来打我？”一面说，一面乱骂。湘莲道：“我把你瞎了眼的，你认认柳大爷是谁！你不说哀求，你还伤我。我打死你也无益，只给你个利害罢。”说着，便取了马鞭过来，从背至胫，打了三四十下。薛蟠酒已醒了大半，觉得疼痛难禁，不禁有“嗳哟”之声。湘莲冷笑道：“也只如此！我只当你是不怕打的。”一面说，一面又把薛蟠的左腿拉起来，朝苇中泞泥处拉了几步，滚的满身泥水，又问道：“你可认得我了？”薛蟠不应，只伏着哼哼。湘莲又掷下鞭子，用拳头向他身上擂了几下。薛蟠便乱滚乱叫，说：“肋条折了。我知道你是正经人，因为我错听了旁人的话了。”湘莲道：“不用拉别人，你只说现在的。”薛蟠道：“现在没什么说的。不过你是个正经人，我错了。”湘莲道：“还要说软些才饶你。”薛蟠哼哼着道：“好兄弟。”湘莲便又一拳。薛蟠“嗳哟”了一声道：“好哥哥。”湘莲又连两拳。薛蟠忙“嗳哟”叫道：“好老爷，饶了我这没眼睛的瞎子罢！从今以后我敬你怕你了。”湘莲道：“你把那水喝两口。”薛蟠一面听了，一面皱眉道：“那水脏得很，怎么喝得下去！”湘莲举拳就打。薛蟠忙道：“我喝，喝。”说着说着，只得俯头向苇根下喝了一口，犹未咽下去，只听“哇”的一声，把方才吃的东西都吐了出来。湘莲道：“好脏东西，你快吃尽了饶你。”薛蟠听了，叩头不迭道：“好歹积阴功饶我罢。这至死不能吃的。”湘莲道：“这样气息，倒熏坏了我。”说着丢下薛蟠，便牵马认镫去了。这里薛蟠见他已去，方放下心来，后悔自己不该误认了人。待要挣挫起来，无奈遍身疼痛难禁。

谁知贾珍等席上忽不见了他两个，各处寻找不见。有人说：“恍惚出北门去了。”薛蟠的小厮们素日是惧他的，他吩咐不许跟去，谁还敢找去？后来还是贾珍不放心，命贾蓉带着小厮们寻踪问迹的直找出北门，下桥二里多路，忽见苇坑边薛蟠的马拴在那里。众人都道：“可好了！有马必有人。”一齐来至马前，只听苇中有人呻吟。大家忙走来一看，只见薛蟠衣衫零碎，面目肿破，没头没脸，遍身内外，滚的似个泥猪一般。贾蓉心内已猜着九分了，忙下马令人搀了出来，笑道："薛大叔天天调情，今儿调到苇子坑里来了。必定是龙王爷也爱上你风流，要你招驸马去，你就碰到龙犄角上了。"薛蟠羞的恨没地缝儿钻不进去，那里爬的上马去？贾蓉只得命人赶到关厢里雇了一乘小轿子，薛蟠坐了，一齐进城。贾蓉还要抬往赖家去赴席，薛蟠百般央告，又命他不要告诉人，贾蓉方依允了，让他各自回家。贾蓉仍往赖家回复贾珍，并说方才形景。贾珍也知为湘莲所打，也笑道："他须得吃个亏才好。"至晚散了，便来问候。薛蟠自在卧房将养，推病不见。

贾母等回来各自归家时，薛姨妈与宝钗见香菱哭得眼睛肿了。问其原故，忙赶来瞧薛蟠时，脸上身上虽有伤痕，并未伤筋动骨。薛姨妈又是心疼，又是发恨，骂一回薛蟠，又骂一回柳湘莲，意欲告诉王夫人，遣人寻拿柳湘莲。宝钗忙劝道："这不是什么大事，不过他们一处吃酒，酒后反脸常情。谁醉了，多挨几下子打，也是有的。况且咱们家无法无天，也是人所共知的。妈不过是心疼的缘故。要出气也容易，等三五天哥哥养好了出的去时，那边珍大爷、琏二爷这干人也未必白丢开了，自然备个东道，叫了那个人来，当着众人替哥哥赔不是认罪就是了。如今妈先当件大事告诉众人，倒显得妈偏心溺爱，纵容他生事招人，今儿偶然吃了一次亏，妈就这样兴师动众，倚着亲戚之势欺压常人。"薛姨妈听了道："我的儿，到底是你想的到，我一时气糊涂了。"宝钗笑道："这才好呢。他又不怕妈，又不听人劝，一天纵似一天，吃过两三个亏，他倒罢了。"薛蟠睡在炕上痛骂柳湘莲，又命小厮们去拆他的房子，打死他，和他打官司。薛姨妈禁住小厮们，只说柳湘莲一时酒后放肆，如今酒醒，后悔不及，惧罪逃走了。薛蟠听见如此说了，要知端的——

笺证

风起云涌，推波助澜，是小说惯用的手法。由此展示生活或命运中所遭遇的不测或不幸。旧题李陵《与苏武诗》有云："风波一失所，各在天一隅。”天涯海角何处无风波？贾母因鸳鸯公案的心头风波平静之后，第四十七回又来了薛蟠因龙阳之癖，导致柳湘莲对他毒打的疾风骤雨的风波。波澜起伏，震荡颠簸，饶有趣味地展示了人性和社会的多重皱褶，翻开了人世间歪歪扭扭挤压而出现的层层褶纹中的污垢。薛蟠的皱褶，在于误认柳湘莲是风月子弟。这也事出有因，柳湘莲原是世家子弟，读书不成，父母早丧，素性爽侠，不拘细事，酷好耍枪舞剑，赌博吃酒，以至眠花卧柳，吹笛弹筝，无所不为。因他年纪又轻，生得又美，不知他身分的人，却误认作优伶一类。人生有一种险境，误认过度，可以招致大祸临头。只要看一看柳湘莲与贾宝玉一样把秦钟当朋友对待，为秦钟收拾好坟墓。庚辰本于此夹批说：“忽提此人使我堕泪。近几回不见提此人，自谓不表矣。乃忽于此处柳湘莲提及，所谓‘方以类聚，物以群分’也。”[1]也就是说，柳湘莲是带有几分义侠之气，与宝玉、秦钟同为“情种”并输入一种阳刚气质。而薛蟠确实不识相，在赖大家的席间，见了湘莲，如获奇珍，喜得心痒难挠，乜斜着眼笑说：“好兄弟，你怎么问起我这话来？我要是假心，立刻死在眼前！”柳湘莲因由薛蟠的误认过度，就顺势引诱薛蟠上钩，带他到郊外人迹罕至的苇塘，拳脚交加，打得他在泥泞里打滚，满口“好兄弟”“好哥哥”“好老爷”地求饶。还逼他喝脏水、喝呕吐出来的脏物。这是大观园外的惩恶行为，是侠情对邪情下重拳打击。当遍体鳞伤的薛蟠被找回大观园后，宝钗劝解母亲，分析薛蟠遭打的缘由：“这不是什么大事，不过他们一处吃酒，酒后反脸常情。谁醉了，多挨几下子打，也是有的。况且咱们家无法无天，也是人所共知的。妈不过是心疼的缘故。……如今妈先当件大事告诉众人，倒显得妈偏心溺爱，纵容他生事招人，今

[1]（清）曹雪芹著，脂砚斋评：《脂砚斋重评石头记庚辰校本》，作家出版社2006年版，第842页。

儿偶然吃了一次亏，妈就这样兴师动众，倚着亲戚之势欺压常人。”宝钗又笑说：“这才好呢。他又不怕妈，又不听人劝，一天纵似一天，吃过两三个亏，他倒罢了。”戚蓼生本回末总评说：“自斗牌一节，写贵家长上之尊重，卑幼之侍奉；遭打一节，写薛蟠之呆，湘莲之豪，薛母、宝钗之言，无不逼真。”本回的题目有“冷郎君（柳湘莲）惧祸走他乡”，写的却是薛蟠遭打的风波及在薛府引起的反应余波，以此展示了大观园内外的两个世界的不同景观，哪怕你狂风暴雨，哪怕你天上钩钩云，地下雨淋淋，景观中展示了各种人生形态。无论是薛蟠之呆、湘莲之豪，还是薛母之溺爱、宝钗之贤惠，小说就应该收藏如此这般的生活万象，以此追问人活着到底为了什么，人到底应怎样活法，思考换一种方式生活好不好。这样才能在岁月流转中把生活印记、人生百味当成文化产品，形成有仪式感的岁月留痕。

第四十八回
滥情人情误思游艺
慕雅女雅集苦吟诗

且说薛蟠听见如此说了，气方渐平。三五日后，疼痛虽愈，伤痕未平，只装病在家，愧见亲友。

展眼已到十月，因有各铺面伙计内有算年帐要回家的，少不得家内治酒饯行。内有一个张德辉，年过六十，自幼在薛家当铺内揽总，家内也有二三千金的过活，今岁也要回家，明春方来。因说起："今年纸札香料短少，明年必是贵的。明年先打发大小儿上来当铺内照管，赶端阳前我顺路贩些纸札香扇来卖。除去关税花销，亦可以剩得几倍利息。"薛蟠听了，心中忖度："我如今捱了打，正难见人，想着要躲个一年半载，又没处去躲。天天装病，也不是事。况且我长了这么大，文又不文，武又不武，虽说做买卖，究竟戥子算盘从没拿过，地土风俗远近道路又不知道，不如也打点几个本钱，和张德辉逛一年来。赚钱也罢，不赚钱也罢，且躲躲羞去。二则逛逛山水也是好的。"心内主意已定，至酒席散后，便和张德辉说知，命他等一二日一同前往。

晚间薛蟠告诉了他母亲。薛姨妈听了虽是欢喜，但又恐他在外生事，花了本钱倒是末事，因此不命他去。只说："好歹你守着我，我还能放心些。况且也不用做这买卖，也不等着这几百银子来用。你在家里安分守己的，就强似这几百银子了。"薛蟠主意已定，那里肯依。只说："天天又说我不知世事，这个也不知，那个也不学。如今我发狠把那些没要紧的都断了，如今要成人立事，学习着做买卖，又不准我了，叫我怎么样呢？我又不是个丫头，把我关在家里，何日是个了日？况且那张德辉又是个年高有德的，咱们和他世交，我同他去，怎么得有舛错？我就一时半刻有不好的去处，他自然说我劝我。就是东西贵贱行情，他是知道的，自然色色问他，何等顺利，倒不叫我去。过两日我不告诉家里，私自打点了一走，明年发了财回家，那时才知道我呢。”说毕，赌气睡觉去了。

薛姨妈听他如此说，因和宝钗商议。宝钗笑道：“哥哥果然要经历正事，正是好的了。只是他在家时说着好听，到了外头，旧病复犯，越发难拘束他了。但也愁不得许多。他若是真改了，是他一生的福。若不改，妈也不能又有别的法子。一半尽人力，一半听天命罢了。这么大人了，若只管怕他不知世路，出不得门，干不得事，今年关在家里，明年还是这个样儿。他既说的名正言顺，妈就打谅着丢了八百一千银子，竟交与他试一试。横竖有伙计们帮着，也未必好意思哄骗他的。二则他出去了，左右没有助兴的人，又没了倚仗的人，到了外头，谁还怕谁，有了的吃，没了的饿着，举眼无靠，他见这样，只怕比在家里省了事也未可知。”薛姨妈听了，思忖半晌说道：“倒是你说的是。花两个钱，叫他学些乖来也值了。”商议已定，一宿无话。

至次日，薛姨妈命人请了张德辉来，在书房中命薛蟠款待酒饭，自己在后廊下，隔着窗子，向里千言万语嘱托张德辉照管薛蟠。张德辉满口应承，吃过饭告辞，又回说：“十四日是上好出行日期，大世兄即刻打点行李，雇下骡子，十四一早就长行了。”薛蟠喜之不尽，将此话告诉了薛姨妈。薛姨妈便和宝钗、香菱并两个老年的嬷嬷连日打点行装，派下薛蟠之乳父老苍头一名，当年谙事旧仆二名，外有薛蟠随身常使小厮二人，主仆一共六人，雇了三辆大车，单拉行李使物，又雇了四个长行骡子。薛蟠自骑一匹家内养的铁青大走骡，外备一匹坐马。诸事完毕，薛姨妈、宝钗等连夜劝戒之言，自不必备说。

至十三日，薛蟠先去辞了他舅舅，然后过来辞了贾宅诸人。贾珍等未免又有饯行之说，也不必细述。至十四日一早，薛姨妈、宝钗等直同薛蟠出了仪门，母女两个四只泪眼看他去了，方回来。

笺证

第四十八回庚辰本回首总评说："题曰'柳湘莲走他乡'，必谓写湘莲如何走，今却不写，反写阿呆兄（薛蟠）之游艺，了却柳湘莲之分内走者而不细写其走，反写阿呆不应走而写其走，文牵岐路，令人不识者如此。"[1]薛蟠受了柳湘莲毒打，装病在家，愧见亲友，趁着在薛家当铺内揽总的张德辉回家探亲，顺路采购的机会，跟着学习做买卖，躲个一年半载。这是一种"文牵岐路"的叙事法，晋代陆机《长安有狭邪行》云："伊洛有岐路，岐路交朱轮。……守一不足矜，岐路良可遵。"路一分岔，就不能守一，就必须选择良好的路去走。这种"文牵岐路"的写法，分出岔来，更重要的旨趣是为香菱搬入大观园蘅芜苑与宝钗同住，向黛玉学作诗，留下了足够的时间空间。可以说，文牵岐路，牵着一条岐路，腾出另一条正路。香菱搬入大观园蘅芜苑时，庚辰本夹批说："细想香菱之为人也，根基不让迎、探，容貌不让凤、秦，端雅不让纨、钗，风流不让湘、黛，贤惠不让袭、平，所惜者青年罹祸，命运乖蹇，至为侧室，且虽曾读书，不能与林、湘辈并驰于海棠之社耳。然此一人岂可不入园哉？故欲令入园，终无可入之隙，筹划再四，欲令入园必呆兄远行后方可。然阿呆兄又如何方可远行？曰名，不可；利，不可；无事，不可；必得万人想不到，自己忽发一机之事方可。因此思及'情'之一字及呆素所误者，故借'情误'二字生出一事，使阿呆游艺之志已坚，则菱卿入园之隙方妥。回思因欲香菱入园，是写阿呆情误，因欲阿呆情误，先写一赖尚荣，实委婉严密之甚也。脂砚斋评。"[2]这就勾勒了"文牵岐路"的叙事法，如游龙蜿蜒，"实委婉严密之甚也"，其实际叙事功能，是腾出了新的叙事空间和人文环境。文章的奇情，是在腾出新的文化空间中出现的。

薛姨妈上京带来的家人不过四五房，并两三个老嬷嬷小丫头，今跟了薛蟠一去，外面只剩了一两个男子。因此薛姨妈即日到书房，将一应陈设玩器并帘幔等物尽行搬了进来收贮，命那两个跟去的男子之妻一并也进来睡觉。又命香菱将他屋里也收拾严紧，“将门锁了，晚间和我去睡”。宝钗道:“妈既有这些人作伴，不如叫菱姐姐和我作伴去。我们园里又空，夜长了，我每夜作活，越多一个人岂不越好?”薛姨妈听了，笑道:“正是我忘了，原该叫他同你去才是。我前日还同你哥哥说，文杏又小，道三不着两，莺儿一个人不够服侍的，还要买一个丫头来你使。”宝钗道:“买的不知底里，倘或走了眼，花了钱小事，没的淘气。倒是慢慢的打听着，有知道来历的，买个还罢了。”一面说，一面命香菱收拾了衾褥妆奁，命一个老嬷嬷并臻儿送至蘅芜苑去，然后宝钗和香菱才同回园中来。

香菱道:“我原要和奶奶说的，大爷去了，我和姑娘作伴儿去。又恐怕奶奶多心，说我贪着园里来顽，谁知你竟说了。”宝钗笑道:“我知道你心里羡慕这园子不是一日两日了，只是没个空儿。就每日来一趟，慌慌张张的，也没趣儿。所以趁着机会，越性住上一年，我也多个作伴的，你也遂了心。”香菱笑道:“好姑娘，你趁着这个工夫，教给我作诗罢。”宝钗笑道:“我说你‘得陇望蜀’呢。我劝你今儿头一日进来，先出园东角门，从老太太起，各处各人你都瞧瞧，问候一声儿，也不必特意告诉他们说搬进园来。若有提起因由，你只带口说我带了你进来作伴儿就完了。回来进了园，再到各姑娘房里走走。”

❶ 朱一玄编:《红楼梦资料汇编》，南开大学出版社2001年版，第474页。

❷ (清)曹雪芹著，脂砚斋评:《脂砚斋重评石头记庚辰校本》，作家出版社2006年版，第854—855页。

香菱应着才要走时，只见平儿忙忙的走来。香菱忙问了好，平儿只得陪笑相问。宝钗因向平儿笑道："我今儿带了他来作伴儿，正要去回你奶奶一声儿。"平儿笑道："姑娘说的是那里话？我竟没话答言了。"宝钗道："这才是正理。店房也有个主人，庙里也有个住持。虽不是大事，到底告诉一声，便是园里坐更上夜的人知道添了他两个，也好关门候户的了。你回去告诉一声罢，我不打发人去了。"平儿答应着，因又向香菱笑道："你既来了，也不拜一拜街坊邻舍去？"宝钗笑道："我正叫他去呢。"平儿道："你且不必往我们家去，二爷病了在家里呢。"香菱答应着去了，先从贾母处来，不在话下。

且说平儿见香菱去了，便拉宝钗忙说道："姑娘可听见我们的新闻了？"宝钗道："我没听见新闻。因连日打发我哥哥出门，所以你们这里的事，一概也不知道，连姊妹们这两日也没见。"平儿笑道："老爷把二爷打了个动不得，难道姑娘就没听见？"宝钗道："早起恍惚听见了一句，也信不真。我也正要瞧你奶奶去呢，不想你来了。又是为了什么打他？"平儿咬牙骂道："都是那贾雨村什么风村，半路途中那里来的饿不死的野杂种！认了不到十年，生了多少事出来！今年春天，老爷不知在那个地方看见了几把旧扇子，回家看家里所有收着的这些好扇子都不中用了，立刻叫人各处搜求。谁知就有一个不知死的冤家，混号儿世人叫他作石呆子，穷的连饭也没的吃，偏他家就有二十把旧扇子，死也不肯拿出大门来。二爷好容易烦了多少情，见了这个人，说之再三，把二爷请到他家里坐着，拿出这扇子略瞧了瞧。据二爷说，原是不能再有的，全是湘妃、棕竹、麋鹿、玉竹的，皆是古人写画真迹，因来告诉了老爷。老爷便叫买他的，要多少银子给他多少。偏那石呆子说：'我饿死冻死，一千两银子一把我也不卖！'老爷没法子，天天骂二爷没能为。已经许了他五百两，先兑银子后拿扇子。他只是不卖，只说：'要扇子，先要我的命！'姑娘想想，这有什么法子？谁知雨村那没天理的听见了，便设了个法子，讹他拖欠了官银，拿他到衙门里去，说所欠官银，变卖家产赔补，把这扇子抄了来，作了官价送了来。那石呆子如今不知是死是活。老爷拿着扇子问着二爷说：'人家怎么弄了来？'二爷只说了一句：'为这点子小事，弄得人坑家败业，也不算什么能为！'老爷听了就生了气，说二爷拿话堵老爷，因此这是第一件大的。这几日还有几件小的，我也记不清，所以都凑在一处，就打起来了。也没拉倒用板子棍子，就站着，不知拿什么混打了一顿，脸上打破了两处。我们听见姨太太这里有一种丸药，上棒疮的，姑娘快寻一丸子给我。"宝钗听了，忙命莺儿去要了一丸来与平儿。宝钗道："既这样，替我问候罢，我就不去了。"平儿答应着去了，不在话下。

笺证

《红楼梦》善于穿针引线，在针线穿行中牵引出形形色色的事件、奇奇怪怪的人物。西汉刘向《说苑·善说》云："缕因针而入，不因针而急；嫁女因媒而成，不因媒而亲。"《红楼梦》的穿针引线，往往线缕旁出，在因与不因之间，纳入许多深意。香菱进大观园，是一件不大不小的韵事，总该认真写一写吧？却不急于叙香菱，且叙宝钗，叙宝钗牵连着贾琏、凤姐，通过平儿讲了贾赦暴打贾琏之事，也不止于贾赦打贾琏，而是牵连出贾赦强买石呆子"全是湘妃、棕竹、麋鹿、玉竹的，皆是古人写画真迹"的二十把旧扇子。强买不成，"那贾雨村什么风村"的设法讹石呆子拖欠官银，拿到衙门里，要他变卖家产赔补官银，把扇子抄没，作官价送给贾赦。这是贾雨村判的又一桩葫芦案。在不长的人物对话中牵引出贾府人物，久违了的贾雨村，还牵引出一桩冤案，攀藤摸瓜，采取的是间接叙事。这桩冤案，竟成了远哉遥遥的多年后宁国府抄家的原由之一。戚蓼生本回末总评说："一扇之微，而害人如此其毒。藏之者故是无味，构求者更觉可笑。多少没天理处，全不自觉。可见好爱之端，断不可生。求古董于古坟，争盆景而荡产，势所必至，可不慎诸。”[3]贪婪与权力相结合，会给人造成飞来横祸，也会弄得平民百姓家破人亡。

且说香菱见过众人之后，吃过晚饭，宝钗等都往贾母处去了，自己便往潇湘馆中来。此时黛玉已好了大半，见香菱也进园来住，自是欢喜。香菱因笑道：“我这一进来了，也得了空儿，好歹教给我作诗，就是我的造化了。”黛玉笑道：“既要作诗，你就拜我作师。我虽不通，大略也还教得起你。”香菱笑道：“果然这样，我就拜你作师。你可不许腻烦的。”

黛玉道：“什么难事，也值得去学！不过是起承转合，当中承转是两副对子，平声对仄声，虚的对实的，实的对虚的，若是果有了奇句，连平仄虚实不对都使得的。”香菱笑道：“怪道我常弄一本旧诗偷空儿看一两首，又有对的极工的，又有不对的，又听见说‘一三五不论，二四六分明’。看古人的诗上亦有顺的，亦有二四六上错了的，所以天天疑惑。如今听你一说，原来这些格调规矩竟是末事，只要词句新奇为上。”黛玉道：“正是这个道理，词句究竟还是末事，第一立意要紧。若意趣真了，连词句不用修饰，自是好的，这叫做‘不以词害意’。”香菱笑道：“我只爱陆放翁的诗‘重帘不卷留香久，古砚微凹聚墨多’，说的真有趣。”黛玉道：“断不可看这样的诗。你们因不知诗，所以见了这浅近的就爱，一入了这个格局，再学不出来的。你只听我说，你若真心要学，我这里有《王摩诘全集》，你且把他的五言律读一百首，细心揣摩透熟了，然后再读一二百首老杜的七言律，次再李青莲的七言绝句读一二百首。肚子里先有了这三个人作了底子，然后再把陶渊明、应玚、谢、阮、庾、鲍等人的一看。你又是一个极聪敏伶俐的人，不用一年的工夫，不愁不是诗翁了。”香菱听了，笑道：“既这样，好姑娘，你就把这书给我拿出来，我带回去夜里念几首也是好的。”

黛玉听说，便命紫娟将王右丞的五言律拿来，递与香菱，又道：“你只看有红圈的都是我选的，有一首念一首。不明白的问你姑娘，或者遇见我，我讲与你就是了。”香菱拿了诗，回至蘅芜苑中，诸事不顾，只向灯下一首一首的读起来。宝钗连催他数次睡觉，他也不睡。宝钗见他这般苦心，只得随他去了。

❸朱一玄编：《红楼梦资料汇编》，南开大学出版社2001年版，第476页。

一日，黛玉方梳洗完了，只见香菱笑吟吟的送了书来，又要换杜律。黛玉笑道：“共记得多少首？”香菱笑道：“凡红圈选的我尽读了。”黛玉道：“可领略了些滋味没有？”香菱笑道：“领略了些滋味，不知可是不是，说与你听听。”黛玉笑道：“正要讲究讨论，方能长进。你且说来我听。”

香菱笑道：“据我看来，诗的好处，有口里说不出来的意思，想去却是逼真的。有似乎无理的，想去竟是有理有情的。”黛玉笑道：“这话有了些意思，但不知你从何处见得？”香菱笑道：“我看他《塞上》一首，那一联云：‘大漠孤烟直，长河落日圆。’想来烟如何直？日自然是圆的。这‘直’字似无理，‘圆’字似太俗。合上书一想，倒像是见了这景的。若说再找两个字换这两个，竟再找不出两个字来。再还有‘日落江湖白，潮来天地青’，这‘白’‘青’两个字也似无理。想来，必得这两个字才形容得尽，念在嘴里倒像有几千斤重的一个橄榄。还有‘渡头馀落日，墟里上孤烟’，这‘馀’字和‘上’字，难为他怎么想来。我们那年上京来，那日下晚便湾住船，岸上又没有人，只有几棵树，远远的几家人家作晚饭，那个烟竟是碧青，连云直上。谁知我昨日晚上读了这两句，倒像我又到了那个地方去了。”

正说着，宝玉和探春也来了，也都入坐听他讲诗。宝玉笑道：“既是这样，也不用看诗。会心处不在多，听你说了这两句，可知‘三昧’你已得了。”黛玉笑道：“你说他这‘上孤烟’好，你还不知他这一句还是套了前人的来。

我给你这一句瞧瞧，更比这个淡而现成。”说着便把陶渊明的“暧暧远人村，依依墟里烟”翻了出来，递与香菱。香菱瞧了，点头叹赏，笑道：“原来‘上’字是从‘依依’两个字上化出来的。”宝玉大笑道：“你已得了，不用再讲，越发倒学杂了。你就作起来，必是好的。”探春笑道：“明儿我补一个柬来，请你入社。”香菱笑道：“姑娘何苦打趣我，我不过是心里羡慕，才学着顽罢了。”

探春、黛玉都笑道：“谁不是顽。难道我们是认真作诗呢？若说我们认真成了诗，出了这园子，把人的牙还笑倒了呢。”宝玉道：“这也算自暴自弃了。前日我在外头和相公们商议画儿，他们听见咱们起诗社，求我把稿子给他们瞧瞧。我就写了几首给他们看看，谁不真心叹服。他们都抄了刻去了。”探春、黛玉忙问道：“这是真话么？”宝玉笑道：“说慌的是那架上的鹦哥。”黛玉、探春听说，都道：“你真真胡闹。且别说那不成诗，便是成诗，我们的笔墨也不该传到外头去。”宝玉道：“这怕什么。古来闺阁中的笔墨不要传出去，如今也没有人知道了。”说着，只见惜春打发了入画来请宝玉，宝玉方去了。

香菱又逼着黛玉换出杜律来，又央黛玉、探春二人：“出个题目，让我诌去，诌了来，替我改正。”黛玉道：“昨夜的月最好，我正要诌一首，竟未诌成，你竟作一首来。十四寒的韵，由你爱用那几个字去。”

香菱听了，喜的拿回诗来，又苦思一回作两句诗，又舍不得杜诗，又读两首。如此茶饭无心，坐卧不定。宝钗道：“何苦自寻烦恼？都是颦儿引的你，我和他算帐去。你本来呆头呆脑的，再添上这个，越发弄成个呆子了。”香菱笑道：“好姑娘，别混我。”一面说，一面作了一首，先与宝钗看。宝钗看了笑道：“这个不好，不是这个作法。你别怕臊，只管拿了给他瞧去，看他是怎么说。”香菱听了，便拿了诗找黛玉。

黛玉看时，只见写道是：

月挂中天夜色寒，清光皎皎影团团。诗人助兴常思玩，野客添愁不忍观。翡翠楼边悬玉镜，珍珠帘外挂冰盘。良宵何用烧银烛，晴彩辉煌映画栏。

黛玉笑道："意思却有，只是措词不雅。皆因你看的诗少，被他缚住了。把这首丢开，再作一首，只管放开胆子去作。"

香菱听了，默默的回来，越性连房也不入，只在池边树下，或坐在山石上出神，或蹲在地下抠土，来往的人都诧异。李纨、宝钗、探春、宝玉等听得此信，都远远的站在山坡上瞧看他。只见他皱一回眉，又自己含笑一回。

宝钗笑道："这个人定要疯了！昨夜嘟嘟哝哝直闹到五更天才睡下，没一顿饭的工夫天就亮了。我就听见他起来了，忙忙碌碌梳了头就找颦儿去。一回来了，呆了一日，作了一首又不好，这会子自然另作呢。"宝玉笑道："这正是'地灵人杰'，老天生人再不虚赋情性的。我们成日叹说可惜他这么个人竟俗了，谁知到底有今日。可见天地至公。"宝钗笑道："你能够像他这苦心就好了，学什么有个不成的？"宝玉不答。

只见香菱兴兴头头的又往黛玉那边去了。探春笑道："咱们跟了去，看他有些意思没有。"说着，一齐都往潇湘馆来。只见黛玉正拿着诗和他讲究。众人因问黛玉作的如何。黛玉道："自然算难为他了，只是还不好。这一首过于穿凿了，还得另作。"众人因要诗看时，只见作道：

非银非水映窗寒，试看晴空护玉盘。淡淡梅花香欲染，丝丝柳带露初干。只疑残粉涂金砌，恍若轻霜抹玉栏。梦醒西楼人迹绝，馀容犹可隔帘看。

宝钗笑道："不像吟月了，月字底下添一个'色'字倒还使得，你看句句倒是月色。这也罢了，原来诗从胡说来，再迟几天就好了。"香菱自为这首妙绝，听如此说，自己扫了兴，不肯丢开手，便要思索起来。因见他姊妹们说笑，便自己走至阶前竹下闲步，挖心搜胆，耳不旁听，目不别视。一时探春隔窗笑说道："菱姑娘，你闲闲罢。"香菱怔怔答道："'闲'字是十五删的，你错了韵了。"众人听了，不觉大笑起来。宝钗道："可真是诗魔了。都是颦儿引的他。"黛玉道："圣人说'诲人不倦'，他又来问我，我岂有不说之理？"李纨笑道："咱们拉了他往四姑娘房里去，引他瞧瞧画儿，叫他醒一醒才好。"

说着，真个出来拉了他过藕香榭，至暖香坞中。惜春正乏倦，在床上歪着睡午觉，画缯立在壁间，用纱罩着。众人唤醒了惜春，揭纱看时，十停方有了三停。香菱见画上有几个美人，因指着笑道："这一个是我们姑娘，那一个是林姑娘。"探春笑道："凡会作诗的都画在上头，快学罢。"说着，顽笑了一回。

各自散后，香菱满心中还是想诗。至晚间对灯出了一回神，至三更以后上床卧下，两眼鳏鳏，直到五更方才朦胧睡去了。一时天亮，宝钗醒了，听了一听，他安稳睡了，心下想："他翻腾了一夜，不知可作成了。这会子乏了，且别叫他。"正想着，只听香菱从梦中笑道："可是有了，难道这一首还不好？"宝钗听了，又是可叹，又是可笑，连忙唤醒了他，问他："得了什么？你这诚心都通了仙了。学不成诗，还弄出病来呢。"一面说，一面梳洗了，会同姊妹往贾母处来。

原来香菱苦志学诗，精血诚聚，日间做不出，忽于梦中得了八句。梳洗已毕，便忙录出来，自己并不知好歹，便拿来又找黛玉。刚到沁芳亭，只见李纨与众姊妹方从王夫人处回来，宝钗正告诉他们说他梦中作诗说梦话。众人正笑，抬头见他来了，便都争着要诗看，且听下回分解。

笺证

诗是文学中的文学，不知诗不足以言文学。从发生学上说，诗是文学之祖、艺术之根，从形态学上说，诗是心智之花。鲁迅在《中国小说的历史的变迁》中说过："在古代，不问小说或诗歌，其要素总离不开神话"，"诗是韵文，从劳动时发生的；小说是散文，从休息时发生的"，"在文艺作品发生的次序中，恐怕是诗歌在先，小说在后的”。《红楼梦》的诗学才能，海阔天空，既得诗性精髓，又涵容各种诗才品性、诗作等级，而且第四十八回“慕雅女雅集苦吟诗”专门作了一篇诗学入门论。黛玉、宝钗会作极妙的诗，已是一奇；香菱学作诗从出发点到登堂入室，触处深得妙谛、又散发着妙趣，又翻出一奇。第四十八回香菱一入大观园蘅芜苑，就笑求宝钗：“好姑娘，你趁着这个工夫，教给我作诗罢。”庚辰本夹批说：“写得何其有趣，今忽见菱卿此句，合卷从纸上另走出一娇小美人来，并不是湘、林、探、凤等一样口气声色。真神骏之技，虽驱驰万里而不见有倦怠之色。”[4]香菱名列金陵十二钗副册，高于又副册的晴雯、袭人，与他在大观园学作诗一幕，关系极深，因为诗是大观园的精灵。先看香菱学作诗的出发点，黛玉指点香菱说：“你若真心要学，我这里有《王摩诘全集》，你且把他的五言律读一百首，细心揣摩透熟了，然后再读一二百首老杜的七言律，次再李青莲的七言绝句读一二百首。肚子里先有了这三个人作了底子，然后再把陶渊明、应玚、谢、阮、庾、鲍等人的一看。你又是一个极聪敏伶俐的人，不用一年的工夫，不愁不是诗翁了。”黛玉诗论，崇尚王维、杜甫、李白，崇尚盛唐诗风。再看香菱学作诗的过程，香菱从只爱陆放翁《书室明暖终日婆娑其间倦则扶杖至小园戏作长句》中的句子“重帘不卷留香久，古砚微凹聚墨多”，得到黛玉点拨“见了这浅近的就爱，一入了这个格局，再学不出来的”，到香菱初窥好诗的窍门：“我看他（王维）《塞上》一首，那一联云：‘大漠孤烟直，长河落日圆。’想来烟如何直？日自然是圆的：这‘直’字似无理，‘圆’字似太俗。合上书一想，倒像是见了这景的。若说再找两个字换这两个，竟再找不出

[4]（清）曹雪芹著，脂砚斋评：《脂砚斋重评石头记庚辰校本》，作家出版社2006年版，第855页。

两个字来。再还有（王维《送邢桂州》）‘日落江湖白，潮来天地青’，这‘白’‘青’两个字也似无理。想来，必得这两个字才形容得尽，念在嘴里倒像有几千斤重的一个橄榄。还有（王维《辋川闲居赠裴秀才迪》）‘渡头馀落日，墟里上孤烟’，这‘馀’字和‘上’字，难为他怎么想来！我们那年上京来，那日下晚便湾住船，岸上又没有人，只有几棵树，远远的几家人家作晚饭，那个烟竟是碧青，连云直上。谁知我昨日晚上读了这两句，倒像我又到了那个地方去了。”从这里可以看出，香菱开始以直觉感知诗的滋味了。香菱学作诗简直走火入魔，茶饭无心，坐卧不定，作了一首，受到黛玉笑评：“意思却有，只是措词不雅。皆因你看的诗少，被他缚住了。把这首丢开，再作一首，只管放开胆子去作。”就默默回来，越性连房也不入，只在池边树下，或坐在山石上出神，或蹲在地下抠土，呆了一日，另作一首。宝钗说：“你本来呆头呆脑的，再添上这个，越发弄成个呆子了。”对于宝钗的评议，庚辰本夹批说：“‘呆头呆脑的’，有趣之至！最恨野史有一百个女子皆曰‘聪敏伶俐’，究竟看来，他行为也只平平。今以‘呆’字为香菱定评，何等妩媚之至也。”[5] 可惜作出的这首诗，又受到黛玉的敲打：“自然算难为他了，只是还不好。这一首过于穿凿了，还得另作。”于是彻夜思量，精血诚聚，日间做不出，忽于梦中得了八句。宝钗告诉李纨她们说，香菱梦中作诗说梦话。庚辰本夹批由此引发开来说：“一部大书起是梦，宝玉情是梦，贾瑞淫又是梦，秦之家计长策又是梦，今作诗也是梦，一并‘风月鉴’亦从梦中所有，故‘红楼梦’也。余今批评亦在梦中，特为梦中之人特作此一大梦也。脂砚斋。”[6] 梦有通天路，香菱梦中作成的诗是：“精华欲掩料应难，影自娟娟魄自寒。一片砧敲千里白，半轮鸡唱五更残。绿蓑江上秋闻笛，红袖楼头夜倚栏。博得嫦娥应借问，缘何不使永团圆！”蒙古王府本侧批说：“说‘死了心不学’方是才人‘语不惊人死不休’本怀！”香菱这首诗终于得到黛玉、李纨与众姊妹众人看了笑说：“这首不但好，而且新巧有意趣。可知俗语说‘天下无难事，只怕有心人’。社（海棠诗社）里一定请你了。”这就达到了黛玉所说“第一立意要紧”，重要的是“意趣真”，其次是“词句新奇”的标准。这种作诗台阶的逐级攀升本身，实际上折射了曹雪芹诗性才华高耸入云，可以逐级清点，逐层观览，从有所感、到有所觉、再到有所梦，不断地翻新出奇，美不胜收。《红楼梦》是天书、人书，却是诗化了的天书和人书的复合体。在这里，它又以黛玉的论诗和香菱的学作诗，给它的百科全书形态增加了新的一页。

❺（清）曹雪芹著，脂砚斋评:《脂砚斋重评石头记庚辰校本》，作家出版社2006年版，第860页。

❻（清）曹雪芹著，脂砚斋评:《脂砚斋重评石头记庚辰校本》，作家出版社2006年版，第862页。

第四十九回

琉璃世界白雪红梅
脂粉香娃割腥啖膻

话说香菱见众人正说笑，他便迎上去笑道:“你们看这一首。若使得，我便还学，若还不好，我就死了这作诗的心了。”说着，把诗递与黛玉及众人看时，只见写道是:

精华欲掩料应难，影自娟娟魄自寒。一片砧敲千里白，半轮鸡唱五更残。绿蓑江上秋闻笛，红袖楼头夜倚栏。博得嫦娥应借问，缘何不使永团圆!

众人看了笑道:“这首不但好，而且新巧有意趣。可知俗语说‘天下无难事，只怕有心人’。社里一定请你了。”香菱听了心下不信，料着是他们瞒哄自己的话，还只管问黛玉、宝钗等。

正说之间，只见几个小丫头并老婆子忙忙的走来，都笑道:“来了好些姑娘奶奶们，我们都不认得，奶奶姑娘们快认亲去。”李纨笑道:“这是那里的话。你到底说明白了是谁的亲戚?”那婆子丫头都笑道:“奶奶的两位妹子都来了。还有一位姑娘，说是薛大姑娘的妹妹，还有一位爷，说是薛大爷的兄弟。我这会子请姨太太去呢，奶奶和姑娘们先上去罢。”说着，一径去了。宝钗笑道:“我们薛蝌和他妹妹来了不成?”李纨也笑道:“我们婶子又上京来了不成?他们也不能凑在一处，这可是奇事。”大家纳闷，来至王夫人上房，只见乌压压一地的人。

原来邢夫人之兄嫂带了女儿岫烟进京来投邢夫人的，可巧凤姐之兄王仁也正进京，两亲家一处打帮来了。走至半路泊船时，正遇见李纨之寡婶带着两个女儿——大名李纹，次名李绮——也上京。大家叙起来又是亲戚，因此三家一路同行。后有薛蟠之从弟薛蝌，因当年父亲在京时已将胞妹薛宝琴许配都中梅翰林之子为婚，正欲进京发嫁，闻得王仁进京，他也带了妹子随后赶来。所以今日会齐了来访投各人亲戚。

于是大家见礼叙过，贾母、王夫人都欢喜非常。贾母因笑道："怪道昨日晚上灯花爆了又爆，结了又结，原来应到今日。"一面叙些家常，一面收看带来的礼物，一面命留酒饭。凤姐儿自不必说，忙上加忙。李纨、宝钗自然和婶母姊妹叙离别之情。黛玉见了，先是欢喜，次后想起众人皆有亲眷，独自己孤单，无个亲眷，不免又去垂泪。宝玉深知其情，十分劝慰了一番方罢。

然后宝玉忙忙来至怡红院中，向袭人、麝月、晴雯等笑道："你们还不快看人去。谁知宝姐姐的亲哥哥是那个样子，他这叔伯兄弟形容举止另是一样了，倒像是宝姐姐的同胞兄弟似的。更奇在你们成日家只说宝姐姐是绝色的人物，你们如今瞧瞧他这妹子，更有大嫂嫂这两个妹子，我竟形容不出了。老天，老天，你有多少精华灵秀，生出这些人上之人来。可知我井底之蛙，成日家自说现在的这几个人是有一无二的，谁知不必远寻，就是本地风光，一个赛似一个，如今我又长了一层学问了。除了这几个，难道还有几个不成？"一面说，一面自笑自叹。袭人见他又有了魔意，便不肯去瞧。晴雯等早去瞧了一遍回来，嘁嘁笑向袭人道："你快瞧瞧去。大太太的一个侄女儿，宝姑娘一个妹妹，大奶奶两个妹妹，倒像一把子四根水葱儿。"

笺证

第四十九回贾母笑言："怪道昨日晚上灯花爆了又爆，结了又结，原来应到今日。"这是一种民俗信仰，认为灯芯燃烧时迸发出的花状物，是吉祥的预兆。如元代马致远《汉宫秋》第一折汉元帝对王昭君唱道："我特来填还你这泪揾湿鲛鮹帕，温和你露冷透凌波袜。天生下这艳姿，合是我宠幸他。今宵画烛银台下，剥地管喜信爆灯花。"明清之际李渔《窥词管见》又说："佳人喜，倾城一笑，灯花绽蕊。"既然诗能够翻出更妙的诗，有爆灯花的吉兆，美人也就能够翻出更美的人。这就是《红楼梦》如孙悟空翻跟斗的功夫，翻出十万八千里广阔的空间。红楼群艳之外，又有薛蝌、薛宝琴、李纹、李绮、邢岫烟的出现，尤其是宝琴、李纹、李绮、岫烟四人"像一把子四根水葱儿"，这是《红楼梦》拓展审美空间的特别方法。新来的四美，引起了贾宝玉对袭人发出无限感慨："你们还不快看人去。谁知宝姐姐的亲哥哥是那个样子，他这叔伯兄弟形容举止另是一样了，倒像是宝姐姐的同胞兄弟似的。更奇在你们成日家只说宝姐姐是绝色的人物，你们如今瞧瞧他这妹子，更有大嫂嫂这两个妹子，我竟形容不出了。老天，老天，你有多少精华灵秀，生出这些人上之人来。可知我井底之蛙，成日家自说现在的这几个人是有一无二的，谁知不必远寻，就是本地风光，一个赛似一个，如今我又长了一层学问了。除了这几个，难道还有几个不成？"老天精华灵秀的无限潜力，使贾宝玉在层出不穷的美人胚子面前，自感成了井底之蛙，这就进一步印证了他作为情痴的名言所说的："女儿是水作的骨肉，男人是泥作的骨肉。我见了女儿，我便清爽；见了男人，便觉浊臭逼人。"贾母的爆灯花，使宝玉的女儿经大开眼界。这里以爆灯花作为欢迎和烘托新来四美的仪式，是必不可少的。

一语未了，只见探春也笑着进来找宝玉，因说道："咱们的诗社可兴旺了。"宝玉笑道："正是呢。这是你一高兴起诗社，所以鬼使神差来了这些人。但只一件，不知他们可学过作诗不曾？"探春道："我才都问了问他们，虽是他们自谦，看其光景，没有不会的。便是不会也没难处，你看香菱就知道了。”

袭人笑道：“他们说薛大姑娘的妹妹更好，三姑娘看着怎么样？”探春道：“果然的话。据我看，连他姐姐并这些人总不及他。”袭人听了，又是诧异，又笑道：“这也奇了，还从那里再瞧好的去呢？我倒要瞧瞧去。”探春道：“老太太一见了，喜欢的无可不可，已经逼着太太认了干女儿了。老太太要养活，才刚已经定了。”宝玉喜的忙问：“这果然的？”探春道：“我几时说过谎？”又笑道：“有了这个好孙女儿，就忘了你这孙子了。”宝玉笑道：“这倒不妨，原该多疼女儿些才是正理。明儿十六，咱们可该起社了。”

探春道：“林丫头刚起来了，二姐姐又病了，终是七上八下的。”宝玉道：“二姐姐又不大作诗，没有他又何妨？”探春道：“越性等几天，他们新来的混熟了，咱们邀上他们岂不好？这会子大嫂子、宝姐姐心里自然没有诗兴的，况且湘云没来，颦儿刚好了，人人不合式。不如等着云丫头来了，这几个新的也熟了，颦儿也大好了，大嫂子和宝姐姐心也闲了，香菱诗也长进了，如此邀一满社岂不好？咱们两个如今且往老太太那里去听听，除宝姐姐的妹妹不算外，他一定是在咱们家住定了的。倘或那三个要不在咱们这里住，咱们央告着老太太留下他们在园子里住下，咱们岂不多添几个人，越发有趣了。”宝玉听了，喜的眉开眼笑，忙说道：“倒是你明白。我终久是个糊涂心肠，空喜欢一会子，却想不到这上头来。”

说着，兄妹两个一齐往贾母处来。果然王夫人已认了宝琴作干女儿，贾母欢喜非常，连园中也不命住，晚上跟着贾母一处安寝。薛蝌自向薛蟠书房中住下。贾母便和邢夫人说：“你侄女儿也不必家去了，园里住几天，逛逛再去。”

邢夫人兄嫂家中原艰难，这一上京，原仗的是邢夫人与他们治房舍，帮盘缠，听如此说，岂不愿意。邢夫人便将岫烟交与凤姐儿。凤姐儿筹算得园中姊妹多，性情不一，且又不便另设一处，莫若送到迎春一处去，倘日后邢岫烟有些不遂意的事，纵然邢夫人知道了，与自己无干。从此后若邢岫烟家去住的日期不算，若在大观园住到一个月上，凤姐儿亦照迎春的分例送一分与岫烟。凤姐儿冷眼敁敪岫烟心性为人，竟不像邢夫人及他的父母一样，却是温厚可疼的人。因此凤姐儿又怜他家贫命苦，比别的姊妹多疼他些，邢夫人倒不大理论了。

贾母王夫人因素喜李纨贤惠，且年轻守节，令人敬服，今见他寡婶来了，便不肯令他外头去住。那李婶虽十分不肯，无奈贾母执意不从，只得带着李纹、李绮在稻香村住下来。

当下安插既定，谁知保龄侯史鼐又迁委了外省大员，不日要带了家眷去上任。贾母因舍不得湘云，便留下他了，接到家中，原要命凤姐儿另设一处与他住。史湘云执意不肯，只要与宝钗一处住，因此就罢了。

此时大观园中比先更热闹了多少。李纨为首，馀者迎春、探春、惜春、宝钗、黛玉、湘云、李纹、李绮、宝琴、邢岫烟，再添上凤姐儿和宝玉，一共十三个。叙起年庚，除李纨年纪最长，他十二个人皆不过十五六七岁，或有这三个同年，或有那五个共岁，或有这两个同月同日，那两个同刻同时，所差者大半是时刻月分而已。连他们自己也不能细细分晰，不过是“弟”“兄”“姊”“妹”四个字随便乱叫。

如今香菱正满心满意只想作诗，又不敢十分罗唣宝钗，可巧来了个史湘云。那史湘云又是极爱说话的，那里禁得起香菱又请教他谈诗，越发高了兴，没昼没夜高谈阔论起来。宝钗因笑道:“我实在聒噪的受不得了。一个女孩儿家，只管拿着诗作正经事讲起来，叫有学问的人听了，反笑话说不守本分的。一个香菱没闹清，偏又添了你这么个话口袋子，满嘴里说的是什么:怎么是杜工部之沉郁，韦苏州之淡雅，又怎么是温八叉之绮靡，李义山之隐僻。放着两个现成的诗家不知道，提那些死人做什么？”湘云听了，忙笑问道:“是那两个？好姐姐，你告诉我。”宝钗笑道:“呆香菱之心苦，疯湘云之话多。”湘云香菱听了，都笑起来。

笺证

诗与美人，是《红楼梦》的两条漂漂亮亮的彩带，使得大观园的天空也增光添彩。尽管刻意描写新来的宝琴、李纹、李绮、岫烟四个“像一把子四根水葱儿”的美人，但《红楼梦》还是念旧，不忘香菱与史湘云的诗的碰撞，第四十九回插入了描述香菱作诗的余波。香菱正满心满意只想作诗，可巧蘅芜苑来了极爱说话的史湘云，就请教她谈诗，没昼没夜高谈阔论起来。宝钗因此笑说：“我实在聒噪的受不得了。一个女孩儿家，只管拿着诗作正经事讲起来，叫有学问的人听了，反笑话说不守本分的。一个香菱没闹清，偏又添了你这么个话口袋子，满嘴里说的是什么：怎么是杜工部之沉郁，韦苏州之淡雅，又怎么是温八叉之绮靡，李义山之隐僻。放着两个现成的诗家不知道，提那些死人做什么？”现成的诗家是那两个？宝钗调笑说，就是“呆香菱之心苦，疯湘云之话多”。这种谑而不虐的谈笑，给大观园世界增添了波澜，增加了诗性深度。不徒然只有“此时大观园中比先更热闹了多少。李纨为首，馀者迎春、探春、惜春、宝钗、黛玉、湘云、李纹、李绮、宝琴、邢岫烟，再添上凤姐儿和宝玉，一共十三个。叙起年庚，除李纨年纪最长，他十二个人皆不过十五六七岁，或有这三个同年，或有那五个共岁，或有这两个同月同日，那两个同刻同时，所差者大半是时刻月分而已。连他们自己也不能细细分晰，不过是‘弟’‘兄’‘姊’‘妹’四个字随便乱叫”。在相当程度上，新来四美点缀了大观园的风光，为红楼十二钗提供了靓丽的背景。在这里似乎要喧宾夺主，实际上是以宾烘主。这就是烘云托月的手法，明月虽亮，还须彩云烘托，不管是正衬、旁衬、反衬，总要交相辉映，美轮美奂。同时这种烘云托月，也引导人的思绪抛向更广阔的空间，所谓美更有至美，红楼之外更有一层红楼，以此打开《红楼梦》八面来风的窗户。

正说着，只见宝琴来了，披着一领斗篷，金翠辉煌，不知何物。宝钗忙问:“这是那里的？”宝琴笑道:“因下雪珠儿，老太太找了这一件给我的。”香菱上来瞧道:“怪道这么好看，原来是孔雀毛织的。”湘云道:“那里是孔雀毛，就是野鸭子头上的毛作的。可见老太太疼你了，这样疼宝玉，也没给他穿。”宝钗道:“真俗语说‘各人有缘法’。他也再想不到他这会子来，既来了，又有老太太这么疼他。”湘云道:“你除了在老太太跟前，就在园里来，这两处只管顽笑吃喝。到了太太屋里，若太太在屋里，只管和太太说笑，多坐一回无妨，若太太不在屋里，你别进去，那屋里人多心坏，都是要害咱们的。”说的宝钗、宝琴、香菱、莺儿等都笑了。宝钗笑道:“说你没心，却又有心，虽然有心，到底嘴太直了。我们这琴儿就有些像你。你天天说要我作亲姐姐，我今儿竟叫你认他作亲妹妹罢了。”湘云又瞅了宝琴半日，笑道:“这一件衣裳也只配他穿，别人穿了，实在不配。”

正说着，只见琥珀走来笑道:“老太太说了，叫宝姑娘别管紧了琴姑娘。他还小呢，让他爱怎么样就怎么样。要什么东西只管要去，别多心。”宝钗忙起身答应了，又推宝琴笑道:“你也不知是那里来的福气。你倒去罢，仔细我们委曲着你。我就不信我那些儿不如你？”说话之间，宝玉、黛玉都进来了，宝钗犹自嘲笑。湘云因笑道:“宝姐姐，你这话虽是顽话，恰有人真心是这样想呢。”琥珀笑道:“真心恼的再没别人，就只是他。”口里说，手指着宝玉。宝钗、湘云都笑道:“他倒不是这样人。”琥珀又笑道:“不是他，就是他。”说着又指着黛玉。湘云便不则声。宝钗忙笑道:“更不是了。我的妹妹和他的妹妹一样。他喜欢的比我还疼呢，那里还恼？你信云儿混说。他的那嘴有什么实据？”

宝玉素习深知黛玉有些小性儿，且尚不知近日黛玉和宝钗之事，正恐贾母疼宝琴他心中不自在，今见湘云如此说了，宝钗又如此答，再审度黛玉声色亦不似往时，果然与宝钗之说相符，心中闷闷不解。因想："他两个素日不是这样的好，今看来竟更比他人好十倍。"一时林黛玉又赶着宝琴叫妹妹，并不提名道姓，直是亲姊妹一般。那宝琴年轻心热，且本性聪敏，自幼读书识字，今在贾府住了两日，大概人物已知。又见诸姊妹都不是那轻薄脂粉，且又和姐姐皆和契，故也不肯怠慢，其中又见林黛玉是个出类拔萃的，便更与黛玉亲敬异常。宝玉看着只是暗暗的纳罕。

一时宝钗姊妹往薛姨妈房内去后，湘云往贾母处来，林黛玉回房歇着。宝玉便找了黛玉来，笑道："我虽看了《西厢记》，也曾有明白的几句，说了取笑，你曾恼过。如今想来，竟有一句不解，我念出来你讲讲我听。"黛玉听了，便知有文章，因笑道："你念出来我听听。"宝玉笑道："那《闹简》上有一句说得最好，'是几时孟光接了梁鸿案'。'孟光接了梁鸿案'这七个字，不过是现成的典，难为他这'是几时'三个虚字问的有趣。是几时接了？你说说我听听。"黛玉听了，禁不住也笑起来，因笑道："这原问的好。他也问的好，你也问的好。"宝玉道："先时你只疑我，如今你也没的说，我反落了单。"黛玉笑道："谁知他竟真是个好人，我素日只当他藏奸。"因把说错了酒令起，连送燕窝病中所谈之事，细细告诉了宝玉。宝玉方知缘故，因笑道："我说呢，正纳闷'是几时孟光接了梁鸿案'，原来是从'小孩儿家口没遮拦'就接了案了。"

黛玉因又说起宝琴来，想起自己没有姊妹，不免又哭了。宝玉忙劝道："你又自寻烦恼了。你瞧瞧，今年比旧年越发瘦了，你还不保养。每天好好的，你必是自寻烦恼，哭一会子，才算完了这一天的事。"黛玉拭泪道："近来我只觉心酸，眼泪却像比旧年少了些的。心里只管酸痛，眼泪却不多。”宝玉道:“这是你哭惯了心里疑的,岂有眼泪会少的?”

笺证

文心总是隐隐显显,人心总是弯弯曲曲,故此有“心曲”一词,指人的内心深处或心事。心曲是容易搅乱,也难以参透的,如《诗经·秦风·小戎》云:“言念君子,温其如玉。在其板屋,乱我心曲。”西晋张协《杂诗十首》有云:“感物多所怀,沉忧结心曲。”南宋范成大《送严子文通判建康》诗云:“人谁可与话心曲,天忽谴来同里居。”人谁可与话心曲,是对知心者的寻找和呼唤。第四十九回宝玉用了一个弯弯曲曲的典故,要黛玉解释,就是在寻找知心者。宝玉说:“我虽看了《西厢记》,也曾有明白的几句,说了取笑,你曾恼过。如今想来,竟有一句不解,我念出来你讲讲我听”;“那《闹简》上有一句说得最好,‘是几时孟光接了梁鸿案’。‘孟光接了梁鸿案’这七个字,不过是现成的典,难为他这‘是几时’三个虚字问的有趣。是几时接了?你说说我听听”。黛玉听了,知道话中有文章,笑着解释说:“谁知他竟真是个好人,我素日只当他藏奸。”因把说错了酒令起,连送燕窝病中所谈之事,细细告诉了宝玉。宝玉方知缘故,因笑道:“我说呢,正纳闷‘是几时孟光接了梁鸿案’,原来是从‘小孩儿家口没遮拦’就接了案了。”黛玉的解释,是对接着四十二回“蘅芜君兰言解疑癖”,黛玉、宝钗消除了互相猜忌,彼此敬重,痛悔“你(宝钗)素日待人固然是极好的,然我最是个多心的人,只当你心里藏奸。从前日你说看杂书不好,又劝我那些好话,竟大感激你。往日竟是我错了,实在误到如今”。这是一层意思,是黛玉知道宝玉话中有文章,就以自己的话中文章加以打岔。实际上这是黛玉“顾左右而言他”,离开话题,回避难以答复的问题。这就需要对照“举案齐眉”故事的原始出处,《后汉书·逸民列传·梁鸿传》说:梁鸿“为人赁舂,每归,妻为具食,不敢于鸿前仰视,举案齐眉”。东汉书生梁鸿读完太学后回家务农,同县财主的状肥丑而黑、力举石臼的女儿孟光愿嫁给他,婚后入霸陵山中隐居,以耕织为业,后到吴地皋伯通家打短工。

孟光从不摆富家千金的架子，给梁鸿送饭时，总是把托盘举得跟眉毛一样高。这是孟光举案，梁鸿接案，表达妻子对丈夫的敬重。《红楼梦》中宝玉反把孟光接了梁鸿案，变成了梁鸿举案、孟光接案，显然是反用典故。再看宝玉提到的元代杂剧家王实甫《西厢记》第三本《张君瑞害相思》，写到张生读了崔莺莺的回书，就猜测"'待月西厢下'，着我月上来；'迎风户半开'，他开门待我。'隔墙花影动，疑是玉人来'，着我跳过墙来。"疑惑之际，红娘却唱出："从今后休疑难，放心波玉堂学士，稳情取金雀鸦鬟。他人行别样的亲，俺根前取次看，更做道孟光接了梁鸿案。别人行甜言美语三冬暖，我根前恶语伤人六月寒。我为头儿看：看你个离魂倩女，怎发付掷果潘安。"[1] 这里也颠倒了举案、接案的人物关系，变成了与《后汉书·梁鸿传》不同的"孟光接了梁鸿案"，却没有宝玉杜撰了、而且加以强调的"是几时"三个虚字。这就形成了这样一个弯弯曲曲的典故链条:《后汉书·梁鸿传》—《西厢记》红娘唱词—贾宝玉杜撰《西厢记》唱词—林黛玉以顾左右的方式引导到与薛宝钗关系的解释—贾宝玉在这些颠倒错综中的真实本意。这五项关系的差错对接，需要以脑筋急转弯来解读，表面上是追究而得知黛玉、宝钗的关系，深层却蕴含着探问黛玉如何接过宝玉我齐眉举起的案，即有短脚盛食物的木托盘。随之才顺理成章地转到宝玉劝解黛玉为孤单而垂泪，"每天好好的，你必是自寻烦恼"，又何必"哭一会子，才算完了这一天的事"？ 其实宝玉所言《西厢记》中"是几时孟光接了梁鸿案"，是为了黛玉解这个心结的。《论语·学而》"子曰：不患人之不己知，患不知人也。"汉朝李陵《答苏武书》中说："人之相知，贵相知心。"知心贵之要在理解，在理解中寻找知心的钥匙。知人要出诸真诚，"(《西厢记》)他也问的

[1] (元)王实甫:《西厢记》，浙江古籍出版社2011年版，第35页。

好，（现今）你也问的好”，黛玉说此话时对宝玉内心的真诚，已经有所心领神会了。《红楼梦》活用掌故、颠倒掌故，以此沟通了宝玉、黛玉之间弯弯曲曲的诗性心灵。

正说着，只见他屋里的小丫头子送了猩猩毡斗篷来，又说：“大奶奶才打发人来说，下了雪，要商议明日请人作诗呢。”一语未了，只见李纨的丫头走来请黛玉。宝玉便邀着黛玉同往稻香村来。黛玉换上掐金挖云红香羊皮小靴，罩了一件大红羽纱面白狐狸里的鹤氅，束一条青金闪绿双环四合如意绦，头上罩了雪帽。二人一齐踏雪行来。只见众姊妹都在那边，都是一色大红猩猩毡与羽毛缎斗篷，独李纨穿一件青哆罗呢对襟褂子，薛宝钗穿一件莲青斗纹锦上添花洋线番羓丝的鹤氅。邢岫烟仍是家常旧衣，并无避雪之衣。一时史湘云来了，穿着贾母与他的一件貂鼠脑袋面子大毛黑灰鼠里子里外发烧大褂子，头上带着一顶挖云鹅黄片金里大红猩猩毡昭君套，又围着大貂鼠风领。黛玉先笑道：“你们瞧瞧，孙行者来了。他一般的也拿着雪褂子，故意装出个小骚达子来。”湘云笑道：“你们瞧瞧我里头打扮的。”一面说，一面脱了褂子。只见他里头穿着一件半新的靠色三镶领袖秋香色盘金五色绣龙窄裉小袖掩衿银鼠短袄，里面短短的一件水红妆缎狐肷褶子，腰里紧紧束着一条蝴蝶结子长穗五色宫绦，脚下也穿着麀皮小靴，越显的蜂腰猿臂，鹤势螂形。众人都笑道：“偏他只爱打扮成个小子的样儿，原比他打扮女儿更俏丽了些。”

湘云道：“快商议作诗。我听听是谁的东家？”李纨道：“我的主意。想来昨儿的正日已过了，再等正日又太远，可巧又下雪，不如大家凑个社，又替他们接风，又可以作诗。你们意思怎么样？”宝玉先道：“这话很是。只是今日晚了，若到明儿，晴了又无趣。”众人都道：“这雪未必晴，纵晴了，这一夜下的也够赏了。”李纨道：“我这里虽好，又不如芦雪广好。我已经打发人笼地炕去了，咱们大家拥炉作诗。老太太想来未必高兴，况且咱们小顽意儿，单给凤丫头个信儿就是了。你们每人一两银子就够了，送到我这里来。”指着香菱、宝琴、李纹、李绮、岫烟道，“他们五个不算外，咱们里头二丫头病了不算，四丫头告了假也不算，你们四分子送了来，我包总五六两银子也尽够了。”宝钗等一齐应诺。因又拟题限韵，李纨笑道：“我心里自己定了，等到了明日临期，横竖知道。”说毕，大家又闲话了一回，方往贾母处来。本日无话。

到了次日一早，宝玉因心里记挂着这事，一夜没好生得睡，天亮了就爬起来。掀开帐子一看，虽门窗尚掩，只见窗上光辉夺目，心内早踌躇起来，埋怨定是晴了，日光已出。一面忙起来揭起窗屉，从玻璃窗内往外一看，原来不是日光，竟是一夜大雪，下将有一尺多厚，天上仍是搓绵扯絮一般。宝玉此时欢喜非常，忙唤人起来，盥漱已毕，只穿一件茄色哆罗呢狐皮袄子，罩一件海龙皮小小鹰膀褂，束了腰，披了玉针蓑，戴上金藤笠，登上沙棠屐，忙忙的往芦雪广来。出了院门，四顾一望，并无二色，远远的是青松翠竹，自己却如装在玻璃盒内一般。于是走至山坡之下，顺着山脚刚转过去，已闻得一股寒香拂鼻。回头一看，恰是妙玉门前栊翠庵中有十数株红梅如胭脂一般，映着雪色，分外显得精神，好不有趣。宝玉便立住，细细的赏玩一回方走。只见蜂腰板桥上一个人打着伞走来，是李纨打发了请凤姐儿去的人。

宝玉来至芦雪广，只见丫鬟婆子正在那里扫雪开径。原来这芦雪广盖在傍山临水河滩之上，一带几间，茅檐土壁，槿篱竹牖，推窗便可垂钓，四面都是芦苇掩覆，一条去径逶迤穿芦度苇过去，便是藕香榭的竹桥了。众丫鬟婆子见他披蓑戴笠而来，却笑道：“我们才说正少一个渔翁，如今都全了。姑娘们吃了饭才来呢，你也太性急了。”宝玉听了，只得回来。刚至沁芳亭，见探春正从秋爽斋来，围着大红猩猩毡斗篷，戴着观音兜，扶着小丫头，后面一个妇人打着青绸油伞。宝玉知他往贾母处去，便立在亭边，等他来到，二人一同出园前去。宝琴正在里间房内梳洗更衣。

一时众姊妹来齐，宝玉只嚷饿了，连连催饭。好容易等摆上来，头一样菜便是牛乳蒸羊羔。贾母便说：“这是我们有年纪的人的药，没见天日的东西，可惜你们小孩子们吃不得。今儿另外有新鲜鹿肉，你们等着吃。”众人答应了。宝玉却等不得，只拿茶泡了一碗饭，就着野鸡瓜齑忙忙的咽完了。贾母道：“我知道你们今儿又有事情，连饭也不顾吃了。”便叫“留着鹿肉与他晚上吃”，凤姐忙说“还有呢”，方才罢了。史湘云便悄和宝玉计较道：“有新鲜鹿肉，不如咱们要一块，自己拿了园里弄着，又顽又吃。”宝玉听了，巴不得一声儿，便真和凤姐要了一块，命婆子送入园去。

一时大家散后，进园齐往芦雪广来，听李纨出题限韵，独不见湘云、宝玉二人。黛玉道：“他两个再到不了一处，若到一处，生出多少故事来。这会子一定算计那块鹿肉去了。”正说着，只见李婶也走来看热闹，因问李纨道：“怎么一个带玉的哥儿和那一个挂金麒麟的姐儿，那样干净清秀，又不少吃的，他两个在那里商议着要吃生肉呢，说的有来有去的。我只不信肉也生吃得的。”众人听了，都笑道：“了不得，快拿了他两个来。”黛玉笑道：“这可是云丫头闹的，我的卦再不错。”

李纨等忙出来找着他两个说道：“你们两个要吃生的，我送你们到老太太那里吃去。那怕吃一只生鹿，撑病了不与我相干。这么大雪，怪冷的，替我作祸呢。”宝玉笑道：“没有的事，我们烧着吃呢。”李纨道：“这还罢了。”只见老婆们拿了铁炉、铁叉、铁丝蒙来，李纨道：“仔细割了手，不许哭。”说着，同探春进去了。

凤姐打发了平儿来回复不能来，为发放年例正忙。湘云见了平儿，那里肯放。平儿也是个好顽的，素日跟着凤姐儿无所不至，见如此有趣，乐得顽笑，因而褪去手上的镯子，三个围着火炉儿，便要先烧三块吃。那边宝钗、黛玉平素看惯了，不以为异，宝琴等及李婶深为罕事。探春与李纨等已议定了题韵。探春笑道：“你闻闻，香气这里都闻见了，我也吃去。”说着，也找了他们来。李纨也随来说：“客已齐了，你们还吃不够？”湘云一面吃，一面说道：“我吃这个方爱吃酒，吃了酒才有诗。若不是这鹿肉，今儿断不能作诗。”说着，只见宝琴披着凫靥裘站在那里笑。湘云笑道：

“傻子，过来尝尝。”宝琴笑说：“怪脏的。”宝钗笑道：“你尝尝去，好吃的。你林姐姐弱，吃了不消化，不然他也爱吃。”宝琴听了，便过去吃了一块，果然好吃，便也吃起来。一时凤姐儿打发小丫头来叫平儿。平儿说：“史姑娘拉着我呢，你先走罢。”小丫头去了。一时只见凤姐也披了斗篷走来，笑道：“吃这样好东西，也不告诉我。”说着也凑着一处吃起来。黛玉笑道：“那里找这一群花子去。罢了，罢了，今日芦雪广遭劫，生生被云丫头作践了。我为芦雪广一大哭。”湘云冷笑道：“你知道什么？‘是真名士自风流’，你们都是假清高，最可厌的。我们这会子腥膻大吃大嚼，回来却是锦心绣口。”宝钗笑道：“你回来若作的不好了，把那肉掏了出来，就把这雪压的芦苇子摁上些，以完此劫。”

说着，吃毕，洗漱了一回。平儿带镯子时却少了一个，左右前后乱找了一番，踪迹全无。众人都诧异。凤姐儿笑道：“我知道这镯子的去向。你们只管作诗去，我们也不用找，只管前头去，不出三日包管就有了。”说着又问：“你们今儿作什么诗？老太太说了，离年又近了，正月里还该作些灯谜儿大家顽笑。”众人听了，都笑道：“可是倒忘了。如今赶着作几个好的，预备正月里顽。”说着，一齐来至地炕屋内，只见杯盘果菜俱已摆齐，墙上已贴出诗题、韵脚、格式来了。宝玉、湘云二人忙看时，只见题目是：“即景联句，五言排律一首，限二萧韵。”后面尚未列次序。李纨道：“我不大会作诗，我只起三句罢，然后谁先得了谁先联。”宝钗道：“到底分个次序。”要知端的，且听下回分解。

笺证

第四十九回题目是“琉璃世界白雪红梅，脂粉香娃割腥唼膻”，白雪红梅属于清，割腥唼膻未免浊，就是让清浊两种自然人生境界相对撞，调理清浊涡流中的人文蕴含，从中激发和爆裂出生命的火花。戚蓼生本回末总评说：“一片含梅咀雪文字，偏从雉肉、鹿肉、鹌鹑肉上以渲染之，点成异样笔墨，较之雪吟、雪赋诸作，更觉幽秀。”[2]其实调理清浊，对接异样笔墨，正是《红楼梦》的一大能事、乐事，意在放开手脚，追求涵容天地的大境界，追求风生水起的新意趣。《文选·左思〈魏都赋〉》说：“夫泰极剖判，造化权舆，体兼昼夜，理包清浊。”李善注：“清轻者上为天，浊重者下为地。”这里要以天地之理包揽清浊二世界，成为涵容天地的大境界，分而述之，其一是清：“一夜大雪，下将有一尺多厚，天上仍是搓绵扯絮一般。宝玉此时欢喜非常……出了院门，四顾一望，并无二色，远远的是青松翠竹，自己却如装在玻璃盒内一般。于是走至山坡之下，顺着山脚刚转过去，已闻得一股寒香拂鼻。回头一看，恰是妙玉门前栊翠庵中有十数株红梅如胭脂一般，映着雪色，分外显得精神，好不有趣。”这是一种清趣。其二是浊。浊也有浊趣，这联系着人物的造型：史湘云打扮得蜂腰猿臂，鹤势螂形，简直是活生生的一个假小子。清初蒲松龄《聊斋志异·螳螂捕蛇》记载：“张姓者，偶行溪谷，闻崖上有声甚厉。寻途登觇，见巨蛇围如碗，摆扑丛树中，以尾击柳，柳枝崩折。反侧倾跌之状，似有物捉制之，然审视殊无所见，大疑。渐近临之，则一螳螂据顶上，以刺刀攫其首，攧不可去，久之，蛇竟死。视额上革肉，已破裂云。”[3]这只螳螂可谓身手敏捷，勇猛雄强，一击中其要害，不像螳臂当车那样不自量力，也不像螳螂捕蝉黄雀在后那样顾头不顾尾。庚辰本夹批湘云的打扮说：“近之拳谱中有‘坐马式’，便似螂之蹲立。昔人爱轻捷便俏，闲取一螂，观其仰颈叠胸之势。今四字无出处，却写尽矣。脂砚斋评。”[4]史湘云这番打扮，脂砚斋欣赏，众人也欣赏，都笑说：“偏他只爱打扮成个小子的样儿，原比他打扮女儿更俏丽了些。”这副假小子装束超越了性别角色的同时，放飞了童心和玩乐之心，“史湘云便悄和宝玉计较道：‘有新鲜鹿肉，不如咱们要一块，自己拿了园里弄着，又顽又吃。’……李纨等忙出来找着他两个说道：‘你们两个要吃生的，我送你们到老太太那里吃去。那怕吃一只生鹿，撑病了不与我相干。这么大雪，怪冷的，替我作祸呢。'……湘云一面吃，一面说道：'我吃这个方爱吃酒，吃了酒才有诗。若不是这鹿肉，今儿断不能作诗。'"在史湘云看来："你知道什么？'是真名士自风流'，你们都是假清高，最可厌的。我们这会子腥膻大吃大嚼，回来却是锦心绣口。"史湘云以新来四美为背景，大出风头。在这位枕霞旧友身上，《红楼梦》注入了不少魏晋风度：生性豁达，开朗豪爽，心直口快，说话"咬舌"，把"二哥哥"叫作"爱哥哥"。史湘云偶尔身着男装，大说大笑，风流倜傥，不拘小节，是个淘气包；而又诗思敏锐，才情超逸，是个诗人胚。第六十二回《憨湘云醉卧芍药裀》写她喝醉酒后在园子里的大青石上睡大觉，令人联想到"睡海棠"，如宋朝诗僧惠洪《冷斋诗话》记载：唐玄宗登沉香亭，召杨贵妃，碰巧杨妃酒醉未醒，高力士使侍儿扶持而出，贵妃仍醉未醒，鬓乱残妆。唐明皇见状笑道："岂妃子醉，直海棠春睡耳！"苏东坡《海棠》诗云："东风袅袅泛崇光，香雾霏霏月转廊。只恐夜深花睡去，高烧银烛照红妆。"在第六十三回，湘云抽到的是海棠签，题着"香梦沉酣"，诗云"只恐夜深花睡去"，湘云海棠诗咏的是白海棠。黛玉笑说："夜深"两个字，改为"石凉"两个字。意指湘云酒后卧石的事，暗示把湘云指喻为海棠。这就形成了大观园中的百花齐放，如近代名作家张爱玲《红楼梦魇》所说："欣赏红楼梦，最基本最普及的方式是偏爱书中某一个少女。像选美大会一样，湘云的呼声可与黛玉、宝钗比肩。贤妻良母型的宝钗与才情过人的黛玉再加上活泼可爱的湘云，大观园中确是百花齐放。"百花齐放中，史湘云的海棠花占尽琉璃世界的风光。

❷ 朱一玄编：《红楼梦资料汇编》，南开大学出版社1985年版，第464页。

❸（清）蒲松龄：《聊斋志异》，上海古籍出版社1998年版，第234页。

❹（清）曹雪芹著，脂砚斋评：《脂砚斋重评石头记庚辰校本》，作家出版社2006年版，第874页。

第五十回

芦雪广争联即景诗　暖香坞雅制春灯谜

话说薛宝钗道："到底分个次序，让我写出来。"说着，便令众人拈阄为序。起首恰是李氏，然后按次各各开出。凤姐儿说道："既是这样说，我也说一句在上头。"众人都笑说道："更妙了！"宝钗便将稻香老农之上补了一个"凤"字，李纨又将题目讲与他听。凤姐儿想了半日，笑道："你们别笑话我。我只有一句粗话，下剩的我就不知道了。"众人都笑道："越是粗话越好，你说了只管干正事去罢。"凤姐儿笑道："我想下雪必刮北风。昨夜听见了一夜的北风，我有了一句，就是'一夜北风紧'，可使得？"众人听了，都相视笑道："这句虽粗，不见底下的，这正是会作诗的起法。不但好，而且留了多少地步与后人。就是这句为首，稻香老农快写上续下去。"凤姐和李婶、平儿又吃了两杯酒，自去了。这里李纨便写了：一夜北风紧，自己联道：开门雪尚飘。入泥怜洁白，

香菱道：匝地惜琼瑶。有意荣枯草，

探春道：无心饰萎苕。价高村酿熟，

李绮道：年稔府粱饶。葭动灰飞管，

李纹道：阳回斗转杓。寒山已失翠，

岫烟道：冻浦不闻潮。易挂疏枝柳，

湘云道：难堆破叶蕉。麝煤融宝鼎，

宝琴道：绮袖笼金貂。光夺窗前镜，

黛玉道：香粘壁上椒。斜风仍故故，

宝玉道：清梦转聊聊。何处梅花笛？

宝钗道：谁家碧玉箫？鳌愁坤轴陷，

李纨笑道："我替你们看热酒去罢。"宝钗命宝琴续联，只见湘云站起来道：龙斗阵云销。野岸回孤棹，

宝琴也站起道：吟鞭指灞桥。赐裘怜抚戍，

湘云那里肯让人，且别人也不如他敏捷，都看他扬眉挺身的说道：加絮念征徭。坳垤审夷险，

宝钗连声赞好，也便联道：枝柯怕动摇。皑皑轻趁步，

黛玉忙联道：翦翦舞随腰。煮芋成新赏，

一面说，一面推宝玉，命他联。宝玉正看宝钗、宝琴、黛玉三人共战湘云，十分有趣，那里还顾得联诗，今见黛玉推他，方联道：撒盐是旧谣。苇蓑犹泊钓，

湘云笑道："你快下去，你不中用，倒耽搁了我。"一面只听宝琴联道：林斧不闻樵。伏象千峰凸，

湘云忙联道：盘蛇一径遥。花缘经冷聚，

宝钗与众人又忙赞好。探春又联道：色岂畏霜凋。深院惊寒雀，湘云正渴了，忙忙的吃茶，已被岫烟联道：空山泣老鸮。阶墀随上下，

湘云忙丢了茶杯，忙联道：池水任浮漂。照耀临清晓，

黛玉联道：缤纷入永宵。诚忘三尺冷，

湘云忙笑联道：瑞释九重焦。僵卧谁相问，

宝琴也忙笑联道：狂游客喜招。天机断缟带，

湘云又忙道：海市失鲛绡。林黛玉不容他出，接着便道：寂寞对台榭，

湘云忙联道：清贫怀箪瓢。宝琴也不容情，也忙道：烹茶冰渐沸，

湘云见这般，自为得趣，又是笑，又忙联道：煮酒叶难烧。黛玉也笑道：没帚山僧扫，

宝琴也笑道：埋琴稚子挑。

湘云笑的弯了腰，忙念了一句，众人问："到底说的什么？"湘云喊道：石楼闲睡鹤，黛玉笑的握着胸口，高声嚷道：锦罽暖亲猫。

宝琴也忙笑道：月窟翻银浪，湘云忙联道：霞城隐赤标。

黛玉忙笑道：沁梅香可嚼，宝钗笑称好，也忙联道：淋竹醉堪调。

宝琴也忙道：或湿鸳鸯带，湘云忙联道：时凝翡翠翘。

黛玉又忙道：无风仍脉脉，宝琴又忙笑联道：不雨亦潇潇。

湘云伏着已笑软了。众人看他三人对抢，也都不顾作诗，看着也只是笑。黛玉还推他往下联，又道："你也有才尽之时。我听听还有什么舌根嚼了。"湘云只伏在宝钗怀里，笑个不住。宝钗推他起来道："你有本事，把'二萧'的韵全用完了，我才服你。"湘云起身笑道："我也不是作诗，竟是抢命呢。"众人笑道："倒是你说罢。"探春早已料定没有自己联的了，便早写出来，因说："还没收住呢。"李纨听了，接过来便联了一句道：欲志今朝乐，李绮收了一句道：凭诗祝舜尧。

李纨道："够了，够了。虽没作完了韵，賸的字若生扭用了，倒不好了。"说着，大家来细细评论一回，独湘云的多，都笑道："这都是那块鹿肉的功劳。"

李纨笑道："逐句评去都还一气，只是宝玉又落了第了。"宝玉笑道："我原不会联句，只好担待我罢。"李纨笑道："也没有社社担待你的。又说韵险了，又整误了，又不会联句了，今日必罚你。我才看见栊翠庵的红梅有趣，我要折一枝来插瓶。可厌妙玉为人，我不理他。如今罚你去取一枝来。"众人都道这罚的又雅又有趣。宝玉也乐为，答应着就要走。湘云、黛玉一齐说道："外头冷得很，你且吃杯热酒再去。"湘云早执起壶来，黛玉递了一个大杯，满斟了一杯。湘云笑道："你吃了我们的酒，你要取不来，加倍罚你。"宝玉忙吃了一杯，冒雪而去。李纨命人好好跟着。黛玉忙拦说："不必，有了人反不得了。"李纨点头说："是。"一面命丫鬟将一个美女耸肩瓶拿来，贮了水准备插梅，因又笑道："回来该咏红梅了。"湘云忙道："我先作一首。"宝钗忙道："今日断乎不容你再作了。

你都抢了去，别人都闲着，也没趣，回来还罚宝玉，他说不会联句，如今就叫他自己作去。”黛玉笑道：“这话很是。我还有个主意，方才联句不够，莫若拣着联的少的人作红梅。”宝钗笑道：“这话是极。方才邢、李三位屈才，且又是客。琴儿和颦儿、云儿三个人也抢了许多，我们一概都别作，只让他三个作才是。”李纨因说：“绮儿也不大会作，还是让琴妹妹作罢。”宝钗只得依允，又道：“就用‘红梅花’三个字作韵，每人一首七律。邢大妹妹作‘红’字，你们李大妹妹作‘梅’字，琴儿作‘花’字。”李纨道：“饶过宝玉去，我不服。”湘云忙道：“有个好题目命他作。”众人问何题目？湘云道：“命他就作‘访妙玉乞红梅’，岂不有趣？”众人听了，都说有趣。

一语未了，只见宝玉笑欣欣擎了一枝红梅进来，众丫鬟忙已接过，插入瓶内。众人都笑称谢。宝玉笑道：“你们如今赏罢，也不知费了我多少精神呢。”说着，探春早又递过一钟暖酒来，众丫鬟走上来接了蓑笠掸雪。各人房中丫鬟都添送衣服来，袭人也遣人送了半旧的狐腋褂来。李纨命人将那蒸的大芋头盛了一盘，又将朱橘、黄橙、橄榄等物盛了两盘，命人带与袭人去。湘云且告诉宝玉方才的诗题，又催宝玉快作。宝玉道：“姐姐妹妹们，让我自己用韵罢，别限韵了。”众人都说：“随你作去罢。”

一面说，一面大家看梅花。原来这枝梅花只有二尺来高，旁有一横枝纵横而出，约有五六尺长，其间小枝分歧，或如蟠螭，或如僵蚓，或孤削如笔，或密聚如林，花吐胭脂，香欺兰蕙，各各称赏。谁知邢岫烟、李纹、薛宝琴三人都已吟成，各自写了出来。众人便依“红梅花”三字之序看去，写道是：

咏红梅花 得“红”字 邢岫烟

桃未芳菲杏未红，冲寒先已笑东风。
魂飞庾岭春难辨，霞隔罗浮梦未通。
绿萼添妆融宝炬，缟仙扶醉跨残虹。
看来岂是寻常色，浓淡由他冰雪中。

咏红梅花 得“梅”字 李纹

白梅懒赋赋红梅，逞艳先迎醉眼开。
冻脸有痕皆是血，醉心无恨亦成灰。
误吞丹药移真骨，偷下瑶池脱旧胎。
江北江南春灿烂，寄言蜂蝶漫疑猜。

咏红梅花 得“花”字 薛宝琴

疏是枝条艳是花，春妆儿女竞奢华。
闲庭曲槛无馀雪，流水空山有落霞。
幽梦冷随红袖笛，游仙香泛绛河槎。
前身定是瑶台种，无复相疑色相差。

众人看了，都笑称赏了一番，又指末一首说更好。宝玉见宝琴年纪最小，才又敏捷，深为奇异。黛玉、湘云二人斟了一小杯酒，齐贺宝琴。宝钗笑道:“三首各有各好。你们两个天天捉弄厌了我，如今捉弄他来了。”李纨又问宝玉:“你可有了？”宝玉忙道:“我倒有了，才一看见那三首，又吓忘了，等我再想。”湘云听了，便拿了一支铜火箸击着手炉，笑道:“我击鼓了，若鼓绝不成，又要罚的。”宝玉笑道:“我已有了。”黛玉提起笔来，说道:“你念，我写。”湘云便击了一下笑道“一鼓绝”，宝玉笑道:“有了，你写吧。”众人听他念道：酒未开樽句未裁，黛玉写了，摇头笑道:“起的平平。”湘云又道:“快着！”宝玉笑道:“寻春问腊到蓬莱。”黛玉、湘云都点头笑道:“有些意思了。”宝玉又道：不求大士瓶中露，为乞嫦娥槛外梅。黛玉写了，又摇头道:“凑巧而已。”湘云忙催二鼓，宝玉又笑道：入世冷挑红雪去，离尘香割紫云来。槎枒谁惜诗肩瘦，衣上犹沾佛院苔。黛玉写毕，湘云大家才评论时，只见几个小丫鬟跑进来道："老太太来了。"

笺证

宴饮与诗社，是《红楼梦》两大话题，是红楼儿女的狂欢。第五十回宴饮展示老老少少嬉笑享乐，诗社展示少女少男的锦心绣口。即景联句，众人争先，宝钗、宝琴、黛玉三人共战湘云，中间随意点染，节奏越来越快，用以显示史湘云敏捷的诗才。其后宝玉笑嘻嘻掮了一枝红梅进来，插入瓶内。这枝梅花只有二尺来高，旁有一横枝纵横而出，约有五六尺长，其间小枝分歧，或如蟠螭，或如僵蚓，或孤削如笔，或密聚如林，花吐胭脂，香欺兰蕙，各各称赏。这是曹雪芹刻意经营的《红梅图》。于是众人决定"就用'红梅花'三个字作韵，每人一首七律。邢大妹妹作'红'字，你们李大妹妹作'梅'字，琴儿作'花'字。"宝玉也作诗，但未及众人评议，只见几个小丫鬟跑进来道："老太太来了。"这是吊胃口的写法，总是四平八稳，不吊吊胃口，是不能胃口大开的。曹雪芹深知文学的体质生态，越是拦断叙事，吊起胃口，就使人期待度越高，想满足欲望的心理越强，一旦得到满足，也就越兴高采烈。

众人忙迎出来。大家又笑道："怎么这等高兴？"说着，远远见贾母围了大斗篷，带着灰鼠暖兜，坐着小竹轿，打着青绸油伞，鸳鸯、琥珀等五六个丫鬟，每个人都是打着伞，拥轿而来。李纨等忙往上迎，贾母命人止住说："只在那里就是了。"来至跟前，贾母笑道："我瞒着你太太和凤丫头来了。大雪地下坐着这个无妨，没的叫他们来踹雪。”众人忙一面上前接斗篷，搀扶着，一面答应着。贾母来至室中，先笑道：“好俊梅花！你们也会乐，我来着了。”说着，李纨早命拿了一个大狼皮褥来铺在当中。贾母坐了，因笑道：“你们只管顽笑吃喝。我因为天短了，不敢睡中觉，抹了一回牌想起你们来了，我也来凑个趣儿。”李纨早又捧过手炉来，探春另拿了一副杯箸来，亲自斟了暖酒，奉与贾母。贾母便饮了一口，问那个盘子里是什么东西。众人忙捧了过来，回说是糟鹌鹑。贾母道：“这倒罢了，撕一两点腿子来。”李纨忙答应了，要水洗手，亲自来撕。贾母又道：“你们仍旧坐下说笑我听。”又命李纨：“你也坐下，就如同我没来的一样才好，不然我就去了。”众人听了，方依次坐下。只李纨便挪到尽下边。贾母因问作何事了，众人便说作诗。贾母道：“有作诗的，不如作些灯谜，大家正月里玩。”众人答应了。说笑了一回，贾母便说：“这里潮湿，你们别久坐，仔细受了潮湿。”因说：“你四妹妹那里暖和，我们到那里瞧瞧他的画儿，赶年可有了。”众人笑道：“那里能年下就有了？只怕明年端阳有了。”贾母道：“这还了得！他竟比盖这园子还费工夫了。”

说着，仍坐了竹轿，大家围随，过了藕香榭，穿入一条夹道，东西两边皆有过街门，门楼上里外皆嵌着石头匾，如今进的是西门，向外的匾上凿着“穿云”二字，向里的凿着“度月”两字。来至当中，进了向南的正门，贾母下了轿，惜春已接了出来。从里边游廊过去，便是惜春卧房，门斗上有“暖香坞”三个字。早有几个人打起猩红毡帘，已觉温香拂脸。大家进入房中，贾母并不归坐，只问画在那里。惜春因笑回：“天气寒冷了，胶性皆凝涩不润，画了恐不好看，故此收起来。”贾母笑道：“我年下就要的。你别托懒儿，快拿出来给我快画。”一语未了，忽见凤姐儿披着紫羯绒褂，笑吣吣的来了，口内说道：“老祖宗今儿也不告诉人，私自就来了，要我好找。”贾母见他来了，心中自是喜悦，便道：“我怕你们冷着了，所以不许人告诉你们去。你真是个鬼灵精儿，到底找了我来。以理，孝敬也不在这上头。”凤姐儿笑道：“我那里是孝敬的心找了来？我因为到了老祖宗那里，鸦没雀静的，问小丫头子们，他又不肯说，叫我找到园里来。我正疑惑，忽然来了两三个姑子，我心里才明白。我想姑子必是来送年疏，或要年例香例银子，老祖宗年下的事也多，一定是躲债来了。我赶忙问了那姑子，果然不错。我连忙把年例给了他们去了。如今来回老祖宗，债主已去，不用躲着了。已预备下希嫩的野鸡，请用晚饭去，再迟一回就老了。”他一行说，众人一行笑。

凤姐儿也不等贾母说话，便命人抬过轿子来。贾母笑着，搀了凤姐的手，仍旧上轿，带着众人，说笑出了夹道东门。一看四面粉妆银砌，忽见宝琴披着凫靥裘站在山坡上遥等，身后一个丫鬟抱着一瓶红梅。众人都笑道："少了两个人，他却在这里等着，也弄梅花去了。"贾母喜的忙笑道："你们瞧，这山坡上配上他的这个人品，又是这件衣裳，后头又是这梅花，像个什么？"众人都笑道："就像老太太屋里挂的仇十洲画的《艳雪图》。"贾母摇头笑道："那画的那里有这件衣裳？人也不能这样好！"一语未了，只见宝琴背后转出一个披大红猩毡的人来。贾母道："那又是那个女孩儿？"众人笑道："我们都在这里，那是宝玉。"贾母笑道："我的眼越发花了。"说话之间，来至跟前，可不是宝玉和宝琴。宝玉笑向宝钗、黛玉等道："我才又到了栊翠庵。妙玉每人送你们一枝梅花，我已经打发人送去了。"众人都笑说："多谢你费心。"

笺证

《红楼梦》重诗性，也重画境，出色地实现了诗情画意的融合。这种诗情画意的酿造，在第五十回中属于画龙点睛之笔。还在第四十八回，黛玉指导香菱学诗，将王维与李白、杜甫并举，融合了他们分别代表的佛、道、儒三家意趣。古人有云：“禅在诗情画意间。”王维的山水田园诗，寓含着禅理、禅趣、禅悦。如《终南别业》写其隐居终南山的悠然自得的情怀，淡泊自适，禅趣盎然：“中岁颇好道，晚家南山陲。兴来每独往，胜事空自知。行到水穷处，坐看云起时。偶然值林叟，谈笑无还期。”这就极尽“空、闲、静”的禅境与诗境之美。这种意境令人难以忘怀，南宋周密《清平乐·横玉亭秋倚》词云：“诗情画意，只在阑杆外，雨露天低生爽气，一片吴山越水。”《红楼梦》惜春画大观园，还加上活动于其中的会作诗的少女少男，是讲究情景交融的，受到贾母和大观园儿女的关注和催促。其实，以人入画，人在画中游，使整部《红楼梦》成了诗意的画卷。其中出现一些令人眼睛发亮的画面。贾母、凤姐带着众人，说笑出了藕香榭夹道东门。一看四面粉妆银砌，忽见宝琴披着凫靥裘站在山坡上遥等，身后一个丫鬟抱着一瓶红梅。众人都笑道：“少了两个人，他却在这里等着，也弄梅花去了。”贾母喜的忙笑道：“你们瞧，这山坡上配上他的这个人品，又是这件衣裳，后头又是这梅花，像个什么？”众人都笑道：“就像老太太屋里挂的仇十洲画的《艳雪图》。”这里所谓双艳，就是人与梅花争妍斗艳。人在图画中，是古人津津乐道的话题。宋人葛立方《韵语阳秋》卷十四记述：“王荆公题燕侍郎山水诗，有‘燕公侍书燕王府，王求一笔终不与’之句，故燕画之在世者甚鲜。学士院亦有燕侍郎画图，荆公有一绝云：‘六幅生绡四五峰，暮云楼阁有无中。去年今日长干里，遥望钟山与此同。’张天觉有诗跋其后云：‘相君开卷忆江东，仿佛钟山与此同。今日还为一居士，翛然身在画图中。’”[1]元代高明《琵琶记》第七出有“行人如在画图中”之语。吴敬梓《儒林外史》第一回王冕赞美雨后荷塘是“古人说人在画图中”。生活如画，画如生活，是古人追求的理想境界。南宋洪迈《容斋随笔》卷十六说：“江山登临之美，泉石赏玩之胜，世间佳境也，观者必曰如画。故有‘江山如画’‘天开图画即江山’‘身在画图中’之语。至于丹青之妙，好事君子嗟叹之不足者，则又以逼真目之。如老杜‘人间又见真乘黄’‘时危安得真致此’‘悄然坐我天姥下’‘斯须九重真龙出’‘凭轩忽若无丹青’‘高堂见生鹘’‘直讶杉松冷’‘兼疑菱荇香'之句是也。以真为假，以假为真，均之为妄境耳。人生万事如是，何特此耶？"[2]《红楼梦》提及仇十洲的画，仇十洲就是明朝画家仇英，江苏太仓人，与沈周、文徵明、唐寅并称为"明四家"。仇英擅画人物，尤长仕女，既工设色，又善水墨、白描，为明代工笔之杰。但仇十洲《双艳图》查无实据，《红楼梦》以游戏笔墨假托画名增加情趣，其中的"双艳"指的是宝琴和梅花，有所谓"照花前后镜，花面交相映"，在雪景、美人、梅花的掩映中，升华着诗情画意。曹雪芹以小说家的笔墨，过了一把画家的瘾。

❶ 吴文治主编：《宋诗话全编》，江苏古籍出版社1998年版，第8301—8302页。

❷（宋）洪迈：《容斋随笔》，上海古籍出版社2015年版，第116页。

说话之间，已出了园门，来至贾母房中。吃毕饭大家又说笑了一回。忽见薛姨妈也来了，说："好大雪，一日也没过来望候老太太。今日老太太倒不高兴？正该赏雪才是。"贾母笑道："何曾不高兴！我找了他们姊妹们去顽了一会子。"薛姨妈笑道："昨日晚上，我原想着今日要和我们姨太太借一日园子，摆两桌粗酒，请老太太赏雪的，又见老太太安息的早。我闻得女儿说，老太太心下不大爽，因此今日也没敢惊动。早知如此，我正该请。"贾母笑道："这才是十月里头场雪，往后下雪的日子多呢，再破费不迟。"薛姨妈笑道："果然如此，算我的孝心虔了。"凤姐儿笑道："姨妈仔细忘了，如今先秤五十两银子来，交给我收着，一下雪，我就预备下酒，姨妈也不用操心，也不得忘了。"贾母笑道："既这么说，姨太太给他五十两银子收着，我和他每人分二十五两，到下雪的日子，我装心里不快，混过去了，姨太太更不用操心，我和凤丫头倒得了实惠。"凤姐将手一拍，笑道："妙极了，这和我的主意一样。"众人都笑了。贾母笑道："呸！没脸的，就顺着竿子爬上来了。你不该说姨太太是客，在咱们家受屈，我们该请姨太太才是，那里有破费姨太太的理！不这样说呢，还有脸先要五十两银子，真不害臊！”凤姐儿笑道：“我们老祖宗最是有眼色的，试一试姨妈，若松呢，拿出五十两来，就和我分。这会子估量着不中用了，翻过来拿我做法子，说出这些大方话来。如今我也不和姨妈要银子，竟替姨妈出银子治了酒，请老祖宗吃了，我另外再封五十两银子孝敬老祖宗，算是罚我个包揽闲事。这可好不好？”话未说完，众人已笑倒在炕上。

贾母因又说及宝琴雪下折梅比画儿上还好，因又细问他的年庚八字并家内景况。薛姨妈度其意思，大约是要与宝玉求配。薛姨妈心中固也遂意，只是已许过梅家了，因贾母尚未明说，自己也不好拟定，遂半吐半露告诉贾母道：“可惜这孩子没福，前年他父亲就没了。他从小儿见的世面倒多，跟他父母四山五岳都走遍了。他父亲是好乐的，各处因有买卖，带着家眷，这一省逛一年，明年又往那一省逛半年，所以天下十停走了有五六停了。那年在这里，把他许了梅翰林的儿子，偏第二年他父亲就辞世了，他母亲又是痰症。”凤姐也不等说完，便嗐声跺脚的说：“偏不巧，我正要作个媒呢，又已经许了人家。”贾母笑道：“你要给谁说媒？”凤姐儿说道：“老祖宗别管，我心里看准了他们两个是一对。如今已许了人，说也无益，不如不说罢了。”贾母也知凤姐儿之意，听见已有了人家，也就不提了。大家又闲话了一会方散。一宿无话。

次日雪晴。饭后，贾母又亲嘱惜春：“不管冷暖，你只画去，赶到年下，十分不能便罢了。第一要紧把昨日琴儿和丫头梅花，照模照样，一笔别错，快快添上。”惜春听了虽是为难，只得应了。一时众人都来看他如何画，惜春只是出神。李纨因笑向众人道：“让他自己想去，咱们且说话儿。昨儿老太太只叫作灯谜，回家和绮儿、纹儿睡不着，我就编了两个‘四书’的。他两个每人也编了两个。”众人听了，都笑道：“这倒该作的。先说了，我们猜猜。”李纨笑道：“‘观音未有世家传’，打‘四书’一句。”湘云接着就说：“在止于至善。”宝钗笑道：“你也想一想‘世家传’三个字的意思再猜。”李纨笑道：“再想。”黛玉笑道：“哦，是了，是‘虽善无征’。”众人都笑道：

“这句是了。”李纨又道：“一池青草草何名。”湘云忙道：“这一定是‘蒲芦’也，再不是不成？”李纨笑道：“这难为你猜。纹儿的是‘水向石边流出冷’，打一古人名。”探春笑问道：“可是山涛？”李纹笑道：“是。”李纨又道：“绮儿的是个‘萤’字，打一个字。”众人猜了半日，宝琴笑道：“这个意思却深，不知可是花草的‘花’字？”李绮笑道：“恰是了。”众人道：“萤与花何干？”黛玉笑道：“妙得很！萤可不是草化的？”众人会意，都笑了说“好”，宝钗道：“这些虽好，不合老太太的意思，不如作些浅近的物儿，大家雅俗共赏才好。”众人都道：“也要作些浅近的俗物才是。”湘云笑道：“我编了一支《点绛唇》，恰是俗物，你们猜猜。”说着便念道：溪壑分离，红尘游戏，真何趣？名利犹虚，后事终难继。

众人不解，想了半日，也有猜是和尚的，也有猜是道士的，也有猜是偶戏人的。宝玉笑了半日，道：“都不是，我猜着了，一定是耍的猴儿。”湘云笑道：“正是这个了。”众人道：“前头都好，末后一句怎么解？”湘云道：“那一个耍的猴子不是剁了尾巴去的？”众人听了，都笑起来，说：“偏他编个谜儿也是刁钻古怪的。”李纨道：“昨日姨妈说，琴妹妹见的世面多，走的道路也多，你正该编谜儿，正用着了。你的诗又好，何不编几个我们猜一猜？”宝琴听了，点头含笑，自去寻思。宝钗也有了一个，念道：

镂檀锲梓一层层，岂系良工堆砌成？虽是半天风雨过，何曾闻得梵铃声！打一物。

众人猜时，宝玉也有了一个，念道：天上人间两渺茫，琅玕节过谨隄防。鸾音鹤信须凝睇，好把唏嘘答上苍。黛玉也有了一个，念道是：

騄駬何劳缚紫绳？驰城逐堑势狰狞。

主人指示风雷动，鳌背三山独立名。

探春也有了一个，方欲念时，宝琴走过来笑道：“我从小儿所走的地方的古迹不少。我如今拣了十个地方的古迹，作了十首怀古的诗。诗虽粗鄙，却怀往事，又暗隐俗物十件，姐姐们请猜一猜。”众人听了，都说：“这倒巧，何不写出来大家一看？”要知端的——

笺证

事物联系的方式，决定了事物的特质，同为碳元素，基于其原子的不同联系方式，可以衍变成金刚石、炭和石墨。《红楼梦》在不同事态间进行联系，手法多种多样，追求最佳的联系方式。从海棠诗社的即景联句，张扬十几位少女少男的诗性捷才，到其后按照贾母的提议制作灯谜，其间的联系方式几经曲折。先是贾母想为宝玉向宝琴提亲，连接上宝琴雪中持梅比画儿上还好的情景，从凤姐凑趣中得知宝琴已有了人家，也就作罢。连接上次日，李纨笑对众人说：“昨儿老太太只叫作灯谜，回家和绮儿、纹儿睡不着，我就编了两个‘四书’的。他两个每人也编了两个。”众人起哄先说大家猜猜。由于这种灯谜过雅，连接上又出现转折，“这些虽好，不合老太太的意思，不如作些浅近的物儿，大家雅俗共赏才好”。于是史湘云拟了一支《点绛唇》曲子，谜底是街上耍猴儿，还剁去猴子尾巴，引得大家发笑。宝钗、宝玉也各拟了一则诗谜，未得答案，就连接上宝琴的新主意：“我从小儿所走的地方的古迹不少。我今拣了十个地方的古迹，作了十首怀古的诗。诗虽粗鄙，却怀往事，又暗隐俗物十件，姐姐们请猜一猜。”这种弯弯曲曲的连接方式，颇得神龙见首不见尾之妙，而结穴在足迹遍天下的薛宝琴身上，她将大观园化为天下古今的真正大观，如贾谊《鹏鸟赋》云：“达人大观兮，物无不可。”卢谌《赠刘琨》诗云：“惟同大观，万殊一辙。”至于神龙见首不见尾，清人赵执信《谈龙录》记载：“昉思（洪升）嫉时俗之无章也，曰：‘诗如龙，然首尾爪角鳞鬣一不具，非龙也。’司寇（王渔洋）哂之曰：‘诗如神龙，见其首不见其尾，或云中露一爪一鳞而已，安得全体是雕塑绘画者耳。’余曰：‘神龙者屈伸变化，固无定体，恍惚望见者，第指其一鳞一爪，而龙之首尾完好，故宛然在也。若拘于所见，以为龙具在是，雕绘者反有辞矣。’昉思乃服。此事颇传于时，司寇以告后生而遗余语，闻者遂以洪语斥余，而仍侈司寇往说以相难，惜哉！今出余指，彼将知龙。”[3]神龙的一爪一鳞，屈伸变化，固无定体，扑朔迷离，形迹隐显，神思互贯，这就是《红楼梦》把碳元素连接成金刚钻的妙处了。

[3] 毕桂发：《精选历代诗话评释》，中州古籍出版社1988年版，第397页。

第五十一回

薛小妹新编怀古诗 胡庸医乱用虎狼药

众人闻得宝琴将素习所经过各省内的古迹为题，作了十首怀古绝句，内隐十物，皆说这自然新巧。都争着看时，只见写道是：

赤壁怀古 其一

赤壁沉埋水不流，徒留名姓载空舟。
喧阗一炬悲风冷，无限英魂在内游。

交趾怀古 其二

铜铸金镛振纪纲，声传海外播戎羌。
马援自是功劳大，铁笛无烦说子房。

钟山怀古 其三

名利何曾伴汝身，无端被诏出凡尘。
牵连大抵难休绝，莫怨他人嘲笑频。

淮阴怀古 其四

壮士须防恶犬欺，三齐位定盖棺时。
寄言世俗休轻鄙，一饭之恩死也知。

广陵怀古 其五

蝉噪鸦栖转眼过，隋堤风景近如何。
只缘占得风流号，惹得纷纷口舌多。

桃叶渡怀古 其六

衰草闲花映浅池，桃枝桃叶总分离。

六朝梁栋多如许，小照空悬壁上题。

青冢怀古 其七

黑水茫茫咽不流，冰弦拨尽曲中愁。

汉家制度诚堪叹，樗栎应惭万古羞。

马嵬怀古 其八

寂寞脂痕渍汗光，温柔一旦付东洋。

只因遗得风流迹，此日衣衾尚有香。

蒲东寺怀古 其九

小红骨贱最身轻，私掖偷携强撮成。

虽被夫人时吊起，已经勾引彼同行。

梅花观怀古 其十

不在梅边在柳边，个中谁拾画婵娟。

团圆莫忆春香到，一别西风又一年。

众人看了，都称奇道妙。宝钗先说道："前八首都是史鉴上有据的，后二首却无考，我们也不大懂得，不如另作两首为是。"黛玉忙拦道："这宝姐姐也忒'胶柱鼓瑟'，矫揉造作了。这两首虽于史鉴上无考，咱们虽不曾看这些外传，不知底里，难道咱们连两本戏也没有见过不成？那三岁孩子也知道，何况咱们？"探春便道："这话正是了。"李纨又道："况且他原是到过这个地方的。这两件事虽无考，古往今来，以讹传讹，好事者竟故意的弄出这古迹来以愚人。比如那年上京的时节，单是关夫子的坟，倒见了三四处。关夫子一生事业，皆是有据的，如何又有许多的坟？自然是后来人敬爱他生前为人，只怕从这敬爱上穿凿出来，也是有的。及至看《广舆记》上，不止关夫子的坟多，自古来有些名望的人，坟就不少，无考的古迹更多。如今这两首虽无考，凡说书唱戏，甚至于求的签上皆有注批，老少男女，俗语口头，人人皆知皆说的。况且又并不是看了

‘西厢’‘牡丹’的词曲，怕看了邪书。这竟无妨，只管留着。”宝钗听说，方罢了。大家猜了一回，皆不是。

笺证

第五十一回薛宝琴的怀古诗竟然至于十首，自是《红楼梦》刻意为之的重头戏，以彰显这位琴妹妹众所不及的奇才。似乎是在作谜语诗，实际上是触动人生人性之谜。这种怀古诗重头戏，触动了红楼人物和各类读者的心尖儿，令人神经颤动，造就了一座奇妙无比的文化回音壁效应。薛宝琴出身皇商家庭，从小就随其父母到处游商，“四山五岳都走遍了”，是红楼群芳中见世面最多的一个。在宝、黛、钗等人作谜语诗之后，她“拣了十个地方的古迹，作了十首怀古的诗”，暗隐俗物十件。于此敞开了全书难得一见的苍茫浩渺的时间空间维度。《赤壁怀古》吟咏建安十三年（208），曹操在基本平定北方后，挥师南下，在赤壁（今湖北省南部）遭到孙刘联军的抵抗。周瑜在三江口火烧曹营，曹操折戟沉沙，伤亡惨重，退回北方后再也无力南征，奠定了三国鼎立的局面。《交趾怀古》吟咏东汉光武帝建武十八年（42），伏波将军马援率兵八千镇压交趾郡（今越南北部）反叛，在交趾立两根铜柱，上书“铜柱折，交趾灭”，作为汉朝的边界。《钟山怀古》吟咏王安石变法而遭到弹劾，两次被罢相，回到南京居住。晚年在南京住了十多年，直至去世，隐居在钟山（今南京东北的紫金山）之下的半山园，写下一百多首诗。其《钟山即事》诗云：“涧水无声绕竹流，竹西花草弄春柔。茅檐相对坐终日，一鸟不鸣山更幽。”《淮阴怀古》吟咏西汉开国名将韩信，淮阴人（今江苏省淮安人），战功卓著，汉初三杰之一，曾被封为齐王、楚王，后贬为淮阴侯被诛杀。韩信受“胯下之辱”，漂母赐饭，当了楚王之后，封侮辱他的少年为国尉，“一饭千金，不忘漂母”。《广陵怀古》吟咏隋炀帝一生追求逸乐，不惜以举国之力于大业元年（605）开凿运河，率领群臣、亲友组成的庞大旅游团三下江南，享尽人间富贵。又下令开凿古运河，用五年时间，拓宽浚深可直达杭州。最终由于纵情声色，荒废朝政，被叛军缢死广陵（今江苏扬州市）。唐代传奇《开河记》记载："龙舟既成，泛江沿淮而下。到大梁，又别加修饰，砌以七宝金玉之类。于是吴越取民间女子十五六岁者五百人，谓之殿脚女。"所谓"殿脚女"就是牵挽龙舟的女人，她们都是吴越一带选拔出来的美女，画着宫妆，穿着绫罗绸缎做成的衣裙，俨然龙舟上一道亮丽的风景线。《桃叶渡怀古》吟咏的是六朝古都（东吴、东晋、南朝宋、齐、梁、陈的都城）金陵之桃叶渡。桃叶渡是"十里秦淮"上的古渡口，相传东晋书法家王羲之之七子王献之，常在此渡口迎接爱妾桃叶渡河，河水宽广，水流湍急，遇有风浪，常会翻船。桃叶渡河时心存恐惧，王献之作《桃叶歌》安慰她："桃仙复桃叶，渡江不用楫，但渡无所苦，我自迎接汝。"桃叶在船上应和："桃叶映红花，无风自婀娜。春花映何限，感郎独采我。"渡口由此得名为桃叶渡。《青冢怀古》吟咏的青冢是王昭君墓（今内蒙古呼和浩特市南）。王昭君，原是汉元帝宫中的宫女。汉元帝建昭五年（前34），匈奴呼韩邪单于被他哥哥郅支单于打败，南迁至长城外的光禄塞下，同西汉结好，曾三次进长安入朝，并向汉元帝请求和亲。王昭君听说后请求出塞和亲。她到匈奴后，被封为"宁胡阏氏"，象征她将给匈奴带来和平、安宁和兴旺。后来呼韩邪单于在西汉的支持下控制了匈奴全境，从而使匈奴同汉朝和好达半个世纪。昭君出塞的故事后来被历代诗歌、琵琶曲、戏剧所吟唱，但情调多是悲切苍凉 。《马嵬怀古》吟咏天宝十五年（756）安禄山叛军攻破潼关，唐玄宗携杨玉环仓皇西逃。至马嵬驿（今陕西省兴平市西），护驾军士砍杀了祸国殃民的杨国忠，要求七十二岁的唐玄宗立即处决杨贵妃。唐玄宗无奈让杨贵妃以帛带，在梨树上自缢。白居易《长恨歌》叹息："渔阳鞞鼓动地来，惊破霓裳羽衣曲。

九重城阙烟尘生，千乘万骑西南行。翠华摇摇行复止，西出都门百余里。六军不发无奈何，宛转蛾眉马前死。花钿委地无人收，翠翘金雀玉搔头。君王掩面救不得，回看血泪相和流。”[1] 以上八首怀古诗，都有历史记事的底子。以古述怀，对人间存亡兴衰颇多感慨。而《蒲东寺怀古》吟咏的是元代王实甫《西厢记》中故事发生地的蒲东寺（今山西永济县境内）。婢女红娘得知张生和崔莺莺一见钟情，就瞒着老夫人暗中穿针引线，虽遭到“拷红”的审问，到底成全了有情人终成眷属。《梅花观怀古》吟咏的是明代汤显祖《牡丹亭》故事的发生地梅花观（今浙江省湖州市境内有梅花观），杜丽娘和柳梦梅生死离合的爱情，“情不知所起，一往而深。生者可以死，死亦可生 。生而不可与死，死而不可复生者，皆非情之至也”。十首诗发生的朝代分别是：（1）东汉末年，（2）东汉初年，（3）北宋，（4）西汉初年，（5）隋朝，（6）东晋或六朝，（7）西汉晚期，（8）唐朝中期，（9）元人演绎的唐传奇，（10）明人演绎的改编于明代话本小说《杜丽娘慕色还魂记》。《红楼梦》说，这十首怀古诗“众人看了，都称奇道妙”，却并未猜出其隐喻的十件俗物。这就有劳周春《阅红楼梦随笔》、徐风仪《红楼梦偶得》、王希廉《新评绣像红楼梦全传》诸书，去索隐猜谜了。但三百年来，猜谜者互相打架，第一首的谜底或说是“盂兰会（鬼节）所焚之法船”，或说是青铜油灯；第二首的谜底或说是“喇叭”，或说是琵琶；第三首的谜底或说是“傀儡”，或说是牡丹花；第四首有人猜是“兔子”，有人猜是“马桶”，有人猜是厨刀；第五首有人猜是“箫”，有人猜是“柳絮”或柳树；第六首有人猜是“团扇”，有人猜是燕巢；第七首有人猜是“枇杷”，有人猜是木匠墨斗；第八首有人猜是“杨妃冠子白芍药”，有人猜是熏衣香；第九首有人猜是游戏或赌博用的“骰子”，有人猜是“红天灯”，有人猜是捻线拨（俗称“拨调）；第十首有人猜是“纨扇”，有人猜是“团扇”，有人猜是“秋牡丹”。《红楼梦》由此留下了猜不透、谈不尽的深不可测的话题。但是行文把猜谜行为抛在脑后，让那些猜谜家去厮打，而掉转头来专门探究红楼诸艳对十首怀古诗取材出处是否触犯禁忌的争论。宝钗先说：“前八首都是史鉴上有据的，后二首却无考，我们也不大懂得，不如另作两首为是。”黛玉忙拦着说：“这宝姐姐也忒‘胶柱鼓瑟’，矫揉造作了。这两首虽于史鉴上无考，咱们虽不曾看这些外传，不知底里，难道咱们连两本戏也没有见过不成？那三岁孩子也知道，何况咱们？”庚辰本夹批说：“如何？必得宝钗此驳，方是好文。后文若真另作，亦必无趣；若不另作，又有何法省之。看他下文如何？”又对“黛玉忙拦道”夹批说：“好极！非黛玉不可。脂砚。”[2]接着就是探春、李纨对钗、黛的争论进行调停。探春便道：“这话正是了。”李纨又道：“况且他原是到过这个地方的。这两件事虽无考，古往今来，以讹传讹，好事者竟故意的弄出这古迹来以愚人。比如那年上京的时节，单是关夫子的坟，倒见了三四处。关夫子一生事业，皆是有据的，如何又有许多的坟？自然是后来人敬爱他生前为人，只怕从这敬爱上穿凿出来，也是有的。及至看《广舆记》上，不止关夫子的坟多，自古来有些名望的人，坟就不少，无考的古迹更多。如今这两首虽无考，凡说书唱戏，甚至于求的签上皆有注批，老少男女，俗语口头，人人皆知皆说的。况且又并不是看了‘西厢’‘牡丹’的词曲，怕看了邪书。这竟无妨，只管留着。”庚辰本夹批说：“此为三染无痕也，妙极！天（花）[衣]无缝之文。”[3]三染无痕，指的是不落痕迹的三度皴染。文学毕竟是人学，诗谜尽管留下不少难以参透的皴褶，但其大旨在于写人，在于映照人的心思和性格。宝钗、黛玉、探春、李纨四人对薛宝琴十首怀古诗正正反反地三度推拥，使得小说中的这出重头戏波澜迭至，众声喧哗，裹挟着人间伦理和人生价值观，意思无非是要开发出丰富复杂的社会文化内涵。

冬日天短，不觉又是前头吃晚饭之时，一齐前来吃饭。因有人回王夫人说：“袭人的哥哥花自芳进来说，他母亲

❶（唐）白居易著，顾学颉校点：《白居易集》，中华书局1979年版，第238页。

❷（清）曹雪芹著，脂砚斋评：《脂砚斋重评石头记庚辰校本》，作家出版社2006年版，第903页。

❸（清）曹雪芹著，脂砚斋评：《脂砚斋重评石头记庚辰校本》，作家出版社2006年版，第904页。

病重了，想他女儿。他来求恩典，接袭人家去走走。”王夫人听了，便道：“人家母女一场，岂有不许他去的。”一面就叫了凤姐儿来，告诉了凤姐儿，命酌量去办理。

凤姐儿答应了，回至房中，便命周瑞家的去告诉袭人原故。又吩咐周瑞家的：“再将跟着出门的媳妇传一个，你两个人，再带两个小丫头子，跟了袭人去。外头派四个有年纪跟车的。要一辆大车，你们带着坐；要一辆小车，给丫头们坐。”周瑞家的答应了，才要去，凤姐儿又道：“那袭人是个省事的，你告诉他说我的话：叫他穿几件颜色好衣裳，大大的包一包袱衣裳拿着，包袱也要好好的，手炉也要拿好的。临走时，叫他先来我瞧瞧。”周瑞家的答应去了。

半日，果见袭人穿戴来了，两个丫头与周瑞家的拿着手炉与衣包。凤姐儿看袭人头上戴着几枝金钗珠钏，倒华丽；又看身上穿着桃红百子刻丝银鼠袄子，葱绿盘金彩绣绵裙，外面穿着青缎灰鼠褂。凤姐儿笑道：“这三件衣裳都是太太的，赏了你倒是好的。但只这褂子太素了些，如今穿着也冷，你该穿一件大毛的。”袭人笑道：“太太就只给了这灰鼠的，还有一件银鼠的。说赶年下再给大毛的，还没有得呢。”凤姐儿笑道：“我倒有一件大毛的，我嫌风毛儿出不好了，正要改去。也罢，先给你穿去罢。等年下太太给作的时节我再作罢，只当你还我一样。”众人都笑道：“奶奶惯会说这话。成年家大手大脚的，替太太不知背地里赔垫了多少东西，真真的赔的是说不出来，那里又和太太算去。偏这会子又说这小气话取笑儿。”凤姐儿笑道：“太太那里想的到这些？究竟这又不是正经事，再不照管，也是大家的体面。说不得我自己吃些亏，把众人打扮体统了，宁可我得个好名也罢了。一个一个像‘烧糊了的卷子’似的，人先笑话我当家倒把人弄出个花子来。”众人听了，都叹说：“谁似奶奶这样圣明！在上体贴太太，在下又疼顾下人。”一面说，一面只见凤姐儿命平儿将昨日那件石青刻丝八团天马皮褂子拿出来，与了袭人。又看包袱，只得一个弹墨花绫水红绸里的夹包袱，里面只包着两件半旧棉袄与皮褂。凤姐儿又命平儿把一个玉色绸里的哆罗呢的包袱拿出来，又命包上一件雪褂子。

平儿走去拿了出来，一件是半旧大红猩猩毡的，一件是大红羽纱的。袭人道："一件就当不起了。"平儿笑道："你拿这猩猩毡的。把这件顺手拿将出来，叫人给邢大姑娘送去。昨儿那么大雪，人人都是有的，不是猩猩毡，就是羽缎羽纱的，十来件大红衣裳映着大雪好不齐整。就只他穿着那件旧毡斗篷，越发显的拱肩缩背，好不可怜见的。如今把这件给他罢。"凤姐儿笑道："我的东西，他私自就要给人。我一个还花不够，再添上你提着，更好了！"众人笑道："这都是奶奶素日孝敬太太，疼爱下人。若是奶奶素日是小气的，只以东西为事，不顾下人的，姑娘那里还敢这样了。"凤姐儿笑道："所以知道我的心的，也就是他还知三分罢了。"说着，又嘱咐袭人道："你妈若好了就罢；若不中用了，只管住下，打发人来回我，我再另打发人给你送铺盖去。可别使人家的铺盖和梳头的家伙。"又吩咐周瑞家的道："你们自然也知道这里的规矩的，也不用我嘱咐了。"周瑞家的答应："都知道。我们这去到那里，总叫他们的人回避。若住下，必是另要一两间内房的。"说着，跟了袭人出去，又吩咐预备灯笼，遂坐车往花自芳家来，不在话下。

这里凤姐又将怡红院的嬷嬷唤了两个来，吩咐道："袭人只怕不来家，你们素日知道那大丫头们，那两个知好歹，派出来在宝玉屋里上夜。你们也好生照管着，别由着宝玉胡闹。"两个嬷嬷答应着去了，一时来回说："派了晴雯和麝月在屋里，我们四个人原是轮流着带管上夜的。"凤姐儿听了，点头道："晚上催他早睡，早上催他早起。"老嬷嬷们答应了，自回园去。一时果有周瑞家的带了信回凤姐儿说："袭人之母业已停床，不能回来。"凤姐儿回明了王夫人，一面着人往大观园去取他的铺盖妆奁。

宝玉看着晴雯、麝月二人打点妥当，送去之后，晴雯、麝月皆卸罢残妆，脱换过裙袄。晴雯只在熏笼上围坐。麝月笑道："你今儿别装小姐了，我劝你也动一动儿。"晴雯道："等你们都去尽了，我再动不迟。有你们一日，我且受用一日。"麝月笑道："好姐姐，我铺床，你把那穿衣镜的套子放下来，上头的划子划上，你的身量比我高些。"说着，便去与宝玉铺床。晴雯嗐了一声，笑道："人家才坐暖和了，你就来闹。"此时宝玉正坐着纳闷，想袭人之母不知是死是活，忽听见晴雯如此说，便自己起身出去，放下镜套，划上消息，进来笑道："你们暖和罢，都完了。"晴雯笑道："终久暖和不成的，我又想起来汤婆子还没拿来呢。"麝月道："这难为你想着！他素日又不要汤婆子，咱们那熏笼上暖和，比不得那屋里炕冷，今儿可以不用。"宝玉笑道："这个话，你们两个都在那上头睡了，我这外边没个人，我怪怕的，一夜也睡不着。"晴雯道："我是在这里睡的。麝月往他外边睡去。"说话之间，天已二更，麝月早已放下帘幔，移灯炷香，服侍宝玉卧下，二人方睡。

晴雯自在熏笼上，麝月便在暖阁外边。至三更以后，宝玉睡梦之中，便叫袭人。叫了两声，无人答应，自己醒了，方想起袭人不在家，自己也好笑起来。晴雯已醒，因笑唤麝月道："连我都醒了，他守在旁边还不知道，真是个挺死尸的。"麝月翻身打个哈气笑道："他叫袭人，与我什么相干！"因问："作什么？"宝玉说："要吃茶。"麝月忙起来，单穿红绸小棉袄儿。宝玉道："披上我的袄儿再去，仔细冷着。"麝月听说，回手便把宝玉披着起夜的一件貂颏满襟暖袄披上，下去向盆内洗手，先倒了一钟温水，拿了大漱盂，宝玉漱了一口，然后才向茶槅上取了茶碗，先用温水了濎一濎，向暖壶中倒了半碗茶，递与宝玉吃了。自己也漱了一漱，吃了半碗。晴雯笑道："好妹子，也赏我一口儿。"麝月笑道："越发上脸儿了！"晴雯道："好妹妹，明儿晚上你别动，我服侍你一夜，如何？"麝月听说，只得也服侍他漱了口，倒了半碗茶与他吃过。麝月笑道："你们两个别睡，说着话儿，我出去走走回来。"晴雯笑道："外头有个鬼等着你呢。"宝玉道："外头自然有大月亮的，我们说话，你只管去。"一面说，一面便嗽了两声。

麝月便开了后门，揭起毡帘一看，果然好月色。晴雯等他出去，便欲唬他玩耍。仗着素日比别人气壮，不畏寒冷，也不披衣，只穿着小袄，便蹑手蹑脚的下了熏笼，随后出来。宝玉笑劝道:“看冻着，不是玩的。”晴雯只摆手，随后出了房门。只见月光如水，忽然一阵微风，只觉侵肌透骨，不禁毛骨悚然。心下自思道:“怪道人说热身子不可被风吹，这一冷果然利害。”一面正要唬麝月，只听宝玉高声在内道:“晴雯出去了！”晴雯忙回身进来，笑道:“那里就唬死了他？偏你惯会这蝎蝎螫螫老婆汉像的。”宝玉笑道:“倒不为唬坏了他，头一则你冻着也不好，二则他不防，不免一喊，倘或唬醒了别人，不说咱们是玩意，倒反说袭人才去了一夜，你们就见神见鬼的。你来把我的这边被掖一掖。”晴雯听说，便上来掖了掖，伸手进去渥一渥时，宝玉笑道:“好冷手！我说看冻着。”一面又见晴雯两腮如胭脂一般，用手摸了一摸，也觉冰冷。宝玉道:“快进被来渥渥罢。”一语未了，只听咯噔的一声门响，麝月慌慌张张的笑了进来，说道:“吓了我一跳好的。黑影子里，山子石后头，只见一个人蹲着。我才要叫喊，原来是那个大锦鸡，见了人一飞，飞到亮处来，我才看真了。若冒冒失失一嚷，倒闹起人来。”一面说，一面洗手，又笑道:“晴雯出去我怎么不见？一定是要唬我去了。”宝玉笑道:“这不是他，在这里渥呢！我若不叫的快，可是倒唬一跳。”晴雯笑道:“也不用我唬去，这小蹄子已经自怪自惊的了。”一面说，一面仍回自己被中去了。麝月道:“你就这么‘跑解马’似的打扮得伶伶俐俐的出去了不成？”宝玉笑道:“可不就这么去了。”麝月道:“你死不拣好日子！你出去站一站，把皮不冻破了你的。”说着，又将火盆上的铜罩揭起，拿灰锹重将熟炭埋了一埋，拈了两块素香放上，仍旧罩了，至屏后重剔了灯，方才睡下。

晴雯因方才一冷，如今又一暖，不觉打了两个喷嚏。宝玉叹道："如何？到底伤了风了。"麝月笑道："他早起就嚷不受用，一日也没吃饭。他这会还不保养些，还要捉弄人。明儿病了，叫他自作自受。"宝玉问："头上可热？"晴雯嗽了两声，说道："不相干，那里这么娇嫩起来了。"说着，只听外间房中十锦槅上的自鸣钟当当两声，外间值宿的老嬷嬷嗽了两声，因说道："姑娘们睡罢，明儿再说罢。"宝玉方悄悄的笑道："咱们别说话了，又惹他们说话。"说着，方大家睡了。

至次日起来，晴雯果觉有些鼻塞声重，懒怠动弹。宝玉道："快不要声张！太太知道，又叫你搬了家去养息。家去虽好，到底冷些，不如在这里。你就在里间屋里躺着，我叫人请了大夫，悄悄的从后门来瞧瞧就是了。"晴雯道："虽如此说，你到底要告诉大奶奶一声儿，不然一时大夫来了，人问起来，怎么说呢？"宝玉听了有理，便唤一个老嬷嬷吩咐道："你回大奶奶去，就说晴雯白冷着了些，不是什么大病。袭人又不在家，他若家去养病，这里更没有人了！传一个大夫，悄悄的从后门进来瞧瞧，别回太太罢了。"老嬷嬷去了半日，来回说："大奶奶知道了，说吃两剂药好了便罢，若不好时，还是出去为是。如今时气不好，恐沾带了别人事小，姑娘们的身子要紧的。"晴雯睡在暖阁里，只管咳嗽，听了这话，气的喊道："我那里就害瘟病了，只怕过了人。我离了这里，看你们这一辈子都别头疼脑热的。"说着，便真要起来。宝玉忙按他，笑道："别生气，这原是他的责任，唯恐太太知道了说他不过白说一句。你素习好生气，如今肝火自然盛了。"

正说时，人回大夫来了。宝玉便走过来，避在书架之后。只见两三个后门口的老嬷嬷带了一个大夫进来。这里的丫鬟都回避了，有三四个老嬷嬷放下暖阁上的大红绣幔，晴雯从幔中单伸出手去。那大夫见这只手上有两根指甲，足有三寸长，尚有金凤花染的通红的痕迹，便忙回过头来。有一个老嬷嬷忙拿了一块手帕掩了。那大夫方诊了一回脉，起身到外间，向嬷嬷们说道："小姐的症是外感内滞，近日时气不好，竟算是个小伤寒。幸亏是小姐素日饮食有限，风寒也不大，不过是血气原弱，偶然沾带了些，吃两剂药疏散疏散就好了。"说着，便又随婆子们出去。

彼时，李纨已遣人知会过后门上的人及各处丫鬟回避，那大夫只见了园中的景致，并不曾见一女子。一时出了园门，就在守园门的小厮们的班房内坐了，开了药方。老嬷嬷道："你老且别去，我们小爷罗唆，恐怕还有话说。"大夫忙道："方才不是小姐，是位爷不成？那屋子竟是绣房一样，又是放下幔子来的，如何是位爷呢？"老嬷嬷悄悄笑道："我的老爷，怪道小厮们才说今儿请了一位新大夫来了，真不知我们家的事。那屋子是我们小哥儿的，那人是他屋里的丫头，倒是个大姐，那里的小姐？若是小姐的绣房，小姐病了，你那么容易就进去了？"说着，拿了药方进去。

宝玉看时，上面有紫苏、桔梗、防风、荆芥等药，后面又有枳实、麻黄。宝玉道："该死，该死，他拿着女孩儿们也像我们一样的治，如何使得！凭他有什么内滞，这枳实、麻黄如何禁得？谁请了来的？快打发他去罢！再请一个熟的来。"老婆子道："用药好不好，我们不知道这理。如今再叫小厮去请王太医去倒容易，只是这大夫又不是告诉总管房请来的，这轿马钱是要给他的。"宝玉道："给他多少？"婆子道："少了不好看，也得一两银子，才是我们这门户的礼。"宝玉道："王太医来了给他多少？"婆子笑道："王太医和张太医每常来了，也并没个给钱的，不过每年四节大趸送礼，那是一定的年例。这人新来了一次，须得给他一两银子去。"宝玉听说，便命麝月去取银子。麝月道："花大奶奶还不知搁在那里呢？"宝玉道："我常见他在螺甸小柜子里取钱，我和你找去。"说着，二人来至宝玉堆东西的房子，开了螺甸柜子，上一槅子都是些笔墨、扇子、香饼、各色荷包、汗巾等物；下一槅却是几串钱。于是开了抽屉，才看见一个小簸箩内放着几块银子，倒也有一把戥子。麝月便拿了一块银子，提起戥子来问宝玉："那是一两的星儿？"宝玉笑道："你问我？有趣，你倒成了才来的了。"麝月也笑了，又要去问人。宝玉道："拣那大的给他一块就是了。又不作买卖，算这些做什么！"麝月听了，便放下戥子，拣了一块掂了一掂，笑道："这一块只怕是一两了。宁可多些好，别少了，叫那穷小子笑话，不说咱们不识戥子，倒说咱们有心小器似的。"那婆子站在外头台矶上，笑道："那是五两的锭子夹了半边，这一块至少还有二两呢。这会子又没夹剪，姑娘收了这块，再拣一块小些的罢。"麝月早掩了柜子出来，笑道："谁又找去！多了些你拿了去罢。"宝玉道："你只快叫茗烟再请王大夫去就是了。"婆子接了银子，自去料理。

一时茗烟果请了王太医来，诊了脉后，说的病症与前相仿，只是方子上果没有枳实、麻黄等药，倒有当归、陈皮、白芍等，药之分量较先也减了些。宝玉喜道："这才是女孩儿们的药，虽然疏散，也不可太过。旧年我病了，却是伤寒内里饮食停滞，他瞧了，还说我禁不起麻黄、石膏、枳实等狼虎药。我和你们一比，我就如那野坟圈子里长的几十年的一棵老杨树，你们就如秋天芸儿进我的那才开的白海棠，连我禁不起的药，你们如何禁得起？"麝月等笑道："野坟里只有杨树不成？难道就没有松柏？我最嫌的是杨树，那么大笨树，叶子只一点子，没一丝风，他也是乱响。你偏比他，也太下流了。"宝玉笑道："松柏不敢比。连孔子都说：'岁寒然后知松柏之后凋也。'可知这两件东西高雅，不怕羞臊的才拿他混比呢。"

说着，只见老婆子取了药来。宝玉命把煎药的银吊子找了出来，就命在火盆上煎。晴雯因说："正经给他们茶房里煎去，弄得这屋里药气，如何使得。"宝玉道："药气比一切的花香果子香都雅。神仙采药烧药，再者高人逸士采药治药，是最妙的一件东西。这屋里我正想各色都齐了，就只少药香，如今恰好全了。"一面说，一面早命人煨上。又嘱咐麝月打点东西，遣老嬷嬷去看袭人，劝他少哭。一一妥当，方过前边来贾母王夫人处问安吃饭。

正值凤姐儿和贾母、王夫人商议说："天又短又冷，不如以后大嫂子带着姑娘们在园子里吃饭一样。等天长暖和了，再来回的跑也不妨。"王夫人笑道："这也是好主意。刮风下雪倒便宜。吃些东西受了冷气也不好；空心走来，一肚子冷风，压上些东西也不好。不如后园门里头的五间大房子，横竖有女人们上夜的，挑两个厨子女人在那里，单给他姊妹们弄饭。新鲜菜蔬是有分例的，在总管房里支去，或要钱，或要东西，那些野鸡、獐、狍各样野味，分些给他们就是了。"贾母道："我也正想着呢，就怕又添一个厨房多事些。"凤姐道："并不多事。一样的分例，这里添了，那里减了。就便多费些事，小姑娘们冷风朔气的，别人还可，第一林妹妹如何禁得住？就连宝兄弟也禁不住，何况众位姑娘。"贾母道："正是这话了。上次我要说这话，我见你们的大事太多了，如今又添出这些事来。"要知端的——

笺证

人生离不开关系，关系产生功能，袭人是宝玉的怡红院的压舱石。记得哲人有言："一切重压与负担，人都可以承受，它会使人坦荡而充实地活着，而最不能承受的恰恰是轻松。"轻松意味着脚底无根。空船的重心漂在水面，就需要"压舱石"，降低重心，以便稳定航行。立身做人也要"压舱石"，心中有磐石，脚底能生根。一旦离开袭人，怡红院就会在嘻嘻哈哈、装神扮鬼的嬉闹中摇晃。第五十一回因有人回王夫人说："袭人的哥哥花自芳进来说，他母亲病重了，想他女儿。他来求恩典，接袭人家去走走。"王夫人听了，便道："人家母女一场，岂有不许他去的？"一面就叫了凤姐儿来，告诉了凤姐儿，命酌量去办理。这段叙事看似平平，但压舱石一挪开，船遇风浪就会摇晃、倾斜。怡红院虽有晴雯、麝月，但袭人影子的麝月压不住黛玉影子的晴雯。麝月出去看月色，晴雯不畏寒冷，也不披衣，只穿着小袄，便蹑手蹑脚要吓唬她玩耍。反弄得自己鼻塞声重，中了风寒。袭人一走，怡红院周围就笼罩着一种鬼魅气息。这种鬼魅气息使得晴雯虽然躲过庸医施以虎狼药的一劫，却损伤了元气。翻箱倒柜找了一块大银子，却不识戥子，把二两银子当一两用，打发庸医。宝玉命把煎药的银吊子找了出来，就在屋里煎药。庚辰本夹批说："'找'字神理，乃不常用之物也。"[4] 其实不常用是一方面，袭人不在是另一方面，所以要"找"才能拿到。宝玉还有怪理论，说："药气比一切的花香果子香都雅。神仙采药烧药，再者高人逸士采药治药，是最妙的一件东西。这屋里我正想各色都齐了，就只少药香，如今恰好全了。"这种手忙脚乱，捉襟见肘，都是离开袭人这块压舱石，怡红院里乱了套的举措，给晴雯凋零的悲剧种下了原因。于此可知，《红楼梦》善于给悲剧的发生腾出可能的空间，笔笔皴染，层层推进，心细如发，眼光如炬。

[4]（清）曹雪芹著，脂砚斋评：《脂砚斋重评石头记庚辰校本》，作家出版社2006年版，第912页。

第五十二回

俏平儿情掩虾须镯
勇晴雯病补雀金裘

贾母道："正是这话了。上次我要说这话，我见你们的大事多，如今又添出这些事来，你们固然不敢抱怨，未免想着我只顾疼这些小孙子、孙女儿们，就不体贴你们这当家人了。你既这么说出来，更好了。"因此时薛姨妈、李婶都在座，邢夫人及尤氏婆媳也都过来请安，还未过去，贾母向王夫人等说道："今儿我才说这话，素日我不说，一则怕逞了凤丫头的脸，二则众人不服。今日你们都在这里，都是经过妯娌姑嫂的，还有他这样想的到的没有？"薛姨妈、李婶、尤氏等齐笑说："真个少有。别人不过是礼上面子情儿，实在他是真疼小叔子、小姑子。就是老太太跟前，也是真孝顺。"贾母点头叹道："我虽疼他，我又怕他太伶俐也不是好事。"凤姐儿忙笑道："这话老祖宗说差了。世人都说太伶俐聪明，怕活不长。世人都说得，人人都信，独老祖宗不当说，不当信。老祖宗只有伶俐聪明过我十倍的，怎么如今这样福寿双全的？只怕我明儿还胜老祖宗一倍呢！我活一千岁后，等老祖宗归了西，我才死呢。"贾母笑道："众人都死了，单剩下咱们两个老妖精，有什么意思。"说的众人都笑了。

宝玉因记挂着晴雯袭人等事，便先回园里来。到房中，药香满屋，一人不见，只见晴雯独卧于炕上，脸面烧的飞红，又摸了一摸，只觉烫手。忙又向炉上将手烘暖，伸进被去摸了一摸身上，也是火烧。因说道："别人去了也罢，麝月、秋纹也这样无情，各自去了？"晴雯道："秋纹是我撵了他去吃饭的，麝月是方才平儿来找他出去了。两人鬼鬼祟祟的，不知说什么。必是说我病了不出去。”宝玉道：“平儿不是那样人。况且他并不知你病特来瞧你，想来一定是找麝月来说话，偶然见你病了，随口说特瞧你的病，这也是人情乖觉取和的常事。便不出去，有不是，与他何干？你们素日又好，断不肯为这无干的事伤和气。”晴雯道：“这话也是，只是疑他为什么忽然又瞒起我来。”宝玉笑道：“让我从后门出去，到那窗根下听听他们说些什么，来告诉你。”说着，果然从后门出去，至窗下潜听。

只闻麝月悄问道：“你怎么就得了的？”平儿道：“那日洗手时不见了，二奶奶就不许吵嚷，出了园子，即刻就传给园里各处的妈妈们小心查访。我们只疑惑邢姑娘的丫头，本来又穷，只怕小孩子家没见过，拿了起来也是有的。再不料定是你们这里的。幸而二奶奶没有在屋里，你们这里的宋妈妈去了，拿着这支镯子，说是小丫头子坠儿偷起来的，被他看见，来回二奶奶的。我赶忙接了镯子，想了一想：宝玉是偏在你们身上留心用意、争胜要强的，那一年有一个良儿偷玉，刚冷了一二年，间还有人提起来趁愿，这会子又跑出一个偷金子的来了。而且更偷到街坊家去了。偏是他这样，偏是他的人打嘴。所以我倒忙叮咛宋妈，千万别告诉宝玉，只当没有这事，别和一个人提起。第二件，老太太、太太听了也生气。三则袭人和你们也不好看。所以我回二奶奶，只说：‘我往大奶奶那里去的，谁知镯子褪了口，丢在草根底下，雪深了没看见。今儿雪化尽了，黄澄澄的映着日头，还在那里呢，我就拣了起来。’二奶奶也就信了，所以我来告诉你们。你们以后防着他些，别使唤他到别处去。等袭人回来，你们商议着，变个法子打发出去就完了。”麝月道：“这小娼妇也见过些东西，怎么这么眼皮子浅。”平儿道：“究竟这镯子能多少重，原是二奶奶的，说这叫做‘虾须镯’，倒是这颗珠子还罢了。晴雯那蹄子是块爆炭，要告诉了他，他是忍不住的。一时气了，或打或骂，依旧嚷出来不好，所以单告诉你留心就是了。”说着便作辞而去。

宝玉听了，又喜又气又叹。喜的是平儿竟能体贴自己；气的是坠儿小窃；叹的是坠儿那样一个伶俐人，作出这丑事来。因而回至房中，把平儿之话一长一短告诉了晴雯。又说：“他说你是个要强的，如今病着，听了这话越发要添病，等好了再告诉你。”晴雯听了，果然气的蛾眉倒蹙，凤眼圆睁，即时就叫坠儿。宝玉忙劝道：“你这一喊出来，岂不辜负了平儿待你我之心了。不如领他这个情，过后打发他就完了。”晴雯道：“虽如此说，只是这口气如何忍得！”宝玉道：“这有什么气的？你只养病就是了。”

晴雯服了药，至晚间又服二和，夜间虽有些汗，还未见效，仍是发烧，头疼鼻塞声重。次日，王太医又来诊视，另加减汤剂。虽然稍减了烧，仍是头疼。宝玉便命麝月：“取鼻烟来，给他嗅些，痛打几个嚏喷，就通了关窍。”麝月果真去取了一个金镶双扣金星玻璃的一个扁盒来，递与宝玉。宝玉便揭翻盒扇，里面有西洋珐琅的黄发赤身女子，两肋又有肉翅，里面盛着些真正汪恰洋烟。晴雯只顾看画儿，宝玉道：“嗅些，走了气就不好了。”晴雯听说，忙用指甲挑了些嗅入鼻中，不怎样。便又多多挑了些嗅入。忽觉鼻中一股酸辣透入囟门，接连打了五六个嚏喷，眼泪鼻涕登时齐流。晴雯忙收了盒子，笑道：“了不得，好爽快！拿纸来。”早有小丫头子递过一搭子细纸，晴雯便一张一张的拿来擤鼻子。宝玉笑问：“如何？”晴雯笑道：“果觉通快些，只是太阳还疼。”宝玉笑道：“越性尽用西洋药治一治，只怕就好了。”说着，便命麝月：“和二奶奶要去，就说我说了：姐姐那里常有那西洋贴头疼的膏子药，叫做‘依弗哪’，找寻一点儿。”麝月答应了，去了半日，果拿了半节来。便去找了一块红缎子角儿，铰了两块指顶大的圆式，将那药烤和了，用簪挺摊上。晴雯自拿着一面靶镜，贴在两太阳上。麝月笑道：“病的蓬头鬼一样，如今贴了这个，倒俏皮了。二奶奶贴惯了，倒不大显。”说毕，又向宝玉道：“二奶奶说了：明日是舅老爷生日，太太说了叫你去呢。明儿穿什么衣裳？今儿晚上好打点齐备了，省得明儿早起费手。”宝玉道:“什么顺手就是什么罢了。一年闹生日也闹不清。”说着，便起身出房，往惜春房中去看画。

刚到院门外边，忽见宝琴的小丫鬟名小螺者从那边过去，宝玉忙赶上问:“那去？”小螺笑道:“我们二位姑娘都在林姑娘房里呢，我如今也往那里去。”宝玉听了，转步也便同他往潇湘馆来。不但宝钗姊妹在此，且连邢岫烟也在那里，四人围坐在熏笼上叙家常。紫鹃倒坐在暖阁里，临窗作针黹。一见他来，都笑说:“又来了一个！可没了你的坐处了。”宝玉笑道:“好一幅‘冬闺集艳图’！可惜我迟来了一步。横竖这屋子比各屋子暖，这椅子坐着并不冷。”说着，便坐在黛玉常坐的搭着灰鼠椅搭的一张椅上。因见暖阁之中有一玉石条盆，里面攒三聚五栽着一盆单瓣水仙，点着宣石，便极口赞:“好花！这屋子越发暖，这花香的越清香。昨日未见。”黛玉因说道:“这是你家的大总管赖大婶子送薛二姑娘的，两盆腊梅，两盆水仙。他送了我一盆水仙，送了蕉丫头一盆腊梅。我原不要的，又恐辜负了他的心。你若要，我转送你如何？”宝玉道:“我屋里却有两盆，只是不及这个。琴妹妹送你的，如何又转送人，这个断使不得。”黛玉道:“我一日药吊子不离火，我竟是药培着呢，那里还搁的住花香来熏？越发弱了。况且这屋子里一股药香，反把这花香搅坏了。不如你抬了去，这花也清净了，没杂味来搅他。”宝玉笑道:“我屋里今儿也有病人煎药呢，你怎么知道的？”黛玉笑道:“这话奇了，我原是无心的话，谁知你屋里的事？你不早来听说古记，这会子来了，自惊自怪的。”

宝玉笑道:“咱们明儿下一社又有了题目了，就咏水仙腊梅。”黛玉听了，笑道:“罢，罢！我再不敢作诗了，作一回，罚一回，没的怪羞的。”说着，便两手握起脸来。宝玉笑道："何苦来！又奚落我作什么。我还不怕臊呢，你倒握起脸来了。"宝钗因笑道："下次我邀一社，四个诗题，四个词题。每人四首诗，四阕词。头一个诗题《咏〈太极图〉》，限一先的韵，五言律，要把一先的韵都用尽了，一个不许剩。"宝琴笑道："这一说，可知是姐姐不是真心起社了，这分明难人。若论起来，也强扭的出来，不过颠来倒去弄些《易经》上的话生填，究竟有何趣味。我八岁时节，跟我父亲到西海沿子上买洋货，谁知有个真真国的女孩子，才十五岁，那脸面就和那西洋画上的美人一样，也披着黄头发，打着联垂，满头带的都是珊瑚、猫儿眼、祖母绿这些宝石；身上穿着金丝织的锁子甲洋锦袄袖；带着倭刀，也是镶金嵌宝的，实在画儿上的也没他好看。有人说他通中国的诗书，会讲五经，能作诗填词，因此我父亲央烦了一位通事官，烦他写了一张字，就写的是他作的诗。"众人都称奇道异。宝玉忙笑道："好妹妹，你拿出来我瞧瞧。"宝琴笑道："在南京收着呢，此时那里去取来？"宝玉听了，大失所望，便说："没福得见这世面。"黛玉笑拉宝琴道："你别哄我们。我知道你这一来，你的这些东西未必放在家里，自然都是要带了来的，这会子又扯谎说没带来。他们虽信，我是不信的。"宝琴便红了脸，低头微笑不语。宝钗笑道："偏这个颦儿惯说这些白话，把你就伶俐的。"黛玉道："若带了来，就给我们见识见识也罢了。"宝钗笑道："箱子笼子一大堆还没理清，知道在那个里头呢！等过日收拾清了，找出来大家再看就是了。"又向宝琴道："你若记得，何不念念我们听听。"宝琴方答道："记得是首五言律，外国的女子也就难为他了。"宝钗道："你且别念，等把云儿叫了来，也叫他听听。"说着，便叫小螺来吩咐道："你到我那里去，就说我们这里有一个外国美人来了，作的好诗，请你这'诗疯子'来瞧去，再把我们'诗呆子'也带来。"小螺笑着去了。

半日，只听湘云笑问："那一个外国美人来了？"一头说，一头果和香菱来了。众人笑道："人未见形，先已闻声。"宝琴等忙让坐，遂把方才的话重叙了一遍。湘云笑道："快念来听听。"宝琴因念道：

昨夜朱楼梦，今宵水国吟。岛云蒸大海，岚气接丛林。月本无今古，情缘自浅深。汉南春历历，焉得不关心。

众人听了，都道："难为他！竟比我们中国人还强。"一语未了，只见麝月走来说："太太打发人来告诉二爷，明儿一早往舅舅那里去，就说太太身上不大好，不得亲自来。"宝玉忙站起来答应道："是。"因问宝钗、宝琴可去。宝钗道："我们不去，昨儿单送了礼去了。"大家说了一回方散。

宝玉因让诸姊妹先行，自己落后。黛玉便又叫住他问道："袭人到底多早晚回来。"宝玉道："自然等送了殡才来呢。"黛玉还有话说，又不曾出口，出了一回神，便说道："你去罢。"宝玉也觉心里有许多话，只是口里不知要说什么，想了一想，也笑道："明日再说罢。"一面下了阶矶，低头正欲迈步，复又忙回身问道："如今的夜越发长了，你一夜咳嗽几遍？醒几次？"黛玉道："昨儿夜里好了，只嗽了两遍，却只睡了四更一个更次，就再不能睡了。"宝玉又笑道："正是有句要紧的话，这会子才想起来。"一面说，一面便挨过身来，悄悄道："我想宝姐姐送你的燕窝——"

笺证

《红楼梦》充满着好奇心，好奇之广及于异域，好奇之深及于心理深层，一扇扇打开世事人心的窗户，以窥其间的秘密。好奇心可以激发求知与求学的欲望。牛顿对一个苹果坠地产生好奇，于是发现了万有引力。爱因斯坦认为他的成功，原因在于狂热的好奇心。弗朗西斯·培根说："知识是一种快乐，而好奇则是知识的萌芽。"法朗士说："好奇心造就科学家和诗人。"好奇的功能，是引导人们以急切的心情勤于探究。《红楼梦》第五十二回对西洋药物充满好奇心。宝玉见晴雯发烧，头疼鼻塞声重，就命麝月取来一个金镶双扣金星玻璃的装鼻烟的扁盒，揭翻盒扇，里面有西洋珐琅的黄发赤身女子，两肋又有肉翅，里面盛着些真正汪恰洋烟。庚辰本夹批说："汪恰，西洋一等宝烟也。"[1]晴雯挑了些洋烟嗅入，忽觉鼻中一股酸辣透入囟门，接连打了五六个嚏喷，眼泪鼻涕登时齐流，就使鼻塞通窍了。因晴雯还头疼，宝玉提出"越性尽用西洋药治一治，只怕就好了"，又命麝月去找凤姐要"那西洋贴头疼的膏子药，叫做'依弗哪'"，回来剪了两块红缎子，摊上那药，贴在晴雯的太阳穴上。麝月取笑晴雯说："病的蓬头鬼一样，如今贴了这个，倒俏皮了。"红楼儿女对于外国人，尤其是外国女孩，更是充满好奇心。正是这种好奇心，引导中国人睁眼看世界。由安排下次诗社咏水仙、蜡梅，引得见多识广的薛宝琴谈起："我八岁时节，跟我父亲到西海沿子上买洋货，谁知有个真真国的女孩子，才十五岁，那脸面就和那西洋画上的美人一样，也披着黄头发，打着联垂，满头带的都是珊瑚、猫儿眼、祖母绿这些宝石；身上穿着金丝织的锁子甲洋锦袄袖；带着倭刀，也是镶金嵌宝的，实在画儿上的也没他好看。有人说他通中国的诗书，会讲五经，能作诗填词，因此我父亲央烦了一位通事官，烦他写了一张字，就写的是他作的诗。"众人都称奇道异。于是宝琴念出外国少女的五言诗："昨夜朱楼梦，今宵水国吟。岛云蒸大海，岚气接丛林。月本无今古，情缘自浅深。汉南春历历，焉得不关心。"众人听了，都道："难为他！竟比我们中国人还强。"这诗视野开阔，对于大观园少女少男的诗情，也是新鲜的刺激。曹雪芹于此保存着好奇心，在乾隆之世的天朝中心的窗户纸上戳开了一个往外看的小窟窿。但更固执的好奇心是探究黛玉、宝玉如何表达其内心情感。宝玉故意让诸姊妹先行，自己落后。黛玉就又叫住他问道："袭人到底多早晚回来？"宝玉道："自然等送了殡才来呢。"黛玉还有话说，又不曾出口，出了一回神，便说道："你去罢。"宝玉也觉心里有许多话，只是口里不知要说什么，想了一想，也笑道："明儿再说罢。"一面下了阶矶，低头正欲迈步，复又忙回身问道："如今的夜越发长了，你一夜咳嗽几遍？醒几次？"黛玉道："昨儿夜里好了，只嗽了两遍，却只睡了四更一个更次，就再不能睡了。"宝玉又笑道："正是有句要紧的话，这会子才想起来。"一面说，一面便挨过身来，悄悄道："我想宝姐姐送你的燕窝——"这段描写，从心和口互相打岔上，煞是好看地写出了"足将进而趑趄，口将言而嗫嚅"的青春爱恋的心理行为状态。宝玉慢行，黛玉招呼，大概是有千言万语要倾吐。但黛玉口不从心，岔开了问起袭人的情形。有话不说，让宝玉离开，宝玉也约定明日再说，却又恋恋不舍，问起黛玉的病情。宝玉又说有要紧话，要紧话不说，却岔开了问起宝钗送燕窝的事。这种磨磨蹭蹭的写法，一推一挽，欲纵还收，吞吞吐吐，神妙地传达了人物真情深藏，有口难言、欲说还休的曼妙情境。庚辰本夹批说："此皆好笑之极，无味扯淡之极，回思则皆沥血滴髓之至情至神也。岂别部偷寒送暖，私奔暗约，一味淫情浪态之小说可比哉？"什么叫作心事太重？只有曹雪芹才能写得出，重到放不下，重到提不起，这就叫传神写照。传神写照的背后，潜藏着丰沛的好奇心。《孟子·梁惠王上》说："天油然作云，沛然下雨，则苗浡然兴之矣。"沛然的好奇心，隐藏着生命力。

❶（清）曹雪芹著，脂砚斋评：《脂砚斋重评石头记庚辰校本》，作家出版社2006年版，第922页。

一语未了，只见赵姨娘走了进来瞧黛玉，问："姑娘这两天好？"黛玉便知他是从探春处来，从门前过，顺路的人情。黛玉忙陪笑让坐，说："难得姨娘想着，怪冷的，亲身走来。"又忙命倒茶，一面又使眼色与宝玉。宝玉会意，便走了出来。

正值吃晚饭时，见了王夫人，王夫人又嘱他早去。宝玉回来，看晴雯吃了药。此夕宝玉便不命晴雯挪出暖阁来，自己便在晴雯外边。又命将熏笼抬至暖阁前，麝月便在熏笼上。一宿无话。

至次日，天未明时，晴雯便叫醒麝月道："你也该醒了，只是睡不够！你出去叫人给他预备茶水，我叫醒他就是了。”麝月忙披衣起来道：“咱们叫起他来，穿好衣裳，抬过这火箱去，再叫他们进来。老嬷嬷们已经说过，不叫他在这屋里，怕过了病气。如今他们见咱们挤在一处，又该唠叨了。”晴雯道：“我也是这么说呢。”二人才叫时，宝玉已醒了，忙起身披衣。麝月先叫进小丫头子来，收拾妥当了，才命秋纹、檀云等进来，一同服侍宝玉梳洗毕。麝月道：“天又阴阴的，只怕有雪，穿那一套毡的罢。”宝玉点头，即时换了衣裳。小丫头便用小茶盘捧了一盖碗建莲红枣儿汤来，宝玉喝了两口。麝月又捧过一小碟法制紫姜来，宝玉噙了一块。又嘱咐了晴雯一回，便往贾母处来。

贾母犹未起来，知道宝玉出门，便开了房门，命宝玉进去。宝玉见贾母身后宝琴面向里也睡着未醒。贾母见宝玉身上穿着荔色哆罗呢的天马箭袖，大红猩猩毡盘金彩绣石青妆缎沿边的排穗褂子。贾母道：“下雪呢么？”宝玉道：“天阴着，还没下呢。”贾母便命鸳鸯来：“把昨儿那一件乌云豹的氅衣给他罢。”鸳鸯答应了，走去果取了一件来。宝玉看时，金翠辉煌，碧彩闪灼，又不似宝琴所披之凫靥裘。只听贾母笑道：“这叫作‘雀金’呢，这是俄罗斯国拿孔雀毛拈了线织的。前儿把那一件野鸭子的给了你小妹妹，这件给你罢。”宝玉磕了一个头，便披在身上。贾母笑道：“你先给你娘瞧瞧去再去。”宝玉答应了，便出来，只见鸳鸯站在地下揉眼睛。因自那日鸳鸯发誓决绝之后，他总不和宝玉讲话。宝玉正自日夜不安，此时见他又要回避，宝玉便上来笑道：“好姐姐，你瞧瞧，我穿着这个好不好。”鸳鸯一摔手，便进贾母房中来了。宝玉只得到了王夫人房中，与王夫人看了，然后又回至园中，与晴雯、麝月看过后，复回至贾母房中回说：“太太看了，只说可惜了的，叫我仔细穿，别遭踏了他。”贾母道：“就剩下了这一件，你遭踏了也再没了。这会子特给你做这个也是没有的事。”说着又嘱咐他：“不许多吃酒，早些回来。”宝玉应了几个“是”。

老嬷嬷跟至厅上，只见宝玉的奶兄李贵和王荣、张若锦、赵亦华、钱启、周瑞六个人，带着茗烟、伴鹤、锄药、扫红四个小厮，背着衣包，抱着坐褥，笼着一匹雕鞍彩辔的白马，早已伺候多时了。老嬷嬷又吩咐了他六人些话，六个人忙答应了几个“是”，忙捧鞭坠镫。宝玉慢慢的上了马，李贵和王荣笼着嚼环，钱启、周瑞二人在前引导，张若锦、赵亦华在两边紧贴宝玉后身。宝玉在马上笑道："周哥，钱哥，咱们打这角门走罢，省得到了老爷的书房门口又下来。"周瑞侧身笑道："老爷不在家，书房天天锁着的，爷可以不用下来罢了。"宝玉笑道："虽锁着，也要下来的。"钱启、李贵等都笑道："爷说的是。便托懒不下来，倘或遇见赖大爷、林二爷，虽不好说爷，也劝两句。有的不是，都派在我们身上，又说我们不教爷礼了。"周瑞、钱启便一直出角门来。

正说话时，顶头果见赖大进来。宝玉忙笼住马，意欲下来。赖大忙上来抱住腿。宝玉便在镫上站起来，笑携他的手，说了几句话。接着又见一个小厮带着二三十个拿扫帚簸箕的人进来，见了宝玉，都顺墙垂手立住，独那为首的小厮打千儿，请了一个安。宝玉不识名姓，只微笑点了点头儿。马已过去，那人方带人去了。于是出了角门，门外又有李贵等六人的小厮并几个马夫，早预备下十来匹马专候。一出了角门，李贵等都各上了马，前引傍围的一阵烟去了。不在话下。

这里晴雯吃了药，仍不见病退，急的乱骂大夫，说："只会骗人的钱，一剂好药也不给人吃。"麝月笑劝他道："你太性急了，俗语说：'病来如山倒，病去如抽丝。'又不是老君的仙丹，那有这样灵药！你只静养几天，自然好了。你越急越着手。"晴雯又骂小丫头子们："那里钻沙去了！瞅我病了，都大胆子走了。明儿我好了，一个一个的才揭你们的皮呢！"唬的小丫头子篆儿忙进来问："姑娘作什么。"晴雯道："别人都死绝了，就剩了你不成？"说着，只见坠儿也蹭了进来。晴雯道："你瞧瞧这小蹄子，不问他还不来呢。这里又放月钱了，又散果子了，你该跑在头里了。你往前些，我不是老虎吃了你。”坠儿只得前凑。晴雯便冷不防欠身一把将他的手抓住，向枕边取了一丈青，向他手上乱戳，口内骂道：“要这爪子作什么？拈不得针，拿不动线，只会偷嘴吃。眼皮子又浅，爪子又轻，打嘴现世的，不如戳烂了！”坠儿疼的乱哭乱喊。麝月忙拉开坠儿，按晴雯睡下，笑道：“才出了汗，又作死。等你好了，要打多少打不的？这会子闹什么！”晴雯便命人叫宋嬷嬷进来，说道：“宝二爷才告诉了我，叫我告诉你们，坠儿很懒，宝二爷当面使他，他拨嘴儿不动，连袭人使他，他背后骂他。今儿务必打发他出去，明儿宝二爷亲自回太太就是了。”宋嬷嬷听了，心下便知镯子事发，因笑道：“虽如此说，也等花姑娘回来知道了，再打发他。”晴雯道：“宝二爷今儿千叮咛万嘱咐的，什么‘花姑娘’‘草姑娘’，我们自然有道理。你只依我的话，快叫他家的人来领他出去。”麝月道：“这也罢了，早也去，晚也去，带了去早清净一日。”

宋嬷嬷听了，只得出去唤了他母亲来，打点了他的东西，又来见晴雯等，说道：“姑娘们怎么了，你侄女儿不好，你们教导他，怎么撵出去？也到底给我们留个脸儿。”晴雯道：“你这话只等宝玉来问他，与我们无干。”那媳妇冷笑道：“我有胆子问他去！他那一件事不是听姑娘们的调停？他纵依了，姑娘们不依，也未必中用。比如方才说话，虽是背地里，姑娘就直叫他的名字。在姑娘们就使得，在我们就成了野人了。”晴雯听说，一发急红了脸，说道：“我叫了他的名字了，你在老太太跟前告我去，说我撒野，也撵出我去。”麝月忙道：“嫂子，你只管带了人出去，有话再说。这个地方岂有你叫喊讲礼的？你见谁和我们讲过礼？别说嫂子你，就是赖奶奶、林大娘，也得担待我们三分。便是叫名字，从小儿直到如今，都是老太太吩咐过的，你们也知道的，恐怕难养活，巴巴的写了他的小名儿，各处贴着叫万人叫去，为的是好养活。连挑水、挑粪、花子都叫得，何况我们！连昨儿林大娘叫了一声‘爷’，老太太还说他呢，此是一件。二则，我们这些人常回老太太的话去，可不叫着名字回话，难道也称‘爷’？那一日不把宝玉两个字念二百遍，偏嫂子又来挑这个了。过一日嫂子闲了，在老太太、太太跟前，听听我们当着面儿叫他就知道了。嫂子原也不得在老太太、太太跟前当些体统差事，成年家只在三门外头混，怪不得不知我们里头的规矩。这里不是嫂子久站的，再一会，不用我们说话，就有人来问你了。有什么分证话，且带了他去，你回了林大娘，叫他来找二爷说话。家里上千的人，你也跑来，我也跑来，我们认人问姓，还认不清呢！”说着，便叫小丫头子：“拿了擦地的布来擦地！”那媳妇听了，无言可对，亦不敢久立，赌气带了坠儿就走。宋妈妈忙道：“怪道你这嫂子不知规矩，你女儿在这屋里一场，临去时，也给姑娘们磕个头。没有别的谢礼——便有谢礼，他们也不希罕——不过磕个头，尽了心。怎么说走就走？”坠儿听了，只得翻身进来，给他两个磕了两个头，又找秋纹等。他们也不睬他。那媳妇嗐声叹气，口不敢言，抱恨而去。

晴雯方才又闪了风，着了气，反觉更不好了，翻腾至掌灯，刚安静了些。只见宝玉回来，进门就嗐声跺脚。麝月忙问原故，宝玉道：“今儿老太太喜喜欢欢的给了这个褂子，谁知不防后襟子上烧了一块，幸而天晚了，老太太、太太都不理论。”一面说，一面脱下来。麝月瞧时，果见有指顶大的烧眼，说：“这必定是手炉里的火迸上了。这不值什么，赶着叫人悄悄的拿出去，叫个能干织补匠人织上就是了。”说着便用包袱包了，交与一个妈妈送出去。说：“赶天亮就有才好。千万别给老太太、太太知道。”婆子去了半日，仍旧拿回来，说：“不但能干织补匠人，就连裁缝绣匠并作女工的问了，都不认得这是什么，都不敢揽。”麝月道：“这怎么样呢！明儿不穿也罢了。”宝玉道：“明儿是正日子，老太太、太太说了，还叫穿这个去呢。偏头一日就烧了，岂不扫兴。”晴雯听了半日，忍不住翻身说道：“拿来我瞧瞧罢。没那个福气穿就罢了。这会子又着急。”宝玉笑道：“这话倒说的是。”说着，便递与晴雯，又移过灯来，细看了一会。晴雯道:“这是孔雀金线织的,如今咱们也拿孔雀金线就像界线似的界密了,只怕还可混得过去。”麝月笑道:“孔雀线现成的,但这里除了你,还有谁会界线?”晴雯道:“说不得,我挣命罢了。”宝玉忙道:“这如何使得!才好了些,如何做得活。”晴雯道:“不用你蝎蝎螫螫的,我自知道。”一面说,一面坐起来,挽了一挽头发,披了衣裳,只觉头重身轻,满眼金星乱迸,实实撑不住。若不做,又怕宝玉着急,少不得恨命咬牙捱着。便命麝月只帮着拈线。晴雯先拿了一根比一比,笑道:“这虽不很像,若补上,也不很显。”宝玉道:“这就很好,那里又找俄罗斯国的裁缝去。”晴雯先将里子拆开,用茶杯口大的一个竹弓钉牢在背面,再将破口四边用金刀刮的散松松的,然后用针纫了两条,分出经纬,亦如界线之法,先界出地子后,依本衣之纹来回织补。补两针,又看看,织补两针,又端详端详。无奈头晕眼黑,气喘神虚,补不上三五针,便伏在枕上歇一会。宝玉在旁,一时又问:“吃些滚水不吃?”一时又命:“歇一歇。”一时又拿一件灰鼠斗篷替他披在背上,一时又命拿个拐枕与他靠着。急的晴雯央道:“小祖宗!你只管睡罢。再熬上半夜,明儿把眼睛抠搂了,怎么处!”宝玉见他着急,只得胡乱睡下,仍睡不着。一时只听自鸣钟已敲了四下,刚刚补完;又用小牙刷慢慢的剔出绒毛来。麝月道:“这就很好,若不留心,再看不出的。”宝玉忙要了瞧瞧,说道:“真真一样了。”晴雯已嗽了几阵,好容易补完了,说了一声:“补虽补了,到底不像,我也再不能了。”嗳哟了一声,便身不由主倒下了。要知端的,且听下回分解。

笺证

《红楼梦》善于使用对比手法写人物,在对比中凸显人物的性格、心理、行为,一笔一画,入木三分。对比是一种有力量的修辞学,将两个相反、相对的事物交叉叙写,在反差之中显示事物间的本质特征和内在的矛盾,加强了文章的艺术张力和感染力。第五十二回这一节对比着写晴雯待人的生性好强及麝月处事的稳重理智。晴雯不服风寒病痛对她的折磨,诅咒医生说：“只会骗人的钱，一剂好药也不给人吃。”麝月就笑着劝解：“你太性急了，俗语说：‘病来如山倒，病去如抽丝。’又不是老君的仙丹，那有这样灵药。你只静养几天，自然好了。你越急越着手。”此为第一度对比，对比晴雯养病的方式。第二度对比，对比处理坠儿的方式。对于偷盗平儿的玉手镯的小丫头坠儿，晴雯不顾自己病体虚弱，叫坠儿凑近身边，冷不防欠身一把将她的手抓住，向枕边取了一丈青（一种上端呈钺斧及蛇矛状，下端扁尖，非常锋利的铜质簪子），向她手上乱戳，口内骂道：“要这爪子作什么？拈不得针，拿不动线，只会偷嘴吃。眼皮子又浅，爪子又轻，打嘴现世的，不如戳烂了。”戳得坠儿乱哭乱喊，还要把她赶出大观园。麝月也认为迟赶不如早赶，对前来求情的坠儿母亲却晓以情理：“嫂子，你只管带了人出去，有话再说。这个地方岂有你叫喊讲礼的？你见谁和我们讲过礼？别说嫂子你，就是赖奶奶、林大娘，也得担待我们三分。便是叫（宝玉）名字，从小儿直到如今，都是老太太吩咐过的，你们也知道的，恐怕难养活，巴巴的写了他的小名儿，各处贴着叫万人叫去，为的是好养活。连挑水、挑粪、花子都叫得，何况我们！连昨儿林大娘叫了一声‘爷’，老太太还说他呢，此是一件。二则，我们这些人常回老太太的话去，可不叫着名字回话，难道也称‘爷’？那一日不把宝玉两个字念二百遍，偏嫂子又来挑这个了！过一日嫂子闲了，在老太太、太太跟前，听听我们当着面儿叫他就知道了。嫂子原也不得在老太太、太太跟前当些体统差事，成年家只在三门外头混，怪不得不知我们里头的规矩。这里不是嫂子久站的，再一会，不用我们说话，就有人来问你了。有什么分证话，且带了他去，你回了林大娘，叫他来找二爷说话。家里上千的人，你也跑来，我也跑来，我们认人问姓，还认不清呢！”此为第二度对比，比量奴隶对更卑贱的奴隶的处理方式。第三度对比，发生在宝玉急着要穿的孔雀裘礼服被无意烧破了指顶大的洞，麝月瞧了说：“这必定是手炉里的火迸上了。这不值什么，赶着叫人悄悄的拿出去，叫个能干织补匠人织上就是了。”但是街上的织补匠人、裁缝绣女工都不认得这是什么，不敢揽这份活。晴雯强撑病体，依着衣裘的纹路来回织补。补两针，又看看，织补两针，又端详端详。无奈头晕眼黑，气喘神虚，补不上三五针，伏在枕上歇一会儿，直至力尽神危，补到凌晨自鸣钟已敲了四下。庚辰本夹批说：“按‘四下’乃寅正初刻，‘寅’此样写法，避讳也。”[2]也就是以“自鸣钟已敲了四下”的写法代替“寅时”，回避了历任苏州织造、后又继任江宁织造和两淮巡盐御史曹雪芹祖父曹寅的名讳。“勇晴雯病补雀金裘”这一幕，是晴雯倔强聪慧品性的闪亮登场，用了雀金裘这种贵重衣物作为承载品格情感的意象，更是增色不少，经久耐磨。这第三度对比，力度最大，充分展现晴雯“霁月难逢，彩云易散。心比天高，身为下贱。风流灵巧招人怨”的品性、精神和命运。至此，麝月平实稳重，晴雯拔尖敏慧，她们在此三度对比中彰显了各自的个性。文学艺术的真谛，在于细微中见出差异，以差异探究细微。这种细微的差异，须从对比中获取。《说文》云：“二人为从，反从为比。”二人同向而立而行，是跟随的意思；二人反向而立而行，就有两个主体比肩而立。清人刘熙载《艺概·经义概》则列举对比的各种方法：“文之有出对比共七法，曰：剖一为两，补一为两，迴一为两，反一为两，截一为两，剥一为两，衬一为两。”[3]如此正反分合的处理，就使对比处在动态之中了。

[2]（清）曹雪芹著，脂砚斋评：《脂砚斋重评石头记庚辰校本》，作家出版社2006年版，第931页。

[3]（清）刘熙载著，刘立人、陈文和点校：《刘熙载集》，华东师范大学出版社1993年版，第189页。

第五十三回

宁国府除夕祭宗祠　荣国府元宵开夜宴

话说宝玉见晴雯将雀裘补完，已使的力尽神危，忙命小丫头子来替他捶着，彼此捶打了一会歇下。没一顿饭的工夫，天已大亮，且不出门，只叫快传大夫。一时王太医来了，诊了脉，疑惑说道："昨日已好了些，今日如何反虚微浮缩起来，敢是吃多了饮食？不然就是劳了神思。外感却倒清了，这汗后失于调养，非同小可。"一面说，一面出去开了药方进来。宝玉看时，已将疏散驱邪诸药减去了，倒添了茯苓、地黄、当归等益神养血之剂。宝玉一面忙命人煎去，一面叹说："这怎么处！倘或有个好歹，都是我的罪孽。"晴雯睡在枕上嗐道："好太爷！你干你的去罢，那里就得痨病了。"宝玉无奈，只得去了。至下半天，说身上不好就回来了。晴雯此症虽重，幸亏他素习是个使力不使心的；再素习饮食清淡，饥饱无伤。这贾宅中的风俗秘法，无论上下，只一略有些伤风咳嗽，总以净饿为主，次则服药调养。故于前日一病时，净饿了两三日，又谨慎服药调治，如今劳碌了些，又加倍培养了几日，便渐渐的好了。近日园中姊妹皆各在房中吃饭，炊爨饮食亦便，宝玉自能变法要汤要羹调停，不必细说。

袭人送母殡后，业已回来，麝月便将平儿所说宋妈坠儿一事，并晴雯撵逐出去也曾回过宝玉等话，一一告诉袭人。袭人也没说别的，只说太性急了些。只因李纨亦因时气感冒；邢夫人又正害火眼，迎春、岫烟皆过去朝夕侍药，李婶之弟又接了李婶和李纹、李绮家去住几日，宝玉又见袭人常常思母含悲，晴雯犹未大愈：因此诗社之日，皆未有人作兴，便空了几社。

当下已是腊月，离年日近，王夫人与凤姐治办年事。王子腾升了九省都检点，贾雨村补授了大司马，协理军机参赞朝政，不题。

且说贾珍那边，开了宗祠，着人打扫，收拾供器，请神主，又打扫上房，以备悬供遗真影像。此时荣宁二府内外上下，皆是忙忙碌碌。这日宁府中尤氏正起来同贾蓉之妻打点送贾母这边的针线礼物，正值丫头捧了一茶盘押岁锞子进来，回说："兴儿回奶奶，前儿那一包碎金子共是一百五十三两六钱七分，里头成色不等，共总倾了二百二十个锞子。"说着递上去。尤氏看了看，只见也有梅花式的，也有海棠式的，也有笔锭如意的，也有八宝联春的。尤氏命"收起这个来，叫他把银锞子快快交了进来"，丫鬟答应去了。

一时贾珍进来吃饭，贾蓉之妻回避了。贾珍因问尤氏："咱们春祭的恩赏可领了不曾？"尤氏道："今儿我打发蓉儿关去了。"贾珍道："咱们家虽不等这几两银子使，多少是皇上天恩。早关了来，给那边老太太见过，置了祖宗的供，上领皇上的恩，下则是托祖宗的福。咱们那怕用一万银子供祖宗，到底不如这个又体面，又是沾恩锡福的。除咱们这样一二家之外，那些世袭穷官儿家，若不仗着这银子，拿什么上供过年？真正皇恩浩大，想的周到。"尤氏道："正是这话。"

二人正说着，只见人回"哥儿来了"。贾珍便命叫他进来。只见贾蓉捧了一个小黄布口袋进来。贾珍道："怎么去了这一日。"贾蓉陪笑回说："今儿不在礼部关领，又分在光禄寺库上，因又到了光禄寺才领了下来。光禄寺的官儿们都说问父亲好，多日不见，都着实想念。"贾珍笑道："他们那里是想我。这又到了年下了，不是想我的东西，就是想我的戏酒了。”一面说，一面瞧那黄布口袋，上有印就是“皇恩永锡”四个大字，那一边又有礼部祠祭司的印记，又写着一行小字，道是“宁国公贾演荣国公贾源恩赐永远春祭赏共二分，净折银若干两，某年月日龙禁尉候补侍卫贾蓉当堂领讫，值年寺丞某人”，下面一个朱笔花押。

贾珍看了，吃过饭，盥漱毕，换了靴帽，命贾蓉捧着银子跟了来，回过贾母、王夫人，又至这边回过贾赦、邢夫人，方回家去，取出银子，命将口袋向宗祠大炉内焚了。又命贾蓉道：“你去问问你琏二婶子，正月里请吃年酒的日子拟了没有。若拟定了，叫书房里明白开了单子来，咱们再请时，就不能重犯了。旧年不留心重了几家，不说咱们不留神，倒像两宅商议定了送虚情怕费事一样。”贾蓉忙答应了过去。一时，拿了请人吃年酒的日期单子来了。贾珍看了，命交与赖升去看了，请人别重这上头日子。因在厅上看着小厮们抬围屏，擦抹几案金银供器。只见小厮手里拿着个禀帖并一篇帐目，回说“黑山村的乌庄头来了”。

贾珍道：“这个老砍头的今儿才来。”说着，贾蓉接过禀帖和帐目，忙展开捧着，贾珍倒背着两手，向贾蓉手内只看红禀帖上写着：“门下庄头乌进孝叩请爷、奶奶万福金安，并公子小姐金安。新春大喜大福，荣贵平安，加官进禄，万事如意。”贾珍笑道：“庄家人有些意思。”贾蓉也忙笑说：“别看文法，只取个吉利罢了。”一面忙展开单子看时，只见上面写着：大鹿三十只，獐子五十只，狍子五十只，暹猪二十个，汤猪二十个，龙猪二十个，野猪二十个，家腊猪二十个，野羊二十个，青羊二十个，家汤羊二十个，家风羊二十个，鲟鳇鱼二个，各色杂鱼二百斤，活鸡、鸭、鹅各二百只，风鸡、鸭、鹅二百只，野鸡、兔子各二百对，熊掌二十对，鹿筋二十斤，海参五十斤，鹿舌五十条，牛舌五十条，蛏干二十斤，榛、松、桃、杏穰各二口袋，大对虾五十对，干虾二百斤，银霜炭上等选用一千斤，中等二千斤，柴炭三万斤，御田胭脂米二石，碧糯五十斛，白糯五十斛，粉粳五十斛，杂色粱谷各五十斛，下用常米一千石，各色干菜一车，外卖粱谷、牲口各项之银共折银二千五百两。外门下孝敬哥儿姐儿顽意：活鹿两对，活白兔四对，黑兔四对，活锦鸡两对，西洋鸭两对。

贾珍看完，便命带进他来。一时，只见乌进孝进来，只在院内磕头请安。贾珍命人拉他起来，笑说："你还硬朗。"乌进孝笑回："托爷的福，还能走得动。"贾珍道："你儿子也大了，该叫他走走也罢了。"乌进孝笑道："不瞒爷说，小的们走惯了，不来也闷的慌。他们可不是都愿意来见见天子脚下世面？他们到底年轻，怕路上有闪失，再过几年就可放心了。"贾珍道："你走了几日？"乌进孝道："回爷的话，今年雪大，外头都是四五尺深的雪，前日忽然一暖一化，路上竟难走的很，耽搁了几日。虽走了一个月零两日，因日子有限了，怕爷心焦，可不赶着来了。"贾珍道："我说呢，怎么今儿才来。我才看那单子上，今年你这老货又来打擂台来了。"乌进孝忙进前了两步，回道："回爷说，今年年成实在不好。从三月下雨起，接接连连直到八月，竟没有一连晴过五日。九月里一场碗大的雹子，方近一千三百里地，连人带房并牲口粮食，打伤了上千上万的，所以才这样。小的并不敢说谎。"贾珍皱眉道："我算定了你至少也有五千两银子来，这够作什么的！如今你们一共只剩了八九个庄子，今年倒有两处报了旱涝，你们又打擂台，真真是又教别过年了。"乌进孝道："爷的这地方还算好呢！我兄弟离我那里只一百多里，谁知竟大差了。他现管着那府里八处庄地，比爷这边多着几倍，今年也只这些东西，不过多二三千两银子，也是有饥荒打呢。"贾珍道："正是呢，我这边都可，已没有什么外项大事，不过是一年的费用。我受用些，就费些；我受些委屈就省些。再者年例送人请人，我把脸皮厚些。可省些也就完了。比不得那府里，这几年添了许多花钱的事，一定不可免是要花的，却又不添些银子产业。这一二年倒赔了许多，不和你们要，找谁去！”乌进孝笑道：“那府里如今虽添了事，有去有来，娘娘和万岁爷岂不赏的！”贾珍听了，笑向贾蓉等道：“你们听，他这话可笑不可笑？”贾蓉等忙笑道：“你们山坳海沿子上的人，那里知道这道理。娘娘难道把皇上的库给了我们不成。他心里纵有这心，他也不能作主。岂有不赏之理，按时到节不过是些彩缎古董顽意儿。纵赏银子，不过一百两金子，才值了一千两银子，够一年的什么？这二年那一年不多赔出几千银子来！头一年省亲连盖花园子，你算算那一注共花了多少，就知道了。再两年再一回省亲，只怕就精穷了。”贾珍笑道：“所以他们庄家老实人，外明不知里暗的事。黄柏木作磬槌子——外头体面里头苦。”贾蓉又笑向贾珍道：“果真那府里穷了。前儿我听见凤姑娘和鸳鸯悄悄商议，要偷出老太太的东西去当银子呢。”贾珍笑道：“那又是你凤姑娘的鬼，那里就穷到如此。他必定是见去路太多了，实在赔的狠了，不知又要省那一项的钱，先设此法使人知道，说穷到如此了。我心里却有一个算盘，还不至如此田地。”说着，命人带了乌进孝出去，好生待他，不在话下。

笺证

《红楼梦》写了许多儿女情长、新奇精巧的故事，总该写一写涉及整个荣宁二府的宗祠祭祀、皇家恩典、庄园收支，以便由感情转入典礼，做一收束，因而产生久柔生刚的效应。这种叙事转移的方式，有如《周易·系辞下》所言：“刚柔相推，变在其中矣。”帛书《易之义》开头就说：“易之义唯阴与阳，六画而成章。曲句焉柔，正直焉刚。六刚无柔，是谓大阳，此天[之义也。]……六柔无刚，此地之义也。天地相率，气味相取，阴阳流形，刚柔成□。”能够综合阴阳刚柔，这才是抛得开、拢得住的纵横捭阖的大手笔。第五十三回写黑山村乌庄头的到来，展现了贾府与乡下庄园的经济联系，大量的山珍海味和银两，供给着贵族的繁华奢侈生活，使得人们得以窥见“那昌明隆盛之邦，诗礼簪缨之族，花柳繁华地，温柔富贵乡”的经济基础。但贾珍已经叹息：“黄柏木作磬槌子——外头体面里头苦。”庚辰本夹批说："新鲜趣语。"趣语中透露了贵族中国外强中干的衰落趋势。《红楼梦》又随文点到"王子腾升了九省都检点，贾雨村补授了大司马，协理军机参赞朝政"，这岂不是意味着贵族中国的衰颓是一个曲折过程？不过应该看到，正是这种官场的鸡犬升天，伴随着的是家族的凤凰掉毛，黼黻褪色。

这里贾珍吩咐将方才各物，留出供祖的来，将各样取了些，命贾蓉送过荣府里。然后自己留了家中所用的，馀者派出等例来，一分一分的堆在月台下，命人将族中的子侄唤来与他们。接着荣国府也送了许多供祖之物及贾珍之物。贾珍看着收拾完备供器，靸着鞋，披着猞猁狲大裘，命人在厅柱下石矶上太阳中铺了一个大狼皮褥子，负暄闲看各子弟们来领取年物。因见贾芹亦来领物，贾珍叫他过来，说道："你作什么也来了？谁叫你来的？"贾芹垂手回说："听见大爷这里叫我们领东西，我没等人去就来了。"贾珍道："我这东西，原是给你那些闲着无事的无进益的小叔叔兄弟们的。那二年你闲着，我也给过你的。你如今在那府里管事，家庙里管和尚道士们，一月又有你的分例外，这些和尚的分例银子都从你手里过，你还来取这个，太也贪了！你自己瞧瞧，你穿的可像个手里使钱办事的？先前说你没进益，如今又怎么了？比先倒不像了。"贾芹道："我家里原人口多，费用大。"贾珍冷笑道："你还支吾我。你在家庙里干的事，打谅我不知道呢。你到了那里自然是爷了，没人敢违拗你。你手里又有了钱，离着我们又远，你就为王称霸起来，夜夜招聚匪类赌钱，养老婆小子。这会子花的这个形象，你还敢领东西来？领不成东西，领一顿驮水棍去才罢。等过了年，我必和你琏二叔说，换回你来。"贾芹红了脸，不敢答应。人回："北府水王爷送了字联、荷包来了。"贾珍听说，忙命贾蓉出去款待，"只说我不在家。"贾蓉去了，这里贾珍看着领完东西，回房与尤氏吃毕晚饭，一宿无话。至次日，更比往日忙，都不必细说。

已到了腊月二十九日了，各色齐备，两府中都换了门神、联对、挂牌，新油了桃符，焕然一新。宁国府从大门、仪门、大厅、暖阁、内厅、内三门、内仪门并内塞门，直到正堂，一路正门大开，两边阶下一色朱红大高烛，点的两条金龙一般。次日，由贾母有诰封者，皆按品级着朝服，先坐八人大轿，带领着众人进宫朝贺，行礼领宴毕回来，便到宁国府暖阁下轿。诸子弟有未随入朝者，皆在宁府门前排班伺侯，然后引入宗祠。且说宝琴是初次，一面细细留神打谅这宗祠，原来宁府西边另一个院子，黑油栅栏内五间大门，上悬一块匾，写着是"贾氏宗祠"四个字，旁书"衍圣公孔继宗书"。两旁有一副长联，写道是：

肝脑涂地，兆姓赖保育之恩。功名贯天，百代仰蒸尝之盛。

亦衍圣公所书。进入院中，白石甬路，两边皆是苍松翠柏。月台上设着青绿古铜鼎彝等器。抱厦前上面悬一九龙金匾，写道是"星辉辅弼"。乃先皇御笔。两边一副对联，写道是：勋业有光昭日月，功名无间及儿孙。亦是御笔。五间正殿前悬一闹龙填青匾，写道是："慎终追远"。旁边一副对联，写道是：已后儿孙承福德，至今黎庶念荣宁。俱是御笔。里边香烛辉煌，锦幛绣幕，虽列着神主，却看不真切。只见贾府人分昭穆排班立定：贾敬主祭，贾赦陪祭，贾珍献爵，贾琏、贾琮献帛，宝玉捧香，贾菖、贾菱展拜毯，守焚池。青衣乐奏，三献爵，拜兴毕，焚帛奠酒，礼毕，乐止，退出。

众人围随着贾母至正堂上，影前锦幔高挂，彩屏张护，香烛辉煌。上面正居中悬着宁荣二祖遗像，皆是披蟒腰玉；两边还有几轴列祖遗影。贾荇、贾芷等从内仪门挨次列站，直到正堂廊下。槛外方是贾敬、贾赦，槛内是各女眷。众家人小厮皆在仪门之外。每一道菜至，传至仪门，贾荇、贾芷等便接了，按次传至阶上贾敬手中。贾蓉系长房长孙，独他随女眷在槛内。每贾敬捧菜至，传于贾蓉，贾蓉便传于他妻子，又传于凤姐、尤氏诸人，直传至供桌前，方传于王夫人。王夫人传于贾母，贾母方捧放在桌上。邢夫人在供桌之西，东向立，同贾母供放。直至将菜饭汤点酒茶传完，贾蓉方退出下阶，归入贾芹阶位之首。凡从文旁之名者，贾敬为首；下则从玉者，贾珍为首；再下从草头者，贾蓉为首；左昭右穆，男东女西。俟贾母拈香下拜，众人方一齐跪下，将五间大厅，三间抱厦，内外廊檐，阶上阶下两丹墀内，花团锦簇，塞的无一隙空地。鸦雀无闻，只听铿锵叮当，金铃玉珮微微摇曳之声，并起跪靴履飒沓之响。一时礼毕，贾敬、贾赦等便忙退出，至荣府专候与贾母行礼。

笺证

第五十三回举行的“除夕祭宗祠”，是贵族中国基于民俗信仰的不可缺少的慎终追远的祭典。这是给祖宗和神灵拜大年，既敬畏祖先，又向祖灵祈福，写如此冠冕堂皇的仪式，需选取细致入门着手，才是高明的叙事法。戚蓼生本回首总评说：“除夕祭宗祠一题极博大，元宵开夜宴一题极富丽，拟此二题于一回中，早令人惊心动魄。不知措手处，乃作者偏就宝琴眼中款款叙来。首叙院宇匾对，次叙抱厦匾对，后叙正堂匾对，字字古艳。槛以外，槛以内，是男女分界处；仪门以外，仪门以内，是主仆分界处。献帛献爵择其人，应昭应穆从其讳，是一篇绝大典制文字。最高妙是神主看不真切一句，最苦心是用贾蓉为槛边传蔬人，用贾芷等为仪门传蔬人，体贴入细。噫！文心至此，脉绝血枯矣。谁是知音者？”[1]所谓偏就宝琴眼中款款叙来，宝琴的眼光具有不可替代性，她新来乍到，眼光闪烁

[1] 朱一玄编：《红楼梦资料汇编》，南开大学出版社2001年版，第483页。

着陌生感；少女面对祖庙，清纯眼光反照古老；萍踪半天下者，体味着根基深厚的贵族世家庄严肃穆的礼仪。《楞严经》卷一说："若无眼人，全见前黑，忽得眼光，还于前尘，见种种色……是故当知，灯能显色，如是见者，是眼非灯。眼能显色，如是见者，是心非眼。"[2]选择谁来看世界，这是一门大学问。可以说，由于身份的特殊，造成不同文化空间的互相折射，使得宝琴的眼光是如明灯，照见种种，是如心思，体验种种。

尤氏上房早已袭地铺满红毡，当地放着象鼻三足鳅沿鎏金珐琅大火盆，正面炕上铺新猩红毡，设着大红彩绣云龙捧寿的靠背引枕，外另有黑狐皮的袱子搭在上面，大白狐皮坐褥，请贾母上去坐了。两边又铺皮褥，让贾母一辈的两三个妯娌坐了。这边横头排插之后小炕上，也铺了皮褥，让邢夫人等坐了。地下两面相对十二张雕漆椅上，都是一色灰鼠椅搭小褥，每一张椅下一个大铜脚炉，让宝琴等姊妹坐了。尤氏用茶盘亲捧茶与贾母，蓉妻捧与众老祖母，然后尤氏又捧与邢夫人等，蓉妻又捧与众姊妹。凤姐、李纨等只在地下伺侯。茶毕，邢夫人等便先起身来侍贾母。贾母吃茶，与老妯娌闲话了两三句，便命看轿。凤姐儿忙上去搀起来。尤氏笑回说："已经预备下老太太的晚饭。每年都不肯赏些体面用过晚饭过去，果然我们就不及凤丫头不成？"凤姐儿搀着贾母笑道："老祖宗快走，咱们家去吃饭，别理他。"贾母笑道："你这里供着祖宗，忙的什么似的，那里搁得住我闹。况且每年我不吃，你们也要送去的。不如还送了去，我吃不了留着明儿再吃，岂不多吃些。"说的众人都笑了。又吩咐他："好生派妥当人夜里看香火，不是大意得的。"尤氏答应了。一面走出来至暖阁前上了轿。尤氏等闪过屏风，小厮们才领轿夫，请了轿出大门。尤氏亦随邢夫人等同至荣府。

这里轿出大门，这一条街上，东一边合面设列着宁国府的仪仗执事乐器，西一边合面设列着荣国府的仪仗执事乐器，来往行人皆屏退不从此过。一时来至荣府，也是大门正厅直开到底。如今便不在暖阁下轿了，过了大厅，便转弯向西，至贾母这边正厅上下轿。众人围随同至贾母正室之中，亦是锦裀绣屏，焕然一新。当地火盆内焚着松柏香、百合草。贾母归了坐，老嬷嬷来回："老太太们来行礼。"贾母忙又起身要迎，只见两三个老妯娌已进来了。大家挽手，笑了一回，让了一回。吃茶去后，贾母只送至内仪门便回来，归正坐。贾敬、贾赦等领诸子弟进来。贾母笑道："一年价难为你们，不行礼罢。"一面说着，一面男一起，女一起，一起一起俱行过了礼。左右两旁设下交椅，然后又按长幼挨次归坐受礼。两府男妇小厮丫鬟亦按差役上中下行礼毕，散押岁钱、荷包、金银锞，摆上合欢宴来。男东女西归坐，献屠苏酒、合欢汤、吉祥果、如意糕毕，贾母起身进内间更衣，众人方各散出。那晚各处佛堂灶王前焚香上供，王夫人正房院内设着天地纸马香供，大观园正门上也挑着大明角灯，两溜高照，各处皆有路灯。上下人等，皆打扮的花团锦簇，一夜人声嘈杂，语笑喧阗，爆竹起火，络绎不绝。

❷常济乘一：《楞严八十分义》，宗教文化出版社2011年版，第25页。

至次日五鼓，贾母等又按品大妆，摆全副执事进宫朝贺，兼祝元春千秋。领宴回来，又至宁府祭过列祖，方回来受礼毕，便换衣歇息。所有贺节来的亲友一概不会，只和薛姨妈、李婶二人说话取便，或者同宝玉、宝琴、钗、玉等姊妹赶围棋抹牌作戏。王夫人与凤姐是天天忙着请人吃年酒，那边厅上院内皆是戏酒，亲友络绎不绝，一连忙了七八日才完了。早又元宵将近，宁荣二府皆张灯结彩。十一日是贾赦请贾母等，次日贾珍又请，贾母皆去随便领了半日。王夫人和凤姐儿连日被人请去吃年酒，不能胜记。

至十五日之夕，贾母便在大花厅上命摆几席酒，定一班小戏，满挂各色佳灯，带领荣宁二府各子侄孙男孙媳等家宴。贾敬素不茹酒，也不去请他，于后十七日祖祀已完，他便仍出城去修养。便这几日在家内，亦是净室默处，一概无听无闻，不在话下。贾赦略领了贾母之赐，也便告辞而去。贾母知他在此彼此不便，也就随他去了。贾赦自到家中与众门客赏灯吃酒，自然是笙歌聒耳，锦绣盈眸，其取便快乐另与这边不同的。

这边贾母花厅之上共摆了十来席。每一席旁边设一几，几上设炉瓶三事，焚着御赐百合宫香。又有八寸来长四五寸宽二三寸高的点着山石布满青苔的小盆景，俱是新鲜花卉。又有小洋漆茶盘，内放着旧窑茶杯并十锦小茶吊，里面泡着上等名茶。一色皆是紫檀透雕，嵌着大红纱透绣花卉并草字诗词的璎珞。原来绣这璎珞的也是个姑苏女子，名唤慧娘。因他亦是书香宦门之家，他原精于书画，不过偶然绣一两件针线作耍，并非市卖之物。凡这屏上所绣之花卉，皆仿的是唐、宋、元、明各名家的折枝花卉，故其格式配色皆从雅，本来非一味浓艳匠工可比。每一枝花侧皆用古人题此花之旧句，或诗词歌赋不一，皆用黑绒绣出草字来，且字迹勾踢、转折、轻重、连断皆与笔草无异，亦不比市绣字迹板强可恨。他不仗此技获利，所以天下虽知，得者甚少，凡世宦富贵之家，无此物者甚多，当今便称为“慧绣”。竟有世俗射利者，近日仿其针迹，愚人获利。偏这慧娘命夭，十八岁便死了，如今竟不能再得一件的了。凡所有之家，纵有一两件，皆珍藏不用。有那一干翰林文魔先生们，因深惜“慧绣”之佳，便说这“绣”字不能尽其妙，这样笔迹说一“绣”字，反似乎唐突了，便大家商议了，将“绣”字便隐去，换了一个“纹”字，所以如今都称为“慧纹”。若有一件真“慧纹”之物，价则无限。贾府之荣，也只有两三件，上年将那两件已进了上，目下只剩这一副璎珞，一共十六扇，贾母爱如珍宝，不入在请客各色陈设之内，只留在自己这边，高兴摆酒时赏玩。又有各色旧窑小瓶中都点缀着“岁寒三友”“玉堂富贵”等新鲜花草。

笺证

风俗文化，自孔子以来就被视为礼乐治世的基础环节。《汉书·地理志》说：“凡民函五常之性，而其刚柔缓急，音声不同，系水土之风气。故谓之风。好恶取舍，动静亡常，随君上之情欲，故谓之俗。孔子曰：‘移风易俗，莫善于乐。’言圣王在上，统理人伦，必移其本，而易其末，此混同天下一之乎中和，然后王教成也。”❸这里所引孔子之言，见于《孝经·广要道章》子曰：“教民亲爱，莫善于孝。教民礼顺，莫善于悌。移风易俗，莫善于乐。”对于风俗文化，孔颖达在疏解《左传·鲁昭公二十一年》泠州鸠之言“天子省风以作乐”时，引孔安国云：“风，化也。俗，常也。移大平之化，易衰敝之常也。”因而风俗文化的变动，是渗透到社会生活的枝枝节节的。《红楼梦》往往闲笔不闲，写极大的场面时插入极有风俗文化意味的逸事，化刻板为灵动，令人获得含英咀华的审美精神享受。第五十三回贾母庆元宵，在花厅上共摆了十来席，招待荣宁二府各子侄、孙男、孙媳。但笔锋却转向紫檀透雕上嵌着的大红纱透绣花卉并草字诗词的璎珞。并且津津有味地介绍：原来绣这璎珞的也是个姑苏女子，名唤慧娘。因他亦是书香宦门之家，他原精于书画，不过偶然绣一两件针线作耍，并非市卖之物。凡这屏上所绣之花卉，皆仿的是唐、宋、元、明各名家的折枝花卉，故其格式配色皆从雅，本来非一味浓艳匠工可比。每一枝花侧皆用古人题此花之旧句，或诗词歌赋不一，皆用黑绒绣出草字来，且字迹勾踢、转折、轻重、连断皆与笔草无异，亦不比市绣字迹板强可恨。他不仗此技获利，所以天下虽知，得者甚少，凡世宦富贵之家，无此物者甚多，当今便称为“慧绣”。说到璎珞，它原是古代印度佛像颈间的一种装饰，由世间众宝所成，寓意是“无量光明”。据《佛所行赞》卷一所载，释迦牟尼当太子时，就是“璎珞庄严身”。随着佛教传入中土，璎珞被唐代爱美求新的宫廷中的舞妓和女侍模仿并改进成了项饰，其形制较大，在项饰中最显华贵。宋人计有功《唐诗纪事》卷六十二记载晚唐诗人郑嵎《津阳门诗》云：

❸（汉）班固：《汉书》，岳麓书社2009年版，第362页。

“千秋御节在八月，会同万国朝华夷。花萼楼南大合乐，八音九奏鸾来仪。都卢寻橦诚龌龊，公孙剑伎方神奇。马知舞彻下珠榻，人惜曲终更羽衣。”解释说：“上（唐玄宗）始以诞圣日为千秋节，每大酺会，必于勤政楼下使华夷纵观。有公孙大娘舞剑，当时号为雄妙。又设连榻，令马舞其上。马衣纨绮而被铃铎，骧首奋鬣，举趾翘尾，变态动容，皆中音律。又令宫妓梳九骑仙髻，衣孔雀翠衣，佩七宝璎珞，为《霓裳羽衣》之类。曲终，珠翠可扫。”[4]在皇帝诞辰的庆典上，不少宫伎佩着七宝璎珞，表演《霓裳羽衣曲》一类歌舞，曲终之时，掉在地上的珠翠珍宝可用扫帚来扫取，从中也可看出当时的风尚。清初洪昇的传奇剧《长生殿》把璎珞与旦角杨贵妃相联系。《长生殿》第十一出《闻乐》，表演杨玉环到月宫学《霓裳羽衣曲》，看到了跳舞的月中仙女穿戴着白衣、红裙、锦云肩、璎珞、飘带。第十六出《舞盘》，多才多艺的杨玉环更是在自己生日宴会上亲自穿上舞衣，为皇上跳《霓裳羽衣舞》，穿戴着花冠、白绣袍、璎珞、锦云肩、翠袖、大红舞裙。从唐到清，璎珞成了时髦的、珍贵的一种服饰。《红楼梦》势在必然地屡见璎珞。第三回林黛玉初进贾府看到，凤姐和宝玉的华丽出场都伴随“璎珞”：“只见一群媳妇丫鬟围拥着一个人（凤姐）从后房门进来。这个人打扮与众姑娘不同，彩绣辉煌，恍若神妃仙子：头上戴着金丝八宝攒珠髻，绾着朝阳五凤挂珠钗，项上戴着赤金盘螭璎珞圈。”宝玉则是“项上金螭璎珞，又有一根五色丝绦，系着一块美玉”。第八回写薛宝钗掏出金锁，也联在“璎珞”上：“一面说，一面解了排扣，从里面大红袄上将那珠宝晶莹黄金灿烂的璎珞掏将出来。”甲戌本夹批说：“按，璎珞者，颈饰也！想近俗即呼为项圈者是矣。”[5]至于“璎珞”的用字，各种抄本不尽相同。庚辰本为“璎珞”；甲辰本为“缨络”；列藏本为“缨络”，蒙府本为“璎珞”。而对于第三回及第八回的“璎珞”，除甲辰本写作“缨络”外，其余本皆为“璎珞”。璎珞，实际上就是将项圈或项链以及通灵宝玉、长命锁等颈饰融为一体的一种饰物。璎珞的上部，通常是一个金属项圈，在项圈的周围悬挂上各种珠宝玉石；在靠近人体的正胸部位，有时还悬挂着一个类似锁片的饰物。这里的“草字诗词的璎珞”，是苏绣的杰作，拥有一件真“慧纹”之物，足以显示人物的尊贵身份，真是价值无限。这令人想起一句经典歌词："你从哪里来，我的朋友，好像一只蝴蝶飞进我的窗口。"《红楼梦》看重排场，却在排场展示中，放进一只翩翩起舞的漂亮的蝴蝶。这只蝴蝶佩戴着价值无限的璎珞，飞入了贾母庆元宵的风俗场景里。

上面两席是李婶、薛姨妈二位。贾母于东边设一透雕夔龙护屏矮足短榻，靠背引枕皮褥俱全。榻之上一头又设一个极轻巧洋漆描金小几，几上放着茶吊、茶碗、漱盂、洋巾之类，又有一个眼镜匣子。贾母歪在榻上，与众人说笑一回，又自取眼镜向戏台上照一回，又向薛姨妈、李婶笑说："恕我老了，骨头疼，容我放肆些，歪着相陪罢。"因又命琥珀坐在榻上，拿着美人拳捶腿。榻下并不摆席面，只有一张高几，却设着璎珞花瓶香炉等物。外另设一精致小高桌，设着酒杯匙箸，将自己这一席设于榻旁，命宝琴、湘云、黛玉、宝玉四人坐着。每一馔一果来，先捧与贾母看了，喜则留在小桌上尝一尝，仍撤了放在他四人席上，只算他四人是跟着贾母坐。故下面方是邢夫人、王夫人之位，再下便是尤氏、李纨、凤姐、贾蓉之妻。西边一路便是宝钗、李纹、李绮、岫烟、迎春姊妹等。两边大梁上，挂着一对联三聚五玻璃芙蓉彩穗灯。每一席前竖一柄漆干倒垂荷叶，叶上有烛信插着彩烛。这荷叶乃是錾珐琅的，活信可以扭转，如今皆将荷叶扭转向外，将灯影逼住全向外照，看戏分外真切。窗格门户一齐摘下，全挂彩穗各种宫灯。廊檐内外及两边游廊罩棚，将各色羊角、玻璃、戳纱、料丝或绣、或画、或堆、或抠、或绢、或纸诸灯挂满。廊上几席，便是贾珍、贾琏、贾环、贾琮、贾蓉、贾芹、贾芸、贾菱、贾菖等。

❹（清）彭定求等编：《全唐诗》，中州古籍出版社2008年版，第2955页。

❺（清）曹雪芹著，脂砚斋评：《脂砚斋重评石头记甲戌校本》，作家出版社2000年版，第208页。

贾母也曾差人去请众族中男女，奈他们或有年迈懒于热闹的；或有家内没有人不便来的；或有疾病淹缠，欲来竟不能来的；或有一等妒富愧贫不来的；甚至于有一等憎畏凤姐之为人而赌气不来的，或有羞口羞脚，不惯见人，不敢来的：因此族众虽多，女客来者只不过贾菌之母娄氏带了贾菌来了，男子只有贾芹、贾芸、贾菖、贾菱四个现是在凤姐麾下办事的来了。当下人虽不全，在家庭间小宴中，数来也算是热闹的了。当下又有林之孝之妻带了六个媳妇，抬了三张炕桌，每一张上搭着一条红毡，毡上放着选净一般大新出局的铜钱，用大红彩绳串着，每二人搭一张，共三张。林之孝家的指示将那两张摆至薛姨妈、李婶的席下，将一张送至贾母榻下来。贾母便说："放在当地罢。"这媳妇们都素知规矩的，放下桌子，一并将钱都打开，将彩绳抽去，散堆在桌上。此时正唱《西楼·楼会》这出将终，于叔夜因赌气去了，那文豹便发科诨道："你赌气去了，恰好今日正月十五，荣国府中老祖宗家宴，待我骑了这马，赶进去讨些果子吃是要紧的。"说毕，引的贾母等都笑了。薛姨妈等都说："好个鬼头孩子，可怜见的。"凤姐便说："这孩子才九岁了。"贾母笑说："难为他说的巧。"便说了一个"赏"字，早有三个媳妇已经手下预备下小簸箩，听见一个"赏"字，走上去向桌上的散钱堆内，每人便撮了一簸箩，走出来向戏台说："老祖宗、姨太太、亲家太太赏文豹买果子吃的。"说着，向台上便一撒，只听豁啷啷满台的钱响。贾珍、贾琏已命小厮们抬了大簸箩的钱来，暗暗的预备在那里。听见贾母一赏，要知端的——

笺证

节日文化是风俗文化之大宗，是一种在漫长的历史过程中形成和发展起来的民族文化和民俗风俗，融入丰富的民俗信仰的因素。其中，元宵节的民俗文化沉积极其丰厚，有社火花灯、猜谜演戏、杂技表演以及吃元宵，成为春节大典的最后一次狂欢。《红楼梦》中三写元宵节，第一次在《红楼梦》的第一回，甄士隐的家人霍起抱着五六岁的英莲去看"社火花灯"，导致英莲被拐子拐走，她的命运从此发生转折，甄士隐一家也迅速地从其乐融融的小康之家败落。第二次在《红楼梦》的第十七、十八回《大观园试才题对额，荣国府归省庆元宵》。贾元春被封为“贤德妃”，在元宵节回家省亲，正是贾府“烈火烹油、鲜花着锦”的兴盛时期。又在第二十二回补写了贾元春送出灯谜让大家猜，每人也作灯谜送进宫中。第三次就是在《红楼梦》这第五十三回和第五十四回。贾母的元宵夜宴上，正唱《西楼·楼会》这出将终，于叔夜因赌气去了，那文豹便发科诨道：“你赌气去了，恰好今日正月十五，荣国府中老祖宗家宴，待我骑了这马，赶进去讨些果子吃是要紧的。”说毕，引的贾母等都笑了。就命向台上撒赏钱，只听豁啷啷满台的钱响。所提到的《西楼记》传奇，乃是明末清初袁于令所作的昆剧剧目，演述风姿娟秀的南畿歌女穆素徽倾慕解元于鹃（于叔夜）的才情，在西楼一见钟情，私订终身。而辞官归里的于父为了督子专心科举，受小人赵祥之谮，胁迫穆家歌院搬离。由于信函之误，于、穆二人未能见面道别。穆素徽久候于鹃不至，凄然离去。鸨母竟然受银钱诱惑，逼她嫁于相国浪荡公子池同为妾，困在杭州，于、穆二人音讯断绝。穆素徽在杭州矢志前盟，抵死不从池同。而于叔夜也因相思成疾，随父迁往山东任所后，病势加重，昏迷数日。庸医包必济回南畿时，误传死讯于穆素徽的结拜姊妹刘楚楚。刘到杭州看望素徽，为说服她顺从池公子，说出叔夜的死讯，穆悲痛之下自缢房内，幸被救转。刘楚楚匆匆逃离，谓其已死，并告知上京赶考的于叔夜的密友李节。李节在旅店巧遇迫于父命赴试的于叔夜及剑侠胥表。于叔夜惊闻素徽噩耗，痛不欲生。于叔夜赴考场无心作文，匆匆考罢即南下寻找情侣之骨。剑侠胥表携妾轻鸿游钱塘时，夜逢穆素徽在寺庙追荐亡夫于叔夜，侠心顿生。次夜巧用调包计，以轻鸿之命救素徽逃出樊笼，送往京城自己的家中居住。胥又南下寻找叔夜，欲使二人团圆。叔夜在南畿昔日之西楼睹物思人，从刘楚楚处得知素徽死而复生，又被歹人劫去的消息后，悲喜交加。这时，于叔夜捷报状元及第，殿试在即，遂匆匆北上京城。在常州恰逢胥表，得知其中详情，喜不自禁。慷慨好义的胥表又赠以千里马，以赶殿试之期，并北上相会情人。池同、赵祥二人路逢胥表，欲雇其行刺于叔夜，胥愤而杀此二人，为叔夜报仇。最终，于叔夜携穆素徽衣锦荣归，并请同科探花李节为媒，求得父允，得以正式成婚。《楼会》是该剧第八出《病晤》，演于鹃与穆素徽去西楼相会，穆扶病出见，山盟海誓，相约百年偕好。《红楼梦》写这出戏将终，于叔夜因赌气去了，那文豹便发科诨道："你赌气去了，恰好今日正月十五，荣国府中老祖宗家宴，待我骑了这马，赶进去讨些果子吃是要紧的。"如此打破了戏剧表演的封闭空间的，竟然是一个九岁的鬼头孩子在戏台上的即兴发挥，用来打趣贾府，取乐观众，是一种异想天开的元戏剧的手法。当然值得"豁啷啷满台的钱响"作为悦心悦耳的回报。

第五十四回
史太君破陈腐旧套
王熙凤效戏彩斑衣

却说贾珍、贾琏暗暗预备下大簸箩的钱，听见贾母说“赏”，他们也忙命小厮们快撒钱。只听满台钱响，贾母大悦。

二人遂起身，小厮们忙将一把新暖银壶捧在贾琏手内，随了贾珍趋至里面。贾珍先至李婶席上，躬身取下杯来，回身，贾琏忙斟了一盏；然后便至薛姨妈席上，也斟了。二人忙起身笑说：“二位爷请坐着罢了，何必多礼。”于是除邢、王二夫人，满席都离了席，俱垂手旁侍。贾珍等至贾母榻前，因榻矮，二人便屈膝跪了。贾珍在先捧杯，贾琏在后捧壶。虽只二人奉酒，那贾环弟兄等，却也是排班按序，一溜随着他二人进来，见他二人跪下，也都一溜跪下。宝玉也忙跪下了。史湘云悄推他笑道：“你这会又帮着跪下作什么？有这样，你也去斟一巡酒岂不好？”宝玉悄笑道：“再等一会子再斟去。”说着，等他二人斟完起来，方起来。又与邢夫人、王夫人斟过来。贾珍笑道：“妹妹们怎么样呢？”贾母等都说：“你们去罢，他们倒便宜些。”说了，贾珍等方退出。

当下天未二鼓，戏演的是《八义》中《观灯》八出。正在热闹之际，宝玉因下席往外走。贾母因说：“你往那里去！外头爆竹利害，仔细天上掉下火纸来烧了。”宝玉回说：“不往远去，只出去就来。”贾母命婆子们好生跟着。于是宝玉出来，只有麝月、秋纹并几个小丫头随着。贾母因说：“袭人怎么不见？他如今也有些拿大了，单支使小女孩子出来。”王夫人忙起身笑回道：“他妈前日没了，因有热孝，不便前头来。”贾母听了点头，又笑道：

“跟主子却讲不起这孝与不孝。若是他还跟我，难道这会子也不在这里不成？皆因我们太宽了，有人使，不查这些，竟成了例了。”凤姐儿忙过来笑回道：“今儿晚上他便没孝，那园子里也须得他看着，灯烛花炮最是耽险的。这里一唱戏，园子里的人谁不偷来瞧瞧。他还细心，各处照看照看。况且这一散后宝兄弟回去睡觉，各色都是齐全的。若他再来了，众人又不经心，散了回去，铺盖也是冷的，茶水也不齐备，各色都不便宜，所以我叫他不用来，只看屋子。散了又齐备，我们这里也不耽心，又可以全他的礼，岂不三处有益。老祖宗要叫他，我叫他来就是了。”贾母听了这话，忙说：“你这话很是，比我想的周到，快别叫他了。但只他妈几时没了，我怎么不知道。”凤姐笑道：“前儿袭人去亲自回老太太的，怎么倒忘了。”贾母想了一想笑说：“想起来了。我的记性竟平常了。”众人都笑说：“老太太那里记得这些事。”贾母因又叹道：“我想着，他从小儿服侍了我一场，又服侍了云儿一场，末后给了一个魔王宝玉，亏他魔了这几年。他又不是咱们家的根生土长的奴才，没受过咱们什么大恩典。他妈没了，我想着要给他几两银子发送，也就忘了。”凤姐儿道：“前儿太太赏了他四十两银子，也就是了。”贾母听说，点头道：“这还罢了。正好鸳鸯的娘前儿也死了，我想他老子娘都在南边，我也没叫他家去守孝，如今叫他两个一处作伴儿去。”又命婆子将些果子菜馔点心之类与他两个吃去。琥珀笑说：“还等这会子呢，他早就去了。”说着，大家又吃酒看戏。

笺证

第五十四回所谓“天未二鼓，戏演的是《八义》中《观灯》八出”，其中的《观灯 》是明代徐元《八义记》传奇中的选场戏。即《六十种曲》本《八义记》传奇第五出《宴赏元宵》，表演公元前6世纪春秋时期晋国大夫赵朔与晋成公的公主在望春楼排筵赏灯故事，有所谓“灯球隐隐画堂中，鼓乐笙歌彻上穹。万盏金莲开禁苑，千家灯火照庭中。开宫扇，起帘栊，满堂笑语与民同。犹如仙子辞蓬苑，恰似姮娥离月宫”。荣国府元宵夜宴所演《观灯》就是取传奇剧中的这个宴赏元宵的彩头。但叙事的方式换了花样，与前面的《西楼记·楼会》不同，不是让丑角插科打诨，打破了戏剧的封闭空间，从戏台上打趣贾府，采取一种异想天开的元戏剧的手法，而是将之戏曲表演悬置，转头叙写宝玉离席往外走，由于袭人守母孝在家，只有麝月、秋纹并几个小丫头随着。引起贾母关心宝玉、袭人之事。这就使得在同一场面上写两场戏，转换写法而产生了犯而不犯的审美效果。追溯《红楼梦》叙事的这种写法，可以发现，晚明李贽就有“同而不同”之辨，《李卓吾先生批评忠义水浒传》回评说：“李和尚曰：描画鲁智深，千古若活，真是传神写照妙手。且《水浒传》文字妙绝千古，全在同而不同处有辨。如鲁智深、李逵、武松、阮小七、石秀、呼延灼、刘唐等，众人都是急性的。形容刻画来，各有派头，各有光景，各有家教，各有身份，一毫不差，半些不混，读去自有分辨，不必见其姓名，一睹事实就知某人某人也。读者亦以为然乎？读者即不以为然，李卓老自以为然不易也。”❶到了清康熙年间，评点家张竹坡将“同而不同”演变为“犯而不犯”的原则，其《读第五才子书法》第四十七则说：“《金瓶梅》妙在善于用犯笔而不犯也。如写一伯爵，更写一希大，然毕竟伯爵是伯爵，希大是希大，各人的身份，各人的谈吐，一丝不紊。写一金莲，更写一瓶儿，可谓犯矣，然又始终聚散，其言语举动，又各各不乱一丝。写一王六儿，偏又写一贲四嫂。写一李桂姐，偏又写一吴银姐、郑月儿。写一王婆，偏又写一薛媒婆、一冯妈妈、一文嫂儿、一陶媒婆。写薛姑子，偏又写一王姑子、刘姑子。诸如此类，皆妙在特特犯手，却又各各一款绝不相同也。”❷同而不同、犯而不犯，就是重复中的反重复，以重复加强叙事的连续性，而在反重复中打破连续性，令人在惊诧中领略叙事的新境界。

且说宝玉一径来至园中，众婆子见他回房，便不跟去，只坐在园门里茶房里烤火，和管茶的女人偷空饮酒斗牌。宝玉至院中，虽是灯光灿烂，却无人声。麝月道："他们都睡了不成？咱们悄悄的进去唬他们一跳。"于是大家蹑足潜踪的进了镜壁一看，只见袭人和一人对面都歪在地炕上，那一头有两三个老嬷嬷打盹。宝玉只当他两个睡着了，才要进去，忽听鸳鸯叹了一声，说道："可知天下事难定。论理你单身在这里，父母在外头，每年他们东去西来，没个定准，想来你是不能送终的了，偏生今年就死在这里，你倒出去送了终。"袭人道："正是。我也想不到能够看父母回首。太太又赏了四十两银子，这倒也算养我一场，我也不敢妄想了。"宝玉听了，忙转身悄向麝月等道："谁知他也来了。我这一进去，他又赌气走了。不如咱们回去罢，让他两个清清静静的说一回。袭人正一个闷着，他幸而来的好。"说着，仍悄悄的出来。

宝玉便走过山石之后去站着撩衣，麝月、秋纹皆站住背过脸去，口内笑说："蹲下再解小衣，仔细风吹了肚子。"后面两个小丫头子知是小解，忙先出去茶房预备去了。这里宝玉刚转过来，只见两个媳妇子迎面来了，问是谁，秋纹道："宝玉在这里，你大呼小叫，仔细唬着他。"那媳妇们忙笑道："我们不知道，大节下来惹祸了。姑娘们可连日辛苦了。"说着，已到了跟前。麝月等问："手里拿的是什么？"媳妇们道："是老太太赏金、花二位姑娘吃的。"秋纹笑道："外头唱的是《八义》，没唱《混元盒》，那里又跑出'金花娘娘'来了。"宝玉笑命："揭起来我瞧瞧。"秋纹麝月忙上去将两个盒子揭开。两个媳妇忙蹲下身子，宝玉看了两盒内都是席上所有的上等果品菜馔，点了一点头，迈步就走。麝月二人忙胡乱掷了盒盖，跟上来。宝玉笑道："这

❶ 朱一玄、刘一忱编：《水浒传资料汇编》，南开大学出版社2002年版，第173页。

❷ 秦修容整理：《金瓶梅会评会校本》，中华书局1998年版，第1503页。

两个女人倒和气，会说话，他们天天乏了，倒说你们连日辛苦，倒不是那矜功自伐的。”麝月道：“这好的也很好，那不知礼的也太不知礼。”宝玉笑道：“你们是明白人，耽待他们是粗笨可怜的人就完了。”一面说，一面来至园门。那几个婆子虽吃酒斗牌，却不住出来打探，见宝玉来了，也都跟上了。来至花厅后廊上，只见那两个小丫头一个捧着小沐盆，一个搭着手巾，又拿着沤子壶在那里久等。秋纹先忙伸手向盆内试了一试，说道：“你越大越粗心了，那里弄的这冷水。”小丫头笑道：“姑娘瞧瞧这个天，我怕水冷，巴巴的倒的是滚水，这还冷了。”正说着，可巧见一个老婆子提着一壶滚水走来。小丫头便说：“好奶奶，过来给我倒上些。”那婆子道：“哥哥儿，这是老太太泡茶的，劝你走了舀去罢，那里就走大了脚。”秋纹道：“凭你是谁的，你不给？我管把老太太茶吊子倒了洗手。”那婆子回头见是秋纹，忙提起壶来就倒。秋纹道：“够了。你这么大年纪也没个见识，谁不知是老太太的水！要不着的人就敢要了。”婆子笑道：“我眼花了，没认出这姑娘来。”宝玉洗了手，那小丫头子拿小壶倒了些沤子在他手内，宝玉沤了。秋纹、麝月也趁热水洗了一回，沤了，跟进宝玉来。

宝玉便要了一壶暖酒，也从李婶、薛姨妈斟起，二人也让坐。贾母便说：“他小，让他斟去，大家倒要干过这杯。”说着，便自己干了。邢、王二夫人也忙干了，让他二人。薛、李也只得干了。贾母又命宝玉道：“连你姐姐妹妹一齐斟上，不许乱斟，都要叫他干了。”宝玉听说，答应着，一一按次斟了。至黛玉前，偏他不饮，拿起杯来，放在宝玉唇上边，宝玉一气饮干。黛玉笑说：“多谢。”宝玉替他斟上一杯。凤姐儿便笑道：“宝玉，别喝冷酒，仔细手颤，明儿写不得字，拉不得弓。”宝玉忙道：“没有吃冷酒。”凤姐儿笑道：“我知道没有，不过白嘱咐你。”然后宝玉将里面斟完，只除贾蓉之妻是丫头们斟的。复出至廊上，又与贾珍等斟了。坐了一回，方进来仍归旧坐。

一时上汤后，又接献元宵来。贾母便命将戏暂歇歇：“小孩子们可怜见的，也给他们些滚汤滚菜的吃了再唱。”又命将各色果子元宵等物拿些与他们吃去。一时歇了戏，便有婆子带了两个门下常走的女先生儿进来，放两张机子在那一边命他坐了，将弦子琵琶递过去。贾母便问李、薛听何书，他二人都回说："不拘什么都好。"贾母便问："近来可有添些什么新书？"那两个女先儿回说道："倒有一段新书，是残唐五代的故事。"贾母问是何名，女先儿道："叫做《凤求鸾》。"贾母道："这一个名字倒好，不知因什么起的，先大概说说原故，若好再说。"女先儿道："这书上乃说残唐之时，有一位乡绅，本是金陵人氏，名唤王忠，曾做过两朝宰辅。如今告老还家，膝下只有一位公子，名唤王熙凤。"众人听了，笑将起来。贾母笑道："这重了我们凤丫头了。"媳妇忙上去推他："这是二奶奶的名字，少混说。"贾母笑道："你说，你说。"女先生忙笑着站起来，说："我们该死了，不知是奶奶的讳。"凤姐儿笑道："怕什么，你们只管说罢，重名重姓的多呢。"女先生又说道："这年王老爷打发了王公子上京赶考，那日遇见大雨，进到一个庄上避雨。谁知这庄上也有个乡绅，姓李，与王老爷是世交，便留下这公子住在书房里。这李乡绅膝下无儿，只有一位千金小姐。这小姐芳名叫作雏鸾，琴棋书画，无所不通。"贾母忙道："怪道叫作《凤求鸾》。不用说，我猜着了，自然是这王熙凤要求这雏鸾小姐为妻。"女先儿笑道："老祖宗原来听过这一回书。"众人都道："老太太什么没听过！便没听过，也猜着了。"贾母笑道："这些书都是一个套子，左不过是些佳人才子，最没趣儿。把人家女儿说的那样坏，还说是佳人，编的连影儿也没有了。开口都是书香门第，父亲不是尚书就是宰相，生一个小姐必是爱如珍宝。这小姐必是通文知礼，无所不晓，竟是个绝代佳人。只一见了一个清俊的男人，不管是亲是友，便想起终身大事来，父母也忘了，书礼也忘了，鬼不成鬼，贼不成贼，那一点儿是佳人？便是满腹文章，做出这些事来，也算不得是佳人了。

比如男人满腹文章去作贼，难道那王法就说他是才子就不入贼情一案不成？可知那编书的是自己塞了自己的嘴。再者，既说是世宦书香大家小姐都知礼读书，连夫人都知书识礼，便是告老还家，自然这样大家人口不少，奶母丫鬟服侍小姐的人也不少，怎么这些书上，凡有这样的事，就只小姐和紧跟的一个丫鬟？你们白想想，那些人都是管什么的，可是前言不答后语？”众人听了，都笑说：“老太太这一说，是谎都批出来了。”贾母笑道：“这有个原故：编这样书的，有一等妒人家富贵，或有求不遂心，所以编出来污秽人家。再一等，他自己看了这些书看魔了，他也想一个佳人，所以编了出来取乐。何尝他知道那世宦读书家的道理！别说他那书上那些世宦书礼大家，如今眼下真的，拿我们这中等人家说起，也没有这样的事，别说是那些大家子。可知是谄掉了下巴的话。所以我们从不许说这些书，丫头们也不懂这些话。这几年我老了，他们姊妹们住的远，我偶然闷了，说几句听听，他们一来，就忙歇了。”李薛二人都笑说：“这正是大家的规矩，连我们家也没这些杂话给孩子们听见。”

笺证

《红楼梦》真是花样无穷，令人醒脾开心。在经营花样变化上推陈出新，做到“楼上有楼”“天外有天”，创意时或伸向民俗，时或伸向历史，伸伸缩缩，都勾连着人心，历久不衰而常用常新。第五十四回贾母元宵节看戏改作听书，两位女先生要说唱的书是残唐五代的故事《凤求鸾》，说是王熙凤公子追求李乡绅的千金小姐雏鸾。才说出故事梗概来，就被贾母批得体无完肤：“这些书都是一个套子，左不过是些佳人才子，最没趣儿。把人家女儿说的那样坏，还说是佳人，编的连影儿也没有了。开口都是书香门第，父亲不是尚书就是宰相，生一个小姐必是爱如珍宝。这小姐必是通文知礼，无所不晓，竟是个绝代佳人。只一见了一个清俊的男人，不管是亲是友，便想起终身大事来，父母也忘了，书礼也忘了，鬼不成鬼，贼不成贼，那一点儿是佳人？便是满腹文章，做出这些事来，也算不得是佳人了。比如男人满腹文章去作贼，难道那王法就说他是才子就不入贼情一案不成？可知那编书的是自己塞了自己的嘴。再者，既说是世宦书香大家小姐都知礼读书，连夫人都知书识礼，便是告老还家，自然这样大家人口不少，奶母丫鬟服侍小姐的人也不少，怎么这些书上，凡有这样的事，就只小姐和紧跟的一个丫鬟？你们白想想，那些人都是管什么的，可是前言不答后语？”贾母评议才子佳人的评书，是一个新花样；一个贵族老妪对于文艺的看法，何来如此通透，凤姐称之为“掰谎记”，这又翻出一个新花样。这都是曹雪芹的狡猾之处，借彼之口道吾之妙论，以便从理论上肯定和确认自己不落陈套的妙笔生花。在这些地方，曹雪芹不断腾挪，腾挪转换之道，既可以由彼及此，又可以由内及外，《红楼梦》的腾挪转换术可谓出神入化，借贾母为自己鼓掌叫好。这令人想到一个歇后语：“戏台上喝彩——自吹自擂”，曹雪芹借贾母之口为自己的戏曲的真实观代言。

凤姐儿走上来斟酒，笑道：“罢，罢，酒冷了，老祖宗喝一口润润嗓子再掰谎。这一回就叫作《掰谎记》，就出在本朝本地本年本月本日本时，老祖宗一张口难说两家话，花开两朵，各表一枝，是真是谎且不表，再整那观灯看戏的人。老祖宗且让这二位亲戚吃一杯酒看两出戏之后，再从昨朝话言掰起如何？”他一面斟酒，一面笑说，未曾说完，众人俱已笑倒。两个女先生也笑个不住，都说：“奶奶好刚口。奶奶要一说书，真连我们吃饭的地方也没了。”薛姨妈笑道：“你少兴头些，外头有人，比不得往常。”凤姐儿笑道：“外头的只有一位珍大爷。我们还是论哥哥妹妹，从小儿一处淘气了这么大。这几年因做了亲，我如今立了多少规矩了。便不是从小儿的兄妹，便以伯叔论，那《二十四孝》上‘斑衣戏彩’，他们不能来‘戏彩’引老祖宗笑一笑，我这里好容易引的老祖宗笑了一笑，多吃了一点儿东西，大家喜欢，都该谢我才是，难道反笑话我不成？”贾母笑道：“可是这两日我竟没有痛痛的笑一场，倒是亏他才一路笑的我心里痛快了些，我再吃一钟酒。”吃着酒，又命宝玉：“也敬你姐姐一杯。”凤姐儿笑道：“不用他敬，我讨老祖宗的寿罢。”说着，便将贾母的杯拿起来，将半杯剩酒吃了，将杯递与丫鬟，另将温水浸的杯换了一个上来。于是各席上的杯都撤去，另将温水浸着待换的杯斟了新酒上来，然后归坐。

笺证

第五十四回“王熙凤效戏彩斑衣”，是凤姐取乐贾母的一次集中表演，由于贾母把才子佳人评书批驳得体无完肤，凤姐凑趣上来斟酒，笑说：“罢，罢，酒冷了，老祖宗喝一口润润嗓子再掰谎。这一回就叫作《掰谎记》，就出在本朝本地本年本月本日本时，老祖宗一张口难说两家话，花开两朵，各表一枝，是真是谎且不表，再整那观灯看戏的人。老祖宗且让这二位亲戚吃一杯酒看两出戏之后，再从昨朝话言掰起如何？”这使得两个评弹女先生也笑个不住，都说：“奶奶好刚口。奶奶要一说书，真连我们吃饭的地方也没了。”凤姐笑说：“我们还是论哥哥妹妹，从小儿一处淘气了这么大。这几年因做了亲，我如今立了多少规矩了。便不是从小儿的兄妹，便以伯叔论，那《二十四孝》上‘斑衣戏彩’，他们不能来‘戏彩’引老祖宗笑一笑，我这里好容易引的老祖宗笑了一笑，多吃了一点儿东西，大家喜欢，都该谢我才是，难道反笑话我不成？”斑衣戏彩，就是穿着五彩的衣服，逗父母高兴，以尽孝道。这是一个流传很广的故事。西汉刘向《列女传》卷二《贤明传》有“楚老莱妻”条目说：“楚老莱子之妻也。莱子逃世，耕于蒙山之阳。葭墙蓬室，木床蓍席，衣缊食菽，垦山播种。人或言之楚王曰：‘老莱，贤士也。’王欲聘以璧帛，恐不来，楚王驾至老莱之门，老莱方织畚，王曰：‘寡人愚陋，独守宗庙，愿先生幸临之。’老莱子曰：‘仆山野之人，不足守政。’王复曰：‘守国之孤，愿变先生之志。’老莱子曰：‘诺。’王去，其妻戴畚莱挟薪樵而来，曰：‘何车迹之众也？’老莱子曰：‘楚王欲使吾守国之政。’妻曰：‘许之乎？’曰：‘然。’妻曰：‘妾闻之：可食以酒肉者，可随以鞭捶。可授以官禄者，可随以鈇钺。今先生食人酒肉，授人官禄，为人所制也。能免于患乎？妾不能为人所制。’投其畚莱而去。老莱子曰：‘子还，吾为子更虑。’遂行不顾，至江南而止，曰：‘鸟兽之解毛，可绩而衣之。据其遗粒，足以食也。’老莱子乃随其妻而居之。民从而家者一年成落，三年成聚。君子谓老莱妻果于从善。诗曰‘衡门之下，可以栖迟，泌之洋洋，可以疗饥’，此之谓也。颂曰：老莱与妻，逃世山阳，蓬蒿为室，莞葭为盖。楚王聘之，老莱将行，妻曰世乱，乃遂逃亡。”接下来的故事，就是老莱子娱亲。《艺文类聚》卷二十引《列女传》曰：“老莱子孝养二亲，行年七十，婴儿自娱，著五色彩衣，尝取浆上堂，跌仆，因卧地为小儿啼，或弄乌鸟于亲侧。”[3]《太平御览》卷四百十三引师觉授《孝子传》曰：“老莱子者，楚人。行年七十，父母俱存，至孝蒸蒸。常着班兰之衣，为亲取饮。上堂脚跌，恐伤父母之心，因僵仆为婴儿啼。孔子曰：‘父母老，常言不称老，为其伤老也。’若老莱子，可谓不失孺子之心矣。”[4]北宋诗人苏舜钦《老莱子》诗云：“常羡老莱子，七十亲不衰。飒然双白鬓，尚服五彩衣。戏游日膝下，弄物心熙熙。或时暂自跌，辄作婴儿啼。清朝万锺禄，不肯卖片时。人生有此乐，何暇外慕为。伊余生不造，才壮苍天亏。抟膺念之子，叹咏形诸诗。想像且三复，苦血下交颐。”[5]王熙凤以这个“斑衣戏彩”的著名典故，形容自己逗乐贾母的一片孝心。庚辰本回首评议说：“首回楔子内云‘古今小说千部共成一套’云云，犹未泄真。

[3]（唐）欧阳询：《艺文类聚》，上海古籍出版社1982年版，第369页。

[4]（宋）李昉：《太平御览》，中华书局1966年版，第1907—1908页。

[5]（宋）苏舜钦著，沈文倬校点：《苏舜钦集》，上海古籍出版社1981年版，第22页。

今借老太君一写，是劝后来胸中无机轴之诸君子不可动笔作书。凤姐乃太君之要紧陪堂，今题‘斑衣戏彩’是作者酬我阿凤之劳，特贬贾珍琏辈之无能耳。”[6]王熙凤做戏，取代了元宵节的戏子演戏，以其戏外之戏，引来贾府满堂笑声。对于凤姐取悦贾母而自引的典故“斑衣戏彩”，精于文明批评和社会批评的鲁迅另有看法，他回忆小时看《二十四孝图》，其中最使他不解，甚至于发生反感的，就有“老莱娱亲”。鲁迅说：“我至今还记得，一个躺在父母跟前的老头子……一手都拿着‘摇咕咚’。这玩意儿确是可爱的，北京称为小鼓，盖即鼗也，朱熹曰：‘鼗，小鼓，两旁有耳；持其柄而摇之，则旁耳还自击，’咕咚咕咚地响起来。然而这东西是不该拿在老莱子手里的，他应该扶一枝拐杖。现在这模样，简直是装佯，侮辱了孩子。我没有再看第二回，一到这一页，便急速地翻过去了。”[7]在《朝花夕拾·后记》中又说：“人说，讽刺和冷嘲只隔一张纸，我以为有趣和肉麻也一样。孩子对父母撒娇可以看得有趣，若是成人，便未免有些不顺眼。放达的夫妻在人面前的互相爱怜的态度，有时略一跨出有趣的界线，也容易变为肉麻。老莱子的作态的图，正无怪谁也画不好。象这些图画上似的家庭里，我是一天也住不舒服的，你看这样一位七十多岁的老太爷整年假惺惺地玩着一个‘摇咕咚’。”[8]应该领会到，娱亲的要旨在于真诚，而不是装佯作态。

女先生回说：“老祖宗不听这书，或者弹一套曲子听听罢。”贾母便说道：“你们两个对一套《将军令》罢。”二人听说，忙和弦按调拨弄起来。

笺证

第五十四回讲的《将军令》，源于唐王朝皇家乐曲，千年流传中衍生出多种曲谱和演奏形式。这种大型器乐曲，表现古代将军打仗时威武豪迈的精神与气魄，散发着阳刚之美。鼓声阵阵，将军升帐，威严庄重，英姿勃发，以及将军出征时的矫健轻捷、战斗时的激烈紧张。整首乐曲雄壮有力，荡气回肠，气势夺人。《将军令》合奏谱最早见于清嘉庆十七年（1812）

容齐所编的《弦索十三套》。《将军令》常用于戏曲中的开场音乐和为摆阵等场面伴奏，民间艺人也常吹奏此曲以增加节日的热烈气氛。贾母将才子佳人弹词，改为威武豪迈的《将军令》套曲的即兴演奏，大概是要召回贾府祖先开创基业的家族记忆吧。

❻（清）曹雪芹著，脂砚斋评：《脂砚斋重评石头记庚辰校本》，作家出版社2006年版，第952页。

❼鲁迅：《鲁迅全集》，人民文学出版社2005年版，第261—262页。

❽鲁迅：《鲁迅全集》，人民文学出版社2005年版，第340页。

贾母因问："天有几更了？"众婆子忙回："三更了。"贾母道："怪道寒浸浸的起来。"早有众丫鬟拿了添换的衣裳送来。王夫人起身笑说道："老太太不如挪进暖阁里地炕上倒也罢了。这二位亲戚也不是外人，我们陪着就是了。"贾母听说，笑道："既这样说，不如大家都挪进去，岂不暖和？"王夫人道："恐里间坐不下。"贾母笑道："我有道理。如今也不用这些桌子，只用两三张并起来，大家坐在一处挤着，又亲香，又暖和。"众人都道："这才有趣。"说着，便起了席。

众媳妇忙撤去残席，里面直顺并了三张大桌，另又添换了果馔摆好。贾母便说："这都不要拘礼，只听我分派你们就坐才好。"说着便让薛、李正面上坐，自己西向坐了，叫宝琴、黛玉、湘云三人皆紧依左右坐下，向宝玉说："你挨着你太太。"于是邢夫人、王夫人之中夹着宝玉，宝钗等姊妹在西边，挨次下去便是娄氏带着贾菌，尤氏、李纨夹着贾兰，下面横头便是贾蓉之妻。贾母便说："珍哥儿带着你兄弟们去罢，我也就睡了。"

贾珍忙答应，又都进来。贾母道："快去罢。不用进来，才坐好了，又都起来。你快歇着，明日还有大事呢。"贾珍忙答应了，又笑说："留下蓉儿斟酒才是。"贾母笑道："正是忘了他。"贾珍答应了一个"是"，便转身带领贾琏等出来。二人自是欢喜，便命人将贾琮、贾璜各自送回家去，便邀了贾琏去追欢买笑，不在话下。

这里贾母笑道："我正想着虽然这些人取乐，竟没一对双全的，就忘了蓉儿。这可全了，蓉儿就合你媳妇坐在一处，倒也团圆了。"因有媳妇回说开戏，贾母笑道："我们娘儿们正说的兴头，又要吵起来。况且那孩子们熬夜怪冷的，也罢，叫他们且歇歇，把咱们的女孩子们叫了来，就在这台上唱两出给他们瞧瞧。"媳妇听了，答应了出来，忙的一面着人往大观园去传人，一面二门口去传小厮们伺候。小厮们忙至戏房将班中所有的大人一概带出，只留下小孩子们。

一时，梨香院的教习带了文官等十二个人，从游廊角门出来。婆子们抱着几个软包，因不及抬箱，估料着贾母爱听的三五出戏的彩衣包了来。婆子们带了文官等进去见过，只垂手站着。贾母笑道："大正月里，你师父也不放你们出来逛逛。你等唱什么？刚才八出《八义》闹得我头疼，咱们清淡些好。你瞧瞧，薛姨太太这李亲家太太都是有戏的人家，不知听过多少好戏的。这些姑娘都比咱们家姑娘见过好戏，听过好曲子。如今这小戏子又是那有名玩戏家的班子，虽是小孩子们，却比大班还强。咱们好歹别落了褒贬，少不得弄个新样儿的。叫芳官唱一出《寻梦》，只提琴与管箫合，笙笛一概不用。"文官笑道："这也是的，我们的戏自然不能入姨太太和亲家太太姑娘们的眼，不过听我们一个发脱口齿，再听一个喉咙罢了。"贾母笑道："正是这话了。"李婶、薛姨妈喜的都笑道："好个灵透孩子，他也跟着老太太打趣我们。"贾母笑道："我们这原是随便的顽意儿，又不出去做买卖，所以竟不大合时。"说着又道："叫葵官唱一出《惠明下书》，也不用抹脸。只用这两出叫他们听个疏异罢了。若省一点力，我可不依。"

文官等听了出来，忙去扮演上台，先是《寻梦》，次是《下书》。众人都鸦雀无闻，薛姨妈因笑道："实在亏他，戏也看过几百班，从没见用箫管的。"贾母道："也有，只是像方才《西楼·楚江情》一支，多有小生吹箫和的。这大套的实在少，这也在主人讲究不讲究罢了。这算什么出奇？"指湘云道："我像他这么大的时节，他爷爷有一班小戏，偏有一个弹琴的凑了来，即如《西厢记》的《听琴》，《玉簪记》的《琴挑》，《续琵琶》的《胡笳十八拍》，竟成了真的了，比这个更如何？”众人都道：“这更难得了。”贾母便命个媳妇来，吩咐文官等叫他们吹一套《灯月圆》。媳妇领命而去。

笺证

《红楼梦》的百科全书式的风采，体现出来的一个重要方面，在于对元、明、清三代戏曲，简直烂熟于心，随手拈来，皆成妙趣，由此沟通了小说与戏曲艺术。后人须仔细考究，才能明白其间奥妙。第五十四回写贾母点戏，令人感到胸藏千曲，说出来难免眼花缭乱。一是贾母对戏子文官说：“刚才八出《八义》闹得我头疼，咱们清淡些好。你瞧瞧，薛姨太太这李亲家太太都是有戏的人家，不知听过多少好戏的。这些姑娘都比咱们家姑娘见过好戏，听过好曲子。如今这小戏子又是那有名玩戏家的班子，虽是小孩子们，却比大班还强。咱们好歹别落了褒贬，少不得弄个新样儿的。叫芳官唱一出《寻梦》，只提琴与管箫合，笙笛一概不用。”二是又吩咐：“叫葵官唱一出《惠明下书》，也不用抹脸。只用这两出叫他们听个疏异罢了。若省一点力，我可不依。”三是还指湘云说：“我像他这么大的时节，他爷爷有一班小戏，偏有一个弹琴的凑了来，即如《西厢记》的《听琴》，《玉簪记》的《琴挑》，《续琵琶》的《胡笳十八拍》，竟成了真的了，比这个更如何？”四是贾母又命文官等吹一套《灯月圆》。联想到曹雪芹的祖父曹寅戏曲修养深湛，如此家学渊源使曹雪芹自然而然关注戏曲文化。《红楼梦》中不但记载清康熙年间曹寅的《续琵琶》传奇及其家班演出情况，还记录了《红楼梦》成书时期出现的新的戏曲现象，使之随同《红楼梦》广为传播。《寻梦》为《牡丹亭》第十二出。《惠明下书》出自《红楼梦》反复提到的元杂剧家王实甫《西厢记》第二本《崔莺莺夜听琴》。《楚江情》曲出自明末清初袁于令的传奇剧《西楼记》第八出《病晤》，词曰："朝来翠袖凉，熏笼拥床。昏沈睡醒眉倦扬，懒催鹦鹉唤梅香也。把朱门悄闭，罗帏漫张，一任他王孙骏马嘶绿杨。梦锁葳蕤，怕逐东风荡，只见蜂儿闹纸窗。蜂儿闹纸窗，蝶儿过粉墙。"[9]应该看到，《寻梦》《楼会》《听琴》《琴挑》《制拍》都是昆剧中的闺门旦戏，都表现了人物哀怨凄楚的心理状态，属于以清冷、清淡为特征的"冷"戏。《寻梦》写杜丽娘到花园追寻梦中欢会之地，面对凄凉园景感到无限失落与伤感，"酸酸楚楚无人怨""忽忽地伤心自怜，知怎生情怅然，知怎生泪暗悬"。《楼会》写于叔夜、穆素徽会面，以曲定情，"汪汪泪数行，来时总会，此际堪伤"。《听琴》写张生、莺莺以琴曲通幽怀，"愁似织……春愁重""那琴中意思句句都是悲怨的"。明代戏曲家高濂《玉簪记》之《琴挑》写书生潘必正与女尼陈妙常借琴曲试探心意。其中《琴挑》"弦里传情"，尤为出色，"争奈终朝孤冷""照他孤零照奴孤零，明月照孤闱"。曹寅《续琵琶》第二十七出《制拍》，表现了蔡文姬刚刚得知父亲身陷死狱的消息，她又被匈奴的乱兵掳去，做了匈奴左贤王的阏氏。左贤王率众夜猎，文姬留在帐中踟蹰难寐，于是就作《悲愤诗》，演唱所制《胡笳十八拍》，"任愁将眉织""万种牢愁""愁如燕过"。应该看到，《红楼梦》第五十四回写元宵夜贾府家乐"新样"演出冷戏《寻梦》及冷处理之后的《惠明下书》，适合贾母等人的赏曲雅趣，却并不适合元宵佳节合家团聚的热闹习俗。故"新样"演出之后，贾母又"吩咐文官等叫他们吹一套《灯月圆》"。《灯月圆》是应元宵佳节之景的喜庆曲子。清代徐珂《清稗类钞》卷七十八《戏剧类》记载："乾、嘉时，某昆部中，有鼓师朱念一者，将登场，鼓箭为人窃去，将以困之也。念一曰'何不并窃我手？'易以他箭，奏技如常时。又满人有鼓双、鼓寿者，亦以善鼓著称，其擂能急能徐，能轻能重，能于缓处忽焉加多，紧处忽焉减少。《琵琶行》中所谓如急雨如私语者，仿佛近之。花色生新，专奏已足适听，若与诸金并奏，更能出色当行。诸金中如大锣、小锣，均以备阴阳二声者为上，阳声散放，阴声手抚，相间互奏，一器而得数音，虽戏场不用《十番》《灯月圆》诸杂牌（皆金鼓专调之名，如《玉莲环》《大富贵》等，皆昔时元宵佳奏也），而群手能合能分，起止应节，固亦足为戏剧增美。否则一节稍凌，一声稍误，全场顿足，阖座叫嚣，鼓师浃背汗流，虽佳剧，亦减色矣。”[10]《红楼梦》在沟通小说与戏曲艺术中，敞开了巨大的阐释空间，这是“王熙凤效戏彩斑衣”之后，又闪出的一道异彩。戚蓼生本回末总评发出如此感叹说：“读此回者凡三变。不善读者徒赞其如何演戏、如何行令、如何挂花灯、如何放爆竹，目眩耳聋，应接不暇。少解读者，赞其座次有伦、巡酒有度，从演戏渡至女先，从女先渡至凤姐，从凤姐渡至行令，从行令渡至放花爆：脱卸下来，井然秩然，一丝不乱。会读者须另具卓识，单着眼史太君一席话，将普天下不近理之‘奇文’、不近情之‘妙作’一齐抹倒。是作者借他人酒杯，消自己傀儡（块垒），画一幅行乐图，铸一面菱花镜，为全部总评。噫！作者已逝，圣叹云亡，愚不自量，辄拟数语，知我罪我，其听之矣。”[11]曹雪芹、脂砚斋与金圣叹一以贯之的趣味，都是融合小说、戏曲、历代美文和民俗文化的。

[9]（明）冯梦龙编著，俞为民校点：《墨憨斋定本传奇》，江苏古籍出版社1993年版，第944页。

[10]徐珂：《清稗类钞》，商务印书馆1928年版，第38页。

[11]朱一玄编：《红楼梦资料汇编》，南开大学出版社2012年版，第485页。

当下贾蓉夫妻二人捧酒一巡，凤姐儿因见贾母十分高兴，便笑道：“趁着女先儿们在这里，不如叫他们击鼓，咱们传梅，行一个‘春喜上眉梢’的令如何？”贾母笑道：“这是个好令，正对时对景。”忙命人取了一面黑漆铜钉花腔令鼓来，与女先儿们击着，席上取了一枝红梅。贾母笑道：“若到谁手里住了，吃一杯，也要说个什么才好。”凤姐儿笑道：“依我说，谁像老祖宗要什么有什么呢？我们这不会的，岂不没意思？依我说也要雅俗共赏，不如谁输了谁说个笑话罢。”众人听了，都知道他素日善说笑话，最是他肚内有无限的新鲜趣谈。今儿如此说，不但在席的诸人喜欢，连地下服侍的老小人等无不欢喜。那小丫头子们都忙出去，找姐唤妹的告诉他们："快来听，二奶奶又说笑话儿了。"众丫头子们便挤了一屋子。

于是戏完乐罢。贾母命将些汤点果菜与文官等吃去，便命响鼓。那女先儿们皆是惯的，或紧或慢，或如残漏之滴，或如迸豆之疾，或如惊马之乱驰，或如疾电之光而忽暗。其鼓声慢，传梅亦慢，鼓声疾，传梅亦疾。恰恰至贾母手中，鼓声忽住。大家呵呵一笑，贾蓉忙上来斟了一杯。众人都笑道："自然老太太先喜了，我们才托赖些喜。"

贾母笑道："这酒也罢了，只是这笑话倒有些个难说。"众人都说："老太太的比凤姐儿的还好还多，赏一个我们也笑一笑儿。"贾母笑道："并没什么新鲜发笑的，少不得老脸皮子厚的说一个罢了。"因说道："一家子养了十个儿子，娶了十房媳妇。惟有第十个媳妇聪明伶俐，心巧嘴乖，公婆最疼，成日家说那九个不孝顺。这九个媳妇委屈，便商议说：'咱们九个心里孝顺，只是不像那小蹄子嘴巧，所以公公婆婆老了，只说他好，这委屈向谁诉去？'大媳妇有主意，便说道：'咱们明儿到阎王庙去烧香，和阎王爷说去，问他一问，叫我们托生人，为什么单单的给那小蹄子一张乖嘴，我们都是笨的。'众人听了都喜欢，说这主意不错。第二日便都到阎王庙里来烧了香，九个人都在供桌底下睡着了。九个魂专等阎王驾到，左等不来，右等也不到。正着急，只见孙行者驾着筋斗云来了，看见九个魂便要拿金箍棒打，唬得九个魂忙跪下央求。孙行者问原故，九个人忙细细的告诉了他。孙行者听了，把脚一跺，叹了一口气道：'这原故幸亏遇见我，等着阎王来了，他也不得知道的。'九个人听了，就求说：'大圣发个慈悲，我们就好了。'孙行者笑道：'这却不难。那日你们妯娌十个托生时，可巧我到阎王那里去的，因为撒了泡尿在地下，你那小婶子便吃了。你们如今要伶俐嘴乖，有的是尿，再撒泡你们吃了就是了。'"说毕，大家都笑起来。凤姐儿笑道："好的，幸而我们都笨嘴笨腮的，不然也就吃了猴儿尿了。"尤氏、娄氏都笑向李纨道："咱们这里谁是吃过猴儿尿的，别装没事人儿。"薛姨妈笑道："笑话儿不在好歹，只要对景就发笑。"说着又击起鼓来。小丫头子们只要听凤姐儿的笑话，便悄悄的和女先儿说明，以咳嗽为记。须臾传至两遍，刚到了凤姐儿手里，小丫头子们故意咳嗽，女先儿便住了。众人齐笑道：“这可拿住他了。快吃了酒说一个好的，别太逗的人笑的肠子疼。”凤姐儿想了一想，笑道：“一家子也是过正月半，合家赏灯吃酒，真真的热闹非常，祖婆婆、太婆婆、婆婆、媳妇、孙子媳妇、重孙子媳妇、亲孙子、侄孙子、重孙子、灰孙子、滴滴搭搭的孙子、孙女儿、外孙女儿、姨表孙女儿、姑表孙女儿，……嗳哟哟，真好热闹。”众人听他说着，已经笑了，都说：“听数贫嘴，又不知编派那一个呢？”尤氏笑道：“你要招我，我可撕你的嘴。”凤姐儿起身拍手笑道：“人家费力说，你们混，我就不说了。”贾母笑道：“你说你说，底下怎么样？”凤姐儿想了一想，笑道：“底下就团团的坐了一屋子，吃了一夜酒就散了。”众人见他正言厉色的说了，别无他话，都怔怔的还等下话，只觉冰冷无味。史湘云看了他半日。凤姐儿笑道：“再说一个过正月半的。几个人抬着个房子大的炮仗往城外放去，引了上万的人跟着瞧去。有一个性急的人等不得，便偷着拿香点着了。只听‘噗哧’一声，众人哄然一笑都散了。这抬炮仗的人抱怨卖炮仗的扦的不结实，没等放就散了。”湘云道：“难道他本人没听见响？”凤姐儿道：“这本人原是聋子。”众人听说，一回想，不觉一齐失声都大笑起来。又想着先前那一个没完的，问他：“先一个怎么样？也该说完。”凤姐儿将桌子一拍，说道：“好罗唆，到了第二日是十六日，年也完了，节也完了，我看着人忙着收东西还闹不清，那里还知道底下的事了。”众人听说，复又笑将起来。凤姐儿笑道：“外头已经四更，依我说，老祖宗也乏了，咱们也该‘聋子放炮仗——散了’罢。”尤氏等用手帕子握着嘴，笑的前仰后合，指他说道："这个东西真会数贫嘴。"贾母笑道："真真这凤丫头越发贫嘴了。"一面说，一面吩咐道："他提起炮仗来，咱们也把烟火放了解解酒。"

贾蓉听了，忙出去带着小厮们就在院内安下屏架，将烟火设吊齐备。这烟火皆系各处进贡之物，虽不甚大，却极精巧，各色故事俱全，夹着各色花炮。林黛玉禀气柔弱，不禁毕驳之声，贾母便搂他在怀中。薛姨妈搂着湘云。湘云笑道："我不怕。"宝钗等笑道："他专爱自己放大炮仗，还怕这个呢。"王夫人便将宝玉搂入怀内。凤姐儿笑道："我们是没有人疼的了。"尤氏笑道："有我呢，我搂着你。也不怕臊，你这会子又撒娇了，听见放炮仗，吃了蜜蜂儿屎的，今儿又轻狂起来。"凤姐儿笑道："等散了，咱们园子里放去。我比小厮们还放的好呢。"

说话之间，外面一色一色的放了又放，又有许多的满天星、九龙入云、一声雷、飞天十响之类的零碎小爆竹。放罢，然后又命小戏子打了一回"莲花落"，撒了满台的钱，命那些孩子们满台抢钱取乐。又上汤时，贾母说道："夜长，觉的有些饿了。"凤姐儿忙回说："有预备的鸭子肉粥。"贾母道："我吃些清淡的罢。"凤姐儿忙道："也有枣儿熬的粳米粥，预备太太们吃斋的。"贾母笑道："不是油腻腻的就是甜的。"凤姐儿又忙道："还有杏仁茶，只怕也甜。"贾母道："倒是这个还罢了。"说着，又命人撤去残席，外面另设上各种精致小菜。大家随便随意吃了些，用过漱口茶，方散。

十七日一早，又过宁府行礼，伺候掩了宗祠，收过影像，方回来。此日便是薛姨妈家请吃年酒。十八日便是赖大家，十九日便是宁府赖升家，二十日便是林之孝家，二十一日便是单大良家，二十二日便是吴新登家。这几家，贾母也有去的，也有不去的，也有高兴直待众人散了方回的，也有兴尽半日一时就来的。凡诸亲友来请或来赴席的，贾母一概怕拘束不会，自有邢夫人、王夫人、凤姐儿三人料理。连宝玉只除王子腾家去了，馀者亦皆不会，只说贾母留下解闷。所以倒是家下人家来请，贾母可以自便之处，方高兴去逛逛。闲言不提，且说当下元宵已过——

笺证

第五十四回王熙凤建议击鼓传梅，行一个“春喜上眉梢”的令。鼓点落时，梅花在谁的手上，谁就讲笑话。大家故意逗出贾母说笑话，却说得极有趣味：“一家子养了十个儿子，娶了十房媳妇。惟有第十个媳妇聪明伶俐，心巧嘴乖，公婆最疼，成日家说那九个不孝顺。这九个媳妇委屈，便商议说：‘咱们九个心里孝顺，只是不像那小蹄子嘴巧，所以公公婆婆老了，只说他好，这委屈向谁诉去？’大媳妇有主意，便说道：‘咱们明儿到阎王庙去烧香，和阎王爷说去，问他一问，叫我们托生人，为什么单单的给那小蹄子一张乖嘴，我们都是笨的。’众人听了都喜欢，说这主意不错。第二日便都到阎王庙里来烧了香，九个人都在供桌底下睡着了。九个魂专等阎王驾到，左等不来，右等也不到。正着急，只见孙行者驾着筋斗云来了，看见九个魂便要拿金箍棒打，唬得九个魂忙跪下央求。孙行者问原故，九个人忙细细的告诉了他。孙行者听了，把脚一跺，叹了一口气道：‘这原故幸亏遇见我，等着阎王来了，他也不得知道的。’九个人听了，就求说：‘大圣发个慈悲，我们就好了。’孙行者笑道：‘这却不难。那日你们妯娌十个托生时，可巧我到阎王那里去的，因为撒了泡尿在地下，你那小婶子便吃了。你们如今要伶俐嘴乖，有的是尿，再撒泡你们吃了就是了。’”贾母说毕，大家都知那一张乖嘴的小蹄子所指何人，就大笑起来。凤姐儿笑道：“好的，幸而我们都笨嘴笨腮的，不然也就吃了猴儿尿了。”尤氏、娄氏都笑向李纨道：“咱们这里谁是吃过猴儿尿的，别装没事人儿。”凤姐卖乖，乖卖凤姐，《红楼梦》的反讽，实在是诡计多端。这令人联想到晚明冯梦龙《挂枝儿》杂部有《教呆》

条目说："呆人儿说话乖人儿赛，乖人儿说话笑人呆，乖人儿还被呆人儿卖。乖人儿有呆处，呆人儿一般〔的〕乖。〔休得〕自恃乖乖也，不把呆人儿采。"⑫《挂枝儿》反映了民间的爱情生活和市井风情，大多抒写男女情爱，语言大胆泼辣，格调清新质朴，散发着火热的真情和浓厚的俚俗气息，冯梦龙称其"最浅、最俚、亦最真"，是"天地间自然之文"。他讲乖人卖乖，就是卖弄聪明、乖巧。凤姐的卖弄最是拔尖。比《红楼梦》略晚，清代乾隆、嘉庆年间华广生的俗曲集《白雪遗音》卷一有《马头调·红楼梦》条目说："曾看一部《红楼梦》，〔何人所评，〕越思越想，尽都是痴情，〔俱在花园中，〕好一座大观园，楼台亭阁真雅静，〔万紫千红，〕你看那贾宝玉，独占群芳恩爱重，〔个个弄情，〕黛玉宝钗，袭人香菱，〔与众更不同，〕最可恨，抓尖卖乖王熙凤，〔吃醋落骂名，〕这才是，十二金钗归贾政，〔生死在金陵。〕"⑬《红楼梦》的痴情和卖乖，构成了调侃的双重命题。而把王熙凤定义为抓尖卖乖，真是个吃了猴儿尿的角色。

⑫（明）冯梦龙、（清）华广生等编述，花子金编著：《明清艳情词曲全编》，广州出版社1995年版，第421—422页。

⑬（明）冯梦龙等编：《明清民歌时调集》，上海古籍出版社1987年版，第460页。

第五十五回

辱亲女愚妾争闲气
欺幼主刁奴蓄险心

且说元宵已过，只因当今以孝治天下，目下宫中有一位太妃欠安，故各嫔妃皆为之减膳谢妆，不独不能省亲，亦且将宴乐俱免。故荣府今岁元宵亦无灯谜之集。

刚将年事忙过，凤姐儿便小月了，在家一月，不能理事，天天两三个太医用药。凤姐儿自恃强壮，虽不出门，然筹画计算，想起什么事来，便命平儿去回王夫人，任人谏劝，他只不听。王夫人便觉失了膀臂，一人能有许多的精神？凡有了大事，自己主张；将家中琐碎之事，一应都暂令李纨协理。李纨是个尚德不尚才的，未免逞纵了下人。王夫人便命探春合同李纨裁处，只说过了一月，凤姐将息好了，仍交与他。谁知凤姐禀赋气血不足，兼年幼不知保养，平生争强斗智，心力更亏，故虽系小月，竟着实亏虚下来，一月之后，复添了下红之症。他虽不肯说出来，众人看他面目黄瘦，便知失于调养。王夫人只令他好生服药调养，不令他操心。他自己也怕成了大症，遗笑于人，便想偷空调养，恨不得一时复旧如常。谁知一直服药调养到八九月间，才渐渐的起复过来，下红也渐渐止了。此是后话。

如今且说目今王夫人见他如此，探春与李纨暂难谢事，园中人多，又恐失于照管，因又特请了宝钗来，托他各处小心："老婆子们不中用，得空儿吃酒斗牌，白日里睡觉，夜里斗牌，我都知道的。凤丫头在外头，他们还有个惧怕，如今他们又该取便了。好孩子，你还是个妥当人，你兄弟妹妹们又小，我又没工夫，你替我辛苦两天，照看照看。凡有想不到的事，你来告诉我，别等老太太问出来，我没话回。那些人不好了，你只管说。他们不听，你来回我。别弄出大事来才好。”宝钗听说只得答应了。

时届孟春，黛玉又犯了嗽疾。湘云亦因时气所感，亦卧病于蘅芜苑，一天医药不断。探春同李纨相住间隔，二人近日同事，不比往年，来往回话人等亦不便，故二人议定：每日早晨皆到园门口南边的三间小花厅上去会齐办事，吃过早饭于午错方回房。这三间厅原系预备省亲之时众执事太监起坐之处，故省亲之后也用不着了，每日只有婆子们上夜。如今天已和暖，不用十分修饰，只不过略略的铺陈了，便可他二人起坐。这厅上也有一匾，题着“辅仁谕德”四字，家下俗呼皆只叫“议事厅”儿。如今他二人每日卯正至此，午正方散。凡一应执事媳妇等来往回话者，络绎不绝。

众人先听见李纨独办，各各心中暗喜，以为李纨素日原是个厚道多恩无罚的，自然比凤姐儿好搪塞。便添了一个探春，也都想着不过是个未出闺阁的年轻小姐，且素日也最平和恬淡，因此都不在意，比凤姐儿前更懈怠了许多。只三四日后，几件事过手，渐觉探春精细处不让凤姐，只不过是言语安静，性情和顺而已。

可巧连日有王公侯伯世袭官员十几处，皆系荣宁非亲即友或世交之家，或有升迁，或有黜降，或有婚丧红白等事，王夫人贺吊迎送，应酬不暇，前边更无人。他二人便一日皆在厅上起坐。宝钗便一日在上房监察，至王夫人回方散。每于夜间针线暇时，临寝之先，坐了小轿带领园中上夜人等各处巡察一次。他三人如此一理，更觉比凤姐儿当权时倒更谨慎了些。因而里外下人都暗中抱怨说：“刚刚的倒了一个‘巡海夜叉’，又添了三个‘镇山太岁’，越性连夜里偷着吃酒顽的工夫都没了。”

这日王夫人正是往锦乡侯府去赴席，李纨与探春早已梳洗，伺候出门去后，回至厅上坐了。刚吃茶时，只见吴新登的媳妇进来回说：“赵姨娘的兄弟赵国基昨日死了。昨日回过太太，太太说知道了，叫回姑娘奶奶来。”说毕，便垂手旁侍，再不言语。彼时来回话者不少，都打听他二人办事如何：若办得妥当，大家则安个畏惧之心，若少有嫌隙不当之处，不但不畏伏，出二门还要编出许多笑话来取笑。吴新登的媳妇心中已有主意，若是凤姐前，他便早已献勤说出许多主意，又查出许多旧例来任凤姐儿拣择施行。如今他藐视李纨老实，探春是年轻的姑娘，所以只说出这一句话来，试他二人有何主见。探春便问李纨。李纨想了一想，便道：“前儿袭人的妈死了，听见说赏银四十两。这也赏他四十两罢了。”吴新登家的听了，忙答应了是，接了对牌就走。探春道：“你且回来。”吴新登家的只得回来。探春道：“你且别支银子。我且问你：那几年老太太屋里的几位老姨奶奶，也有家里的也有外头的这两个分别。家里的若死了人是赏多少，外头的死了人是赏多少，你且说两个我们听听。”

一问，吴新登家的便都忘了，忙陪笑回说：“这也不是什么大事，赏多少，谁还敢争不成？”探春笑道：“这话胡闹。依我说，赏一百倒好。若不按例，别说你们笑话，明儿也难见你二奶奶。”吴新登家的笑道：“既这么说，我查旧帐去，此时却记不得。”探春笑道：“你办事办老了的，还记不得，倒来难我们。你素日回你二奶奶也现查去？若有这道理，凤姐姐还不算利害，也就算是宽厚了。还不快找了来我瞧。再迟一日，不说你们粗心，反像我们没主意了。”吴新登家的满面通红，忙转身出来。众媳妇们都伸舌头。这里又回别的事。

一时，吴家的取了旧帐来。探春看时，两个家里的赏过皆二十两，两个外头的皆赏过四十两。外还有两个外头的，一个赏过一百两，一个赏过六十两。这两笔底下皆注有原故：一个是隔省迁父母之柩，外赏六十两，一个是现买葬地，外赏二十两。探春便递与李纨看了。探春便说：“给他二十两银子。把这帐留下，我们细看看。”吴新登家的去了。

忽见赵姨娘进来，李纨、探春忙让坐。赵姨娘开口便说道:“这屋里的人都踩下我的头去还罢了。姑娘你也想一想，该替我出气才是。”一面说，一面眼泪鼻涕哭起来。探春忙道:“姨娘这话说谁，我竟不解。谁踩姨娘的头？说出来我替姨娘出气。”赵姨娘道:“姑娘现踩我，我告诉谁？”探春听说，忙站起来，说道:“我并不敢。”李纨也站起来劝。

赵姨娘道:“你们请坐下，听我说。我这屋里熬油似的熬了这么大年纪，又有你和你兄弟，这会子连袭人都不如了，我还有什么脸？连你也没脸面，别说我了。”探春笑道:“原来为这个。我说我并不敢犯法违理。”一面便坐了，拿帐翻与赵姨娘看，又念与他听，又说道:“这是祖宗手里旧规矩，人人都依着，偏我改了不成？也不但袭人，将来环儿收了外头的，自然也是同袭人一样。这原不是什么争大争小的事，讲不到有脸没脸的话上。他是太太的奴才，我是按着旧规矩办。说办的好，领祖宗的恩典，太太的恩典，若说办的不均，那是他糊涂不知福，也只好凭他抱怨去。太太连房子赏了人，我有什么有脸之处，一文不赏，我也没什么没脸之处。依我说，太太不在家，姨娘安静些养神罢了，何苦只要操心。太太满心疼我，因姨娘每每生事，几次寒心。我但凡是个男人，可以出得去，我必早走了，立一番事业，那时自有我一番道理。偏我是女孩儿家，一句多话也没有我乱说的。太太满心里都知道。如今因看重我，才叫我照管家务，还没有做一件好事，姨娘倒先来作践我。倘或太太知道了，怕我为难不叫我管，那才正经没脸，连姨娘也真没脸。”一面说，一面不禁滚下泪来。

赵姨娘没了别话答对，便说道:“太太疼你，你越发拉扯拉扯我们。你只顾讨太太的疼，就把我们忘了。”探春道:“我怎么忘了，叫我怎么拉扯？这也问你们各人，那一个主子不疼出力得用的人，那一个好人用人拉扯的？”李纨在旁只管劝说:“姨娘别生气。也怨不得姑娘，他满心里要拉扯，口里怎么说的出来？”探春忙道:“这大嫂子也糊涂了。我拉扯谁？谁家姑娘们拉扯奴才了？他们的好歹，你们该知道，与我什么相干？”赵姨娘气的问道:“谁叫你拉扯别人去了？你不当家我也不来问你。你如今现说一是一，说二是二。如今你舅舅死了，你多给了二三十两银子，难道太太就不依你？分明太太是好太太，都是你们尖酸刻薄，可惜太太有恩无处使。姑娘放心，这也使不着你的银子。明儿等出了阁，我还想你额外照看赵家呢。如今没有长羽毛，就忘了根本，只拣高枝儿飞去了。”

探春没听完，已气的脸白气噎，抽抽咽咽的一面哭，一面问道:“谁是我舅舅？我舅舅年下才升了九省检点，那里又跑出一个舅舅来？我倒素习按理尊敬，越发敬出这些亲戚来了。既这么说，环儿出去，为什么赵国基又站起来，又跟他上学？为什么不拿出舅舅的款来？何苦来，谁不知道我是姨娘养的，必要过两三个月寻出由头来，彻底来翻腾一阵，生怕人不知道，故意的表白表白。也不知谁给谁没脸？幸亏我还明白，但凡糊涂不知理的，早急了。”李纨急的只管劝，赵姨娘只管还唠叨。

忽听有人说:“二奶奶打发平姑娘说话来了。”赵姨娘听说，方把口止住。只见平儿进来，赵姨娘忙陪笑让坐，又忙问:“你奶奶好些？我正要瞧去，就只没得空儿。”李纨见平儿进来，因问他来做什么。平儿笑道:“奶奶说，赵姨奶奶的兄弟没了，恐怕奶奶和姑娘不知有旧例，若照常例，只得二十两。如今请姑娘裁夺着，再添些也使得。”探春早已拭去泪痕，忙说道:“又好好的添什么，谁又是二十四个月养下来的？不然也是那出兵放马背着主子逃出命来过的人不成？你主子真个倒巧，叫我开了例，他做好人，拿着太太不心疼的钱，乐的做人情。你告诉他，我不敢添减，混出主意。他添他施恩，等他好了出来，爱怎么添添去？”平儿一来时已明白了对半，今听这一番话，越发会意，见探春有怒色，便不敢以往日喜乐之时相待，只一边垂手默侍。

时值宝钗也从上房中来，探春等忙起身让坐。未及开言，又有一个媳妇进来回事。因探春才哭了，便有三四个小丫鬟捧了沐盆、巾帕、靶镜等物来。此时探春因盘膝坐在矮板榻上，那捧盆的丫鬟走至跟前，便双膝跪下，高捧沐盆，那两个小丫鬟，也都在旁屈膝捧着巾帕并靶镜脂粉之饰。平儿见待书不在这里，便忙上来与探春挽袖卸镯，又接过一条大手巾来，将探春面前衣襟掩了。探春方伸手向面盆中盥沐。那媳妇便回道："回奶奶姑娘，家学里支环爷和兰哥儿的一年公费。"平儿先道："你忙什么？你睁着眼看，见姑娘洗脸，你不出去伺候着，先说话来。二奶奶跟前你也这么没眼色来着？姑娘虽然恩宽，我去回了二奶奶，只说你们眼里都没姑娘，你们都吃了亏，可别怨我。"唬的那个媳妇忙陪笑道："我粗心了。"一面说，一面忙退出去。

探春一面匀脸，一面向平儿冷笑道："你迟了一步，还有可笑的：连吴姐姐这么个办老了事的，也不查清楚了，就来混我们。幸亏我们问他，他竟有脸说忘了。我说他回你主子事也忘了再找去？我料着你那主子未必有耐性儿等他去找。"平儿忙笑道："他有这一次，管包腿上的筋早折了两根。姑娘别信他们，那是他们瞅着大奶奶是个菩萨，姑娘又是个腼腆小姐，固然是托懒来混。"说着，又向门外说道："你们只管撒野，等奶奶大安了，咱们再说。"门外的众媳妇都笑道："姑娘，你是个最明白的人，俗语说'一人作罪一人当'，我们并不敢欺蔽小姐。如今小姐是娇客，若认真惹恼了，死无葬身之地。"平儿冷笑道："你们明白就好了。"又陪笑向探春道："姑娘知道二奶奶本来事多，那里照看的这些，保不住不忽略。俗语说'旁观者清'，这几年姑娘冷眼看着，或有该添该减的去处二奶奶没行到，姑娘竟一添减，头一件于太太的事有益，第二件也不枉姑娘待我们奶奶的情义了。”话未说完，宝钗、李纨皆笑道：“好丫头，真怨不得凤丫头偏疼他。本来无可添减的事，如今听你一说，倒要找出两件来斟酌斟酌，不辜负你这话。”探春笑道：“我一肚子气，没人煞性子，正要拿他奶奶出气去，偏他碰了来，说了这些话，叫我也没了主意了。”一面说，一面叫进方才那媳妇来问：“环爷和兰哥儿家学里这一年的银子，是做那一项用的？”那媳妇便回说：“一年学里吃点心或者买纸笔，每位有八两银子的使用。”探春道：“凡爷们的使用，都是各屋里领了月钱的。环哥的是姨娘领二两，宝玉的是老太太屋里袭人领二两，兰哥儿的是大奶奶屋里领。怎么学里每人又多这八两？原来上学去的是为这八两银子？从今儿起，把这一项蠲了。平儿，回去告诉你奶奶，说我的话，把这一条务必免了。”平儿笑道：“早就该免。旧年奶奶原说要免的，因年下忙，就忘了。”那个媳妇只得答应着去了。就有大观园中媳妇捧了饭盒来。

待书、素云早已抬过一张小饭桌来，平儿也忙着上菜。探春笑道：“你说完了话干你的去罢，在这里忙什么？”平儿笑道：“我原没事的。二奶奶打发了我来，一则说话，二则恐这里人不方便，原是叫我帮着妹妹们服侍奶奶、姑娘的。”探春因问：“宝姑娘的饭怎么不端来一处吃？”丫鬟们听说，忙出至檐外命媳妇去说：“宝姑娘如今在厅上一处吃，叫他们把饭送了这里来。”探春听说，便高声说道：“你别混支使人。那都是办大事的管家娘子们，你们支使他要饭要茶的，连个高低都不知道。平儿这里站着，你叫叫去。”

平儿忙答应了一声出来。那些媳妇们都忙悄悄的拉住笑道：“那里用姑娘去叫，我们已有人叫去了。”一面说，一面用手帕撢石矶上说：“姑娘站了半天乏了，这太阳影里且歇歇。”平儿便坐下。又有茶房里的两个婆子拿了个坐褥铺下，说：“石头冷，这是极干净的，姑娘将就坐一坐儿罢。”平儿忙陪笑道：“多谢。”一个又捧了一碗精致新茶出来，也悄悄笑说：“这不是我们的常用茶，原是伺候姑娘们的，姑娘且润一润罢。”

平儿忙欠身接了，因指众媳妇悄悄说道：“你们太闹的不像了。他是个姑娘家，不肯发威动怒，这是他尊重，你们就藐视欺负他。果然招他动了大气，不过说他个粗糙就完了，你们就现吃不了的亏。他撒个娇儿，太太也得让他一二分，二奶奶也不敢怎样。你们就这么大胆子小看他，可是鸡蛋往石头上碰。”众人都忙道：“我们何尝敢大胆了，都是赵姨奶奶闹的。”

平儿也悄悄的说：“罢了，好奶奶们，‘墙倒众人推’，那赵姨奶奶原有些倒三不着两，有了事都就赖他。你们素日那眼里没人，心术利害，我这几年难道还不知道？二奶奶若是略差一点儿的，早被你们这些奶奶治倒了。饶这么着，得一点空儿，还要难他一难，好几次没落了你们的口声。”众人都道：“如何敢！”平儿道：“他利害，你们都怕他，惟我知道他心里也就不算不怕你们呢。前儿我们还议论到这里，再不能依头顺尾，必有两场气生。那三姑娘虽是个姑娘，你们都横看了他。二奶奶这些大姑子小姑子里头，也就只单畏他五分。你们这会子倒不把他放在眼里了。”

笺证

《红楼梦》善于腾挪，腾挪出足够的空间好为特出人物搭起表演的舞台。能否腾出空间，至为重要，要知道没有减法，就做不好加法。就人才管理使用而言，也用得上“唯道集虚”的说法，试问：无虚何以集道？只有腾出空间，才能筑巢引凤。在第五十五回，就挪开凤姐，腾出空间，让探春坐镇大观园管理事务。平生争强斗智的凤姐流产坐小月子，一月不能理事，天天两三个太医用药。复添了下红之症，服药调养八九个月。王夫人就觉失了膀臂，将家中琐碎之事，一应都暂令李纨协理。李纨是个尚德不尚才的，未免逞纵了下人。王夫人便命探春合同李纨裁处，每日卯正午正在“议事厅”办事。特请了宝钗监察园子，坐了小轿带人各处查夜。因而里外下人都暗中抱怨说：“刚刚的倒了一个‘巡海夜叉’，又添了三个‘镇山太岁’，越性连夜里偷着吃酒顽的工夫都没了。”探春摆开管理贾府事物的架势，就别有一番气象。接着临门一脚也踢出气象来。打开局面的头一件事，就是拿生身母亲赵姨娘开刀。赵姨娘的兄弟赵国基死了，想趁机要一二百两银子作葬礼，被探春责成管账媳妇查明旧例，只支付二十两银子，招来赵姨娘气急败坏地责问：“谁叫你拉扯别人去了？你不当家我也不来问你。你如今现说一是一，说二是二。如今你舅舅死了，你多给了二三十两银子，难道太太就不依你？分明太太是好太太，都是你们尖酸刻薄，可惜太太有恩无处使。姑娘放心，这也使不着你的银子。明儿等出了阁，我还想你额外照看赵家呢。如今没有长羽毛，就忘了根本，只拣高枝儿飞去了。”探春哽咽着寸步不让，她虽然是庶出，却咬住嫡庶名分不松口：“谁是我舅舅？我舅舅（王子腾）年下才升了九省检点，那里又跑出一个舅舅来？我倒素习按理尊敬，越发敬出这些亲戚来了。既这么说，环儿出去，为什么赵国基又站起来，又跟他上学？为什么不拿出舅舅的款来？何苦来，谁不知道我是姨娘养的，必要过两三个月寻出由头来，彻底来翻腾一阵，生怕人不知道，故意的表白表白。也不知谁给谁没脸？幸亏我还明白，但凡糊涂不知理的，早急了。”平儿代替凤姐来打圆场，陪笑向探春说：“姑娘知道二奶奶本来事多，那里照看的这些，保不住不忽略。俗语说‘旁观者清’，这几年姑娘冷眼看着，或有该添该减的去处二奶奶没行到，姑娘竟一添减，头一件于太太的事有益，第二件也不枉姑娘待我们奶奶的情义了。”于是探春乘胜追击，第二脚就向凤姐踢去，废除贾环、贾兰上家学“一年学里吃点心或者买纸笔，每位有八两银子的使用”，决断“凡爷们的使用，都是各屋里领了月钱的。环哥的是姨娘领二两，宝玉的是老太太屋里袭人领二两，兰哥儿的是大奶奶屋里领。怎么学里每人又多这八两？原来上学去的是为这八两银子？从今儿起，把这一项蠲了。平儿，回去告诉你奶奶，说我的话，把这一条务必免了。”这就凸显了探春按章办事、除弊布新的魄力和能力，敢于找硬钉子碰，以树立自己管理大观园的威望。这使得底下人等感受到探春要“找几件利害事与有体面的人开例作法子，镇压与众人作榜样呢”，也就“渐觉探春精细处不让凤姐，只不过是言语安静，性情和顺而已”。庚辰本夹批说：“这是小姐身份耳，阿凤未出阁想亦如此。”凤姐未出阁是何种作风不可知，但探春这个“未出闺阁的年轻小姐”，却实实在在地令人感到好生了得。这种凸显效应，来自《红楼梦》空间调度得法，以减法作为加法的基础，开辟田垄好栽花种菜。

正说着，只见秋纹走来。众媳妇忙赶着问好，又说：“姑娘也且歇一歇，里头摆饭呢。等撤下饭桌子，再回话去。”秋纹笑道：“我比不得你们，我那里等得？”说着便直要上厅去。平儿忙叫：“快回来。”秋纹回头见了平儿，笑道：“你又在这里充什么外围的防护？”一面回身便坐在平儿褥上。

平儿悄问：“回什么？”秋纹道：“问一问宝玉的月银我们的月钱多早晚才领。”平儿道：“这什么大事？你快回去告诉袭人，说我的话，凭有什么事今儿都别回。若回一件，管驳一件，回一百件，管驳一百件。”秋纹听了，忙问：“这是为什么了？”平儿与众媳妇等都忙告诉他原故，又说：“正要找几件利害事与有体面的人开例作法子，镇压与众人作榜样呢。何苦你们先来碰在这钉子上。你这一去说了，他们若拿你们也作一二件榜样，又碍着老太太、太太，若不拿着你们作一二件，人家又说偏一个向一个，仗着老太太、太太威势的就怕，也不敢动，只拿着软的作鼻子头。你听听罢，二奶奶的事，他还要驳两件，才压的众人口声呢。”秋纹听了，伸舌笑道：“幸而平姐姐在这里，没的臊一鼻子灰。我赶早知会他们去。”说着，便起身走了。

接着宝钗的饭至，平儿忙进来服侍。那时赵姨娘已去，三人在板床上吃饭。宝钗面南，探春面西，李纨面东。众媳妇皆在廊下静候，里头只有他们紧跟常侍的丫鬟伺候，别人一概不敢擅入。这些媳妇们都悄悄的议论说："大家省事罢，别安着没良心的主意。连吴大娘才都讨了没意思，咱们又是什么有脸的？"他们一边悄议，等饭完回事。

只觉里面鸦雀无声，并不闻碗箸之声。一时只见一个丫鬟将帘栊高揭，又有两个将桌抬出。茶房内早有三个丫头捧着三沐盆水，见饭桌已出，三人便进去了，一回又捧出沐盆并漱盂来，方有待书、素云、莺儿三个，每人用茶盘捧了三盖碗茶进去。一时等他三人出来，待书命小丫头子："好生伺候着，我们吃饭来换你们，别又偷坐着去。"众媳妇们方慢慢的一个一个的安分回事，不敢如先前轻慢疏忽了。

探春气方渐平，因向平儿道："我有一件大事，早要和你奶奶商议，如今可巧想起来。你吃了饭快来。宝姑娘也在这里，咱们四个人商议了，再细细问你奶奶可行可止。"平儿答应回去。

凤姐因问为何去这一日，平儿便笑着将方才的原故细细说与他听了。凤姐儿笑道："好，好，好，好个三姑娘。我说他不错，只可惜他命薄，没托生在太太肚里。"平儿笑道："奶奶也说糊涂话了。他便不是太太养的，难道谁敢小看他，不与别的一样看了？"凤姐儿叹道："你那里知道，虽然庶出一样，女儿却比不得男人，将来攀亲时，如今有一种轻狂人，先要打听姑娘是正出庶出，多有为庶出不要的，殊不知别说庶出，便是我们的丫头，比人家的小姐还强呢。将来不知那个没造化的挑庶正误了事呢，也不知那个有造化的不挑庶正的得了去。"

说着，又向平儿笑道："你知道，我这几年生了多少省俭的法子，一家子大约也没个不背地里恨我的，我如今也是骑上老虎了。虽然看破些，无奈一时也难宽放。二则家里出去的多，进来的少，凡百大小事仍是照着老祖宗手里的规矩，却一年进的产业又不及先时。多省俭了，外人又笑话，老太太、太太也受委屈，家下人也抱怨刻薄。若不趁早儿料理省俭之计，再几年就都赔尽了。"平儿道："可不是这话。将来还有三四位姑娘，还有两三个小爷，一位老太太，这几件大事未完呢。”

凤姐儿笑道：“我也虑到这里，倒也够了：宝玉和林妹妹他两个一娶一嫁，可以使不着官中的钱，老太太自有梯己拿出来。二姑娘是大老爷那边的，也不算。剩了三四个，满破着每人花上一万银子。环哥娶亲有限，花上三千两银子，不拘那里省一抿子也就够了。老太太事出来，一应都是全了的，不过零星杂项，便费也满破三五千两。如今再俭省些，陆续也就够了。只怕如今平空又生出一两件事来，可就了不得了。咱们且别虑后事，你且吃了饭，快听他商议什么。这正碰了我的机会，我正愁没个膀臂。虽有个宝玉，他又不是这里头的货，纵收伏了他也不中用。大奶奶是个佛爷，也不中用。二姑娘更不中用，亦且不是这屋里的人。四姑娘小呢，兰小子更小，环儿更是个燎毛的小冻猫子，只等有热灶火坑让他钻去罢。真真一个娘肚子里跑出这样天悬地隔的两个人来，我想到这里就不服。再者林丫头和宝姑娘他两个倒好，偏又都是亲戚，又不好管咱家务事。况且一个是美人灯儿，风吹吹就坏了。一个是拿定了主意，‘不干己事不张口，一问摇头三不知’，也难十分去问他。倒只剩了三姑娘一个，心里嘴里都也来的。又是咱家的正人，太太又疼他，虽然面上淡淡的，皆因是赵姨娘那老东西闹的，心里却是和宝玉一样疼呢。比不得环儿，实在令人难疼，要依我的性早撵出去了。如今他既有这主意，正该和他协同，大家做个膀臂，我也不孤不独了。按正理，天理良心上论，咱们有他这个人帮着，咱们也省些心，于太太的事也有些益。若按私心藏奸上论，我也太行毒了，也该抽头退步。回头看看了，再要穷追苦克，人恨极了，暗地里笑里藏刀，咱们两个才四个眼睛，两个心，一时不防，倒弄坏了。趁着紧溜之中，他出头一料理，众人就把往日恨咱们的恨心暂可解了。还有一件，我虽知你极明白，恐怕你心里挽不过来，如今嘱咐你：他虽是姑娘家，心里却事事明白，不过是言语谨慎。他又比我知书识字，更利害一层了。如今俗语'擒贼必先擒王'，他如今要作法开端，一定是先拿我开端。倘或他要驳我的事，你可别分辩，你只越恭敬，越说驳的是才好。千万别想着怕我没脸，和他一犟，就不好了。"

平儿不等说完，便笑道："你太把人看糊涂了。我才已经行在先，这会子又反嘱咐我。"凤姐儿笑道："我是恐怕你心里眼里只有了我，一概没有别人之故，不得不嘱咐。既已行在先，更比我明白了。你又急了，满口里'你''我'起来。"平儿道："偏说'你'。你不依，这不是嘴巴子，再打一顿。难道这脸上还没尝过的不成？"凤姐儿笑道："你这小蹄子，要掂多少过子才罢。看我病的这样，还来怄我。过来坐下，横竖没人来，咱们一处吃饭是正经。"

说着，丰儿等三四个小丫头子进来放小炕桌。凤姐只吃燕窝粥，两碟子精致小菜，每日分例菜已暂减去。丰儿便将平儿的四样分例菜端至桌上，与平儿盛了饭来。平儿屈一膝于炕沿之上，半身犹立于炕下，陪着凤姐儿吃了饭，服侍漱盥。漱毕，嘱咐了丰儿些话，方往探春处来。只见院中寂静，人已散去。要知端的——

笺证

对比可以彰显人物特征，评议可以看清人物位置。人物特征是借由人物的位置发挥作用。位置牵动了可以使用的权限、人脉和资源，因而能够规范和强化人物行为的特征。对于位置和职权的重要性，《论语·泰伯》孔子曰："不在其位，不谋其政。"《论语·宪问》曾子曰："君子思不出其位。"西汉陆贾《新语·辨惑》曰："道因权而立，德因势而行，不在其位者，则无以齐其政，不操其柄者，则无以制其刚。诗云'有斧有柯'，言何以治之也。"要挥舞斧头，首先要抓住斧头的柄子。《红楼梦》第五十五回王熙凤通过冷眼旁观，对平儿评议探春如何抓住斧头柄去办事的特征，说："倒只剩了三姑娘一个，心里嘴里都也来的。又是咱家的正人，太太又疼他，虽然面上淡淡的，皆因是赵姨娘那老东西闹的，心里却是和宝玉一样疼呢。……如今他既有这主意，正该和他协同，大家做个膀臂，我也不孤不独了。按正理，天理良心上论，咱们有他这个人帮着，咱们也省些心，于太太的事也有些益。若按私心藏奸上论，我也太行毒了，也该抽头退步。回头看看了，再要穷追苦克，人恨极了，暗地里笑里藏刀，咱们两个才四个眼睛，两个心，一时不防，倒弄坏了。趁着紧溜之中，他出头一料理，众人就把往日恨咱们的恨心暂可解了。还有一件，我虽知你极明白，恐怕你心里挽不过来，如今嘱咐你：他虽是姑娘家，心里却事事明白，不过是言语谨慎。他又比我知书识字，更利害一层了。如今俗语'擒贼必先擒王'，他如今要作法开端，一定是先拿我开端。倘或他要驳我的事，你可别分辩，你只越恭敬，越说驳的是才好。千万别想着怕我没脸，和他一犟，就不好了。"己卯本夹批说："阿凤有才处全在择人，收纳膀臂羽翼，并非一味倚才自恃者可知。这方是大才。"其实，凤姐反省自己"太行毒""该抽头退步"，不能排除由于病体缠绵，消磨了锐气的缘故。戚蓼生本回末总评说："噫！事亦难矣哉！探春以姑娘之尊，以贾母之爱，以王夫人之付托，以凤姐之未谢事，暂代数月，而奸奴蜂起，内外欺侮，锱铢小事，突动风波，不亦难乎！以凤姐之聪明，以凤姐之才力，以凤姐之权术，以凤姐之贵宠，以凤姐之日夜焦劳，百般弥缝，犹不免骑虎难下，为移祸东吴之计，不亦难乎！况聪明才力不及凤姐，权术贵宠不及凤姐，焦劳弥缝不及凤姐，又无贾母之爱，姑娘之尊，太太之付托，而欲左支右吾，撑前达后，不更难乎！士方有志作一番事业，每读至此，不禁为之投书以起，三复流连而欲泣也！”[1]戚蓼生本的批评，亦精粹，亦疏阔。这里的评议未免疏阔，它想将探春之事普遍化，延伸到“士方有志作一番事业”者，算是对《红楼梦》的一种疏阔的解读法。杜甫《赠蜀僧闾丘师兄》诗云：“小子思疏阔，岂能达词门？”假如思想迂阔、不着边际，又怎么能够到达诗文的门庭呢？

[1] 朱一玄编：《红楼梦资料汇编》，南开大学出版社2012年版，第471—472页。

第五十六回

敏探春兴利除宿弊 时宝钗小惠全大体

话说平儿陪着凤姐儿吃了饭，服侍盥漱毕，方往探春处来。只见院中寂静，只有丫鬟婆子诸内壸近人在窗外听候。

平儿进入厅中，他姊妹三人正议论些家务，说的便是年内赖大家请吃酒，他家花园中的事。见他来了，探春便命他脚踏上坐了，因说道："我想的事不为别的，因想着我们一月有二两月银外，丫头们又另有月钱。前儿又有人回，要我们一月所用的头油脂粉，每人又是二两。这又同才刚学里的八两一样，重重叠叠，事虽小，钱有限，看起来也不妥当。你奶奶怎么就没想到这个？"

平儿笑道："这有个原故：姑娘们所用的这些东西，自然是该有分例。每月买办买了，令女人们各房交与我们收管，不过预备姑娘们使用就罢了，没有一个我们天天各人拿钱找人买头油又是脂粉去的理。所以外头买办总领了去，按月使女人按房交与我们的。姑娘们的每月这二两，原不是为买这些的，原为的是一时当家的奶奶太太或不在，或不得闲，姑娘们偶然一时可巧要几个钱使，省得找人去。这原是恐怕姑娘们受委屈，可知这个钱并不是买这个才有的。如今我冷眼看着，各房里的我们的姊妹都是现拿钱买这些东西的，竟有一半。我就疑惑，不是买办脱了空，迟些日子，就是买的不是正经货，弄些使不得的东西来搪塞。"

探春、李纨都笑道："你也留心看出来了。脱空是没有的，也不敢，只是迟些日子；催急了，不知那里弄些来，不过是个名儿，其实使不得，依然得现买。就用这二两银子，另叫别人的奶妈子的或是弟兄哥哥的儿子买了来才使得。若使了官中的人，依然是那一样的。不知他们是什么法子，是铺子里坏了不要的，他们都弄了来，单预备给我们？”平儿笑道：“买办买的是那样的，他买了好的来，买办岂肯和他善开交，又说他使坏心要夺这买办了。所以他们也只得如此，宁可得罪了里头，不肯得罪了外头办事的人。姑娘们只能可使奶妈妈们，他们也就不敢闲话了。”

探春道：“因此我心中不自在。钱费两起，东西又白丢一半，通算起来，反费了两折子，不如竟把买办的每月蠲了为是。此是一件事。第二件，年里往赖大家去，你也去的，你看他那小园子比咱们这个如何？”平儿笑道：“还没有咱们这一半大，树木花草也少多了。”探春道：“我因和他家女儿说闲话儿，谁知那么个园子，除他们带的花、吃的笋菜鱼虾之外，一年还有人包了去，年终足有二百两银子剩。从那日我才知道，一个破荷叶，一根枯草根子，都是值钱的。”

宝钗笑道：“真真膏粱纨绮之谈。虽是千金小姐，原不知这事，但你们都念过书识字的，竟没看见朱夫子有一篇《不自弃文》不成？”探春笑道：“虽看过，那不过是勉人自励，虚比浮词，那里都真有的？”宝钗道：“朱子都有虚比浮词？那句句都是有的。你才办了两天时事，就利欲熏心，把朱子都看虚浮了。你再出去见了那些利弊大事，越发把孔子也看虚了！”探春笑道：“你这样一个通人，竟没看见子书？当日《姬子》有云：登利禄之场，处运筹之界者，窃尧舜之词，背孔孟之道。”宝钗笑道：“底下一句呢？”探春笑道：“如今只断章取意，念出底下一句，我自己骂我自己不成？”宝钗道：“天下没有不可用的东西；既可用，便值钱。难为你是个聪明人，这些正事大节目事竟没经历，也可惜迟了。”李纨笑道：“叫了人家来，不说正事，你们且对讲学问。”宝钗道：“学问中便是正事。此刻于小事上用学问一提，那小事越发作高一层了。不拿学问提着，便都流入市俗去了。”

笺证

第五十六回宝钗与探春讨论管理家务的事宜，宝钗想把管理提高档次，就谈学问，认为“不拿学问提着，便都流入市俗去了”，实践需要理论的指导，“于小事上用学问一提，那小事越发作高一层了”。至于“市俗”的问题，南宋灌圃耐得翁记述临安土俗民风之大略的《都城纪胜·瓦舍众伎》说：“公忠者雕以正貌，奸邪者与之丑貌，盖亦寓褒贬于市俗之眼戏也。”市俗无文，易于流为庸陋俗气。探春却嘲讽学问的虚浮，认为朱熹《不自弃文》“那不过是勉人自励，虚比浮词，那里都真有的”？指的当是“今名卿士大夫之子孙，华其身，甘其食，谀其言，傲其物，遨游燕乐，不知身之所以耀润者，皆乃祖乃父勤劳刻苦也”，“为人孙者，当思祖德之勤劳”一类说辞。探春批评“虚比浮词”，因为她是一个实干家。清刻本《朱子文集大全类编》卷二十一《庭训》中有《不自弃文》，全文如下：“夫天下之物，皆物也。而物有一节之可取，且不为世之所弃，可谓人而不如物乎！盖顽如石而有攻玉之用，毒如蝮而有和药之需。粪其污矣，施之发田，则五谷赖之以秀实；灰既冷矣，俾之洗瀚，则衣裳赖之以精洁。食龟之肉，甲可遗也，而人用之以占年；食鹅之肉，毛可弃也，峒民缝之以御蜡。推而举之，类而推之，则天下无弃物矣。今人而见弃焉，特其自弃尔。五行以性其性，五事以形其形，五典以教其教，五经以学其学。有格致体物以律其文章，有课式程试以梯其富贵。达则以是道为卿为相，穷则以是道为师为友。今人弃菜而怨天尤人，岂理也哉！故怨天者不勤，尤人者无志。反求诸己而自尤自罪、自怨自悔，卓然立其志，锐然策其功，视天下之物有一节之可取且不为世之所弃，岂以人而不如物乎！今名卿士大夫之子孙，华其身，甘其食，谀其言，傲其物，遨游燕乐，不知身之所以耀润者，皆乃祖乃父勤劳刻苦也。欲芳泉而不知其源，饭香黍而不知其由，一旦时异事殊，失其故态，士焉而学之不及，农焉而劳之不堪，工焉而巧之不素，商焉而资之不给。当是时也，窘之以寒暑，艰之以衣食，妻垢其面，子（置）其形，虽残杯冷炙，吃之而不惭；穿衣破履，服之而无耻，黯然而莫振者，皆昔日之所为有以致之而然也。吾见房、杜平生勤苦，仅能立门户，遭不肖子弟荡覆殆尽，斯可鉴矣。又见河南马氏倚其富贵，骄奢淫佚，子孙为之燕乐而已，人间事业百不识一，当时号为酒囊饭袋。乃世变运衰，饿死于沟壑不可数计，此又其大戒也。为人孙者，当思祖德之勤劳；为太子者，当念父功之刻苦，孜孜汲汲，以成其事；兢兢业业，以立其志。人皆趋彼，我独守此；人皆迁之，我独不移。士其业者，必至于登名；农其业者，必至于积粟；工其棠者，必至于作巧；商其业者，必至于盈资。若是，则于身不弃，于人无愧，祖父不失其贻谋，子孙不沦于困辱，永保其身，不亦宜乎！”[1]在探春心目中，朱熹所言“为人孙者，当思祖德之勤劳”，在贾府中已经成了空话。因此与其崇信朱子，不如崇信姬子，因而她笑说：“你（宝钗）这样一个通人，竟没看见子书？当日《姬子》有云：登利禄之场，处运筹之界者，窃尧舜之词，背孔孟之道。”何为《姬子》？诸子百家中并无此书，周公姓姬，或是借其姓氏压倒朱熹。但是从探春的言辞来看，姬子或是“嵇子”的谐音，牵系着魏晋竹林七贤之首选人物嵇康。嵇康有《与山巨源绝交书》，宣称“非汤、武而薄周、孔”，说“尧舜之君世，许由之岩栖”，“仲尼兼爱，不羞执鞭”，都是为自己不肯出仕寻找借口，违背了古人“祖述尧舜”“取法仲尼”的本义，这些言辞应合了探春所说“窃尧舜之词，背孔孟之道”。嵇康批评山涛（巨源）推荐自己放弃隐逸生活，

[1] 郭齐、尹波点校：《朱熹集》，四川教育出版社1996年版，第5754—5755页。

为司马昭办事，违背意愿而“登利禄之场，处运筹之界”，实在是“窃尧舜之词，背孔孟之道”的行为。探春对嵇康只能断章取义，而不做“刚肠疾恶，轻肆直言”，导致“世教所不容”。《红楼梦》虽然想提升探春、宝钗管理家务的理论档次，但引述掌故，曲折为说，未免游戏笔墨，有掉书袋之嫌。掉书袋的典故出自《南唐书·彭利用传》：“言必据书史，断章破句，以代常谈，俗谓之掉书袋。”明末清初张岱《陶庵梦忆》卷五记述了一个掉书袋的例子：“范长白园在天平山下，万石都焉。龙性难驯，石皆笏起，旁为范文正墓……余至，主人出见。主人与大父同籍，以奇丑著。是日释褐，大父嬲之曰：‘丑不冠带，范年兄亦冠带了也。’人传以笑。余亟欲一见。及出，状貌果奇，似羊肚石雕一小猱，其鼻垩，颧颐犹残缺失次也。冠履精洁，若谐谑谈笑，面目中不应有此。开山堂小饮，绮疏藻幕，备极华缛，秘阁清讴，丝竹摇飏，忽出层垣，知为女乐。饮罢，又移席小兰亭，比晚辞去。主人曰：‘宽坐，请看少焉。’余不解，主人曰：‘吾乡有缙绅先生，喜调文袋，以《赤壁赋》有“少焉月出于东山之上”句，遂字月为少焉。顷言少焉者，月也。’固留看月，晚景果妙。主人曰：‘四方客来，都不及见小园雪，山石崡岈，银涛蹴起，掀翻五泄，捣碎龙湫，世上伟观，惜不令宗子见也。’步月而出，至元墓，宿葆生叔书画舫中。”[2]官宦先生由于苏东坡的《赤壁赋》有“少焉月出于东山之上”的句子，就把月亮叫作“少焉”，实在是掉书袋的趣谈。探春注重实干，对宝钗式的掉书袋，采取游戏的态度加以化解，也是可能的。

三人只是取笑之谈，说了笑了一回，便仍谈正事。探春因又接说道：“咱们这园子只算比他们的多一半，加一倍算，一年就有四百银子的利息。若此时也出脱生发银子，自然小器，不是咱们这样人家的事。若派出两个一定的人来，既有许多值钱之物，一味任人作践，也似乎暴殄天物。不如在园子里所有的老妈妈中，拣出几个本分老诚能知园圃的事的，派准他们收拾料理，也不必要他们交租纳税，只问他们一年可以孝敬些什么。一则园子有专定之人修理，花木自又一年好似一年的，也不用临时忙乱；二则也不至作践，白辜负了东西；三则老妈妈们也可借此小补，不枉年日在园中辛苦；四则亦可以省了这些花儿匠、山子匠、打扫人等的工费。将此有馀，以补不足，未为不可。”

宝钗正在地下看壁上的字画，听如此说一句，便点一回头，说完，便笑道：“善哉，三年之内无饥馑矣！”李纨笑道：“好主意。这果一行，太太必喜欢。省钱事小，第一有人打扫，专司其职，又许他们去卖钱。使之以权，动之以利，再无不尽职的了。”平儿道：“这件事须得姑娘说出来。我们奶奶虽有此心，也未必好出口。此刻姑娘们在园里住着，不能多弄些玩意儿去陪衬，反叫人去监管修理，图省钱，这话断不好出口。”

宝钗忙走过来，摸着他的脸笑道：“你张开嘴，我瞧瞧你的牙齿舌头是什么作的。从早起来到这会子，你说了这些话，一套一个样子，也不奉承三姑娘，也没见你说奶奶才短想不到，也并没有三姑娘说一句，你就说一句是；横竖三姑娘一套话出来，你就有一套话进去；总是三姑娘想的到的，你奶奶也想到了，只是必有个不可办的原故。这会子又是因姑娘住的园子，不好因省钱令人去监管。你们想想这话，若果真交与人弄钱去的，那人自然是一枝花也不许掐，一个果子也不许动了，姑娘们分中自然不敢，天天与小姑娘们就吵不清。他这远愁近虑，不亢不卑。他奶奶便不是和咱们好，听他这一番话，也必要自愧的变好了，不和也变和了。”

探春笑道：“我早起一肚子气，听他来了，忽然想起他主子来，素日当家使出来的好撒野的人，我见了他便生了气。谁知他来了，避猫鼠儿似的站了半日，怪可怜的。接着又说了那么些话，不说他主子待我好，倒说‘不枉姑娘待我们奶奶素日的情意了’。这一句，不但没了气，我倒愧了，又伤起心来。我细想，我一个女孩儿家，自己还闹得没人疼没人顾的，我那里还有好处去待人。”口内说到这

❷（明）张岱著，弥松颐校注：《陶庵梦忆》，西湖书社1982年版，第57—58页。

里，不免又流下泪来。

李纨等见他说的恳切，又想他素日因赵姨娘每生诽谤，在王夫人跟前亦为赵姨娘所累，亦都不免流下泪来，都忙劝道："趁今日清净，大家商议两件兴利剔弊的事，也不枉太太委托一场。又提这没要紧的事做什么？"平儿忙道："我已明白了。姑娘竟说谁好，竟一派人就完了。"探春道："虽如此说，也须得回你奶奶一声。我们这里搜剔小遗，已经不当，皆因你奶奶是个明白人，我才这样行，若是糊涂多蛊多妒的，我也不肯，倒像抓他乖一般。岂可不商议了行。"平儿笑道："既这样，我去告诉一声。"说着去了，半日方回来，笑说："我说是白走一趟，这样好事，奶奶岂有不依的。"

探春听了，便和李纨命人将园中所有婆子的名单要来，大家参度，大概定了几个。又将他们一齐传来，李纨大概告诉与他们。众人听了，无不愿意，也有说："那一片竹子单交给我，一年工夫，明年又是一片。除了家里吃的笋，一年还可交些钱粮。"这一个说："那一片稻地交给我，一年这些顽的大小雀鸟的粮食不必动官中钱粮，我还可以交钱粮。"

探春才要说话，人回："大夫来了，进园瞧姑娘。"众婆子只得去接大夫。平儿忙说："单你们，有一百个也不成个体统，难道没有两个管事的头脑带进大夫来？"回事的那人说："有，吴大娘和单大娘他两个在西南角上聚锦门等着呢。"平儿听说，方罢了。

众婆子去后，探春问宝钗如何。宝钗笑答道："幸于始者怠于终，缮其辞者嗜其利。"探春听了点头称赞，便向册上指出几人来与他三人看。平儿忙去取笔砚来。他三人说道："这一个老祝妈是个妥当的，况他老头子和他儿子代代都是管打扫竹子，如今竟把这所有的竹子交与他。这一个老田妈本是种庄稼的，稻香村一带凡有菜蔬稻稗之类，虽是顽意儿，不必认真大治大耕，也须得他去，再一按时加些培植，岂不更好？"

探春又笑道："可惜，蘅芜苑和怡红院这两处大地方竟没有出利息之物。"李纨忙笑道："蘅芜苑更利害。如今香料铺并大市大庙卖的各处香料香草儿，都不是这些东西？算起来比别的利息更大。怡红院别说别的，单只说春夏天一季玫瑰花，共下多少花？还有一带篱笆上蔷薇、月季、宝相、金银藤，单这没要紧的草花干了，卖到茶叶铺药铺去，也值几个钱。”探春笑道：“原来如此。只是弄香草的没有在行的人。”

平儿忙笑道：“跟宝姑娘的莺儿他妈就是会弄这个的，上回他还采了些晒干了编成花篮葫芦给我顽的，姑娘倒忘了不成？”宝钗笑道：“我才赞你，你倒来捉弄我了。”三人都诧异，都问这是为何。宝钗道：“断断使不得！你们这里多少得用的人，一个一个闲着没事办，这会子我又弄个人来，叫那起人连我也看小了。我倒替你们想出一个人来：怡红院有个老叶妈，他就是茗烟的娘。那是个诚实老人家，他又和我们莺儿的娘极好，不如把这事交与叶妈。他有不知的，不必咱们说，他就找莺儿的娘去商议了。那怕叶妈全不管，竟交与那一个，那是他们私情儿，有人说闲话，也就怨不到咱们身上了。如此一行，你们办的又至公，于事又甚妥。”李纨、平儿都道：“是极。”探春笑道：“虽如此，只怕他们见利忘义。”平儿笑道：“不相干，前儿莺儿还认了叶妈做干娘，请吃饭吃酒，两家和厚的好的很呢。”探春听了，方罢了。又共同斟酌出几人来，俱是他四人素昔冷眼取中的，用笔圈出。

一时婆子们来回大夫已去，将药方送上去。三人看了，一面遣人送出去取药，监派调服，一面探春与李纨明示诸人：某人管某处，按四季除家中定例用多少外，馀者任凭你们采取了去取利，年终算帐。

探春笑道：“我又想起一件事：若年终算帐归钱时，自然归到帐房，仍是上头又添一层管主，还在他们手心里，又剥一层皮。这如今我们兴出这事来派了你们，已是跨过他们的头去了，心里有气，只说不出来；你们年终去归帐，他们还不捉弄你们等什么？再者，这一年间管什么的，主子有一全分，他们就得半分。这是家里的旧例，人所共知的，别的偷着的在外。如今这园子里是我的新创，竟别入他们手，每年归帐，竟归到里头来才好。”

宝钗笑道：“依我说，里头也不用归帐。这个多了那个少了，倒多了事。不如问他们谁领这一分的，他就揽一宗事去。不过是园里的人的动用。我替你们算出来了，有限的几宗事：不过是头油、胭粉、香、纸，每一位姑娘几个丫头，都是有定例的。再者，各处笤帚、撮簸、掸子并大小禽鸟、鹿、兔吃的粮食。不过这几样，都是他们包了去，不用帐房去领钱。你算算，就省下多少来？”

平儿笑道：“这几宗虽小，一年通共算了，也省的下四百两银子。”宝钗笑道：“却又来，一年四百,二年八百两，取租的钱房子也能看得了几间，薄地也可添几亩。虽然还有富馀的，但他们既辛苦闹一年，也要叫他们剩些，贴补贴补自家。虽是兴利节用为纲，然亦不可太啬。纵再省上二三百银子，失了大体统也不像。所以如此一行，外头帐房里一年少出四五百银子，也不觉得很艰啬了，他们里头却也得些小补。这些没营生的妈妈们也宽裕了，园子里花木，也可以每年滋长蕃盛，你们也得了可使之物。这庶几不失大体。若一味要省时，那里不搜寻出几个钱来？凡有些馀利的，一概入了官中，那时里外怨声载道，岂不失了你们这样人家的大体？如今这园里几十个老妈妈们，若只给了这几个，那剩的也必抱怨不公。我才说的，他们只供给这个几样，也未免太宽裕了。一年竟除这个之外，他每人不论有馀无馀，只叫他拿出若干贯钱来，大家凑齐，单散与园中这些妈妈们。他们虽不料理这些，却日夜也是在园中照看当差之人，关门闭户，起早睡晚，大雨大雪，姑娘们出入，抬轿子，撑船，拉冰床，一应粗糙活计，都是他们的差使。一年在园里辛苦到头，这园内既有出息，也是分内该沾带些的。还有一句至小的话，越发说破了：你们只管了自己宽裕，不分与他们些，他们虽不敢明怨，心里却都不服，只用假公济私的多摘你们几个果子，多掐几枝花儿，你们有冤还没处诉。他们也沾带了些利息，你们有照顾不到的，他们就替你照顾了。”

众婆子听了这个议论，又去了帐房受辖制，又不与凤姐儿去算帐，一年不过多拿出若干贯钱来，各各欢喜异常，都齐说："愿意。强如出去被他揉搓着，还得拿出钱来呢。"那不得管地的听了每年终又无故得分钱，也都喜欢起来，口内说："他们辛苦收拾，是该剩些钱贴补的。我们怎么好'稳坐吃三注'的？"宝钗笑道："妈妈们也别推辞了，这原是分内应当的。你们只要日夜辛苦些，别躲懒纵放人吃酒赌钱就是了。不然，我也不该管这事，你们一般听见，姨娘亲口嘱托我三五回，说大奶奶如今又不得闲儿，别的姑娘又小，托我照看照看。我若不依，分明是叫姨娘操心。你们奶奶又多病多痛，家务也忙。我原是个闲人，便是个街坊邻居，也要帮着些，何况是亲姨娘托我。我免不得去小就大，讲不起众人嫌我。倘或我只顾了小分沽名钓誉，那时酒醉赌博生出事来，我怎么见姨娘？你们那时后悔也迟了，就连你们素日的老脸也都丢了。这些姑娘小姐们，这么一所大花园，都是你们照看，皆因看得你们是三四代的老妈妈，最是循规遵矩的，原该大家齐心，顾些体统。你们反纵放别人任意吃酒赌博，姨娘听见了，教训一场犹可，倘若被那几个管家娘子听见了，他们也不用回姨娘，竟教导你们一番。你们这年老的反受了年小的教训，虽是他们是管家，管的着你们，何如自己存些体统，他们如何得来作践？所以我如今替你们想出这个额外的进益来，也为大家齐心把这园里周全的谨谨慎慎，使那些有权执事的看见这般严肃谨慎，且不用他们操心，他们心里岂不敬服？也不枉替你们筹画进益，既能夺他们之权，生你们之利，岂不能行无为之治，分他们之忧？你们去细想想这话。"家人都欢声鼎沸说："姑娘说的很是。从此姑娘奶奶只管放心，姑娘奶奶这样疼顾我们，我们再要不体上情，天地也不容了。"

笺证

《红楼梦》往往虚实相间，下面要写贾宝玉入梦，此处却用力雕刻探春务实。实得精细，写到形而下的深处，为大观园世界立下根基；虚得空灵，写到形而上的远方，为太虚幻境拓展遐思。既实得精细，又虚得空灵，放得开，收得拢，方是大笔力。第五十六回探春对大观园的管理，运用起精算术，心细如发，却也是取法于外。因由年里看见赖大家的小园子还没有大观园一半大，却承包出去，除了满足他们戴的花、吃的笋菜鱼虾之外，年终足有二百两银子剩。探春因而提议："咱们这园子只算比他们的多一半，加一倍算，一年就有四百银子的利息。若此时也出脱生发银子，自然小器，不是咱们这样人家的事。若派出两个一定的人来，既有许多值钱之物，一味任人作践，也似乎暴殄天物。不如在园子里所有的老妈妈中，拣出几个本分老诚能知园圃的事的，派准他们收拾料理，也不必要他们交租纳税，只问他们一年可以孝敬些什么。一则园子有专定之人修理，花木自又一年好似一年的，也不用临时忙乱；二则也不至作践，白辜负了东西；三则老妈妈们也可借此小补，不枉年日在园中辛苦；四则亦可以省了这些花儿匠、山子匠、打扫人等的工费。将此有馀，以补不足，未为不可。"宝钗笑着称赞："善哉，三年之内无饥馑矣！"宝钗毕竟是姨表亲戚，从旁点赞，保持客卿的口吻。她们又严密选择几个本分老诚能知园圃的老妈妈，分管怡红院的香草香花、潇湘馆的竹子竹笋、蘅芜苑的香料香草、稻香村的田地庄稼，这些老妈妈还抽出一些余润分给其他老妈妈。这是探春超出凤姐的管理成例，兴利除弊的大举措，都与宝钗、李纨处理得井井有条，并让平儿向凤姐打了招呼。这实际上已经超出了凤姐治理大观园的框架。《红楼梦》写实、写幻，高招百出，未经写成，阿谁能够猜测其深层的底细？妙就妙在这一派汪洋，既是深不可测，便可百舸争流。

刚说着，只见林之孝家的进来说："江南甄府里家眷昨日到京，今日进宫朝贺。此刻先遣人来送礼请安。"说着，便将礼单送上去。探春接了，看道是："上用的妆缎蟒缎十二匹，上用杂色缎十二匹，上用各色纱十二匹，上用宫绸十二匹，官用各色缎纱绸绫二十四匹。"李纨也看过，说："用上等封儿赏他。"因又命人回了贾母。

贾母便命人叫李纨、探春、宝钗等也都过来，将礼物看了。李纨收过，一边吩咐内库上人说："等太太回来看了再收。"贾母因说："这甄家又不与别家相同，上等赏封赏男人，只怕展眼又打发女人来请安，预备下尺头。"一语未完，果然人回："甄府四个女人来请安。"贾母听了，忙命人带进来。

那四个人都是四十往上的年纪，穿戴之物，皆比主子不甚差别。请安问好毕，贾母命拿了四个脚踏来，他四人谢了坐，待宝钗等坐了，方都坐下。贾母便问："多早晚进京的？"四人忙起身回说："昨日进的京。今日太太带了姑娘进宫请安去了，故令女人们来请安，问候姑娘们。"贾母笑问道："这些年没进京，也不想到今年来。"四人也都笑回道："正是，今年是奉旨进京的。"贾母问道："家眷都来了？"四人回说："老太太和哥儿、两位小姐并别位太太都没来，就只太太带了三姑娘来了。"贾母道："有人家没有？"四人道："尚没有。"贾母笑道："你们大姑娘和二姑娘这两家，都和我们家甚好。"四人笑道："正是。每年姑娘们有信回去说，全亏府上照看。"贾母笑道："什么照看，原是世交，又是老亲，原应当的。你们二姑娘更好，更不自尊自大，所以我们才走的亲密。"四人笑道："这是老太太过谦了。"

贾母又问："你这哥儿也跟着你们老太太？"四人回说："也是跟着老太太。"贾母道："几岁了？"又问："上学不曾？"四人笑说："今年十三岁。因长得齐整，老太太很疼。自幼淘气异常，天天逃学，老爷太太也不便十分管教。"贾母笑道："也不成了我们家的了。你这哥儿叫什么名字？"

四人道:“因老太太当作宝贝一样，他又生的白，老太太便叫作宝玉。”贾母便向李纨等道:“偏也叫作个宝玉。”李纨忙欠身笑道:“从古至今，同时隔代重名的很多。”四人也笑道:“起了这个小名儿之后，我们上下都疑惑，不知那位亲友家也倒似曾有一个的。只是这十来年没进京来，却记不真了。”贾母笑道:“那就是我的孙子。人来。”众媳妇丫头答应了一声，走近几步。贾母笑道:“园里把咱们的宝玉叫了来，给这四个管家娘子瞧瞧，比他们的宝玉如何？”

众媳妇听了，忙去了，半刻围了宝玉进来。四人一见，忙起身笑道:“唬了我们一跳。若是我们不进府来，倘若别处遇见，还只道我们的宝玉后赶着也进了京了呢。”一面说，一面都上来拉他的手，问长问短。宝玉忙也笑问好。

贾母笑道:“比你们的长的如何？”李纨等笑道:“四位妈妈才一说，可知是模样相仿了。”贾母笑道:“那有这样巧事？大家子孩子们再养的娇嫩，除了脸上有残疾十分黑丑的，大概看去都是一样的齐整。这也没有什么怪处。”四人笑道:“如今看来，模样是一样。据老太太说，淘气也一样。我们看来，这位哥儿性情却比我们的好些。”贾母忙问:“怎见得？”四人笑道:“方才我们拉哥儿的手说话便知。我们那一个只说我们糊涂，慢说拉手，他的东西我们略动一动也不依。所使唤的人都是女孩子们。”

四人未说完，李纨姊妹等禁不住都失声笑出来。贾母也笑道:“我们这会子也打发人去见了你们宝玉，若拉他的手，他也自然勉强忍耐一时。可知你我这样人家的孩子们，凭他们有什么刁钻古怪的毛病儿，见了外人，必是要还出正经礼数来的。若他不还正经礼数，也断不容他刁钻去了。就是大人溺爱的，是他一则生的得人意，二则见人礼数竟比大人行出来的不错，使人见了可爱可怜，背地里所以才纵他一点子。若一味他只管没里没外，不与大人争光，凭他生的怎样，也是该打死的。”

四人听了，都笑说:“老太太这话正是。虽然我们宝玉淘气古怪，有时见了人客，规矩礼数更比大人有礼。所以无人见了不爱，只说为什么还打他。殊不知他在家里无法无天，大人想不到的话他偏会说，想不到的事他偏要行，所以老爷太太恨的无法。就是弄性，也是小孩子的常情，胡乱花费，这也是公子哥儿的常情，怕上学，也是小孩子的常情，都还治的过来。第一，天生下来这一种刁钻古怪的脾气，如何使得。”一语未了，人回：“太太回来了。”王夫人进来问过安。他四人请了安，大概说了两句。贾母便命歇歇去。王夫人亲捧过茶，方退出。四人告辞了贾母，便往王夫人处来。说了一会家务，打发他们回去，不必细说。

这里贾母喜的逢人便告诉，也有一个宝玉，也却一般行景。众人都说天下之大，世宦之多，同名者也甚多，祖母溺爱孙者亦古今之常情，不是什么罕事，故皆不介意。独宝玉是个迂阔呆公子的性情，自为是那四人承悦贾母之词。后至蘅芜苑去看湘云病去，史湘云说他：“你放心闹罢，先是‘单丝不成线，独树不成林’，如今有了个对子，闹急了，再打很了，你逃走到南京找那一个去。”宝玉道：“那里的谎话你也信了，偏又有个宝玉了？”湘云道：“怎么列国有个蔺相如，汉朝又有个司马相如呢？”宝玉笑道：“这也罢了，偏又模样儿也一样，这是没有的事。”湘云道：“怎么匡人看见孔子，只当是阳虎呢？”宝玉笑道“孔子阳虎虽同貌，却不同名；蔺与司马虽同名，而又不同貌；偏我和他就两样俱同不成？”湘云没了话答对，因笑道：“你只会胡搅，我也不和你分证。有也罢，没也罢，与我无干。”说着便睡下了。

宝玉心中便又疑惑起来：若说必无，然亦似有；若说必有，又并无目睹。心中闷闷了，回至房中榻上默默盘算，不觉就忽忽的睡去，不觉竟到了一座花园之内。宝玉诧异道：“除了我们大观园，更又有这一个园子？”

正疑惑间，从那边来了几个女儿，都是丫鬟。宝玉又诧异道:“除了鸳鸯、袭人、平儿之外，也竟还有这一干人?”只见那些丫鬟笑道:“宝玉怎么跑到这里来了?”宝玉只当是说他，自己忙来陪笑说道:“因我偶步到此，不知是那位世交的花园，好姐姐们，带我逛逛。”众丫鬟都笑道:“原来不是咱家的宝玉。他生的倒也还干净，嘴儿也倒乖觉。”

宝玉听了，忙道:“姐姐们，这里也竟还有个宝玉?”丫鬟们忙道:“宝玉二字，我们是奉老太太、太太之命，为保佑他延寿消灾的。我们叫他，他听见喜欢。你是那里远方来的臭小厮，也乱叫起他来。仔细你的臭肉，打不烂你的。”又一个丫鬟笑道:“咱们快走罢，别叫宝玉看见，又说同这臭小厮说了话，把咱熏臭了。”说着一径去了。

宝玉纳闷道:“从来没有人如此荼毒我，他们如何竟这样?真亦有我这样一个人不成?”一面想，一面顺步早到了一所院内。宝玉又诧异道:“除了怡红院，也更还有这么一个院落。”忽上了台矶，进入屋内，只见榻上有一个人卧着，那边有几个女孩儿做针线，也有嘻笑顽耍的。只见榻上那个少年叹了一声。一个丫鬟笑问道:“宝玉，你不睡又叹什么?想必为你妹妹病了，你又胡愁乱恨呢。”

宝玉听说，心下也便吃惊。只见榻上少年说道:“我听见老太太说，长安都中也有个宝玉，和我一样的性情，我只不信。我才作了一个梦，竟梦中到了都中一个花园子里头，遇见几个姐姐，都叫我臭小厮，不理我。好容易找到他房里头，偏他睡觉，空有皮囊，真性不知那去了。”宝玉听说，忙说道:“我因找宝玉来到这里。原来你就是宝玉?”榻上的忙下来拉住笑道:“原来你就是宝玉?这可不是梦里了。”宝玉道:“这如何是梦?真而又真了。”一语未了，只见人来说:“老爷叫宝玉。”唬得二人皆慌了。一个宝玉就走，一个宝玉便忙叫:“宝玉快回来，快回来!”

袭人在旁听他梦中自唤，忙推醒他，笑问道:“宝玉在那里?”此时宝玉虽醒，神意尚恍惚，因向门外指说:“才出去了。”袭人笑道:“那是你梦迷了。你揉眼细瞧，是镜子里照的你影儿。”宝玉向前瞧了一瞧，原是那嵌的大镜对面相照，自己也笑了。早有人捧过漱盂茶卤来，漱了口。麝月道:“怪道老太太常嘱咐说小人屋里不可多有镜子。小人魂不全，有镜子照多了，睡觉惊恐作胡梦。如今倒在大镜子那里安了一张床。有时放下镜套还好；往前去，天热困倦不定，那里想的到放他，比如方才就忘了。自然是先躺下照着影儿顽的，一时合上眼，自然是胡梦颠倒；不然如何得看着自己叫着自己的名字？不如明儿挪进床来是正经。”一语未了，只见王夫人遣人来叫宝玉，不知有何话说——

笺证

《红楼梦》是天人之书，多有天人之想，这里以贾宝玉、甄宝玉作为镜中影像，真假玄幻，入梦出梦，注入了超现实的幻设，写得扑朔迷离。真假二宝玉，在真耶梦耶的境界对视对谈，我见我，我问我，我我分合，真是旷世景观。其哲学文化内涵，高于真假李逵、真假猴王。第五十六回开头也是引经据典，煞有介事地站在历史的立场上，半是论证着、半是挑逗着这虚无缥缈的玄幻。针对甄、贾宝玉同名、同貌的吊诡写法，湘云向贾宝玉打趣同名现象：“怎么列国有个蔺相如，汉朝又有个司马相如呢？”又打趣同貌现象：“怎么匡人看见孔子，只当是阳虎呢？”这也可以说是真假曹雪芹的质问。做了这些文章之后，再由现实抽身潜入玄幻。先是现实：江南甄府家眷到京进宫朝贺，四个仆妇晋见贾母，见到贾宝玉，笑说：“唬了我们一跳。若是我们不进府来，倘若别处遇见，还只道我们的宝玉后赶着也进了京了呢。”再是玄幻：贾宝玉心中纳闷，回至房中榻上不觉就忽忽的睡去，竟到了一座花园之内。园内也有许多姑娘丫鬟，只见榻上少年叹了一声说：“我听见老太太说，长安都中也有个宝玉，和我一样的性情，我只不信。我才作了一个梦，竟梦中到了都中一个花园子里头，遇见几个姐姐，都叫我臭小厮，不理我。好容易找到他房里头，偏他睡觉，空有皮囊，真性不知那去了。”贾宝玉急忙上前拉手相认，一语未了，只见人来说：“老爷叫宝玉。”唬得二人皆慌了，一个宝玉就走，一个宝玉便忙叫：“宝玉快回来，快回来！”袭人推醒贾宝玉，笑说：“那是你梦迷了。你揉眼细瞧，是镜子里照的你影儿。”麝月又评说因由：“怪道老太太常嘱咐说小人屋里不可多有镜子。小人魂不全，有镜子照多了，睡觉惊恐作胡梦。如今倒在大镜子那里安了一张床。……自然是先躺下照着影儿顽的，一时合上眼，自然是胡梦颠倒；不然如何得看着自己叫着自己的名字？”镜子使人看见了自己，但又不是实在的自己，镜中的影像，或左右反转，或上下颠倒，都令人发笑发怔。入梦出梦，镜中影像反照着怡红院人生，这种超现实的写法，是曹雪芹的一大发明。这令人联想到南唐李后主的老师冯延巳《南乡子》词云：“细雨湿流光，芳草年年与恨长。烟锁凤楼无限事，茫茫。鸾镜鸳衾两断肠。魂梦任悠扬，睡起杨花满绣床。薄悻不来门半掩，斜阳。负你残春泪几行。”[3]凤楼牵连着春秋时期秦穆公为其女弄玉所筑造的凤台，弄玉与萧史常于此吹箫，后来一同飞升成仙。鸾镜又暗示着用镜子照鸾鸟，鸾鸟见影便翩翩起舞。镜子里的鸾鸟，镜子外的鸳裳，即绣着鸳鸯图案的被子，两相映照，创造出一种真耶梦耶的奇幻境界。镜子使得“此我”看见迎面走来的“彼我”，在真真假假体验自己的存在形态，实在是一个富有哲学层面的思考。贾、甄宝玉镜里互照，梦里相会，是《红楼梦》写梦的妙笔生花。

[3]（唐）温庭筠等著，朱鉴珉选注：《温庭筠韦庄冯延巳李煜诗词精选》，山西古籍出版社1995年版，第194页。

第五十七回

慧紫鹃情辞试忙玉　慈姨妈爱语慰痴颦

话说宝玉听王夫人唤他，忙至前边来，原来是王夫人要带他拜甄夫人去。宝玉自是欢喜，忙去换衣服，跟了王夫人到那里。见其家中形景，自与荣宁不甚差别，或有一二稍盛者。细问，果有一宝玉。甄夫人留席，竟日方回，宝玉方信。因晚间回家来，王夫人又吩咐预备上等的席面，定名班大戏，请过甄夫人母女。后二日，他母女便不作辞，回任去了。无话。

这日宝玉因见湘云渐愈，然后去看黛玉。正值黛玉才歇午觉，宝玉不敢惊动，因紫鹃正在回廊上手里做针黹，便来问他："昨日夜里咳嗽可好了？"紫鹃道："好些了。"宝玉笑道："阿弥陀佛！宁可好了罢。"紫鹃笑道："你也念起佛来，真是新闻！"宝玉笑道："所谓'病笃乱投医'了。"一面说，一面见他穿着弹墨绫薄绵袄，外面只穿着青缎夹背心，宝玉便伸手向他身上摸了一摸，说："穿这样单薄，还在风口里坐着，看天风馋，时气又不好，你再病了，越发难了。"紫鹃便说道："从此咱们只可说话，别动手动脚的。一年大二年小的，叫人看着不尊重。打紧的那起混帐行子们背地里说你，你总不留心，还只管和小时一般行为，如何使得？姑娘常常吩咐我们，不叫和你说笑。你近来瞧他远着你还恐远不及呢。"说着便起身，携了针线进别房去了。

宝玉见了这般景况，心中忽浇了一盆冷水一般，只瞅着竹子，发了一回呆。因祝妈正来挖笋修竿，便怔怔的走出来，一时魂魄失守，心无所知，随便坐在一块山石上出神，不觉滴下泪来。直呆了五六顿饭工夫，千思万想，总不知如何是可。

偶值雪雁从王夫人房中取了人参来，从此经过，忽扭项看见桃花树下石上一人手托着腮颊出神，不是别人，却是宝玉。雪雁疑惑道："怪冷的，他一个人在这里作什么？春天凡有残疾的人都犯病，敢是他犯了呆病了？"一边想，一边便走过来蹲下笑道："你在这里作什么呢？"宝玉忽见了雪雁，便说道："你又作什么来找我，你难道不是女儿？他既防嫌，不许你们理我，你又来寻我，倘被人看见，岂不又生口舌？你快家去罢了。"雪雁听了，只当是他又受了黛玉的委屈，只得回至房中。

黛玉未醒，将人参交与紫鹃。紫鹃因问他："太太做什么呢？"雪雁道："也歇中觉，所以等了这半日。姐姐你听笑话儿：我因等太太的工夫，和玉钏儿姐姐坐在下房里说话儿，谁知赵姨奶奶招手儿叫我。我只当有什么话说，原来他和太太告了假，出去给他兄弟伴宿坐夜，明儿送殡去，跟他的小丫头子小吉祥儿没衣裳，要借我的月白缎子袄儿。我想他们一般也有两件子的，往脏地方儿去恐怕弄脏了，自己的舍不得穿，故此借别人的。借我的弄脏了也是小事，只是我想，他素日有些什么好处到咱们跟前，所以我说了：'我的衣裳簪环都是姑娘叫紫鹃姐姐收着呢。如今先得去告诉他，还得回姑娘呢。姑娘身上又病着，更费了大事，误了你老出门，不如再转借罢。'"紫鹃笑道："你这个小东西子倒也巧。你不借给他，你往我和姑娘身上推，叫人怨不着你。他这会子就下去了，还是等明日一早才去？"雪雁道："这会子就去的，只怕此时已去了。"紫鹃点点头。雪雁道："姑娘还没醒呢，是谁给了宝玉气受，坐在那里哭呢。"紫鹃听了，忙问在那里。雪雁道："在沁芳亭后头桃花树底下呢。"

紫鹃听说，忙放下针线，又嘱咐雪雁好生听叫："若问我，答应我就来。"说着，便出了潇湘馆，一径来寻宝玉，走至宝玉跟前，含笑说道："我不过说了那两句话，为的是大家好，你就赌气跑了这风地里来哭，作出病来唬我。"宝玉忙笑道："谁赌气了！我因为听你说的有理。我想你们既这样说，自然别人也是这样说，将来渐渐的都不理我了，我所以想着自己伤心。"

紫鹃也便挨他坐着。宝玉笑道："方才对面说话你尚走开，这会子如何又来挨我坐着？"紫鹃道："你都忘了？几日前你们兄妹两个正说话，赵姨娘一头走了进来——我才听见他不在家，所以我来问你。正是前日你和他才说了一句'燕窝'就歇住了，总没提起，我正想着问你。"宝玉道："也没什么要紧。不过我想着宝姐姐也是客中，既吃燕窝，又不可间断，若只管和他要，太也托实。虽不便和太太要，我已经在老太太跟前略露了个风声，只怕老太太和凤姐姐说了。我告诉他的，竟没告诉完了他。如今我听见一日给你们一两燕窝，这也就完了。"紫鹃道："原来是你说了，这又多谢你费心。我们正疑惑，老太太怎么忽然想起来叫人每一日送一两燕窝来呢？这就是了。"宝玉笑道："这要天天吃惯了，吃上三二年就好了。"紫鹃道："在这里吃惯了，明年家去，那里有这闲钱吃这个？"

宝玉听了，吃了一惊，忙问："谁？往那个家去？"紫鹃道："你妹妹回苏州家去。"宝玉笑道："你又说白话。苏州虽是原籍，因没了姑父姑母，无人照看，才就了来的。明年回去找谁？可见是扯谎。"紫鹃冷笑道："你太看小了人。你们贾家独是大族人口多的，除了你家，别人只得一父一母，房族中真个再无人了不成？我们姑娘来时，原是老太太心疼他年小，虽有叔伯，不如亲父母，故此接来住几年。大了该出阁时，自然要送还林家的。终不成林家的女儿在你贾家一世不成？林家虽贫到没饭吃，也是世代书宦之家，断不肯将他家的人丢在亲戚家，落人的耻笑。所以早则明年春天，迟则秋天。这里纵不送去，林家亦必有人来接的。前日夜里姑娘和我说了，叫我告诉你：将从前小时顽的东西，有他送你的，叫你都打点出来还他。他也将你送他的打叠了在那里呢。"宝玉听了，便如头顶上响了一个焦雷一般。紫鹃看他怎样回答，等了半日，见他只不作声。忽见晴雯找来说：“老太太叫你呢，谁知道在这里？”紫鹃笑道：“他这里问姑娘的病症。我告诉了他半日，他只不信。你倒拉他去罢。”说着，自己便走回房去了。

晴雯见他呆呆的，一头热汗，满脸紫胀，忙拉他的手，一直到怡红院中。袭人见了这般，慌起来，只说时气所感，热汗被风扑了。无奈宝玉发热事犹小可，更觉两个眼珠儿直直的起来，口角边津液流出，皆不知觉。给他个枕头，他便睡下；扶他起来，他便坐着；倒了茶来，他便吃茶。众人见他这般，一时忙乱起来，又不敢造次去回贾母，先便差人出去请李嬷嬷。

一时李嬷嬷来了，看了半日，问他几句话也无回答，用手向他脉门摸了摸，嘴唇人中上边着力掐了两下，掐的指印如许来深，竟也不觉疼。李嬷嬷只说了一声“可了不得了”，“呀”的一声便搂着放声大哭起来。急的袭人忙拉他说：“你老人家瞧瞧，可怕不怕？且告诉我们去回老太太、太太去。你老人家怎么先哭起来？”李嬷嬷捶床捣枕说：“这可不中用了。我白操了一世心了。”袭人等以他年老多知，所以请他来看，如今见他这般一说，都信以为实，也都哭起来。

晴雯便告诉袭人，方才如此这般。袭人听了，便忙到潇湘馆来，见紫鹃正服侍黛玉吃药，也顾不得什么，便走上来问紫鹃道：“你才和我们宝玉说了些什么。你瞧他去，你回老太太去，我也不管了。”说着，便坐在椅上。

黛玉忽见袭人满面急怒，又有泪痕，举止大变，便不免也慌了，忙问怎么了。袭人定了一回，哭道：“不知紫鹃姑奶奶说了些什么话，那个呆子眼也直了，手脚也冷了，话也不说了，李妈妈掐着也不疼了，已死了大半个了。连李妈妈都说不中用了，那里放声大哭。只怕这会子都死了。”黛玉一听此言，李妈妈乃是经过的老妪，说不中用了，可知必不中用。哇的一声，将腹中之药一概呛出，抖肠搜肺、炽胃扇肝的痛声大嗽了几阵，一时面红发乱，目肿筋浮，喘的抬不起头来。紫鹃忙上来捶背，黛玉伏枕喘息半晌，推紫鹃道：“你不用捶，你竟拿绳子来勒死我是正经。”紫鹃哭道：“我并没说什么，不过是说了几句顽话，他就认真了。”袭人道：“你还不知道他，那傻子每每顽话认了真。”黛玉道：“你说了什么话，趁早儿去解说，他只怕就醒过来了。”紫鹃听说，忙下了床，同袭人到了怡红院。

谁知贾母、王夫人等已都在那里了。贾母一见了紫鹃，眼内出火，骂道：“你这小蹄子，和他说了什么？”紫鹃忙道：“并没说什么，不过说几句顽话。”谁知宝玉见了紫鹃，方嗳呀了一声，哭出来了。众人一见，方都放下心来。贾母便拉住紫鹃，只当他得罪了宝玉，所以拉紫鹃命他打。

谁知宝玉一把拉住紫鹃，死也不放，说：“要去连我也带了去。”众人不解，细问起来，方知紫鹃说“要回苏州去”一句顽话引出来的。贾母流泪道：“我当有什么要紧大事，原来是这句顽话。”又向紫鹃道：“你这孩子素日最是个伶俐聪敏的，你又知道他有个呆根子，平白的哄他作什么？”薛姨妈劝道：“宝玉本来心实，可巧林姑娘又是从小儿来的，他姊妹两个一处长了这么大，比别的姊妹更不同。这会子热剌剌的说一个去，别说他是个实心的傻孩子，便是冷心肠的大人也要伤心。这并不是什么大病，老太太和姨太太只管万安，吃一两剂药就好了。”

正说着，人回林之孝家的、单大良家的都来瞧哥儿来了。贾母道：“难为他们想着，叫他们来瞧瞧。”宝玉听了一个“林”字，便满床闹起来说：“了不得了，林家的人接他们来了，快打出去罢。”贾母听了，也忙说：“打出去罢。”又忙安慰说：“那不是林家的人。林家的人都死绝了，没人来接他的，你只放心罢。”宝玉哭道：“凭他是谁，除了林妹妹，都不许姓林的。”贾母道：“没姓林的来，凡姓林的我都打走了。”一面吩咐众人：“以后别叫林之孝家的进园来，你们也别说‘林’字。好孩子们，你们听我这句话罢。”众人忙答应，又不敢笑。

一时宝玉又一眼看见了十锦格子上陈设的一只金西洋自行船，便指着乱叫说："那不是接他们来的船来了，湾在那里呢。"贾母忙命拿下来。袭人忙拿下来，宝玉伸手要，袭人递过，宝玉便掖在被中，笑道："可去不成了。"一面说，一面死拉着紫鹃不放。

一时人回大夫来了，贾母忙命快进来。王夫人、薛姨妈、宝钗等暂避里间，贾母便端坐在宝玉身旁。王太医进来见许多的人，忙上去请了贾母的安，拿了宝玉的手诊了一回。那紫鹃少不得低了头。王大夫也不解何意，起身说道："世兄这症乃是急痛迷心。古人曾云：'痰迷有别，有气血亏柔，饮食不能熔化痰迷者，有怒恼中痰裹而迷者，有急痛壅塞者。'此亦痰迷之症，系急痛所致，不过一时壅蔽，较诸痰迷似轻。"

贾母道："你只说怕不怕，谁同你背药书呢？"王太医忙躬身笑说："不妨，不妨。"贾母道："果真不妨？"王太医道："实在不妨，都在晚生身上。"贾母道："既如此，请到外面坐，开药方。若吃好了，我另外预备好谢礼，叫他亲自捧了送去磕头；若耽误了，打发人去拆了太医院大堂。"王太医只躬身笑说："不敢，不敢。"他原听了说"另具上等谢礼命宝玉去磕头"，故满口说"不敢"，竟未听见贾母后来说拆太医院之戏语，犹说"不敢"，贾母与众人反倒笑了。

一时，按方煎了药来服下，果觉比先安静。无奈宝玉只不肯放紫鹃，只说他去了便是要回苏州去了。贾母王夫人无法，只得命紫鹃守着他，另将琥珀去服侍黛玉。

黛玉不时遣雪雁来探消息，这边事务尽知，自己心中暗叹。幸喜众人都知宝玉原有些呆气，自幼是他二人亲密，如今紫鹃之戏语亦是常情，宝玉之病亦非罕事，因不疑到别事去。

晚间宝玉稍安，贾母王夫人等方回房去。一夜还遣人来问讯几次。李奶母带领宋嬷嬷等几个年老人用心看守，紫鹃、袭人、晴雯等日夜相伴。有时宝玉睡去，必从梦中惊醒，不是哭了说黛玉已去，便是说有人来接。每一惊时，必得紫鹃安慰一番方罢。彼时贾母又命将祛邪守灵丹及开窍通神散各样上方秘制诸药，按方饮服。

次日又服了王太医药，渐次好起来。宝玉心下明白，因恐紫鹃回去，故有时或作佯狂之态。紫鹃自那日也着实后悔，如今日夜辛苦，并没有怨意。袭人等皆心安神定，因向紫鹃笑道："都是你闹的，还得你来治。也没见我们这呆子听了风就是雨，往后怎么好？"暂且按下。

因此时湘云之症已愈，天天过来瞧看，见宝玉明白了，便将他病中狂态形容了与他瞧，引的宝玉自己伏枕而笑。原来他起先那样竟是不知的，如今听人说还不信。无人时，紫鹃在侧，宝玉又拉他的手问道："你为什么唬我？"紫鹃道："不过是哄你顽的，你就认真了。"宝玉道："你说的那样有情有理，如何是顽话？"紫鹃笑道："那些顽话都是我编的。林家实没了人口，纵有也是极远的。族中也都不在苏州住，各省流寓不定。纵有人来接，老太太必不放去的。"

宝玉道："便老太太放去，我也不依。"紫鹃笑道："果真的你不依？只怕是口里的话。你如今也大了，连亲也定下了，过二三年再娶了亲，你眼里还有谁了？"宝玉听了，又惊问："谁定了亲？定了谁？"紫鹃笑道："年里我听见老太太说，要定下琴姑娘呢。不然那么疼他？"宝玉笑道："人人只说我傻，你比我更傻。不过是句顽话，他已经许给梅翰林家了。果然定下了他，我还是这个形景了？先是我发誓赌咒砸这劳什子，你都没劝过，说我疯的。刚刚的这几日才好了，你又来怄我。"

一面说，一面咬牙切齿的，又说道："我只愿这会子立刻我死了，把心迸出来你们瞧见了，然后连皮带骨一概都化成一股灰——灰还有形迹，不如再化一股烟——烟还可凝聚，人还看见，须得一阵大乱风吹的四面八方都登时散了，这才好。"一面说，一面又滚下泪来。

紫鹃忙上来握他的嘴，替他擦眼泪，又忙笑解释道："你不用着急。这原是我心里着急，故来试你。”宝玉听了，更又诧异，问道：“你又着什么急？”紫鹃笑道：“你知道，我并不是林家的人，我也和袭人鸳鸯是一伙的，偏把我给了林姑娘使。偏生他又和我极好，比他苏州带来的还好十倍，一时一刻我们两个离不开。我如今心里却愁，他倘或要去了，我必要跟了他去的。我是合家在这里，我若不去，辜负了我们素日的情常；若去，又弃了本家。所以我疑惑，故设出这谎话来问你，谁知你就傻闹起来。”宝玉笑道：“原来是你愁这个，所以你是傻子。从此后再别愁了。我只告诉你一句趸话：活着，咱们一处活着；不活着，咱们一处化灰化烟，如何？”

紫鹃听了，心下暗暗筹画。忽有人回：“环爷、兰哥儿问候。”宝玉道：“就说难为他们，我才睡了，不必进来。”婆子答应去了。紫鹃笑道：“你也好了，该放我回去瞧瞧我们那一个去了。”宝玉道：“正是这话。我昨日就要叫你去的，偏又忘了。我已经大好了，你就去罢。”紫鹃听说，方打叠铺盖妆奁之类。宝玉笑道：“我看见你文具里头有三两面镜子，你把那面小菱花的给我留下罢。我搁在枕头旁边，睡着好照，明儿出门带着也轻巧。”紫鹃听说，只得与他留下，先命人将东西送过去，然后别了众人，自回潇湘馆来。

林黛玉近日闻得宝玉如此形景，未免又添些病症，多哭几场。今见紫鹃来了，问其原故，已知大愈，仍遣琥珀去服侍贾母。夜间人定后，紫鹃已宽衣卧下之时，悄向黛玉笑道：“宝玉的心倒实，听见咱们去就那样起来。”黛玉不答。

紫鹃停了半晌，自言自语的说道：“一动不如一静。我们这里就算好人家，别的都容易，最难得的是从小儿一处长大，脾气情性都彼此知道的了。”黛玉啐道：“你这几天还不乏，趁这会子不歇一歇，还嚼什么蛆？”紫鹃笑道：“倒不是白嚼蛆，我倒是一片真心为姑娘。替你愁了这几年了，无父母无兄弟，谁是知疼着热的人。趁早儿老太太还明白硬朗的时节，作定了大事要紧。俗语说‘老健春寒秋后热’，倘或老太太一时有个好歹，那时虽也完事，只怕耽误了时光，还不得趁心如意呢。公子王孙虽多，那一个不是三房五妾，今儿朝东，明儿朝西？要一个天仙来，也不过三夜五夕，也丢在脖子后头了，甚至于为妾为丫头反目成仇的。若娘家有人有势的还好些，若是姑娘这样的人，有老太太一日还好一日，若没了老太太，也只是凭人去欺负了。所以说，拿主意要紧。姑娘是个明白人，岂不闻俗语说：‘万两黄金容易得，知心一个也难求。’”黛玉听了，便说道：“这丫头今儿可疯了。怎么去了几日，忽然变了一个人。我明儿必回老太太退回去，我不敢要你了。”紫鹃笑道：“我说的是好话，不过叫你心里留神，并没叫你去为非作歹，何苦回老太太，叫我吃了亏，又有何好处？”说着，竟自睡了。

黛玉听了这话，口内虽如此说，心内未尝不伤感，待他睡了，便直泣了一夜，至天明方打了一个盹儿。次日勉强盥漱了，吃了些燕窝粥，便有贾母等亲来看视了，又嘱咐了许多话。

笺证

小说往往是围绕着人物性格构思的。性格的独特而复杂是小说胜利的号角。贾宝玉乖张的情痴品性，即第三回所说“潦倒不通世务，愚顽怕读文章。行为偏僻性乖张，那管世人诽谤”，是《红楼梦》舞文弄墨的用武之地。一下子可以把他推入梦幻，使真假宝玉打照面；一下子可以把他拉回现实，使贾宝玉的心尖碰到了林黛玉的心坎。这出戏由林黛玉上场，难免有些重复，有些拘谨，就让紫鹃打先锋，反能变出新花样。审时度势，就有了第五十七回“慧紫鹃情辞试忙玉”这场戏。紫鹃说：“你妹妹回苏州家去。”宝玉不信，紫鹃又火上浇油，冷笑说：“你太看小了人。你们贾家独是大族人口多的，除了你家，别人只得一父一母，房族中真个再无人了不成？我们姑娘来时，原是老太太心疼他年小，虽有叔伯，不如亲父母，故此接来住几年。大了该出阁时，自然要送还林家的。终不成林家的女儿在你贾家一世不成？林家虽贫到没饭吃，也是世代书宦之家，断不肯将他家的人丢在亲戚家，落人的耻笑。所以早则明年春天，迟则秋天。这里纵不送去，林家亦必有人来接的。前日夜里姑娘和我说了，叫我告诉你：将从前小时顽的东西，有他送你的，叫你都打点出来还他。他也将你送他的打叠了在那里呢。”这么一刺激，使得宝玉如头顶上响了一声焦雷。行文至此却不马上写宝玉的颠傻，而让晴雯找来说：“老太太叫你呢，谁知道在这里？”就把宝玉拉走。如此中断叙事，就在新的环境中，令人一时不知宝玉得的是何种病。但见宝玉呆呆的，一头热汗，满脸紫胀，两个眼珠儿发直，口角边津液流出，李嬷嬷在他嘴唇人中上边着力掐了指印如许来深，竟也不觉疼。李嬷嬷便搂着放声大哭起来，捶床捣枕说：“这可不中用了。我白操了一世心了。”袭人哭说：“李妈妈掐着也不疼了，已死了大半个了。”己卯本夹批说：“奇极之语。从急怒娇憨口中描出不成话之话来，方是千古奇文。五（字）［句］是一口气来的。”[1]但是，医生诊断无误，此是痰迷之症，系急痛所致，不过一时壅蔽。痰迷心窍，衍生出奇奇怪怪之事。痰迷心窍，是中医的病证名，神志痴呆，举止失常，胡言乱语，出现癫痫症候。因而林之孝家来探望，宝玉听了一个“林”字，便满床闹起来说：“了不得了，林家的人接他们来了，快打出去罢。”宝玉又哭说：“凭他是谁，除了林妹妹，都不许姓林的。”贾母只好说：“没姓林的来，凡姓林的我都打走了。”宝玉一眼看见了十锦格子上陈设的一只金西洋自行船，便指着乱叫说：“那不是接他们来的船来了，湾在那里呢。”袭人忙拿下来，宝玉伸手抢来掖

[1] 朱一玄编：《红楼梦资料汇编》，南开大学出版社2001年版，第488页。

在被中，笑道："可去不成了。"说痰迷心窍，还没有说到要害，应该说是痴心妄想症。后来查明原因，是紫鹃的戏言引发的病症，贾宝玉又对紫鹃说："我只愿这会子立刻我死了，把心迸出来你们瞧见了，然后连皮带骨一概都化成一股灰——灰还有形迹，不如再化一股烟——烟还可凝聚，人还看见，须得一阵大乱风吹的四面八方都登时散了，这才好。"同类的话，宝玉也说过，这里增加了"烟还可凝聚，人还看见，须得一阵大乱风吹的四面八方都登时散了，这才好"。化灰化烟，是宝玉以生命报答人间真情的怪异说法。最后才交代紫鹃试探宝玉的原因："倒不是白嚼蛆，我倒是一片真心为姑娘。替你愁了这几年了，无父母无兄弟，谁是知疼着热的人。趁早儿老太太还明白硬朗的时节，作定了大事要紧。俗语说'老健春寒秋后热'，倘或老太太一时有个好歹，那时虽也完事，只怕耽误了时光，还不得趁心如意呢。公子王孙虽多，那一个不是三房五妾，今儿朝东，明儿朝西？要一个天仙来，也不过三夜五夕，也丢在脖子后头了，甚至于为妾为丫头反目成仇的。若娘家有人有势的还好些，若是姑娘这样的人，有老太太一日还好一日，若没了老太太，也只是凭人去欺负了。所以说，拿主意要紧。姑娘是个明白人，岂不闻俗语说：'万两黄金容易得，知心一个也难求。'"《红楼梦》勾魂摄魄，非动用各种方法把人物的魂魄掰碎了看个明白不可。这就有如元朝赵孟頫之妻管道升《我侬词》所说："你侬我侬，忒煞情多，情多处，热如火。把一块泥，捏一个你，塑一个我，将咱两个一起打破，用水调和，再捏一个你，塑一个我，我泥中有你，你泥中有我。与你生同一个衾，死同一个椁。"两人真情相守，直到了把各自的魂魄一点一点掰碎，千搓万揉，反复拿捏，和了情感泪水，揉成一个完整的魂魄，这就是木石前盟不离不弃的宿命。

目今是薛姨妈的生日，自贾母起，诸人皆有祝贺之礼。黛玉亦早备了两色针线送去。是日也定了一本小戏请贾母、王夫人等，独有宝玉与黛玉二人不曾去得。至散时，贾母等顺路又瞧他二人一遍，方回房去。次日，薛姨妈家又命薛蝌陪诸伙计吃了一天酒，连忙了三四天方完备。

因薛姨妈看见邢岫烟生得端雅稳重，且家道贫寒，是个钗荆裙布的女儿，便欲说与薛蟠为妻。因薛蟠素习行止浮奢，又恐遭踏人家的女儿。正在踌躇之际，忽想起薛蝌未娶，看他二人恰是一对天生地设的夫妻，因谋之于凤姐儿。凤姐儿叹道："姑妈素知我们太太有些左性的，这事等我慢谋。"

因贾母去瞧凤姐儿时，凤姐儿便和贾母说："薛姑妈有件事求老祖宗，只是不好启齿的。"贾母忙问何事，凤姐便将求亲一事说了。贾母笑道："这有什么不好启齿？这是极好的事。等我和你婆婆说了，怕他不依？"因回房来，即刻就命人来请邢夫人过来，硬作保山。邢夫人想了一想：薛家根基不错，且现今大富，薛蝌生得又好，且贾母硬作保山，将计就计便应了。贾母十分喜欢，忙命人请了薛姨妈来。

二人见了，自然有许多谦辞。邢夫人即刻命人去告诉邢忠夫妇，他夫妇原是此来投靠邢夫人的，如何不依，早极口的说妙极。贾母笑道："我最爱管个闲事，今儿又管成了一件事，不知得多少谢媒钱？"薛姨妈笑道："这是自然的。纵抬了十万银子来，只怕不希罕。但只一件，老太太既是主亲，还得一位才好。"贾母笑道："别的没有，我们家折腿烂手的人还有两个。"说着，便命人去叫过尤氏婆媳二人来。贾母告诉他原故，彼此忙都道喜。

贾母吩咐道："咱们家的规矩你是尽知的，从没有两亲家争里争面的。如今你算替我在当中料理，也不可太啬，也不可太费，把他两家的事周全了回我。"尤氏忙答应了。薛姨妈喜之不尽，回家来忙命写了请帖补送过宁府。尤氏深知邢夫人情性，本不欲管，无奈贾母亲自嘱咐，只得应了，惟有忖度邢夫人之意行事。薛姨妈是个无可无不可的人，倒还易说。这且不在话下。

如今薛姨妈既定了邢岫烟为媳，合宅皆知。邢夫人本欲接出岫烟去住，贾母因说："这又何妨，两个孩子又不能见面，就是姨太太和他一个大姑，一个小姑，又何妨？况且都是女儿，正好亲香呢。"邢夫人方罢。

蝌、岫二人前次途中皆曾有一面之遇，大约二人心中也皆如意。只是邢岫烟未免比先时拘泥了些，不好与宝钗姊妹共处闲语；又兼湘云是个爱取笑的，更觉不好意思。幸他是个知书达礼的，虽有女儿身分，还不是那种佯羞诈愧一味轻薄造作之辈。

宝钗自见他时，见他家业贫寒，二则别人之父母皆年高有德之人，独他父母偏是酒糟透之人，于女儿分中平常；邢夫人也不过是脸面之情，亦非真心疼爱；且岫烟为人雅重，迎春是个有气的死人，连他自己尚未照管齐全，如何能照管到他身上，凡闺阁中家常一应需用之物，或有亏乏，无人照管，他又不与人张口，宝钗倒暗中每相体贴接济，也不敢与邢夫人知道，亦恐多心闲话之故耳。如今却出人意料之外奇缘作成这门亲事。岫烟心中先取中宝钗，然后方取薛蝌。有时岫烟仍与宝钗闲话，宝钗仍以姊妹相呼。

这日宝钗因来瞧黛玉，恰值岫烟也来瞧黛玉，二人在半路相遇。宝钗含笑唤他到跟前，二人同走至一块石壁后，宝钗笑问他："这天还冷的很，你怎么倒全换了夹的？"岫烟见问，低头不答。宝钗便知道又有了原故，因又笑问道："必定是这个月的月钱又没得。凤丫头如今也这样没心没计了。"岫烟道："他倒想着不错日子给，因姑妈打发人和我说，一个月用不了二两银子，叫我省一两给爹妈送出去，要使什么，横竖有二姐姐的东西，能着些儿搭着就使了。姐姐想，二姐姐也是个老实人，也不大留心，我使他的东西，他虽不说什么，他那些妈妈丫头，那一个是省事的，那一个是嘴里不尖的？我虽在那屋里，却不敢很使他们，过三天五天，我倒得拿出钱来给他们打酒买点心吃才好。因一月二两银子还不够使，如今又去了一两。前儿我悄悄的把绵衣服叫人当了几吊钱盘缠。"

宝钗听了，愁眉叹道："偏梅家又合家在任上，后年才进来。若是在这里，琴儿过去了，好再商议你这事。离了这里就完了。如今不先完了他妹妹的事，也断不敢先娶亲的。如今倒是一件难事。再迟两年，又怕你熬煎出病来。等我和妈再商议，有人欺负你，你只管耐些烦儿，千万别自己熬煎出病来。不如把那一两银子明儿也越性给了他们，倒都歇心。你以后也不用白给那些人东西吃，他尖刺让他们去尖刺，很听不过了，各人走开。倘或短了什么，你别存那小家儿女气，只管找我去。并不是作亲后方如此，你一来时咱们就好的。便怕人闲话，你打发小丫头悄悄的和我说去就是了。”岫烟低头答应了。

宝钗又指他裙上一个碧玉珮问道：“这是谁给你的？”岫烟道：“这是三姐姐给的。”宝钗点头笑道：“他见人人皆有，独你一个没有，怕人笑话，故此送你一个。这是他聪明细致之处。但还有一句话你也要知道，这些妆饰原出于大官富贵之家的小姐，你看我从头至脚可有这些富丽闲妆？然七八年之先，我也是这样来的，如今一时比不得一时了，所以我都自己该省的就省了。将来你这一到了我们家，这些没有用的东西，只怕还有一箱子。咱们如今比不得他们了，总要一色从实守分为主，不比他们才是。”岫烟笑道：“姐姐既这样说，我回去摘了就是了。”宝钗忙笑道：“你也太听说了。这是他好意送你，你不佩着，他岂不疑心？我不过是偶然提到这里，以后知道就是了。”

岫烟忙又答应，又问：“姐姐此时那里去？”宝钗道：“我到潇湘馆去。你且回去把那当票叫丫头送来，我那里悄悄的取出来，晚上再悄悄的送给你去，早晚好穿，不然风扇了事大。但不知当在那里了？”岫烟道：“叫作‘恒舒典’，是鼓楼西大街的。”宝钗笑道：“这闹在一家去了。伙计们倘或知道了，好说‘人没过来，衣裳先过来’了。”岫烟听说，便知是他家的本钱，也不觉红了脸一笑，二人走开。

宝钗就往潇湘馆来。正值他母亲也来瞧黛玉，正说闲话呢。宝钗笑道:“妈多早晚来的？我竟不知道。”薛姨妈道:“我这几天连日忙，总没来瞧瞧宝玉和他。所以今儿瞧他二个，都也好了。”黛玉忙让宝钗坐了，因向宝钗道:“天下的事真是人想不到的，怎么想的到姨妈和大舅母又作一门亲家。”薛姨妈道:“我的儿，你们女孩家那里知道？自古道:‘千里姻缘一线牵。’管姻缘的有一位月下老人，预先注定，暗里只用一根红丝把这两个人的脚绊住，凭你两家隔着海，隔着国，有世仇的，也终久有机会作了夫妇。这一件事都是出人意料之外，凭父母本人都愿意了，或是年年在一处的，以为是定了的亲事，若月下老人不用红线拴的，再不能到一处。比如你姐妹两个的婚姻，此刻也不知在眼前，也不知在山南海北呢。”

宝钗道:“惟有妈，说动话就拉上我们。”一面说，一面伏在他母亲怀里笑说:“咱们走罢。”黛玉笑道:“你瞧，这么大了，离了姨妈他就是个最老道的，见了姨妈他就撒娇儿。”薛姨妈用手摩弄着宝钗，叹向黛玉道:“你这姐姐就和凤哥儿在老太太跟前一样，有了正经事就和他商量，没了事，幸亏他开开我的心。我见了他这样，有多少愁不散的。”黛玉听说，流泪叹道:“他偏在这里这样，分明是气我没娘的人，故意来刺我的眼。”宝钗笑道:“妈瞧他轻狂，倒说我撒娇儿。”

薛姨妈道:“也怨不得他伤心，可怜没父母，到底没个亲人。”又摩娑黛玉笑道:“好孩子别哭。你见我疼你姐姐你伤心了，你不知我心里更疼你呢。你姐姐虽没了父亲，到底有我，有亲哥哥，这就比你强了。我每每和你姐姐说，心里很疼你，只是外头不好带出来的。你这里人多口杂，说好话的人少，说歹话的人多，不说你无依无靠，为人作人配人疼，只说我们看老太太疼你了，我们也洑上水去了。”

黛玉笑道:“姨妈既这么说，我明日就认姨妈做娘，姨妈若是弃嫌不认，便是假意疼我了。”薛姨妈道:“你不厌我，就认了才好。”宝钗忙道:“认不得的。”黛玉道:“怎么认不得？”宝钗笑问道:“我且问你，我哥哥还没定亲事，为什么反将邢妹妹先说与我兄弟了，是什么道理？”黛玉道:

“他不在家，或是属相生日不对，所以先说与兄弟了。”宝钗笑道：“非也。我哥哥已经相准了，只等来家就下定了，也不必提出人来，我方才说你认不得娘，你细想去。”说着，便和他母亲挤眼儿发笑。

黛玉听了，便也一头伏在薛姨妈身上，说道：“姨妈不打他我不依。”薛姨妈忙也搂他笑道：“你别信你姐姐的话，他是顽你呢。”宝钗笑道：“真个的，妈明儿和老太太求了他作媳妇，岂不比外头寻的好？”黛玉便够上来要抓他，口内笑说：“你越发疯了。”薛姨妈忙也笑劝，用手分开方罢。因又向宝钗道：“连邢女儿我还怕你哥哥遭踏了他，所以给你兄弟说了。别说这孩子，我也断不肯给他。前儿老太太因要把你妹妹说给宝玉，偏生又有了人家，不然倒是一门好亲。前儿我说定了邢女儿，老太太还取笑说：‘我原要说他的人，谁知他的人没到手，倒被他说了我们的一个去了。’虽是顽话，细想来倒有些意思。我想宝琴虽有了人家，我虽没人可给，难道一句话也不说？我想着，你宝兄弟老太太那样疼他，他又生的那样，若要外头说去，老太太断不中意。不如竟把你林妹妹定与他，岂不四角俱全？”

林黛玉先还怔怔的，听后来见说到自己身上，便啐了宝钗一口，红了脸，拉着宝钗笑道：“我只打你。你为什么招出姨妈这些老没正经的话来？”宝钗笑道：“这可奇了。妈说你，为什么打我？”紫鹃忙也跑来笑道：“姨太太既有这主意，为什么不和太太说去？”薛姨妈哈哈笑道：“你这孩子，急什么，想必催着你姑娘出了阁，你也要早些寻一个小女婿去了。”紫鹃听了，也红了脸，笑道：“姨太太真个倚老卖老的起来。”说着，便转身去了。黛玉先骂：“又与你这蹄子什么相干？”后来见了这样，也笑起来说：“阿弥陀佛！该，该，该，也臊了一鼻子灰去了。”薛姨妈母女及屋内婆子丫鬟都笑起来。婆子们因也笑道:“姨太太虽是顽话，却倒也不差呢。到闲了时和老太太一商议，姨太太竟做媒保成这门亲事是千妥万妥的。”薛姨妈道:“我一出这主意，老太太必喜欢的。”

一语未了，忽见湘云走来，手里拿着一张当票，口内笑道:“这是个帐篇子?”黛玉瞧了，也不认得。地下婆子们都笑道:“这可是一件奇货，这个乖可不是白教人的。”宝钗忙一把接了，看时，就是岫烟才说的当票，忙折了起来。

薛姨妈忙说:“那必定是那个妈妈的当票子失落了，回来急的他们找。那里得的?”湘云道:“什么是当票子?”众人都笑道:“真真是个呆子，连个当票子也不知道。”薛姨妈叹道:“怨不得他，真真是侯门千金，而且又小，那里知道这个?那里去有这个?便是家下人有这个，他如何得见?别笑他呆子，若给你们家的小姐们看了，也都成了呆子。”众婆子笑道:“林姑娘方才也不认得，别说姑娘们。此刻宝玉他倒是外头常走出去的，只怕也还没见过呢。”薛姨妈忙将原故讲明。

湘云、黛玉二人听了，方笑道:“原来为此。人也太会想钱了，姨妈家的当铺也有这个不成?”众人笑道:“这又呆了。‘天下老鸹一般黑’，岂有两样的?”薛姨妈因又问是那里拣的。湘云方欲说时，宝钗忙说:“是一张死了没用的，不知那年勾了帐的，香菱拿着哄他们玩的。”薛姨妈听了此话是真，也就不问了。一时人来回“那府里大奶奶过来请姨太太说话呢”，薛姨妈起身去了。

这里屋内无人时，宝钗方问湘云何处捡的。湘云笑道:“我见你令弟媳的丫头篆儿悄悄的递与莺儿。莺儿便随手夹在书里，只当我没看见。我等他们出去了，我偷着看，竟不认得。知道你们都在这里，所以拿来大家认认。”黛玉忙问:“怎么他也当衣裳不成?既当了，怎么又给你去?”宝钗见问，不好隐瞒他两个，遂将方才之事都告诉了他二人。

黛玉便说“兔死狐悲，物伤其类”，不免感叹起来。史湘云便动了气说:“等我问着二姐姐去。我骂那起老婆子丫头一顿，给你们出气何如?”说着，便要走。宝钗忙一把拉住，笑道:“你又发疯了，还不给我坐着呢。”

黛玉笑道："你要是个男人，出去打一个抱不平儿。你又充什么荆轲聂政，真真好笑。"湘云道："既不叫我问他去，明儿也把他接到咱们苑里一处住去，岂不好？"宝钗笑道："明日再商量。"说着，人报："三姑娘、四姑娘来了。"三人听了，忙掩了口不提此事。要知端的，且听下回分解。

笺证

《红楼梦》重节奏感。所谓节奏感，本是音乐上的术语，指的是捕捉到、感受到、表现出乐曲节奏，包括韵律、韵味、趣味、情趣等等的时间断续的节奏美的一种直觉，演奏出渐快、渐慢、突快、突慢、散漫、延长的音律，移用于小说行文，就是讲究高低缓急，中断连接，平和过渡，以此撩拨着人的心弦。第五十七回紫鹃试探的刺激，引发宝玉的暴病，贾府上下骚动，这是一种强节奏。随之要平和过渡，进入和风细雨的谈婚论嫁。头一件事是转向喜庆，薛姨妈看见邢岫烟生得端雅稳重，且家道贫寒，是个钗荆裙布的女儿，便欲说与薛蟠为妻。因薛蟠素习行止浮奢，又恐糟蹋人家的女儿。正在踌躇之际，忽想起薛蝌未娶，看他二人恰是一对天生地设的夫妻，因谋之于凤姐与贾母。贾母硬作保山，邢夫人将计就计就答应了。乐得贾母笑起来："我最爱管个闲事，今儿又管成了一件事，不知得多少谢媒钱？"其二一件事是薛姨妈、薛宝钗到潇湘馆看林黛玉，谈到姻缘前定。薛姨妈说"自古道：'千里姻缘一线牵。'管姻缘的有一位月下老人，预先注定，暗里只用一根红丝把这两个人的脚绊住，凭你两家隔着海，隔着国，有世仇的，也终久有机会作了夫妇。这一件事都是出人意料之外，凭父母本人都愿意了，或是年年在一处的，以为是定了的亲事，若月下老人不用红线拴的，再不能到一处。”所谓月下老人千里姻缘一线牵，是一种民俗信仰。最早的记载，见于唐代李复言《续玄怪录》卷四“定婚店”条目：“杜陵韦固，少孤，思早娶妇，多歧求婚，必无成而罢。元和二年（807），将游清河，旅次宋城南店，客有以前清河司马潘昉女见议者。来日先明，期于店西龙兴寺门。固以求之意切，旦往焉。斜月尚明，有老人倚布囊，坐于阶上，向月检书。固步觇之，不识其字，既非虫篆八分科斗之势，又非梵书，因问曰：‘老父所寻者何书？固少小苦学，世间之字，自谓无不识者。西国梵字，亦能读之。唯此书目所未觌，如何？’老人笑曰：‘此非世间书，君因何得见？’固曰：‘非世间书，则何也？’曰：‘幽冥之书。’固曰：‘幽冥之人，何以到此？’曰：‘君行自早，非某不当来也。凡幽吏皆掌人生之事，掌人可不行冥中乎！今道途之行，人鬼各半，自不辨尔。’固曰：‘然则君又何掌？’曰：‘天下之婚牍耳。’固喜曰：‘固少孤，常愿早娶以广胤嗣。尔来十年，多方求之，竟不遂意。今者，人有期此，与议潘司马女，可以成乎？’曰：‘未也。命苟未合，虽降衣缨而求屠博，尚不可得，况郡佐乎？君之妇，适三岁矣，年十七当入君门。’因问：‘囊中何物？’曰：‘赤绳子耳。以系夫妻之足。及其生，则潜用相系，虽仇敌之家，贵贱悬隔，天涯从宦，吴楚异乡，此绳一系，终不可逭。君之脚已系于彼矣，他求何益！’曰：‘固妻安在。其家何为？’曰：‘此店北卖菜陈婆女耳。’固曰：‘可见乎？’曰：‘陈尝抱来鬻菜于市，能随我行，当即示君。’及明，所期不至。老人卷书揭囊而行。固逐之，入菜市，有眇妪抱三岁女来，弊陋亦甚。老人指曰：‘此君之妻也。’固怒曰：‘杀之可乎？’老人曰：‘此人命当食天禄，因子而食邑，庸可杀乎？’老人遂隐。固骂曰：‘老鬼妖妄如此。吾士大夫之家，娶妇必敌。苟不能娶，即声妓之美者，或援立之，奈何婚眇妪之陋女？’磨一小刀子，付其奴曰：‘汝素干事，能为我杀彼女，赐予万钱。’奴曰：‘诺。’明日，袖刀入菜行中，于众中刺之而走。一市纷扰，固与奴奔走获免。问奴曰：‘所刺中否？’曰：‘初刺其心，不幸才中眉间尔。’后固屡求婚，终无所遂。又十四年，以父荫参相州军。刺史王泰俾摄司户掾，专鞫词狱，以为能，因妻以其女，可年十六七，容色华丽。固称惬之极。然其眉间常贴一花子，虽沐浴间处，未尝暂去。岁余，固讶之，忽忆昔日奴刀中眉间之说，因逼问之。妻潸然曰：'妾郡守之犹子也，非其女也。畴昔父曾宰宋城，终其官。时妾在襁褓，母兄次没，唯一庄在宋城南，与乳母陈氏居，去店近，鬻蔬以给朝夕。陈氏怜小，不忍暂弃。三岁时，抱行市中，为狂贼所刺，刀痕尚在，故以花子覆之。七八年前，叔从事卢龙，遂得在左右，仁念以为女嫁君耳。'固曰：'陈氏眇乎？'曰：'然。何以知之？'固曰：'所刺者，固也。'乃曰：'奇也，命也。'因尽言之，相敬愈极。后生男鲲，为雁门太守，封太原郡太夫人。乃知阴骘之定，不可变也。宋城宰闻之，题其店曰'定婚店'。"[2]中国民间由此以月下老人为主管婚姻的媒神，即红喜神，相信他以红绳系结，注定男女的今生缘。《红楼梦》第一回也突出了"三生石"，而且给它增添了许多复合的意义，"饥则食蜜青果为膳，渴则饮灌愁海水为汤"，谐音于迷情愁海："西方灵河岸上三生石畔，有绛珠草一株，时有赤瑕宫神瑛侍者，日以甘露灌溉，这绛珠草始得久延岁月。后来既受天地精华，复得雨露滋养，遂得脱却草胎木质，得换人形，仅修成个女体，终日游于离恨天外，饥则食蜜青果为膳，渴则饮灌愁海水为汤。只因尚未酬报灌溉之德，故其五内便郁结着一段缠绵不尽之意。恰近日这神瑛侍者凡心偶炽，乘此昌明太平朝世，意欲下凡造历幻缘，已在警幻仙子案前挂了号。警幻亦曾问及，灌溉之情未偿，趁此倒可了结的。那绛珠仙子道：'他是甘露之惠，我并无此水可还。他既下世为人，我也去下世为人，但把我一生所有的眼泪还他，也偿还得过他了。'"在潇湘馆谈笑间，薛姨妈说到月下老人之后，又说："我想着，你宝兄弟老太太那样疼他，他又生的

[2]（唐）牛僧孺、李复言：《玄怪录·续玄怪录》，中华书局1982年版，第179—181页。

那样，若要外头说去，老太太断不中意。不如竟把你林妹妹定与他，岂不四角俱全？”这些话是对黛玉的安慰，还是试探，联系薛府流传的以金配玉的话头，不难发现其意蕴复杂。不过在有意无意中，这又引起了黛玉的心中涟漪。其三一件事又稍起波折，史湘云拿来一张当票，是邢岫烟悄悄把绵衣服在薛家开的恒舒典中当作盘缠，薛宝钗说明原委，引起黛玉“兔死狐悲，物伤其类”的感叹。暴风骤雨后的这种微风细雨，呈露了微妙的艺术节奏机锋。宋代词人叶梦得《石林诗话》卷下说：“诗语固忌用巧太过，然缘情体物，自有天然工妙，虽巧而不见刻削之痕。老杜‘细雨鱼儿出，微风燕子斜’，此十字殆无一字虚设。雨细著水面为沤，鱼常上浮而淰，若大雨则伏而不出矣。燕体轻弱，风猛则不能胜，唯微风乃受以为势，故又有‘轻燕受风斜’之语。至‘穿花蛱蝶深深见，点水蜻蜓款款飞’，深深字若无穿字，款款字若无点字，皆无以见其精微如此。然读之浑然，全似未尝用力，此所以不碍其气格超胜。使晚唐诸子为之，便当如‘鱼跃练波抛玉尺，莺穿丝柳织金梭’体矣。”[3]缘情体物，天然工妙之语，可以用来形容《红楼梦》这种平和过渡之妙。平和过渡讲究曲折而流畅，隽秀而灵活，布局上纵横疏密得当，呈现出不同情调节奏之间相互呼应、自然过渡，切莫削足适履的形态。

[3]（宋）叶梦得撰，樊运宽述:《石林诗话》选释，广西师范大学出版社1995年版，第98页。

第五十八回

杏子阴假凤泣虚凰 茜纱窗真情揆痴理

话说他三人因见探春等进来，忙将此话掩住不提。探春等问候过，大家说笑了一会方散。

谁知上回所表的那位老太妃已薨，凡诰命等皆入朝随班按爵守制。敕谕天下：凡有爵之家，一年内不得筵宴音乐，庶民皆三月不得婚嫁。贾母、邢、王、尤、许婆媳祖孙等皆每日入朝随祭，至未正以后方回。在大内偏宫二十一日后，方请灵入先陵，地名曰孝慈县。这陵离都来往得十来日之功，如今请灵至此，还要停放数日，方入地宫，故得一月光景。宁府贾珍夫妻二人，也少不得是要去的。

两府无人，因此大家计议，家中无主，便报了尤氏产育，将他腾挪出来，协理荣宁两处事体。因又托了薛姨妈在园内照管他姊妹丫鬟。薛姨妈只得也挪进园来。因宝钗处有湘云、香菱，李纨处目今李婶母女虽去，然有时亦来住三五日不定，贾母又将宝琴送与他去照管；迎春处有岫烟，探春因家务冗杂，且不时有赵姨娘与贾环来嘈聒，甚不方便；惜春处房屋狭小；况贾母又千叮咛万嘱咐托他照管林黛玉，薛姨妈素习也最怜爱他的，今既巧遇这事，便挪至潇湘馆来和黛玉同房，一应药饵饮食十分经心。黛玉感戴不尽，以后便亦如宝钗之呼，连宝钗前亦直以姐姐呼之，宝琴前直以妹妹呼之，俨似同胞共出，较诸人更似亲切。

贾母见如此，也十分喜悦放心。薛姨妈只不过照管他姊妹，禁约得丫头辈，一应家中大小事务也不肯多口。尤氏虽天天过来，也不过应名点卯，亦不肯乱作威福，且他家内上下也只剩他一个料理，再者每日还要照管贾母、王夫人的下处一应所需饮馔铺设之物，所以也甚操劳。

当下荣宁两处主人既如此不暇，并两处执事人等，或有人跟随入朝的，或有朝外照理下处事务的，又有先踩踏下处的，也都各各忙乱。因此两处下人无了正经头绪，也都偷安，或乘隙结党，与权暂执事者窃弄威福。荣府只留得赖大并几个管事照管外务。这赖大手下常用几个人已去，虽另委人，都是些生的，只觉不顺手。且他们无知，或赚骗无节，或呈告无据，或举荐无因，种种不善，在在生事，也难备述。

又见各官宦家，凡养优伶男女者，一概蠲免遣发，尤氏等便议定，待王夫人回家回明，也欲遣发十二个女孩子，又说："这些人原是买的，如今虽不学唱，尽可留着使唤，令其教习们自去也罢了。"王夫人因说："这学戏的倒比不得使唤的，他们也是好人家的儿女，因无能卖了做这事，装丑弄鬼的几年。如今有这机会，不如给他们几两银子盘费，各自去罢。当日祖宗手里都是有这例的。咱们如今损阴坏德，而且还小器。如今虽有几个老的还在，那是他们各有原故，不肯回去的，所以才留下使唤，大了配了咱们家的小厮们了。"尤氏道："如今我们也去问他十二个，有愿意回去的，就带了信儿，叫上父母来亲自来领回去，给他们几两银子盘缠方妥当。若不叫上他父母亲人来，只怕有混帐人顶名冒领出去又转卖了，岂不辜负了这恩典？若有不愿意回去的，就留下。"王夫人笑道："这话妥当。"

尤氏等又遣人告诉了凤姐儿。一面说与总理房中，每教习给银八两，令其自便。凡梨香院一应物件，查清注册收明，派人上夜。将十二个女孩子叫来面问，倒有一多半不愿意回家的：也有说父母虽有，他只以卖我们为事，这一去还被他卖了；也有说父母已亡，或被叔伯兄弟所卖的；也有说无人可投的；也有说恋恩不舍的。所愿去者止四五人。王夫人听了，只得留下。将去者四五人皆令其干娘领回家去，单等他亲父母来领；将不愿去者分散在园中使唤。

贾母便留下文官自使，将正旦芳官指与宝玉，将小旦蕊官送了宝钗，将小生藕官指与了黛玉，将大花面葵官送了湘云，将小花面荳官送了宝琴，将老外艾官送了探春，尤氏便讨了老旦茄官去。当下各得其所，就如倦鸟出笼，每日园中游戏。众人皆知他们不能针黹，不惯使用，皆不大责备。其中或有一二个知事的，愁将来无应时之技，亦将本技丢开，便学起针黹纺绩女工诸务。

一日正是朝中大祭，贾母等五更便去了，先到下处用些点心小食，然后入朝。早祭已毕，方退至下处，用过早饭，略歇片刻，复入朝待中晚二祭完毕，方出至下处歇息，用过晚饭方回家。可巧这下处乃是一个大官的家庙，乃比丘尼焚修，房舍极多极净。东西二院，荣府便赁了东院，北静王府便赁了西院。太妃少妃每日宴息，见贾母等在东院，彼此同出同入，都有照应。外面细事不消细述。

且说大观园中因贾母、王夫人天天不在家内，又送灵去一月方回，各丫鬟婆子皆有闲空，多在园中游玩。更又将梨香院内服侍的众婆子一概撤回，并散在园内听使，更觉园内人多了几十个。因文官等一干人或心性高傲，或倚势凌下，或拣衣挑食，或口角锋芒，大概不安分守理者多。因此众婆子无不含怨，只是口中不敢与他们分证。如今散了学，大家称了愿，也有丢开手的，也有心地狭窄犹怀旧怨的，因将众人皆分在各房名下，不敢来厮侵。

可巧这日乃是清明之日，贾琏已备下年例祭祀，带领贾环、贾琮、贾兰三人去往铁槛寺祭柩烧纸。宁府贾蓉也同族中几人各办祭祀前往。因宝玉未大愈，故不曾去得。饭后发倦，袭人因说："天气甚好，你且出去逛逛，省得丢下粥碗就睡，存在心里。"宝玉听说，只得拄了一支杖，靸着鞋，步出院外。

因近日将园中分与众婆子料理，各司各业，皆在忙时，也有修竹的，也有剅树的，也有栽花的，也有种豆的，池中又有驾娘们行着船夹泥种藕。香菱、湘云、宝琴与丫鬟等都坐在山石上，瞧他们取乐。宝玉也慢慢行来。湘云见了他来，忙笑说：“快把这船打出去，他们是接林妹妹的。”众人都笑起来。宝玉红了脸，也笑道：“人家的病，谁是故意的，你也形容着取笑儿。”湘云笑道：“病也比人家另一样，原招笑儿，反说起人来。”说着，宝玉便也坐下，看着众人忙乱了一回。湘云因说：“这里有风，石头上又冷，坐坐去罢。”

宝玉便也正要去瞧林黛玉，便起身拄拐辞了他们，从沁芳桥一带堤上走来。只见柳垂金线，桃吐丹霞，山石之后，一株大杏树，花已全落，叶稠阴翠，上面已结了豆子大小的许多小杏。宝玉因想道：“能病了几天，竟把杏花辜负了！不觉已到‘绿叶成荫子满枝’了。”因此仰望杏子不舍。又想起邢岫烟已择了夫婿一事，虽说是男女大事，不可不行，但未免又少了一个好女儿。不过两年，便也要“绿叶成荫子满枝”了。再过几日，这杏树子落枝空，再几年，岫烟未免乌发如银，红颜似槁了，因此不免伤心，只管对杏流泪叹息。

正悲叹时，忽有一个雀儿飞来，落于枝上乱啼。宝玉又发了呆性，心下想道：“这雀儿必定是杏花正开时他曾来过，今见无花空有子叶，故也乱啼。这声韵必是啼哭之声，可恨公冶长不在眼前，不能问他。但不知明年再发时，这个雀儿可还记得飞到这里来与杏花一会了？”

笺证

时间观令人在“逝者如斯夫”的时间长流中，感受自然时间、人文时间和历史时间，感受日月星辰运行、草木花卉荣衰、人的生老病死、社会的繁华衰败。时间观属于世界观，是人们对时间概念的科学认知、情感体验或哲学感悟。因此，时间观蕴含着个体对过去、现在和未来所持的看法、态度和理念，蕴含着个体对时间的认知、体验和行动的人格特质，蕴含着期待和失望，流动为人生故事。第五十八回展示了贾宝玉的特种时间观。宝玉抱病在沁芳桥一带，看见柳垂金线，桃吐丹霞，山石之后，一株大杏树，花已全落，叶稠阴翠，上面已结了豆子大小的许多小杏。他感慨：“能病了几天，竟把杏花辜负了！不觉已到‘绿叶成荫子满枝’了。”宝玉联想到的典故，来自晚唐杜牧的《叹花》诗：“自是寻春去校迟，不须惆怅怨芳时。狂风落尽深红色，绿叶成阴子满枝。”据传杜牧游湖州，认识一女子，年十余岁。杜牧与其母相约过十年来娶，后十四年，杜牧始出为湖州刺史，女子已嫁人三年，生二子。因而作此诗，以叹花来寄托男女间错失良机的惆怅懊丧之情。谁曾想宝玉由此又想起邢岫烟已择了夫婿薛蝌一事，虽说是男女大事，不可不行，但未免又少了一个好女儿。不过两年，便也要“绿叶成荫子满枝”了。再过几日，这杏树子落枝空，再几年，岫烟未免乌发如银，红颜似槁了，因此不免伤心，只管对杏流泪叹息。颇有意思的是，贾母等一大帮人赴太妃之丧，宝玉态度漠然，而岫烟的婚事，却引起宝玉如此多的感慨，可见宝玉的痴情所在，在于“情不情”。宝玉正悲叹时，忽有一个雀儿飞来，落于枝上乱啼。宝玉又发了呆性，心下想道：“这雀儿必定是杏花正开时他曾来过，今见无花空有子叶，故也乱啼。这声韵必是啼哭之声，可恨公冶长不在眼前，不能问他。但不知明年再发时，这个雀儿可还记得飞到这里来与杏花一会了？”宝玉把自己生命融合于雀儿的生命，使鸟雀也为花开花谢而感伤。宝玉对《论语·公冶长篇》“子谓公冶长：‘可妻也，虽在缧绁之中，非其罪也。’以其子妻之”，似乎并无多少兴趣；倒是感情牵系着公冶长知鸟语，如《论释》所记载，公冶长从卫还鲁，途中闻鸟相呼，往青溪食死人肉。须臾见一老妪当道而哭。冶长问之。妪曰：我儿前日出，至今不反，谅已死，不知所在。冶长曰：向闻鸟相呼，往青溪食肉；或许是汝儿。妪往，果得其儿，已死。即报村官事实。村官以杀人罪归冶长，付狱。冶长以解鸟语辩之。狱主试其实，系冶长在狱六十日，卒有雀在狱栅上相呼，谓白莲水边，有运粟车翻覆，粟散在地，收敛不尽，往啄之。主遣人往验，果如其言。后又解释了猪及燕语，屡验。于是获释。宝玉想借助公冶长知鸟语，来打听雀儿对杏花开开谢谢，对杏花过去、现在、未来的跟踪的玄幻思维。可见宝玉的时间观带有浓郁的自然主义、宿命主义和超体验主义色彩。他由此对时间充满敬畏和惆怅，使自己进入时间的大化之流，成为虚幻的时间体验者。

正胡思间，忽见一股火光从山石那边发出，将雀儿惊飞。宝玉吃了一大惊，又听那边有人喊道:“藕官，你要死，怎弄些纸钱进来烧？我回去回奶奶们去，仔细你的肉。”宝玉听了，益发疑惑起来，忙转过山石看时，只见藕官满面泪痕，蹲在那里，手里还拿着火，守着些纸钱灰作悲。宝玉忙问道:“你与谁烧纸钱？快不要在这里烧。你或是为父母兄弟，你告诉我姓名，外头去叫小厮们打了包袱写上名姓去烧。”藕官见了宝玉，只不作一声。

宝玉数问不答，忽见一婆子恶恨恨走来拉藕官，口内说道:“我已经回了奶奶们了，奶奶气的了不得。”藕官听了，终是孩气，怕辱没了没脸，便不肯去。婆子道:“我说你们别太兴头过馀了，如今还比你们在外头随心乱闹呢。这是尺寸地方儿。”指宝玉道:“连我们的爷还守规矩呢，你是什么阿物儿，跑来胡闹。怕也不中用，跟我快走罢。”

宝玉忙道："他并没烧纸钱，原是林妹妹叫他来烧那烂字纸的。你没看真，反错告了他。"藕官正没了主意，见了宝玉，也正添了畏惧，忽听他反掩饰，心内转忧成喜，也便硬着口说道："你很看真是纸钱了么？我烧的是林姑娘写坏了的字纸。"那婆子听如此，亦发狠起来，便弯腰向纸灰中拣那不曾化尽的遗纸，拣了两点在手内，说道："你还嘴硬，有据有证在这里。我只和你厅上讲去。"说着，拉了袖子，就拽着要走。

宝玉忙把藕官拉住，用拄杖敲开那婆子的手，说道："你只管拿了那个回去。实告诉你：我昨夜作了一个梦，梦见杏花神和我要一挂白纸钱，不可叫本房人烧，要一个生人替我烧了，我的病就好的快。所以我请了这白钱，巴巴儿的和林姑娘烦了他来，替我烧了祝赞。原不许一个人知道的，所以我今日才能起来，偏你看见了。我这会子又不好了，都是你冲了。你还要告他去。藕官，只管去，见了他们你就照依我这话说。等老太太回来，我就说他故意来冲神祇，保祐我早死。"

藕官听了，益发得了主意，反倒拉着婆子要走。那婆子听了这话，忙丢下纸钱，陪笑央告宝玉道："我原不知道，二爷若回了老太太，我这老婆子岂不完了？我如今回奶奶们去，就说是爷祭神，我看错了。"宝玉道："你也不许再回去了，我便不说。"婆子道："我已经回了，叫我来带他，我怎好不回去的。也罢，就说我已经叫到了他，林姑娘叫了去了。"宝玉想一想，方点头应允。那婆子只得去了。

这里宝玉问他："到底是为谁烧纸？我想来若是为父母兄弟，你们皆烦人外头烧过了，这里烧这几张，必有私自的情理。"藕官因方才护庇之情感激于衷，便知他是自己一流的人物，便含泪说道："我这事，除了你屋里的芳官并宝姑娘的蕊官，并没第三个人知道。今日被你遇见，又有这段意思，少不得也告诉了你，只不许再对人言讲。"又哭道："我也不便和你面说，你只回去背人悄问芳官就知道了。"说毕，扬常而去。

宝玉听了，心下纳闷，只得踱到潇湘馆，瞧黛玉益发瘦的可怜，问起来，比往日已算大愈了。黛玉见他也比先大瘦了，想起往日之事，不免流下泪来，些微谈了谈，便催宝玉去歇息调养。宝玉只得回来。因记挂着要问芳官那原委，偏有湘云、香菱来了，正和袭人、芳官说笑，不好叫他，恐人又盘诘，只得耐着。

一时芳官又跟了他干娘去洗头。他干娘偏又先叫了他亲女儿洗过了后，才叫芳官洗。芳官见了这般，便说他偏心，“把你女儿的剩水给我洗。我一个月的月钱都是你拿着，沾我的光不算，反倒给我剩东剩西的。”他干娘羞愧变成恼，便骂他：“不识抬举的东西，怪不得人人说戏子没一个好缠的。凭你甚么好人，入了这一行，都弄坏了。这一点子屄崽子，也挑幺挑六，咸嘴淡舌，咬群的骡子似的。”娘儿两个吵起来。

袭人忙打发人去说：“少乱嚷，瞅着老太太不在家，一个个连句安静话也不说了。”晴雯因说：“都是芳官不省事，不知狂的什么，也不过是会两出戏，倒像杀了贼王，擒了反叛来的。”袭人道：“一个巴掌拍不响，老的也太不公些，小的也太可恶些。”宝玉道：“怨不得芳官。自古说‘物不平则鸣’。他少亲失眷的，在这里没人照看，赚了他的钱，又作践他，如何怪得？”因又向袭人道：“他一月多少钱？以后不如你收了过来照管他，岂不省事？”袭人道：“我要照看他那里不照看了，又要他那几个钱才照看他？没的讨人骂去了。”说着，便起身至那屋里取了一瓶花露油并些鸡卵、香皂、头绳之类，叫一个婆子来送给芳官去，叫他另要水自洗，不要吵闹了。

他干娘益发羞愧，便说芳官：“没良心，花掰我克扣你的钱。”便向他身上拍了几把，芳官便哭起来。宝玉便走出，袭人忙劝：“作什么？我去说他。”晴雯忙先过来，指他干娘说道：“你老人家太不省事。你不给他洗头的东西，我们饶给他东西，你不自臊，还有脸打他。他要还在学里学艺，你也敢打他不成！”那婆子便说：“一日叫娘，终身是母。他排场我，我就打得！”

袭人唤麝月道：“我不会和人拌嘴，晴雯性太急，你快过去震吓他两句。”麝月听了，忙过来说道：“你且别嚷。我且问你，别说我们这一处，你看满园子里，谁在主子屋里教导过女儿的？便是你的亲女儿，既分了房，有了主子，自有主子打得骂得，再者大些的姑娘姐姐们打得骂得，谁许老子娘又半中间管闲事了？都这样管，又要叫他们跟着我们学什么？越老越没了规矩！你见前儿坠儿的娘来吵，你也来跟他学？你们放心，因连日这个病那个病，老太太又不得闲心，所以我没回。等两日消闲了，咱们痛快回一回，大家把威风煞一煞儿才好。宝玉才好了些，连我们不敢大声说话，你反打的人狼号鬼叫的。上头能出了几日门，你们就无法无天的，眼睛里没了我们，再两天你们就该打我们了。他不要你这干娘，怕粪草埋了他不成！”宝玉恨的用拄杖敲着门槛子说道：“这些老婆子都是些铁心石头肠子，也是件大奇的事。不能照看，反倒折挫，天长地久，如何是好？”晴雯道：“什么‘如何是好’，都撵了出去，不要这些中看不中吃的。”那婆子羞愧难当，一言不发。

那芳官只穿着海棠红的小棉袄，底下丝绸撒花袷裤，敞着裤腿，一头乌油似的头发披在脑后，哭的泪人一般。麝月笑道：“把一个莺莺小姐，反弄成拷打红娘了。这会子又不妆扮了，还是这么松怠怠的。”宝玉道：“他这本来面目极好，倒别弄紧衬了。”晴雯过去拉了他，替他洗净了发，用手巾拧干，松松的挽了一个慵妆髻，命他穿了衣服过这边来了。

接着司内厨的婆子来问：“晚饭有了，可送不送？”小丫头听了，进来问袭人。袭人笑道：“方才胡吵了一阵，也没留心听钟几下了。”晴雯道：“那劳什子又不知怎么了，又得去收拾。”说着，便拿过表来瞧了一瞧说：“略等半钟茶的工夫就是了。”小丫头去了。麝月笑道：“提起淘气，芳官也该打几下。昨儿是他摆弄了那坠子，半日就坏了。”说话之间，便将食具打点现成。

一时小丫头子捧了盒子进来站住。晴雯、麝月揭开看时，还是只四样小菜。晴雯笑道：“已经好了，还不给两样清淡菜吃。这稀饭咸菜闹到多早晚？”一面摆好，一面又看那盒中，却有一碗火腿鲜笋汤，忙端了放在宝玉跟前。宝玉便就桌上喝了一口，说：“好烫。”袭人笑道：“菩萨，能几日不见荤，馋的这样起来。”一面说，一面忙端起轻轻用口吹。因见芳官在侧，便递与芳官，笑道：“你也学着些服侍，别一味呆憨呆睡。口劲轻着，别吹上唾沫星儿。”芳官依言果吹了几口，甚妥。

他干娘也忙端饭在门外伺候。向日芳官等一到时原从外边认的，就同往梨香院去了。这干婆子原系荣府三等人物，不过令其与他们浆洗，皆不曾入内答应，故此不知内帏规矩。今亦托赖他们方入园中，随女归房。这婆子先领过麝月的排场，方知了一二分，生恐不令芳官认他做干娘，便有许多失利之处，故心中只要买转他们。今见芳官吹汤，便忙跑进来笑道：“他不老成，仔细打了碗，让我吹罢。”一面说，一面就接。晴雯忙喊：“出去。你让他砸了碗，也轮不到你吹。你什么空儿跑到这里槅子来了，还不出去？”一面又骂小丫头们：“瞎了心的，他不知道，你们也不说给他。”小丫头们都说：“我们撵他，他不出去，说他，他又不信。如今带累我们受气，你可信了？我们到的地方儿，有你到的一半，还有你一半到不去的呢。何况又跑到我们到不去的地方还不算，又去伸手动嘴的了。”一面说，一面推他出去。阶下几个等空盒家伙的婆子见他出来，都笑道：“嫂子也没用镜子照一照，就进去了。”羞的那婆子又恨又气，只得忍耐下去。

芳官吹了几口，宝玉笑道：“好了，仔细伤了气。你尝一口，可好了。”芳官只当是顽话，只是笑看着袭人等。袭人道：“你就尝一口何妨？”晴雯笑道：“你瞧我尝。”说着就喝了一口。芳官见如此，自己也便尝了一口，说“好了”，递与宝玉。宝玉喝了半碗，吃了几片笋，又吃了半碗粥就罢了。众人拣收出去了。小丫头捧了沐盆，盥漱已毕，袭人等出去吃饭。宝玉使个眼色与芳官，芳官本自伶俐，又学几年戏，何事不知。便装说头疼不吃饭了。袭人道："既不吃饭，你就在屋里作伴儿，把这粥给你留着，一时饿了再吃。"说着，都去了。

这里宝玉和他只二人，宝玉便将方才从火光发起，如何见了藕官，又如何谎言护庇，又如何藕官叫我问你，从头至尾，细细的告诉他一遍，又问他祭的果系何人。芳官听了，满面含笑，又叹一口气，说道："这事说来可笑又可叹。"宝玉听了，忙问如何。芳官笑道："你说他祭的是谁？祭的是死了的药官。"宝玉道："这是友谊，也应当的。"芳官笑道："那里是友谊？他竟是疯傻的想头，说他自己是小生，药官是小旦，常做夫妻，虽说是假的，每日那些曲文排场，皆是真正温存体贴之事，故此二人就疯了，虽不做戏，寻常饮食起坐，两个人竟是你恩我爱。药官一死，他哭的死去活来，至今不忘，所以每节烧纸。后来补了蕊官，我们见他一般的温柔体贴，也曾问他得新弃旧的。他说：'这又有个大道理。比如男子丧了妻，或有必当续弦者，也必要续弦为是。便只是不把死的丢过不提，便是情深意重了。若一味因死的不续，孤守一世，妨了大节，也不是理，死者反不安了。'你说可是又疯又呆，说来可是可笑？"宝玉听说了这篇呆话，独合了他的呆性，不觉又是欢喜，又是悲叹，又称奇道绝，说："天既生这样人，又何用我这须眉浊物玷辱世界。"因又忙拉芳官嘱道："既如此说，我也有一句话嘱咐他，我若亲对面与他讲未免不便，须得你告诉他。"芳官问何事。宝玉道："以后断不可烧纸钱。这纸钱原是后人异端，不是孔子的遗训。以后逢时按节，只备一个炉，到日随便焚香，一心诚虔，就可感格了。愚人原不知，无论神佛死人，必要分出等例，各式各例的。殊不知只一'诚心'二字为主。即值仓皇流离之日，虽连香亦无，随便有土有草，只以洁净，便可为祭，不独死者享祭，便是神鬼也来享的。你瞧瞧我那案上，只设一炉，不论日期，时常焚香。他们皆不知原故，我心里却各有所因。随便有清茶便供一钟茶，有新水就供一盏水，或有鲜花，或有鲜果，甚至荤羹腥菜，只要心诚意洁，便是佛也都可来享，所以说，只在敬不在虚名。

以后快命他不可再烧纸。”芳官听了，便答应着。一时吃过饭，便有人回：“老太太，太太回来了。”——

笺证

第五十八回“杏子阴假凤泣虚凰”，以戏子藕官对菂官假戏真做的痴情祭奠，反衬出贾宝玉的无限痴情，情薄云天，只要是痴情，就可以穿越戏子和公子之间的社会等级分隔。在写法上，又尽显了《红楼梦》百曲千回，令人叹为观止的巧妙手段。行文上先是腾出活动空间：一是贾母、王夫人、凤姐的管理体制松动：朝廷老太妃已薨，凡诰命等皆入朝随班按爵守制。贾母、邢、王、尤、许婆媳祖孙等皆每日入朝随祭，至未正以后方回。宁府贾珍夫妻二人，也少不得是要去的。就由尤氏、薛姨妈协理荣宁两处事体，照管大观园。二是梨香院解散后体制出现缝隙，以此布好棋子，留下做眼的余地：贾母便留下文官自使，将正旦芳官指与宝玉，将小旦蕊官送了宝钗，将小生藕官指与了黛玉，将大花面葵官送了湘云，将小花面荳官送了宝琴，将老外艾官送了探春，尤氏便讨了老旦茄官去。当下各得其所，就如倦鸟出笼，每日园中游戏。有了这么两种空间缝隙，就可以直奔主题了：宝玉拄着拐杖到沁芳桥附近山石之后大杏树下，忽见一股火光从山石那边发出，将雀儿惊飞。未见其人，先见火光，再见鸟雀，是宝玉的视角。只见藕官满面泪痕，蹲在那里，焚烧纸钱，悲悼心中人。一婆子看见藕官烧纸钱，恶狠狠要拉上藕官去见尤氏。宝玉就以藕官为林黛玉烧烂字纸，以及宝玉自己昨夜作了一个梦，梦见杏花神索要一挂白纸钱，只好让藕官代为焚烧，给藕官解了围。随后探问藕官“到底是为谁烧纸？”虽然直奔主题，但主题的解密却是弯弯曲曲，遮遮掩掩。藕官感激宝玉护庇之情说：“我也不便和你面说，你只回去背人悄问芳官就知道了。”向芳官打听谜底，却来了个百折千回。宝玉到潇湘馆问候黛玉后，因记挂着要向芳官问明原委，回到怡红院，偏有湘云、香菱正和袭人、芳官说笑，不好问芳官，恐人又盘诘，只得耐着。其后芳官被其干娘纠缠着洗头，干娘不知内帏规矩，又与怡红院大丫鬟一味胡搅蛮缠。终被麝月严词正色制止。左躲右闪，才腾出了宝玉单独面对芳官的场合，芳官这才含笑叹气说：“你说他祭的是谁？祭的是死了的药官。”“他竟是疯傻的想头，说他自己是小生，药官是小旦，常做夫妻，虽说是假的，每日那些曲文排场，皆是真正温存体贴之事，故此二人就疯了，虽不做戏，寻常饮食起坐，两个人竟是你恩我爱。药官一死，他哭的死去活来，至今不忘，所以每节烧纸。后来补了蕊官，我们见他一般的温柔体贴，也曾问他得新弃旧的。他说：‘这又有个大道理。比如男子丧了妻，或有必当续弦者，也必要续弦为是。便只是不把死的丢过不提，便是情深意重了。若一味因死的不续，孤守一世，妨了大节，也不是理，死者反不安了。’你说可是又疯又呆，说来可是可笑？”写藕官的假凤泣虚凰，开了后来表演如《霸王别姬》的生旦性别误认的同性恋的先河，更潜在的理由却是为了反衬宝玉的痴情妄念。宝玉听了芳官讲述藕官对药官超越阴阳阻隔的同性恋痴情的这篇呆话，独合他宝玉的呆性，不觉又是欢喜，又是悲叹，又称奇道绝，说：“天既生这样人，又何用我这须眉浊物玷辱世界。”《红楼梦》是以藕官的特异祭奠，衬托贾宝玉的无限痴情，一发增加了贾宝玉作为情种的厚重底色。其层层皴染的写法，有如戚蓼生本回末总评所说：“道理彻上彻下，提笔左潆右拂，浩浩千万言不绝。”曹雪芹精心绘出一条百折千回的人际心理曲线，左缠右绕，缠绕出许多精神秘密。按理说，宝玉、黛玉、宝钗之间的情感纠葛已经写得不少了，必须开拓抒写的新空间，才能是人们视野豁亮。文学是一种心灵随笔，探索着奇到极处的情感秘密。曹雪芹异想天开，竟然从与贵族男女天差地别的戏子的情感上做文章，做得非常出彩。为什么文学的色彩是忧郁的？文学在虚构着一个世界，它揭示人的精神秘密时，需要面对情绪失调、焦虑症、忧郁症、人际关系障碍以及对精神疾病的病笃乱投医等精神方面症状，戏子生活在社会底层，她们情感受到的压抑和挫折一点也不比别人少，看到这一点才算得上文学的平民化。这些都是来自荒地上的牛粪，文学的鲜花所插的牛粪越是大泡，开出来的鲜花越是繁茂鲜艳。视野生技巧。这样说来，文学最高的技巧是在没有技巧处偏偏为新视野创造出新技巧，因此作家难得的是勇敢，如果缺乏勇敢精神，梦想岂不永远都只是梦想？

第五十九回

柳叶渚边嗔莺咤燕 绛云轩里召将飞符

话说宝玉听说贾母等回来，遂多添了一件衣服，拄杖前边来，都见过了。贾母等因每日辛苦，都要早些歇息，一宿无话，次日五鼓，又往朝中去。

离送灵日不远，鸳鸯、琥珀、翡翠、玻璃四人都忙着打点贾母之物，玉钏、彩云、彩霞等皆打叠王夫人之物，当面查点与跟随的管事媳妇们，跟随的一共大小六个丫鬟，十个老婆子媳妇子，男人不算。连日收拾驮轿器械。鸳鸯与玉钏儿皆不随去，只看屋子。一面先几日预发帐幔铺陈之物，先有四五个媳妇并几个男人领了出来，坐了几辆车绕道先至下处，铺陈安插等候。

临日，贾母带着蓉妻坐一乘驮轿，王夫人在后亦坐一乘驮轿，贾珍骑马率了众家丁护卫。又有几辆大车与婆子丫鬟等坐，并放些随换的衣包等件。是日薛姨妈、尤氏率领诸人直送至大门外方回。贾琏恐路上不便，一面打发了他父母起身赶上贾母王夫人驮轿，自己也随后带领家丁押后跟来。

荣府内赖大添派人丁上夜，将两处厅院都关了，一应出入人等，皆走西边小角门。日落时，便命关了仪门，不放人出入。园中前后东西角门亦皆关锁，只留王夫人大房之后常系他姊妹出入之门，东边通薛姨妈的角门，这两门因在内院，不必关锁。里面鸳鸯和玉钏儿也各将上房关了，自领丫鬟婆子下房去安歇。每日林之孝之妻进来，带领十来个婆子上夜，穿堂内又添了许多小厮们坐更打梆子，已安插得十分妥当。

一日清晓，宝钗春困已醒，搴帷下榻，微觉轻寒，启户视之，见园中土润苔青，原来五更时落了几点微雨。于是唤起湘云等人来，一面梳洗，湘云因说两腮作痒，恐又犯了杏瘢癣，因问宝钗要些蔷薇硝来。宝钗道："前儿剩的都给了妹子。"因说："颦儿配了许多，我正要和他要些，因今年竟没发痒，就忘了。"因命莺儿去取些来。莺儿应了才去时，蕊官便说："我同你去，顺便瞧瞧藕官。"说着，一径同莺儿出了蘅芜苑。

二人你言我语，一面行走，一面说笑，不觉到了柳叶渚，顺着柳堤走来。因见柳叶才吐浅碧，丝若垂金，莺儿便笑道："你会拿着柳条子编东西不会？"蕊官笑道："编什么东西？"莺儿道："什么编不得？顽的使的都可。等我摘些下来，带着这叶子编个花篮儿，采了各色花放在里头，才是好顽呢。"说着，且不去取硝，且伸手挽翠披金，采了许多的嫩条，命蕊官拿着。莺儿一行走一行编花篮，随路见花便采一二枝，编出一个玲珑过梁的篮子。枝上自有本来翠叶满布，将花放上，却也别致有趣。喜的蕊官笑道："姐姐，给了我罢。"莺儿道："这一个咱们送林姑娘，回来咱们再多采些，编几个大家玩。"说着，来至潇湘馆中。

黛玉也正晨妆，见了篮子，便笑说："这个新鲜花篮是谁编的？"莺儿笑说："我编了送姑娘玩的。"黛玉接了笑道："怪道人赞你的手巧，这玩意儿却也别致。"一面瞧了，一面便命紫鹃挂在那里。莺儿又问候了薛姨妈，方和黛玉要硝。黛玉忙命紫鹃包了一包，递与莺儿。黛玉又道："我好了，今日要出去逛逛。你回去说与姐姐，不用过来问候妈了，也不敢劳他来瞧我，梳了头同妈都往你那里去，连饭也端了那里去吃，大家热闹些。"

莺儿答应了出来，便到紫鹃房中找蕊官，只见藕官与蕊官二人正说得高兴，不能相舍，因说："姑娘也去呢，藕官先同我们去等着岂不好？"紫鹃听如此说，便也说道："这话倒是，他这里淘气的也可厌。"一面说，一面便将黛玉的匙箸用一块洋巾包了，交与藕官道："你先带了这个去，也算一趟差了。"

藕官接了，笑嘻嘻同他二人出来，一径顺着柳堤走来。莺儿便又采些柳条，越性坐在山石上编起来，又命蕊官先送了硝去再来。他二人只顾爱看他编，那里舍得去。莺儿只顾催说："你们再不去，我也不编了。"藕官便说："我同你去了再快回来。"二人方去了。

这里莺儿正编，只见何婆的小女春燕走来，笑问："姐姐编什么呢？"正说着，蕊、藕二人也到了。春燕便向藕官道："前儿你到底烧什么纸？被我姨妈看见了，要告你没告成，倒被宝玉赖了他一大些不是，气的他一五一十告诉我妈。你们在外头这二三年积了些什么仇恨，如今还不解开？"藕官冷笑道："有什么仇恨？他们不知足，反怨我们了。在外头这两年，别的东西不算，只算我们的米菜，不知赚了多少家去，合家子吃不了，还有每日买东买西赚的钱在外。逢我们使他们一使儿，就怨天怨地的。你说说可有良心？"

春燕笑道："他是我的姨妈，也不好向着外人反说他的。怨不得宝玉说：'女孩儿未出嫁，是颗无价之宝珠；出了嫁，不知怎么就变出许多的不好的毛病来，虽是颗珠子，却没有光彩宝色，是颗死珠了；再老了，更变的不是珠子，竟是鱼眼睛了。分明一个人，怎么变出三样来？'这话虽是混话，倒也有些不差。别人不知道，只说我妈和姨妈，他老姊妹两个，如今越老了越把钱看的真了。先时老姐儿两个在家抱怨没个差使，没个进益，幸亏有了这园子，把我挑进来，可巧把我分到怡红院。家里省了我一个人的费用不算外，每月还有四五百钱的馀剩，这也还说不够。后来老姊妹二人都派到梨香院去照看他们，藕官认了我姨妈，芳官认了我妈，这几年着实宽裕了。如今挪进来也算撒开手了，还只无厌。你说好笑不好笑。我姨妈刚和藕官吵了，接着我妈为洗头就和芳官吵。芳官连要洗头也不给他洗。昨日得月钱，推不去了，买了东西先叫我洗。我想了一想：我自有钱，就没钱要洗时，不管袭人、晴雯、麝月，那一个跟前和他们说一声，也都容易，何必借这个光儿？好没意思。所以我不洗。他又叫我妹妹小鸠儿洗了，才叫芳官，果然就吵起来。接着又要给宝玉吹汤，你说可笑死了人。我见他一进来，我就告诉那些规矩。他只不信，只要强做知道的，足的讨个没趣儿。幸亏园里的人多，没人分记的清楚谁是谁的亲故。若有人记得，只有我们一家人吵，什么意思呢？你这会子又跑来弄这个。这一带地上的东西都是我姑娘管着，一得了这地方，比得了永远基业还利害，每日早起晚睡，自己辛苦了还不算，每日逼着我们来照看，生恐有人遭踏，又怕误了我的差使。如今进来了，老姑嫂两个照看得谨谨慎慎，一根草也不许人动。你还掐这些花儿，又折他的嫩树，他们即刻就来，仔细他们抱怨。”

莺儿道：“别人乱折乱掐使不得，独我使得。自从分了地基之后，每日里各房皆有分例，吃的不用算，单管花草顽意儿。谁管什么，每日谁就把各房里姑娘丫头戴的，必要各色送些折枝的去，还有插瓶的。惟有我们姑娘说了：‘一概不用送，等要什么再和你们要。’究竟没有要过一次。我今便掐些，他们也不好意思说的。”

笺证

女儿情结，是《红楼梦》贯通全书的根本情结，女娲就是创造世界的女儿主神，太虚幻境就是管理女儿命运的幻境，女儿情结是通天的，通天地的创造，通人间命运的操作。《红楼梦》开头就有作者自云：“今风尘碌碌，一事无成，忽念及当日所有之女子，一一细推了去，觉其行止见识，皆出于我之上，何堂堂之须眉，诚不若彼裙钗哉？实愧则有馀，悔又无益之大无可奈何之日也！”无可奈何，唯念女儿。这是汪洋般的浩渺无垠的一套理论。第五十九回春燕转述了宝玉的话：“女孩儿未出嫁，是颗无价之宝珠；出了嫁，不知怎么就变出许多的不好的毛病来，虽是颗珠子，却没有光彩宝色，是颗死珠了；再老了，更变的不是珠子，竟是鱼眼睛了。”与本书第二回冷子兴转述宝玉的话：“女儿是水作的骨肉，男人是泥作的骨肉。我见了女儿，我便清爽；见了男人，便觉浊臭逼人。”二者可以对比参看，可见宝玉的女儿崇拜，突出的是少女崇拜。少女一旦婚配，就有了人伦角色的定位，沾染世俗打算，斤斤计较蝇头小利，唯利是命，也就由珠宝蜕变为死珠和鱼眼睛了。何婆的小女春燕举出她母亲和姨妈越老越贪得无厌的例子，以及克扣和作贱干女儿芳官，要用老嘴给宝玉吹汤的笑料，“幸亏园里的人多，没人分记的清楚谁是谁的亲故。若有人记得，只有我们一家人吵，什么意思呢？”这也展示了奴才社会老妪和少女的代沟。老妪贪财是苦日子中煎熬过来的人的一种自我保护手段，少女未经苦日子煎熬就理解不了，不妨多保持几分浪漫情怀。

一语未了，他姑娘果然拄了拐走来。莺儿春燕等忙让坐。那婆子见采了许多嫩柳，又见藕官等都采了许多鲜花，心内便不受用；看着莺儿编，又不好说什么，便说春燕道：“我叫你来照看照看，你就贪住玩不去了。倘或叫起你来，你又说我使你了，拿我做隐身符儿你来乐。”春燕道：“你老又使我，又怕，这会子反说我。难道把我劈做八瓣子不成？”

莺儿笑道：“姑妈，你别信小燕的话。这都是他摘下来的，烦我给他编，我撵他，他不去。”春燕笑道：“你可少玩儿，你只顾玩儿，他老人家就认真了。”那婆子本是愚顽之辈，兼之年近昏眊，惟利是命，一概情面不管，正心疼肝断，无计可施，听莺儿如此说，便以老卖老，拿起柱杖来向春燕身上击了几下，骂道：“小蹄子，我说着你，你还和我强嘴儿呢。你妈恨的牙根痒痒，要撕你的肉吃呢，你还来和我强梆子似的。”打的春燕又愧又急，哭道：“莺儿姐姐玩话，你老就认真打我。我妈为什么恨我？我又没烧胡了洗脸水，有什么不是？”

莺儿本是玩话，忽见婆子认真动了气，忙上去拉住，笑道："我才是玩话，你老人家打他，我岂不愧？"那婆子道："姑娘，你别管我们的事，难道为姑娘在这里，不许我管孩子不成？"莺儿听见这般蠢话，便赌气红了脸，撒了手冷笑道："你老人家要管，那一刻管不得，偏我说了一句玩话就管他了。我看你老管去。"说着，便坐下，仍编柳篮子。

偏又有春燕的娘出来找他，喊道："你不来舀水，在那里做什么呢？"那婆子便接声儿道："你来瞧瞧，你的女儿连我也不服了，在那里排揎我呢。"那婆子一面走过来说："姑奶奶，又怎么了？我们丫头眼里没娘罢了，连姑妈也没了不成？"莺儿见他娘来了，只得又说原故。他姑娘那里容人说话，便将石上的花柳与他娘瞧道："你瞧瞧，你女儿这么大孩子顽的。他先领着人糟踏我，我怎么说人？"

他娘也正为芳官之气未平，又恨春燕不遂他的心，便走上来打耳刮子，骂道："小娼妇，你能上去了几年？你也跟那起轻狂浪小妇学，怎么就管不得你们了？干的我管不得，你是我屄里掉出来的，难道也不敢管你不成？既是你们这起蹄子到的去的地方我到不去，你就该死在那里伺候，又跑出来浪汉。"一面又抓起柳条子来，直送到他脸上，问道："这叫作什么？这编的是你娘的屄。"莺儿忙道："那是我们编的，你老别指桑骂槐。"那婆子深妒袭人、晴雯一干人，已知凡房中大些的丫鬟都比他们有些体统权势，凡见了这一干人，心中又畏又让，未免又气又恨，亦且迁怒于众，复又看见了藕官，又是他令姊的冤家，四处凑成一股怒气。

那春燕啼哭着往怡红院去了。他娘又恐问他为何哭，怕他又说出自己打他，又要受晴雯等之气，不免着起急来，又忙喊道："你回来，我告诉你再去。"春燕那里肯回来。急的他娘跑了去要拉他。他回头看见，便也往前飞跑。他娘只顾赶他，不防脚下被青苔滑倒，引的莺儿三个人反都笑了。莺儿便赌气将花柳皆掷于河中，自回房去。这里把个婆子心疼的只念佛，又骂："促狭小蹄子，遭踏了花儿，雷也是要打的。"自己且掐花与各房送去不提。

却说春燕一直跑入院中，顶头遇见袭人往黛玉处去问安。春燕便一把抱住袭人，说："姑娘救我，我娘又打我呢。"袭人见他娘来了，不免生气，便说道："三日两头儿打了干的打亲的，还是卖弄你女儿多，还是认真不知王法。"这婆子虽来了几日，见袭人不言不语是好性的，便说道："姑娘你不知道，别管我们闲事。都是你们纵的，这会子还管什么？"说着，便又赶着打。

袭人气的转身进来，见麝月正在海棠下晾手巾，听得如此喊闹，便说："姐姐别管，看他怎样？"一面使眼色与春燕，春燕会意，便直奔了宝玉去。众人都笑说："这可是没有的事都闹出来了。"麝月向婆子道："你再略煞一煞气儿，难道这些人的脸面，和你讨一个情还讨不下来不成？"那婆子见他女儿奔到宝玉身边去，又见宝玉拉了春燕的手说："别怕，有我呢。"

春燕又一行哭，又一行说，把方才莺儿等事都说出来。宝玉越发急起来，说："你只在这里闹也罢了，怎么连亲戚也都得罪起来。"麝月又向婆子及众人道："怨不得这嫂子说我们管不着他们的事，我们虽无知错管了，如今请出一个管得着的人来管一管，嫂子就心服口服，也知道规矩了。"便回头叫小丫头子："去把平儿给我们叫来。平儿不得闲就把林大娘叫了来。"那小丫头应了就走。众媳妇上来笑说："嫂子，快求姑娘们叫回那孩子罢。平姑娘来了，可就不好了。"那婆子说道："凭你那个平姑娘来也凭个理，没有娘管女儿大家管着娘的。"众人笑道："你当是那个平姑娘，是二奶奶屋里的平姑娘。他有情呢，说你两句，他一翻脸，嫂子你吃不了兜着走。"

说话之间，只见小丫头子回来说："平姑娘正有事，问我作什么，我告诉了他，他说：'既这样，且撵他出去，告诉了林大娘在角门外打他四十板子就是了。'"那婆子听如此说，自不舍得出去，便又泪流满面，央告袭人等说："好容易我进来了，况且我是寡妇，家里没人，正好一心无挂的在里头服侍姑娘们。姑娘们也便宜，我家里也省些搅过。我这一去，又要去自己生火过活，将来不免又没了过活。"

袭人见他如此，早又心软了，便说：“你既要在这里，又不守规矩，又不听说，又乱打人。那里弄你这个不晓事的来，天天斗口，也叫人笑话，失了体统。”晴雯道：“理他呢，打发去了是正经。谁和他去对嘴对舌的？”那婆子又央众人道：“我虽错了，姑娘们吩咐了，我以后改过。姑娘们那不是行好积德？”一面又央春燕道：“原是我为打你起的，究竟没打成你，我如今反受了罪。你也替我说说。”宝玉见如此可怜，只得留下，吩咐他不可再闹。那婆子走来一一的谢过了下去。

只见平儿走来，问系何事。袭人等忙说：“已完了，不必再提。”平儿笑道：“‘得饶人处且饶人’，得省的将就省些事也罢了。能去了几日，只听各处大小人儿都作起反来了，一处不了又一处，叫我不知管那一处的是。”袭人笑道：“我只说我们这里反了，原来还有几处。”平儿笑道：“这算什么？正和珍大奶奶算呢，这三四日的工夫，一共大小出来了八九件了。你这里是极小的，算不起数儿来，还有大的可气可笑之事。”不知袭人问他果系何事，且听下回分解。

笺证

大观园的规矩建立在等级台阶上，连奴才也有等级。第五十九回写到，低等的婆子深妒袭人、晴雯一干人，已知凡房中大些的丫鬟都比他们有些体统权势，凡见了这一干人，心中又畏又让，未免又气又恨，亦且迁怒于众，复又看见了藕官，又是他令姊的冤家，四处凑成一股怒气。婆子闹事，怡红院搬救兵，小丫头子传话说：“平姑娘正有事，问我作什么，我告诉了他，他说：‘既这样，且撵他出去，告诉了林大娘在角门外打他四十板子就是了。’”吓得痛哭求饶，平儿出面时却说："正和珍大奶奶算呢，这三四日的工夫，一共大小出来了八九件了。你这里是极小的，算不起数儿来，还有大的可气可笑之事。"但是"大的可气可笑之事"是什么，却又打住不讲。《红楼梦》行文，往往在如此一擒一纵中，打压住下等奴才闹事，从中抖出一闹一压的神采。这就应了戚蓼生本回首的评议："山无起伏，便是顽山；水无潆洄，便是死水。"《红楼梦》在反复以一擒一纵作为临机应变之机法中，既维护大观园的等级台阶，又拨动事物发生和运行的枢纽，如《庄子·至乐》所云"万物皆出于机，皆入于机"，机是契机、时机、密机，从而制造文章气势的起伏潆洄，从中搓揉出人际关系的弯弯绕绕，摇荡出人物性格勃勃生机。

第六十回

茉莉粉替去蔷薇硝 玫瑰露引来茯苓霜

话说袭人因问平儿，何事这样忙乱。平儿笑道："都是世人想不到的，说来也好笑，等几日告诉你，如今没头绪呢，且也不得闲儿。"一语未了，只见李纨的丫鬟来了，说："平姐姐可在这里，奶奶等你，你怎么不去了？"平儿忙转身出来，口内笑说："来了，来了。"袭人等笑道："他奶奶病了，他又成了香饽饽了，都抢不到手。"平儿去了。不提。

宝玉便叫春燕："你跟了你妈去，到宝姑娘房里给莺儿几句好话听听，也不可白得罪了他。"春燕答应了，和他妈出去。宝玉又隔窗说道："不可当着宝姑娘说，仔细反叫莺儿受教导。"

娘儿两个应了出来，一壁走着，一面说闲话儿。春燕因向他娘道："我素日劝你老人家再不信，何苦闹出没趣来才罢。"他娘笑道："小蹄子，你走罢，俗语道：'不经一事，不长一智。'我如今知道了，你又该来支问着我。"春燕笑道："妈，你若安分守己，在这屋里长久了，自有许多的好处。我且告诉你句话：宝玉常说，将来这屋里的人，无论家里外头的，一应我们这些人，他都要回太太全放出去，与本人父母自便呢。你只说这一件可好不好？"他娘听说，喜的忙问："这话果真？"春燕道："谁可扯这谎做什么？"婆子听了，便念佛不绝。

当下来至蘅芜苑中，正值宝钗、黛玉、薛姨妈等吃饭。莺儿自去泡茶，春燕便和他妈一径到莺儿前，陪笑说"方才言语冒撞了，姑娘莫嗔莫怪，特来陪罪"等语。莺儿忙笑让坐，又倒茶。他娘儿两个说有事，便作辞回来。

忽见蕊官赶出叫："妈妈姐姐，略站一站。"一面走上来，递了一个纸包给他们，说是蔷薇硝，带与芳官去檫脸。春燕笑道："你们也太小气了，还怕那里没这个与他，巴巴的你又弄一包给他去？"蕊官道："他是他的，我送的是我的。好姐姐，千万带回去罢。"春燕只得接了。娘儿两个回来，正值贾环、贾琮二人来问候宝玉，也才进去。春燕便向他娘说："只我进去罢，你老不用去。"他娘听了，自此便百依百随的，不敢倔强了。

春燕进来，宝玉知道回复，便先点头。春燕知意，便不再说一语，略站了一站，便转身出来，使眼色与芳官。芳官出来，春燕方悄悄的说与他蕊官之事，并与了他硝。宝玉并无与琮、环可谈之语，因笑问芳官手里是什么。芳官便忙递与宝玉瞧，又说是擦春癣的蔷薇硝。宝玉笑道："亏他想得到。"贾环听了，便伸着头瞧了一瞧，又闻得一股清香，便弯腰向靴桶内掏出一张纸来托着，笑说："好哥哥，给我一半儿。"宝玉只得要与他。芳官心中因是蕊官之赠，不肯与别人，连忙拦住，笑说道："别动这个，我另拿些来。"宝玉会意，忙笑包上，说道："快取来。"

芳官接了这个，自去收好，便从奁中去寻自己常使的。启奁看时，盒内已空，心中疑惑，早间还剩了些，如何没了？因问人时，都说不知。麝月便说："这会子且忙着问这个？不过是这屋里人一时短了使了。你不管拿些什么给他们，他们那里看得出来？快打发他们去了，咱们好吃饭。"芳官听了，便将些茉莉粉包了一包拿来。贾环见了，喜的就伸手来接。芳官便忙向炕上一掷。贾环只得向炕上拾了，揣在怀内，方作辞而去。

原来贾政不在家，且王夫人等又不在家，贾环连日也便装病逃学。如今得了硝，兴兴头头来找彩云。正值彩云和赵姨娘闲谈，贾环嘻嘻向彩云道："我也得了一包好的，送你擦脸。你常说，蔷薇硝擦癣，比外头的银硝强。你且看看，可是这个？"彩云打开一看，嗤的一声笑了，说道："你是和谁要来的？"贾环便将方才之事说了。彩云笑道："这是他们哄你这乡老呢。这不是硝，这是茉莉粉。"贾环看了一看，果然比先前的带些红色，闻闻也是喷香，因笑道："这也是好的，硝粉一样，留着擦罢，自是比外头买的高便好。"彩云只得收了。

赵姨娘便说："有好的给你，谁叫你要去了？怎怨他们耍你。依我，拿了去照脸摔给他去，趁着这回子撞尸的撞尸去了，挺床的便挺床，吵一出子，大家别心净，也算是报仇。莫不是两个月之后，还找出这个碴儿来问你不成？便问你，你也有话说。宝玉是哥哥，不敢冲撞他罢了。难道他屋里的猫儿狗儿，也不敢去问问不成？"贾环听说，便低了头。彩云忙说："这又何苦生事，不管怎样，忍耐些罢了。"

赵姨娘道："你快休管，横竖与你无干。乘着抓住了理，骂给那些浪淫妇们一顿也是好的。"又指贾环道："呸！你这下流没刚性的，也只好受这些毛崽子的气。平白我说你一句儿，或无心中错拿了一件东西给你，你倒会扭头暴筋瞪着眼蹾摔娘。这会子被那起屄崽子耍弄也罢了。你明儿还想这些家里人怕你呢。你没有屄本事，我也替你羞。"贾环听了，不免又愧又急，又不敢去，只摔手说道："你这么会说，你又不敢去，支使了我去闹。倘或往学里告去捱了打，你敢自不疼呢？遭遭儿调唆了我闹去，闹出了事来，我捱了打骂，你一般也低了头。这会子又调唆我和毛丫头们去闹。你不怕三姐姐，你敢去，我就服你。"只这一句话，便戳了他娘的肺，便喊说："我肠子里爬出来的，我再怕不成。这屋里越发有得说了。"一面说，一面拿了那包子，便飞也似的往园中去了。彩云死劝不住，只得躲入别房。贾环便也躲出仪门，自去顽耍。

赵姨娘直进园子，正是一头火，顶头正遇见藕官的干娘夏婆子走来。见赵姨娘气恨恨的走来，因问："姨奶奶那去？"赵姨娘又说："你瞧瞧，这屋里连三日两日进来唱戏的小粉头们，都三般两样掂人分量放小菜碟儿了。若是别一个，我还不恼，若叫这些小娼妇捉弄了，还成个什么？"夏婆子听了，正中己怀，忙问因何。赵姨娘悉将芳官以粉作硝轻侮贾环之事说了。

夏婆子道："我的奶奶，你今日才知道，这算什么事。连昨日这个地方他们私自烧纸钱，宝玉还拦到头里。人家还没拿进个什么儿来，就说使不得，不干不净的忌讳。这烧纸倒不忌讳？你老想一想，这屋里除了太太，谁还大似你？你老自己撑不起来，但凡撑起来的，谁还不怕你老人家？如今我想，乘着这几个小粉头儿恰不是正头货，得罪了他们也有限的，快把这两件事抓着理扎个筏子，我在旁作证据，你老把威风抖一抖，以后也好争别的礼。便是奶奶姑娘们，也不好为那起小粉头子说你老的。"赵姨娘听了这话，益发有理，便说："烧纸的事不知道，你却细细的告诉我。"夏婆子便将前事一一的说了，又说："你只管说去。倘或闹起，还有我们帮着你呢。"赵姨娘听了越发得了意，仗着胆子便一径到了怡红院中。

可巧宝玉听见黛玉在那里，便往那里去了。芳官正与袭人等吃饭，见赵姨娘来了，便都起身笑让："姨奶奶吃饭，有什么事这么忙？"赵姨娘也不答话，走上来便将粉照着芳官脸上撒来，指着芳官骂道："小淫妇，你是我银子钱买来学戏的，不过娼妇粉头之流。我家里下三等奴才也比你高贵些的，你都会看人下菜碟儿。宝玉要给东西，你拦在头里，莫不是要了你的了？拿这个哄他，你只当他不认得呢。好不好，他们是手足，都是一样的主子，那里有你小看他的？"芳官那里禁得住这话，一行哭，一行说："没了硝我才把这个给他的。若说没了，又恐他不信，难道这不是好的？我便学戏，也没往外头去唱。我一个女孩儿家，知道什么是粉头面头的！姨奶奶犯不着来骂我，我又不是姨奶奶家买的。'梅香拜把子——都是奴儿'呢！"袭人忙拉他说："休胡说。"赵姨娘气的便上来打了两个耳刮子。袭人等忙上来拉劝，说："姨奶奶别和他小孩子一般见识，等我们说他。"芳官捱了两下打，那里肯依，便拾头打滚，泼哭泼闹起来。口内便说："你打得起我么？你照照那模样儿再动手。我叫你打了去，我还活着。"便撞在怀里叫他打。

众人一面劝，一面拉他。晴雯悄拉袭人说："别管他们，让他们闹去，看怎么开交。如今乱为王了，什么你也来打，我也来打，都这样起来还了得呢。"

外面跟着赵姨娘来的一干的人听见如此，心中各各称愿，都念佛说"也有今日"，又有那一干怀怨的老婆子见打了芳官，也都称愿。

当下藕官、蕊官等正在一处作耍，湘云的大花面葵官，宝琴的荳官，两个闻了此信，慌忙找着他两个说："芳官被人欺侮，咱们也没趣，须得大家破着大闹一场，方争过气来。"四人终是小孩子心性，只顾他们情分上义愤，便不顾别的，一齐跑入怡红院中。荳官先便一头，几乎不曾将赵姨娘撞了一跤。那三个也便拥上来，放声大哭，手撕头撞，把个赵姨娘裹住。晴雯等一面笑，一面假意去拉。急的袭人拉起这个，又跑了那个，口内只说："你们要死，有委曲只好说，这没理的事如何使得？"赵姨娘反没了主意，只好乱骂。蕊官、藕官两个一边一个，抱住左右手，葵官、荳官前后头顶住。四人只说："你只打死我们四个就罢。"芳官直挺挺躺在地下，哭得死过去。

正没开交，谁知晴雯早遣春燕回了探春。当下尤氏、李纨、探春三人带着平儿与众媳妇走来，将四个喝住。问起原故，赵姨娘便气的瞪着眼粗了筋，一五一十说个不清。尤、李两个不答言，只喝禁他四人。探春便叹气说："这是什么大事，姨娘也太肯动气了。我正有一句话要请姨娘商议，怪道丫头说不知在那里，原来在这里生气呢，快同我来。"尤氏、李纨都笑说："姨娘请到厅上来，咱们商量。"

赵姨娘无法，只得同他三人出来，口内犹说长说短。探春便说："那些小丫头子们原是些顽意儿，喜欢呢，和他说说笑笑，不喜欢便可以不理他。便他不好了，也如同猫儿狗儿抓咬了一下子，可恕就恕，不恕时也只该叫了管家媳妇们去说给他去责罚，何苦自己不尊重，大吆小喝失了体统。你瞧周姨娘，怎不见人欺他，他也不寻人去。我劝姨娘且回房去煞煞性儿，别听那些混帐人的调唆，没的惹人笑话，自己呆，白给人作粗活。心里有二十分的气，也忍耐这几天，等太太回来自然料理。”一席话说得赵姨娘闭口无言，只得回房去了。

笺证

《红楼梦》不时搬弄一点恶作剧，故意使某些不知自重的人陷入窘境，并在旁观赏他们惶恐、尴尬、失常的表现，站在一旁看笑话，借此针砭人物，获取乐趣。赵姨娘、贾环的地位虽然在嫡长房面前有落差，但身份绝不会在众戏子之下，但她不工于心计，不知审时度势地运用贾府处事法则，只会不知自重的胡搅蛮缠、赤膊上阵，便难免落下许多笑柄。本是小事一桩，贾环索取蔷薇硝给彩云擦癣，芳官不愿把蕊官的赠物出让，就拿茉莉粉给贾环，赵姨娘以为这些戏子以茉莉粉冒充蔷薇硝来欺骗贾环，就气急败坏赶到怡红院打了芳官。岂料捅了马蜂窝，藕官、蕊官、葵官、荳官闻信，激于情分上的义愤，一齐跑入怡红院中。荳官先便一头，几乎不曾将赵姨娘撞了一跤。那三个也便拥上来，放声大哭，手撕头撞，把个赵姨娘裹住。赤脚的哪怕穿鞋的？晴雯等一面笑，一面假意去拉。急的袭人拉起这个，又跑了那个。赵姨娘反没了主意，只好乱骂。蕊官、藕官两个一边一个，抱住左右手，葵官、荳官前后头顶住。芳官直挺挺躺在地下，哭得死过去。几位戏子就像猫儿狗儿乱抓乱咬，闹得沸沸扬扬，把人生变成了闹剧的舞台。联想到《聊斋志异·婴宁》中婴宁戏弄好色之徒，外史氏曰："观其孜孜憨笑，似全无心肝者，而墙下恶作剧，其黠孰甚焉！……窃闻山中有草，名笑矣乎，嗅之，则笑不可止。房中植此一种，则合欢、忘忧，并无颜色矣。若解语花，正嫌其作态耳！"[1]想不到诗意的《红楼梦》竟然把墙下恶作剧变成堂上恶作剧，以此寻找俗趣，制造尴尬难堪的场景，如"山中有草，名笑矣乎，嗅之，则笑不可止"，如此博取一笑，又增添了另样的"若解语花"的艺术色彩。恶作剧是喜剧的特殊形态，故意使他人陷入窘境，并在一旁观赏他人尴尬、吃惊、惶恐一类丢尽颜面的情绪折磨，拆开顽梗庸俗以获取畅怀大笑，是可以消除胸间积滞的。这就是戚蓼生本回末总评所说"以硝出粉是正笔，以霜陪露是衬笔。前必用茉莉粉，才能构起争端，后不用茯苓霜，亦必败露马脚。须知有此一衬，文势方不径直，方不寂寞。宝光四映，奇彩缤纷"了。

这里探春气的和尤氏、李纨说："这么大年纪，行出来的事总不叫人敬服。这是什么意思，也值得吵一吵，并不留体统，耳朵又软，心里又没有计算。这又是那起没脸面的奴才们的调停，作弄出个呆人替他们出气。"越想越气，因命人查是谁调唆的。媳妇们只得答应着，出来相视而笑，都说是"大海里那里寻针去"，只得将赵姨娘的人并园中人唤来盘诘，都说不知道。众人没法，只得回探春："一时难查，慢慢访查，凡有口舌不妥的，一总来回了责罚。"

探春气渐渐平服方罢。可巧艾官便悄悄的回探春说："都是夏妈和我们素日不对，每每的造言生事。前儿赖藕官烧钱，幸亏是宝玉叫他烧的，宝玉自己应了，他才没话说。今儿我与姑娘送手帕去，看见他和姨奶奶在一处说了半天，嘁嘁喳喳的，见了我才走开了。"探春听了，虽知情弊，亦料定他们皆是一党，本皆淘气异常，便只答应，也不肯据此为实。

谁知夏婆子的外孙女儿蝉姐儿便是探春处当役的，时常与房中丫鬟们买东西呼唤人，众女孩儿都和他好。这日饭后，探春正上厅理事，翠墨在家看屋子，因命蝉姐儿出去叫小幺儿买糕去。蝉姐儿便说："我才扫了个大院子，腰腿生疼的，你叫个别的人去罢。"翠墨笑说："我又叫谁去？你趁早儿去，我告诉你一句好话，你到后门顺路告诉你老娘防着些儿。”说着，便将艾官告他老娘话告诉了他。蝉姐儿听了，忙接了钱道：“这个小蹄子也要捉弄人，等我告诉去。”说着，便起身出来。

至后门边，只见厨房内此刻手闲之时，都坐在阶砌上说闲话呢，他老娘亦在内。蝉姐儿便命一个婆子出去买糕。他且一行骂，一行说，将方才之话告诉与夏婆子。夏婆子听了，又气又怕，便欲去找艾官问他，又欲往探春前去诉冤。蝉姐儿忙拦住说：“你老人家去怎么说呢？这话怎得知道的，可又叨登不好了。说给你老防着就是了，那里忙到这一时儿。”

正说着，忽见芳官走来，扒着院门，笑向厨房中柳家媳妇说道：“柳嫂子，宝二爷说了：晚饭的素菜要一样凉凉的酸酸的东西，只别搁上香油弄腻了。”柳家的笑道：“知道。今儿怎遣你来了告诉这么一句要紧话。你不嫌脏，进来逛逛儿不是？”

芳官才进来，忽有一个婆子手里托了一碟糕来。芳官便戏道：“谁买的热糕，我先尝一块儿。”蝉姐儿一手接了道：“这是人家买的，你们还稀罕这个？”柳家的见了，忙笑道：“芳姑娘，你喜吃这个。我这里有才买下给你姐姐吃的，他不曾吃，还收在那里，干干净净没动呢。”说着，便拿了一碟出来，递与芳官，又说：“你等我进去替你炖口好茶来。”一面进去，现通开火炖茶。芳官便拿着热糕，问到蝉姐儿脸上说：“稀罕吃你那糕，这个不是糕不成？我不过说着顽罢了，你给我磕个头，我也不吃。”说着，便将手内的糕一块一块的掰了，掷着打雀儿顽，口内笑说：“柳嫂子，你别心疼，我回来买二斤给你。”

小蝉气的怔怔的，瞅着冷笑道：“雷公老爷也有眼睛，

❶（清）蒲松龄：《聊斋志异》，崇文书局2015年版，第46页。

怎不打这作孽的。他还气我呢，我可拿什么比你们，又有人进贡，又有人作干奴才，溜你们好上好儿，帮衬着说句话儿。”众媳妇都说：“姑娘们，罢呀，天天见了就咕唧。”有几个伶透的，见了他们对了口，怕又生事，都拿起脚来各自走开了。当下蝉姐儿也不敢十分说他，一面咕嘟着去了。

这里柳家的见人散了，忙出来和芳官说：“前儿那话儿说了不曾？”芳官道：“说了。等一二日再提这事。偏那赵不死的又和我闹了一场。前儿那玫瑰露姐姐吃了不曾，他到底可好些？”柳家的道：“可不都吃了。他爱的什么似的，又不好问你再要的。”芳官道：“不值什么，等我再要些来给他就是了。”

原来这柳家的有个女儿，今年才十六岁，虽是厨役之女，却生的人物与平、袭、紫、鸳皆类。因他排行第五，因叫他是五儿。因素有弱疾，故没得差。近因柳家的见宝玉房中的丫鬟差轻人多，且又闻得宝玉将来都要放他们，故如今要送他到那里应名儿。正无头路，可巧这柳家的是梨香院的差役，他最小意殷勤，服侍得芳官一干人比别的干娘还好。芳官等亦待他们极好，如今便和芳官说了，央芳官去与宝玉说。宝玉虽是依允，只是近日病着，又见事多，尚未说得。

前言少述，且说当下芳官回至怡红院中，回复了宝玉。宝玉正在听见赵姨娘厮吵，心中自是不悦，说又不是，不说又不是，只得等吵完了，打听着探春劝了他去后方从蘅芜苑回来，劝了芳官一阵，方大家安妥。今见他回来，又说还要些玫瑰露与柳五儿吃去。宝玉忙道：“有的，我又不大吃，你都给他去罢。”说着命袭人取了出来，见瓶中亦不多，遂连瓶与了他。

芳官便自携了瓶与他去。正值柳家的带进他女儿来散闷，在那边犄角子上一带地方儿逛了一回，便回到厨房内，正吃茶歇脚儿。芳官拿了一个五寸来高的小玻璃瓶来，迎亮照看，里面小半瓶胭脂一般的汁子，还道是宝玉吃的西洋葡萄酒。母女两个忙说：“快拿旋子烫滚水，你且坐下。”芳官笑道：“就剩了这些，连瓶子都给你们罢。”

五儿听了，方知是玫瑰露，忙接了，谢了又谢。芳官又问他：“好些？”五儿道：“今儿精神些，进来逛逛。这后边一带，也没什么意思，不过见些大石头、大树和房子后墙，正经好景致也没看见。”芳官道：“你为什么不往前去？”柳家的道：“我没叫他往前去。姑娘们也不认得他，倘有不对眼的人看见了，又是一番口舌。明儿托你携带他有了房头，怕没有人带着他逛呢，只怕逛腻了的日子还有呢。”芳官听了，笑道：“怕什么，有我呢。”柳家的忙道：“嗳哟哟，我的姑娘，我们的头皮儿薄，比不得你们。”说着，又倒了茶来。芳官那里吃这茶，只漱了一口就走了。柳家的说道：“我这里占着手，五丫头送送。”

五儿便送出来，因见无人，又拉着芳官说道：“我的话到底说了没有？”芳官笑道：“难道哄你不成？我听见屋里正经还少两个人的窝儿，并没补上。一个是红玉的，琏二奶奶要去还没给人来，一个是坠儿的，也还没补。如今要你一个也不算过分。皆因平儿每每的和袭人说，凡有动人动钱的事，得挨的且挨一日更好。如今三姑娘正要拿人扎筏子呢，连他屋里的事都驳了两三件，如今正要寻我们屋里的事没寻着，何苦来往网里碰去。倘或说些话驳了，那时老了，倒难回转。不如等冷一冷，老太太、太太心闲了，凭是天大的事先和老的一说，没有不成的。”五儿道：“虽如此说，我却性急等不得了。趁如今挑上来了，一则给我妈争口气，也不枉养我一场；二则添上月钱，家里又从容些；三则我的心开一开，只怕这病就好了——便是请大夫吃药，也省了家里的钱。”芳官道：“我都知道了，你只放心。”二人别过，芳官自去不提。

单表五儿回来，与他娘深谢芳官之情。他娘因说：“再不承望得了这些东西，虽然是个珍贵物儿，却是吃多了也最动热。竟把这个倒些送个人去，也是个大情。”五儿问：“送谁？”他娘道：“送你舅舅的儿子，昨日热病，也想这些东西吃。如今我倒半盏与他去。”五儿听了，半日没言语，随他妈倒了半盏子去，将剩的连瓶便放在家伙厨内。五儿冷笑道：“依我说，竟不给他也罢了。倘或有人盘问起来，倒又是一场事了。”他娘道：“那里怕起这些来，还了得了。我们辛辛苦苦的，里头赚些东西，也是应当的。难道是贼偷的不成？”说着，一径去了。直至外边他哥哥家中，他侄子正躺着，一见了这个，他哥嫂侄男无不欢喜。现从井上取了凉水，和吃了一碗，心中一畅，头目清凉。剩的半盏，用纸覆着，放在桌上。

可巧又有家中几个小厮同他侄儿素日相好的，走来问候他的病。内中有一小伙名唤钱槐者，乃系赵姨娘之内亲。他父母现在库上管帐，他本身又派跟贾环上学。因他有些钱势，尚未娶亲，素日看上了柳家的五儿标致，和父母说了，欲娶他为妻。也曾央中保媒人再四求告。柳家父母却也情愿，争奈五儿执意不从，虽未明言，却行止中已带出，父母未敢应允。近日又想往园内去，越发将此事丢开，只等三五年后放出来，自向外边择婿了。钱家见他如此，也就罢了。怎奈钱槐不得五儿，心中又气又愧，发恨定要弄取成配，方了此愿。今也同人来瞧望柳侄，不期柳家的在内。

柳家的忽见一群人来了，内中有钱槐，便推说不得闲，起身便走了。他哥嫂忙说：“姑妈怎么不吃茶就走？倒难为姑妈记挂。”柳家的因笑道：“只怕里面传饭，再闲了出来瞧侄子罢。”他嫂子因向抽屉内取了一个纸包出来，拿在手内送了柳家的出来，至墙角边递与柳家的，又笑道：“这是你哥哥昨儿在门上该班儿，谁知这五日一班，竟偏冷淡，一个外财没发。只有昨儿有粤东的官儿来拜，送了上头两小篓子茯苓霜。馀外给了门上人一篓作门礼，你哥哥分了这些。这地方千年松柏最多，所以单取了这茯苓的精液和了药，不知怎么弄出这怪俊的白霜儿来。说第一用人乳和着，每日早起吃一钟，最补人的；第二用牛奶子；万不得，滚白水也好。我们想着，正宜外甥女儿吃。原是上半日打发小丫头子送了家去的，他说锁着门，连外甥女儿也进去了。本来我要瞧瞧他去，给他带了去的，又想主子们不在家，各处严紧，我又没甚么差使，有要没紧跑些什么。况且这两日风声，闻得里头家反宅乱的，倘或沾带了倒值多的。姑娘来的正好，亲自带去罢。”

柳氏道了生受，作别回来。刚到了角门前，只见一个小幺儿笑道："你老人家那里去了？里头三次两趟叫人传呢，我们三四个人都找你老去了，还没来。你老人家却从那里来了？这条路又不是家去的路，我倒疑心起来。"那柳家的笑骂道："好猴儿崽子。"要知端的，且听下回分解。

笺证

《红楼梦》崇尚美人，尤其是病态美人，往往是病态乘虚而入，对这弱不禁风的美人采取好事多磨的叙事方式。病态美人是有缺陷的美人，缺陷使美不流于单薄，中古以降，病态美人竟然熬成了风流才子的精神信仰。《红楼梦》写一个病态美人的出彩登场，总是千里伏线，欲言又止，剔出悬念，任人猜想，以此激发读者参与人物多样性的生存、发展、结局的假设。柳五儿入怡红院，先在这第六十回里开始进行预热。先交代这柳家的有个女儿，今年才十六岁，虽是厨役之女，却生的人物与平、袭、紫、鸳皆类。因他排行第五，因叫他是五儿。庚辰本夹批说："五月之柳，春色可知。"对于这枝春天的柳条，行文又补写一句："因素有弱疾，故没得差。"这就流露了好写病态美人的浓郁兴趣。梁启超在《中国韵文里头所表现的情感》中说："近代文学家写女性，大半以'多愁多病'为美人模范，古代却不然。《诗经》所赞美的是'硕人其颀'，是'颜如舜华'。楚辞所赞美的是'美人既醉朱颜酡，娭光眇视目层波'。汉赋所赞美的是'精耀华烛俯仰如神'，是'翩若惊鸿矫若游龙'。凡这类形容词，都是以容态之艳丽和体格之俊健合构而成，从未见以带着病的恹弱状态为美的。以病态为美，起于南朝，适足以证明文学界的病态。唐宋以后的作家，都汲其流，说到美人便离不了病，真是文学界一件耻辱。我盼望往后文学家描写女性，最要紧先把美人的健康恢复才好。”[2]略举例证可知，晚唐五代花间派词人张泌《生查子》“可惜玉肌肤，消瘦成慵懒”，宋代黄庭坚《沁园春》“添憔悴，镇花销翠减，玉瘦香肌”，周邦彦《夜游宫》“甚春来，病恹恹，无会处”，都是描写病态美人的，仿佛美人缺少病态，她的美就会降格一样。柳五儿这个病态美人与分配在贾宝玉名下的戏子芳官素有交情，芳官对五儿进入怡红院的设计，也是煞费苦心：“难道哄你不成？我听见屋里正经还少两个人的窝儿，并没补上。一个是红玉的，琏二奶奶要去还没给人来，一个是坠儿的，也还没补。如今要你一个也不算过分。皆因平儿每每的和袭人说，凡有动人动钱的事，得挨的且挨一日更好。如今三姑娘正要拿人扎筏子呢，连他屋里的事都驳了两三件，如今正要寻我们屋里的事没寻着，何苦来往网里碰去。倘或说些话驳了，那时老了，倒难回转。不如等冷一冷，老太太、太太心闲了，凭是天大的事先和老的一说，没有不成的。”其中既分析了怡红院用人的空缺，又分析了探春管理大观园事务所出现的“要拿人扎筏子”的形势，进而设计了借用贾母权威进入怡红院的最佳方案。这就造成了好事多磨、潜伏待机、引弓待发的叙事张力。张力所在，就是叙事活力所在。张力中，病态美人敏感纤弱的神经受到了几乎是不堪承受的磨难。磨难成了审美的酵母。

[2] 梁启超:《梁启超论中国文学》，商务印书馆2012年版，第257页。

第六十一回

投鼠忌器宝玉瞒赃　判冤决狱平儿行权

那柳家的笑道："好猴儿崽子，你亲婶子找野老儿去了，你岂不多得一个叔叔，有什么疑的？别讨我把你头上的杩子盖似的几根屄毛挦下来。还不开门让我进去呢。"这小厮且不开门，且拉着笑说："好婶子，你这一进去，好歹偷些杏子出来赏我吃。我这里老等。你若忘了时，日后半夜三更打酒买油的，我不给你老人家开门，也不答应你，随你干叫去。"柳氏啐道："发了昏的，今年不比往年，把这些东西都分给了众奶奶了。一个个的不像抓破了脸的，人打树底下一过，两眼就像那黧鸡似的，还动他的果子。昨儿我从李子树下一走，偏有一个蜜蜂儿往脸上一过，我一招手儿，偏你那好舅母就看见了。他离的远看不真，只当我摘李子呢，就屄声浪嗓喊起来，说又是'还没供佛呢'，又是'老太太、太太不在家还没进鲜呢，等进了上头，嫂子们都有分的'，倒像谁害了馋痨等李子出汗呢。叫我也没好话说，抢白了他一顿。可是你舅母、姨娘两三个亲戚都管着，怎不和他们要去，倒和我来要。这可是'仓老鼠和老鸹去借粮——守着的没有，飞着的有'。"小厮笑道："哎哟哟，没有罢了，说上这些闲话。我看你老以后就用不着我了。就便是姐姐有了好地方，将来更呼唤着的日子多，只要我们多答应他些就有了。"柳氏听了，笑道："你这个小猴精，又捣鬼吊白的，你姐姐有什么好地方了？"那小厮笑道："别哄我了，早已知道了。单是你们有内牵，难道我们就没有内牵不成？我虽在这里听哈，里头却也有两个姊妹成个体统的，什么事瞒了我们？"

笺证

《红楼梦》借用俗话生趣，也令人醒脾开心。俗话在千百年间的口口相传中，把老百姓生活中的诸多经验、教训，凝结成以俏皮风趣的形式广为流传，虽然语言浅白，但其中沉积着丰富的人生智慧。俗话往往夹荤带素，味道浓酽，触动人的原欲。比如第六十一回，那柳家的笑道："好猴儿崽子，你亲婶子找野老儿去了，你岂不多得一个叔叔，有什么疑的？别讨我把你头上的杩子盖似的几根屄毛挦下来。还不开门让我进去呢。"这小厮拉着柳家的求她好歹偷些杏子出来赏我吃，柳氏啐道："发了昏的，今年不比往年，把这些东西都分给了众奶奶了。一个个的不像抓破了脸的，人打树底下一过，两眼就像那黧鸡似的，还动他的果子。昨儿我从李子树下一走，偏有一个蜜蜂儿往脸上一过，我一招手儿，偏你那好舅母就看见了。他离的远看不真，只当我摘李子呢，就屄声浪嗓喊起来，说又是'还没供佛呢'，又是'老太太、太太不在家还没进鲜呢，等进了上头，嫂子们都有分的'，倒像谁害了馋痨等李子出汗呢。叫我也没好话说，抢白了他一顿。可是你舅母、姨娘两三个亲戚都管着，怎不和他们要去，倒和我来要。这可是'仓老鼠和老鸹去借粮——守着的没有，飞着的有'。"放言"你亲婶子找野老儿去了，你岂不多得一个叔叔"，又因吃鸡蛋问题，回敬别人"又不是你下的蛋，怕人吃了"指责，就说"你少满嘴里混唚，你娘才下蛋呢"，这些都是荤味儿；而"仓老鼠和老鸹去借粮——守着的没有，飞着的有"，这是以俗生趣，都显示了曹雪芹驾驭各色语言的高超才能。女厨子有女厨子不脱粗俗的本色，成就了与贵族小姐风雅自恋相对比的富有刺激性的"麻辣烫"。把人生经验凝聚成俗话，在风风火火中增加其刺激性。

正说着，只听门内又有老婆子向外叫："小猴儿们，快传你柳婶子去罢，再不来可就误了。"柳家的听了，不顾和小厮说话，忙推门进去，笑说："不必忙，我来了。"一面来至厨房——虽有几个同伴的人，他们都不敢自专，单等他来调停分派——一面问众人："五丫头那去了？"众人都说："才往茶房里找他们姊妹去了。"

柳家的听了，便将茯苓霜搁起，且按着房头分派菜馔。忽见迎春房里小丫头莲花儿走来说："司棋姐姐说了，要碗鸡蛋，炖的嫩嫩的。"柳家的道："就是这样尊贵。不知怎的，今年这鸡蛋短的很，十个钱一个还找不出来。昨儿上头给亲戚家送粥米去，四五个买办出去，好容易才凑了二千个来。我那里找去。你说给他，改日吃罢。"

莲花儿道："前儿要吃豆腐，你弄了些馊的，叫他说了我一顿。今儿要鸡蛋又没有了。什么好东西，我就不信连鸡蛋都没有了，别叫我翻出来。"一面说，一面真个走来，揭起菜箱一看，只见里面果有十来个鸡蛋，说道："这不是？你就这么利害。吃的是主子的，我们的分例，你为什么心疼？又不是你下的蛋，怕人吃了。"柳家的忙丢了手里的活计，便上来说道："你少满嘴里混唚，你娘才下蛋呢。通共留下这几个，预备菜上的浇头。姑娘们不要，还不肯做上去呢，预备接急的。你们吃了，倘或一声要起来，没有好的，连鸡蛋都没了。你们深宅大院，水来伸手，饭来张口，只知鸡蛋是平常物件，那里知道外头买卖的行市呢。别说这个，有一年连草根子都没了的日子还有呢。我劝他们，细米白饭，每日肥鸡大鸭子，将就些儿也罢了。吃腻了膈，天天又闹起故事来了。鸡蛋、豆腐，又是什么面筋、酱萝卜炸儿，敢自倒换口味，只是我又不是答应你们的，一处要一样，就是十来样。我倒别伺候头层主子，只预备你们二层主子了。"

莲花听了，便红了脸，喊道："谁天天要你什么来？你说上这两车子话。叫你来，不是为便宜却为什么？前儿小燕来，说'晴雯姐姐要吃芦蒿'，你怎么忙的还问肉炒鸡炒？小燕说'荤的因不好才另叫你炒个面筋的，少搁油才好’。你忙的倒说‘自己发昏’，赶着洗手炒了，狗颠儿似的亲捧了去。今儿反倒拿我作筏子，说我给众人听。”柳家的忙道：“阿弥陀佛！这些人眼见的。别说前儿一次，就从旧年一立厨房以来，凡各房里偶然间不论姑娘姐儿们要添一样半样，谁不是先拿了钱来，另买另添。有的没的，名声好听，说我单管姑娘厨房省事，又有剩头儿，算起帐来，惹人恶心：连姑娘带姐儿们四五十人，一日也只管要两只鸡、两只鸭子、十来斤肉、一吊钱的菜蔬。你们算算，够作什么的？连本项两顿饭还撑持不住，还搁的住这个点这样，那个点那样，买来的又不吃，又买别的去。既这样，不如回了太太，多添些分例，也像大厨房里预备老太太的饭，把天下所有的菜蔬用水牌写了，天天转着吃，吃到一个月现算倒好。连前儿三姑娘和宝姑娘偶然商议了要吃个油盐炒枸杞芽儿来，现打发个姐儿拿着五百钱来给我，我倒笑起来了，说：‘二位姑娘就是大肚子弥勒佛，也吃不了五百钱的去。这三二十个钱的事，还预备的起’赶着我送回钱去，到底不收，说赏我打酒吃，又说：‘如今厨房在里头，保不住屋里的人不去叨登，一盐一酱，那不是钱买的？你不给又不好，给了你又没的赔。你拿着这个钱，全当还了他们素日叨登的东西窝儿。’这就是明白体下的姑娘，我们心里只替他念佛。没的赵姨奶奶听了又气不忿，又说太便宜了我，隔不了十天，也打发个小丫头子来寻这样寻那样，我倒好笑起来。你们竟成了例，不是这个，就是那个，我那里有这些赔的？”

正乱时，只见司棋又打发人来催莲花儿，说他：“死在这里了，怎么就不回去？”莲花儿赌气回来，便添了一篇话，告诉了司棋。司棋听了，不免心头起火。此刻伺候迎春饭罢，带了小丫头们走来，见了许多人正吃饭，见他来的势头不好，都忙起身陪笑让坐。司棋便喝命小丫头子动手，“凡箱柜所有的菜蔬，只管丢出来喂狗，大家赚不成。”小丫头子们巴不得一声，七手八脚抢上去，一顿乱翻乱掷的。众人一面拉劝，一面央告司棋说：“姑娘别误听了小孩子的话。柳嫂子有八个头，也不敢得罪姑娘。说鸡蛋难买是真。我们才也说他不知好歹，凭是什么东西，也少不得变法儿去。他已经悟过来了，连忙蒸上了，姑娘不信瞧那火上。”

司棋被众人一顿好言，方将气劝的渐平。小丫头们也没得摔完东西，便拉开了。司棋连说带骂，闹了一回，方被众人劝去。柳家的只好摔碗丢盘自己咕嘟了一回，蒸了一碗蛋令人送去。司棋全泼了地下了。那人回来也不敢说，恐又生事。

柳家的打发他女儿喝了一回汤，吃了半碗粥，又将茯苓霜一节说了。五儿听罢，便心下要分些赠芳官，遂用纸另包了一半，趁黄昏人稀之时，自己花遮柳隐的来找芳官。且喜无人盘问。一径到了怡红院门前，不好进去，只在一簇玫瑰花前站立，远远的望着。

有一盏茶时，可巧小燕出来，忙上前叫住。小燕不知是那一个，至跟前方看真切，因问作什么。五儿笑道：“你叫出芳官来，我和他说话。”小燕悄笑道：“姐姐太性急了，横竖等十来日就来了，只管找他做什么。方才使了他往前头去了，你且等他一等。不然，有什么话告诉我，等我告诉他。恐怕你等不得，只怕关园门了。”五儿便将茯苓霜递与了小燕，又说这是茯苓霜，如何吃，如何补益，“我得了些送他的，转烦你递与他就是了。”说毕，作辞回来。

正走蓼溆一带，忽见迎头林之孝家的带着几个婆子走来，五儿藏躲不及，只得上来问好。林之孝家的问道：“我听见你病了，怎么跑到这里来？”五儿陪笑道：“因这两日好些，跟我妈进来散散闷。才因我妈使我到怡红院送家伙去。”林之孝家的说道：“这话岔了。方才我见你妈出来我才关门。既是你妈使了你去，他如何不告诉我说你在这里呢，竟出去让我关门，是何主意？可知是你扯谎。”五儿听了，没话回答，只说：“原是我妈一早教我取去的，我忘了，挨到这时我才想起来了。只怕我妈错当我先出去了，所以没和大娘说得。”

林之孝家的听他辞钝色虚，又因近日玉钏儿说那边正房内失落了东西，几个丫头对赖，没主儿，心下便起了疑。可巧小蝉、莲花儿并几个媳妇子走来，见了这事，便说道："林奶奶倒要审审他。这两日他往这里头跑的不像，鬼鬼唧唧的，不知干些什么事？"小蝉又道："正是。昨儿玉钏姐姐说，太太耳房里的柜子开了，少了好些零碎东西。琏二奶奶打发平姑娘和玉钏姐姐要些玫瑰露，谁知也少了一罐子。若不是寻露，还不知道呢。"莲花儿笑道："这话我没听见，今儿我倒看见一个露瓶子。"

林之孝家的正因这些事没主儿，每日凤姐儿使平儿催逼他，一听此言，忙问在那里。莲花儿便说："在他们厨房里呢。"林之孝家的听了，忙命打了灯笼，带着众人来寻。五儿急的便说："那原是宝二爷屋里的芳官给我的。"林之孝家的便说："不管你方官圆官，现有了赃证，我只呈报了，凭你主子前辩去。"一面说，一面进入厨房，莲花儿带着，取出露瓶。恐还有偷的别物，又细细搜了一遍，又得了一包茯苓霜，一并拿了，带了五儿，来回李纨与探春。

那时李纨正因兰哥儿病了，不理事务，只命去见探春。探春已归房。人回进去，丫鬟们都在院内纳凉，探春在内盥沐，只有待书回进去。半日，出来说："姑娘知道了，叫你们找平儿回二奶奶去。"林之孝家的只得领出来。到凤姐儿那边，先找着了平儿，平儿进去回了凤姐。

凤姐方才歇下，听见此事，便吩咐："将他娘打四十板子，撵出去，永不许进二门。把五儿打四十板子，立刻交给庄子上，或卖或配人。"平儿听了，出来依言吩咐了林之孝家的。五儿唬的哭哭啼啼，给平儿跪着，细诉芳官之事。平儿道："这也不难，等明日问了芳官便知真假。但这茯苓霜前日人送了来，还等老太太、太太回来看了才敢打动，这不该偷了去。”五儿见问，忙又将他舅舅送的一节说了出来。

平儿听了，笑道：“这样说，你竟是个平白无辜之人，拿你来顶缸。此时天晚，奶奶才进了药歇下，不便为这点子小事去絮叨。如今且将他交给上夜的人看守一夜，等明儿我回了奶奶，再做道理。”林之孝家的不敢违拗，只得带了出来交与上夜的媳妇们看守，自便去了。

这里五儿被人软禁起来，一步不敢多走。又兼众媳妇也有劝他说，不该做这没行止之事，也有报怨说，正经更还坐不上来，又弄个贼来给我们看，倘或眼不见寻了死，或逃走了，都是我们的不是。于是又有素日一干与柳家不睦的人，见了这般，十分趁愿，都来奚落嘲戏他。这五儿心内又气又委屈，竟无处可诉，且本来怯弱有病，这一夜思茶无茶，思水无水，思睡无衾枕，呜呜咽咽直哭了一夜。

谁知和他母女不和的那些人，巴不得一时撵出他们去，惟恐次日有变，大家先起了个清早，都悄悄的来买转平儿，一面送些东西，一面又奉承他办事简断，一面又讲述他母亲素日许多不好。平儿一一的都应着，打发他们去了，却悄悄的来访袭人，问他可果真芳官给他露了。袭人便说：“露却是给了芳官，芳官转给何人我却不知。”袭人于是又问芳官，芳官听了，唬天跳地，忙应是自己送他的。

芳官便又告诉了宝玉，宝玉也慌了，说：“露虽有了，若勾起茯苓霜来，他自然也实供。若听见了是他舅舅门上得的，他舅舅又有了不是，岂不是人家的好意，反被咱们陷害了。”因忙和平儿计议：“露的事虽完，然这霜也是有不是的。好姐姐，你叫他说也是芳官给他的就完了。”平儿笑道：“虽如此，只是他昨晚已经同人说是他舅舅给的了，如何又说你给的。况且那边所丢的露也是无主儿，如今有赃证的白放了，又去找谁？谁还肯认，众人也未必心服。”

晴雯走来笑道：“太太那边的露再无别人，分明是彩云偷了给环哥儿去了。你们可瞎乱说。”平儿笑道：“谁不知是这个原故，但今玉钏儿急的哭，悄悄问着他，他若应了，玉钏儿也罢了，大家也就混着不问了。难道我们好意兜揽这事不成？可恨彩云不但不应，他还挤玉钏儿，说他偷了去了。两个人窝里发炮，先吵的合府皆知，我们如何装没事人？少不得要查的。殊不知告失盗的就是贼，又没赃证，怎么说他？”

宝玉道：“也罢，这件事我也应起来，就说是我唬他们顽的，悄悄的偷了太太的来了。两件事都完了。”袭人道：“也倒是件阴骘事，保全人的贼名儿。只是太太听见又说你小孩子气，不知好歹了。”平儿笑道：“这也倒是小事。如今便从赵姨娘屋里起了赃来也容易，我只怕又伤着一个好人的体面。别人都别管，这一个人岂不又生气。我可怜的是他，不肯为打老鼠伤了玉瓶。”说着，把三个指头一伸。袭人等听说，便知他说的是探春。大家都忙说：“可是这话，竟是我们这里应了起来的为是。”

平儿又笑道：“也须得把彩云和玉钏儿两个业障叫了来，问准了他方好。不然他们得了益，不说为这个，倒像我没了本事问不出来，烦出这里来完事，他们以后越发偷的偷，不管的不管了。”袭人等笑道：“正是，也要你留个地步。”

平儿便命人叫了他两个来，说道：“不用慌，贼已有了。”玉钏儿先问贼在那里，平儿道：“现在二奶奶屋里，你问他什么应什么。我心里明知不是他偷的，可怜他害怕都承认。这里宝二爷不过意，要替他认一半。我待要说出来，但只是这做贼的素日又是和我好的一个姊妹，窝主却是平常，里面又伤着一个好人的体面，因此为难，少不得央求宝二爷应了，大家无事。如今反要问你们两个，还是怎样？若从此以后大家小心存体面，这便求宝二爷应了，若不然，我就回了二奶奶，别冤屈了好人。”

彩云听了，不觉红了脸，一时羞恶之心感发，便说道：“姐姐放心，也别冤了好人，也别带累了无辜之人伤体面。偷东西原是赵姨奶奶央告我再三，我拿了些与环哥是情真。连太太在家我们还拿过，各人去送人，也是常事。我原说嚷过两天就罢了。如今既冤屈了好人，我心也不忍。姐姐竟带了我回奶奶去，我一概应了完事。”

众人听了这话，一个个都诧异，他竟这样有肝胆。宝玉忙笑道：“彩云姐姐果然是个正经人。如今也不用你应，我只说是我悄悄的偷的唬你们顽，如今闹出事来，我原该承认。只求姐姐们以后省些事，大家就好了。”彩云道：“我干的事为什么叫你应，死活我该去受。”平儿、袭人忙道：“不是这样说，你一应了，未免又叨登出赵姨奶奶来，那时三姑娘听了，岂不生气？竟不如宝二爷应了，大家无事，且除这几个人皆不得知道这事，何等的干净。但只以后千万大家小心些就是了。要拿什么，好歹耐到太太到家，那怕连这房子给了人，我们就没干系了。”彩云听了，低头想了一想，方依允。

于是大家商议妥贴，平儿带了他两个并芳官往前边来，至上夜房中叫了五儿，将茯苓霜一节也悄悄的教他说系芳官所赠，五儿感谢不尽。平儿带他们来至自己这边，已见林之孝家的带领了几个媳妇，押解着柳家的等够多时。

林之孝家的又向平儿说：“今儿一早押了他来，恐园里没人伺候姑娘们的饭，我暂且将秦显的女人派了去伺候。姑娘一并回明奶奶，他倒干净谨慎，以后就派他常伺候罢。”平儿道：“秦显的女人是谁？我不大相熟。”林之孝家的道：“他是园里南角子上夜的，白日里没什么事，所以姑娘不大相识。高高孤拐，大大的眼睛，最干净爽利的。”玉钏儿道：“是了。姐姐，你怎么忘了？他是跟二姑娘的司棋的婶娘。司棋的父母虽是大老爷那边的人，他这叔叔却是咱们这边的。”

平儿听了，方想起来，笑道：“哦，你早说是他，我就明白了。”又笑道：“也太派急了些。如今这事八下里水落石出了，连前儿太太屋里丢的也有了主儿。是宝玉那日过来和这两个业障要什么的，偏这两个业障怄他顽，说太太不在家不敢拿。宝玉便瞅他两个不隄防的时节，自己进去拿了些什么出来。这两个业障不知道，就唬慌了。如今宝玉听见带累了别人，方细细的告诉了我，拿出东西来我瞧，一件不差。那茯苓霜是宝玉外头得了的，也曾赏过许多人，不独园内人有，连妈妈子们讨了出去给亲戚们吃，又转送人，袭人也曾给过芳官之流的人。他们私情各相来往，也是常事。前儿那两篓还摆在议事厅上，好好的原封没动，怎么就混赖起人来？等我回了奶奶再说。”说毕，抽身进了卧房，将此事照前言回了凤姐儿一遍。

凤姐儿道：“虽如此说，但宝玉为人不管青红皂白爱兜揽事情。别人再求求他去，他又搁不住人两句好话，给他个炭篓子戴上，什么事他不应承。咱们若信了，将来若大事也如此，如何治人。还要细细的追求才是。依我的主意，把太太屋里的丫头都拿来，虽不便擅加拷打，只叫他们垫着磁瓦子跪在太阳地下，茶饭也别给吃。一日不说跪一日，便是铁打的，一日也管招了。又道是‘苍蝇不抱无缝的蛋’。虽然这柳家的没偷，到底有些影儿，人才说他。虽不加贼刑，也革出不用。朝廷家原有罣误的，倒也不算委屈了他。”

平儿道：“何苦来操这心。‘得放手时须放手。’什么大不了的事，乐得不施恩呢。依我说，纵在这屋里操上一百分的心，终久咱们是那边屋里去的。没的结些小人仇恨，使人含怨。况且自己又三灾八难的，好容易怀了一个哥儿，到了六七个月还掉了，焉知不是素日操劳太过，气恼伤着的。如今乘早儿见一半不见一半的，也倒罢了。”一席话，说的凤姐儿倒笑了，说道：“凭你这小蹄子发放去罢。我才精爽些了，没的淘气。”平儿笑道：“这不是正经。”说毕，转身出来，一一发放。要知端的，且听下回分解。

笺证

《红楼梦》一笔兼写两端，往往笔在此，意在彼。言与意的两端相互碰撞、相互诘究，由此碰撞和诘究出社会上的种种鸡争狗斗，人际关系上的种种耍奸使坏。言在此而意在彼，本是一种诗歌理论。清初诗论家叶燮《原诗》卷二说："诗之至处，妙在含蓄无垠，思致微渺，其寄托在可言不可言之间，其指归在可解不可解之会。言在此而意在彼，泯端倪而离形象，绝议论而穷思维，引人于冥漠恍惚之境，所以为至也。"[1]清乾隆前期曾学诗于叶燮的诗人沈德潜《说诗晬语》卷下，更是列举李杜诗为例说："诗贵寄意，有言在此而意在彼者。李太白《子夜吴歌》，本闺情语，而忽冀罢征。《经下邳圯桥》，本怀子房，而意实自寓。《远别离》，本咏英、皇，而借以咎肃宗之不振，李辅国之擅权。杜少陵《玉华宫》云'不知何王殿，遗构绝壁下'，伤唐乱也。《九成宫》云'巡非瑶水远，迹是雕墙后'，垂夏、殷鉴也。他若讽贵妃之酿乱，则忆王母于宫中。刺花敬定之僭窃，则想新曲于天上。凡斯托旨，往往有之，但不如三百篇有小序可稽，在读者以意逆之耳。"[2]《红楼梦》第六十一回的题目是"投鼠忌器宝玉瞒赃　判冤决狱平儿行权"，就将"诗之至处"的妙笔、"诗贵寄意"的理念，运用于盘根错节的人间叙事中。宝玉利用他在贾母、王夫人处的地位，大包大揽为别人解扣，平儿利用凤姐小产不能亲自理事的空间，大刀阔斧处理冤案，腾挪之间，都写得有声有色。但他们的腾挪，都环绕着柳五儿蒙冤、解冤的颠簸命运。五儿何其人也？竟然成了一桩公案暗藏的轴心。五儿到怡红院给芳官送茯苓霜，迎头林之孝家的带着几个婆子把她拿住，又有人指证她家中有玫瑰露的瓶子，似乎坐实了大观园茯苓霜、玫瑰露被盗的物证，使得五儿有口难辩，并把她拘禁起来。一伙对柳家有怨恨的人纷纷折腾起来。连凤姐也吩咐："将他娘打四十板子，撵出去，永不许进二门。把五儿打四十板子，立刻交给庄子上，或卖或配人。"晴雯明知王夫人的玫瑰露是彩云偷了给贾环，彩云却窝里发炮，反咬玉钏儿，吵得合府皆知。宝玉想息事宁人，知道芳官把玫瑰露连瓶送给五儿，索性把茯苓霜也说自己从王夫人处偷来给了芳官。平儿投鼠忌器，不愿因贾环、赵姨娘事，引起探春又拿赵姨娘开刀，但彩云诬陷玉钏儿的贼喊捉贼的行为也不可姑息。平儿就以宝玉为大家小心存体面的苦心，打动了彩云的羞恶之心，承认："也别冤了好人，也别带累了无辜之人伤体面。偷东西原是赵姨奶奶央告我再三，我拿了些与环哥是情真。连太太在家我们还拿过，各人去送人，也是常事。我原说嚷过两天就罢了。如今既冤屈了好人，我心也不忍。姐姐竟带了我回奶奶去，我一概应了完事。”平儿阻止了对五儿及其母亲墙倒众人推的势头，平息了那种觊觎好差事、结帮闹事的人事变动的乱局。又转过头来劝解凤姐：“‘得放手时须放手。’什么大不了的事，乐得不施恩呢。依我说，纵在这屋里操上一百分的心，终久咱们是那边屋里去的。没的结些小人仇恨，使人含怨。况且自己又三灾八难的，好容易怀了一个哥儿，到了六七个月还掉了，焉知不是素日操劳太过，气恼伤着的。如今乘早儿见一半不见一半的，也倒罢了。”平儿摆平事端的能力，体现在五儿、柳氏绝处逢生的命运波折中。这种“以心运手，以一兼多”的叙事手法，诚如戚蓼生本《石头记》序所说：“吾闻绛树两歌，一声在喉，一声在鼻。黄华二牍，左腕能楷，右腕能草。神乎技矣，吾未之见也。今则两歌而不分乎喉鼻，二牍而无区乎左右，一声也而二歌，一手也而二牍，此万万不能有之事，不可得之奇，而竟得之《石头记》一书。嘻，异矣。夫敷华掞藻、立意遣词无一落前人窠臼，此固有目共赏，姑不具论。第观其蕴于心而抒于手也，注彼而写此，目送而手挥，似谲而正，似则而淫，如《春秋》之有微词、史家之多曲笔……盖声止一声，手止一手，而淫佚贞静，悲戚欢愉，不啻双管之齐下也。噫，异矣。其殆稗官野史中之盲左腐迁乎？然吾谓作者有两意，读者当具一心。譬之绘事，石有三面，佳处不过一峰；路看两蹊，幽处不逾一树。必得是意，以读是书，乃能得作者微旨。如捉水月，祗挹清辉；如雨天花，但闻香气。庶得此书弦外音乎？”[3]难怪俞平伯赞赏“戚蓼生序……向来不大受人称引，却在过去谈论《红楼梦》的文章中，实写得很好”了。好就好在它一笔兼写两端，往往笔在此，意在彼，使文气舒爽生动。

❶（清）王夫之等：《清诗话》，上海古籍出版社1978年版，第584页。

❷（清）王夫之等：《清诗话》，上海古籍出版社1978年版，第554页。

❸朱一玄编：《明清小说资料选编》（下），南开大学出版社2006年版，第585页。

第六十二回
憨湘云醉眠芍药裀
呆香菱情解石榴裙

话说平儿出来吩咐林之孝家的道:“大事化为小事，小事化为没事，方是兴旺之家。若得不了一点子小事，便扬铃打鼓的乱折腾起来，不成道理。如今将他母女带回，照旧去当差。将秦显家的仍旧退回。再不必提此事，只是每日小心巡察要紧。”说毕，起身走了。柳家的母女忙向上磕头，林家的带回园中，回了李纨、探春，二人皆说:“知道了，宁可无事，很好。”

司棋等人空兴头了一阵。那秦显家的好容易等了这个空子钻了来，只兴头上半天。在厨房内正乱着接收家伙米粮煤炭等物，又查出许多亏空来，说:“粳米短了两石，常用米又多支了一个月的，炭也欠着额数。”一面又打点送林之孝家的礼，悄悄的备了一篓炭，五百斤木柴，一担粳米，在外边就遣了子侄送入林家去了，又打点送帐房的礼，又预备几样菜蔬请几位同事的人，说:“我来了，全仗列位扶持，自今以后都是一家人了。我有照顾不到的，好歹大家照顾些。”正乱着，忽有人来说与他:“看过这早饭就出去罢。柳嫂儿原无事，如今还交与他管了。”秦显家的听了，轰去魂魄，垂头丧气，登时掩旗息鼓，卷包而出。送人之物白丢了许多，自己倒要折变了赔补亏空。连司棋都气了个倒仰，无计挽回，只得罢了。

笺证

在上回宝玉、平儿庇护五儿、柳氏，兼及凤姐、彩云的平息风波之后，《红楼梦》跳到这第六十二回补叙平息风波的后果，却使用了“反曲终奏雅”的手法，翻转出一个喜剧的收场。曲终奏雅的典故出自《汉书·司马相如传赞》：“扬雄以为靡丽之赋，劝百而风一，犹骋郑卫之声，曲终而奏雅，不已戏乎？”本意是指乐曲到终结处奏出了典雅纯正的乐音，比喻文章或艺术表演在结尾处特别出彩。但是，鲁迅《且介亭杂文·病后杂谈》就反用了曲终奏雅说：“撒一点小谎，可以解无聊，也可以消闷气；到后来，忘却了真，相信了谎。也就心安理得，天趣盎然了起来。永乐的硬做皇帝，一部分士大夫是颇以为不大好的。尤其是对于他的惨杀建文的忠臣。和景清（忠于建文帝而意图行刺明成祖者）一同被杀的还有铁铉（明建文帝的兵部尚书），景清剥皮，铁铉油炸，他的两个女儿则发付了教坊，叫她们做婊子。这更使士大夫不舒服，但有人说，后来二女献诗于原问官，被永乐所知，赦出，嫁给士人了。这真是‘曲终奏雅’，令人如释重负，觉得天皇毕竟圣明，好人也终于得救。她虽然做过官妓，然而究竟是一位能诗的才女，她父亲又是大忠臣，为夫的士人，当然也不算辱没。但是，必须‘浮光掠影’到这里为止，想不得下去。一想，就要想到永乐的上谕，有些是凶残猥亵，将张献忠祭梓潼神（张亚子）的‘咱老子姓张，你也姓张，咱老子和你联了宗罢。尚飨！’的名文，和他的比起来，真是高华典雅，配登西洋的上等杂志，那就会觉得永乐皇帝决不像一位爱才怜弱的明君。况且那时的教坊是怎样的处所？罪人的妻女在那里是并非静候嫖客的，据永乐定法，还要她们‘转营’，这就是每座兵营里都去几天，目的是在使她们为多数男性所凌辱，生出‘小龟子’和‘淫贱材儿’来！所以，现在成了问题的‘守节’，在那时，其实是只准‘良民’专利的特典。在这样的治下，这样的地狱里，做一首诗就能超生的么？”[1]《红楼梦》又进了一层，把曲终奏雅的反用，变成了“反曲终奏雅”的叙事法。平儿吩咐林之孝家的说：“大事化为小事，小事化为没事，方是兴旺之家。若得不了一点子小事，便扬铃打鼓的乱折腾起来，不成道理。如今将他母女（柳氏、五儿）带回，照旧去当差。将秦显家的仍旧退回。再不必提此事，只是每日小心巡察要紧。”林之孝家的已经安排秦显家的取代柳氏的厨房事务，秦显家的送礼打点林之孝家的，给厨房备了一篓炭，五百斤木柴，一担粳米，还预备几样菜蔬请几位同事的人，说：“我来了，全仗列位扶持，自今以后都是一家人了。我有照顾不到的，好歹大家照顾些。”她听到平儿让柳氏照旧在厨房当差，顿时轰去魂魄，垂头丧气，只好掩旗息鼓，卷包走人。送人之物白丢了许多，自己倒要折变了赔补亏空。这位秦显家的，是迎春的丫鬟司棋的婶娘，司棋到厨房为迎春点菜，受了柳氏的气，就状告五儿偷盗玫瑰露，好让婶娘取代柳氏的厨房差事，因此也竹篮打水一场空，“偷鸡不成蚀把米”，气了个倒仰，无计挽回。《红楼梦》补叙的“反曲终奏雅”，把平儿、宝玉演出的一场正剧，化为司棋及其婶娘的啼笑皆非的喜剧，陷入了哭笑不得、狼狈不堪的尴尬处境，使折腾者反受折腾，而叙事者躲在一旁窃笑呢，真是鬼精灵。

赵姨娘正因彩云私赠了许多东西，被玉钏儿吵出，生恐查诘出来，每日捏一把汗打听信儿。忽见彩云来告诉说：“都是宝玉应了，从此无事。”赵姨娘方把心放下来。谁知贾环听如此说，便起了疑心，将彩云凡私赠之物都拿了出来，照着彩云的脸摔了去，说：“这两面三刀的东西。我不稀罕。你不和宝玉好，他如何肯替你应。你既有担当给了我，原该不与一个人知道。如今你既然告诉他，我再要这个，也没趣儿。”

彩云见如此，急的发身赌誓，至于哭了。百般解说，贾环执意不信，说：“不看你素日之情，去告诉二嫂子，就说你偷来给我，我不敢要。你细想去。”说毕，摔手出去了。急的赵姨娘骂：“没造化的种子，蛆心孽障。”气的彩云哭个泪干肠断。赵姨娘百般的安慰他：“好孩子，他辜负了你的心，我看的真。让我收起来，过两日他自然回转过来了。”说着，便要收东西。彩云赌气一顿包起来，乘人不见时，来至园中，都撇在河内，顺水沉的沉、漂的漂了。自己气的夜间在被内暗哭。

当下又值宝玉生日已到，原来宝琴也是这日，二人相同。因王夫人不在家，也不曾像往年闹热。只有张道士送了四样礼，换的寄名符儿。还有几处僧尼庙的和尚姑子送了供尖儿，并寿星纸马疏头，并本命星官值年太岁周年换的锁儿。家中常走的女先儿来上寿。王子腾那边，仍是一套衣服，一双鞋袜，一百寿桃，一百束上用银丝挂面。薛姨娘处减一等。其馀家中人，尤氏仍是一双鞋袜，凤姐儿是一个宫制四面和合荷包，里面装一个金寿星，一件波斯国所制玩器。各庙中遣人去放堂舍钱。又另有宝琴之礼，不能备述。姐妹中皆随便，或有一扇的，或有一字的，或有一画的，或有一诗的，聊复应景而已。

这日宝玉清晨起来，梳洗已毕，冠带出来。至前厅院中，已有李贵等四五个人在那里设下天地香烛，宝玉炷了香。行毕礼，奠茶焚纸后，便至宁府中宗祠祖先堂两处行毕礼，出至月台上，又朝上遥拜过贾母、贾政、王夫人等。一顺到尤氏上房，行过礼，坐了一回，方回荣府。先至薛姨妈处，薛姨妈再三拉着，然后又遇见薛蝌，让一回，方进园来。晴雯、麝月二人跟随，小丫头夹着毡子，从李氏起，一一挨着比他长的房中到过。复出二门，至李、赵、张、王四个奶妈家让了一回，方进来。虽众人要行礼，也不曾受。回至房中，袭人等只都来说一声就是了。王夫人有言，不令年轻人受礼，恐折了福寿，故皆不磕头。

歇一时，贾环、贾兰等来了，袭人连忙拉住，坐了一坐，便去了。宝玉笑说走乏了，便歪在床上。方吃了半盏茶，只听外面咭咭呱呱，一群丫头笑进来，原来是翠墨、

❶ 鲁迅：《鲁迅文集》，人民文学出版社2004年版，第175—176页。

小螺、翠缕、入画、邢岫烟的丫头篆儿，并奶子抱巧姐儿，彩鸾、绣鸾八九个人，都抱着红毡笑着走来，说:“拜寿的挤破了门了，快拿面来我们吃。”刚进来时，探春、湘云、宝琴、岫烟、惜春也都来了。宝玉忙迎出来，笑说:“不敢起动，快预备好茶。”进入房中，不免推让一回，大家归坐。袭人等捧过茶来，才吃了一口，平儿也打扮的花枝招展的来了。

宝玉忙迎出来，笑说:“我方才到凤姐姐门上，回了进去，不能见，我又打发人进去让姐姐的。”平儿笑道:“我正打发你姐姐梳头，不得出来回你。后来听见又说让我，我那里禁当的起，所以特赶来磕头。”宝玉笑道:“我也禁当不起。”袭人早在外间安了座，让他坐。平儿便福下去，宝玉作揖不迭。

平儿便跪下去，宝玉也忙还跪下，袭人连忙搀起来。又下了一福，宝玉又还了一揖。袭人笑推宝玉:“你再作揖。”宝玉道:“已经完了，怎么又作揖？”袭人笑道:“这是他来给你拜寿。今儿也是他的生日，你也该给他拜寿。”宝玉听了，喜的忙作下揖去，说:“原来今儿也是姐姐的芳诞。”平儿还万福不迭。

湘云拉宝琴、岫烟说:“你们四个人对拜寿，直拜一天才是。”探春忙问:“原来邢妹妹也是今儿。我怎么就忘了。”忙命丫头:“去告诉二奶奶，赶着补了一分礼，与琴姑娘的一样，送到二姑娘屋里去。”丫头答应着去了。岫烟见湘云直口说出来，少不得要到各房去让让。

探春笑道:“倒有些意思，一年十二个月，月月有几个生日。人多了，便这等巧，也有三个一日，两个一日的。大年初一日也不白过，大姐姐占了去。怨不得他福大，生日比别人就占先。又是太祖太爷的生日。过了灯节，就是姨太太和宝姐姐，他们娘儿两个遇的巧。三月初一日是太太，初九日是琏二哥哥。二月没人。”袭人道:“二月十二是林姑娘，怎么没人？就只不是咱家的人。”探春笑道:“我这个记性是怎么了？”宝玉笑指袭人道:“他和林妹妹是一日，所以他记的。”

探春笑道:“原来你两个倒是一日。每年连头也不给我们磕一个。平儿的生日我们也不知道，这也是才知道。”平儿笑道:“我们是那牌儿名上的人，生日也没拜寿的福，又没受礼职分，可吵闹什么，可不悄悄的过去。今儿他又偏吵出来了，等姑娘们回房，我再行礼去罢。”探春笑道：“也不敢惊动。只是今儿倒要替你过个生日，我心才过得去。”宝玉、湘云等一齐都说：“很是。”探春便吩咐了丫头：“去告诉他奶奶，就说我们大家说了，今儿一日不放平儿出去，我们也大家凑了分子过生日呢。”丫头笑着去了，半日，回来说：“二奶奶说了，多谢姑娘们给他脸。不知过生日给他些什么吃，只别忘了二奶奶，就不来絮聒他了。”众人都笑了。

探春因说道：“可巧今儿里头厨房不预备饭，一应下面弄菜都是外头收拾。咱们就凑了钱叫柳家的来揽了去，只在咱们里头收拾倒好。”众人都说是极。探春一面遣人去问李纨、宝钗、黛玉，一面遣人去传柳家的进来，吩咐他内厨房中快收拾两桌酒席。柳家的不知何意，因说外厨房都预备了。探春笑道：“你原来不知道，今儿是平姑娘的华诞。外头预备的是上头的，这如今我们私下又凑了分子，单为平姑娘预备两桌请他。你只管拣新巧的菜蔬预备了来，开了帐和我那里领钱。”柳家的笑道：“原来今日也是平姑娘的千秋，我竟不知道。”说着，便向平儿磕下头去，慌的平儿拉起他来。柳家的忙去预备酒席。

这里探春又邀了宝玉，同到厅上去吃面，等到李纨、宝钗一齐来全，又遣人去请薛姨妈与黛玉。因天气和暖，黛玉之疾渐愈，故也来了。花团锦簇，挤了一厅的人。

谁知薛蝌又送了巾扇香帛四色寿礼与宝玉，宝玉于是过去陪他吃面。两家皆治了寿酒，互相酬送，彼此同领。至午间，宝玉又陪薛蝌吃了两杯酒。宝钗带了宝琴过来与薛蝌行礼，把盏毕，宝钗因嘱薛蝌：“家里的酒也不用送过那边去，这虚套竟可收了。你只请伙计们吃罢。我们和宝兄弟进去还要待人去呢，也不能陪你了。”薛蝌忙说：“姐姐兄弟只管请，只怕伙计们也就好来了。”宝玉忙又告过罪，方同他姊妹回来。

一进角门，宝钗便命婆子将门锁上，把钥匙要了自己拿着。宝玉忙说：“这一道门何必关，又没多的人走。况且姨娘、姐姐、妹妹都在里头，倘或家去取什么，岂不费事？”宝钗笑道：“小心没过逾的。你瞧你们那边，这几日七事八事，竟没有我们这边的人，可知是这门关的有功效了。若是开着，保不住那起人图顺脚，抄近路从这里走，拦谁的是？不如锁了，连妈和我也禁着些，大家别走。纵有了事，就赖不着这边的人了。”宝玉笑道：“原来姐姐也知道我们那边近日丢了东西。”宝钗笑道：“你只知道玫瑰露和茯苓霜两件，乃因人而及物。若非因人，你连这两件还不知道呢。殊不知还有几件比这两件大的呢。若以后叨登不出来，是大家的造化，若叨登出来，不知里头连累多少人呢。你也是不管事的人，我才告诉你。平儿是个明白人，我前儿也告诉了他，皆因他奶奶不在外头，所以使他明白了。若不出来，大家乐得丢开手。若犯出来，他心里已有稿子，自有头绪，就冤屈不着平人了。你只听我说，以后留神小心就是了，这话也不可对第二个人讲。”

说着，来到沁芳亭边，只见袭人、香菱、待书、素云、晴雯、麝月、芳官、蕊官、藕官等十来个人都在那里看鱼作耍。见他们来了，都说：“芍药栏里预备下了，快去上席罢。”宝钗等随携了他们同到了芍药栏中红香圃三间小敞厅内。连尤氏已请过来了，诸人都在那里，只没平儿。

原来平儿出去，有赖、林诸家送了礼来，连三接四，上中下三等家人来拜寿送礼的不少，平儿忙着打发赏钱道谢，一面又色色的回明凤姐儿，不过留下几样，也有不收的，也有收下即刻赏与人的。忙了一回，又直待凤姐儿吃过面，方换了衣裳往园里来。

刚进了园，就有几个丫鬟来找他，一同到了红香圃中。只见筵开玳瑁，褥设芙蓉。众人都笑：“寿星全了。”上面四座定要让他们四个人坐，四人皆不肯。薛姨妈说：“我老天拔地，又不合你们的群儿，我倒觉拘的慌，不如我到厅上随便躺躺去倒好。我又吃不下什么去，又不大吃酒，这里让他们倒便宜。”尤氏等执意不从。宝钗道：“这也罢了，倒是让妈在厅上歪着自如些，有爱吃的送些过去，倒自在了。且前头没人在那里，又可照看了。”探春等笑道：“既这样，恭敬不如从命。”因大家送了他到议事厅上，眼看着命丫头们铺了一个锦褥并靠背引枕之类，又嘱咐：“好生给姨妈捶腿，要茶要水别推三扯四的。回来送了东西来，姨妈吃了就赏你们吃。只别离了这里出去。”小丫头们都答应了。

探春等方回来。终久让宝琴、岫烟二人在上，平儿面西坐，宝玉面东坐。探春又接了鸳鸯来，二人并肩对面相陪。西边一桌，宝钗、黛玉、湘云、迎春、惜春，一面又拉了香菱、玉钏儿二人打横。三桌上，尤氏、李纨又拉了袭人、彩云陪坐。四桌上便是紫鹃、莺儿、晴雯、小螺、司棋等人围坐。当下探春等还要把盏，宝琴等四人都说：“这一闹，一日都坐不成了。”方才罢了。两个女先儿要弹词上寿，众人都说：“我们没人要听那些野话，你厅上去说给姨太太解闷儿去罢。”一面又将各色吃食拣了，命人送与薛姨妈去。

宝玉便说：“雅坐无趣，须要行令才好。”众人有的说行这个令好，那个又说行那个令好。黛玉道：“依我说，拿了笔砚将各色全都写了，拈成阄儿，咱们抓出那个来，就是那个。”众人都道妙。即拿了一副笔砚花笺。香菱近日学了诗，又天天学写字，见了笔砚便图不得，连忙起座说：“我写。”大家想了一回，共得了十来个，念着，香菱一一的写了，搓成阄儿，掷在一个瓶中间。探春便命平儿拣，平儿向内搅了一搅，用箸拈了一个出来，打开看，上写着“射覆”二字。宝钗笑道：“把个酒令的祖宗拈出来。‘射覆’从古有的，如今失了传，这是后人纂的，比一切的令都难。

这里头倒有一半是不会的，不如毁了，另拈一个雅俗共赏的。”探春笑道：“既拈了出来，如何又毁。如今再拈一个，若是雅俗共赏的，便叫他们行去。咱们行这个。”说着又着袭人拈了一个，却是“拇战”。史湘云笑着说：“这个简断爽利，合了我的脾气。我不行这个‘射覆’，没的垂头丧气闷人，我只划拳去了。”探春道：“惟有他乱令，宝姐姐快罚他一钟。”宝钗不容分说，便灌湘云一杯。

探春道：“我吃一杯，我是令官，也不用宣，只听我分派。”命取了令骰令盆来，“从琴妹掷起，挨下掷去，对了点的二人射覆”。宝琴一掷，是个三，岫烟、宝玉等皆掷的不对，直到香菱方掷了个三。宝琴笑道：“只好室内生春，若说到外头去，可太没头绪了。”探春道：“自然。三次不中者罚一杯。你覆，他射。”宝琴想了一想，说了个“老”字。香菱原生于这令，一时想不到，满室满席都不见有与“老”字相连的成语。湘云先听了，便也乱看，忽见门斗上贴着“红香圃”三个字，便知宝琴覆的是“吾不如老圃”的“圃”字。见香菱射不着，众人击鼓又催，便悄悄的拉香菱，教他说“药”字。黛玉偏看见了，说：“快罚他，又在那里私相传递呢。”哄的众人都知道了，忙又罚了一杯，恨的湘云拿筷子敲黛玉的手。于是罚了香菱一杯。下则宝钗和探春对了点子。探春便覆了一个“人”字。宝钗笑道：“这个‘人’字泛的很。”探春笑道：“添一字，两覆一射也不泛了。”说着，便又说了一个“窗”字。宝钗一想，因见席上有鸡，便射着他是用“鸡窗”“鸡人”二典了，因射了一个“埘”字。探春知他射着，用了“鸡栖于埘”的典，二人一笑，各饮一口门杯。

湘云等不得，早和宝玉“三”“五”乱叫，划起拳来。那边尤氏和鸳鸯隔着席也“七”“八”乱叫划起来。平儿、袭人也作了一对划拳，叮叮当当只听得腕上的镯子响。一时湘云赢了宝玉，袭人赢了平儿，尤氏赢了鸳鸯，三个人限酒底酒面，湘云便说：“酒面要一句古文，一句旧诗，一句骨牌名，一句曲牌名，还要一句时宪书上的话，共总凑成一句话。酒底要关人事的果菜名。”众人听了，都笑说：“惟有他的令也比人唠叨，倒也有意思。”便催宝玉快说。宝玉笑道：“谁说过这个，也等想一想儿。”黛玉便道：

“你多喝一钟，我替你说。”宝玉真个喝了酒，听黛玉说道：

落霞与孤鹜齐飞，风急江天过雁哀，却是一只折足雁，叫的人九回肠，这是鸿雁来宾。

说的大家笑了，说：“这一串子倒有些意思。”黛玉又拈了一个榛穰，说酒底道：“榛子非关隔院砧，何来万户捣衣声。”令完，鸳鸯、袭人等皆说的是一句俗话，都带一个“寿”字的，不能多赘。

大家轮流乱划了一阵，这上面湘云又和宝琴对了手，李纨和岫烟对了点子。李纨便覆了一个“瓢”字，岫烟便射了一个“绿”字，二人会意，各饮一口。湘云的拳却输了，请酒面酒底。宝琴笑道：“请君入瓮。”大家笑起来，说：“这个典用的当。”湘云便说道：

奔腾而砰湃，江间波浪兼天涌，须要铁锁缆孤舟，既遇着一江风，不宜出行。

说的众人都笑了，说：“好个诌断了肠子的。怪道他出这个令，故意惹人笑。”又听他说酒底。湘云吃了酒，拣了一块鸭肉呷口，忽见碗内有半个鸭头，遂拣了出来吃脑子。众人催他“别只顾吃，到底快说了”，湘云便用箸子举着说道：

这鸭头不是那丫头，头上那讨桂花油。

众人越发笑起来，引的晴雯、小螺、莺儿等一干人都走过来说：“云姑娘会开心儿，拿着我们取笑儿，快罚一杯才罢。怎见得我们就该擦桂花油的？倒得每人给一瓶子桂花油擦擦。”黛玉笑道：“他倒有心给你们一瓶子油，又怕挂误着打盗窃的官司。”众人不理论，宝玉却明白，忙低了头。彩云有心病，不觉的红了脸。宝钗忙暗暗的瞅了黛玉一眼。黛玉自悔失言，原是趣宝玉的，就忘了趣着彩云，自悔不及，忙一顿行令划拳岔开了。

底下宝玉可巧和宝钗对了点子。宝钗覆了一个“宝”字，宝玉想了一想，便知是宝钗作戏指自己所佩通灵玉而言，便笑道：“姐姐拿我作雅谑，我却射着了。说出来姐姐别恼，就是姐姐的讳‘钗’字就是了。”众人道：“怎么解？”宝玉道：“他说‘宝’，底下自然是‘玉’了。我射‘钗’字，旧诗曾有‘敲断玉钗红烛冷’，岂不射着了？”湘云说道：“这用时事却使不得，两个人都该罚。”香菱忙道：“不止时事，这也有出处。”湘云道：“‘宝玉’二字并无出处，不过是春联上或有之，诗书纪载并无，算不得。”香菱道：“前日我读岑嘉州五言律，现有一句说‘此乡多宝玉’，怎么你倒忘了？后来又读李义山七言绝句，又有一句‘宝钗无日不生尘’，我还笑说他两个名字都原来在唐诗上呢。”众人笑说：“这可问住了，快罚一杯。”湘云无语，只得饮了。大家又该对点的对点，划拳的划拳。这些人因贾母、王夫人不在家，没了管束，便任意取乐，呼三喝四，喊七叫八。满厅中红飞翠舞，玉动珠摇，真是十分热闹。顽了一回，大家方起席散了一散，倏然不见了湘云，只当他外头自便就来，谁知越等越没了影响，使人各处去找，那里找得着。

笺证

简直是匪夷所思，读《红楼梦》的某些章节，令人联想到深奥的知识考古，联想到法国哲学家和“思想系统的历史学家”米歇尔·福柯（Michel Foucault）。他的《知识考古学》在北京生活·读书·新知三联书店2003年出版时，给出的内容介绍是：以考古学的方法梳理人类知识的历史，似乎是在追寻落在时间之外，今天又归于沉寂的印迹。这实际上就是对话语进行描述，但不是描述书籍，也不是描述理论，而是研究通过时间表现为医学、政治经济学、生物学的日常而神秘的总体。本书旨在展示历史知识领域中某个正在本领域中完成的转换原则和结果。书中描述的系统、确定的界限、建立起来的对比和对应关系不以古老的历史哲学为依据，它们的目的是重新提出目的论和整体化的问题。《红楼梦》的行酒令往往是掉书袋，带点知识考古学的意味，作为小说文字，未免失于过雅，令人感到如此秀气的小姐还热衷于掉书袋，真是令人难以理解。第六十二回宝琴、宝钗、黛玉、探春、岫烟、宝玉、湘云等人以“射覆”行酒令。《汉书·东方朔传》说：“上尝使诸数家射覆。”颜师古注曰：“于覆器之下而置诸物，令暗射之，故云射覆。”宝钗这样掉书袋说：“把个酒令的祖宗拈出来。‘射覆’从古有的，如今失了传，这是后人纂的，比一切的令都难。这里头倒有一半是不会的，不如毁了，另拈一个雅俗共赏的。”于是又拈了一个“拇战”。史湘云笑着说：“这个简断爽利，合了我的脾气。我不行这个‘射覆’，没的垂头丧气闷人，我只划拳去了。”即便她们拉上袭人、平儿、尤氏、鸳鸯划拳，划得只听见腕上的镯子叮叮当当的响。既然镯子叮叮当当的响得天然纯真，但湘云还是限定：“酒面要一句古文，一句旧诗，一句骨牌名，一句曲牌名，还要一句时宪书上的话，共总凑成一句话。酒底要关人事的果菜名。”比如黛玉替代宝玉行酒令说：“落霞与孤鹜齐飞，风急江天过雁哀，却是一只折足雁，叫的人九回肠，这是鸿雁来宾。”黛玉又拈了一个榛穰，说酒底道：“榛子非关隔院砧，何来万户捣衣声。”其中“落霞与孤鹜齐飞”是唐朝王勃《滕王阁序》中语；“风急江天过雁哀”是变通了宋人陆游《寒夕》诗中“风急江天无过雁，月明庭户有疏碪”之句；“却是一只折足雁”，是掷骰子中语“若掷四个三，一个二，一个幺，名为折足雁”，见于清代吴璇《飞龙全传》第十六回。“九回肠”是曲牌名，明代汤显祖《牡丹亭》第二出、清代袁于令《西楼记》第十四出、李玉《一捧雪》第二十二出，都有这个曲牌。这个曲牌还编入了明代王骥德《曲律》卷一。至于“鸿雁来宾”，出自《礼记·月令》“盲风至，鸿雁来，玄鸟归，群鸟养羞。”孔颖达疏曰：“‘凡鸟随阴阳者，不以中国为居’者，凡鸟，鸿雁之属也。故季秋云‘鸿雁来宾’，言来宾是不以中国为居。”❷《文选》卷二张衡《西京赋》云：“鸟则鹔鷞鸹鸨，駕鹅鸿鶤，上春候来，季秋就温。”唐李善注曰：“《礼记》曰：孟春，鸿来。郑玄曰：雁自南方来，将北反其居也。又曰：季秋之月，鸿雁来宾。郑玄曰：来宾，止而未去也。《列子》曰：禽兽之智，违寒就温。”❸清朝鄂尔泰《授时通考》卷一《天时》说：“秋分后十五日，斗柄指辛为寒露。九月节，气渐肃，露寒而将凝也。一候鸿雁来宾：雁后至者为宾。”可见“鸿雁来宾”是时宪书上的话。❹至于酒底所说“榛子非关隔院砧，何来万户捣衣声”，是由案上的榛穰，联系上李白《子夜吴歌·秋歌》：“长安一片月，万户捣衣声。秋风吹不尽，总是玉关情。何日平胡虏，良人罢远征。”从上面的考论可知，“射覆”涉及“酒令的祖宗”，划拳又牵连着古文、旧诗、骨牌名、曲牌名、时宪书上的话以及关乎人事的果菜名。这就以知识考古学的方法梳理人类知识的历史，似乎是在追寻落在时间之外，今天又归于沉寂的印迹。其中通过对话语进行描述，研究穿行于时间隧道的历史文化、戏曲体式、民俗观念、瓜果饮食的日常而神秘的总体，在建立对比和对应关系时不以古老的历史哲学为依据，目的在于大观园少女少男的生日欢乐。

接着林之孝家的同着几个老婆子来，生恐有正事呼唤，二者恐丫鬟们年轻，乘王夫人不在家不服探春等约束，恣意痛饮，失了体统，故来请问有事无事。探春见他们来了，便知其意，忙笑道：“你们又不放心，来查我们来了。我们没有多吃酒，不过是大家顽笑，将酒作个引子，妈妈们别耽心。”李纨尤氏都也笑说：“你们歇着去罢，我们也不敢叫他们多吃了。”林之孝家的等人笑说：“我们知道，连老太太叫姑娘吃酒，姑娘们还不肯吃，何况太太们不在家，自然顽罢了。我们怕有事，来打听打听。二则天长了，姑娘们顽一回子还该点补些小食儿。素日又不大吃杂东西，如今吃一两杯酒，若不多吃些东西，怕受伤。”探春笑道：“妈妈们说的是，我们也正要吃呢。”因回头命取点心来。两旁丫鬟们答应了，忙去传点心。探春又笑让：“你们歇着去罢，或是姨妈那里说话儿去。我们即刻打发人送酒你们吃去。”林之孝家的等人笑回：“不敢领了。”又站了一回，方退了出来。平儿摸着脸笑道：“我的脸都热了，也不好意思见他们。依我说竟收了罢，别惹他们再来，倒没意思了。”探春笑道：“不相干，横竖咱们不认真喝酒就罢了。”

正说着，只见一个小丫头笑嘻嘻的走来：“姑娘们快瞧云姑娘去，吃醉了图凉快，在山子后头一块青板石凳上睡着了。”众人听说，都笑道：“快别吵嚷。”说着，都走来看时，果见湘云卧于山石僻处一个石凳子上，业经香梦沉酣，四面芍药花飞了一身，满头脸衣襟上皆是红香散乱，手中的扇子在地下，也半被落花埋了，一群蜂蝶闹穰穰的围着他，又用鲛帕包了一包芍药花瓣枕着。众人看了，又是爱，又是笑，忙上来推唤挽扶。湘云口内犹作睡语说酒令，唧唧嘟嘟说：

泉香而酒冽，玉碗盛来琥珀光，直饮到梅梢月上，醉扶归，却为宜会亲友。

众人笑推他，说道：“快醒醒儿吃饭去，这潮凳上还睡出病来呢。”湘云慢启秋波，见了众人，低头看了一看自己，方知是醉了。原是来纳凉避静的，不觉的因多罚了两杯酒，娇娜不胜，便睡着了，心中反觉自愧。连忙起身扎挣着同人来至红香圃中，用过水，又吃了两盏酽茶。探春忙命将醒酒石拿来给他衔在口内，一时又命他喝了一些酸汤，方才觉得好了些。

❷（汉）郑玄注，（唐）孔颖达疏：《礼记正义》，北京大学出版社1999年版，第523—524页。

❸（梁）萧统编，（唐）李善注：《昭明文选》，上海古籍出版社1986年版，第66页。

❹金沛霖主编：《四库全书·子部精要》（上），天津古籍出版社；中国世界语出版社1997年版，第770页。

笺证

第六十二回“憨湘云醉眠芍药裀”，是《红楼梦》注入魏晋风流的大关目。《红楼梦》不仅关注晚唐诗词的感伤，元明戏曲的传情，而且并未忘了魏晋的名士风流。魏晋名士是历史上超绝流俗的独特文化现象和人格典型。魏晋名士蔑视礼法，狂放不羁，率真洒脱，展现个性张扬，强调精神自由，以洞见的玄心、深情的妙赏、颖悟的旷达这类真率心态，追求行为上脱俗的豁达，彰显了个体的才性之美、玄味的气质之美、超俗的仪容之美，从而将人生艺术化。但《红楼梦》写这种名士风流，并非开门见山，而是回廊曲折，渐入佳境。先从反面着墨、背面敷粉，林之孝家的同着几个老婆子来，生恐有正事呼唤，二者恐丫鬟们年轻，乘王夫人不在家不服探春等约束，恣意痛饮，失了体统，故来请问有事无事。探春见他们来了，便知其意，忙笑说："你们又不放心，来查我们来了。我们没有多吃酒，不过是大家顽笑，将酒作个引子，妈妈们别耽心。"林之孝家的是要约束大观园中的纪律，史湘云偏偏超越了这种僵硬的纪律。史湘云的睡相是从众人眼中看见的：果见湘云卧于山石僻处一个石凳子上，业已香梦沉酣，四面芍药花飞了一身，满头脸衣襟上皆是红香散乱，这是先写其与石凳子、与满身的芍药飞花，无拘无束的自自然然的融合。再写她的饰物，手中的扇子掉在地下，也半被落花埋了，扇子也与自然落花交融在一起了。引得一群蜂蝶闹穰穰的围着她，她的自然酣睡竟然逗醒了蜂蝶来当她的陪伴，成了她的观赏者，她的美丽的衬托者。她与自然融合，还有充满诗意的招数，又用鲛帕包了一包芍药花瓣枕着。众人看了，又是爱，又是笑，忙上来推唤挽扶。湘云口内犹作睡语说酒令，唧唧嘟嘟说："泉香而酒洌，玉碗盛来琥珀光，直饮到梅梢月上，醉扶归，却为宜会亲友。"她还是遵循着划拳酒令的自我限定："酒面要一句古文，一句旧诗，一句骨牌名，一句曲牌名，还要一句时宪书上的话，共总凑成一句话。酒底要关人事的果菜名。"由此她沟通了花的世界、诗的世界和知识考古的世界。戚蓼生本回末总评说："看湘云醉卧青石，满身花影，宛若百十名姝，抱云笙月鼓而簇拥太真者。"[5]戚蓼生出人意料地把史湘云比拟为雍容华贵的杨贵妃，错认了魏晋风度为盛唐风度。

当下又选了几样果菜与凤姐送去，凤姐儿也送了几样来。宝钗等吃过点心，大家也有坐的，也有立的，也有在外观花的，也有扶栏观鱼的，各自取便说笑不一。探春便和宝琴下棋，宝钗、岫烟观局。林黛玉和宝玉在一簇花下唧唧哝哝不知说些什么。

只见林之孝家的和一群女人带了一个媳妇进来。那媳妇愁眉苦脸，也不敢进厅，只到了阶下，便朝上跪下了，碰头有声。探春因一块棋受了敌，算来算去纵得了两个眼，便折了官着，两眼只瞅着棋枰，一只手却伸在盒内，只管抓弄棋子作想，林之孝家的站了半天，因回头要茶时才看见，问："什么事？"林之孝家的便指那媳妇说："这是四姑娘屋里的小丫头彩儿的娘，现是园内伺候的人。嘴很不好，才是我听见了问着他，他说的话也不敢回姑娘，竟要撵出去才是。"探春道："怎么不回大奶奶？"林之孝家的道："方才大奶奶都往厅上姨太太处去了，顶头看见，我已回明白了，叫回姑娘来。"探春道："怎么不回二奶奶？"平儿道："不回去也罢，我回去说一声就是了。"探春点点头，道："既这么着，就撵出他去，等太太来了，再回定夺。"说毕仍又下棋。这林之孝家的带了那人去不提。

黛玉和宝玉二人站在花下，遥遥知意。黛玉便说道："你家三丫头倒是个乖人。虽然叫他管些事，倒也一步儿不肯多走。差不多的人就早作起威福来了。"宝玉道："你不知道呢。你病着时，他干了好几件事。这园子也分了人管，如今多掐一草也不能了。又蠲了几件事，单拿我和凤姐姐作筏子禁别人。最是心里有算计的人，岂只乖而已？"黛玉道："要这样才好，咱们家里也太花费了。我虽不管事，心里每常闲了，替你们一算计，出的多进的少，如今若不省俭，必致后手不接。"宝玉笑道："凭他怎么后手不接，也短不了咱们两个人的。"黛玉听了，转身就往厅上寻宝钗说笑去了。

宝玉正欲走时，只见袭人走来，手内捧着一个小连环

❺俞平伯辑：《脂砚斋红楼梦辑评》，上海文艺联合出版社1954年版，第554页。

洋漆茶盘，里面可式放着两钟新茶，因问:“他往那去了？我见你两个半日没吃茶，巴巴的倒了两钟来，他又走了。”宝玉道:“那不是他，你给他送去。”说着自拿了一钟。袭人便送了那钟去，偏和宝钗在一处，只得一钟茶，便说:“那位渴了那位先接了，我再倒去。”宝钗笑道:“我却不渴，只要一口漱一漱就够了。”说着先拿起来喝了一口，剩下半杯递在黛玉手内。袭人笑道:“我再倒去。”黛玉笑道:“你知道我这病，大夫不许我多吃茶，这半钟尽够了，难为你想的到。”说毕，饮干，将杯放下。袭人又来接宝玉的。宝玉因问:“这半日没见芳官，他在那里呢？”袭人四顾一瞧说:“才在这里几个人斗草的，这会子不见了。”

宝玉听说，便忙回至房中，果见芳官面向里睡在床上。宝玉推他说道:“快别睡觉，咱们外头顽去，一回儿好吃饭的。”芳官道:“你们吃酒不理我，教我闷了半日，可不来睡觉罢了。”宝玉拉了他起来，笑道:“咱们晚上家里再吃，回来我叫袭人姐姐带了你桌上吃饭，何如？”芳官道:“藕官、蕊官都不上去，单我在那里也不好。我也不惯吃那个面条子，早起也没好生吃。才刚饿了，我已告诉了柳嫂子，先给我做一碗汤盛半碗粳米饭送来，我这里吃了就完事。若是晚上吃酒，不许教人管着我，我要尽力吃够了才罢。我先在家里，吃二三斤好惠泉酒呢。如今学了这劳什子，他们说怕坏嗓子，这几年也没闻见。乘今儿我是要开斋了。”宝玉道:“这个容易。”

说着，只见柳家的果遣了人送了一个盒子来。小燕接着揭开，里面是一碗虾丸鸡皮汤，又是一碗酒酿清蒸鸭子，一碟腌的胭脂鹅脯，还有一碟四个奶油松瓤卷酥，并一大碗热腾腾碧荧荧蒸的绿畦香稻粳米饭。小燕放在案上，走去拿了小菜并碗箸过来，拨了一碗饭。芳官便说:“油腻腻的，谁吃这些东西？”只将汤泡饭吃了一碗，拣了两块腌鹅就不吃了。宝玉闻着，倒觉比往常之味又胜些似的，遂吃了一个卷酥，又命小燕也拨了半碗饭，泡汤一吃，十分香甜可口。小燕和芳官都笑了。吃毕，小燕便将剩的要交回。宝玉道:“你吃了罢，若不够再要些来。”小燕道:“不用要，这就够了。方才麝月姐姐拿了两盘子点心给我们吃了，我再吃了这个，尽不用再吃了。”说着，便站在桌旁一顿吃了，又留下两个卷酥，说：“这个留着给我妈吃。晚上要吃酒，给我两碗酒吃就是了。”宝玉笑道：“你也爱吃酒？等着咱们晚上痛喝一阵。你袭人姐姐和晴雯姐姐量也好，也要喝，只是每日不好意思。今儿大家开斋。还有一件事，想着嘱咐你，我竟忘了，此刻才想起来。以后芳官全要你照看他，他或有不到的去处，你提他，袭人照顾不过这些人来。”小燕道：“我都知道，都不用操心。但只这五儿怎么样？”宝玉道：“你和柳家的说去，明儿直叫他进来罢，等我告诉他们一声就完了。”芳官听了，笑道：“这倒是正经。”小燕又叫两个小丫头进来，服侍洗手倒茶，自己收了家伙，交与婆子，也洗了手，便去找柳家的，不在话下。

宝玉便出来，仍往红香圃寻众姐妹，芳官在后拿着巾扇。刚出了院门，只见袭人、晴雯二人携手回来。宝玉问：“你们做什么？”袭人道：“摆下饭了，等你吃饭呢。”宝玉便笑着将方才吃的饭一节告诉了他两个。袭人笑道：“我说你是猫儿食，闻见了香就好，隔锅饭儿香。虽然如此，也该上去陪他们多少应个景儿。”晴雯用手指戳在芳官额上，说道：“你就是个狐媚子，什么空儿跑了去吃饭，两个人怎么就约下了，也不告诉我们一声儿。”袭人笑道：“不过是误打误撞的遇见了，说约下了可是没有的事。”晴雯道：“既这么着，要我们无用。明儿我们都走了，让芳官一个人就够使了。”袭人笑道：“我们都去了使得，你却去不得。”晴雯道：“惟有我是第一个要去，又懒又笨，性子又不好，又没用。”袭人笑道：“倘或那孔雀褂子再烧个窟窿，你去了谁可会补呢？你倒别和我拿三撇四的，我烦你做个什么，把你懒的横针不拈，竖线不动。一般也不是我的私活烦你，横竖都是他的，你就都不肯做。怎么我去了几天，你病的七死八活，一夜连命也不顾给他做了出来，这又是什么原故？你到底说话，别只佯憨，和我笑，也当不了什么。”大家说着，来至厅上。薛姨妈也来了。大家依序坐下吃饭。宝玉只用茶泡了半碗饭，应景而已。一时吃毕，大家吃茶闲话，又随便顽笑。

外面小螺和香菱、芳官、蕊官、藕官、荳官等四五个人，都满园中顽了一回，大家采了些花草来兜着，坐在花草堆中斗草。这一个说：“我有观音柳。”那一个说：“我有罗汉松。”那一个又说：“我有君子竹。”这一个又说：“我有美人蕉。”这个又说：“我有星星翠。”那个又说：“我有月月红。”这个又说：“我有《牡丹亭》上的牡丹花。”那个又说：“我有《琵琶记》里的枇杷果。”荳官便说：“我有姐妹花。”众人没了，香菱便说：“我有夫妻蕙。”荳官说：“从没听见有个夫妻蕙。”香菱道：“一箭一花为兰，一箭数花为蕙。凡蕙有两枝，上下结花者为兄弟蕙，有并头结花者为夫妻蕙。我这枝并头的，怎么不是夫妻蕙？”荳官没的说了，便起身笑道：“依你说，若是这两枝一大一小，就是老子儿子蕙了。若两枝背面开的，就是仇人蕙了。你汉子去了大半年，你想夫妻了。便扯上蕙也有夫妻，好不害羞。”香菱听了，红了脸，忙要起身拧他，笑骂道：“我把你这个烂了嘴的小蹄子。满嘴里汗爀的胡说了。等我起来打不死你这小蹄子。”荳官见他要勾来，怎容他起来，便忙连身将他压倒。回头笑着央告蕊官等“你们来，帮着我拧他这诌嘴”，两个人滚在草地下。众人拍手笑说：“了不得了，那是一洼子水，可惜污了他的新裙子了。”荳官回头看了一看，果见旁边有一汪积雨，香菱的半扇裙子都污湿了，自己不好意思，忙夺了手跑了。众人笑个不住，怕香菱拿他们出气，笑着一哄而散。

香菱起身低头一瞧，那裙上犹滴滴点点流下绿水来。正恨骂不绝，可巧宝玉见他们斗草，也寻了些花草来凑戏，忽见众人跑了，只剩了香菱一个低头弄裙，因问：“怎么散了？”香菱便说：“我有一枝夫妻蕙，他们不知道，反说我诌，因此闹起来，把我的新裙子也脏了。”宝玉笑道：“你有夫妻蕙，我这里倒有一枝并蒂菱。”口内说，手内却真个拈着一枝并蒂菱花，又拈了那枝夫妻蕙在手内。香菱道：“什么夫妻不夫妻，并蒂不并蒂，你瞧瞧这裙子。”宝玉方低头一瞧，便嗳呀了一声，说:“怎么就拖在泥里了？可惜这石榴红绫最不经染。”香菱道:“这是前儿琴姑娘带了来的。姑娘做了一条，我做了一条，今儿才上身。”宝玉跌脚叹道:“若你们家，一日遭踏这一百件也不值什么。只是头一件既系琴姑娘带来的，你和宝姐姐每人才一件，他的尚好，你的先脏了，岂不辜负他的心？二则姨妈老人家嘴碎，饶这么样，我还听见常说你们不知过日子，只会遭踏东西，不知惜福呢。这叫姨妈看见了，又说一个不清。”香菱听了这话，却碰在心坎儿上，反倒喜欢起来了，因笑道:“就是这话了。我虽有几条新裙子，都不和这一样的，若有一样的，赶着换了，也就好了，过后再说。”宝玉道:“你快休动，只站着方好，不然连小衣儿膝裤鞋面都要拖脏。我有个主意：袭人上月做了一条和这个一模一样的，他因有孝，如今也不穿。竟送了你换下这个来，如何？”香菱笑着摇头说:“不好，他们倘或听见了倒不好。”宝玉道:“这怕什么？等他们孝满了，他爱什么难道不许你送他别的不成？你若这样，还是你素日为人了。况且不是瞒人的事，只管告诉宝姐姐也可，只不过怕姨妈老人家生气罢了。”香菱想了一想有理，便点头笑道:“就是这样罢了，别辜负了你的心。我等着，你千万叫他亲自送来才好。”

宝玉听了，喜欢非常，答应了忙忙的回来。一壁里低头，心下暗算:“可惜这么一个人，没父母，连自己本姓都忘了，被人拐出来，偏又卖与了这个霸王。”因又想起上日平儿也是意外想不到的，今日更是意外之意外的事了。一壁胡思乱想，来至房中，拉了袭人，细细告诉了他原故。香菱之为人，无人不怜爱的。袭人又本是个手中撒漫的，况与香菱素相交好，一闻此信，忙就开箱取了出来折好，随了宝玉来寻着香菱，他还站在那里等呢。袭人笑道："我说你太淘气了，足的淘出个故事来才罢。"香菱红了脸，笑说："多谢姐姐了，谁知那起促狭鬼使黑心。"说着，接了裙子，展开一看，果然同自己的一样。又命宝玉背过脸去，自己叉手向内解下来，将这条系上。袭人道："把这脏了的交与我拿回去，收拾了再给你送来。你若拿回去，看见了也是要问的。"香菱道："好姐姐，你拿去不拘给那个妹妹罢。我有了这个，不要他了。"袭人道："你倒大方的好。"香菱忙又万福道谢，袭人拿了脏裙便走。

香菱见宝玉蹲在地下，将方才的夫妻蕙与并蒂菱用树枝儿抠了一个坑，先抓些落花来铺垫了，将这菱蕙安放好，又将些落花来掩了，方撮土掩埋平服。香菱拉他的手，笑道："这又叫做什么？怪道人人说你惯会鬼鬼祟祟使人肉麻的事。你瞧瞧，你这手弄的泥乌苔滑的，还不快洗去。"宝玉笑着，方起身走了去洗手，香菱也自走开。二人已走远了数步，香菱复转身回来叫住宝玉。宝玉不知有何话，扎着两只泥手，笑嘻嘻的转来问："什么？"香菱只顾笑。因那边他的小丫头臻儿走来说："二姑娘等你说话呢。"香菱方向宝玉道："裙子的事可别向你哥哥说才好。"说毕，即转身走了。宝玉笑道："可不我疯了，往虎口里探头儿去呢。"说着，也回去洗手去了。不知端详，且听下回分解。

笺证

《红楼梦》热衷从民俗延伸出人物故事，使人物故事接上地气，染上浓郁的民俗色彩。第六十二回写的"斗草"，本来属于端午民俗。南朝梁宗懔《荆楚岁时记》记载："五月五日，谓之浴兰节。荆楚人并踏百草，又有斗百草之戏。"[6]唐朝以后斗百草逐渐成了妇女、孩童的游戏。斗草的方式，一种是文斗，相互对花草名，如用"狗尾草"对"鸡冠花"，或斗草的品种多寡，多则胜，兼具植物知识、文学知识之妙趣；另一种是武斗，儿童以叶柄相勾，捏住相拽，断者为输，再换一叶相斗。崔颢《王家少妇》有妇女儿童斗百草的描写："十五嫁王昌，盈盈入画堂。自矜年最少，复倚婿为郎。舞爱前溪绿，歌怜子夜长。闲来斗百草，度日不成妆。”[7] 李白《清平乐（一名忆萝月）》说：“禁庭春昼，莺羽披新绣。百草巧求花下斗，只赌珠玑满斗。日晚却理残妆，御前闲舞霓裳。谁道腰肢窈窕，折旋笑得君王。”[8] 白居易《观儿戏》诗云：“弄尘或斗草，尽日乐嬉嬉。”唐代斗草的日期依然是端午，如《刘宾客嘉话》所云：“唐中宗朝，安乐公主五日斗百草。”宋代斗草日期除了端午节外，在春社及清明也有斗草活动。北宋词人晏殊《破阵子》展示了一幅春日美景：“燕子来时新社，梨花落后清明。池上碧苔三四点，叶底黄鹂一两声，日长飞絮轻。巧笑东邻女伴，采桑径里相迎。疑怪昨宵春梦好，元是今朝斗草赢，笑从双脸生。”[9] 柳永更在其《木兰花慢（拆桐花烂漫）》写道：“拆桐花烂漫，乍疏雨、洗清明……盈盈，斗草踏青。”南宋诗人范成大在其《四时田园杂兴六十首》之一写道：“庄下烧钱鼓似雷，目斜扶得醉翁回。青枝满地花狼藉，知是儿孙斗草来。”《红楼梦》第六十二回的这次斗草是在宝玉的生日，从“憨湘云醉眠芍药裀”来看，芍药花是五月花神。也就是说，这次斗草是在端午节。这一日，香菱和芳官、蕊官、藕官、荳官等四五个人，都满园中顽了一回，大家采了些花草来兜着，坐在花草堆中斗草。斗草时互相对以观音柳、罗汉松、君子竹、美人蕉、星星翠、月月红。这个又说：“我有《牡丹亭》上的牡丹花。”那个又说：“我有《琵琶记》里的枇杷果。”这就涉及《红楼梦》赋予极大热情的元明戏曲。这些都属于文斗草。接下来，荳官又说：“我有姐妹花。”香菱就说：“我有夫妻蕙。”荳官反问：“从没听见有个夫妻蕙。”香菱回答：“一箭一花为兰，一箭数花为蕙。凡蕙有两枝，上下结花者为兄弟蕙，有并头结花者为夫妻蕙。我这枝并头的，怎么不是夫妻蕙？”荳官笑说：“依你说，

❻（梁）宗懔：《荆楚岁时记》，山西人民出版社1987年版，第47页。

❼陈伯海主编：《唐诗汇评》（增订本），上海古籍出版社2015年版，第556页。

❽（清）彭定求编：《全唐诗》，中州古籍出版社2008年版，第4486页。

❾（宋）晏殊、（宋）晏几道：《晏殊词集/晏几道词集》，上海古籍出版社2016年版，第76页。

若是这两枝一大一小，就是老子儿子蕙了。若两枝背面开的，就是仇人蕙了。你汉子去了大半年，你想夫妻了。便扯上蕙也有夫妻，好不害羞。”于是两人玩笑扭打，从草地上滚到一汪积雨中，把香菱的半扇裙子都污湿了。这就把文斗草，衍化为武斗打了。于是，宝玉笑着赶来说：“你有夫妻蕙，我这里倒有一枝并蒂菱。”看到香菱裙子脏了，就教袭人拿来相似的裙子给她换。香菱命宝玉背过脸去，自己叉手向内解下脏裙子，将袭人的那条系上。宝玉蹲在一旁，将夫妻蕙与并蒂菱挖坑铺上落花掩埋。所谓“呆香菱情解石榴裙”，联系着贾宝玉以并蒂菱，在端午的斗草风俗中，与夫妻蕙相比对，从而取代荳官的有姐妹花。在这个故事的间隙，宝玉低头暗想：“可惜（香菱）这么一个人，没父母，连自己本姓都忘了，被人拐出来，偏又卖与了（薛蟠）这个霸王。”这是对金陵十二钗副册人物香菱的怜悯和惋叹，体现的是宝玉的痴情，即便痴情，也猜不透太虚幻境的奇幻。《红楼梦》从斗草民俗，牵连出人物的悲欢和命运，牵连出天地间莫大的缺陷和感伤。

第六十三回
寿怡红群芳开夜宴
死金丹独艳理亲丧

话说宝玉回至房中洗手，因与袭人商议："晚间吃酒，大家取乐，不可拘泥。如今吃什么，好早说给他们备办去。"袭人笑道："你放心，我和晴雯、麝月、秋纹四个人，每人五钱银子，共是二两。芳官、碧痕、小燕、四儿四个人，每人三钱银子，他们有假的不算，共是三两二钱银子，早已交给了柳嫂子，预备四十碟果子。我和平儿说了，已经抬了一坛好绍兴酒藏在那边了。我们八个人单替你过生日。"宝玉听了，喜的忙说："他们是那里的钱，不该叫他们出才是。"晴雯道："他们没钱，难道我们是有钱的？这原是各人的心。那怕他偷的呢，只管领他们的情就是。"宝玉听了，笑说："你说的是。"袭人笑道："你一天不挨他两句硬话村你，你再过不去。"晴雯笑道："你如今也学坏了，专会架桥拨火儿。"说着，大家都笑了。宝玉说："关院门去罢。"袭人笑道："怪不得人说你是'无事忙'，这会子关了门，人倒疑惑，越性再等一等。"宝玉点头，因说："我出去走走，四儿舀水去，小燕一个跟我来罢。"说着，走至外边，因见无人，便问五儿之事。小燕道："我才告诉了柳嫂子，他倒喜欢的很。只是五儿那夜受了委屈烦恼，回家去又气病了，那里来得？只等好了罢。"宝玉听了，不免后悔长叹，因又问："这事袭人知道不知道？"小燕道："我没告诉，不知芳官可说了不曾？"宝玉道："我却没告诉过他，也罢，等我告诉他就是了。"说毕，复走进来，故意洗手。

已是掌灯时分，听得院门前有一群人进来。大家隔窗悄视，果见林之孝家的和几个管事的女人走来，前头一人提着大灯笼。晴雯悄笑道："他们查上夜的人来了。这一出去，咱们好关门了。"只见怡红院凡上夜的人都迎了出去，林之孝家的看了不少。林之孝家的吩咐："别耍钱吃酒，放倒头睡到大天亮。我听见是不依的。"众人都笑说："那里有那样大胆子的人？"林之孝家的又问："宝二爷睡下了没有？"众人都回不知道。袭人忙推宝玉。宝玉靸了鞋，便迎出来，笑道："我还没睡呢，妈妈进来歇歇。"又叫"袭人倒茶来"，林之孝家的忙进来，笑说："还没睡？如今天长夜短了，该早些睡，明儿起的方早。不然到了明日起迟了，人笑话说不是个读书上学的公子了，倒像那起挑脚汉了。"说毕，又笑。宝玉忙笑道："妈妈说的是。我每日都睡的早，妈妈每日进来可都是我不知道的，已经睡了。今儿因吃了面怕停住食，所以多顽一会子。"林之孝家的又向袭人等笑说："该沏些个普洱茶吃。"袭人、晴雯二人忙笑说："沏了一盄子女儿茶，已经吃过两碗了。大娘也尝一碗，都是现成的。"说着，晴雯便倒了一碗来。林之孝家的又笑道："这些时我听见二爷嘴里都换了字眼，赶着这几位大姑娘们竟叫起名字来。虽然在这屋里，到底是老太太、太太的人，还该嘴里尊重些才是。若一时半刻偶然叫一声使得，若只管叫起来，怕以后兄弟侄儿照样，便惹人笑话，说这家子的人眼里没有长辈。"宝玉笑道："妈妈说的是。我原不过是一时半刻的。"袭人、晴雯都笑说："这可别委屈了他。直到如今，他可姐姐没离了口。不过顽的时候叫一声半声名字，若当着人却是和先一样。"林之孝家的笑道："这才好呢，这才是读书知礼的。越自己谦越尊重，别说是三五代的陈人，现从老太太、太太屋里拨过来的，便是老太太、太太屋里的猫儿狗儿，轻易也伤他不的，这才是受过调教的公子行事。"说毕，吃了茶，便说：“请安歇罢，我们走了。”宝玉还说“再歇歇”，那林之孝家的已带了众人，又查别处去了。

这里晴雯等忙命关了门，进来笑说：“这位奶奶那里吃了一杯来了，唠三叨四的，又排场了我们一顿去了。”麝月笑道：“他也不是好意的，少不得也要常提着些儿。也隄防着怕走了大褶儿的意思。”说着，一面摆上酒果。袭人道：“不用高桌，咱们把那张花梨圆炕桌子放在炕上坐，又宽绰，又便宜。”说着，大家果然抬来。麝月和四儿那边去搬果子，用两个大茶盘做四五次方搬运了来。两个老婆子蹲在外面火盆上筛酒。宝玉说：“天热，咱们都脱了大衣裳才好。”众人笑道：“你要脱你脱，我们还要轮流安席呢。”宝玉笑道：“这一安就安到五更天了。知道我最怕这些俗套子，在外人跟前不得已的，这会子还怄我就不好了。”众人听了，都说“依你”，于是先不上坐，且忙着卸妆宽衣。

一时将正装卸去，头上只随便挽着纂儿，身上皆是长裙短袄。宝玉只穿着大红棉纱小袄子，下面绿绫弹墨袷裤，散着裤脚，倚着一个各色玫瑰芍药花瓣装的玉色夹纱新枕头，和芳官两个先划拳。当时芳官满口嚷热，只穿着一件玉色红青酡绒三色缎子斗的水田小夹袄，束着一条柳绿汗巾，底下是水红撒花夹裤，也散着裤腿。头上眉额编着一圈小辫，总归至顶心，结一根鹅卵粗细的总辫，拖在脑后。右耳眼内只塞着米粒大小的一个小玉塞子，左耳上单带着一个白果大小的硬红镶金大坠子，越显的面如满月犹白，眼如秋水还清。引的众人笑说：“他两个倒像是双生的弟兄两个。”袭人等一一的斟了酒来，说：“且等等再划拳，虽不安席，每人在手里吃我们一口罢了。”于是袭人为先，端在唇上吃了一口，馀依次下去，一一吃过，大家方团圆坐定。小燕、四儿因炕沿坐不下，便端了两张椅子，近炕放下。那四十个碟子，皆是一色白粉定窑的，不过只有小茶碟大，里面不过是山南海北，中原外国，或干或鲜，或水或陆，天下所有的酒馔果菜。宝玉因说：“咱们也该行个令才好。”袭人道：“斯文些的才好，别大呼小叫，惹人听见。二则我们不识字，可不要那些文的。”麝月笑道：“拿骰子咱们抢红罢。”宝玉道：“没趣，不好。咱们占花名儿好。”晴雯笑道：“正是早已想弄这个顽意儿。”袭人道：“这个顽意虽好，人少了没趣。”小燕笑道：“依我说，咱们竟悄悄的把宝姑娘、林姑娘请了来顽一回子，到二更天再睡不迟？”袭人道：“又开门喝户的闹，倘或遇见巡夜的问呢？”宝玉道：“怕什么，咱们三姑娘也吃酒，再请他一声才好。还有琴姑娘。”众人都道：“琴姑娘罢了，他在大奶奶屋里，叨登的大发了。”宝玉道：“怕什么？你们就快请去。”小燕四儿都得不得一声，二人忙命开了门，分头去请。

晴雯、麝月、袭人三人又说：“他两个去请，只怕宝、林两个不肯来，须得我们请去，死活拉他来。”于是袭人、晴雯忙又命老婆子打个灯笼，二人又去。果然宝钗说夜深了，黛玉说身上不好，他二人再三央求说：“好歹给我们一点体面，略坐坐再来。”探春听了却也欢喜，因想“不请李纨，倘或被他知道了倒不好”，便命翠墨同了小燕也再三的请了李纨和宝琴二人，会齐，先后都到了怡红院中。袭人又死活拉了香菱来。炕上又并了一张桌子，方坐开了。

宝玉忙说：“林妹妹怕冷，过这边靠板壁坐。”又拿个靠背垫着些。袭人等都端了椅子在炕沿下一陪。黛玉却离桌远远的靠着靠背，因笑向宝钗、李纨、探春等道：“你们日日说人夜聚饮博，今儿我们自己也如此，往后怎么说人。”李纨笑道：“这有何妨？一年之中不过生日节间如此，并无夜夜如此，这倒也不怕。”说着，晴雯拿了一个竹雕的签筒来，里面装着象牙花名签子，摇了一摇，放在当中。又取过骰子来，盛在盒内，摇了一摇，揭开一看，里面是五点，数至宝钗。宝钗便笑道：“我先抓，不知抓出个什么来。”说着，将筒摇了一摇，伸手掣出一根，大家一看，只见签上画着一支牡丹，题着“艳冠群芳”四字，下面又有镌的小字一句唐诗，道是：“任是无情也动人。”又注着“在席共贺一杯，此为群芳之冠，随意命人，不拘诗词雅谑，道一则以侑酒”。众人看了，都笑说：“巧的很，你也原配牡丹花。”说着，大家共贺了一杯。宝钗吃过，便笑说：“芳官唱一支我们听罢。”芳官道：“既这样，大家吃门杯好听的。”于是大家吃酒。芳官便唱“寿筵开处风光好”。众人都道：“快打回去。这会子很不用你来上寿，拣你极好的唱来。”芳官只得细细的唱了一支《赏花时》：

翠凤毛翎扎帚叉，闲踏天门扫落花。您看那风起玉尘沙。猛可的那一层云下，抵多少门外即天涯。您再休要剑斩黄龙一线儿差，再休向东老贫穷卖酒家。您与俺高眼向云霞。洞宾呵，您得了人可便早些儿回话，若迟呵，错教人留恨碧桃花。

才罢。宝玉却只管拿着那签，口内颠来倒去念“任是无情也动人”，听了这曲子，眼看着芳官不语。

湘云忙一手夺了，掷与宝钗。宝钗又掷了一个十六点，数到探春，探春笑道：“我还不知得个什么呢？”伸手掣了一根出来，自己一瞧，便掷在地下，红了脸，笑道：“这东西不好，不该行这令。这原是外头男人们行的令，许多混话在上头。”众人不解，袭人等忙拾了起来，众人看上面是一枝杏花，那红字写着“瑶池仙品”四字，诗云：“日边红杏倚云栽。”注云：“得此签者，必得贵婿，大家恭贺一杯，共同饮一杯”。众人笑道：“我说是什么呢。这签原是闺阁中取戏的，除了这两三根有这话的，并无杂话，这有何妨？我们家已有了个王妃，难道你也是王妃不成？大喜，大喜。”说着，大家来敬。探春那里肯饮，却被史湘云、香菱、李纨等三四个人强死强活灌了下去。探春只命蠲了这个，再行别的，众人断不肯依。

湘云拿着他的手强掷了个十九点出来，便该李氏掣。李氏摇了一摇，掣出一根来一看，笑道：“好极。你们瞧瞧，这劳什子竟有些意思。”众人瞧那签上，画着一枝老梅，是写着“霜晓寒姿”四字，那一面旧诗是：“竹篱茅舍自甘心。”注云“自饮一杯，下家掷骰”。李纨笑道：“真有趣，你们掷去罢。我只自吃一杯，不问你们的废与兴。”说着，便吃酒，将骰过与黛玉。

黛玉一掷，是个十八点，便该湘云掣。湘云笑着，揎拳掳袖的伸手掣了一根出来。大家看时，一面画着一枝海棠，题着“香梦沉酣”四字，那面诗道是：

只恐夜深花睡去。

黛玉笑道：“‘夜深’两个字，改‘石凉’两个字。”众人便知他趣白日间湘云醉卧的事，都笑了。湘云笑指那自行船与黛玉看，又说“快坐上那船家去罢，别多话了。”众人都笑了。因看注云“既云‘香梦沉酣’，掣此签者不便饮酒，只令上下二家各饮一杯”。湘云拍手笑道：“阿弥陀佛，真真好签。”恰好黛玉是上家，宝玉是下家。二人斟了两杯只得要饮。宝玉先饮了半杯，瞅人不见，递与芳官，端起来便一扬脖。黛玉只管和人说话，将酒全折在漱盂内了。

湘云便绰起骰子来一掷个九点，数去该麝月。麝月便掣了一根出来。大家看时，这面上一枝荼蘼花，题着“韶华胜极”四字，那边写着一句旧诗，道是：

开到荼蘼花事了。

注云“在席各饮三杯送春”。麝月问怎么讲，宝玉愁眉，忙将签藏了说：“咱们且喝酒。”说着，大家吃了三口，以充三杯之数。

麝月一掷个十九点，该香菱。香菱便掣了一根并蒂花，题着“联春绕瑞”，那面写着一句诗，道是：

连理枝头花正开。

注云“共贺掣者三杯，大家陪饮一杯”。

香菱便又掷了个六点，该黛玉掣。黛玉默默的想道：“不知还有什么好的被我掣着方好。”一面伸手取了一根，只见上面画着一枝芙蓉，题着“风露清愁”四字，那面一句旧诗，道是：

莫怨东风当自嗟。

注云“自饮一杯，牡丹陪饮一杯”。众人笑说：“这个好极。除了他，别人不配作芙蓉。”

黛玉也自笑了。于是饮了酒，便掷了个二十点，该着袭人。袭人便伸手取了一支出来，却是一枝桃花，题着“武陵别景”四字，那一面旧诗写着道是：“桃红又是一年春。”注云“杏花陪一盏，坐中同庚者陪一盏，同辰者陪一盏，同姓者陪一盏”。众人笑道：“这一回热闹有趣。”大家算来，香菱，晴雯，宝钗三人皆与他同庚，黛玉与他同辰，只无同姓者。芳官忙道：“我也姓花，我也陪他一钟。”于是大家斟了酒，黛玉因向探春笑道：“命中该着招贵婿的，你是杏花，快喝了，我们好喝。”探春笑道：“这是个什么，大嫂子顺手给他一下子。”李纨笑道：“人家不得贵婿反挨打，我也不忍的。”说的众人都笑了。

袭人才要掷，只听有人叫门。老婆子忙出去问时，原来是薛姨妈打发人来了接黛玉的。众人因问几更了，人回：“二更以后了，钟打过十一下了。”宝玉犹不信，要过表来瞧了一瞧，已是子初初刻十分了。黛玉便起身说：“我可撑不住了，回去还要吃药呢。”众人说：“也都该散了。”袭人、宝玉等还要留着众人。李纨宝钗等都说：“夜太深了不像，这已是破格了。”袭人道：“既如此，每位再吃一杯再走。”说着，晴雯等已都斟满了酒，每人吃了，都命点灯。袭人等直送过沁芳亭河那边方回来。

关了门，大家复又行起令来。袭人等又用大钟斟了几钟，用盘攒了各样果菜与地下的老嬷嬷们吃。彼此有了三分酒，便猜拳赢唱小曲儿。那天已四更时分，老嬷嬷们一面明吃，一面暗偷，酒坛已罄，众人听了纳罕，方收拾盥漱睡觉。芳官吃的两腮胭脂一般，眉稍眼角越添了许多丰韵，身子图不得，便睡在袭人身上，道：“好姐姐，心跳的很。”袭人笑道：“谁许你尽力灌起来？”小燕四儿也图不得，早睡了。晴雯还只管叫。宝玉道：“不用叫了，咱们且胡乱歇一歇罢。”自己便枕了那红香枕，身子一歪，便也睡着了。袭人见芳官醉的很，恐闹他唾酒，只得轻轻起来，就将芳官扶在宝玉之侧，由他睡了。自己却在对面榻上倒下。

笺证

第六十三回"寿怡红群芳开夜宴"，是宝玉生日当晚众美女齐聚怡红院，趁王夫人参与朝廷丧礼而纪律松弛之际，卸妆宽衣，掷骰子抽象牙花名签子，这成了一种怡红风俗，一道怡红风景。如庚辰本夹批说："凡吃酒从未先如此者，此独怡红风俗。故王夫人云'他行事总是与世人两样的'，知子莫过母也。"[1]在行酒令时各人抽到的象牙花名签，包括题词和一句旧诗，以偈语方式，形容人物容貌性格，暗示她的命运归宿，可知在作者的天人思维中，大观园群芳的才情样貌、性格命运都是与花相对应，冥冥中是有了定数的。这就形成了《红楼梦》中蔚为大观的"花文化"，它与中国花文化存在着千丝万缕的联系，如梅花象征着风骨，菊花象征着高洁，牡丹象征着华贵，兰花象征着君子之气节。花文化所指是花，能指是美人和诗，具有朦胧的隐喻性。那些个个如花般妍丽的女子，使得大观园里处处暗香流动、色彩缤纷，呈现出一派百花齐放、群芳争妍的景象。《红楼梦》全书描写或涉及现实中的植物、引用古籍中的植物和虚构的植物，共有244种，是人类文学史上描写植物最多的一部文学书。这个红楼群芳花谱，依次展示了宝钗、探春、李纨、湘云、麝月、香菱、黛玉、袭人。

一是宝钗对应牡丹花：宝钗抽到的花名签子是一枝牡丹，题曰"艳冠群芳"，系有一句古诗"任是无情也动人"，出自唐代罗隐《牡丹花》诗："似其东风别有因，绛罗高卷不胜春。若教解语应倾国，任是无情也动人。芍药与君为近侍，芙蓉何处避芳尘？ 可怜韩令功成后，辜负秾华过此身。"[2]牡丹雍容华贵，素有"国色天香"之誉，被称"花王"。据《杨太真外传》记载：开元中，唐明皇与杨贵妃于沉香亭前

[1]（清）曹雪芹著，脂砚斋评：《脂砚斋重评石头记庚辰校本》，作家出版社2006年版，第1113页。

[2]陈伯海主编：《唐诗汇评》（增订本），上海古籍出版社2015年版，第4241页。

赏牡丹，曾命大诗人李白进《清平乐》三篇，李白在这三首诗中就把牡丹和杨贵妃糅合在一起歌咏。宝钗出身于金陵四大家族之一“珍珠如土金如铁”的薛家，性格属于“沉稳型，外冷内热”。宝钗体态丰满，肌肤白皙，在第二十七回《滴翠亭杨妃戏彩蝶　埋香冢飞燕泣残红》，被喻为杨贵妃；第三十回宝玉偶尔不慎说“怪不得他们拿姐姐比杨妃”，惹得宝钗大怒，回敬他说“我倒像杨妃，只是没一个好哥哥好兄弟可以作得杨国忠的！”二是探春对应杏花。探春掣得的花名签上写着“瑶池仙品”四字，诗云：“日边红杏倚云栽。”注云“得此签者，必得贵婿，大家恭贺一杯，共同饮一杯”。众人笑道：“我们家已有了个王妃，难道你也是王妃不成？大喜，大喜。”签上引用的诗句出自唐代高蟾《下第后上永崇高侍郎》：“天上碧桃和露种，日边红杏倚云栽。芙蓉生在秋江上，不向东风怨未开。”贾府三小姐探春“才自精明志自高”，办事练达，敢说敢为。在凤姐患病期间，治理大观园，兴利除弊，富有改革气概。《红楼梦十二曲·分骨肉》里写道：“一帆风雨路三千，把骨肉家园齐抛闪。恐哭损残年，告爹娘，休把儿悬念。自古穷通皆有定，离合岂无缘？从今分两地，各自保平安。奴去也，莫牵连。”后四十回续书写她嫁给镇守海门等处总制周琼之子，但据曹雪芹的初衷，她可能是嫁给了一个王子，成为王妃。“日边红杏倚云栽”的“日”是皇帝的象征，“日边红杏”应是指皇帝身边的贵妇人。三是李纨对应梅花。李纨抽到的是枝梅花签，上书“霜晓寒姿”，附有古诗句“竹篱茅舍自甘心”。出自宋代王淇《梅》诗：“不受尘埃半点侵，竹篱茅舍自甘心。只因误识林和靖，惹得诗人说到今。”诗中提到的林和靖，指北宋诗人林逋在神宗末年，隐居于孤山梅岭，放鹤湖中，不婚不宦，肃然自适，有“梅妻鹤子”之称，是位超然物外的高士。李纨也有林和靖的高致，出身金陵名宦，性格平和娴淑，嫁与贾珠，很早即守寡，她“居家处膏粱锦绣之中，竟如槁木死灰一般，一概无见无闻，惟知侍亲养子，处处陪伴小姑子等读而已”。在大观园中她分住的是“稻香村”，“数楹茅屋”，外面“编就两溜青篱”，“下面分畦列亩，佳蔬菜花，漫然无际”，俨然是一派“竹篱茅舍”的农家风光。在探春结海棠社时，李纨自定“稻香老农”雅号。四是湘云对应海棠。湘云掣得的花名签画着一枝海棠，题着“香梦沉酣”四字，那面诗道是：“只恐夜深花睡去。”黛玉笑道：“‘夜深’两个字，改‘石凉’两个字。”古诗句出自北宋苏轼《海棠》诗：“东风袅袅泛崇光，香雾空濛月转廊。只恐夜深花睡去，故烧高烛照红妆。”海棠花有“睡美人”之誉。宋代诗僧惠洪《冷斋夜话》卷一记载：“东坡作《海棠》诗曰：‘只恐夜深花睡去，更烧银烛照红妆。’事见《太真外传》曰：‘上皇登沉香亭，诏太真妃子。妃子时卯醉未醒，命力士从侍儿扶掖而至。妃子醉颜残妆，鬓乱钗横，不能再拜。上皇笑曰：岂是妃子醉，真海棠睡未足耳。’”[3]第六十二回中描写湘云在花丛石凳子上睡着了，四面芍药花飞了一身。黛玉笑说应该把“只恐夜深花睡去”的“夜深”两字，改为“石凉”两字，是把湘云指喻为海棠的。史湘云心直口快，开朗豪爽，爱淘气，和宝玉也算是好朋友。五是麝月对应荼蘼花。麝月抽到荼蘼花签，题着“韶华胜极”四字，那边写着一句旧诗，道是：“开到荼蘼花事了。”诗句出自宋人王淇《春暮游小园》：“一丛梅粉褪残妆，涂抹新红上海棠。开到荼蘼花事了，丝丝天棘出莓墙。”麝月询问如何解释时，宝玉皱皱眉儿，忙将签藏了，说：“咱们且喝酒。”宝玉敏锐地感受到对大观园日益浓重的悲凉气息，“本已呼吸而领会之”。根据脂砚斋的评点，袭人出嫁后，麝月是最后留在贫穷潦倒的宝玉夫妇身边的唯一的丫头。那么，“花事了”三字就义带双关：既然“诸芳尽”，花袭人之事也就“了”了——她嫁人了。而歇后一句“丝丝天棘出莓墙”，则是隐含着脂评所说的宝玉弃宝钗、麝月撒手而去，不但莓苔墙垣代表着“陋室空堂”的荒凉景象，而“天棘”一语又暗示了宝玉出家为僧。杜甫赠予僧人的《巳上人茅斋》诗云：“巳公茅屋下，可以赋新诗。枕簟入林僻，茶瓜留客迟。江莲摇白羽，天

[3]（宋）惠洪、朱弁、吴沆:《冷斋夜话·风月堂诗话·环溪诗话》，中华书局1988年版，第11页。

棘梦青丝。空忝许询辈，难酧支遁词。”[4]清潘永因《宋稗类钞》卷五对此作出解释说：“杜诗云：‘江莲摇白羽，天棘梦青丝。’下句殊不可晓。说者曰：天棘，柳也。或曰：天门冬也。梦当作弄，既无考据，意亦短浅。谭浚明尝言此出佛书。终南长老入定，梦天帝赐以青棘之香，盖言江莲之香，如所梦天棘之香尔。此诗为僧齐己赋，故引此事。叶石林《过庭录》亦言此句出佛书。则浚明之言宜可信，但未知果出何经耳。”六是香菱对应并蒂花。香菱便掣得的花名签是一根并蒂花，题着“联春绕瑞”，那面写着一句诗是：“连理枝头花正开。”诗句出自宋朝女诗人朱淑真《落花》：“连理枝头花正开，妒花风雨便相催。愿教青帝常为主，莫遣纷纷点翠苔。”因而这句喜庆的诗，连结着的是“妒花风雨便相催”，这就是香菱的命运。向花“催”命的“风雨”是用来比喻有“妒病”的悍妇夏金桂的。七是黛玉对应芙蓉花。芙蓉有水中的草芙蓉荷花，陆地上的木芙蓉。木芙蓉八九月开花，《广群芳谱》中称此花清姿雅质，独殿众芳，堪与荷花平分秋色。成书于明永乐年间的《永乐大典》收录有木芙蓉秋牡丹说，证明在至少明代木芙蓉地位已经上升到秋牡丹地位。俞平伯《漫说芙蓉花与潇湘子》一文阐释了其取黛玉木芙蓉说依据：“余前有钗黛并秀之说为世人所讥，实则因袭脂批，然创见也，其后在笔记中（书名已忘）见芙蓉一名秋牡丹，遂赋小诗云：‘尘网宁为绮语宽，唐环汉燕品评难。哪知风露清愁句，秋后芙蓉亦牡丹。’（记中第六十三回笺上注云：‘自饮一杯，牡丹陪饮一杯。’）盖仍旧说也。”[5]王安石盛赞木芙蓉的《拒霜花》诗云：“落尽群花独自芳，红英浑欲拒严霜。开元天子千秋节，戚里人家承露囊。”《红楼梦》的“芙蓉”均指木芙蓉。贾宝玉悼哭晴雯的《芙蓉女儿诔》，把芙蓉与芙蓉女儿合而为一，“其为神则星日不足喻其精，其为貌则花月不足喻其色”。以“芙蓉女儿”痛悼晴雯，暗指林黛玉，其“茜纱窗下，我本无缘；黄土垄中，卿何薄命”，使得“黛玉听了，忡然变色”。《红楼梦十二曲·枉凝眉》说：“一个是阆苑仙葩，一个是美玉无瑕。若说没奇缘，今生偏又遇着他；若说有奇缘，如何心事终虚话？一个枉自嗟呀，一个空劳牵挂。一个是水中月，一个是镜中花。想眼中能有多少泪珠儿，怎禁得秋流到冬尽，春流到夏！”西方灵河岸上三生

4 周振甫主编：《唐诗宋词元曲全集·全唐诗》（第4册），黄山书社1999年版，第1608页。

5 俞平伯：《红楼梦研究》，上海古籍出版社2015年版，第224页。

石畔的绛珠仙草，至此已经衍变为木芙蓉。八是袭人对应桃花。袭人伸手取出的花名签是一枝桃花，题着“武陵别景”四字，那一面旧诗写着道是：“桃红又是一年春。”诗句出自宋谢枋得的《庆全庵桃花》诗：“寻得桃源好避秦，桃红又是一年春。花飞莫遣随流水，怕有渔郎来问津。”由一句诗牵引出全诗的四句，袭人终于找到避秦的桃花源，与优伶蒋玉菡结缘，使自己这枝桃花再度逢春，但逢春的桃花不愿呈露自己得意的飞花，随流水炫耀于世人，担心其他的渔夫再来问津。如陶渊明《桃花源记》所说：“晋太元中，武陵人捕鱼为业。缘溪行，忘路之远近。忽逢桃花林，夹岸数百步，中无杂树，芳草鲜美，落英缤纷。”寻得桃花源后，“既出，得其船，便扶向路，处处志之。及郡下，诣太守，说如此。太守即遣人随其往，寻向所志，遂迷，不复得路”。这是未来的命运，原先在贾宝玉神游太虚幻境时，这枝桃花另有一种春色。太虚源自《庄子·外篇·知北游》所说：“外不观乎宇宙，内不知乎太初。是以不过乎昆仑，不游乎太虚。”贾宝玉神游太虚幻境薄命司，看到金陵十二钗又副册关于袭人的判词，“宝玉看了，又见后面画着一簇鲜花，一床破席。也有几句言词，写道是：枉自温柔和顺，空云似桂如兰。堪羡优伶有福，谁知公子无缘”。宝玉被警幻仙姑称为“天下古今第一淫人”，梦回人间后，宝玉素喜袭人柔媚姣俏，虽说“谁知公子无缘”，却在袭人身上初尝禁脔，“遂强袭人同领警幻所训云雨之事”。综上可知，“寿怡红群芳开夜宴”上，始于宝钗、终于袭人，共八人抽取象牙花名签，是《红楼梦》对大观园群芳的性格、命运的一个大隐喻、大预言，其中的丝丝缕缕，通向太虚幻境，通向曹雪芹神秘的天人思维，算得上《红楼梦》的一个大关节，一篇“花文化”的大文章。

大家黑甜一觉，不知所之。及至天明，袭人睁眼一看，只见天色晶明，忙说："可迟了。"向对面床上瞧了一瞧，只见芳官头枕着炕沿上，睡犹未醒，连忙起来叫他。宝玉已翻身醒了，笑道："可迟了。"因又推芳官起身。那芳官坐起来，犹发怔揉眼睛。袭人笑道："不害羞，你吃醉了，怎么也不拣地方儿乱挺下了？"芳官听了，瞧了一瞧，方知道和宝玉同榻，忙笑的下地来，说："我怎么吃的不知道了。"宝玉笑道："我竟也不知道了。若知道，给你脸上抹些黑墨。"说着，丫头进来伺候梳洗。宝玉笑道："昨儿有扰，今儿晚上我还席。"袭人笑道："罢罢罢，今儿可别闹了，再闹就有人说话了。"宝玉道："怕什么，不过才两次罢了。咱们也算是会吃酒了，那一坛子酒，怎么就吃光了。正是有趣，偏又没了。"袭人笑道："原要这样才有趣。必至兴尽了，反无后味了，昨儿都好上来了，晴雯连臊也忘了，我记得他还唱了一个……"四儿笑道："姐姐忘了，连姐姐还唱了一个呢。在席的谁没唱过？"众人听了，俱红了脸，用两手握着笑个不住。

忽见平儿笑嘻嘻的走来，说亲自来请昨日在席的人："今儿我还东，短一个也使不得。"众人忙让坐吃茶。晴雯笑道："可惜昨夜没他。"平儿忙问："你们夜里做什么来？"袭人便说："告诉不得你。昨儿夜里热闹非常，连往日老太太、太太带着众人顽也不及昨儿这一顽。一坛酒我们都鼓捣光了，一个个吃的把臊都丢了，三不知的又都唱起来。四更多天才横三竖四的打了一个盹儿。"平儿笑道："好，白和我要了酒来。也不请我，还说着给我听，气我。"晴雯道："今儿他还席，必来请你的，等着罢。"平儿笑问道："他是谁，谁是他？"晴雯听了赶着笑打，说着："偏你这耳朵尖，听得真。"平儿笑道："这会子有事不和你说，我干事去了。一回再打发人来请，一个不到，我是打上门来的。"宝玉等忙留，他已经去了。

这里宝玉梳洗了正吃茶，忽然一眼看见砚台底下压着一张纸，因说道："你们这随便混压东西也不好。"袭人、晴雯等忙问："又怎么了，谁又有了不是了？"宝玉指道："砚台下是什么？一定又是那位的样子忘记了收的。"晴雯忙启砚拿了出来，却是一张字帖儿，递与宝玉看时，原来是一张粉笺子，上面写着：“槛外人妙玉恭肃遥叩芳辰。”宝玉看毕，直跳了起来，忙问：“这是谁接了来的？也不告诉。”袭人晴雯等见了这般，不知当是那个要紧的人来的帖子，忙一齐问：“昨儿谁接下了一个帖子？”四儿忙飞跑进来，笑说：“昨儿妙玉并没亲来，只打发个妈妈送来。我就搁在那里，谁知一顿酒就忘了。”众人听了，道：“我当谁的，这样大惊小怪，这也不值的。”宝玉忙命：“快拿纸来。”当时拿了纸，研了墨，看他下着“槛外人”三字，自己竟不知回帖上回个什么字样才相敌。只管提笔出神，半天仍没主意。因又想：“若问宝钗去，他必又批评怪诞，不如问黛玉去。”

想罢，袖了帖儿，径来寻黛玉。刚过了沁芳亭，忽见岫烟颤颤巍巍的迎面走来。宝玉忙问：“姐姐那里去？”岫烟笑道：“我找妙玉说话。”宝玉听了诧异，说道：“他为人孤癖，不合时宜，万人不入他目。原来他推重姐姐，竟知姐姐不是我们一流的俗人。”岫烟笑道：“他也未必真心重我，但我和他做过十年的邻居，只一墙之隔。他在蟠香寺修炼，我家原寒素，赁房居住，就赁的是他庙里的房子，住了十年，无事到他庙里去作伴。我所认的字都是承他所授。我和他又是贫贱之交，又有半师之分。因我们投亲去了，闻得他因不合时宜，权势不容，竟投到这里来。如今又天缘凑合，我们得遇，旧情竟未易。承他青目，更胜当日。”宝玉听了，恍如听了焦雷一般，喜的笑道：“怪道姐姐举止言谈，超然如野鹤闲云，原来有本而来。正因他的一件事我为难，要请教别人去。如今遇见姐姐，真是天缘巧合，求姐姐指教。”说着，便将拜帖取与岫烟看。岫烟笑道：“他这脾气竟不能改，竟是生成这等放诞诡僻了。从来没见拜帖上下别号的，这可是俗语说的‘僧不僧，俗不俗，女不女，男不男’，成个什么道理？”宝玉听说，忙笑道：

“姐姐不知道，他原不在这些人中，算他原是世人意外之人。因取我是个些微有知识的，方给我这帖子。我因不知回什么字样才好，竟没了主意，正要去问林妹妹，可巧遇见了姐姐。”岫烟听了宝玉这话，且只顾用眼上下细细打量了半日，方笑道：“怪道俗语说的‘闻名不如见面’，又怪不得妙玉竟下这帖子给你，又怪不得上年竟给你那些梅花。既连他这样，少不得我告诉你原故。他常说：‘古人中自汉晋五代唐宋以来皆无好诗，只有两句好，说道：“纵有千年铁门槛，终须一个土馒头。”’所以他自称‘槛外之人’。又常赞文是庄子的好，故又或称为‘畸人’。他若帖子上是自称‘畸人’的，你就还他个‘世人’。畸人者，他自称是畸零之人；你谦自己乃世中扰扰之人，他便喜了。如今他自称‘槛外之人’，是自谓蹈于铁槛之外了；故你如今只下‘槛内人’，便合了他的心了。”宝玉听了，如醍醐灌顶，嗳哟了一声，方笑道：“怪道我们家庙说是‘铁槛寺’呢，原来有这一说。姐姐就请，让我去写回帖。”岫烟听了，便自往栊翠庵来。宝玉回房写了帖子，上面只写“槛内人宝玉熏沐谨拜”几字，亲自拿了到栊翠庵，只隔门缝儿投进去便回来了。

笺证

生与死是人类面对的永恒命题，要脱离烂生烂死的状态，就要如唐玄奘《大唐西域记》卷六所言，参悟“生死大海，谁作舟楫”；或如西哲苏格拉底所说：“未经审视的人生是不值得活的。”第六十三回借妙玉之语，进行生死参悟，以此悟证宇宙与生命某些根本问题。生命对于每个人都只有一次，它的终点就是死。物有盛衰，人有生死，但生死又岂是人能够完全掌握？随任自然，活得潇洒，死得坦然，这种人生哲学岂是那么容易获取？邢岫烟告诉宝玉，自称槛外之人的妙玉常说：“古人自汉晋五代唐宋以来皆无好诗，只有两句好，说道：‘纵有千年铁门槛，终须一个土馒头。’”妙玉此言口气极大，思想又极透彻而且透出阴郁气息。这种生死参悟，可以参看北宋诗僧惠洪《冷斋夜话》卷十所说：“东坡夜宿曹溪，读《传灯录》，灯花堕卷上，烧一僧字，即以笔记于窗间曰：'山堂夜岑寂，灯下读《传灯》。不觉灯花落，茶毗一个僧。'梵志诗曰：'城外土馒头，馅草在城里。一人吃一个，莫嫌没滋味。'鲁直（黄庭坚）曰：'既是馅草，何缘更知滋味。'易之曰：'显儿以酒浇，且图有滋味。'"[6]黄庭坚改诗，以酒祭奠亡灵，从中体验生死滋味，也算有些感悟。但是，妙玉称为千古好诗的，是元代方回《瀛奎律髓》卷二十八收录的南宋范成大《重九日行营寿藏之地》诗："家山随处可松楸，荷锸携壶似醉刘。纵有千年铁门限，终须一个土馒头。三轮世界犹灰劫，四大形骸强首丘。蝼蚁乌鸢何厚薄，临风拊掌菊花秋。"[7]方回评点说："自古皆有死，二诗（另一首是《得寿藏先陇之旁》）达矣。"如此通达生死，笼罩着浓重的佛影，这也就是妙玉的禅悟了。生从何处来？死往何处去？这都是茫然难以破解的命题。通达生死了不可得，超越生死又谈何容易？因而生死观，联系着人生畅快的和苦涩的智慧。

[6]（宋）惠洪、费衮：《冷斋夜话·梁溪漫志》，上海古籍出版社2012年版，第61页。

[7]（宋）范大成：《范石湖集》，上海古籍出版社2006年版，第390页。

因又见芳官梳了头，挽起纂来，带了些花翠，忙命他改妆，又命将周围的短发剃了去，露出碧青头皮来，当中分大顶，又说："冬天作大貂鼠卧兔儿带，脚上穿虎头盘云五彩小战靴，或散着裤腿，只用净袜厚底镶鞋。"又说："芳官之名不好，竟改了男名才别致。"因又改作"雄奴"。芳官十分称心，又说："既如此，你出门也带我出去。有人问，只说我和茗烟一样的小厮就是了。"宝玉笑道："到底人看的出来。"芳官笑道："我说你是无才的。咱家现有几家土番，你就说我是个小土番儿。况且人人说我打联垂好看，你想这话可妙。"宝玉听了，喜出意外，忙笑道："这却很好。我亦常见官员人等多有跟从外国献俘之种，图其不畏风霜，鞍马便捷。既这等，再起个番名，叫作‘耶律雄奴’。‘雄奴’二音，又与匈奴相通，都是犬戎名姓。况且这两种人自尧舜时便为中华之患，晋唐诸朝，深受其害。幸得咱们有福，生在当今之世，大舜之正裔，圣虞之功德仁孝，赫赫格天，同天地日月亿兆不朽，所以凡历朝中跳梁猖獗之小丑，到了如今竟不用一干一戈，皆天使其拱手俛头缘远来降。我们正该作践他们，为君父生色。”芳官笑道：“既这样着，你该去操习弓马，学些武艺，挺身出去拿几个反叛来，岂不尽忠效力了？何必借我们，你鼓唇摇舌的，自己开心作戏，却说是称功颂德呢？”宝玉笑道：“所以你不明白。如今四海宾服，八方宁静，千载百载不用武备。咱们虽一戏一笑，也该称颂，方不负坐享升平了。”芳官听了有理，二人自为妥帖甚宜。宝玉便叫他“耶律雄奴”。

究竟贾府二宅皆有先人当年所获之囚赐为奴隶，只不过令其饲养马匹，皆不堪大用。湘云素习憨戏异常，他也最喜武扮的，每每自己束銮带，穿折袖。近见宝玉将芳官扮成男子，他便将葵官也扮了个小子。那葵官本是常刮剔短发，好便于面上粉墨油彩，手脚又伶便，打扮了又省一层手。李纨、探春见了也爱，便将宝琴的荳官也就命他打扮了一个小童，头上两个丫髻，短袄红鞋，只差了涂脸，便俨是戏上的一个琴童。湘云将葵官改了，换作“大英”。因他姓韦，便叫他作韦大英，方合自己的意思，暗有“惟大英雄能本色”之语，何必涂朱抹粉，才是男子。荳官身量年纪皆极小，又极鬼灵，故曰荳官。园中人也有唤他作“阿荳”的，也有唤作“炒豆子”的。宝琴反说琴童书童等名太熟了，竟是荳字别致，便换作“荳童”。

因饭后平儿还席，说红香圃太热，便在榆荫堂中摆了几席新酒佳肴。可喜尤氏又带了佩凤、偕鸳二妾过来游玩。这二妾亦是青年姣憨女子，不常过来的，今既入了这园，再遇见湘云、香菱、芳蕊一干女子，所谓“方以类聚，物以群分”二语不错，只见他们说笑不了，也不管尤氏在那里，只凭丫鬟们去服侍，且同众人一一的游玩。一时到了怡红院，忽听宝玉叫“耶律雄奴”，把佩凤、偕鸳、香菱三个人笑在一处，问是什么话，大家也学着叫这名字，又叫错了音韵，或忘了字眼，甚至于叫出“野驴子”来，引的合园中人凡听见者无不笑倒。宝玉又见人人取笑，恐作贱了他，忙又说：

“海西福朗思牙，闻有金星玻璃宝石，他本国番语以金星玻璃名为‘温都里纳’。如今将你比作他，就改名唤叫‘温都里纳’可好？”芳官听了更喜，说：“就是这样罢。”因此又唤了这名。众人嫌拗口，仍翻汉名，就唤“玻璃”。

笺证

从第五十八回到第六十三回，芳官出尽了风头，芳官简直成了“戏子中的史湘云”。戏子混入怡红院的丫头行当，自然不同于一般侍奉主子的丫头。她俊俏伶俐，活泼任性，是一个身份卑贱的史湘云，可以弥补贾宝玉心灵深处的某些遗憾。宝玉让芳官梳头挽纂，将周围的短发剃了去，露出碧青头皮来，当中分大顶，改了男装男名，起了个番名，叫作“耶律雄奴”。雄奴二音，又与匈奴相通，都是犬戎名姓。大家叫走了嘴，叫她“野驴子”，引的合园中人凡听见无不笑倒。宝玉又给她改名“温都里纳”，说是：“海西福朗思牙（法兰西），闻有金星玻璃宝石，他本国番语以金星玻璃名为‘温都里纳’（案：法语 Aventurine 的音译）。如今将你比作他，就改名唤叫‘温都里纳’可好？”换了新名，众人嫌拗口，仍翻汉名，就唤“玻璃”。宝玉为芳官改装换名之举，带有一个大小孩的游戏取乐形态，竟然引起大观园里各家主子为戏子改装换名的浪潮。宝玉为芳官改名，超越清朝非常忌讳的华夷之辨，甚至对大西洋彼岸的洋腔洋调也津津乐道。作者所处时代正当乾隆盛世，并无多少国际竞争的危机意识，却以游戏心态在窗纸上戳了一个小孔，对西洋的奇异景观惊鸿一瞥，这也是发人深思的。

闲言少述，且说当下众人都在榆荫堂中以酒为名，大家顽笑，命女先儿击鼓。平儿采了一枝芍药，大家约二十来人传花为令，热闹了一回。因人回说："甄家有两个女人送东西来了。"探春和李纨、尤氏三人出去议事厅相见，这里众人且出来散一散。佩凤、偕鸳两个去打秋千顽耍，宝玉便说："你两个上去，让我送。"慌的佩凤说："罢了，别替我们闹乱子，倒是叫'野驴子'来送送使得。"宝玉忙笑说："好姐姐们别顽了，没的叫人跟着你们学着骂他。"偕鸳又说："笑软了，怎么打呢。掉下来栽出你的黄子来。"佩凤便赶着他打。

正玩笑不绝，忽见东府中几个人慌慌张张跑来说："老爷宾天了。"众人听了，唬了一大跳，忙都说："好好的并无疾病，怎么就没了？"家下人说："老爷天天修炼，定是功行圆满，升仙去了。"尤氏一闻此言，又见贾珍父子并贾琏等皆不在家，一时竟没个着己的男子来，未免忙了。只得忙卸了妆饰，命人先到玄真观将所有的道士都锁了起来，等大爷来家审问。一面忙忙坐车带了赖升一干家人媳妇出城。又请太医看视到底系何病。大夫们见人已死，何处诊脉来，素知贾敬导气之术总属虚诞，更至参星礼斗，守庚申，服灵砂，妄作虚为，过于劳神费力，反因此伤了性命的。如今虽死，肚中坚硬似铁，面皮嘴唇烧的紫绛皱裂。便向媳妇回说："系玄教中吞金服砂，烧胀而殁。"众道士慌的回说："原是老爷秘法新制的丹砂吃坏事，小道们也曾劝说'功行未到且服不得'，不承望老爷于今夜守庚申时悄悄的服了下去，便升仙了。这恐是虔心得道，已出苦海，脱去皮囊，自了去也。"尤氏也不听，只命锁着，等贾珍来发放，且命人去飞马报信。一面看视这里窄狭，不能停放，横竖也不能进城的，忙装裹好了，用软轿抬至铁槛寺来停放，掐指算来，至早也得半月的工夫，贾珍方能来到。目今天气炎热，实不得相待，遂自行主持，命天文生择了日期入殓。寿木已系早年备下寄在此庙的，甚是便易。三日后便开丧破孝，一面且做起道场来等贾珍。

荣府中凤姐儿出不来，李纨又照顾姊妹，宝玉不识事体，只得将外头之事暂托了几个家中二等管事人。贾瑀、贾珖、贾珩、贾璎、贾菖、贾菱等各有执事。尤氏不能回家，便将他继母接来在宁府看家。他这继母只得将两个未出嫁的小女带来，一并起居才放心。

且说贾珍闻了此信，即忙告假，礼部因贾珍并贾蓉是有职之员。而且当今隆敦孝弟，不敢自专，具本请旨。原来天子极是仁孝过天的，且更隆重功臣之裔，一见此本，便诏问贾敬何职。礼部代奏："系进士出身，祖职已荫其子贾珍。贾敬因年迈多疾，常养静于都城之外玄真观。今因疾殁于寺中，其子珍，其孙蓉，现因国丧随驾在此，故乞假归殓。"天子听了，忙下额外恩旨曰："贾敬虽白衣无功于国，念彼祖父之功，追赐五品之职。令其子孙扶柩由北下之门进都，入彼私第殡殓。任子孙尽丧礼毕扶柩回籍外，着光禄寺按上例赐祭。朝中由王公以下准其祭吊。钦此。"此旨一下，不但贾府中人谢恩，连朝中所有大臣皆嵩呼称颂不绝。

贾珍父子星夜驰回，半路中又见贾瑸、贾珖二人领家丁飞骑而来，看见贾珍，一齐滚鞍下马请安。贾珍忙问："作什么？"贾瑸回说："嫂子恐哥哥和侄儿来了，老太太路上无人，叫我们两个来护送老太太的。"贾珍听了，赞称不绝，又问家中如何料理。贾瑸等便将如何拿了道士，如何挪至家庙，怕家内无人，接了亲家母和两个姨娘在上房住着。贾蓉当下也下了马，听见两个姨娘来了，便和贾珍一笑。贾珍忙说了几声"妥当"，加鞭便走，店也不投，连夜换马飞驰。一日到了都门，先奔入铁槛寺。那天已是四更天气，坐更的闻知，忙喝起众人来。贾珍下了马，和贾蓉放声大哭，从大门外便跪爬进来，至棺前稽颡泣血，直哭到天亮喉咙都哑了方住。尤氏等都一齐见过。贾珍父子忙按礼换了凶服，在棺前俯伏，无奈自要理事，竟不能目不视物，耳不闻声，少不得减些悲戚，好指挥众人。因将恩旨备述与众亲友听了。一面先打发贾蓉家中料理停灵之事。

贾蓉得不得一声儿，先骑马飞来至家，忙命前厅收桌椅，下槅扇，挂孝幔子，门前起鼓手棚牌楼等事。又忙着进来看外祖母两个姨娘。原来尤老安人年高喜睡，常歪着，他二姨娘、三姨娘都和丫头们作活计，见他来了都道烦恼。贾蓉且嘻嘻的望他二姨娘笑说："二姨娘，你又来了，我们父亲正想你呢。"尤二姐便红了脸，骂道："蓉小子，我过两日不骂你几句，你就过不得了，越发连个体统都没了。还亏你是大家公子哥儿，每日念书学礼的，越发连那小家子瓢坎的也跟不上。"说着顺手拿起一个熨斗来，搂头就打，吓的贾蓉抱着头滚到怀里告饶。尤三姐便上来撕嘴，又说："等姐姐来家，咱们告诉他。"贾蓉忙笑着跪在炕上求饶，他两个又笑了。贾蓉又和二姨抢砂仁吃，尤二姐嚼了一嘴渣子，吐了他一脸。贾蓉用舌头都舔着吃了。众丫头看不过，都笑说："热孝在身上，老娘才睡了觉，他两个虽小，到底是姨娘家，你太眼里没有奶奶了。回来告诉爷，你吃不了兜着走。"贾蓉撇下他姨娘，便抱着丫头们亲嘴："我的心肝，你说的是，咱们馋他两个。"丫头们忙推他，恨的骂："短命鬼儿，你一般有老婆丫头，只和我们闹，知道的说是顽，不知道的人，再遇见那脏心烂肺的爱多管闲事嚼舌头的人，吵嚷的那府里谁不知道，谁不背地里嚼舌说咱们这边乱帐？"贾蓉笑道："各门另户，谁管谁的事？都够使的了。从古至今，连汉朝和唐朝，人还说脏唐臭汉，何况咱们这宗人家。谁家没风流事，别讨我说出来。连那边大老爷这么利害，琏叔还和那小姨娘不干净呢。凤姑娘那样刚强，瑞叔还想他的帐。那一件瞒了我？"

贾蓉只管信口开合胡言乱道之间，只见他老娘醒了，请安问好，又说："难为老祖宗劳心，又难为两位姨娘受委屈，我们爷儿们感戴不尽。惟有等事完了，我们合家大小，登门去磕头。"尤老安人点头道："我的儿，倒是你们会说话。亲戚们原是该的。"又问："你父亲好，几时得了信赶到的？"贾蓉笑道："才刚赶到的，先打发我瞧你老人家来了。好歹求你老人家事完了再去。"说着，又和他二姨挤眼，那尤二姐便悄悄咬牙含笑骂："很会嚼舌头的猴儿崽子，留下我们给你爹作娘不成？"贾蓉又戏他老娘道："放心罢，我父亲每日为两位姨娘操心，要寻两个又有根基又富贵又年轻又俏皮的两位姨爹，好聘嫁这二位姨娘的。这几年总没拣得，可巧前日路上才相准了一个。”尤老只当真话，忙问是谁家的，二姊妹丢了活计，一头笑，一头赶着打。说：“妈别信这雷打的。”连丫头们都说：“天老爷有眼，仔细雷要紧。”又值人来回话：“事已完了，请哥儿出去看了，回爷的话去。”那贾蓉方笑嘻嘻的去了。不知如何，且听下回分解。

笺证

第六十三回的回目是“寿怡红群芳开夜宴　死金丹独艳理亲丧”，把人物生日与另一个人物的丧事配对，生死相互狙击，亏他想得出来。贾敬的死，由于他的导气之术总属虚诞，更至参星礼斗，守庚申，服灵砂，妄作虚为，过于劳神费力，反因此伤了性命。死前按玄教中吞金服砂，烧胀而殁，肚中坚硬似铁，面皮嘴唇烧的紫绛皱裂。尤氏在丈夫、儿子参与国丧事务时，因天气炎热，实不能拖延，就自行主持葬殓事宜。这也可以看出尤氏是相当能干的，应了《红楼梦》中女子比男人强的通则。宝玉的生日紧接着贾敬的丧事，这种生死对接，已然极其吊诡矣，更是匪夷所思的吊诡，指向深刻得令人心悸心酸的对丧礼禁忌的荒唐冒犯，真是令人五味杂陈。尤氏办丧事不能回家，就将她继母接来在宁府看家。这继母只得将两个未出嫁的小女尤二姐、尤三姐带来，一并起居才放心。贾蓉先骑马飞来到家安排丧礼，挂孝幔子，门前起鼓手棚牌楼。又忙着进来看二姨娘三姨娘，嘻嘻的望他二姨娘笑说：“二姨娘，你又来了，我们父亲正想你呢。”尤二姐就红了脸，骂道：“蓉小子，我过两日不骂你几句，你就过不得了，越发连个体统都没了。还亏你是大家公子哥儿，每日念书学礼的，越发连那小家子瓢坎的也跟不上。”何为“瓢坎的”？用瓢盛水，以土坎为床，指的是穷困的下三滥。对于这个下三滥，尤二姐说着顺手拿起一个熨斗来，搂头就打，吓的贾蓉抱着头滚到怀里告饶。尤二姐嚼了一嘴砂仁渣子，吐了他一脸。贾蓉用舌头都舔着吃了。众丫头看不过，都笑说：“热孝在身上，老娘才睡了觉，他两个虽小，到底是姨娘家，你太眼里没有奶奶了。回来告诉爷，你吃不了兜着走。”贾蓉强嘴笑说：“各门另户，谁管谁的事？都够使的了。从古至今，连汉朝和唐朝，人还说脏唐臭汉，何况咱们这宗人家。谁家没风流事，别讨我说出来。连那边大老爷这么利害，琏叔还和那小姨娘不干净呢。凤姑娘那样刚强，瑞叔还想他的帐。那一件瞒了我？”有所谓“臭汉、脏唐、宋不清、元迷糊、明邋遢、清鼻涕”，每一个皇朝盛世在表面的文治武功的背面，都排除不了藏污纳垢。贾琏以此为自己的下三滥行为辩护，接着又向二姨娘挤眼，尤二姐就悄悄咬牙含笑骂：“很会嚼舌头的猴儿崽子，留下我们给你爹作娘不成？”贾蓉在热孝中对尤二姐、尤三姐的调情，将宁府的道德糜烂暴露无遗。《论语·八佾篇》：“林放问礼之本。子曰：‘大哉问！礼，与其奢也，宁俭。丧，与其易也，宁戚。’”贾珍、贾蓉父子在贾敬的热孝期间毫无收敛地挑逗淫乱尤氏小姨娘，把丧礼宁戚置诸不顾，放肆地损坏礼之本。这就是《红楼梦》题外之旨大于题内之旨的吊诡写法，以吊诡实现了深刻，秉笔直书，洞察人物的心肝。值得注意的是，对于题外之旨，古人多有探究，这涉及中国文论的内在精神。宋代苏轼《书黄子思诗集后》说：“予尝论书，以谓钟、王之迹，萧散简远，妙在笔画之外。至唐颜、柳，始集古今笔法而尽发之，极书之变，天下翕然以为宗师，而钟、王之法益微。至于诗亦然。苏、李之天成，曹、刘之自得，陶、谢之超然，盖亦至矣。而李太白、杜子美以英玮绝世之姿，凌跨百代，古今诗人尽废，然魏、晋以来高风绝尘，亦少衰矣。李、杜之后，诗人继作，虽间有远韵，而才不逮意，独韦应物、柳宗元发纤秾于简古，寄至味于澹泊，非余子所及也。唐末司空图，崎岖兵乱之间，而诗文高雅，犹有承平之遗风。其论诗曰‘梅止于酸，盐止于咸’，饮食不可无盐、梅，而其美常在咸、酸之外。盖自列其诗之有得于文字之表者二十四韵，恨当时不识其妙。予三复其言而悲之。闽人黄子思，庆历、皇佑间号能文者。予尝闻前辈诵其诗，每得佳句妙语，反复数四，乃识其所谓，信乎表圣之言，美在咸酸之外，可以一唱而三叹也。予既与其子几道、其孙师是游，得窥其家集，而子思笃行高志，为吏有异材，见于墓志详矣，予不复论，独评其诗如此。”[8]清人刘熙载《艺概·词概》又说："司空表圣云：'梅止于酸，盐止于咸，而美在酸咸之外。'严沧浪云：'妙处透彻玲珑，不可凑泊，如水中之月，镜中之象。'此皆论诗也。词亦以得此境为超诣。"[9]这里讲"超诣"，就是高深玄妙、超然脱俗，在笔墨之外，追求超逸的旨趣。《红楼梦》把生日、丧事、荒唐一锅烩，烩出了贵族中国无可奈何的内部腐烂之乱象，烩出了淫乱荒唐的别样滋味，可谓得超诣之真谛矣。

[8]（宋）苏轼著，石声淮、唐玲玲选注：《苏轼文选》，上海古籍出版社1989年版，第345页。

[9]（清）刘熙载：《艺概》，上海古籍出版社1978年版，第121页。

第六十四回

幽淑女悲题五美吟

浪荡子情遗九龙珮

话说贾蓉见家中诸事已妥，连忙赶至寺中，回明贾珍。于是连夜分派各项执事人役，并预备一切应用幡杠等物。择于初四日卯时请灵柩进城，一面使人知会诸位亲友。是日，丧仪焜耀，宾客如云，自铁槛寺至宁府，夹路看的何止数万人。内中有嗟叹的，也有羡慕的，又有一等半瓶醋的读书人，说是“丧礼与其奢易莫若俭戚”的，一路纷纷议论不一。至未申时方到，将灵柩停放在正堂之内。供奠举哀已毕，亲友渐次散回，只剩族中人分理迎宾送客等事。近亲只有邢大舅相伴未去。贾珍、贾蓉此时为礼法所拘，不免在灵旁籍草枕块，恨苦居丧。人散后，仍乘空寻他小姨子们厮混。宝玉亦每日在宁府穿孝，至晚人散，方回园里。凤姐身体未愈，虽不能时常在此，或遇开坛诵经、亲友上祭之日，亦扎挣过来，相帮尤氏料理。

一日，供毕早饭，因此时天气尚长，贾珍等连日劳倦，不免在灵旁假寐。宝玉见无客至，遂欲回家看视黛玉，因先回至怡红院中。进入门来，只见院中寂静无人，有几个老婆子与小丫头们在回廊下取便乘凉，也有睡卧的，也有坐着打盹的。宝玉也不去惊动。只有四儿看见，连忙上前来打帘子。将掀起时，只见芳官自内带笑跑出，几乎与宝玉撞个满怀。一见宝玉，方含笑站住，说道：“你怎么来了？你快与我拦住晴雯，他要打我呢。”一语未了，只听得屋内嘻嚁哗喇的乱响，不知是何物撒了一地。随后晴雯赶来骂道：“我看你这小蹄子往那里去，输了不叫打。宝玉不在家，我看你有谁来救你？”宝玉连忙带笑拦住，说道：“你妹子小，不知怎么得罪了你，看我的分上，饶他罢。”晴雯也不想宝玉此时回来，乍一见，不觉好笑，遂笑说道：“芳官竟是个狐狸精变的，竟是会拘神遣将的符咒也没有这样快。”又笑道：“就是你真请了神来，我也不怕。”遂夺手仍要捉拿芳官。芳官早已藏在宝玉身后。宝玉遂一手拉了晴雯，一手携了芳官，进入屋内。看时，只见西边炕上麝月、秋纹、碧痕、紫绡等正在那里抓子儿赢瓜子儿呢。却是芳官输与晴雯，芳官不肯叫打，跑了出去。晴雯因赶芳官，将怀内的子儿撒了一地。宝玉欢喜道：“如此长天，我不在家，正恐你们寂寞，吃了饭睡觉睡出病来，大家寻件事顽笑消遣甚好。”因不见袭人，又问道：“你袭人姐姐呢？”晴雯道：“袭人么，越发道学了，独自个在屋里面壁呢。这好一会我没进去，不知他作什么呢，一些声气也听不见。你快瞧瞧去罢，或者此时参悟了，也未可定。”

宝玉听说，一面笑，一面走至里间。只见袭人坐在近窗床上，手中拿着一根灰色绦子，正在那里打结子呢。见宝玉进来，连忙站起来，笑道：“晴雯这东西编派我什么呢？我因要赶着打完了这结子，没工夫和他们瞎闹，因哄他们道：‘你们玩去罢，趁着二爷不在家，我要在这里静坐一坐，养一养神。’他就编派了我这些混话，什么‘面壁了’‘参禅了’的，等一会我不撕他那嘴。”宝玉笑着挨近袭人坐下，瞧他打结子，问道：“这么长天，你也该歇息歇息，或和他们玩笑，要不，瞧瞧林妹妹去也好。怪热的，打这个那里使？”袭人道：“我见你带的扇套还是那年东府里蓉大奶奶的事情上作的。那个青东西除族中或亲友家夏天有丧事方带得着，一年遇着带一两遭，平常又不犯做。如今那府里有事，这是要过去天天带的，所以我赶着另作一个。等打完了结子，给你换下那旧的来。你虽然不讲究这个，若叫老太太回来看见，又该说我们躲懒，连你的穿带之物都不经心了。”宝玉笑道：“这真难为你想的到。只是也不可过于赶，热着了倒是大事。”说着，芳官早托了一杯凉水内新湃的茶来。因宝玉素昔秉赋柔脆，虽暑月不敢用冰，只以新汲井水将茶连壶浸在盆内，不时更换，取其凉意而已。宝玉就芳官手内吃了半盏，遂向袭人道：“我来时已吩咐了茗烟，若珍大哥那边有要紧的客来时，叫他即刻送信，若无要紧的事，我就不过去了。”说毕，遂出了房门，又回头向碧痕等道：“如有事往林姑娘处来找我。”于是一径往潇湘馆来看黛玉。

将过了沁芳桥，只见雪雁领着两个老婆子，手中都拿着菱藕瓜果之类。宝玉忙问雪雁道：“你们姑娘从来不吃这些凉东西的，拿这些瓜果何用？不是要请那位姑娘奶奶么？”雪雁笑道：“我告诉你，可不许你对姑娘说去。”宝玉点头应允。雪雁便命两个婆子：“先将瓜果送去交与紫鹃姐姐。他要问我，你就说我做什么呢，就来。”那婆子答应着去了。雪雁方说道：“我们姑娘这两日方觉身上好些了。今日饭后，三姑娘来会着要瞧二奶奶去，姑娘也没去。又不知想起了甚么来，自己伤感了一回，题笔写了好些，不知是诗是词。叫我传瓜果去时，又听叫紫鹃将屋内摆着的小琴桌上的陈设搬下来，将桌子挪在外间当地，又叫将那龙文鼐放在桌上，等瓜果来时听用。若说是请人呢，不犯先忙着把个炉摆出来。若说点香呢，我们姑娘素日屋内除摆新鲜花果木瓜之类，又不大喜熏衣服，就是点香，亦当点在常坐卧之处。难道是老婆子们把屋子熏臭了要拿香熏熏不成？究竟连我也不知何故。”说毕，便连忙的去了。

宝玉这里不由的低头心内细想道：“据雪雁说来，必有原故。若是同那一位姊妹们闲坐，亦不必如此先设馔具。或者是姑爹姑妈的忌辰，但我记得每年到此日期老太太都吩咐另外整理肴馔送去与林妹妹私祭，此时已过。大约必是七月因为瓜果之节，家家都上秋祭的坟，林妹妹有感于心，所以在私室自己奠祭，取《礼记》‘春秋荐其时食’之意，也未可定。但我此刻走去，见他伤感，必极力劝解，又怕他烦恼郁结于心，若不去，又恐他过于伤感，无人劝止。两件皆足致疾。莫若先到凤姐姐处一看，在彼稍坐即回。如若见林妹妹伤感，再设法开解，既不至使其过悲，哀痛稍申，亦不至抑郁致病。”想毕，遂出了园门，一径到凤姐处来。

正有许多执事婆子们回事毕，纷纷散出。凤姐儿正倚着门和平儿说话呢。一见了宝玉，笑道：“你回来了么。我才吩咐了林之孝家的，叫他使人告诉跟你的小厮，若没什么事趁便请你回来歇息歇息。再者那里人多，你那里禁得住那些气味。不想恰好你倒来了。”宝玉笑道：“多谢姐姐记挂。我也因今日没事，又见姐姐这两日没往那府里去，不知身上可大愈否，所以回来看视看视。”凤姐道：“左右也不过是这样，三日好两日不好的。老太太、太太不在家，这些大娘们，嗳，那一个是安分的，每日不是打架，就拌嘴，连赌博偷盗的事情，都闹出来了两三件了。虽说有三姑娘帮着办理，他又是个没出阁的姑娘。也有叫他知道得的，也有往他说不得的事，也只好强扎挣着罢了。总不得心静一会儿。别说想病好，求其不添，也就罢了。”宝玉道：“虽如此说，姐姐还要保重身体，少操些心才是。”说毕，又说了些闲话，别了凤姐，一直往园中走来。

进了潇湘馆院门看时，只见炉袅残烟，奠馀玉醴。紫鹃正看着人往里搬桌子，收陈设呢。宝玉便知已经祭完了，走入屋内，只见黛玉面向里歪着，病体恹恹，大有不胜之态。紫鹃连忙说道：“宝二爷来了。”黛玉方慢慢的起来，含笑让坐。宝玉道：“妹妹这两天可大好些了？气色倒觉静些，只是为何又伤心了？”黛玉道：“可是你没的说了，好好的我多早晚又伤心了？”宝玉笑道：“妹妹脸上现有泪痕，如何还哄我呢？只是我想妹妹素日本来多病，凡事当各自宽解，不可过作无益之悲。若作践坏了身子，使我……”说到这里，觉得以下的话有些难说，连忙咽住。只因他虽说和黛玉一处长大，情投意合，又愿同生死，却只是心中领会，从来未曾当面说出。况兼黛玉心多，每每说话造次，得罪了他。今日原为的是来劝解，不想把话又说造次了，接不下去，心中一急，又怕黛玉恼他。又想一想自己的心实在的是为好，因而转急为悲，早已滚下泪来。黛玉起先原恼宝玉说话不论轻重，如今见此光景，心有所感，本来素昔爱哭，此时亦不免无言对泣。

却说紫鹃端了茶来，打谅二人又为何事角口，因说道："姑娘才身上好些，宝二爷又来怄气了，到底是怎么样？"宝玉一面拭泪笑道："谁敢怄妹妹了？"一面搭讪着起来闲步。只见砚台底下微露一纸角，不禁伸手拿起。黛玉忙要起身来夺，已被宝玉揣在怀内，笑央道："好妹妹，赏我看看罢。"黛玉道："不管什么，来了就混翻。"一语未了，只见宝钗走来，笑道："宝兄弟要看什么？"宝玉因未见上面是何言词，又不知黛玉心中如何，未敢造次回答，却望着黛玉笑。黛玉一面让宝钗坐，一面笑说道："我曾见古史中有才色的女子，终身遭际令人可欣可羡可悲可叹者甚多。今日饭后无事，因欲择出数人，胡乱凑几首诗以寄感慨，可巧探丫头来会我瞧凤姐姐去，我也身上懒懒的没同他去。才将做了五首，一时困倦起来，撂在那里，不想二爷来了就瞧见了。其实给他看也倒没有什么，但只我嫌他是不是的写给人看去。"宝玉忙道："我多早晚给人看来呢？昨日那把扇子，原是我爱那几首白海棠的诗，所以我自己用小楷写了，不过为的是拿在手中看着便易。我岂不知闺阁中诗词字迹是轻易往外传诵不得的。自从你说了，我总没拿出园子去。"宝钗道："林妹妹这虑的也是。你既写在扇子上，偶然忘记了，拿在书房里去被相公们看见了，岂有不问是谁做的呢。倘或传扬开了，反为不美。自古道'女子无才便是德'，总以贞静为主，女工还是第二件。其馀诗词，不过是闺中游戏，原可以会可以不会。咱们这样人家的姑娘，倒不要这些才华的名誉。"因又笑向黛玉道："拿出来给我看看无妨，只不叫宝兄弟拿出去就是了。"黛玉笑道："既如此说，连你也可以不必看了。"又指着宝玉笑道："他早已抢了去了。"宝玉听了，方自怀内取出，凑至宝钗身旁，一同细看。只见写道：

《西施》：一代倾城逐浪花，吴宫空自忆儿家。效颦莫笑东村女，头白溪边尚浣纱。

《虞姬》：肠断乌骓夜啸风，虞兮幽恨对重瞳。黥彭甘受他年醢，饮剑何如楚帐中。

《明妃》：绝艳惊人出汉宫，红颜命薄古今同。君王纵使轻颜色，予夺权何畀画工？

《绿珠》：瓦砾明珠一例抛，何曾石尉重娇娆。都缘顽福前生造，更有同归慰寂寥。

《红拂》：长揖雄谈态自殊，美人具眼识穷途。尸居馀气杨公幕，岂得羁縻女丈夫。

宝玉看了，赞不绝口，又说道："妹妹这诗恰好只做了五首，何不就命曰《五美吟》。"于是不容分说，便提笔写在后面。宝钗亦说道："做诗不论何题，只要善翻古人之意。若要随人脚踪走去，纵使字句精工，已落第二义，究竟算不得好诗。即如前人所咏昭君之诗甚多，有悲挽昭君的，有怨恨延寿的，又有讥汉帝不能使画工图貌贤臣而画美人的，纷纷不一。后来王荆公复有'意态由来画不成，当时枉杀毛延寿'，永叔有'耳目所见尚如此，万里安能制夷狄'。二诗俱能各出己见，不与人同。今日林妹妹这五首诗，亦可谓命意新奇，别开生面了。"

笺证

作品的高妙处，不仅在于写什么，更重要是怎么写。围绕核心转磨盘，更能吊尽欲窥究竟的胃口。磨盘转得很慢，却可以让转着的毛驴东张西望，让磨盘上麦子豆子磨得很细碎。第六十四回林黛玉创作《五美吟》是核心关节，但不从正面写黛玉作诗，而套上宝玉当毛驴转磨盘，从宝玉探问对于设瓜果祭奠的神秘行为一路转起。宝玉只见雪雁领着两个老婆子，手中都拿着菱藕瓜果之类。问其原因，雪雁也说不清："我们姑娘这两日方觉身上好些了。今日饭后，三姑娘来会着要瞧二奶奶去，姑娘也没去。又不知想起了甚么来，自己伤感了一回，题笔写了好些，不知是诗是词。叫我传瓜果去时，又听叫紫鹃将屋内摆着的小琴桌上的陈设搬下来，将桌子挪在外间当地，又叫将那龙文鼒（《尔雅·释器》："鼎绝大谓之鼐，圜弇上谓之鼒。"郭璞注："鼎敛上而小口。"）放在桌上，等瓜果来时听用。若说是请人呢，不犯先忙着把个炉摆出来。若说点香呢，我们姑娘素日屋内除摆新鲜花果木瓜之类，又不大喜熏衣服，就是点香，亦当点在常坐卧之处。难道是老婆子们把屋子熏臭了要拿香熏熏不成？究竟连我也不知何故。"宝玉应该继续探究奥秘吧？不，他却走去看凤姐，说些请安问候的无紧要的话。再到了黛玉处，祭奠已完，宝玉想说些宽慰的话："只是我想妹妹素日本来多病，凡事当各自宽解，不可过作无益之悲。若作践坏了身子，使我……"却又吞吞吐吐，不敢造次，想表达又隐饰自己内心，只好二人相对垂泪。宝玉与黛玉的情感表达，总是不能一吐为快，说半截话就噎住，实在是那个时代青年男女的悲哀，森严的礼教使得一代深情儿女犯了痛痛快快表达爱情的"失语症"。宝玉只好与紫鹃搭讪着起来闲步，看见砚台底下微露一纸角，不禁伸手拿起，揣在怀内。但纸上写的是什么，依然是个谜。宝钗进来后，黛玉才笑说："我曾见古史中有才色的女子，终身遭际令人可欣可羡可悲可叹者甚多。今日饭后无事，因欲择出数人，胡乱凑几首诗以寄感慨……才将作了五首，一时困倦起来，撂在那里，不想二爷来了就瞧见了。其实给他看也倒没有什么，但只我嫌他是不是的写给人看去。"宝玉转磨，至此磨出了焚香设果极大的真相，但还不知是哪五首诗。宝钗未看诗篇，就说了一番"自古道'女子无才便是德'，总以贞静为主，女工还是第二件。其馀诗词，不过是闺中游戏，原可以会可以不会"的说教。宝钗这番说教，与黛玉悲叹那些并非出自古史的女子的悲剧命运，欣羡古女子的大丈夫行为，是不搭界而错位的。说那是并非出自古史的女子，比如东施效颦的故事，就出自《庄子·天运》："西施病心而矉（矉即颦之古字）其里，其里之丑人见之而美之，归亦捧心而矉其里。其里之富人见之，紧闭门而不出，贫人见之，挈妻子而去走。彼知矉美而不知矉之所以美。”[1]然后，宝钗、宝玉一同展读黛玉诗章，才知道是吟咏西施、虞姬、明妃、绿珠、红拂的五首诗，宝玉看了，赞不绝口，题名为“五美吟”。如此左旋右转，才触到事件的核心。最后由宝钗翻转口风，发表诗论作结：“做诗不论何题，只要善翻古人之意。若要随人脚踪走去，纵使字句精工，已落第二义，究竟算不得好诗。即如前人所咏昭君之诗甚多，有悲挽昭君的，有怨恨延寿的，又有讥汉帝不能使画工图貌贤臣而画美人的，纷纷不一。后来王荆公复有‘意态由来画不成，当时枉杀毛延寿’，永叔有‘耳目所见尚如此，万里安能制夷狄’。二诗俱能各出己见，不与人同。今日林妹妹这五首诗，亦可谓命意新奇，别开生面了。”《红楼梦》这种九曲十八弯的叙事法，令人联想到清人龚自珍《病梅馆记》所说：“梅以曲为美，直则无姿；以欹为美，正则无景；梅以疏为美，密则无态。”[2]在中国传统中，史官贵直书，文士贵曲笔。唐人冯贽《云仙杂记》卷十记载：“李太白少梦笔头生花。后天才赡逸，名闻天下。”近人闻一多画的《梦笔生花》界画，就是李白在高烛旁侧身酣睡，头顶繁花作椭圆曲线旋转。曹雪芹在怎么写上，讲究曲折多姿，显示了不同凡响的丰赡俊逸的才气。于此，还可以看一看鲁迅在《三闲集·怎么写》中所说：“我宁看《红楼梦》，却不愿看新出的《林黛玉日记》，它一页能够使我不舒服小半天……幻灭之来，多不在假中见真，而在真中见假。日记体，书简体，写起来也许便当得多罢，但也极容易起幻灭之感；而一起则大抵很厉害，因为它起先模样装得真。”[3]《林黛玉日记》一部假托《红楼梦》中人物林黛玉口吻的日记体小

❶（清）王先谦：《庄子集解》，中华书局1987年版，第126页。

❷（清）龚自珍：《龚自珍全集》，上海人民出版社1975年版，第186页。

❸鲁迅：《鲁迅文集》第四卷，人民文学出版社2005年版，第24页。

说，作者是喻血轮，1918年上海广文书局出版。其内容庸俗拙劣且不说，如果从林黛玉的角度去写宝玉转磨时的心态，只能是装模作样，真中见假，看一页就够使人不舒服小半天了。

仍欲往下说时，只见有人回道："琏二爷回来了。适才外间传说，往东府里去了好一会了，想必就回来的。"宝玉听了，连忙起身，迎至大门以内等待。恰好贾琏自外下马进来。于是宝玉先迎着贾琏跪下，口中给贾母、王夫人等请了安。又给贾琏请了安。二人携手走了进来。只见李纨、凤姐、宝钗、黛玉、迎、探、惜等早在中堂等候，一一相见已毕。因听贾琏说道："老太太明日一早到家，一路身体甚好。今日先打发了我来回家看视，明日五更，仍要出城迎接。"说毕，众人又问了些路途的景况。因贾琏是远归，遂大家别过，让贾琏回房歇息。一宿晚景，不必细述。

至次日饭时前后，果见贾母、王夫人等到来。众人接见已毕，略坐了一坐，吃了一杯茶，便领了王夫人等人过宁府中来。只听见里面哭声震天，却是贾赦、贾琏送贾母到家即过这边来了。当下贾母进入里面，早有贾赦、贾琏率领族中人哭着迎了出来。他父子一边一个挽了贾母，走至灵前，又有贾珍、贾蓉跪着扑入贾母怀中痛哭。贾母暮年人，见此光景，亦搂了珍、蓉等痛哭不已。贾赦、贾琏在旁苦劝，方略略止住。又转至灵右，见了尤氏婆媳，不免又相持大痛一场。哭毕，众人方上前一一请安问好。贾珍因贾母才回家来，未得歇息，坐在此间，看着未免要伤心，遂再三求贾母回家，王夫人等亦再三相劝。贾母不得已，方回来了。果然年迈的人禁不住风霜伤感，至夜间便觉头闷目酸，鼻塞声重。连忙请了医生来诊脉下药，足足的忙乱了半夜一日。幸而发散的快，未曾传经，至三更天，些须发了点汗，脉静身凉，大家方放了心。至次日仍服药调理。

又过了数日，乃贾敬送殡之期，贾母犹未大愈，遂留宝玉在家侍奉。凤姐因未曾甚好，亦未去。其馀贾赦、贾琏、邢夫人、王夫人等率领家人仆妇，都送至铁槛寺，至晚方回。贾珍、尤氏并贾蓉仍在寺中守灵，等过百日后，方扶柩回籍。家中仍托尤老娘并二姐、三姐照管。

却说贾琏素日既闻尤氏姐妹之名，恨无缘得见。近因贾敬停灵在家，每日与二姐、三姐相认已熟，不禁动了垂涎之意。况知与贾珍、贾蓉等素有聚麀之诮，因而乘机百般撩拨，眉目传情。那三姐却只是淡淡相对，只有二姐也十分有意。但只是眼目众多，无从下手。贾琏又怕贾珍吃醋，不敢轻动，只好二人心领神会而已。

此时出殡以后，贾珍家下人少，除尤老娘带领二姐、三姐并几个粗使的丫鬟老婆子在正室居住外，其馀婢妾，都随在寺中。外面仆妇，不过晚间巡更，日间看守门户。白日无事，亦不进里面去。所以贾琏便欲趁此下手。遂托相伴贾珍为名，亦在寺中住宿，又时常借着替贾珍料理家务，不时至宁府中来勾搭二姐。

一日，有小管家俞禄来回贾珍道："前者所用棚杠孝布并请杠人青衣，共使银一千一百十两，除给银五百两外，仍欠六百零十两。昨日两处买卖人俱来催讨，小的特来讨爷的示下。"贾珍道："你且向库上领去就是了，这又何必来回我。"俞禄道："昨日已曾上库上去领，但只是老爷宾天以后，各处支领甚多，所剩还要预备百日道场及庙中用度，此时竟不能发给。所以小的今日特来回爷，或者爷内库里暂且发给，或者挪借何项，吩咐了小的好办。"贾珍笑道："你还当是先呢，有银子放着不使。你无论那里借了给他罢。"俞禄笑回道："若说一二百，小的还可以挪借；这五六百，小的一时那里办得来？"

贾珍想了一回，向贾蓉道："你问你娘去，昨日出殡以后，有江南甄家送来打祭银五百两，未曾交到库上去，你先要了来，给他去罢。"贾蓉答应了，连忙过这边来回了尤氏，复转来回他父亲道："昨日那项银子已使了二百两，下剩的三百两令人送至家中交与老娘收了。"贾珍道："既然如此，你就带了他去，向你老娘要了出来交给他。再也瞧瞧家中有事无事，问你两个姨娘好。下剩的俞禄先借了添上罢。”

贾蓉与俞禄答应了，方欲退出，只见贾琏走了进来。俞禄忙上前请了安。贾琏便问何事，贾珍一一告诉了。贾琏心中想道：“趁此机会正可至宁府寻二姐。”一面遂说道：“这有多大事，何必向人借去？昨日我方得了一项银子还没有使呢，莫若给他添上，岂不省事？”贾珍道：“如此甚好。你就吩咐了蓉儿，一并令他取去。”贾琏忙道：“这必得我亲身取去。再我这几日没回家了，还要给老太太、老爷、太太们请请安去。到大哥那边查查家人们有无生事，再也给亲家太太请请安。”贾珍笑道：“只是又劳动你，我心里倒不安。”贾琏也笑道：“自家兄弟，这有何妨呢？”贾珍又吩咐贾蓉道：“你跟了你叔叔去，也到那边给老太太、老爷、太太们请安，说我和你娘都请安，打听打听老太太身上可大安了，还服药呢没有？”贾蓉一一答应了，跟随贾琏出来，带了几个小厮，骑上马一同进城。

在路叔侄闲话，贾琏有心，便提到尤二姐，因夸说如何标致，如何做人好，举止大方，言语温柔，无一处不令人可敬可爱，“人人都说你婶子好，据我看那里及你二姨一零儿呢。”贾蓉揣知其意，便笑道：“叔叔既这么爱他，我给叔叔作媒，说了做二房，何如？”贾琏笑道：“你这是顽话还是正经话？”贾蓉道：“我说的是当真的话。”贾琏又笑道：“敢自好呢。只是怕你婶子不依，再也怕你老娘不愿意。况且我听见说你二姨儿已有了人家了。”

贾蓉道：“这都无妨。我二姨儿、三姨儿都不是我老爷养的，原是我老娘带了来的。听见说，我老娘在那一家时，就把我二姨儿许给皇粮庄头张家，指腹为婚。后来张家遭了官司败落了，我老娘又自那家嫁了出来，如今这十数年，两家音信不通。我老娘时常报怨，要与他家退婚，我父亲也要将二姨转聘。只等有了好人家，不过令人找着张家，给他十几两银子，写上一张退婚的字儿。想张家穷极了的人，见了银子，有什么不依的？再他也知道咱们这样的人家，也不怕他不依。又是叔叔这样人说了做二房，我管保我老娘和我父亲都愿意。倒只是婶子那里却难。”贾琏听到这里，心花都开了，那里还有什么话说，只是一味呆笑而已。

贾蓉又想了一想，笑道："叔叔若有胆量，依我的主意管保无妨，不过多花上几个钱。"贾琏忙道："有何主意，快些说来，我没有不依的。"贾蓉道："叔叔回家，一点声色也别露，等我回明了我父亲，向我老娘说妥，然后在咱们府后方近左右买上一所房子及应用家伙，再拨两窝子家人过去服侍。择了日子，人不知鬼不觉娶了过去，嘱咐家人不许走漏风声。嫂子在里面住着，深宅大院，那里就得知道了？叔叔两下里住着，过个一年半载，即或闹出来，不过挨上老爷一顿骂。叔叔只说婶子总不生育，原是为子嗣起见，所以私自在外面作成此事。就是婶子，见生米做成熟饭，也只得罢了。再求一求老太太，没有不完的事。"

自古道"欲令智昏"，贾琏只顾贪图二姐美色，听了贾蓉一篇话，遂为计出万全，将现今身上有服，并停妻再娶，严父妒妻种种不妥之处，皆置之度外了。却不知贾蓉亦非好意，素日因同他姨娘有情，只因贾珍在内，不能畅意。如今若是贾琏娶了，少不得在外居住，趁贾琏不在时，好去鬼混之意。贾琏那里思想及此，遂向贾蓉致谢道："好侄儿，你果然能够说成了，我买两个绝色的丫头谢你。"说着，已至宁府门首。

贾蓉说道："叔叔进去，向我老娘要出银子来，就交给俞禄罢。我先给老太太请安去。"贾琏含笑点头道："老太太跟前别说我和你一同来的。"贾蓉道："知道。"又附耳向贾琏道："今日要遇见二姨，可别性急了，闹出事来，往后倒难办了。"贾琏笑道："少胡说，你快去罢，我在这里等你。"于是贾蓉自去给贾母请安。

贾琏进入宁府，早有家人头儿率领家人等请安，一路围随至厅上。贾琏一一的问了些话，不过塞责而已，便命家人散去，独自往里面走来。原来贾琏、贾珍素日亲密，又是弟兄，本无可避忌之人，自来是不等通报的。于是走至上房，早有廊下伺候的老婆子打起帘子，让贾琏进去。

贾琏进入房中一看，只见南边炕上只有尤二姐带着两个丫鬟一处做活，却不见尤老娘与三姐。贾琏忙上前问好相见。尤二姐含笑让坐，便靠东边排插儿坐下。贾琏仍将上首让与二姐儿，说了几句见面情儿，便笑问道："亲家太太和三妹妹那里去了，怎么不见？"尤二姐笑道："才有事往后头去了，也就来的。"此时伺候的丫鬟因倒茶去，无人在跟前，贾琏不住的拿眼瞟着二姐。二姐低了头，只含笑不理。

贾琏又不敢造次动手动脚，因见二姐手中拿着一条拴着荷包的绢子摆弄，便搭讪着往腰里摸了摸，说道："槟榔荷包也忘记了带了来，妹妹有槟榔，赏我一口吃。"二姐道："槟榔倒有，就只是我的槟榔从来不给人吃。"贾琏便笑着欲近身来拿。二姐怕人看见不雅，便连忙一笑，撂了过来。贾琏接在手中，都倒了出来，拣了半块吃剩下的撂在口中吃了，又将剩下的都揣了起来。刚要把荷包亲身送过去，只见两个丫鬟倒了茶来。

贾琏一面接了茶吃茶，一面暗将自己带的一个汉玉九龙珮解了下来，拴在手绢上，趁丫鬟回头时，仍撂了过去。二姐亦不去拿，只装看不见，坐着吃茶。只听后面一阵帘子响，却是尤老娘、三姐带着两个小丫鬟自后面走来。贾琏送目与二姐，令其拾取，这尤二姐亦只是不理。贾琏不知二姐何意，甚是着急，只得迎上来与尤老娘、三姐相见。一面又回头看二姐时，只见二姐笑着，没事人似的，再又看一看绢子，已不知那里去了，贾琏方放了心。

于是大家归坐后，叙了些闲话。贾琏说道："大嫂子说，前日有一包银子交给亲家太太收起来了，今日因要还人，大哥令我来取。再也看看家里有事无事。"尤老娘听了，连忙使二姐拿钥匙去取银子。这里贾琏又说道："我也要给亲家太太请请安，瞧瞧二位妹妹。亲家太太脸面倒好，只是二位妹妹在我们家里受委屈。"尤老娘笑道："咱们都是至亲骨肉，说那里的话。在家里也是住着，在这里也是住着。不瞒二爷说，我们家里自从先夫去世，家计也着实艰难了，全亏了这里姑爷帮助。如今姑爷家里有了这样大事，我们不能别的出力，白看一看家，还有什么委屈了的呢？”正说着，二姐已取了银子来，交与尤老娘。尤老娘便递与贾琏。贾琏叫一个小丫头叫了一个老婆子来，吩咐他道：“你把这个交给俞禄，叫他拿过那边去等我。”老婆子答应了出去。

只听得院内是贾蓉的声音说话。须臾进来，给他老娘姨娘请了安，又向贾琏笑道：“才刚老爷还问叔叔呢，说是有什么事情要使唤。原要使人到庙里去叫，我回老爷说叔叔就来。老爷还吩咐我，路上遇着叔叔叫快去呢。”贾琏听了，忙要起身，又听贾蓉和他老娘说道：“那一次我和老太太说的，我父亲要给二姨说的姨父，就和我这叔叔的面貌身量差不多儿。老太太说好不好？”一面说着，又悄悄的用手指着贾琏和他二姨努嘴。二姐倒不好意思说什么，只见三姐似笑非笑，似恼非恼的骂道：“坏透了的小猴儿崽子！没了你娘的说了，多早晚我才撕他那嘴呢。”一面说着，便赶了过来。贾蓉早笑着跑了出去，贾琏也笑着辞了出来。走至厅上，又吩咐了家人们不可耍钱吃酒等话。又悄悄的央贾蓉，回去急速和他父亲说。一面便带了俞禄过来，将银子添足，交给他拿去。一面给贾赦请安，又给贾母去请安不提。

却说贾蓉见俞禄跟了贾琏去取银子，自己无事，便仍回至里面，和他两个姨娘嘲戏一回，方起身。至晚到寺，见了贾珍回道：“银子已经交给俞禄了。老太太已大愈了，如今已经不服药了。”说毕，又趁便将路上贾琏要娶尤二姐做二房之意说了。又说如何在外面置房子住，不使凤姐知道，“此时总不过为的是子嗣艰难起见。为的是二姨是见过的，亲上做亲，比别处不知道的人家说了来的好。所以二叔再三央我对父亲说。”只不说是他自己的主意。

贾珍想了想，笑道：“其实倒也罢了，只不知你二姨心中愿意不愿意。明日你先去和你老娘商量，叫你老娘问准了你二姨，再作定夺。”于是又教了贾蓉一篇话，便走过来将此事告诉了尤氏。尤氏却知此事不妥，因而极力劝止。无奈贾珍主意已定，素日又是顺从惯了的，况且他与二姐本非一母，不便深管，因而也只得由他们闹去了。

至次日一早，果然贾蓉复进城来见他老娘，将他父亲之意说了。又添上许多话，说贾琏做人如何好，目今凤姐身子有病，已是不能好的了，暂且买了房子在外面住着，过个一年半载，只等凤姐一死，便接了二姨进去做正室。又说他父亲此时如何聘，贾琏那边如何娶，如何接了你老人家养老，往后三姨也是那边应了替聘，说得天花乱坠，不由得尤老娘不肯。况且素日全亏贾珍周济，此时又是贾珍作主替聘，而且妆奁不用自己置买，贾琏又是青年公子，比张华胜强十倍，遂连忙过来与二姐商议。二姐又是水性的人，在先已和姐夫不妥，又常怨恨当时错许张华，致使后来终身失所，今见贾琏有情，况是姐夫将他聘嫁，有何不肯，也便点头依允。当下回复了贾蓉，贾蓉回了他父亲。

次日命人请了贾琏到寺中来，贾珍当面告诉了他尤老娘应允之事。贾琏自是喜出望外，感谢贾珍、贾蓉父子不尽。于是二人商量着，使人看房子打首饰，给二姐置买妆奁及新房中应用床帐等物。不过几日，早将诸事办妥。已于宁荣街后二里远近小花枝巷内买定一所房子，共二十馀间。又买了两个小丫鬟。贾珍又给了一房家人，名叫鲍二，夫妻两口，以备二姐过来时服侍。那鲍二两口子听见这个巧宗儿，如何不来呢。又使人将张华父子叫来，逼勒着与尤老娘写退婚书。

却说张华之祖，原当皇粮庄头，后来死去。至张华父亲时，仍充此役，因与尤老娘前夫相好，所以将张华与尤二姐指腹为婚。后来不料遭了官司，败落了家产，弄得衣食不周，那里还娶得起媳妇呢。尤老娘又自那家嫁了出来，两家有十数年音信不通。今被贾府家人唤至，逼他与二姐退婚，心中虽不愿意，无奈惧怕贾珍等势焰，不敢不依，只得写了一张退婚文约。尤老娘与了二十两银子，两家退亲不提。

这里贾琏等见诸事已妥，遂择了初三黄道吉日，以便迎娶二姐过门。下回分解。

笺证

第六十四回的回目“幽淑女悲题五美吟　浪荡子情遗九龙珮”，把林黛玉奉上晶莹心瓣的《五美吟》，和贾琏在热孝中与尤二姐偷情故意遗落九龙珮进行清浊合璧，一雅一俗，实在是吊诡得无以复加。翻过污浊的一面，贾琏故意遗落九龙珮给尤二姐，以实现偷养外室的打算。此举虽然荒唐，但更为荒唐的是处在父或祖的热孝中的贾珍、贾蓉父子也想染指尤二姐、尤三姐。这也就是行文所谓：贾琏素日既闻尤氏姐妹之名，恨无缘得见。近因贾敬停灵在家，每日与二姐、三姐相认已熟，不禁动了垂涎之意。况知与贾珍、贾蓉等素有聚麀之诮，因而乘机百般撩拨，眉目传情。那三姐却只是淡淡相对，只有二姐也十分有意。但只是眼目众多，无从下手。贾琏又怕贾珍吃醋，不敢轻动，只好二人心领神会而已。何为“聚麀之诮”？《说文》云：“麀，牝鹿也。从鹿，从牝省。”“聚麀”一词，出自《礼记·曲礼上》：“夫惟禽兽无礼，故父子聚麀。”后比喻父子共一母麀的乱伦秽行。唐朝骆宾王《代徐敬业讨武氏檄》说：“践元后于翚翟，陷吾君于聚麀。”经过贾府诸人的磨合切割，贾琏在贾蓉疏通下，终于在小花枝巷内买定一所房子共二十余间藏娇。如贾蓉所设计：“叔叔（贾琏）回家，一点声色也别露，等我回明了我父亲，向我老娘说妥，然后在咱们府后方近左右买上一所房子及应用家伙，再拨两窝子家人过去服侍。择了日子，人不知鬼不觉娶了过去，嘱咐家人不许走漏风声。嫂子（凤姐）在里面住着，深宅大院，那里就得知道了？叔叔两下里住着，过个一年半载，即或闹出来，不过挨上老爷一顿骂。叔叔只说婶子总不生育，原是为子嗣起见，所以私自在外面作成此事。就是婶子，见生米做成熟饭，也只得罢了。再求一求老太太，没有不完的事。”这就是欲令智昏，性欲膨胀使人丧失理智。值得注意的是，《红楼梦》以“浪荡子情遗九龙珮”为题，写贾琏将自己佩带的一个汉玉九龙珮解摺给尤二姐，以小牵引出大，举重若轻，掏心连肺，写出了荣宁二府的淫邪腐烂，暗示了他们不配有好命运，有如一道暗渠通向如此贵族中国“忽喇喇似大厦倾，昏惨惨似灯将尽”，终落到“好一似食尽鸟投林，落了片白茫茫大地真干净！”其关键在于支撑大厦的柱木已经朽烂。这种以小引大的叙事法，犹如牵牛鼻子，令人联想到西汉刘安《淮南子·主术训》所说：“今使乌获、藉蕃从后牵牛尾，尾绝而不从者，逆也。若指之桑条以贯其鼻，则五尺童子，牵而周四海者，顺也。”[4] 如果让乌获、藉蕃这样的大力士去牵拉牛尾巴，就是将牛尾巴拉断，这牛还是不听话，原因在于违逆了牛的本性；如果用手指粗细的枝条贯穿牛的牛鼻，这样即使是弱小的五尺牧童也能牵着牛周游天下，使牛服服帖帖，原因是顺应了本性。据钱锺书《管锥编》的引证，意大利古掌故书也有“捉狗牵尾”之谚，释者曰：“将遭其啮也。”但文章的以小引大，由生物界进入精神界，顺牵逆引，可以随心所欲牵引出千姿百态的花样，不如此，不足见其是参透人生的天才，不足称其顺写逆写都自在。

[4]（汉）刘安：《淮南子》，岳麓书社2015年版，第80页。

第六十五回

贾二舍偷娶尤二姨　尤三姐思嫁柳二郎

话说贾琏、贾珍、贾蓉等三人商议，事事妥帖，至初二日，先将尤老和三姐送入新房。尤老一看，虽不似贾蓉口内之言，也十分齐备，母女二人已称了心。鲍二夫妇见了如一盆火，赶着尤老一口一声唤老娘，又或是老太太，赶着三姐唤三姨，或是姨娘。至次日五更天，一乘素轿，将二姐抬来。各色香烛纸马，并铺盖以及酒饭，早已备得十分妥当。一时，贾琏素服坐了小轿而来，拜过天地，焚了纸马。那尤老见二姐身上头上焕然一新，不似在家模样，十分得意。搀入洞房。是夜贾琏同他颠鸾倒凤，百般恩爱，不消细说。

那贾琏越看越爱，越瞧越喜，不知要怎生奉承这二姐，乃命鲍二等人不许提三说二的，直以奶奶称之，自己也称奶奶，竟将凤姐一笔勾倒。有时回家中，只说在东府有事羁绊，凤姐辈因知他和贾珍相得，自然是或有事商议，也不疑心。再家下人虽多，都不管这些事。便有那游手好闲专打听小事的人，也都去奉承贾琏，乘机讨些便宜，谁肯去露风。于是贾琏深感贾珍不尽。贾琏一月出五两银子做天天的供给。若不来时，他母女三人一处吃饭，若贾琏来了，他夫妻二人一处吃，他母女便回房自吃。贾琏又将自己积年所有的梯己，一并搬了与二姐收着，又将凤姐素日之为人行事，枕边衾内尽情告诉了他，只等一死，便接他进去。二姐听了，自是愿意。当下十来个人，倒也过起日子来，十分丰足。

眼见已是两个月光景。这日贾珍在铁槛寺作完佛事，晚间回家时，因与他姨妹久别，竟要去探望探望。先命小厮去打听贾琏在与不在，小厮回来说不在。贾珍欢喜，将左右一概先遣回去，只留两个心腹小童牵马。一时，到了新房，已是掌灯时分，悄悄入去。两个小厮将马拴在圈内，自往下房去听候。

贾珍进来，屋内才点灯，先看过了尤氏母女，然后二姐出见，贾珍仍唤二姨。大家吃茶，说了一回闲话。贾珍因笑说："我作的这保山如何？若错过了，打着灯笼还没处寻，过日你姐姐还备了礼来瞧你们呢。"说话之间，尤二姐已命人预备下酒馔，关起门来，都是一家人，原无避讳。那鲍二来请安，贾珍便说："你还是个有良心的小子，所以叫你来服侍。日后自有大用你之处，不可在外头吃酒生事，我自然赏你。倘或这里短了什么，你琏二爷事多，那里人杂，你只管去回我。我们弟兄不比别人。"鲍二答应道："是，小的知道。若小的不尽心，除非不要这脑袋了。"贾珍点头说："要你知道。"当下四人一处吃酒。

尤二姐知局，便邀他母亲说："我怪怕的，妈同我到那边走走来。"尤老也会意，便真个同他出来，只剩小丫头们。贾珍便和三姐挨肩擦脸，百般轻薄起来。小丫头子们看不过，也都躲了出去，凭他两个自在取乐，不知作些什么勾当。

跟的两个小厮都在厨下和鲍二饮酒，鲍二女人上灶。忽见两个丫头也走了来嘲笑，要吃酒。鲍二因说："姐儿们不在上头服侍，也偷来了。一时叫起来没人，又是事。"他女人骂道："胡涂浑呛了的忘八，你撞丧那黄汤罢。撞丧碎了，夹着你那膫子挺你的尸去。叫不叫，与你屄相干。一应有我承当，风雨横竖洒不着你头上来。"这鲍二原因妻子发迹的，近日越发亏他。自己除赚钱吃酒之外，一概不管，贾琏等也不肯责备他，故他视妻如母，百依百随，且吃够了便去睡觉。这里鲍二家的陪着这些丫鬟小厮吃酒，讨他们的好，准备在贾珍前上好。

四人正吃的高兴，忽听扣门之声，鲍二家的忙出来开门，看见是贾琏下马，问有事无事。鲍二女人便悄悄告他说："大爷在这里西院里呢。"贾琏听了，便回至卧房。只见尤二姐和他母亲都在房中，见他来了，二人面上便有些讪讪的。贾琏反推不知，只命："快拿酒来，咱们吃两杯好睡觉。我今日很乏了。"尤二姐忙上来陪笑接衣奉茶，问长问短。贾琏喜的心痒难受。一时鲍二家的端上酒来，二人对饮。他丈母不吃，自回房中睡去了。两个小丫头分了一个过来服侍。

贾琏的心腹小童隆儿拴马去，见已有了一匹马，细瞧一瞧，知是贾珍的，心下会意，也来厨下。只见喜儿、寿儿两个正在那里坐着吃酒，见他来了，也都会意，故笑道："你这会子来的巧。我们因赶不上爷的马，恐怕犯夜，往这里来借宿一宵的。"隆儿便笑道："有的是炕，只管睡。我是二爷使我送月银的，交给了奶奶，我也不回去了。"喜儿便说："我们吃多了，你来吃一钟。"隆儿才坐下，端起杯来，忽听马棚内闹将起来。原来二马同槽，不能相容，互相蹶踢起来。隆儿等慌的忙放下酒杯，出来喝马，好容易喝住，另拴好了，方进来。鲍二家的笑说："你三人就在这里罢，茶也现成了，我可去了。"说着，带门出去。

这里喜儿喝了几杯，已是楞子眼了。隆儿、寿儿关了门，回头见喜儿直挺挺的仰卧炕上，二人便推他说："好兄弟，起来好生睡，只顾你一个人，我们就苦了。"那喜儿便说道："咱们今儿可要公公道道的贴一炉子烧饼，要有一个充正经的人，我痛把你妈一肏。"隆儿寿儿见他醉了，也不便多说，只得吹了灯，将就睡下。

笺证

人物行事之间的搭配和衬托，重点是"托"，包含着承托、委托、寄托、依托、衬托。从语源学上说，"托"本作"乇"，《说文》云："乇，艸叶也。从垂穗，上贯一，下有根。”[1]“乇”就像初生的嫩芽，“一”表地面，枝叶有根，有所依托。后加“手”作“托”，是为承托。有了托，才有根柢，使事件人物得到品性上的凸显，或受到道德上的贬斥和揶揄。这是叙事文学托出价值观的体现。第六十五回热孝中的贾珍来到小花枝巷藏娇之地，尤二姐与老娘知趣避开，他就和尤三姐挨肩擦脸，百般轻薄起来。小丫头子们看不过，也都躲了出去，凭他两个自在取乐，不知作些什么勾当。既然是“两个自在取乐，不知作些什么勾当”，就要从“不知”转移到“知”，以“知”来搭配衬托“不知”。贾珍、贾琏的仆人们不知主人作些什么勾当，但心下会意，三人同铺醉卧，说“咱们今儿可要公公道道的贴一炉子烧饼”。“贴烧饼”一词在第九回宝玉秦钟大闹学堂时就有，众人大闹学堂，皆因一件事情引起，就是秦钟和香怜私下亲昵，正好被金荣发现了，金荣拍着手笑嚷说：“贴的好烧饼，你们都不买一个吃去？”金荣只一口咬定说：“方才明明的撞见他两个在后院子里亲嘴摸屁股，一对一肏，撅草棍儿抽长短，谁长谁先干。”《红楼梦》的妙处，就是对于此事，仆人们心下会意，却特意写两匹坐骑不会意，“忽听马棚内闹将起来。原来二马同槽，不能相容，互相蹶踢起来”。这种搭配衬托，就给这个荒唐苟且、偷偷摸摸的夜晚，带来某种促狭的不安，仿佛有一双鬼精灵的眼睛在暗处闪动，在凝视着和揶揄着宁府主人的荒唐。

[1]（汉）许慎:《说文解字》，中华书局2013年版，第123页。

尤二姐听见马闹，心下便不自安，只管用言语混乱贾琏。那贾琏吃了几杯，春兴发作，便命收了酒果，掩门宽衣。尤二姐只穿着大红小袄，散挽乌云，满脸春色，比白日更增了颜色。贾琏搂他笑道：“人人都说我们那夜叉婆齐整，如今我看来，给你拾鞋也不要。”尤二姐道：“我虽标致，却无品行。看来到底是不标致的好。”贾琏忙问道：“这话如何说，我却不解？”尤二姐滴泪说道：“你们拿我作愚人待，什么事我不知。我如今和你作了两个月夫妻，日子虽浅，我也知你不是愚人。我生是你的人，死是你的鬼，如今既作了夫妻，我终身靠你，岂敢瞒藏一字。我算是有靠，将来我妹子却如何结果。据我看来，这个形景恐非长策，要作长久之计方可。”贾琏听了，笑道：“你且放心，我不是拈酸吃醋之辈。前事我已尽知，你也不必惊慌。你因妹夫倒是作兄的，自然不好意思，不如我去破了这例。”说着走了，便至西院中来，只见窗内灯烛辉煌，二人正吃酒取乐。

贾琏便推门进去，笑说：“大爷在这里，兄弟来请安。”贾珍羞的无话，只得起身让坐。贾琏忙笑道：“何必又作如此景象，咱们弟兄从前是如何样来？大哥为我操心，我今日粉身碎骨，感激不尽。大哥若多心，我意何安？从此以后，还求大哥如昔方好；不然，兄弟能可绝后，再不敢到此处来了。”说着，便要跪下。慌的贾珍连忙搀起，只说：“兄弟怎么说，我无不领命。”贾琏忙命人：“看酒来，我和大哥吃两杯。”又拉尤三姐说：“你过来，陪小叔子一杯。”贾珍笑着说：“老二，到底是你，哥哥必要吃干这钟。”说着，一扬脖。

尤三姐站在炕上，指贾琏笑道：“你不用和我花马吊嘴的，清水下杂面，你吃我看见。见提着影戏人子上场，好歹别戳破这层纸儿。你别油蒙了心，打谅我们不知道你府上的事。这会子花了几个臭钱，你们哥儿俩拿着我们姐儿两个权当粉头来取乐儿，你们就打错了算盘了。我也知道你那老婆太难缠，如今把我姐姐拐了来做二房，偷的锣儿敲不得。我也要会会那凤奶奶去，看他是几个脑袋几只手。若大家好取和便罢，倘若有一点叫人过不去，我有本事先把你两个的牛黄狗宝掏了出来，再和那泼妇拼了这命，也不算是尤三姑奶奶。喝酒怕什么，咱们就喝。”说着，自己绰起壶来斟了一杯，自己先喝了半杯，搂过贾琏的脖子来就灌，说：“我和你哥哥已经吃过了，咱们来亲香亲香。”唬的贾琏酒都醒了。

贾珍也不承望尤三姐这等无耻老辣。弟兄两个本是风月场中耍惯的，不想今日反被这闺女一席话说住。尤三姐一叠声又叫："将姐姐请来，要乐咱们四个一处同乐。俗语说'便宜不过当家'，他们是弟兄，咱们是姊妹，又不是外人，只管上来。"尤二姐反不好意思起来。贾珍得便就要一溜，尤三姐那里肯放。贾珍此时方后悔，不承望他是这种为人，与贾琏反不好轻薄起来。

这尤三姐松松挽着头发，大红袄子半掩半开，露着葱绿抹胸，一痕雪脯。底下绿裤红鞋，一对金莲或翘或并，没半刻斯文。两个坠子却似打秋千一般，灯光之下，越显得柳眉笼翠雾，檀口点丹砂。本是一双秋水眼，再吃了酒，又添了饧涩淫浪，不独将他二姊压倒，据珍琏评去，所见过的上下贵贱若干女子，皆未有此绰约风流者。二人已酥麻如醉，不禁去招他一招，他那淫态风情，反将二人禁住。那尤三姐放出手眼来略试了一试，他弟兄两个竟全然无一点别识别见，连口中一句响亮话都没了，不过是酒色二字而已。自己高谈阔论，任意挥霍撒落一阵，拿他弟兄二人嘲笑取乐，竟真是他嫖了男人，并非男人淫了他。一时他的酒足兴尽，也不容他弟兄多坐，撵了出去，自己关门睡去了。

笺证

《红楼梦》关于二尤的描写，以对比手法如海绵挤水那样，挤出了二人不同的水性，一人是柔弱的水性，一人是刚烈的水性，柔弱克不了刚强，刚烈逃不了摧折，二者组合成了一幅色彩斑斓的世俗画。与尤二姐的懦弱隐忍不同，尤三姐显得无耻老辣，老辣又无耻，才能镇得住极端无耻的荒唐，假如借用《红楼梦》以花喻人的惯例，尤三姐就是

“刺大扎手的玫瑰花”。第六十五回写尤三姐松松挽着头发，大红袄子半掩半开，露着葱绿抹胸，一痕雪脯；底下绿裤红鞋，一对金莲或翘或并，没半刻斯文，一派淫情浪态。如此的尤三姐站在炕上，指贾琏笑道：“你不用和我花马吊嘴的，清水下杂面，你吃我看见。见提着影戏人子上场，好歹别戳破这层纸儿。你别油蒙了心，打谅我们不知道你府上的事。这会子花了几个臭钱，你们哥儿俩拿着我们姐儿两个权当粉头来取乐儿，你们就打错了算盘了。我也知道你那老婆太难缠，如今把我姐姐拐了来做二房，偷的锣儿敲不得。我也要会会那凤奶奶去，看他是几个脑袋几只手。若大家好取和便罢，倘若有一点叫人过不去，我有本事先把你两个的牛黄狗宝掏了出来，再和那泼妇拼了这命，也不算是尤三姑奶奶。”她看透了贾珍、贾琏拿她们姊妹“权当粉头来取乐儿”的本质，撕破脸来斥责对方，使得本是风月场中耍惯的贾珍、贾琏无从招架，直觉得竟真是她嫖了男人，并非男人淫了她。这样写大观园边缘的女子，如焰火冲天，令人目眩，实在是《红楼梦》念女儿经，念到了一种极致。

自此后，或略有丫鬟婆娘不到之处，便将贾琏、贾珍、贾蓉三个泼声厉言痛骂，说他爷儿三个诓骗了他寡妇孤女。贾珍回去之后，以后亦不敢轻易再来，有时尤三姐自己高了兴悄命小厮来请，方敢去一会，到了这里，也只好随他的便。谁知这尤三姐天生脾气不堪，仗着自己风流标致，偏要打扮的出色，另式作出许多万人不及的淫情浪态来，哄的男子们垂涎落魄，欲近不能，欲远不舍，迷离颠倒，他以为乐。

他母姊二人也十分相劝，他反说：“姐姐糊涂，咱们金玉一般的人，白叫这两个现世宝沾污了去，也算无能。而且他家有一个极利害的女人，如今瞒着他不知，咱们方安。倘或一日他知道了，岂有干休之理，势必有一场大闹，不知谁生谁死。趁如今我不拿他们取乐作践准折，到那时白落个臭名，后悔不及。”因此一说，他母女见不听劝，也只得罢了。那尤三姐天天挑拣穿吃，打了银的，又要金的，有了珠子，又要宝石，吃的肥鹅，又宰肥鸭。或不趁心，连桌一推，衣裳不如意，不论绫缎新整，便用剪刀剪碎，撕一条，骂一句，究竟贾珍等何曾随意了一日，反花了许多昧心钱。

贾琏来了，只在二姐房内，心中也悔上来。无奈二姐倒是个多情人，以为贾琏是终身之主了，凡事倒还知疼着痒。若论起温柔和顺，凡事必商必议，不敢恃才自专，实较凤姐高十倍，若论标致，言谈行事，也胜五分。虽然如今改过，但已经失了脚，有了一个“淫”字，凭他有甚好处也不算了。偏这贾琏又说：“谁人无错，知过必改就好。”故不提已往之淫，只取现今之善，便如胶授漆，似水如鱼，一心一计，誓同生死，那里还有凤、平二人在意了！

二姐在枕边衾内，也常劝贾琏说：“你和珍大哥商议商议，拣个相熟的人，把三丫头聘了罢。留着他不是常法子，终久要生出事来，怎么处？”贾琏道：“前日我曾回过大哥的，他只是舍不得。我说‘是块肥羊肉，只是烫的慌，玫瑰花儿可爱，刺大扎手。咱们未必降的住，正经拣个人聘了罢’。他只意意思思，就丢开手了。你叫我有何法？”二姐道：“你放心。咱们明日先劝三丫头，他肯了，让他自己闹去。闹的无法，少不得聘他。”贾琏听了说：“这话极是。”

至次日，二姐另备了酒，贾琏也不出门，至午间特请他小妹过来，与他母亲上坐。尤三姐便知其意，酒过三巡，不用姐姐开口，先便滴泪泣道：“姐姐今日请我，自有一番道礼要说。但妹子不是那愚人，也不用絮絮叨叨提那从前丑事，我已尽知，说也无益。既如今姐姐也得了好处安身，妈也有了安身之处，我也要自寻归结去，方是正理。但终身大事，一生至一死，非同儿戏。我如今改过守分，只要我拣一个素日可心如意的人方跟他去。若凭你们拣择，虽是富比石崇，才过子建，貌比潘安的，我心里进不去，也白过了一世。”

贾琏笑道：“这也容易。凭你说是谁就是谁，一应彩礼都有我们置办，母亲也不用操心。”尤三姐泣道：“姐姐知道，不用我说。”贾琏笑问二姐是谁，二姐一时也想不起来。大家想来，贾琏便料定是此人无移了，便拍手笑道：“我知道了，这人原不差，果然好眼力。”二姐笑问是谁，贾琏笑道：“别人他如何进得去，一定是宝玉。”二姐与尤老听了，亦以为然。尤三姐便啐了一口，道：“我们有姊妹十个，也嫁你弟兄十个不成。难道除了你家，天下就没了好男子了不成？”众人听了都诧异：“除去他，还有那一个？”尤三姐笑道：“别只在眼前想，姐姐只在五年前想就是了。”

正说着，忽见贾琏的心腹小厮兴儿走来请贾琏说：“老爷那边紧等着叫爷呢。小的答应往舅老爷那边去了，小的连忙来请。”贾琏又忙问：“昨日家里没人问？”兴儿道：“小的回奶奶说，爷在家庙里同珍大爷商议作百日的事，只怕不能来家。”贾琏忙命拉马，隆儿跟随去了，留下兴儿答应人来事务。

尤二姐拿了两碟菜，命拿大杯斟了酒，就命兴儿在炕沿下蹲着吃，一长一短向他说话儿。问他家里奶奶多大年纪，怎个利害的样子，老太太多大年纪，太太多大年纪，姑娘几个，各样家常等语。兴儿笑嘻嘻的在炕沿下一头吃，一头将荣府之事备细告诉他母女。又说：“我是二门上该班的人。我们共是两班，一班四个，共是八个。这八个人有几个是奶奶的心腹，有几个是爷的心腹。奶奶的心腹我们不敢惹，爷的心腹奶奶的就敢惹。提起我们奶奶来，心里歹毒，口里尖快。我们二爷也算是个好的，那里见得他。倒是跟前的平姑娘为人很好，虽然和奶奶一气，他倒背着奶奶常作些个好事。小的们凡有了不是，奶奶是容不过的，只求求他去就完了。如今合家大小除了老太太、太太两个人，没有不恨他的，只不过面子情儿怕他。皆因他一时看的人都不及他，只一味哄着老太太、太太两个人喜欢。他说一是一，说二是二，没人敢拦他。又恨不得把银子钱省下来堆成山，好叫老太太、太太说他会过日子，殊不知苦了下人，他讨好儿。估着有好事，他就不等别人去说，他先抓尖儿；或有了不好的事，或他自己错了，他便一缩头推到别人身上来，他还在旁边拨火儿。如今连他正经婆婆大太太都嫌了他，说他‘雀儿拣着旺处飞，黑母鸡一窝儿，自家的事不管，倒替人家去瞎张罗’。若不是老太太在头里，早叫过他去了。”

尤二姐笑道：“你背着他这等说他，将来你又不知怎么说我呢。我又差他一层儿，越发有的说了。”兴儿忙跪下说道：“奶奶要这样说，小的不怕雷打。但凡小的们有造化起来，先娶奶奶时若得了奶奶这样的人，小的们也少挨些打骂，也少提心吊胆的。如今跟爷的这几个人，谁不背前背后称扬奶奶盛德怜下。我们商量着叫二爷要出来，情愿来答应奶奶呢。”尤二姐笑道：“猴儿肏的，还不起来呢。说句顽话，就唬的那样起来。你们作什么来，我还要找了你奶奶去呢。”兴儿连忙摇手说：“奶奶千万不要去。我告诉奶奶，一辈子别见他才好。嘴甜心苦，两面三刀，上头一脸笑，脚下使绊子，明是一盆火，暗是一把刀：都占全了。只怕三姨的这张嘴还说他不过。奶奶这样斯文良善人，那里是他的对手。”尤氏笑道：“我只以礼待他，他敢怎么样？”

兴儿道：“不是小的吃了酒放肆胡说，奶奶便有礼让，他看见奶奶比他标致，又比他得人心，他怎肯干休善罢？人家是醋罐子，他是醋缸醋瓮。凡丫头们二爷多看一眼，他有本事当着爷打个烂羊头。虽然平姑娘在屋里，大约一年二年之间两个有一次到一处，他还要口里掂十个过子呢，气的平姑娘性子发了，哭闹一阵，说：‘又不是我自己寻来的，你又浪着劝我，我原不依，你反说我反了，这会子又这样。’他一般的也罢了，倒央告平姑娘。”尤二姐笑道：“可是扯谎。这样一个夜叉，怎么反怕屋里的人呢？”兴儿道：“这就是俗语说的‘天下逃不过一个理字去’了。这平儿是他自幼的丫头，陪了过来一共四个，嫁人的嫁人，死的死了，只剩了这个心腹。他原为收了屋里，一则显他贤良名儿，二则又拴爷的心，好不外头走邪的。又还有一段因果：我们家的规矩，凡爷们大了，未娶亲之先都先放两个人服侍的。二爷原有两个，谁知他来了没半年，都寻出不是来，都打发出去了。别人虽不好说，自己脸上过不去，所以强逼着平姑娘作了房里人。那平姑娘又是个正经人，从不把这一件事放在心上，也不会挑妻窝夫的，倒一味忠心赤胆服侍他，才容下了。"

尤二姐笑道："原来如此。但我听见你们家还有一位寡妇奶奶和几位姑娘。他这样利害，这些人如何依得？"兴儿拍手笑道："原来奶奶不知道。我们家这位寡妇奶奶，他的浑名叫作'大菩萨'，第一个善德人。我们家的规矩又大，寡妇奶奶们不管事，只宜清净守节。妙在姑娘又多，只把姑娘们交给他，看书写字，学针线，学道理，这是他的责任。除此问事不知，说事不管。只因这一向他病了，事多，这大奶奶暂管几日。究竟也无可管，不过是按例而行，不像他多事逞才。我们大姑娘不用说，但凡不好也没这段大福了。二姑娘的浑名是'二木头'，戳一针也不知嗳哟一声。三姑娘的浑名是'玫瑰花'。"尤氏姊妹忙笑问何意。兴儿笑道："玫瑰花又红又香，无人不爱的，只是刺戳手。也是一位神道，可惜不是太太养的，'老鸹窝里出凤凰'。四姑娘小，他正经是珍大爷的亲妹子，因自幼无母，老太太命太太抱过来养这么大，也是一位不管事的。奶奶不知道，我们家的姑娘不算，另外有两个姑娘，真是天上少有，地下无双。一个是咱们姑太太的女儿，姓林，小名儿叫什么黛玉，面庞身段和三姨不差什么，一肚子文章，只是一身多病，这样的天，还穿夹的，出来风儿一吹就倒了。我们这起没王法的嘴都悄悄的叫他'多病西施'。还有一位姨太太的女儿，姓薛，叫什么宝钗，竟是雪堆出来的。每常出门或上车，或一时院子里瞥见一眼，我们鬼使神差，见了他两个，不敢出气儿。"尤二姐笑道："你们大家规矩，虽然你们小孩子进的去，然遇见小姐们，原该远远藏开。"兴儿摇手道："不是，不是。那正经大礼，自然远远的藏开，自不必说。就藏开了，自己不敢出气，是生怕这气大了，吹倒了姓林的，气暖了，吹化了姓薛的。”说的满屋里都笑起来了。不知端详，且听下回分解。

笺证

宋代苏轼《东坡志林》卷一《记游庐山》说：“仆初入庐山，山谷奇秀，平生所未见，殆应接不暇，遂发意不欲作诗。已而见山中僧俗，皆云‘苏子瞻来矣’，不觉作一绝云：‘芒鞋青竹杖，自挂百钱游。可怪深山里，人人识故侯。’既自哂前言之谬，复作两绝云：‘青山若无素，偃蹇不相亲。要识庐山面，他年是故人。’又云：‘自昔忆清赏，初游杳霭间。如今不是梦，真个是庐山。’是日有以陈令举《庐山记》见寄者，且行且读，见其中云徐凝、李白之诗，不觉失笑。旋入门先寺，主僧求诗，因作一绝云：‘帝遣银河一派垂，古来惟有谪仙辞。飞流溅沫知多少，不与徐凝洗恶诗。’往来山南地十余日，以为胜绝不可胜谈，择其尤者，莫如漱玉亭、三陕桥，故作此二诗。最后与总老同游西林，又作一绝（《题西林壁》）云：‘横看成岭侧成峰，到处看山了不同。不识庐山真面目，只缘身在此山中。’仆庐山诗尽于此矣。”[2] 东坡诗的前两句又有作“横看成岭侧成峰，远近高低无一同”，或作“横看成岭侧成峰，远近高低各不同”，尤以后者最驰名。它揭示了角度不同，所看到的事物也会不同，从而启迪人们的多角度发散思维。《红楼梦》真会耍花招，变着角度写贾府人物，从贾母或王夫人、凤姐的角度已有差别，从奴仆的角度更是翻转镜子来照人，这就是把发散思维运用于叙事方法上。第六十五回写贾琏的贴身奴仆兴儿对尤二姐、尤三姐说：“提起我们奶奶（凤姐）来，心里歹毒，口里尖快。我们二爷（贾琏）也算是个

[2]（北宋）苏轼：《东坡志林·仇池笔记》，华东师范大学出版社1983年版，第8页。

好的，那里见得他。倒是跟前的平姑娘为人很好，虽然和奶奶一气，他倒背着奶奶常作些个好事。小的们凡有了不是，奶奶是容不过的，只求求他去就完了。如今合家大小除了老太太、太太两个人，没有不恨他的，只不过面子情儿怕他。皆因他一时看的人都不及他，只一味哄着老太太、太太两个人喜欢。他说一是一，说二是二，没人敢拦他。又恨不得把银子钱省下来堆成山，好叫老太太、太太说他会过日子，殊不知苦了下人，他讨好儿。估着有好事，他就不等别人去说，他先抓尖儿；或有了不好的事，或他自己错了，他便一缩头推到别人身上来，他还在旁边拨火儿。如今连他正经婆婆大太太都嫌了他，说他'雀儿拣着旺处飞，黑母鸡一窝儿，自家的事不管，倒替人家去瞎张罗'。若不是老太太在头里，早叫过他去了。"《红楼梦》的文化生态存在一种吊诡现象：同一人物事件在宗族视角、闺秀多视角、奴仆多视角中会呈现为不同的镜像。可以说，比鬼神更可怕的是人心，由于每人心中都有一把尺子。鲁迅就说过，有西方的密达尺，汉朝的虑俿尺或清朝的营造尺。这就是古语所谓：仁者见仁，智者见智。用西方语言表达，就成了"一千个人眼里有一千个哈姆雷特"。因为每个人都是一个单独的个体，其性格、背景、阅历、处事方式与世界观都存在差异，观察同一个事物或人物难免会千差万别。就像有人说的：一头公牛在牧场主眼中是牛肉，对印度教徒来说是神圣之物，而对分子生物学家来说是许多蛋白质和基因。《红楼梦》的心镜高悬，玲珑剔透，换用不同镜子从上上下下各种角度摄下了大观园百象。就拿凤辣子为例，既能逗得贾母开心，又能整治得众人畏惧服帖，却引起奴仆骂她"心里歹毒，口里尖快"。真真应了《红楼梦十二曲·聪明累》所说："机关算尽太聪明，反算了卿卿性命。"总逃不了墙倒众人推的那一天。

第六十六回 情小妹耻情归地府 冷二郎一冷入空门

话说鲍二家的打他一下子，笑道："原有些真的，叫你又编了这混话，越发没了捆儿。你倒不像跟二爷的人，这些混话倒像是宝玉那边的了。"尤二姐才要又问，忽见尤三姐笑问道："可是你们家那宝玉，除了上学，他作些什么？"兴儿笑道："姨娘别问他，说起来姨娘也未必信。他长了这么大，独他没有上过正经学堂。我们家从祖宗直到二爷，谁不是寒窗十载，偏他不喜读书。老太太的宝贝，老爷先还管，如今也不敢管了。成天家疯疯癫癫的，说的话人也不懂，干的事人也不知。外头人人看着好清俊模样儿，心里自然是聪明的，谁知是外清而内浊，见了人，一句话也没有。所有的好处，虽没上过学，倒难为他认得几个字。每日也不习文，也不学武，又怕见人，只爱在丫头群里闹。再者也没刚柔，有时见了我们，喜欢时没上没下，大家乱顽一阵，不喜欢各自走了，他也不理人。我们坐着卧着，见了他也不理，他也不责备。因此没人怕他，只管随便，都过的去。"

尤三姐笑道："主子宽了，你们又这样，严了，又抱怨。可知难缠。"尤二姐道："我们看他倒好，原来这样，可惜了一个好胎子。"尤三姐道："姐姐信他胡说，咱们也不是见一面两面的，行事言谈吃喝，原有些女儿气，那是只在里头惯了的。若说糊涂，那些儿糊涂？姐姐记得，穿孝时咱们同在一处，那日正是和尚们进来绕棺，咱们都在那里站着，他只站在头里挡着人。人说他不知礼，又没眼色。过后他即悄悄的告诉咱们说：'姐姐不知道，我并不是没眼色。想和尚们脏，恐怕气味熏了姐姐们。'接着他吃茶，姐姐又要茶，那个老婆子就拿了他的碗倒。他赶忙说：‘我吃脏了的，另洗了再拿来。’这两件上，我冷眼看去，原来他在女孩子们前不管怎样都过的去，只不大合外人的式，所以他们不知道。”尤二姐听说，笑道：“依你说，你两个已是情投意合了。竟把你许了他，岂不好？”三姐见有兴儿，不便说话，只低头嗑瓜子。

兴儿笑道：“若论模样儿行事为人，倒是一对好的。只是他已有了，只未露形。将来准是林姑娘定了的。因林姑娘多病，二则都还小，故尚未及此。再过三二年，老太太便一开言，那是再无不准的了。”大家正说话，只见隆儿又来了，说：“老爷有事，是件机密大事，要遣二爷往平安州去，不过三五日就起身，来回也得半月工夫。今日不能来了。请老奶奶早和二姨定了那事，明日爷来，好作定夺。”说着，带了兴儿回去了。

这里尤二姐命掩了门早睡，盘问他妹子一夜。至次日午后，贾琏方来了。尤二姐因劝他说：“既有正事，何必忙忙又来，千万别为我误事。”贾琏道：“也没甚事，只是偏偏的又出来了一件远差。出了月就起身，得半月工夫才来。”尤二姐道：“既如此，你只管放心前去，这里一应不用你记挂。三妹子他从不会朝更暮改的。他已说了改悔，必是改悔的。他已择定了人，你只要依他就是了。”贾琏问是谁，尤二姐笑道：“这人此刻不在这里，不知多早才来，也难为他眼力不错。自己说了，这人一年不来，他等一年，十年不来，等十年，若这人死了再不来了，他情愿剃了头当姑子去，吃长斋念佛，以了今生。”

贾琏问：“倒底是谁，这样动他的心？”二姐笑道：“说来话长。五年前我们老娘家里做生日，妈和我们到那里与老娘拜寿。他家请了一起串客，里头有个作小生的叫作柳湘莲，他看上了，如今要是他才嫁。旧年我们闻得柳湘莲惹了一个祸逃走了，不知可又回来了不曾？”贾琏听了道：“怪道呢，我说是个什么样人，原来是他。果然眼力不错。你不知道这柳二郎，那样一个标致人，最是冷面冷心的，差不多的人，他都无情无义。他最和宝玉合的来。去年因打了薛呆子，他不好意思见我们的，不知那里去了一向。后来听见有人说来了，不知是真是假。一问宝玉的小子们就知道了。倘或没来，他萍踪浪迹，知道几年才来，岂不白耽搁了？”尤二姐道：“我们这三丫头说的出来，干的出来，他怎样说，只依他便了。”

二人正说之间，只见尤三姐走来说道：“姐夫，你只放心。我们不是那心口两样的人，说什么是什么。若有了姓柳的来，我便嫁他。从今日起，我吃斋念佛，只服侍母亲，等他来了，嫁了他去，若一百年不来，我自己修行去了。”说着，将一根玉簪，击作两段，“一句不真，就如这簪子。”说着，回房去了，真个竟非礼不动，非礼不言起来。贾琏无了法，只得和二姐商议了一回家务，复回家与凤姐商议起身之事。一面着人问茗烟，茗烟说：“竟不知道。大约未来，若来了，必是我知道的。”一面又问他的街坊，也说未来。贾琏只得回复了二姐。至起身之日已近，前两天便说起身，却先往二姐这边来住两夜，从这里再悄悄长行。果见小妹竟又换了一个人，又见二姐持家勤慎，自是不消记挂。

是日一早出城，就奔平安州大道，晓行夜住，渴饮饥餐。方走了三日，那日正走之间，顶头来了一群驮子，内中一伙，主仆十来骑马，走的近来一看，不是别人，竟是薛蟠和柳湘莲来了。贾琏深为奇怪，忙伸马迎了上来，大家一齐相见，说些别后寒温，大家便入酒店歇下，叙谈叙谈。

贾琏因笑说：“闹过之后，我们忙着请你两个和解，谁知柳兄踪迹全无。怎么你两个今日倒在一处了？”薛蟠笑道：“天下竟有这样奇事。我同伙计贩了货物，自春天起身，往回里走，一路平安。谁知前日到了平安州界，遇一伙强盗，已将东西劫去。不想柳二弟从那边来了，方把贼人赶散，夺回货物，还救了我们的性命。我谢他又不受，所以我们结拜了生死弟兄，如今一路进京。从此后我们是亲弟亲兄一般。到前面岔口上分路，他就分路往南二百里有他一个姑妈，他去望候望候。我先进京去安置了我的事，然后给他寻一所宅子，寻一门好亲事，大家过起来。”贾琏听了道：“原来如此，倒教我们悬了几日心。”因又听道寻亲，又忙说道：“我正有一门好亲事堪配二弟。”说着，便将自己娶尤氏，如今又要发嫁小姨一节说了出来，只不说尤三姐自择之语。又嘱薛蟠且不可告诉家里，等生了儿子，自然是知道的。

薛蟠听了大喜，说：“早该如此，这都是舍表妹之过。”湘莲忙笑说：“你又忘情了，还不住口。”薛蟠忙止住不语，便说：“既是这等，这门亲事定要做的。”湘莲道：“我本有愿，定要一个绝色的女子。如今既是贵昆仲高谊，顾不得许多了，任凭裁夺，我无不从命。”贾琏笑道：“如今口说无凭，等柳兄一见，便知我这内娣的品貌是古今有一无二的了。”

湘莲听了大喜，说：“既如此说，等弟探过姑娘，不过月中就进京的，那时再定如何？”贾琏笑道：“你我一言为定，只是我信不过柳兄。你乃是萍踪浪迹，倘然淹滞不归，岂不误了人家？须得留一定礼。”湘莲道：“大丈夫岂有失信之理。小弟素系寒贫，况且客中，何能有定礼？”薛蟠道：“我这里现成，就备一分二哥带去。”贾琏笑道：“也不用金帛之礼，须是柳兄亲身自有之物，不论物之贵贱，不过我带去取信耳。”湘莲道：“既如此说，弟无别物，此剑防身，不能解下。囊中尚有一把鸳鸯剑，乃吾家传代之宝，弟也不敢擅用，只随身收藏而已。贾兄请拿去为定。弟纵系水流花落之性，然亦断不舍此剑者。”说毕，解囊出剑，捧与贾琏。贾琏命人收了。大家又饮了几杯，方各自上马，作别起程。正是：

将军不下马，各自奔前程。

且说贾琏一日到了平安州，见了节度，完了公事。因又嘱他十月前后务要还来一次，贾琏领命。次日连忙取路回家，先到尤二姐处探望。谁知贾琏出门之后，尤二姐操持家务十分谨肃，每日关门阖户，一点外事不闻。他小妹子果是个斩钉截铁之人，每日侍奉母姊之馀，只安分守己，随分过活。虽是夜晚间孤衾独枕，不惯寂寞，奈一心丢了众人，只念柳湘莲早早回来完了终身大事。这日贾琏进门，见了这般景况，喜之不尽，深念二姐之德。大家叙些寒温之后，贾琏便将路上相遇湘莲一事说了出来，又将鸳鸯剑取出，递与三姐。

三姐看时，上面龙吞夔护，珠宝晶荧，将靶一掣，里面却是两把合体的。一把上面錾着一"鸳"字，一把上面錾着一"鸯"字，冷飕飕，明亮亮，如两痕秋水一般。三姐喜出望外，连忙收了，挂在自己绣房床上，每日望着剑，自笑终身有靠。贾琏住了两天，回去复了父命，回家合宅相见。那时凤姐已大愈，出来理事行走了。贾琏又将此事告诉了贾珍。贾珍因近日又遇了新友，将这事丢过，不在心上，任凭贾琏裁夺，只怕贾琏独力不加，少不得又给了他三十两银子。贾琏拿来交与二姐预备妆奁。

谁知八月内湘莲方进了京，先来拜见薛姨妈，又遇见薛蝌，方知薛蟠不惯风霜，不服水土，一进京时便病倒，在家请医调治。听见湘莲来了，请入卧室相见。薛姨妈也不念旧事，只感救命之恩，母子们十分称谢。又说起亲事一节，凡一应东西皆已妥当，只等择日。柳湘莲也感激不尽。

次日又来见宝玉，二人相会，如鱼得水。湘莲因问贾琏偷娶二房之事，宝玉笑道："我听见茗烟一干人说，我却未见，我也不敢多管。我又听见茗烟说，琏二哥哥着实问你，不知有何话说？"湘莲就将路上所有之事一概告诉宝玉，宝玉笑道："大喜，大喜。难得这个标致人，果然是个古今绝色，堪配你之为人。"湘莲道："既是这样，他那里少了人物，如何只想到我。况且我又素日不甚和他厚，也关切不至此。路上工夫忙忙的就那样再三要来定，难道女家反赶着男家不成？我自己疑惑起来，后悔不该留下这剑作定。所以后来想起你来，可以细细问个底里才好。"宝玉道："你原是个精细人，如何既许了定礼又疑惑起来？你原说只要一个绝色的，如今既得了个绝色便罢了，何必再疑？”

湘莲道：“你既不知他娶，如何又知是绝色？”宝玉道：“他是珍大嫂子的继母带来的两位小姨。我在那里和他们混了一个月，怎么不知？真真一对尤物，他又姓尤。”湘莲听了，跌足道：“这事不好，断乎做不得了。你们东府里除了那两个石头狮子干净，只怕连猫儿狗儿都不干净。我不做这剩忘八。”宝玉听说，红了脸。

湘莲自惭失言，连忙作揖说：“我该死胡说。你好歹告诉我，他品行如何？”宝玉笑道：“你既深知，又来问我作甚么？连我也未必干净了。”湘莲笑道：“原是我自己一时忘情，好歹别多心。”宝玉笑道：“何必再提，这倒似有心了。”湘莲作揖告辞出来，心中想着若去找薛蟠，一则他现卧病，二则他又浮躁，不如去索回定礼。主意已定，便一径来找贾琏。

贾琏正在新房中，闻得湘莲来了，喜之不禁，忙迎了出来，让到内室与尤老相见。湘莲只作揖称老伯母，自称晚生，贾琏听了诧异。吃茶之间，湘莲便说：“客中偶然忙促，谁知家姑母于四月间订了弟妇，使弟无言可回。若从了老兄背了姑母，似非合理。若系金帛之订，弟不敢索取，但此剑系祖父所遗，请仍赐回为幸。”贾琏听了，便不自在，回说：“定者，定也。原怕反悔所以为定。岂有婚姻之事，出入随意的？还要斟酌。”湘莲笑道：“虽如此说，弟愿领责领罚，然此事断不敢从命。”贾琏还要饶舌，湘莲便起身说：“请兄外坐一叙，此处不便。”

那尤三姐在房明明听见。好容易等了他来，今忽见反悔，便知他在贾府中得了消息，自然是嫌自己淫奔无耻之流，不屑为妻。今若容他出去和贾琏说退亲，料那贾琏必无法可处，自己岂不无趣。一听贾琏要同他出去，连忙摘下剑来，将一股雌锋隐在肘内，出来便说："你们不必出去再议，还你的定礼。"一面泪如雨下，左手将剑并鞘送与湘莲，右手回肘只往项上一横。可怜：

揉碎桃花红满地，玉山倾倒再难扶。

芳灵蕙性，渺渺冥冥，不知那边去了。当下唬得众人急救不迭。尤老一面嚎哭，一面又骂湘莲。贾琏忙揪住湘莲，命人捆了送官。

尤二姐忙止泪反劝贾琏："你太多事，人家并没威逼他死，是他自寻短见。你便送他到官，又有何益，反觉生事出丑。不如放他去罢，岂不省事？"贾琏此时也没了主意，便放了手命湘莲快去。湘莲反不动身，泣道："我并不知是这等刚烈贤妻，可敬，可敬。"湘莲反伏尸大哭一场。等买了棺木，眼见入殓，又抚棺大哭一场，方告辞而去。

出门无所之，昏昏默默，自想方才之事。原来尤三姐这样标致，又这等刚烈，自悔不及。正走之间，只见薛蟠的小厮寻他家去，那湘莲只管出神。那小厮带他到新房之中，十分齐整。忽听环珮叮当，尤三姐从外而入，一手捧着鸳鸯剑，一手捧着一卷册子，向柳湘莲泣道："妾痴情待君五年矣。不期君果冷心冷面，妾以死报此痴情。妾今奉警幻之命，前往太虚幻境修注案中所有一干情鬼。妾不忍一别，故来一会，从此再不能相见矣。"说着便走。湘莲不舍，忙欲上来拉住问时，那尤三姐便说："来自情天，去由情地。前生误被情惑，今既耻情而觉，与君两无干涉。"说毕，一阵香风，无踪无影去了。

湘莲警觉，似梦非梦，睁眼看时，那里有薛家小童，也非新室，竟是一座破庙，旁边坐着一个跏腿道士捕虱。湘莲便起身稽首相问："此系何方？仙师仙名法号？"道士笑道："连我也不知道此系何方，我系何人，不过暂来歇足而已。"柳湘莲听了，不觉冷然如寒冰侵骨，掣出那股雄剑，将万根烦恼丝一挥而尽，便随那道士，不知往那里去了。后回便见——

笺证

叙事在人事错综纠结中，往往追求翘起效应。在反复缠结中出现翘起，就有点一枝独秀，格外风光。在大观园的边缘出现尤三姐、柳湘莲，二人成了生死冤家，刚烈的性格引起生命过程中的无端翘起，撕破了团圆的好梦。第六十六回尤二姐介绍尤三姐有非柳湘莲不嫁的决绝意志，说："这人（柳湘莲）此刻不在这里……这人一年不来，他等一年，十年不来，等十年，若这人死了再不来了，他情愿剃了头当姑子去，吃长斋念佛，以了今生。"这种情感意志，是宁可摧折，终不曲挠的。柳湘莲听贾琏言及如此品貌古今有一无二的美人，就把囊中的传家之宝鸳鸯剑作为信物相赠定情。但后来觉得宁国府除了那两个石头狮子干净，只怕连猫儿狗儿都不干净，不愿做剩忘八，就要悔婚，索回鸳鸯剑。己卯本夹批说："极奇之文！极趣之文！《金瓶梅》中有云'把忘八的脸打绿了'，已奇之至，此云'剩忘八'，岂不更奇！"[1]这是《金瓶梅》第二十二回的话。由这则脂评，可知《红楼梦》与《金瓶梅》的丝丝缕缕联系，但用此怪异的词语来表达自己的情感，也说明柳湘莲误判和悔恨之深。岂料尤三姐在交鸳鸯剑时，左手将剑并鞘送与湘莲，右手回肘只往项上一横，刎剑自尽。柳湘莲悔恨错失这等可敬可爱的刚烈贤妻，抚棺大哭一场，昏昏沉沉走出门去，"正走之间，只见薛蟠的小厮寻他家去，那湘莲只管出神。那小厮带他到新房之中，十分齐整。忽听环珮叮当，尤三姐从外而入，一手捧着鸳鸯剑，一手捧着一卷册子，向柳湘莲泣道：'妾痴情待君五年矣。不期君果冷心冷面，妾以死报此痴情。妾今奉警幻之命，前往太虚幻境修注案中所有一干情鬼。妾不忍一别，故来一会，从此再不能相见矣。'说着便走。湘莲不舍，忙欲上来拉住问时，那尤三姐便说：'来自情天，去由情地。前生误被情惑，今既耻情而觉，与君两无干涉。'说毕，一阵香风，无踪无影去了"。尤三姐死

[1] 朱一玄编：《红楼梦资料汇编》，南开大学出版社1985年版，第429页。

后安置在太虚幻境，是在人书的终端衔接上天书的玄幻叙事法。柳湘莲见到的所谓新房竟是一座破庙，坐着一个跏腿道士捕虱。柳湘莲被那道士数句冷言打破迷关，幡然顿悟，掣出那股雄剑，将万根烦恼丝（头发）一挥而尽，就随那道士，不知往哪里去了。这又是另一种人书衔接天书的叙事法。《红楼梦》的终极之境，是博大浩瀚的佛门。这里侠士烈女的一幕，是《红楼梦》中闪出的一缕刚烈痴情的特异光芒，划过浑浊污秽的云空。戚蓼生本回末总评说："尤三姐失身时，浓妆艳抹凌辱群凶；择夫后，念佛吃斋敬奉老母；能辨宝玉能识湘莲，活是红拂文君一流人物。"[2]更发人遐思的是，柳与尤双双以刚烈反抗混浊污秽，形成一束特异光芒射向太虚幻境，与警幻仙姑相遇，在大观园的边缘，补充了《红楼梦》对情天情地进行审判的玄幻的环形结构。刚烈性格的翘起，撕破了人间的团圆好梦，却成就了天书的环形结构，真可谓"失之东隅，收之桑榆"。

❷ 朱一玄编：《红楼梦资料汇编》，南开大学出版社1985年版，第482页。

第六十七回

见土仪颦卿思故里
闻秘事凤姐讯家童

话说尤三姐自尽之后，尤老娘和二姐儿、贾珍、贾琏等俱不胜悲恸，自不必说，忙令人盛殓，送往城外埋葬。柳湘莲见尤三姐身亡，痴情眷恋，却被道人数句冷言打破迷关，竟自截发出家，跟随疯道人飘然而去，不知何往。暂且不表。

且说薛姨妈闻知湘莲已说定了尤三姐为妻，心中甚喜，正是高高兴兴要打算替他买房子，治家伙，择吉迎娶，以报他救命之恩。忽有家中小厮吵嚷“三姐儿自尽了”，被小丫头们听见，告知薛姨妈。薛姨妈不知为何，心甚叹息。正在猜疑，宝钗从园里过来，薛姨妈便对宝钗说道：“我的儿，你听见了没有？你珍大嫂子的妹妹三姑娘，他不是已经许定给你哥哥的义弟柳湘莲了么，不知为什么自刎了？那柳湘莲也不知往那里去了？真正奇怪的事，叫人意想不到。”

宝钗听了，并不在意，便说道：“俗话说的好‘天有不测风云，人有旦夕祸福’。这也是他们前生命定。前日妈妈为他救了哥哥，商量着替他料理，如今已经死的死了，走的走了，依我说，也只好由他罢了。妈妈也不必为他们伤感了。倒是自从哥哥打江南回来了一二十日，贩了来的货物，想来也该发完了，那同伴去的伙计们辛辛苦苦的，回来几个月了，妈妈和哥哥商议商议，也该请一请，酬谢酬谢才是。别叫人家看着无礼似的。”

母女正说话间，见薛蟠自外而入，眼中尚有泪痕。一进门来。便向他母亲拍手说道：“妈妈可知道柳二哥尤三姐的事么？”薛姨妈说：“我才听见说，正在这里和你妹妹说这件公案呢。”薛蟠道：“妈妈可听见说柳湘莲跟着一个道士出了家了么？”薛姨妈道：“这越发奇了。怎么柳相公那样一个年轻的聪明人，一时糊涂，就跟着道士去了呢。我想你们好了一场，他又无父母兄弟，只身一人在此，你该各处找找他才是。靠那道士能往那里远去，左不过是在这方近左右的庙里寺里罢了。”薛蟠说：“何尝不是呢？我一听见这个信儿，就连忙带了小厮们在各处寻找，连一个影儿也没有。又去问人，都说没看见。”

薛姨妈说：“你既找寻过没有，也算把你作朋友的心尽了。焉知他这一出家不是得了好处去呢？只是你如今也该张罗张罗买卖，二则把你自己娶媳妇应办的事情，倒早些料理料理。咱们家没人，俗语说的‘夯雀儿先飞’，省得临时丢三落四的不齐全，令人笑话。再者你妹妹才说，你也回家半个多月了，想货物也该发完了，同你去的伙计们，也该摆桌酒给他们道道乏才是。人家陪着你走了二三千里的路程，受了四五个月的辛苦，而且在路上又替你担了多少的惊怕沉重。”薛蟠听说，便道：“妈妈说的很是，倒是妹妹想的周到。我也这样想着，只因这些日子为各处发货闹的脑袋都大了。又为柳二哥的事忙了这几日，反倒落了一个空，白张罗了一会子，倒把正经事都误了。要不然定了明儿后儿下帖儿请罢。”薛姨妈道：“由你办去罢。”

话犹未了，外面小厮进来回说：“管总的张大爷差人送了两箱子东西来，说这是爷各自买的，不在货帐里面。本要早送来，因货物箱子压着，没得拿，昨儿货物发完了，所以今日才送来了。”一面说，一面又见两个小厮搬进了两个夹板夹的大棕箱。薛蟠一见，说：“嗳哟，可是我怎么就糊涂到这步田地了。特特的给妈和妹妹带来的东西，都忘了没拿了家里来，还是伙计送了来了。”宝钗说：“亏你说，还是特特的带来的才放了一二十天，若不是特特的带来，大约要放到年底下才送来呢。我看你也诸事太不留心了。”薛蟠笑道：“想是在路上叫人把魂吓掉了，还没归窍呢。”说着大家笑了一回，便向小丫头说：“出去告诉小厮们，东西收下，叫他们回去罢。”

薛姨妈同宝钗因问：“到底是什么东西，这样捆着绑着的？”薛蟠便命叫两个小厮进来，解了绳子，去了夹板，开了锁看时，这一箱都是绸缎绫锦洋货等家常应用之物。薛蟠笑着道：“那一箱是给妹妹带的。”亲自来开。母女二人看时，却是些笔、墨、纸、砚、各色笺纸、香袋、香珠、扇子、扇坠、花粉、胭脂等物，外有虎丘带来的自行人、酒令儿，水银灌的打筋斗小小子，沙子灯，一出一出的泥人儿的戏，用青纱罩的匣子装着，又有在虎丘山上泥捏的薛蟠小像，与薛蟠毫无相差。宝钗见了，别的都不理论，倒是薛蟠的小像，拿着细细看了一看，又看看他哥哥，不禁笑起来了。因叫莺儿带着几个老婆子将这些东西连箱子送到园里去，又和母亲、哥哥说了一回闲话儿，才回园里去了。这里薛姨妈将箱子里的东西取出，一分一分的打点清楚，叫同喜送给贾母并王夫人等处不提。

且说宝钗到了自己房中，将那些玩意儿一件一件的过了目，除了自己留用之外，一分一分配合妥当，也有送笔墨纸砚的，也有送香袋扇子香坠的，也有送脂粉头油的，有单送顽意儿的。只有黛玉的比别人不同，且又加厚一倍。一一打点完毕，使莺儿同着一个老婆子，跟着送往各处。

这边姊妹诸人都收了东西，赏赐来使，说见面再谢。惟有林黛玉看见他家乡之物，反自触物伤情，想起父母双亡，又无兄弟，寄居亲戚家中，那里有人也给我带些土物？想到这里，不觉的又伤起心来了。

紫鹃深知黛玉心肠，但也不敢说破，只在一旁劝道：“姑娘的身子多病，早晚服药，这两日看着比那些日子略好些。虽说精神长了一点儿，还算不得十分大好。今儿宝姑娘送来的这些东西，可见宝姑娘素日看得姑娘很重，姑娘看着该喜欢才是，为什么反倒伤起心来？这不是宝姑娘送东西来倒叫姑娘烦恼了不成？就是宝姑娘听见，反觉脸上不好看。再者这里老太太们为姑娘的病体，千方百计请好大夫配药诊治，也为是姑娘的病好。

这如今才好些，又这样哭哭啼啼，岂不是自己遭踏了自己身子，叫老太太看着添了愁烦了么？况且姑娘这病，原是素日忧虑过度，伤了血气。姑娘的千金贵体，也别自己看轻了。”紫鹃正在这里劝解，只听见小丫头子在院内说：“宝二爷来了。”紫鹃忙说：“请二爷进来罢。”

只见宝玉进房来了，黛玉让坐毕，宝玉见黛玉泪痕满面，便问：“妹妹，又是谁气着你了？”黛玉勉强笑道：“谁生什么气？”旁边紫鹃将嘴向床后桌上一努，宝玉会意，往那里一瞧，见堆着许多东西，就知道是宝钗送来的，便取笑说道：“那里这些东西，不是妹妹要开杂货铺啊？”黛玉也不答言。紫鹃笑着道：“二爷还提东西呢。因宝姑娘送了些东西来，姑娘一看就伤起心来了。我正在这里劝解，恰好二爷来的很巧，替我们劝劝。”宝玉明知黛玉是这个缘故，却也不敢提头儿，只得笑说道：“你们姑娘的缘故，想来不为别的，必是宝姑娘送来的东西少，所以生气伤心。妹妹，你放心，等我明年叫人往江南去，与你多多的带两船来，省得你淌眼抹泪的。”

黛玉听了这些话，也知宝玉是为自己开心，也不好推，也不好任，因说道：“我任凭怎么没见世面，也到不了这步田地，因送的东西少，就生气伤心。我又不是两三岁的小孩子，你也忒把人看得小气了。我有我的缘故，你那里知道？”说着，眼泪又流下来了。宝玉忙走到床前，挨着黛玉坐下，将那些东西一件一件拿起来摆弄着细瞧，故意问这是什么，叫什么名字；那是什么做的，这样齐整；这是什么，要他做什么使用。又说这一件可以摆在面前，又说那一件可以放在条桌上当古董儿倒好呢。一味的将些没要紧的话来厮混。

黛玉见宝玉如此，自己心里倒过不去，便说：“你不用在这里混搅了，咱们到宝姐姐那边去罢。”宝玉巴不得黛玉出去散散闷，解了悲痛，便道：“宝姐姐送咱们东西，咱们原该谢谢去。”黛玉道：“自家姊妹，这倒不必。只是到他那边，薛大哥回来了，必然告诉他些南边的古迹儿，我去听听，只当回了家乡一趟的。”说着，眼圈儿又红了。宝玉便站着等他，黛玉只得同他出来，往宝钗那里去了。

笺证

《红楼梦》擅长于力挽狂澜，敞开万顷烟波。擒擒纵纵，新境自开。第六十七回在柳湘莲、尤三姐的霹雳强光之后，又以薛蟠带回的淮扬土特产引起林黛玉的孤独乡愁，以及贾宝玉的百般劝解。宝黛之情至此已是柔情似水，波纹细细。紫鹃作为黛玉的贴心丫鬟，更能疏解黛玉的感伤，她深知黛玉心肠，但也不敢说破，只在一旁劝道：“姑娘的身子多病，早晚服药，这两日看着比那些日子略好些。虽说精神长了一点儿，还算不得十分大好。今儿宝姑娘送来的这些东西，可见宝姑娘素日看得姑娘很重，姑娘看着该喜欢才是，为什么反倒伤起心来？这不是宝姑娘送东西来倒叫姑娘烦恼了不成？就是宝姑娘听见，反觉脸上不好看。再者这里老太太们为姑娘的病体，千方百计请好大夫配药诊治，也为是姑娘的病好。这如今才好些，又这样哭哭啼啼，岂不是自己遭踏了自己身子，叫老太太看着添了愁烦了么？况且姑娘这病，原是素日忧虑过度，伤了血气。姑娘的千金贵体，也别自己看轻了。”紫鹃对人情事理的洞达，只有贾宝玉身边的袭人可以比拟。只写宝玉劝黛玉，未免单调，加入紫鹃，就可以烟波舒展。

且说薛蟠听了母亲之言，急下了请帖，办了酒席。次日，请了四位伙计，俱已到齐，不免说些贩卖帐目发货之事。不一时，上席让坐，薛蟠挨次斟了酒。薛姨妈又使人出来致意。大家喝着酒说闲话儿。内中一个道：“今日这席上短两个好朋友。”众人齐问是谁，那人道：“还有谁，就是贾府上的琏二爷和大爷的盟弟柳二爷。”大家果然都想起来，问着薛蟠道：“怎么不请琏二爷和柳二爷来？”薛蟠闻言，把眉一皱，叹口气道：“琏二爷又往平安州去了，头两天就起了身的。那柳二爷竟别提起，真是天下头一件奇事。什么是柳二爷，如今不知那里作柳道爷去了。”

众人都诧异道：“这是怎么说？”薛蟠便把湘莲前后事体说了一遍。众人听了，越发骇异，因说道：“怪不的前日我们在店里仿仿佛佛也听见人吵嚷说，有一个道士三言两语把一个人度了去了，又说一阵风刮了去了，只不知是谁。我们正发货，那里有闲工夫打听这个事去，到如今还是似信不信的。谁知就是柳二爷呢，早知是他，我们大家也该劝他劝才是。任他怎么着，也不叫他去。”内中一个道：“别是这么着罢。”众人问怎么样，那人道：“柳二爷那样个伶俐人，未必是真跟了道士去罢。他原会些武艺，又有力量，或看破那道士的妖术邪法，特意跟他去，在背地摆布他，也未可知。”薛蟠道：“果然如此倒也罢了。世上这些妖言惑众的人，怎么没人治他一下子。”众人道：“那时难道你知道了，也没找寻他去。”薛蟠说：“城里城外，那里没有找到。不怕你们笑话，我找不着他，还哭了一场呢。”言毕，只是长吁短叹无精打彩的，不像往日高兴。众伙计见他这样光景，自然不便久坐，不过随便喝了几杯酒，吃了饭，大家散了。

且说宝玉同着黛玉到宝钗处来。宝玉见了宝钗，便说道：“大哥哥辛辛苦苦的带了东西来，姐姐留着使罢，又送我们。”宝钗笑道：“原不是什么好东西，不过是远路带来的土物儿，大家看着新鲜些就是了。”黛玉道：“这些东西我们小时候倒不理会，如今看见，真是新鲜物儿了。”宝钗因笑道：“妹妹知道，这就是俗语说的‘物离乡贵’，其实可算什么呢？”宝玉听了这话正对了黛玉方才的心事，连忙拿话岔道：“明年好歹大哥哥再去时，替我们多带些来。”黛玉瞅了他一眼，便道："你要你只管说，不必拉扯上人。姐姐你瞧，宝哥哥不是给姐姐来道谢，竟又要定下明年的东西来了。"说的宝钗宝玉都笑了。

三个人又闲话了一回，因提起黛玉的病来。宝钗劝了一回，因说道："妹妹若觉着身子不爽快，倒要自己勉强扎挣着出来各处走走逛逛，散散心，比在屋里闷坐着到底好些。我那两日不是觉着发懒，浑身发热，只是要歪着，也因为时气不好，怕病，因此寻些事情自己混着。这两日才觉着好些了。"黛玉道："姐姐说的何尝不是？我也是这么想着呢。"大家又坐了一会子方散。宝玉仍把黛玉送至潇湘馆门首，才各自回去了。

且说赵姨娘因见宝钗送了贾环些东西，心中甚是喜欢，想道："怨不得别人都说那宝丫头好，会做人，很大方，如今看起来果然不错。他哥哥能带了多少东西来，他挨门儿送到，并不遗漏一处，也不露出谁薄谁厚，连我们这样没时运的，他都想到了。若是那林丫头，他把我们娘儿们正眼也不瞧，那里还肯送我们东西？"一面想，一面把那些东西翻来覆去的摆弄瞧看一回。忽然想到宝钗系王夫人的亲戚，为何不到王夫人跟前卖个好儿呢。自己便蝎蝎螫螫的拿着东西，走至王夫人房中，站在旁边，陪笑说道："这是宝姑娘才刚给环哥儿的。难为宝姑娘这么年轻的人，想的这么周到，真是大户人家的姑娘，又展样，又大方，怎么叫人不敬服呢？怪不得老太太和太太成日家都夸他疼他。我也不敢自专就收起来，特拿来给太太瞧瞧，太太也喜欢喜欢。"王夫人听了，早知道来意了，又见他说的不伦不类，也不便不理他，说道："你自管收了去给环哥顽罢。"赵姨娘来时兴兴头头，谁知抹了一鼻子灰，满心生气，又不敢露出来，只得讪讪的出来了。到了自己房中，将东西丢在一边，嘴里咕咕哝哝自言自语道："这个又算了个什么儿呢？"一面坐着，各自生了一回闷气。

笺证

光的折射原理也可以运用在文学叙事的折射方法之中，问题在于不宜生搬硬套，运用中要讲究贴切而高妙。光线从一种介质斜射进入另一种介质时，因光线在不同介质中的速率不同，导致光线的前进方向发生改变。比如插入水中的筷子在水面处好像折断；鱼看到陆地上的树木位置，似乎变远了。远离地球的星星发出的光线穿过大气层，由于大气层中的空气分子和小尘埃的折射，就产生有如儿歌所唱的“一闪一闪亮晶晶，满天都是小星星”。宝钗送土物给各人，同样的光束，在不同的人物介质上引起光怪陆离的折光。土物来自黛玉家乡，自然引起黛玉浓厚的乡愁和深刻的身世之感。赵姨娘忽然想到宝钗系王夫人的亲戚，就拿着宝钗送的土物到王夫人跟前卖个好，结果碰了一鼻子灰。而带回江南土物的薛蟠宴请伙计，谈及“琏二爷又往平安州去了”，为其后凤姐对尤二姐施展阴谋，扯出了线头。通过绵密的文心，同一束光线，就可以折射出各色人物的特种心态。

却说莺儿带着老婆子们送东西回来，回复了宝钗，将众人道谢的话并赏赐的银钱都回完了，那老婆子便出去了。莺儿走近前来一步，挨着宝钗悄悄的说道：“刚才我到琏二奶奶那边，看见二奶奶一脸的怒气。我送下东西出来时，悄悄的问小红，说刚才二奶奶从老太太屋里回来，不似往日欢天喜地的，叫了平儿去，唧唧咕咕的不知说了些什么。看那个光景，倒像有什么大事的似的。姑娘没听见那边老太太有什么事？”宝钗听了，也自己纳闷，想不出凤姐是为什么有气，便道：“各人家有各人的事，咱们那里管得？你去倒茶去罢。”莺儿于是出来，自去倒茶不提。

且说宝玉送了黛玉回来，想着黛玉的孤苦，不免也替他伤感起来。因要将这话告诉袭人，进来时却只有麝月、秋纹在房中。因问：“你袭人姐姐那里去了？”麝月道：“左不过在这几个院里，那里就丢了他。一时不见，就这样找。”宝玉笑着道：“不是怕丢了他。因我方才到林姑娘那边，见林姑娘又正伤心呢。问起来却是为宝姐姐送了他东西，他看见是他家乡的土物，不免对景伤情。我要告诉你袭人姐姐，叫他闲时过去劝劝。”正说着，晴雯进来了，因问宝玉道：“你回来了，你又要叫劝谁？”宝玉将方才的话说了一遍。晴雯道：“袭人姐姐才出去，听见他说要到琏二奶奶那边去。保不住还到林姑娘那里。”宝玉听了，便不言语。秋纹倒了茶来，宝玉漱了一口，递给小丫头子，心中着实不自在，就随便歪在床上。

却说袭人因宝玉出门，自己作了回活计，忽想起凤姐身上不好，这几日也没有过去看看，况闻贾琏出门，正好大家说说话儿。便告诉晴雯：“好生在屋里，别都出去了，叫宝玉回来抓不着人。”晴雯道：“嗳哟，这屋里单你一个人记挂着他，我们都是白闲着混饭吃的。”袭人笑着，也不答言，就走了。

刚来到沁芳桥畔，那时正是夏末秋初，池中莲叶新残相间，红绿离披。袭人走着，沿堤看顽了一回。猛抬头看见那边葡萄架底下有人拿着掸子在那里掸什么呢，走到跟前，却是老祝妈。那老婆子见了袭人，便笑嘻嘻的迎上来，说道：“姑娘怎么今日得工夫出来逛逛？”袭人道：“可不是。我要到琏二奶奶家瞧瞧去。你在这里做什么呢？”那婆子道：“我在这里赶蜜蜂儿。今年三伏里雨水少，这果子树上都有虫子，把果子吃的疤瘌流星的掉了好些下来。姑娘还不知道呢，这马蜂最可恶的，一嘟噜上只咬破三两个儿，那破的水滴到好的上头，连这一嘟噜都是要烂的。姑娘你瞧，咱们说话的空儿没赶，就落上许多了。”袭人道：“你就是不住手的赶，也赶不了许多。你倒是告诉买办，叫他多多做些小冷布口袋儿，一嘟噜套上一个，又透风，又不遭塌。”婆子笑道：“倒是姑娘说的是。我今年才管上，那里知道这个巧法儿呢？”因又笑着说道：“今年果子虽遭踏了些，味儿倒好，不信摘一个姑娘尝尝。”袭人正色道：“这那里使得。不但没熟吃不得，就是熟了，上头还没有供鲜，咱们倒先吃了。你是府里使老了的，难道连这个规矩都不懂了？”老祝忙笑道：“姑娘说得是。我见姑娘很喜欢，我才敢这么说，可就把规矩错了，我可是老糊涂了。”袭人道：“这也没有什么。

只是你们有年纪的老奶奶们，别先领着头儿这么着就好了。”说着遂一径出了园门，来到凤姐这边。

笺证

《红楼梦》写狂风骤雨之将至，往往用笔格外宁静从容。以静待变，变就在把握中了。西汉刘安《淮南子·兵略训》之言兵：“兵贵谋之不测也，形之隐匿也。出于不意，不可以设备也。谋见则穷，形见则制。故善用兵者，上隐之天，下隐之地，中隐之人。隐之天者，无不制也。何谓隐之天？大寒甚暑，疾风暴雨，大雾冥晦，因此而为变者也。何谓隐之地？山陵丘阜，林丛险阻，可以伏匿而不见形者也。何谓隐之人？蔽之于前，望之于后，出奇行陈之间，发如雷霆，疾如风雨，搴巨旗，止鸣鼓，而出入无形，莫知其端绪者也。”[1]值得注意的是，《红楼梦》第六十七回把兵法巧妙地用于文法，把天学巧妙地用于文学。疾风暴雨将至，却出现难得的宁静。莺儿对宝钗悄悄说：“刚才我到琏二奶奶那边，看见二奶奶一脸的怒气。我送下东西出来时，悄悄的问小红，说刚才二奶奶从老太太屋里回来，不似往日欢天喜地的，叫了平儿去，唧唧咕咕的不知说了些什么。看那个光景，倒像有什么大事的似的。姑娘没听见那边老太太有什么事？”宝玉回到怡红院，晴雯告诉宝玉：“袭人姐姐才出去，听见他说要到琏二奶奶那边去。”这些不明不白的话，已经营造了山雨欲来风满楼的气氛。但袭人刚到沁芳桥畔，在葡萄架底下却遇见管园子的老祝妈，谈论马蜂最可恶的，一嘟噜上只咬破三两个儿，那破的水滴到好的上头，连这一嘟噜都是要烂的；袭人建议多多做些小冷布口袋儿，一嘟噜套上一个，又透风，又不遭塌；

[1]（西汉）刘安：《淮南子》，岳麓书社2015年版，第158页。

还嘱咐葡萄熟了，先给贾母、王夫人供鲜的规矩。袭人这番言论，倒像是一个园艺家或礼学家。袭人是从容平缓地一路走到凤姐的门前，这一切仿佛台风骤至，台风眼却依然沉寂。热带气旋中这种特有的“眼”上，出现了白天可看到阳光、夜晚可见到星星的少云天空的异常现象。这就是《红楼梦》大手笔之所谓“大”，从容不迫，心徘徊以踌躇，目顾盼而清明。

一到院里，只听凤姐说道：“天理良心，我在这屋里熬的越发成了贼了。”袭人听见这话，知道有原故了，又不好回来，又不好进去，遂把脚步放重些，隔着窗子问道：“平姐姐在家里呢么？”平儿忙答应着迎出来。袭人便问：“二奶奶也在家里呢么，身上可大安了？”说着，已走进来。

凤姐装着在床上歪着呢，见袭人进来，也笑着站起来，说：“好些了，叫你惦着。怎么这几日不过我们这边坐坐？”袭人道：“奶奶身上欠安，本该天天过来请安才是。但只怕奶奶身上不爽快，倒要静静儿的歇歇儿，我们来了，倒吵的奶奶烦。”凤姐笑道：“烦是没的话。倒是宝兄弟屋里虽然人多，也就靠着你一个照看他，也实在的离不开。我常听见平儿告诉我，说你背地里还惦着我，常常问我。这就是你尽心了。”一面说着，叫平儿挪了张杌子放在床边，让袭人坐下。

丰儿端进茶来，袭人欠身道：“妹妹坐着罢。”一面说闲话儿。只见一个小丫头子在外间屋里悄悄的和平儿说：“旺儿来了，在二门上伺候着呢。”又听见平儿也悄悄的道：“知道了。叫他先去，回来再来，别在门口儿站着。”袭人知他们有事，又说了两句话，便起身要走。凤姐道：“闲来坐坐，说说话儿，我倒开心。”因命平儿：“送送你妹妹。”平儿答应着送出来。只见两三个小丫头子，都在那里屏声息气齐齐的伺候着。袭人不知何事，便自去了。

却说平儿送出袭人，进来回道：“旺儿才来了，因袭人在这里，我叫他先到外头等等儿，这会子还是立刻叫他呢，还是等着？请奶奶的示下。”凤姐道：“叫他来。”平儿忙叫小丫头去传旺儿进来。这里凤姐又问平儿：“你到底是怎么听见说的？”平儿道：“就是头里那小丫头子的话。他说他在二门里头听见外头两个小厮说：‘这个新二奶奶比咱们旧二奶奶还俊呢，脾气儿也好。’不知是旺儿是谁，吆喝了两个一顿，说：‘什么新奶奶旧奶奶的，还不快悄悄儿的呢，叫里头知道了，把你的舌头还割了呢。’”平儿正说着，只见一个小丫头进来回说：“旺儿在外头伺候着呢。”凤姐听了，冷笑了一声说：“叫他进来。”那小丫头出来说：“奶奶叫呢。”旺儿连忙答应着进来。

旺儿请了安，在外间门口垂手侍立。凤姐儿道：“你过来，我问你话。”旺儿才走到里间门旁站着。凤姐儿道：“你二爷在外头弄了人，你知道不知道？”旺儿又打着千儿回道：“奴才天天在二门上听差事，如何能知道二爷外头的事呢？”凤姐冷笑道：“你自然不知道。你要知道，你怎么拦人呢。”旺儿见这话，知道刚才的话已经走了风了，料着瞒不过，便又跪回道：“奴才实在不知。就是头里兴儿和喜儿两个人在那里混说，奴才吆喝了他们两句。内中深情底里奴才不知道，不敢妄回。求奶奶问兴儿，他是长跟二爷出门的。”

凤姐听了，下死劲啐了一口，骂道：“你们这一起没良心的混帐忘八崽子。都是一条藤儿，打量我不知道呢。先去给我把兴儿那个忘八崽子叫了来，你也不许走。问明白了他，回来再问你。好，好，好，这才是我使出来的好人呢。”那旺儿只得连声答应几个是，磕了个头爬起来出去，去叫兴儿。

却说兴儿正在帐房儿里和小厮们玩呢，听见说二奶奶叫，先唬了一跳，却也想不到是这件事发作了，连忙跟着旺儿进来。旺儿先进去，回说：“兴儿来了。”凤姐儿厉声道：“叫他来！”那兴儿听见这个声音儿，早已没了主意了，只得乍着胆子进来。凤姐儿一见，便说：“好小子啊，你和你爷办的好事啊！你只实说罢。”兴儿一闻此言，又看见凤姐儿气色及两边丫头们的光景，早唬软了，不觉跪下，只是磕头。

凤姐儿道：“论起这事来，我也听见说不与你相干。但只你不早来回我知道，这就是你的不是了。你要实说了，我还饶你，再有一字虚言，你先摸摸你腔子上几个脑袋瓜子！”兴儿战兢兢的朝上磕头道：“奶奶问的是什么事，奴才同爷办坏了？”凤姐听了，一腔火都发作起来，喝命：“打嘴巴！”旺儿过来才要打时，凤姐儿骂道：“什么糊涂忘八崽子。叫他自己打，用你打吗？一会子你再各人打你那嘴巴子还不迟呢。”那兴儿真个自己左右开弓打了自己十几个嘴巴。凤姐儿喝声“站住”，问道：“你二爷外头娶了什么新奶奶旧奶奶的事，你大概不知道啊？”

兴儿见说出这件事来，越发着了慌，连忙把帽子抓下来在砖地上咕咚咕咚碰的头山响，口里说道：“只求奶奶超生，奴才再不敢撒一个字儿的谎。”凤姐道：“快说！”兴儿直蹶蹶的跪起来回道：“这事头里奴才也不知道。就是这一天，东府里大老爷送了殡，俞禄往珍大爷庙里去领银子。二爷同着蓉哥儿到了东府里，道儿上爷儿两个说起珍大奶奶那边的二位姨奶奶来。二爷夸他好，蓉哥儿哄着二爷，说把二姨奶奶说给二爷。”凤姐听到这里，使劲啐道：“呸，没脸的忘八蛋，他是你那一门子的姨奶奶！”

兴儿忙又磕头说：“奴才该死。”往上瞅着，不敢言语。凤姐儿道：“完了吗？怎么不说了？”兴儿方才又回道：“奶奶恕奴才，奴才才敢回。”凤姐啐道：“放你妈的屁，这还什么恕不恕了！你好生给我往下说，好多着呢。”兴儿又回道：“二爷听见这个话就喜欢了。后来奴才也不知道怎么就弄真了？”凤姐微微冷笑道：“这个自然么，你可那里知道呢。你知道的只怕都烦了呢。是了，说底下的罢。”兴儿回道：“后来就是蓉哥儿给二爷找了房子。”凤姐忙问道：“如今房子在那里？”兴儿道：“就在府后头。”凤姐儿道：“哦。”回头瞅着平儿道：“咱们都是死人哪，你听听！”平儿也不敢作声。

兴儿又回道：“珍大爷那边给了张家不知多少银子，那张家就不问了。”凤姐道：“这里头怎么又扯拉上什么张家、李家咧呢？”兴儿回道：“奶奶不知道，这二奶奶……”刚说到这里，又自己打了个嘴巴，把凤姐儿倒怄笑了。两边的丫头也都抿着嘴儿笑。兴儿想了想，说道：“那珍大奶奶的妹子……”凤姐儿接着道：“怎么样？快说呀。”兴儿道：“那珍大奶奶的妹子原来从小儿有人家的，姓张，叫什么张华，如今穷的待好讨饭。珍大爷许了他银子，他就退了亲了。”

凤姐儿听到这里，点了点头儿，回头便望丫头们说道：“你们都听见了？小忘八崽子，头里他还说不知道呢。”兴儿又回道：“后来二爷才叫人裱糊了房子，娶过来了。”凤姐道：“打那里娶过来的？”兴儿回道：“就在他老娘家抬过来的。”凤姐道：“好罢咧。”又问：“没人送亲么？”兴儿道：“就是蓉哥儿，还有几个丫头老婆子们，没别人。”凤姐道：“你大奶奶没来吗？”兴儿道：“过了两天，大奶奶才拿了些东西来瞧的。”凤姐儿笑了一笑，回头向平儿道：“怪道那两天二爷称赞大奶奶不离嘴呢。”掉过脸来又问兴儿：“谁服侍呢？自然是你了。”兴儿赶着碰头不言语。

凤姐又问：“前头那些日子说给那府里办事，想来办的就是这个了？”兴儿回道：“也有办事的时候，也有往新房子里去的时候。”凤姐又问道：“谁和他住着呢？”兴儿道：“他母亲和他妹子。昨儿他妹子各人抹了脖子了。”凤姐道：“这又为什么？”兴儿随将柳湘莲的事说了一遍。凤姐道：“这个人还算造化高，省了当那出名儿的忘八。”因又问道：“没了别的事了么？”兴儿道：“别的事奴才不知道。奴才刚才说的字字是实话，一字虚假，奶奶问出来只管打死奴才，奴才也无怨的。”

凤姐低了一回头，便又指着兴儿说道：“你这个猴儿崽子就该打死。这有什么瞒着我的？你想着瞒了我，就在你那糊涂爷跟前讨了好儿了，你新奶奶好疼你。我不看你刚才还有点怕惧儿，不敢撒谎，我把你的腿不给你砸折了呢。”说着喝声：“起去！”兴儿磕了个头，才爬起来，退到外间门口，不敢就走。凤姐道：“过来，我还有话呢。”兴儿赶忙垂手敬听。凤姐道：“你忙什么，新奶奶等着赏你什么呢？”兴儿也不敢抬头。

凤姐道：“你从今日不许过去，我什么时候叫你，你什么时候到。迟一步儿，你试试。出去罢。”兴儿忙答应几个“是”，退出门来。凤姐又叫道“兴儿”，兴儿赶忙答应回来。凤姐道：“快出去告诉你二爷去，是不是啊？”兴儿回道：“奴才不敢。”凤姐道：“你出去提一个字儿，隄防你的皮。”兴儿连忙答应着才出去了。

凤姐又叫“旺儿呢”，旺儿连忙答应着过来。凤姐把眼直瞪瞪的瞅了两三句话的工夫，才说道：“好旺儿，很好，去罢。外头有人提一个字儿，全在你身上。”旺儿答应着也出去了。

凤姐便叫倒茶。小丫头子们会意，都出去了。这里凤姐才和平儿说：“你都听见了，这才好呢。”平儿也不敢答言，只好陪笑儿。凤姐越想越气，歪在枕上只是出神，忽然眉头一皱，计上心来，便叫“平儿来”，平儿连忙答应过来。凤姐道：“我想这件事竟该这么着才好，也不必等你二爷回来再商量了。”未知凤姐如何办理，下回分解。

笺证

《红楼梦》的百科全书风貌，也展示在审判学上。第六十七回“闻秘事凤姐讯家童”，实在是一篇审判学的好文章。凤姐何许人也？她审讯家童，竟然可以使许多判案断狱的文字变得有声无气，黯然失色。凤姐的审讯层层紧逼，步步为营，保持高压气势，采取欲擒故纵的策略，让被审问者一步一步解除精神戒备，丧失侥幸心理，非要彻查贾琏娶二奶这桩公案的实情底细不可。凤姐叩问兴儿说：“论起这事来，我也听见说不与你相干。但只你不早来回我知道，这就是你的不是了。你要实说了，我还饶你，再有一字虚言，你先摸摸你腔子上几个脑袋瓜子！”凤姐先是采取猫耍老鼠的方法，与兴儿计较相不相干、是与不是，拆除了兴儿的一切心理防线，然后像一截又一截挤牙膏，挤得兴儿直蹶蹶的跪起来供认：“东府里大老爷（贾敬）送了殡，俞禄往珍大爷庙里去领银子。二爷（贾琏）同着蓉哥儿到了东府里，道儿上爷儿两个说起珍大奶奶那边的二位姨奶奶（尤二姐、尤三姐）来。二爷夸他好，蓉哥儿哄着二爷，说把二姨奶奶（尤二姐）说给二爷。”到了侥幸心理丧失殆尽，就只好和盘托出，还供出许多细节的来龙去脉，以及贾蓉为贾琏安排的房子的准确地点。如此审讯，就为凤姐进一步刮风下雨、兴风作浪储存了充足的信息和能量。《红楼梦》真了得，写惊心动魄的大事件，就配备大事件足以惊心动魄的能力。这有如北宋苏轼点化唐人孟郊《有所思》“古镇刀攒万片霜，寒江浪起千堆雪”诗句，为《念奴娇·赤壁怀古》中的“大江东去，浪淘尽、千古风流人物。故垒西边人道是，三国周郎赤壁。乱石穿空，惊涛拍岸，卷起千堆雪”，有如此大魄力才有如此大作为。

第六十八回

苦尤娘赚入大观园
酸凤姐大闹宁国府

话说贾琏起身去后，偏值平安节度巡边在外，约一个月方回。贾琏未得确信，只得住在下处等候。及至回来相见，将事办妥，回程已是将两个月的限了。

谁知凤姐心下早已算定，只待贾琏前脚走了，回来便传各色匠役，收拾东厢房三间，照依自己正室一样装饰陈设。至十四日便回明贾母、王夫人，说十五日一早要到姑子庙进香去。只带了平儿、丰儿、周瑞媳妇、旺儿媳妇四人，未曾上车，便将原故告诉了众人。又吩咐众男人，素衣素盖，一径前来。

兴儿引路，一直到了二姐门前扣门。鲍二家的开了。兴儿笑说："快回二奶奶去，大奶奶来了。"鲍二家的听了这句，顶梁骨走了真魂，忙飞进报与尤二姐。尤二姐虽也一惊，但已来了，只得以礼相见，于是忙整衣迎了出来。至门前，凤姐方下车进来。尤二姐一看，只见头上皆是素白银器，身上月白缎袄，青缎披风，白绫素裙。眉弯柳叶，高吊两梢，目横丹凤，神凝三角。俏丽若三春之桃，清素若九秋之菊。周瑞旺儿二女人搀入院来。尤二姐陪笑忙迎上来万福，张口便叫："姐姐下降，不曾远接，望恕仓促之罪。"说着便福了下来。凤姐忙陪笑还礼不迭。二人携手同入室中。

凤姐上座，尤二姐命丫鬟拿褥子来便行礼，说："奴家年轻，一从到了这里，诸事皆系家母和家姐商议主张。今日有幸相会，若姐姐不弃奴家寒微，凡事求姐姐的指示教训。奴亦倾心吐胆，只服侍姐姐。"说着，便行下礼去。

凤姐儿忙下座以礼相还，口内忙说："皆因奴家妇人之见，一味劝夫慎重，不可在外眠花卧柳，恐惹父母担忧。此皆是你我之痴心，怎奈二爷错会奴意。眠花宿柳之事瞒奴或可，今娶姐姐二房之大事亦人家大礼，亦不曾对奴说。奴亦曾劝二爷早行此礼，以备生育。不想二爷反以奴为那等嫉妒之妇，私自行此大事，并不说知。使奴有冤难诉，惟天地可表。前于十日之先奴已风闻，恐二爷不乐，遂不敢先说。今可巧远行在外，故奴家亲自拜见过，还求姐姐下体奴心，起动大驾，挪至家中。你我姊妹同居同处，彼此合心谏劝二爷，慎重世务，保养身体，方是大礼。若姐姐在外，奴在内，虽愚贱不堪相伴，奴心又何安？再者，使外人闻知，亦甚不雅观。二爷之名也要紧，倒是谈论奴家，奴亦不怨。所以今生今世奴之名节全在姐姐身上。那起下人小人之言，未免见我素日持家太严，背后加减些言语，自是常情。姐姐乃何等样人物，岂可信真？若我实有不好之处，上头三层公婆，中有无数姊妹妯娌，况贾府世代名家，岂容我到今日？今日二爷私娶姐姐在外，若别人则怒，我则以为幸。正是天地神佛不忍我被小人们诽谤，故生此事。我今来求姐姐进去和我一样同居同处，同分同例，同侍公婆，同谏丈夫。喜则同喜，悲则同悲，情似亲妹，和比骨肉。不但那起小人见了，自悔从前错认了我，就是二爷来家一见，他作丈夫之人，心中也未免暗悔。所以姐姐竟是我的大恩人，使我从前之名一洗无馀了。若姐姐不随奴去，奴亦情愿在此相陪。奴愿作妹子，每日服侍姐姐梳头洗面。只求姐姐在二爷跟前替我好言方便方便，容我一席之地安身，奴死也愿意。"说着，便呜呜咽咽哭将起来。尤二姐见了这般，也不免滴下泪来。

二人对见了礼，分序座下。平儿忙也上来要见礼。尤二姐见他打扮不凡，举止品貌不俗，料定是平儿，连忙亲身挽住，只叫："妹子快休如此，你我是一样的人。"凤姐忙也起身笑说："折死他了。妹子只管受礼，他原是咱们的丫头，以后快别如此。"说着，又命周瑞家的从包袱里取出四匹上色尺头，四对金珠簪环为拜礼。尤二姐忙拜受了。

二人吃茶，对诉已往之事。凤姐口内全是自怨自错，"怨不得别人，如今只求姐姐疼我"等语。尤二姐见了这般，便认作他是个极好的人，小人不遂心诽谤主子亦是常理，故倾心吐胆，叙了一回，竟把凤姐认为知己。又见周瑞家的等媳妇在旁边称扬凤姐素日许多善政，只是吃亏心太痴了，惹人怨，又说："已经预备了房屋，奶奶进去一看便知。"

尤氏心中早已要进去同住方好，今又见如此，岂有不允之理，便说："原该跟了姐姐去，只是这里怎样？"凤姐儿道："这有何难？姐姐的箱笼细软只管着小厮搬了进去。这些粗笨货要他无用，还叫人看着。姐姐说谁妥当就叫谁在这里。"尤二姐忙说："今日既遇见姐姐，这一进去，凡事只凭姐姐料理。我也来的日子浅，也不曾当过家，世事不明白，如何敢作主？这几件箱笼拿进去罢。我也没有什么东西，那也不过是二爷的。"凤姐听了，便命周瑞家的记清，好生看管着抬到东厢房去。

于是催着尤二姐穿戴了，二人携手上车，又同坐一处，又悄悄的告诉他："我们家的规矩大。这事老太太一概不知，倘或知二爷孝中娶你，管把他打死了。如今且别见老太太、太太。我们有一个花园子极大，姊妹住着，容易没人去的。你这一去且在园里住两天，等我设个法子回明白了，那时再见方妥。"尤二姐道："任凭姐姐裁处。"那些跟车的小厮们皆是预先说明的，如今不去大门，只奔后门而来。

下了车，赶散众人。凤姐便带尤氏进了大观园的后门，来到李纨处相见了。彼时大观园中十停人已有九停人知道了，今忽见凤姐带了进来，引动多人来看问。尤二姐一一见过。众人见他标致和悦，无不称扬。凤姐一一的吩咐了众人："都不许在外走了风声，若老太太、太太知道，我先叫你们死。"园中婆子丫鬟都素惧凤姐的，又系贾琏国孝家孝中所行之事，知道关系非常，都不管这事。凤姐悄悄的求李纨收养几日，“等回明了，我们自然过去的”。李纨见凤姐那边已收拾房屋，况在服中，不好倡扬，自是正理，只得收下权住。凤姐又变法将他的丫头一概退出，又将自己的一个丫头送他使唤。暗暗吩咐园中媳妇们：“好生照看着他，若有走失逃亡，一概和你们算帐。”自己又去暗中行事。合家之人都暗暗纳罕说：“看他如何这等贤惠起来了。”

那尤二姐得了这个所在，又见园中姊妹各各相好，倒也安心乐业的自为得其所矣。谁知三日之后，丫头善姐便有些不服使唤起来。尤二姐因说：“没了头油了，你去回声大奶奶拿些来。”善姐便道：“二奶奶，你怎么不知好歹没眼色。我们奶奶天天承应了老太太，又要承应这边太太那边太太。这些妯娌姊妹，上下几百男女，天天起来，都等他的话。一日少说，大事也有一二十件，小事还有三五十件。外头的从娘娘算起，以及王公侯伯家多少人情客礼，家里又有这些亲友的调度。银子上千钱上万，一日都从他一个手一个心一个口里调度，那里为这点子小事去烦琐他。我劝你能着些儿罢。咱们又不是明媒正娶来的，这是他亘古少有一个贤良人才这样待你，若差些儿的人，听见了这话，吵嚷起来，把你丢在外，死不死，活不活，你又敢怎样呢？”一席话，说的尤氏垂了头，自为有这一说，少不得将就些罢了。

那善姐渐渐连饭也怕端来与他吃，或早一顿，或晚一顿，所拿来之物，皆是剩的。尤二姐说过两次，他反先乱叫起来。尤二姐又怕人笑他不安分，少不得忍着。隔上五日八日见凤姐一面，那凤姐却是和容悦色，满嘴里姐姐不离口。又说：“倘有下人不到之处，你降不住他们，只管告诉我，我打他们。”又骂丫头媳妇说：“我深知你们，软的欺，硬的怕，背开我的眼，还怕谁？倘或二奶奶告诉我一个不字，我要你们的命。”尤氏见他这般的好心，思想“既有他，何必我又多事。下人不知好歹，也是常情。我若告了，他们受了委屈，反叫人说我不贤良”。因此反替他们遮掩。

笺证

《韩非子·难一》说：“楚人有鬻盾与矛者，誉之曰：‘吾盾之坚，物莫能陷也。’又誉其矛曰：‘吾矛之利，于物无不陷也。’或曰：‘以子之矛陷子之盾，何如？’其人弗能应也。”[1]《红楼梦》正是在“其人弗能应”之处，以子之矛攻子之盾，用了纵横捭阖的叙事法，写了凤姐纵横捭阖的撒泼哭闹之术。纵横捭阖源自西汉刘向《战国策序》：“苏秦为纵，张仪为横，横则秦帝，纵则楚王，所在国重，所去国轻。”凤姐把战国策士游说的手段，在贾府高墙里面施展得出神入化。凤姐亲自到小花子巷好言宽慰尤二姐，下座还礼说：“皆因奴家妇人之见，一味劝夫慎重，不可在外眠花卧柳，恐惹父母担忧。此皆是你我之痴心，怎奈二爷错会奴意。眠花宿柳之事瞒奴或可，今娶姐姐二房之大事亦人家大礼，亦不曾对奴说。奴亦曾劝二爷早行此礼，以备生育。不想二爷反以奴为那等嫉妒之妇，私自行此大事，并不说知。使奴有冤难诉，惟天地可表。前于十日之先奴已风闻，恐二爷不乐，遂不敢先说。今可巧远行在外，故奴家亲自拜见过，还求姐姐下体奴心，起动大驾，挪至家中。你我姊妹同居同处，彼此合心谏劝二爷，慎重世务，保养身体，方是大礼。若姐姐在外，奴在内，虽愚贱不堪相伴，奴心又何安？再者，使外人闻知，亦甚不雅观。二爷之名也要紧，倒是谈论奴家，奴亦不怨。所以今生今世奴之名节全在姐姐身上。那起下人小人之言，未免见我素日持家太严，背后加减些言语，自是常情。姐姐乃何等样人物，岂可信真？若我实有不好之处，上头三层公婆，中有无数姊妹妯娌，况贾府世代名家，岂容我到今日？今日二爷私娶姐姐在外，若别人则怒，我则以为幸。正是天地神佛不忍我被小人们诽谤，故生此事。我今来求姐姐进去和我一样同居同处，同分同例，同侍公婆，同谏丈夫。喜则同喜，悲则同悲，情似亲妹，和比骨肉。不但那起小人见了，自悔从前错认了我，就是二爷来家一见，他作丈夫之人，心中也未免暗悔。所以姐姐竟是我的大恩人，使我从前之名一洗无馀了。若姐姐不随奴去，奴亦情愿在此相陪。奴愿作妹子，每日服侍姐姐梳头洗面。只求姐姐在二爷跟前替我好言方便方便，容我一席之地安身，奴死也愿意。"尤二姐见了这般，果然被她骗过，认她作极好的人，小人不遂心诽谤主子亦是常理，故倾心吐胆，叙了一回，竟把凤姐认为知己。这是凤姐趁着贾琏离开所腾出的空间，对一个弱女子施展纵横捭阖的第一部曲、第一个战役。好戏和大战还在后头。

❶（清）王先慎：《韩非子集解》，中华书局1998年版，第350页。

凤姐一面使旺儿在外打听细事，这尤二姐之事皆已深知。原来已有了婆家的，女婿现在才十九岁，成日在外嫖赌，不理生业，家私花尽，父亲撵他出来，现在赌钱场存身。父亲得了尤婆十两银子退了亲的，这女婿尚不知道。原来这小伙子名叫张华。凤姐都一一尽知原委，便封了二十两银子与旺儿，悄悄命他将张华勾来养活，着他写一张状子，只管往有司衙门中告去，就告琏二爷"国孝家孝之中，背旨瞒亲，仗财依势，强逼退亲，停妻再娶"等语。这张华也深知利害，先不敢造次。

旺儿回了凤姐，凤姐气的骂："癞狗扶不上墙的种子。你细细的说给他，便告我们家谋反也没事的。不过是借他一闹，大家没脸。若告大了，我这里自然能够平息的。"旺儿领命，只得细说与张华。凤姐又吩咐旺儿："他若告了你，你就和他对词去。"如此如此，这般这般，"我自有道理"。旺儿听了有他做主，便又命张华状子上添上自己，说:“你只告我来往过付，一应调唆二爷做的。”张华便得了主意，和旺儿商议定了，写了一纸状子，次日便往都察院喊了冤。

察院坐堂看状，见是告贾琏的事，上面有家人旺儿一人，只得遣人去贾府传旺儿来对词。青衣不敢擅入，只命人带信。那旺儿正等着此事，不用人带信，早在这条街上等候。见了青衣，反迎上去笑道:“起动众位兄弟，必是兄弟的事犯了。说不得，快来套上。”众青衣不敢，只说:“你老去罢，别闹了。”于是来至堂前跪了。

察院命将状子与他看。旺儿故意看了一遍，碰头说道:“这事小的尽知，小的主人实有此事。但这张华素与小的有仇，故意攀扯小的在内。其中还有别人，求老爷再问。”张华碰头说:“虽还有人，小的不敢告他，所以只告他下人。”旺儿故意急的说:“糊涂东西，还不快说出来。这是朝廷公堂之上，凭是主子，也要说出来。”张华便说出贾蓉来。

察院听了无法，只得去传贾蓉。凤姐又差了庆儿暗中打听，告了起来，便忙将王信唤来，告诉他此事，命他托察院只虚张声势警唬而已，又拿了三百银子与他去打点。是夜王信到了察院私第，安了根子。那察院深知原委，收了赃银。次日回堂，只说张华无赖，因拖欠了贾府银两，枉捏虚词，诬赖良人。都察院又素与王子腾相好，王信也只到家说了一声，况是贾府之人，巴不得了事，便也不提此事，且都收下，只传贾蓉对词。

且说贾蓉等正忙着贾珍之事，忽有人来报信，说有人告你们如此如此，这般这般，快作道理。贾蓉慌了，忙来回贾珍。贾珍说:“我防了这一着，只亏他大胆子。”即刻封了二百银子着人去打点察院，又命家人去对词。正商议之间，人报:“西府二奶奶来了。”贾珍听了这个，倒吃了一惊，忙要同贾蓉藏躲。不想凤姐进来了，说:“好大哥哥，带着兄弟们干的好事。”贾蓉忙请安，凤姐拉了他就进来。贾珍还笑说:“好生伺候你姑娘，吩咐他们杀牲口备饭。”说了，忙命备马，躲往别处去了。

这里凤姐儿带着贾蓉走来上房，尤氏正迎了出来，见凤姐气色不善，忙笑说:“什么事情这等忙？”凤姐照脸一口唾沫啐道:“你尤家的丫头没人要了，偷着只往贾家送。难道贾家的人都是好的，普天下死绝了男人了。

你就愿意给，也要三媒六证，大家说明，成个体统才是。你痰迷了心，脂油蒙了窍，国孝家孝两重在身，就把个人送来了。这会子被人家告我们，我又是个没脚蟹，连官场中都知道我利害吃醋，如今指名提我，要休我。我来了你家，干错了什么不是，你这等害我。或是老太太、太太有了话在你心里，使你们做这圈套，要挤我出去。如今咱们两个一同去见官，分证明白。回来咱们公同请了合族中人，大家觌面说个明白。给我休书，我就走路。”一面说，一面大哭，拉着尤氏，只要去见官。急的贾蓉跪在地下碰头，只求:“姑娘婶子息怒。”

凤姐儿一面又骂贾蓉:“天雷劈脑子、五鬼分尸的没良心的种子。不知天有多高，地有多厚，成日家调三窝四，干出这些没脸面没王法败家破业的营生。你死了的娘阴灵也不容你，祖宗也不容，还敢来劝我!”哭骂着扬手就打。贾蓉忙磕头有声说:“婶子别动气，仔细手，让我自己打。婶子别生气。”说着，自己举手左右开弓自己打了一顿嘴巴子，又自己问着自己说:“以后可再顾三不顾四的混管闲事了，以后还单听叔叔的话不听婶子的话了?”众人又是劝，又要笑，又不敢笑。

凤姐儿滚到尤氏怀里，嚎天动地，大放悲声，只说:“给你兄弟娶亲我不恼。为什么使他违旨背亲，将混帐名儿给我背着? 咱们只去见官，省得捕快皂隶来拿。再者咱们只过去见了老太太、太太和众族人，大家公议了，我既不贤良，又不容丈夫娶亲买妾，只给我一纸休书，我即刻就走。你妹妹我也亲身接来家，生怕老太太、太太生气，也不敢回，现在三茶六饭金奴银婢的住在园里。我这里赶着收拾房子，和我一样的道理，只等老太太知道了。原说接过来大家安分守己的，我也不提旧事了。谁知又是有了人家的。不知你们干的什么事，我一概又不知道。如今告我，我昨日急了，纵然我出去见官，也丢的是你贾家的脸，少不得偷把太太的五百两银子去打点。如今把我的人还锁在那里。”说了又哭，哭了又骂，后来放声大哭起祖宗爹妈来，又要寻死撞头。把个尤氏揉搓成一个面团，衣服上全是眼泪鼻涕，并无别语，只骂贾蓉：“孽障种子，和你老子作的好事，我就说不好的。”

凤姐儿听说，哭着两手搬着尤氏的脸紧对相问道：“你发昏了。你的嘴里难道有茄子塞着？不然他们给你嚼子衔上了？为什么你不告诉我去？你若告诉了我，这会子平安不了？怎得经官动府，闹到这步田地，你这会子还怨他们。自古说：‘妻贤夫祸少，表壮不如里壮。’你但凡是个好的，他们怎得闹出这些事来？你又没才干，又没口齿，锯了嘴子的葫芦，就只会一味瞎小心图贤良的名儿。总是他们也不怕你，也不听你。”说着啐了几口。尤氏也哭道：“何曾不是这样？你不信问问跟的人，我何曾不劝的，也得他们听。叫我怎么样呢，怨不得妹妹生气，我只好听着罢了。”

众姬妾、丫鬟、媳妇已是乌压压跪了一地，陪笑求说：“二奶奶最圣明的。虽是我们奶奶的不是，奶奶也作践的够了。当着奴才们，奶奶们素日何等的好来，如今还求奶奶给留脸。”说着，捧上茶来。凤姐也摔了，一面止了哭挽头发，又喝骂贾蓉：“出去请大哥哥来。我对面问他，亲大爷的孝才五七，侄儿娶亲，这个礼我竟不知道。我问问，也好学着日后教导子侄的。”贾蓉只跪着磕头，说：“这事原不与父母相干，都是儿子一时吃了屎，调唆叔叔作的。我父亲也并不知道。如今我父亲正要商量接太爷出殡，婶子若闹起来，儿子也是个死。只求婶子责罚儿子，儿子谨领。这官司还求婶子料理，儿子竟不能干这大事。婶子是何等样人，岂不知俗语说的‘胳膊只折在袖子里’。儿子糊涂死了，既作了不肖的事，就同那猫儿狗儿一般。婶子既教训，就不和儿子一般见识的，少不得还要婶子费心费力将外头的事压住了才好。原是婶子有这个不肖的儿子，既惹了祸，少不得委屈，还要疼儿子。”说着，又磕头不绝。

凤姐见他母子这般，也再难往前施展了，只得又转过了一副形容言谈来，与尤氏反陪礼说："我是年轻不知事的人，一听见有人告诉了，把我吓昏了，不知方才怎样得罪了嫂子。可是蓉儿说的'胳膊折了往袖子里藏'，少不得嫂子要体谅我。还要嫂子转替哥哥说了，先把这官司按下去才好。"尤氏贾蓉一齐都说："婶子放心，横竖一点儿连累不着叔叔。婶子方才说用过了五百两银子，少不得我娘儿们打点五百两银子与婶子送过去，好补上的，不然岂有反教婶子又添上亏空之名，越发我们该死了。但还有一件，老太太、太太们跟前婶子还要周全方便，别提这些话方好。"

凤姐儿又冷笑道："你们饶压着我的头干了事，这会子反哄着我替你们周全。我虽然是个呆子，也呆不到如此。嫂子的兄弟是我的丈夫，嫂子既怕他绝后，我岂不比嫂子更怕他绝后。嫂子的令妹就是我的妹子一样。我一听见这话，连夜喜欢的连觉也睡不成，赶着传人收拾了屋子，就要接进来同住。倒是奴才小人的见识，他们倒说：'奶奶太好性了。若是我们的主意，先回了老太太、太太看是怎样，再收拾房子去接也不迟。'我听了这话，教我要打要骂的，才不言语。谁知偏不称我的意，偏打我的嘴，半空里又跑出一个张华来告了一状。我听见了，吓的两夜没合眼儿，又不敢声张，只得求人去打听这张华是什么人，这样大胆。打听了两日，谁知是个无赖的花子。我年轻不知事，反笑了，说：'他告什么？'倒是小子们说：'原是二奶奶许了他的。他如今正是急了，冻死饿死也是个死，现在有这个理他抓着，纵然死了，死的倒比冻死饿死还值些。怎么怨的他告呢？这事原是爷做的太急了。国孝一层罪，家孝一层罪，背着父母私娶一层罪，停妻再娶一层罪。俗语说："拼着一身剐，敢把皇帝拉下马。"他穷疯了的人，什么事作不出来，况且他又拿着这满理，不告等请不成。'嫂子说，我便是个韩信、张良，听了这话，也把智谋吓回去了。你兄弟又不在家，又没个商议，少不得拿钱去垫补，谁知越使钱越被人拿住了刀靶，越发来讹。我是耗子尾巴上长疮——多少脓血儿？所以又急又气，少不得来找嫂子。”

尤氏、贾蓉不等说完，都说：“不必操心，自然要料理的。”贾蓉又道：“那张华不过是穷急，故舍了命才告。咱们如今想了一个法儿，竟许他些银子，只叫他应了妄告不实之罪，咱们替他打点完了官司。他出来时再给他些个银子就完了。”凤姐儿笑道：“好孩子，怨不得你顾一不顾二的作这些事出来。原来你竟糊涂。若你说得这话，他暂且依了，且打出官司来又得了银子，眼前自然了事。这些人既是无赖之徒，银子到手一旦光了，他又寻事故讹诈。倘又叨登起来这事，咱们虽不怕，也终担心。搁不住他说既没毛病为什么反给他银子，终久是不了之局。”

贾蓉原是个明白人，听如此一说，便笑道：“我还有个主意，‘来是是非人，去是是非者’，这事还得我了才好。如今我竟去问张华个主意，或是他定要人，或是他愿意了事得钱再娶。他若说一定要人，少不得我去劝我二姨，叫他出来仍嫁他去，若说要钱，我们这里少不得给他。”凤姐儿忙道：“虽如此说，我断舍不得你姨娘出去，我也断不肯使他去。好侄儿，你若疼我，只能可多给他钱为是。”贾蓉深知凤姐口虽如此，心却是巴不得只要本人出来，他却做贤良人。如今怎说怎依。

凤姐儿欢喜了，又说：“外头好处了，家里终久怎么样？你也同我过去回明才是。”尤氏又慌了，拉凤姐讨主意如何撒谎才好。凤姐冷笑道：“既没这本事，谁叫你干这事了。这会子又这个腔儿，我又看不上。待要不出个主意，我又是个心慈面软的人，凭人撮弄我，我还是一片痴心。说不得让我应起来。如今你们只别露面，我只领了你妹妹去与老太太、太太们磕头，只说原系你妹妹，我看上了很好。正因我不大生长，原说买两个人放在屋里的，今既见你妹妹很好，而又是亲上做亲的，我愿意娶来做二房。皆因家中父母姊妹新近一概死了，日子又艰难，不能度日，若等百日之后，无奈无家无业，实难等得。我的主意接了进来，已经厢房收拾了出来暂且住着，等满了服再圆房。仗着我不怕臊的脸，死活赖去，有了不是，也寻不着你们了。你们母子想想，可使得？”尤氏、贾蓉一齐笑说：“到底是婶子宽洪大量，足智多谋。等事妥了，少不得我们娘儿们过去拜谢。”尤氏忙命丫鬟们服侍凤姐梳妆洗脸，又摆酒饭，亲自递酒拣菜。

凤姐也不多坐，执意就走了。进园中将此事告诉与尤二姐，又说我怎么操心打听，又怎么设法子，须得如此如此方救下众人无罪，少不得我去拆开这鱼头，大家才好。不知端详，且听下回分解。

笺证

元代郑光祖《虎牢关三战吕布》杂剧第三折：“武艺精熟智量能，排兵布阵显威风。”第六十八回荣宁二府战云密布，从尤二姐的战场转到尤氏、贾蓉的战场，凤姐的纵横捭阖之术更是精于排兵布阵，牵动更绵长、更曲折的线头，从中寻找兴风作浪的关键茬口。这是凤姐纵横捭阖的第二个战役。茬口在何处？凤姐封了二十两银子与仆人旺儿，悄悄命他将尤二姐的前夫张华勾来养活，着他写一张状子，只管往有司衙门中告去，就告琏二爷“国孝家孝之中，背旨瞒亲，仗财依势，强逼退亲，停妻再娶”等语。凤姐拿着这个把柄和茬口，打上门来威胁恐吓尤氏、贾蓉，冷笑说：“你们饶压着我的头干了事，这会子反哄着我替你们周全。我虽然是个呆子，也呆不到如此。嫂子的兄弟是我的丈夫，嫂子既怕他绝后，我岂不比嫂子更怕他绝后。嫂子的令妹就是我的妹子一样。我一听见这话，连夜喜欢的连觉也睡不成，赶着传人收拾了屋子，就要接进来同住。倒是奴才小人的见识，他们倒说：‘奶奶太好性了。若是我们的主意，先回了老太太、太太看是怎样，再收拾房子去接也不迟。’我听了这话，教我要打要骂的，才不言语。谁知偏不称我的意，偏打我的嘴，半空里又跑出一个张华来告了一状。我听见了，吓的两夜没合眼儿，又不敢声张，只得求人去打听这张华是什么人，这样大胆。打听了两日，谁知是个无赖的花子。我年轻不知事，反笑了，说：‘他告什么？’倒是小子们说：‘原是二奶奶许了他的。他如今正是急了，冻死饿死也是个死，现在有这个理他抓着，纵然死了，死的倒比冻死饿死还值些。怎么怨的他告呢？这事原是爷做的太急了。国孝一层罪，家孝一层罪，背着父母私娶一层罪，停妻再娶一层罪。俗语说："拼着一身剐，敢把皇帝拉下马。"他穷疯了的人，什么事作不出来，况且他又拿着这满理，不告等请不成。’嫂子说，我便是个韩信、张良，听了这话，也把智谋吓回去了。你兄弟又不在家，又没个商议，少不得拿钱去垫补，谁知越使钱越被人拿住了刀靶，越发来讹。我是耗子尾巴上长疮——多少脓血儿？所以又急又气，少不得来找嫂子。"凤姐这些话一推一挡，拿着四层罪的题目，用了"拼着一身剐，敢把皇帝拉下马"的俗语，连连声称自己都支撑不住，"我是耗子尾巴上长疮——多少脓血儿？"以此压迫得尤氏、贾蓉晕头晕脑，不知所措。看到对方无可奈何之后，又拉回来卖乖，冷笑说："既没这本事，谁叫你干这事了。这会子又这个腔儿，我又看不上。待要不出个主意，我又是个心慈面软的人，凭人撮弄我，我还是一片痴心。说不得让我应起来。如今你们只别露面，我只领了你妹妹去与老太太、太太们磕头，只说原系你妹妹，我看上了很好。正因我不大生长，原说买两个人放在屋里的，今既见你妹妹很好，而又是亲上做亲的，我愿意娶来做二房。皆因家中父母姊妹新近一概死了，日子又艰难，不能度日，若等百日之后，无奈无家无业，实难等得。我的主意接了进来，已经厢房收拾了出来暂且住着，等满了服再圆房。仗着我不怕臊的脸，死活赖去，有了不是，也寻不着你们了。你们母子想想，可使得？"如此上下其手，又打又拉，以苏秦、张仪的口才撮弄家长里短之事，直把尤氏整治得服服帖帖之后，凤姐又要策划纵横捭阖的第三战役了。

第六十九回

弄小巧用借剑杀人 觉大限吞生金自逝

话说尤二姐听了，又感谢不尽，只得跟了他来。尤氏那边怎好不过来的，少不得也过来跟着凤姐去回，方是大礼。凤姐笑说:“你只别说话，等我去说。”尤氏道:“这个自然。但一有个不是，是往你身上推的。”说着，大家先来至贾母房中。

正值贾母和园中姊妹们说笑解闷，忽见凤姐带了一个标致小媳妇进来，忙觑着眼看，说:“这是谁家的孩子？好可怜见的。”凤姐上来笑道:“老祖宗倒细细的看看，好不好？”说着，忙拉二姐说:“这是太婆婆，快磕头。”二姐忙行了大礼，展拜起来。又指着众姊妹说：这是某人某人，你先认了，太太瞧过了再见礼。二姐听了，一一又从新故意的问过，垂头站在旁边。贾母上下瞧了一遍，因又笑问:“你姓什么，今年十几了？”凤姐忙又笑说:“老祖宗且别问，只说比我俊不俊？”贾母又戴了眼镜，命鸳鸯琥珀:“把那孩子拉过来，我瞧瞧肉皮儿。”众人都抿嘴儿笑着，只得推他上去。贾母细瞧了一遍，又命琥珀:“拿出手来我瞧瞧。”鸳鸯又揭起裙子来。贾母瞧毕，摘下眼镜来，笑说道:“竟是个齐全孩子，我看比你俊些。”

凤姐听说，笑着忙跪下，将尤氏那边所编之话，一五一十细细的说了一遍，“少不得老祖宗发慈心，先许他进来，住一年后再圆房。”贾母听了道:“这有什么不是？既你这样贤良，很好。只是一年后方可圆得房。”凤姐听了，叩头起来，又求贾母着两个女人一同带去见太太们，说是老祖宗的主意。贾母依允，遂使二人带去见了邢夫人等。王夫人正因他风声不雅，深为忧虑，见他今行此事，岂有不乐之理。于是尤二姐自此见了天日，挪到厢房住居。

凤姐一面使人暗暗调唆张华，只叫他要原妻，这里还有许多赔送外，还给他银子安家过活。张华原无胆无心告贾家的，后来又见贾蓉打发人来对词，那人原说的："张华先退了亲。我们皆是亲戚。接到家里住着是真，并无娶嫁之说。皆因张华拖欠了我们的债务，追索不与，方诬赖小的主人那些个。"察院都和贾王两处有瓜葛，况又受了贿，只说张华无赖，以穷讹诈，状子也不收，打了一顿赶出来。庆儿在外替他打点，也没打重。又调唆张华："亲原是你家定的，你只要亲事，官必还断给你。"于是又告。王信那边又透了消息与察院，察院便批："张华所欠贾宅之银，令其限内按数交还，其所定之亲，仍令其有力时娶回。"又传了他父亲来当堂批准。他父亲亦系庆儿说明，乐得人财两进，便去贾家领人。

凤姐儿一面吓的来回贾母，说如此这般，"都是珍大嫂子干事不明，并没和那家退准，惹人告了，如此官断"。贾母听了，忙唤了尤氏过来，说他作事不妥，"既是你妹子从小曾与人指腹为婚，又没退断，使人混告了"。尤氏听了，只得说："他连银子都收了，怎么没准？"凤姐在旁又说："张华的口供上现说不曾见银子，也没见人去。他老子说：'原是亲家母说过一次，并没应准。亲家母死了，你们就接进去作二房。'如此没有对证的话，只好由他去混说。幸而琏二爷不在家，没曾圆房，这还无妨。只是人已来了，怎好送回去，岂不伤脸？"贾母道："又没圆房，没的强占人家有夫之人，名声也不好，不如送给他去。那里寻不出好人来？"尤二姐听了，又回贾母说："我母亲实于某年月日给了他十两银子退准的。他因穷急了告，又翻了口。我姐姐原没错办。”贾母听了，便说：“可见刁民难惹。既这样，凤丫头去料理料理。”凤姐听了无法，只得应着。回来只命人去找贾蓉。

贾蓉深知凤姐之意，若要使张华领回，成何体统，便回了贾珍，暗暗遣人去说张华：“你如今既有许多银子，何必定要原人？若只管执定主意，岂不怕爷们一怒，寻出个由头，你死无葬身之地。你有了银子，回家去什么好人寻不出来。你若走时，还赏你些路费。”张华听了，心中想了一想，这倒是好主意，和父亲商议已定，约共也得了有百金，父子次日起个五更，便回原籍去了。

贾蓉打听得真了，来回了贾母、凤姐，说：“张华父子妄告不实，惧罪逃走，官府亦知此情，也不追究，大事完毕。”凤姐听了，心中一想：若必定着张华带回二姐去，未免贾琏回来再花几个钱包占住，不怕张华不依。还是二姐不去，自己相伴着还妥当，且再作道理。只是张华此去不知何往，他倘或再将此事告诉了别人，或日后再寻出这由头来翻案，岂不是自己害了自己。原先不该如此将刀靶付与外人去的。因此悔之不迭，复又想了一条主意出来，悄命旺儿遣人寻着了他，或讹他作贼，和他打官司将他治死，或暗中使人算计，务将张华治死，方剪草除根，保住自己的名誉。

旺儿领命出来，回家细想：人已走了完事，何必如此大作，人命关天，非同儿戏，我且哄过他去，再作道理。因此在外躲了几日，回来告诉凤姐，只说张华是有了几两银子在身上，逃去第三日在京口地界，五更天已被截路人打闷棍打死了。他老子唬死在店房，在那里验尸掩埋。凤姐听了不信，说：“你要扯谎，我再使人打听出来敲你的牙。”自此方丢过不究。凤姐和尤二姐和美非常，更比亲姊亲妹还胜十倍。

笺证

人生途中遇到狡猾阴险的“两面人”，是很危险的。因为两面人善于伪装，乐于表演作秀，说一套、做一套，当面是人、背后是鬼，迷惑人心，令人放松防备，或者防不胜防。唐李商隐《义山杂纂》说：“愚昧背面说人过。好说人家密事……三头二面趋奉人。”北宋司马光《涑水家仪》说：“凡女仆两面二舌，虚饰造谗者，逐之。”元李行道《包待制智赚灰阑记》杂剧第二折有“岂知他有两面三刀，向夫主厮搬调”之语。这些都是提醒世人提防两面三刀的人。《红楼梦》第六十五回兴儿就对尤二姐形容凤姐是两面人：“嘴甜心苦，两面三刀，上头一脸笑，脚下使绊子，明是一盆火，暗是一把刀：都占全了。”到了第六十九回凤姐的两面人表演就更为到家，更加令人怵目惊心。凤姐一面带尤二姐见贾母，百般夸奖新人，一面使人暗暗调唆张华，只叫他咬定要回原妻，还赔送给他银子安家过活。又打通察院判定“张华所欠贾宅之银，令其限内按数交还，其所定之亲，仍令其有力时娶回”，去贾家领回尤二姐。这就不仅搓揉尤氏、贾蓉，而且玩贾母于股掌之间。贾母只好说了“又没圆房，没的强占人家有夫之人，名声也不好，不如送给他去。那里寻不出好人来？”又说“可见刁民难惹。既这样，凤丫头去料理料理”。虽然宁府破费了百金，摆平了张华父子，但尤二姐已经名誉受损，成了是非之人。凤姐复又想了一条主意，悄命旺儿遣人寻着了张华，或说他作贼，和他打官司将他治死，以便剪草除根，保住自己的名誉。旺儿不愿小题大做，糊弄了事。走到这一步，在面子上，凤姐却还是和尤二姐和美非常，更比亲姊亲妹还胜十倍。《红楼梦》叙事，在这里打了一个顿挫，以屈为伸，积蓄反弹的力道。阴一套、阳一套的两面人岂会就此善罢甘休哉？

那贾琏一日事毕回来，先到了新房中，已竟悄悄的封锁，只有一个看房子的老头儿。贾琏问他原故，老头子细说原委，贾琏只在镫中跌足。少不得来见贾赦与邢夫人，将所完之事回明。贾赦十分欢喜，说他中用，赏了他一百两银子，又将房中一个十七岁的丫鬟名唤秋桐者，赏他为妾。贾琏叩头领去，喜之不尽。见了贾母和家中人，回来见凤姐，未免脸上有些愧色。谁知凤姐儿他反不似往日容颜，同尤二姐一同出迎，叙了寒温。贾琏将秋桐之事说了，未免脸上有些得意之色，骄矜之容。凤姐听了，忙命两个媳妇坐车往那边接了来。心中一刺未除，又平空添了一刺，说不得且吞声忍气，将好颜面换出来遮掩。一面又命摆酒接风，一面带了秋桐来见贾母与王夫人等。贾琏心中也暗暗的纳罕。

那日已是腊月十二日，贾珍起身，先拜了宗祠，然后过来辞拜贾母等人。和族中人直送到洒泪亭方回，独贾琏、贾蓉二人送出三日三夜方回。一路上贾珍命他好生收心治家等语，二人口内答应，也说些大礼套话，不必烦叙。

且说凤姐在家，外面待尤二姐自不必说得，只是心中又怀别意。无人处只和尤二姐说："妹妹的声名很不好听，连老太太、太太们都知道了，说妹妹在家做女孩儿就不干净，又和姐夫有些首尾，'没人要的了你拣了来，还不休了再寻好的'。我听见这话，气得倒仰，查是谁说的，又查不出来。这日久天长，这些个奴才们跟前，怎么说嘴，我反弄了个鱼头来拆。"说了两遍，自己又气病了，茶饭也不吃，除了平儿，众丫头媳妇无不言三语四，指桑说槐，暗相讥刺。

秋桐自为系贾赦之赐，无人僭他的，连凤姐、平儿皆不放在眼里，岂肯容他，张口是："先奸后娶没汉子要的娼妇，也来要我的强。"凤姐听了暗乐，尤二姐听了暗愧暗怒暗气。凤姐既装病，便不和尤二姐吃饭了。每日只命人端了菜饭到他房中去吃，那茶饭都系不堪之物。平儿看不过，自拿了钱出来弄菜与他吃，或是有时只说和他园中去顽，在园中厨内另做了汤水与他吃，也无人敢回凤姐。只有秋桐一时撞见了，便去说舌告诉凤姐说："奶奶的名声，生是平儿弄坏了的。这样好菜好饭浪着不吃，却往园里去偷吃。"凤姐听了，骂平儿说："人家养猫拿耗子，我的猫只倒咬鸡。"平儿不敢多说，自此也要远着了。又暗恨秋桐，难以出口。

园中姊妹如李纨、迎春、惜春等人，皆为凤姐是好意，然宝、黛一干人暗为二姐担心。虽都不便多事，惟见二姐可怜，常来了，倒还都悯恤他。每日常无人处说起话来，尤二姐便淌眼抹泪，又不敢抱怨。凤姐儿又并无露出一点坏形来。

贾琏来家时，见了凤姐贤良，也便不留心。况素习以来因贾赦姬妾丫鬟最多，贾琏每怀不轨之心，只未敢下手。如这秋桐辈等人，皆是恨老爷年迈昏愦，贪多嚼不烂，没的留下这些人作什么，因此除了几个知礼有耻的，馀者或有与二门上小幺儿们嘲戏的。甚至于与贾琏眉来眼去相偷期的，只惧贾赦之威，未曾到手。这秋桐便和贾琏有旧，从未来过一次。今日天缘凑巧，竟赏了他，真是一对烈火干柴，如胶投漆，燕尔新婚，连日那里拆的开。那贾琏在二姐身上之心也渐渐淡了，只有秋桐一人是命。

凤姐虽恨秋桐，且喜借他先可发脱二姐，自己且抽头，用“借剑杀人”之法“坐山观虎斗”，等秋桐杀了尤二姐，自己再杀秋桐。主意已定，没人处常又私劝秋桐说：“你年轻不知事。他现是二房奶奶，你爷心坎儿上的人，我还让他三分，你去硬碰他，岂不是自寻其死？”那秋桐听了这话，越发恼了，天天大口乱骂说：“奶奶是软弱人，那等贤惠，我却做不来。奶奶把素日的威风怎都没了。奶奶宽洪大量，我却眼里揉不下沙子去。让我和他这淫妇做一回，他才知道。”凤姐儿在屋里，只装不敢出声儿。气的尤二姐在房里哭泣，饭也不吃，又不敢告诉贾琏。次日贾母见他眼红红的肿了，问他，又不敢说。

秋桐正是抓乖卖俏之时，他便悄悄的告诉贾母、王夫人等说：“专会作死，好好的成天家号丧，背地里咒二奶奶和我早死了，他好和二爷一心一计的过。”贾母听了便说：“人太生娇俏了，可知心就嫉妒。凤丫头倒好意待他，他倒这样争锋吃醋的，可是个贱骨头。”因此渐次便不大欢喜。

众人见贾母不喜，不免又往下踏践起来，弄得这尤二姐要死不能，要生不得。还是亏了平儿，时常背着凤姐，看他这般，与他排解排解。

那尤二姐原是个花为肠肚雪作肌肤的人，如何经得这般磨折，不过受了一个月的暗气，便恹恹得了一病，四肢懒动，茶饭不进，渐次黄瘦下去。夜来合上眼，只见他小妹子手捧鸳鸯宝剑前来说："姐姐，你一生为人心痴意软，终吃了这亏。休信那妒妇花言巧语，外作贤良，内藏奸狡，他发恨定要弄你一死方罢。若妹子在世，断不肯令你进来，即进来时，亦不容他这样。此亦系理数应然，你我生前淫奔不才，使人家丧伦败行，故有此报。你依我将此剑斩了那妒妇，一同归至警幻案下，听其发落。不然，你则白白的丧命，且无人怜惜。"尤二姐泣道："妹妹，我一生品行既亏，今日之报既系当然，何必又生杀戮之冤。随我去忍耐，若天见怜，使我好了，岂不两全？"小妹笑道："姐姐，你终是个痴人。自古'天网恢恢，疏而不漏'，天道好还。你虽悔过自新，然已将人父子兄弟致于麀聚之乱，天怎容你安生？"尤二姐泣道："既不得安生，亦是理之当然，奴亦无怨。"小妹听了，长叹而去。

尤二姐惊醒，却是一梦。等贾琏来看时，因无人在侧，便泣说："我这病便不能好了。我来了半年，腹中也有身孕，但不能预知男女。倘天见怜，生了下来还可，若不然，我这命就不保，何况于他？"贾琏亦泣说："你只放心，我请名人来医治。"于是出去即刻请医生。

谁知王太医亦谋干了军前效力，回来好讨荫封的。小厮们走去，便请了个姓胡的太医，名叫君荣。进来诊脉看了，说是经水不调，全要大补。贾琏便说："已是三月庚信不行，又常作呕酸，恐是胎气。"胡君荣听了，复又命老婆子们请出手来再看看。尤二姐少不得又从帐内伸出手来。胡君荣又诊了半日，说："若论胎气，肝脉自应洪大。然木盛则生火，经水不调亦皆因由肝木所致。医生要大胆，须得请奶奶将金面略露露，医生观观气色，方敢下药。"贾琏无法，只得命将帐子掀起一缝，尤二姐露出脸来。胡君荣一见，魂魄如飞上九天，通身麻木，一无所知。

一时掩了帐子，贾琏就陪他出来，问是如何。胡太医道："不是胎气，只是瘀血凝结。如今只以下迂血通经脉要紧。”于是写了一方，作辞而去。贾琏命人送了药礼，抓了药来，调服下去。只半夜，尤二姐腹痛不止，谁知竟将一个已成形的男胎打了下来。于是血行不止，二姐就昏迷过去。贾琏闻知，大骂胡君荣。一面再遣人去请医调治，一面命人去打告胡君荣。胡君荣听了，早已卷包逃走。

这里太医便说：“本来气血生成亏弱，受胎以来，想是着了些气恼，郁结于中。这位先生擅用虎狼之剂，如今大人元气十分伤其八九，一时难保就愈。煎丸二药并行，还要一些闲言闲事不闻，庶可望好。”说毕而去。急的贾琏查是谁请了姓胡的来，一时查了出来，便打了半死。

凤姐比贾琏更急十倍，只说：“咱们命中无子，好容易有了一个，又遇见这样没本事的大夫。”于是天地前烧香礼拜，自己通陈祷告说：“我或有病，只求尤氏妹子身体大愈，再得怀胎生一男子，我愿吃长斋念佛。”贾琏众人见了，无不称赞。贾琏与秋桐在一处时，凤姐又做汤做水的着人送与二姐。又骂平儿不是个有福的，“也和我一样。我因多病了，你却无病也不见怀胎。如今二奶奶这样，都因咱们无福，或犯了什么，冲的他这样。”因又叫人出去算命打卦。偏算命的回来又说：“系属兔的阴人冲犯。”大家算将起来，只有秋桐一人属兔，说他冲的。

秋桐近见贾琏请医治药，打人骂狗，为尤二姐十分尽心，他心中早浸了一缸醋在内了。今又听见如此说他冲了，凤姐儿又劝他说：“你暂且别处去躲几个月再来。”秋桐便气的哭骂道：“理那起瞎肏的混咬舌根。我和他‘井水不犯河水’，怎么就冲了他。好个爱八哥儿，在外头什么人不见，偏来了就有人冲了。白眉赤脸，那里来的孩子？他不过指着哄我们那个棉花耳朵的爷罢了。纵有孩子，也不知姓张姓王。奶奶希罕那杂种羔子，我不喜欢。老了谁不成？谁不会养，一年半载养一个，倒还是一点搀杂没有的呢。”骂的众人又要笑，又不敢笑。

可巧邢夫人过来请安，秋桐便哭告邢夫人说：“二爷奶奶要撵我回去，我没了安身之处，太太好歹开恩。”邢夫人听说，慌的数落凤姐儿一阵，又骂贾琏：“不知好歹的种子，凭他怎不好，是你父亲给的。为个外头来的撵他，连老子都没了。你要撵他，你不如还你父亲去倒好。”说着，赌气去了。秋桐更又得意，越性走到他窗户根底下大哭大骂起来。尤二姐听了，不免更添烦恼。

晚间，贾琏在秋桐房中歇了，凤姐已睡，平儿过来瞧他，又悄悄劝他：“好生养病，不要理那畜生。”尤二姐拉他哭道：“姐姐，我从到了这里，多亏姐姐照应。为我，姐姐也不知受了多少闲气。我若逃的出命来，我必答报姐姐的恩德，只怕我逃不出命来，也只好等来生罢。”平儿也不禁滴泪说道：“想来都是我坑了你。我原是一片痴心，从没瞒他的话。既听见你在外头，岂有不告诉他的？谁知生出这些个事来。”尤二姐忙道：“姐姐这话错了。若姐姐便不告诉他，他岂有打听不出来的，不过是姐姐说的在先。况且我也要一心进来，方成个体统，与姐姐何干？”二人哭了一回，平儿又嘱咐了几句，夜已深了，方去安息。

这里尤二姐心下自思：“病已成势，日无所养，反有所伤，料定必不能好。况胎已打下，无可悬心，何必受这些零气，不如一死，倒还干净。常听见人说，生金子可以坠死，岂不比上吊自刎又干净？”想毕，扎挣起来，打开箱子，找出一块生金，也不知多重，恨命含泪便吞入口中，几次狠命直脖，方咽了下去。于是赶忙将衣服首饰穿戴齐整，上炕躺下了。当下人不知，鬼不觉。

到第二日早晨，丫鬟媳妇们见他不叫人，乐得且自己去梳洗。凤姐便和秋桐都上去了。平儿看不过，说丫头们：“你们就只配没人心的打着骂着使也罢了，一个病人，也不知可怜可怜。他虽好性儿，你们也该拿出个样儿来，别太过逾了，墙倒众人推。”丫鬟听了，急推房门进来看时，却穿戴的齐齐整整，死在炕上。于是方吓慌了，喊叫起来。平儿进来看了，不禁大哭。众人虽素习惧怕凤姐，然想尤二姐实在温和怜下，比凤姐原强，如今死去，谁不伤心落泪，只不敢与凤姐看见。

当下合宅皆知。贾琏进来，搂尸大哭不止。凤姐也假意哭道："狠心的妹妹，你怎么丢下我去了，辜负了我的心。"尤氏、贾蓉等也来哭了一场，劝住贾琏。贾琏便回了王夫人，讨了梨香院停放五日，挪到铁槛寺去，王夫人依允。贾琏忙命人去开了梨香院的门，收拾出正房来停灵。贾琏嫌后门出灵不像，便对着梨香院的正墙上通街现开了一个大门。两边搭棚，安坛场做佛事。用软榻铺了锦缎衾褥，将二姐抬上榻去，用衾单盖了。八个小厮和几个媳妇围随，从内子墙一带抬往梨香院来。那里已请下天文生预备，揭起衾单一看，只见这尤二姐面色如生，比活着还美貌。贾琏又搂着大哭，只叫："奶奶，你死的不明，都是我坑了你！"

贾蓉忙上来劝："叔叔解着些儿，我这个姨娘自己没福。"说着，又向南指大观园的界墙，贾琏会意，只悄悄跌脚说："我忽略了，终久对出来，我替你报仇。"天文生回说："奶奶卒于今日正卯时，五日出不得，或是三日，或是七日方可。明日寅时入殓大吉。"贾琏道："三日断乎使不得，竟是七日。因家叔家兄皆在外，小丧不敢多停，等到外头，还放五七，做大道场才掩灵。明年往南去下葬。"天文生应诺，写了殃榜而去。宝玉已早过来陪哭一场。众族中人也都来了。

贾琏忙进去找凤姐，要银子治办棺椁丧礼。凤姐见抬了出去，推有病，回："老太太、太太说我病着，忌三房，不许我去。"因此也不出来穿孝，且往大观园中来。绕过群山，至北界墙根下往外听，隐隐绰绰听了一言半语，回来又回贾母说如此这般。贾母道:“信他胡说，谁家痨病死的孩子不烧了一撒，也认真的开丧破土起来。既是二房一场，也是夫妻之分，停五七日抬出来，或一烧或乱葬地上埋了完事。”凤姐笑道:“可是这话，我又不敢劝他。”

正说着，丫鬟来请凤姐，说:“二爷等着奶奶拿银子呢。”凤姐只得来了，便问他:“什么银子，家里近来艰难，你还不知道?咱们的月例，一月赶不上一月，鸡儿吃了过年粮。昨儿我把两个金项圈当了三百银子，你还做梦呢。这里还有二三十两银子，你要就拿去。”说着，命平儿拿了出来，递与贾琏，指着贾母有话，又去了。恨的贾琏没话可说，只得开了尤氏箱柜，去拿自己的梯己。及开了箱柜，一滴无存，只有些拆簪烂花并几件半新不旧的绸绢衣裳，都是尤二姐素习所穿的，不禁又伤心哭了起来。自己用个包袱一齐包了，也不命小厮丫鬟来拿，便自己提着来烧。

平儿又是伤心，又是好笑，忙将二百两一包的碎银子偷了出来，到厢房拉住贾琏，悄递与他说:“你只别作声才好，你要哭，外头多少哭不得，又跑了这里来点眼。”贾琏听说，便说:“你说的是。”接了银子，又将一条裙子递与平儿，说:“这是他家常穿的，你好生替我收着，作个念心儿。”平儿只得掩了，自己收去。贾琏拿了银子与衣服，走来命人先去买板。好的又贵，中的又不要。贾琏骑马自去要瞧，至晚间果抬了一副好板进来，价银五百两赊着，连夜赶造。一面分派了人口穿孝守灵，晚来也不进去，只在这里伴宿。正是——

笺证

这是凤姐纵横捭阖之术的第三个战役了。凤姐表面与尤二姐和好，无人处却对尤二姐说:“妹妹的声名很不好听，连老太太、太太们都知道了，说妹妹在家做女孩儿就不干净，又和姐夫有些首尾，‘没人要的了你拣了来，还不休了再寻好的’。我听见这话，气得倒仰，查是谁说的，又查不出来。这日久天长，这些个奴才们跟前，怎么说嘴，我反弄了个鱼头来拆。”

表面上，凤姐假惺惺为尤二姐处理和排解复杂难办的事，实际上她毒辣辣把尤二姐当成烂鱼头来折解整治。这就造成了尤二姐处在道德自责的情境。这种情境因秋桐而雪上加霜。原因是贾琏办事完满回来，贾赦十分欢喜，将房中一个十七岁的丫鬟秋桐，赏他为妾。贾琏与秋桐如胶似漆，疏淡了尤二姐，秋桐却抓乖卖俏，把尤二姐视为眼中钉。算命的说：尤二姐的灾难“系属兔的阴人冲犯”，大家算将起来，只有秋桐一人属兔，说他冲的。秋桐心中早浸了一缸醋，听见如此说他冲了，就气得哭骂说：“理那起瞎肏的混咬舌根。我和他‘井水不犯河水’，怎么就冲了他。好个爱八哥儿，在外头什么人不见，偏来了就有人冲了。白眉赤脸，那里来的孩子？他不过指着哄我们那个棉花耳朵的爷罢了。纵有孩子，也不知姓张姓王。奶奶希罕那杂种羔子，我不喜欢。老了谁不成？谁不会养，一年半载养一个，倒还是一点搀杂没有的呢。”凤姐虽恨秋桐，且喜借他先可发脱尤二姐，自己且抽头，用“借剑杀人”之法“坐山观虎斗”，等秋桐杀了尤二姐，自己再杀秋桐。尤二姐原是个花为肠肚、雪作肌肤的人，如何经得这般磨折，不过受了一个月的暗气，便恹恹得了一病，夜来合上眼，只见他小妹子手捧鸳鸯宝剑前来说：“姐姐，你一生为人心痴意软，终吃了这亏。休信那妒妇花言巧语，外作贤良，内藏奸狡，他发恨定要弄你一死方罢。若妹子在世，断不肯令你进来，即进来时，亦不容他这样。此亦系理数应然，你我生前淫奔不才，使人家丧伦败行，故有此报。你依我将此剑斩了那妒妇，一同归至警幻案下，听其发落。不然，你则白白的丧命，且无人怜惜。”尤三姐手捧鸳鸯宝剑，从太虚幻境的警幻仙姑处来，第一次警醒柳湘莲割断烦恼丝，随跛脚道士出家，第二次警告尤二姐，尤二姐却抱着原罪心理，甘愿接受命运的惩罚。戚蓼生本回末总评说："看三姐梦中相叙一段，真有孝子悌弟、义士忠臣之慨，我不禁泪流一斗，湿地三尺。"[1]其实这个梦，可以看作尤二姐潜意识的泛起和挣扎，她已经隐隐地感觉到凤姐的两面三刀，却又不能摆脱自己的道德原罪。尤二姐接受的惩罚是怀胎半年，却被庸医擅用虎狼之剂，竟将一个已成形的男胎打了下来。凤姐这时却来做戏，在天地前烧香礼拜，自己通陈祷告说："我或有病，只求尤氏妹子身体大愈，再得怀胎生一男子，我愿吃长斋念佛。"贾琏众人见了，无不称赞。但是尤二姐已经受尽来自凤姐、秋桐的气，选择了吞金自尽。在丧葬费用上凤姐刻意刁难，幸有平儿从中斡旋。这简直是"四女闹贾琏"，凤姐、秋桐明枪暗箭，虽有平儿的庇护，但尤二姐终以一死来偿还这笔孽债。如戚蓼生本回首总评所说："写凤姐写不尽，却从上下左右写。写秋桐极淫邪，正写凤姐极淫邪；写平儿极义气，正写凤姐极不义气；写使女欺压二姐，正写凤姐欺压二姐；写下人感戴二姐，正写下人不感戴凤姐。史公用意，非念死书子之所知。"凤姐真是机关算尽，以这纵横捭阖的三个战役，敞开了钩心斗角的精神丑陋的一面，折腾又折腾，不惜以一条人命作为筹码。这种折腾具有强烈的刺激性，强刺激令人兴奋，也令人产生审美或审丑的疲劳了，必须启动诗情画意的一面加以补偿。这是《红楼梦》擅长的叙事情调转换，没有转换，就不是《红楼梦》了。

[1] 朱一玄编：《红楼梦资料汇编》，南开大学出版社1985年版，第483页。

第七十回

林黛玉重建桃花社 史湘云偶填柳絮词

话说贾琏自在梨香院伴宿七日夜，天天僧道不断做佛事。贾母唤了他去，吩咐不许送往家庙中。贾琏无法，只得又和时觉说了，就在尤三姐之上点了一个穴，破土埋葬。那日送殡，只不过族中人与王信夫妇，尤氏婆媳而已。凤姐一应不管，只凭他自去办理。

因又年近岁逼，诸务猬集不算外，又有林之孝开了一个人名单子来，共有八个二十五岁的单身小厮应该娶妻成房，等里面有该放的丫头们好求指配。凤姐看了，先来问贾母和王夫人。大家商议，虽有几个应该发配的，奈各人皆有原故：第一个鸳鸯发誓不去。自那日之后，一向未和宝玉说话，也不盛妆浓饰。众人见他志坚，也不好相强。第二个琥珀，又有病，这次不能了。彩云因近日和贾环分崩，也染了无医之症。只有凤姐儿和李纨房中粗使的大丫鬟出去了，其馀年纪未足。令他们外头自娶去了。

原来这一向因凤姐病了，李纨、探春料理家务不得闲暇，接着过年过节，出来许多杂事，竟将诗社搁起。如今仲春天气，虽得了工夫，争奈宝玉因冷遁了柳湘莲，剑刎了尤小妹，金逝了尤二姐，气病了柳五儿，连连接接，闲愁胡恨，一重不了一重添。弄得情色若痴，语言常乱，似染怔忡之疾。慌的袭人等又不敢回贾母，只百般逗他顽笑。

这日清晨方醒，只听外间房内咭咭呱呱之笑声不断。袭人因笑说："你快出去解救，晴雯和麝月两个人按住温都里那膈肢呢。"宝玉听了，忙披上灰鼠袄子出来一瞧，只见他三人被褥尚未叠起，大衣也未穿。那晴雯只穿着葱绿院绸小袄，红小衣红睡鞋，披着头发，骑在雄奴身上。麝月是红绫抹胸，披着一身旧衣，在那里抓雄奴的肋肢。雄奴却仰在炕上，穿着撒花紧身儿，红裤绿袜，两脚乱蹬，笑的喘不过气来。宝玉忙上前笑说："两个大的欺负一个小的，等我助力。"说着，也上床来膈肢晴雯。晴雯触痒，笑的忙丢下雄奴，和宝玉对抓。雄奴趁势又将晴雯按倒，向他肋下抓动。袭人笑说："仔细冻着了。"看他四人裹在一处倒好笑。

忽有李纨打发碧月来说："昨儿晚上奶奶在这里把块手帕子忘了，不知可在这里？"小燕说："有，有，有，我在地下拾了起来，不知是那一位的，才洗了出来晾着，还未干呢。"碧月见他四人乱滚，因笑道："倒是这里热闹，大清早起就咭咭呱呱的顽到一处。"宝玉笑道："你们那里人也不少，怎么不顽？"碧月道："我们奶奶不顽，把两个姨娘和琴姑娘也宾住了。如今琴姑娘又跟了老太太前头去了，更寂寞了。两个姨娘今年过了，到明年冬天都去了，又更寂寞呢。你瞧宝姑娘那里，出去了一个香菱，就冷清了多少，把个云姑娘落了单。"

笺证

《红楼梦》具有丰富多彩的多副笔墨，老到圆熟，左右逢源，往往交叉为用，调门翻新。对于同一群人物、同一种审美趣味和风格的大篇幅的重复，难免产生审美疲劳，这就产生换用一副笔墨书写天地沧桑的心理需求。也就是说，经过了一连串钩心斗角的轮番轰炸之后，人们期待着出现清新的天真无邪或诗情画意，用以弥补精神的偏枯和饥渴。这就应了唐代诗豪刘禹锡《杨柳枝词》所说："塞北梅花羌笛吹，淮南桂树小山词。请君莫奏前朝曲，听唱新翻杨柳枝。”为了新翻杨柳枝，因而《红楼梦》第七十回在怡红院里出现了这么一幕：这日清晨方醒，只听外间房内咭咭呱呱之笑声不断。袭人因笑说：“你快出去解救，晴雯和麝月两个人按住温都里那（芳官）膈肢呢。”宝玉听了，忙披上灰鼠袄子出来一瞧，只见他三人被褥尚未叠起，大衣也未穿。那晴雯只穿着葱绿院绸小袄，红小衣红睡鞋，披着头发，骑在雄奴（芳官的另一个绰号）身上。麝月是红绫抹胸，披着一身旧衣，在那里抓雄奴的肋肢。雄奴却仰在炕上，穿着撒花紧身儿，红裤绿袜，两脚乱蹬，笑的喘不过气来。宝玉忙上前笑说：“两个大的欺负一个小的，等我助力。”说着，也上床来膈肢晴雯。晴雯触痒，笑的忙丢下雄奴，和宝玉对抓。雄奴趁势又将晴雯按倒，向他肋下抓动。袭人笑说：“仔细冻着了。”看他四人裹在一处倒好笑。这种天真无邪的打闹，对凤姐残害尤二姐的三个战役中玄机莫测的钩心斗角，发挥了极好的解构作用，解除了积滞多时的审美疲劳。“审美疲劳”是美学术语，表现为对审美对象的兴奋感减弱，失去兴趣，甚至产生厌烦、厌倦或麻木不仁的感觉，减弱了美感感动。冯小刚2003年底执导的贺岁片《手机》中大学教授费墨说：“在一张床上睡了20年，的确有点审美疲劳。”这种画龙点睛之言，迅速成为2004年不少人嘴里时髦的口头禅和流行语。《红楼梦》转换题材、格调以打破审美疲劳，第一拨是天真无邪，第二拨是诗情画意，一张一弛，或浅或深，逐层迭进，深得美学之精髓。

正说着，只见湘云又打发了翠缕来说：“请二爷快出去瞧好诗。”宝玉听了，忙问：“那里的好诗？”翠缕笑道：“姑娘们都在沁芳亭上，你去了便知。”宝玉听了，忙梳洗了出来，果见黛玉、宝钗、湘云、宝琴、探春都在那里，手里拿着一篇诗看。见他来时，都笑说：“这会子还不起来，咱们的诗社散了一年，也没有人作兴。如今正是初春时节，万物更新，正该鼓舞另立起来才好。”湘云笑道：“一起诗社时是秋天，就不应发达。如今恰好万物逢春，皆主生盛。况这首桃花诗又好，就把海棠社改作桃花社。”宝玉听着，点头说“很好”，且忙着要诗看。众人都又说：“咱们此时就访稻香老农去，大家议定好起的。”说着，一齐起来，都往稻香村来。宝玉一壁走，一壁看那纸上写着《桃花行》一篇，曰：

桃花帘外东风软，桃花帘内晨妆懒。帘外桃花帘内人，人与桃花隔不远。东风有意揭帘栊，花欲窥人帘不卷。桃花帘外开仍旧，帘中人比桃花瘦。花解怜人花也愁，隔帘消息风吹透。风透湘帘花满庭，庭前春色倍伤情。闲苔院落门空掩，斜日栏杆人自凭。凭栏人向东风泣，茜裙偷傍桃花立。桃花桃叶乱纷纷，花绽新红叶凝碧。雾裹烟封一万株，烘楼照壁红模糊。天机烧破鸳鸯锦，春酣欲醒移珊枕。侍女金盆进水来，香泉影蘸胭脂冷。胭脂鲜艳何相类，花之颜色人之泪。若将人泪比桃花，泪自长流花自媚。泪眼观花泪易干，泪干春尽花憔悴。憔悴花遮憔悴人，花飞人倦易黄昏。一声杜宇春归尽，寂寞帘栊空月痕。

笺证

黛玉真是诗的精灵，精灵作诗，锦心绣口，皆成绝唱。第六十回的《桃花行》重言叠语，往复回环，感情丝缕来回缠绕，真令人有读了崔颢多见重言叠语的《黄鹤楼》诗，发出“眼前有景道不得，崔颢题诗在上头”的感叹了。桃花是少女花。崔护《题都城南庄》诗云：“去年今日此门中，人面桃花相映红。人面不知何处去，桃花依旧笑春风。”晚唐孟棨《本事诗·情感第一》中记述：“博陵崔护，姿质甚美，而孤洁寡合。举进士下第。清明日，独游都城南，得居人庄。一亩之宫，而花木丛萃，寂若无人。扣门久之，有女子自门隙窥之，问曰：‘谁耶？’以姓字对，曰：‘寻春独行，酒渴求饮。’女入，以杯水至，开门设床命坐，独倚小桃斜柯伫立，而意属殊厚，妖姿媚态，绰有余妍。崔以言挑之，不对，目注者久之。崔辞去，送至门，如不胜情而入。崔亦眷盼而归，嗣后绝不复至。及来岁清明日，忽思之，情不可抑，迳往寻之。门墙如故，而已锁扃之。因题诗于左扉曰：‘去年今日此门中，人面桃花相映红。人面不知何处去，桃花依旧笑春风。’后数日，偶至都城南，复往寻之，闻其中有哭声，扣门问之，有老父出曰：‘君非崔护邪？’曰：‘是也。’又哭曰：‘君杀吾女。’护惊起，莫知所答，老父曰：‘吾女笄年知书，未适人，自去年以来，常恍惚若有所失。比日与之出，及归，见左扉有字，读之，入门而病，遂绝食数日而死。吾老矣，此女所以不嫁者，将求君子以托吾身，今不幸而殒，得非君杀之耶！’又特大哭。崔亦感恸，请入哭之。尚俨然在床。崔举其首，枕其股，哭而祝曰：‘某在斯，某在斯。’须臾开目，半日复活矣。父大喜，遂以女归之。”[1]这个传奇故事，使“人面桃花”成了少女美丽姿容的代称，散发着几分思念，几分惆怅。无奈桃花鲜艳而易落，杜甫《绝句漫兴》诗云：“肠断春江欲尽头，杖立徐步立芳洲。癫狂柳絮随风去，轻薄桃花逐水流。”逐水桃花就成了少女青春容易衰落的象征，引发林黛玉叹息“胭脂鲜艳何相类，花之颜色人之泪。若将人泪比桃花，泪自长流花自媚。泪眼观花泪易干，泪干春尽花憔悴”。但追溯黛玉《桃花行》重言叠语的源头，不可忘了明代风流才子唐寅《桃花庵歌》：“桃花坞里桃花庵，桃花庵里桃花仙；桃花仙人种桃树，又摘桃花换酒钱。酒醒只在花前坐，酒醉还来花下眠；半醒半醉日复日，花落花开年复年。但愿老死花酒间，不愿鞠躬车马前；车尘马足贵者趣，酒盏花枝贫者缘。若将富贵比贫贱，一在平地一在天；若将贫贱比车马，他得驱驰我得闲。别人笑我忒疯癫，我笑他人看不穿；不见五陵豪杰墓，无花无酒锄作田。”但是归根究底，林黛玉《葬花吟》《桃花行》诸诗的卓越，折射了曹雪芹诗才的无比高超。黛玉既然是从曹雪芹胸中蹦出来的诗的精灵，那么她的诗不会重复他人，而且也不为谁重复。

宝玉看了并不称赞，却滚下泪来。便知出自黛玉，因此落下泪来，又怕众人看见，又忙自己擦了。因问：“你们怎么得来？”宝琴笑道：“你猜是谁做的？”宝玉笑道：“自然是潇湘子稿。”宝琴笑道：“现是我作的呢。”宝玉笑道：“我不信。这声调口气，迥乎不像蘅芜之体，所以不信。”宝钗笑道：“所以你不通。难道杜工部首首只作‘丛菊两开他日泪’之句不成？一般的也有‘红绽雨肥梅’‘水荇牵风翠带长’之媚语。”宝玉笑道：“固然如此说，但我知道姐姐断不许妹妹有此伤悼语句，妹妹虽有此才，是断不肯作的。比不得林妹妹曾经离丧，作此哀音。”众人听说，都笑了。

已至稻香村中，将诗与李纨看了，自不必说称赏不已。说起诗社，大家议定：明日乃三月初二日，就起社，便改“海棠社”为“桃花社”，林黛玉就为社主。明日饭后，齐集潇湘馆。因又大家拟题。黛玉便说：“大家就作桃花诗一百韵。”宝钗道：“使不得。从来桃花诗最多，纵作了必落套，比不得你这一首古风。须得再拟。”正说着，人回：“舅太太来了，姑娘出去请安。”因此大家都往前头来见王子腾的夫人，陪着说话。吃饭毕，又陪入园中来，各处游顽一遍。至晚饭后掌灯方去。

❶ 李延祜编著：《浮生半日闲》，中州古籍出版社2012年版，第61—62页。

次日乃是探春的寿日，元春早打发了两个小太监送了几件玩器。合家皆有寿仪，自不必说。饭后，探春换了礼服，各处去行礼。黛玉笑向众人道：“我这一社开的又不巧了，偏忘了这两日是他的生日。虽不摆酒唱戏的，少不得都要陪他在老太太、太太跟前玩笑一日，如何能得闲空儿？”因此改至初五。

笺证

在《红楼梦》中，时间也是一种力量，生日这个时间刻度暗藏着命运，暗藏着民俗信仰。贾府诸人的生日，元春在大年初一，贾母、宝钗在正月，黛玉、袭人在二月十二，迎春也在二月，探春在三月初三，惜春在四月，宝玉、宝琴、岫烟、平儿自然就在五月初五了，这有五月芍药花神和端午斗草民俗为证。这种生日排序，就有许多道不清、弄不明的讲究，其中折射了对生辰八字的民俗信仰。“海棠社”因黛玉《桃花行》，改为“桃花社”，却因探春生日隔断时间，打了一个顿挫。时间去哪儿了？去了三月三，那是一个好日子。杜甫《丽人行》诗云：“三月三日天气新，长安水边多丽人。”宋吴自牧《梦粱录》卷二说：“三月三日上巳之辰，曲水流觞故事，起于晋时。唐朝赐宴曲江，倾都禊饮踏青，亦是此意。右军王羲之《兰亭序》云：‘暮春之初，修禊事。’杜甫《丽人行》云：‘三月三日天气新，长安水边多丽人’，形容此景，至今令人爱慕。”[2]探春的生日是三月三，恰好是探寻春光的好日子。

这日众姊妹皆在房中侍早膳毕，便有贾政书信到了。宝玉请安，将请贾母的安禀拆开念与贾母听，上面不过是请安的话，说六月中准进京等语。其馀家信事务之帖，自有贾琏和王夫人开读。众人听说六七月回京，都喜之不尽。偏生近日王子腾之女许与保宁侯之子为妻，择于五月初十日过门，凤姐儿又忙着张罗，常三五日不在家。这日王子腾的夫人又来接凤姐儿，一并请众甥男甥女闲乐一日。贾母和王夫人命宝玉、探春、林黛玉、宝钗四人同凤姐去。众人不敢违拗，只得回房去另妆饰了起来。五人作辞，去了一日，掌灯方回。

宝玉进入怡红院，歇了半刻，袭人便乘机见景劝他收一收心，闲时把书理一理预备着。宝玉屈指算一算说：“还早呢。”袭人道：“书是第一件，字是第二件。到那时你纵有了书，你的字写的在那里呢？”宝玉笑道：“我时常也有写了的好些，难道都没收着？”袭人道：“何曾没收着。你昨儿不在家，我就拿出来，共总数了一数，才有五六十篇。这三四年的工夫，难道只有这几张字不成？依我说，从明日起，把别的心全收了起来，天天快临几张字补上。虽不能按日都有，也要大概看得过去。”宝玉听了，忙的自己又亲检了一遍，实在搪塞不去，便说：“明日为始，一天写一百字才好。”

说话时大家安息。

至次日起来梳洗了，便在窗下研墨，恭楷临帖。贾母因不见他，只当病了，忙使人来问。宝玉方去请安，便说写字之故，先将早起清晨的工夫尽了出来，再作别的，因此出来迟了。贾母听了，便十分欢喜，吩咐他："以后只管写字念书，不用出来也使得。你去回你太太知道。"宝玉听说，便往王夫人房中来说明。王夫人便说："临阵磨枪，也不中用。有这会子着急，天天写写念念，有多少完不了的。这一赶，又赶出病来才罢。"宝玉回说不妨事。这里贾母也说怕急出病来。探春、宝钗等都笑说："老太太不用急。书虽替他不得，字却替得的。我们每人每日临一篇给他，搪塞过这一步就完了。一则老爷到家不生气，二则他也急不出病来。"贾母听说，喜之不尽。

❷（宋）吴自牧：《梦粱录》，浙江人民出版社1980年版，第9页。

原来林黛玉闻得贾政回家，必问宝玉的功课，宝玉肯分心，恐临期吃了亏。因此自己只装作不耐烦，把诗社便不起，也不以外事去勾引他。探春、宝钗二人每日也临一篇楷书字与宝玉，宝玉自己每日也加工，或写二百三百不拘。至三月下旬，便将字又集凑出许多来。这日正算，再得五十篇，也就混的过了。谁知紫鹃走来，送了一卷东西与宝玉，拆开看时，却是一色老油竹纸上临的钟王蝇头小楷，字迹且与自己十分相似。喜的宝玉和紫鹃作了一个揖，又亲自来道谢。接着，史湘云、宝琴二人亦皆临了几篇相送。凑成虽不足功课，亦足搪塞了。宝玉放了心，于是将所应读之书，又温理过几遍。正是天天用功，可巧近海一带海啸，又遭踏了几处生民。地方官题本奏闻，奉旨就着贾政顺路查看赈济回来。如此算去，至冬底方回。宝玉听了，便把书字又搁过一边，仍是照旧游荡。

时值暮春之际，史湘云无聊，因见柳花飘舞，便偶成一小令，调寄《如梦令》，其词曰："岂是绣绒残吐，卷起半帘香雾，纤手自拈来，空使鹃啼燕妒。且住，且住。莫使春光别去。"自己作了，心中得意，便用一条纸儿写好，与宝钗看了，又来找黛玉。黛玉看毕，笑道："好，也新鲜有趣，我却不能。"湘云笑道："咱们这几社总没有填词。你明日何不起社填词，改个样儿，岂不新鲜些？"黛玉听了，偶然兴动，便说："这话说的极是，我如今便请他们去。"说着，一面吩咐预备了几色果点之类，一面就打发人分头去请众人。这里他二人便拟了柳絮之题，又限出几个调来，写了绾在壁上。

众人来看时，以柳絮为题，限各色小调。又都看了史湘云的，称赏了一回。宝玉笑道："这词上我们倒平常，少不得也要胡诌起来。"于是大家拈阄，宝钗便拈得了《临江仙》，宝琴拈得了《西江月》，探春拈得了《南柯子》，黛玉拈得了《唐多令》，宝玉拈得了《蝶恋花》。紫鹃炷了一支梦甜香，大家思索起来。一时黛玉有了，写完。接着宝琴、宝钗都有了。他三人写完，互相看时，宝钗便笑道："我先瞧完了你们的，再看我的。"探春笑道："嗳呀，今儿这香怎么这样快，已剩了三分了，我才有了半首。"因又问宝玉可有了。宝玉虽作了些，只是自己嫌不好，又都抹了，要另作，回头看香，已将烬了。李纨笑道："这算输了。蕉丫头的半首且写出来。"探春听说，忙写了出来。众人看时，上面却只半首《南柯子》，写道是："空挂纤纤缕，徒垂络络丝，也难绾系也难羁，一任东西南北各分离。"李纨笑道："这也却好作，何不续上？"宝玉见香没了，情愿认负，不肯勉强塞责，将笔搁下，来瞧这半首。见没完时，反倒动了兴开了机，乃提笔续道是："落去君休惜，飞来我自知。莺愁蝶倦晚芳时，纵是明春再见隔年期。"众人笑道："正经你分内的又不能，这却偏有了。纵然好，也不算得。"

说着，看黛玉的《唐多令》："粉堕百花洲，香残燕子楼。一团团逐对成毬。飘泊亦如人命薄，空缱绻，说风流。草木也知愁，韶华竟白头。叹今生谁舍谁收？嫁与东风春不管，凭尔去，忍淹留。"众人看了，俱点头感叹，说："太作悲了，好是固然好的。"

因又看宝琴的是《西江月》："汉苑零星有限，隋堤点缀无穷。三春事业付东风，明月梅花一梦。几处落红庭院，谁家香雪帘栊？江南江北一般同，偏是离人恨重。”众人都笑说：“到底是他的声调壮，‘几处’‘谁家’两句最妙。”宝钗笑道：“终不免过于丧败。我想，柳絮原是一件轻薄无根无绊的东西，然依我的主意，偏要把他说好了，才不落套。所以我诌了一首来，未必合你们的意思。”众人笑道：“不要太谦，我们且赏鉴，自然是好的。”

因看这一首《临江仙》道是：“白玉堂前春解舞，东风卷得均匀。”湘云先笑道：“好一个‘东风卷得均匀’，这一句就出人之上了。”又看底下道：“蜂团蝶阵乱纷纷。几曾随逝水，岂必委芳尘。万缕千丝终不改，任他随聚随分。韶华休笑本无根，好风频借力，送我上青云。”众人拍案叫绝，都说：“果然翻得好气力，自然是这首为尊。缠绵悲戚，让潇湘妃子。情致妩媚，却是枕霞。小薛与蕉客今日落第，要受罚的。”宝琴笑道：“我们自然受罚，但不知付白卷子的又怎么罚？”李纨道：“不要忙，这定要重重罚他，下次为例。”

笺证

《红楼梦》于第七十回换了花招，群芳写诗变成填词，词为长短句，更贴近真实自然。填词的起因是时值暮春之际，史湘云无聊，因见柳花飘舞，便偶成一小令，调寄《如梦令》，其词曰：“岂是绣绒残吐，卷起半帘香雾，纤手自拈来，空使鹃啼燕妒。且住，且住。莫使春光别去。”湘云笑说：“咱们这几社总没有填词。你明日何不起社填词，改个样儿，岂不新鲜些？”变换花招，在营造外在的新鲜感中，寻找进入人物内心与命运的新通道，这才是作者的真正意图所在。比如黛玉填了一首《唐多令》："粉堕百花洲，香残燕子楼。一团团逐对成毬。飘泊亦如人命薄，空缱绻，说风流。草木也知愁，韶华竟白头。叹今生谁舍谁收？嫁与东风春不管，凭尔去，忍淹留。"众人看了，虽然觉得好是固然好，但是"太作悲了"。宝钗的《临江仙》首句："白玉堂前春解舞，东风卷得均匀。"就让湘云称赞为"好一个'东风卷得均匀'，这一句就出人之上了"，而底下的"蜂团蝶阵乱纷纷。几曾随逝水，岂必委芳尘。万缕千丝终不改，任他随聚随分。韶华休笑本无根，好风频借力，送我上青云。"这就使众人拍案叫绝，都说："果然翻得好气力，自然是这首为尊。缠绵悲戚，让潇湘妃子。情致妩媚，却是枕霞（湘云）。"这类小儿女游戏文字，并无多少惊人之笔，但史湘云的"莫使春光别去"、探春的"一任东西南北各分离"、黛玉的"嫁与东风春不管"、宝钗的"好风频借力，送我上青云"，都引发人们对她们命运的遐思。这难道不就是戚蓼生本回首总评所说"一片精神传好句，题成谶语任吁嗟"吗？

一语未了，只听窗外竹子上一声响，恰似窗屉子倒了一般，众人唬了一跳。丫鬟们出去瞧时，帘外丫鬟嚷道："一个大蝴蝶风筝挂在竹梢上了。"众丫鬟笑道："好一个齐整风筝。不知是谁家放断了绳，拿下他来。"宝玉等听了，也都出来看时，宝玉笑道："我认得这风筝。这是大老爷那院里娇红姑娘放的，拿下来给他送过去罢。"紫鹃笑道："难道天下没有一样的风筝，单他有这个不成？我不管，我且拿起来。"探春道："紫鹃也学小气了。你们一般的也有，这会子拾人走了的，也不怕忌讳。"黛玉笑道："可是呢，知道是谁放晦气的，快掉出去罢。把咱们的拿出来，咱们也放晦气。"紫鹃听了，赶忙命小丫头们将这风筝送出与园门上值日的婆子去了，倘有人来找，好与他们去的。

这里小丫头们听见放风筝，巴不得一声儿，七手八脚都忙着拿出个美人风筝来。也有搬高凳去的，也有捆剪子股的，也有拨籰的。宝钗等都立在院门前，命丫头们在院外敞地下放去。宝琴笑道："你这个不大好看，不如三姐姐的那一个软翅子大凤凰好。"宝钗笑道："果然。"因回头向翠墨笑道:“你把你们的拿来也放放。”翠墨笑嘻嘻的果然也取去了。宝玉又兴头起来，也打发个小丫头子家去，说:“把昨儿赖大娘送我的那个大鱼取来。”小丫头子去了半天，空手回来，笑道:“晴姑娘昨儿放走了。”宝玉道:“我还没放一遭儿呢。”探春笑道:“横竖是给你放晦气罢了。”宝玉道:“也罢，再把那个大螃蟹拿来罢。”丫头去了，同了几个人扛了一个美人并籰子来，说道:“袭姑娘说，昨儿把螃蟹给了三爷了。这一个是林大娘才送来的，放这一个罢。”宝玉细看了一回，只见这美人做的十分精致。心中欢喜，便叫放起来。此时探春的也取了来，翠墨带着几个小丫头子们在那边山坡上已放了起来。宝琴也命人将自己的一个大红蝙蝠也取来。宝钗也高兴，也取了一个来，却是一连七个大雁的，都放起来。独有宝玉的美人放不起去。宝玉说丫头们不会放，自己放了半天，只起房高便落下来了。急的宝玉头上出汗，众人又笑。宝玉恨的掷在地下，指着风筝道:“若不是个美人，我一顿脚跺个稀烂。”黛玉笑道:“那是顶线不好，拿出去另使人打了顶线就好了。”宝玉一面使人拿去打顶线，一面又取一个来放。大家都仰面而看，天上这几个风筝都起在半空中去了。

一时丫鬟们又拿了许多各式各样的送饭的来，顽了一回。紫鹃笑道:“这一回的劲大，姑娘来放罢。”黛玉听说，用手帕垫着手，顿了一顿，果然风紧力大，接过籰子来，随着风筝的势将籰子一松，只听一阵豁剌剌响，登时籰子线尽。黛玉因让众人来放。众人都笑道:“各人都有，你先请罢。”黛玉笑道:“这一放虽有趣，只是不忍。”李纨道:“放风筝图的是这一乐，所以又说放晦气，你更该多放些，把你这病根儿都带了去就好了。”紫鹃笑道:“我们姑娘越发小气了。那一年不放几个子，今儿忽然又心疼了。姑娘不放，等我放。”说着便向雪雁手中接过一把西洋小银剪子来，齐籰子根下寸丝不留，咯登一声铰断，笑道：“这一去把病根儿可都带了去了。”那风筝飘飘摇摇，只管往后退了去，一时只有鸡蛋大小，展眼只剩了一点黑星，再展眼便不见了。众人皆仰面睃眼说：“有趣，有趣。”宝玉道：“可惜不知落在那里去了。若落在有人烟处，被小孩子得了还好，若落在荒郊野外无人烟处，我替他寂寞。想起来把我这个放去，教他两个作伴儿罢。”于是也用剪子剪断，照先放去。探春正要剪自己的凤凰，见天上也有一个凤凰，因道：“这也不知是谁家的？”众人皆笑说：“且别剪你的，看他倒像要来绞的样儿。”说着，只见那凤凰渐逼近来，遂与这凤凰绞在一处。众人方要往下收线，那一家也要收线，正不开交，又见一个门扇大的玲珑喜字带响鞭，在半天如钟鸣一般，也逼近来。众人笑道：“这一个也来绞了。且别收，让他三个绞在一处倒有趣呢。”说着，那喜字果然与这两个凤凰绞在一处。三下齐收乱顿，谁知线都断了，那三个风筝飘飘摇摇都去了。众人拍手哄然一笑，说：“倒有趣，可不知那喜字是谁家的，忒促狭了些。”黛玉说：“我的风筝也放去了，我也乏了，我也要歇歇去了。”宝钗说：“且等我们放了去，大家好散。”说着，看姊妹们都放去了，大家方散。黛玉回房歪着养乏。要知端的，下回便见。

笺证

放风筝是《红楼梦》中亮丽的一景，把红楼群芳从闺阁引到野外，引向蓝天，而且也携带着民俗信仰。第七十回说，探春生日是三月三，这是中国古老的上巳节，俗称小清明。即《论语·先进篇》所记述的：“暮春者，春服既成，冠者五六人，童子六七人，浴乎沂，风乎舞雩，咏而归。”宋代以后三月初三踏青，顺道扫墓。暮春是《红楼梦》的一个难以排遣的情结，它记述三月三以后放风筝送晦气，乃是清明节风俗。明清时代人们在风筝上写上自己的名字，然后放上天去，故意剪断牵线，让风筝飞走，认为可以放走“晦气”，可以将自身的病痛和烦恼一同带走，达到“消灾祛难”的愿望。而别人放掉的风筝，不能拾来重放，否则会染上“晦气”。此时，只听窗外竹子上一声响，众人唬了一跳，一个大蝴蝶风筝挂在竹梢上了。提醒大观园儿女放风筝送晦气的清明习俗。宝玉、黛玉都拿出美人风筝，探春拿出软翅子大凤凰风筝，宝琴拿出大红蝙蝠风筝，宝钗也取来一连七个大雁的风筝。探春的凤凰风筝与另一个凤凰风筝，及一个门扇大的玲珑喜字带响鞭的风筝绞在一处，三下齐收乱顿，谁知线都断了，那三个风筝飘飘摇摇都去了。李纨对黛玉说：“放风筝图的是这一乐，所以又说放晦气，你更该多放些，把你这病根儿都带了去就好了。”黛玉的丫鬟紫鹃用西洋小银剪子剪断丝线，那风筝飘飘摇摇，只管往后退了去，一时只有鸡蛋大小，展眼只剩了一点黑星，再展眼便不见了。宝玉却发奇想说：“可惜不知落在那里去了。若落在有人烟处，被小孩子得了还好，若落在荒郊野外无人烟处，我替他寂寞。想起来把我这个放去，教他两个作伴儿罢。”风筝也要一个伴，这里透出贾宝玉的痴情和不拘格套的想象力。《红楼梦》把放风筝送晦气的清明习俗，变成了天空中色彩绚丽的图画，寄托着人的心愿，人的情感，人对运气的思索。曹雪芹于此从节日风俗中发掘人心，兴致勃勃地吟味民俗信仰。

第七十一回

嫌隙人有心生嫌隙　鸳鸯女无意遇鸳鸯

话说贾政回京之后，诸事完毕，赐假一月在家歇息。因年景渐老，事重身衰，又近因在外几年，骨肉离异，今得晏然复聚于庭室，自觉喜幸不尽。一应大小事务一概益发付于度外，只是看书，闷了便与清客们下棋吃酒，或日间在里面母子夫妻共叙天伦庭闱之乐。

因今岁八月初三日乃贾母八旬之庆，又因亲友全来，恐筵宴排设不开，便早同贾赦及贾珍、贾琏等商议，议定于七月二十八日起至八月初五日止荣宁两处齐开筵宴，宁国府中单请官客，荣国府中单请堂客，大观园中收拾出缀锦阁并嘉荫堂等几处大地方来作退居。二十八日请皇亲、驸马、王公、诸公主、郡主、王妃、国君、太君、夫人等，二十九日便是阁下、都府、督镇及诰命等，三十日便是诸官长及诰命并远近亲友及堂客。初一日是贾赦的家宴，初二日是贾政，初三日是贾珍、贾琏，初四日是贾府中合族长幼大小共凑的家宴。初五日是赖大林之孝等家下管事人等共凑一日。自七月上旬，送寿礼者便络绎不绝。礼部奉旨：钦赐金玉如意一柄，彩缎四端，金玉环四个，帑银五百两。元春又命太监送出金寿星一尊，沉香拐一只，伽南珠一串，福寿香一盒，金锭一对，银锭四对，彩缎十二匹，玉杯四只。馀者自亲王驸马以及大小文武官员之家凡所来往者，莫不有礼，不能胜记。堂屋内设下大桌案，铺了红毡，将凡所有精细之物都摆上，请贾母过目。贾母先一二日还高兴过来瞧瞧，后来烦了，也不过目，只说：“叫凤丫头收了，改日闷了再瞧。”

笺证

对于贾母生日这种涉及民俗信仰的大关节，送礼叩头、放生演戏，一样都不能缺。但是对于这个至关紧要的生日时刻，《红楼梦》竟然记述异词，是疏忽乎，抑或是故意为之乎？第六十二回探春笑道：“一年十二个月，月月有几个生日。……过了灯节，就是姨太太和宝姐姐，他们娘儿两个遇的巧。”这是将众人生日逐月排列，应该不会错，这就是说，贾母的生日在正月。还在《红楼梦》第二十二回的叙述就可坐实这一点。贾琏听凤姐说有话商量，因止步问是何话。凤姐说：“二十一是薛妹妹的生日，你到底怎么样呢？”凤姐还解释说：“但昨儿听见老太太说，问起大家的年纪生日来，听见薛大妹妹今年十五岁，虽不是整生日，也算得将笄之年。老太太说要替他作生日，想来若果真替他作，自然比往年与林妹妹的不同了。由此可见，宝钗的生日是灯节过后的正月二十一日。”按说贾母和宝钗既然同一生日，二人应该同过才是，并且以贾母为主。但从行文来看，却是为宝钗一人过的生日。即便虽在灯节后并非同一日，那么贾母的生日也应该在正月里。而第七十一回此处却说：“今岁八月初三日乃贾母八旬之庆”，贾政“早同贾赦及贾珍、贾琏等商议，议定于七月二十八日起至八月初五日止荣宁两处齐开筵宴”。贾母的生日或八月、或正月，都有郑重的交代，竟然一春一秋扞格难入。至于贾母的年纪，第三十九回“村姥姥是信口开河”，贾母问：“老亲家，你今年多大年纪了？”刘姥姥忙立身答道：“我今年七十五了。”贾母向众人道：“这么大年纪了，还这么健朗，比我大好几岁呢。我要到这么大年纪，还不知怎么动不得呢？”也就是当时贾母还不到七十五岁，贾母这次过生日当在刘姥姥二进大观园之后的第三年，那么年龄也不会到八十，又如何为贾母筹办八十大寿？这些都是叙事精密的《红楼梦》的粗疏之处，或者说，它给精密注入了弹性。文艺学的弹性，是作家以独特的价值尺度操纵事物的变量，在此时安排贾母寿日庆典，还可点缀繁华，不能太迟了；太迟了，就会染上萧索之气。

至二十八日，两府中俱悬灯结彩，屏开鸾凤，褥设芙蓉，笙箫鼓乐之音，通衢越巷。宁府中本日只有北静王、南安郡王、永昌驸马、乐善郡王并几个世交公侯应袭，荣府中南安王太妃、北静王妃并几位世交公侯诰命。贾母等俱是按品大妆迎接。大家厮见，先请入大观园内嘉荫堂，茶毕更衣后，方出至荣庆堂上拜寿入席。大家谦逊半日，方才入席。上面两席是南、北王妃，下面依序，便是众公侯诰命。左边下手一席，陪客是锦乡侯诰命与临昌伯诰命，右边下手一席，方是贾母主位。邢夫人、王夫人带领尤氏、凤姐并族中几个媳妇，两溜雁翅站在贾母身后侍立。林之孝赖大家的带领众媳妇都在竹帘外面伺候上菜上酒，周瑞家的带领几个丫鬟在围屏后伺候呼唤。凡跟来的人，早又有人管待别处去了。一时台上参了场，台下一色十二个未留发的小厮伺候。须臾，一小厮捧了戏单至阶下，先递与回事的媳妇。这媳妇接了，才递与林之孝家的，林之孝家的用一小茶盘托上，挨身入帘来递与尤氏的侍妾佩凤。佩凤接了才奉与尤氏。尤氏托着走至上席，南安太妃谦让了一回，点了一出吉庆戏文，然后又谦让了一回，北静王妃也点了一出。众人又让了一回，命随便拣好的唱罢了。少时，菜已四献，汤始一道，跟来各家的放了赏。大家便更衣复入园来，另献好茶。

南安太妃因问宝玉，贾母笑道："今日几处庙里念'保安延寿经'，他跪经去了。"又问众小姐们，贾母笑道："他们姊妹们病的病，弱的弱，见人腼腆，所以叫他们给我看屋子去了。有的是小戏子，传了一班在那边厅上陪着他姨娘家姊妹们也看戏呢。"南安太妃笑道："既这样，叫人请来。"贾母回头命凤姐儿去把史、薛、林带来，"再只叫你三妹妹陪着来罢"。凤姐答应了，来至贾母这边，只见他姊妹们正吃果子看戏，宝玉也才从庙里跪经回来。凤姐儿说了话。宝钗姊妹与黛玉、探春、湘云五人来至园中，大家见了，不过请安问好让坐等事。众人中也有见过的，还有一两家不曾见过的，都齐声夸赞不绝。其中湘云最熟，南安太妃因笑道："你在这里，听见我来了还不出来，还只等请去。我明儿和你叔叔算帐。"因一手拉着探春，一手拉着宝钗，问几岁了，又连声夸赞。因又松了他两个，又拉着黛玉、宝琴，也着实细看，极夸一回。又笑道："都是好的，不知叫我夸那一个的是。"早有人将备用礼物打点出五分来：金玉戒指各五个，腕香珠五串。南安太妃笑道："你姊妹们别笑话，留着赏丫头们罢。"五人忙拜谢过。北静王妃也有五样礼物，馀者不必细说。

吃了茶，园中略逛了一逛，贾母等因又让入席。南安太妃便告辞，说身上不快，"今日若不来，实在使不得，因此恕我竟先要告别了"。贾母等听说，也不便强留，大家又让了一回，送至园门，坐轿而去。接着北静王妃略坐一坐也就告辞了。馀者也有终席的，也有不终席的。

贾母劳乏了一日，次日便不出来会人，一应都是邢夫人、王夫人管待。有那些世家子弟拜寿的，只到厅上行礼，贾赦、贾政、贾珍等还礼管待，至宁府坐席。不在话下。

这几日，尤氏晚间也不回那府里去，白日间待客，晚间陪贾母顽笑，又帮凤姐料理出入大小器皿，以及收放赏礼事务。晚间在园内李氏房中歇宿。这日晚间服侍过贾母晚饭后，贾母因说："你们也乏了，我也乏了，早些寻一点子吃的歇歇去。明儿还要起早闹呢。"尤氏答应着退了出来，到凤姐儿房里来吃饭。凤姐儿在楼上看着人收送礼的新围屏，只有平儿在房里与凤姐儿叠衣服。尤氏因问："你们奶奶吃了饭了没有？"平儿笑道："吃饭岂不请奶奶去的？"尤氏笑道："既这样，我别处找吃的去，饿的我受不得了。"说着，就走。平儿忙笑道:"奶奶请回来。这里有点心，且点补一点儿，回来再吃饭。"尤氏笑道:"你们忙的这样，我园里和他姊妹们闹去。"一面说，一面就走。平儿留不住，只得罢了。

且说尤氏一径来至园中，只见园中正门与各处角门仍未关，犹吊着各色彩灯，因回头命小丫头叫该班的女人。那丫鬟走入班房中，竟没一个人影，回来回了尤氏。尤氏便命传管家的女人。这丫头应了便出去，到二门外鹿顶内，乃是管事的女人议事取齐之所。到了这里，只有两个婆子分菜果呢。因问:"那一位奶奶在这里？东府奶奶立等一位奶奶，有话吩咐。"这两个婆子只顾分菜果，又听见是东府里的奶奶，不大在心上，因就回说:"管家奶奶们才散了。"小丫头道:"散了，你们家里传他去。"婆子道:"我们只管看屋子，不管传人。姑娘要传人再派传人的去。"小丫头听了道:"嗳呀，嗳呀，这可反了。怎么你们不传去？你哄那新来了的，怎么哄起我来了？素日你们不传谁传去？这会子打听了梯己信儿，或是赏了那位管家奶奶的东西，你们争着狗颠儿似的传去的，不知谁是谁呢？琏二奶奶要传，你们可也这么回？"这两个婆子一则吃了酒，二则被这丫头揭挑着弊病，便羞激怒了，因回口道:"扯你的臊，我们的事，传不传不与你相干？你不用揭挑我们，你想想，你那老子娘在那边管家爷们跟前比我们还更会溜须呢。什么'清水下杂面你吃我也见'的事，各家门，另家户，你有本事，排场你们那边人去。我们这边，你们还早些呢。"丫头听了，气白了脸，因说道:"好，好，这话说的好。"一面转身进来回话。

尤氏已早入园来，因遇见了袭人、宝琴、湘云三人同着地藏庵的两个姑子正说故事顽笑，尤氏因说饿了，先到怡红院，袭人装了几样荤素点心出来与尤氏吃。两个姑子、宝琴、湘云等都吃茶，仍说故事。那小丫头子一径找了来，气狠狠的把方才的话都说了出来。尤氏听了，冷笑道:"这是两个什么人？"两个姑子并宝琴、湘云等听了，生怕尤氏生气，忙劝说:"没有的事，必是这一个听错了。"两个姑子笑推这丫头道:"你这孩子好性气，那糊涂老嬷嬷们的话，你也不该来回才是。咱们奶奶万金之躯，劳乏了几日，黄汤辣水没吃，咱们哄他欢喜一会还不得一半儿，说这些话做什么？”袭人也忙笑拉出他去，说：“好妹子，你且出去歇歇，我打发人叫他们去。”尤氏道：“你不要叫人，你去就叫这两个婆子来，到那边把他们家的凤儿叫来。”袭人笑道：“我请去。”尤氏道：“偏不要你去。”两个姑子忙立起身来，笑道：“奶奶素日宽洪大量，今日老祖宗千秋，奶奶生气，岂不惹人议论？”宝琴、湘云二人也都笑劝。尤氏道：“不为老太太的千秋，我断不依。且放着就是了。”

说话之间，袭人早又遣了一个丫头去到园门外找人，可巧遇见周瑞家的，这小丫头子就把这话告诉周瑞家的。周瑞家的虽不管事，因他素日仗着是王夫人的陪房，原有些体面，心性乖滑，专管各处献勤讨好，所以各处房里的主人都喜欢他。他今日听了这话，忙的便跑入怡红院来，一面飞走，一面口内说：“气坏了奶奶了，可了不得。我们家里，如今惯的太不堪了。偏生我不在跟前，若在跟前，且打给他们几个耳刮子，再等过了这几日算帐。”尤氏见了他，也便笑道：“周姐姐你来，有个理你说说。这早晚门还大开着，明灯蜡烛，出入的人又杂，倘有不防的事，如何使得？因此叫该班的人吹灯关门。谁知一个人芽儿也没有？”周瑞家的道：“这还了得。前儿二奶奶还吩咐了他们，说这几日事多人杂，一晚就关门吹灯，不是园里人不许放进去。今儿就没了人。这事过了这几日，必要打几个才好。”尤氏又说小丫头子的话。周瑞家的道：“奶奶不要生气，等过了事，我告诉管事的打他个臭死。只问他们，谁叫他们说这‘各家门各家户’的话。我已经叫他们吹了灯，关上正门和角门子。”正乱着，只见凤姐儿打发人来请吃饭。尤氏道：“我也不饿了，才吃了几个饽饽，请你奶奶自吃罢。”

一时周瑞家的得便出去，便把方才的事回了凤姐，又说:“这两个婆子就是管家奶奶，时常我们和他说话，都似狠虫一般。奶奶若不戒饬，大奶奶脸上过不去。”凤姐道:“既这么着，记上两个人的名字，等过了这几日，捆了送到那府里凭大嫂子开发，或是打几下子，或是他开恩饶了他们，随他去就是了，什么大事?”周瑞家的听了，巴不得一声儿，素日因与这几个人不睦，出来了便命一个小厮到林之孝家传凤姐的话，立刻叫林之孝家的进来见大奶奶，一面又传人立刻捆起这两个婆子来，交到马圈里派人看守。

林之孝家的不知有什么事，此时已经点灯，忙坐车进来，先见凤姐。至二门上传进话去，丫头们出来说:“奶奶才歇了。大奶奶在园里，叫大娘见了大奶奶就是了。”林之孝家的只得进园来到稻香村，丫鬟们回进去，尤氏听了反过意不去，忙唤进他来，因笑向他道:“我不过为找人找不着因问你，你既去了，也不是什么大事，谁又把你叫进来，倒要你白跑一遭。不大的事，已经撒开手了。”林之孝家的也笑道:“二奶奶打发人传我，说奶奶有话吩咐。”尤氏笑道:“这是那里的话，只当你没去，白问你。这是谁又多事告诉了凤丫头，大约周姐姐说的。你家去歇着罢，没有什么大事。”李纨又要说原故，尤氏反拦住了。

林之孝家的见如此，只得便回身出园去。可巧遇见赵姨娘，姨娘因笑道:“嗳哟哟，我的嫂子。这会子还不家去歇歇，还跑些什么?”林之孝家的便笑说何曾不家去的，如此这般进来了。又是个齐头故事。赵姨娘原是好察听这些事的，且素日又与管事的女人们扳厚，互相连络，好作首尾。方才之事，已竟闻得八九，听林之孝家的如此说，便恁般如此告诉了林之孝家的一遍，林之孝家的听了，笑道:“原来是这事，也值一个屁。开恩呢，就不理论，心窄些儿，也不过打几下子就完了。”赵姨娘道:“我的嫂子，事虽不大，可见他们太张狂了些。巴巴的传进你来，明明戏弄你，顽算你。快歇歇去，明儿还有事呢，也不留你吃茶去。”

说毕，林之孝家的出来，到了侧门前，就有方才两个婆子的女儿上来哭着求情。林之孝家的笑道:“你这孩子好糊涂，谁叫你娘吃酒混说了，惹出事来，连我也不知道。二奶奶打发人捆他，连我还有不是呢。我替谁讨情去？”这两个小丫头子才七八岁，原不识事，只管哭啼求告。缠的林之孝家的没法，因说道：“糊涂东西，你放着门路不去，却缠我来。你姐姐现给了那边太太作陪房费大娘的儿子，你走过去告诉你姐姐，叫亲家娘和太太一说，什么完不了的事？”一语提醒了这一个，那一个还求。林之孝家的啐道：“糊涂攮的，他过去一说，自然都完了。没有个单放了他妈，又只打你妈的理。”说毕，上车去了。

这一个小丫头果然过来告诉了他姐姐，和费婆子说了。这费婆子原是邢夫人的陪房，起先也曾兴过时，只因贾母近来不大作兴邢夫人，所以连这边的人也减了威势。凡贾政这边有些体面的人，那边各各皆虎视眈眈。这费婆子常倚老卖老，仗着邢夫人，常吃些酒，嘴里胡骂乱怨的出气。如今贾母庆寿这样大事，干看着人家逞才卖技办事，呼幺喝六弄手脚，心中早已不自在，指鸡骂狗，闲言闲语的乱闹。这边的人也不和他较量。如今听了周瑞家的捆了他亲家，越发火上浇油，仗着酒兴，指着隔断的墙大骂了一阵，便走上来求邢夫人，说他亲家并没什么不是，“不过和那府里的大奶奶的小丫头白斗了两句话，周瑞家的便调唆了咱家二奶奶捆到马圈里，等过了这两日还要打。求太太——我那亲家娘也是七八十岁的老婆子——和二奶奶说声，饶他这一次罢。”邢夫人自为要鸳鸯之后讨了没意思，后来见贾母越发冷淡了他，凤姐的体面反胜自己，且前日南安太妃来了，要见他姊妹，贾母又只令探春出来，迎春竟似有如无，自己心内早已怨忿不乐，只是使不出来。又值这一干小人在侧，他们心内嫉妒挟怨之事不敢施展，便背地里造言生事，挑拨主人。先不过是告那边的奴才，后来渐次告到凤姐“只哄着老太太喜欢了他好就中作威作福，辖治着琏二爷，调唆二太太，把这边的正经太太倒不放在心上”。后来又告到王夫人，说：“老太太不喜欢太太，都是二太太和琏二奶奶调唆的。”邢夫人纵是铁心铜胆的人，妇女家终不免生些嫌隙之心，近日因此着实恶绝凤姐。今听了如此一篇话，也不说长短。

至次日一早，见过贾母，众族人中都到齐，坐席开戏。贾母高兴，又见今日无远亲，都是自己族中子侄辈，只便衣常妆出来，堂上受礼。当中独设一榻，引枕靠背脚踏俱全，自己歪在榻上。榻之前后左右，皆是一色的小矮凳，宝钗、宝琴、黛玉、湘云、迎春、探春、惜春姊妹等围绕。因贾瑞之母也带了女儿喜鸾，贾琼之母也带了女儿四姐儿，还有几房的孙女儿，大小共有二十来个。贾母独见喜鸾和四姐儿生得又好，说话行事与众不同，心中喜欢，便命他两个也过来榻前同坐。宝玉却在榻上脚下与贾母捶腿。首席便是薛姨妈，下边两溜皆顺着房头辈数下去。帘外两廊都是族中男客，也依次而坐。先是那女客一起一起行礼，后方是男客行礼。贾母歪在榻上，只命人说“免了罢”，早已都行完了。然后赖大等带领众家人，从仪门直跪至大厅上，磕头礼毕，又是众家下媳妇，然后各房的丫鬟，足闹了两三顿饭时。然后又抬了许多雀笼来，在当院中放了生。贾赦等焚过了天地寿星纸，方开戏饮酒。直到歇了中台，贾母方进来歇息，命他们取便，因命凤姐儿留下喜鸾、四姐儿顽两日再去。凤姐儿出来便和他母亲说，他两个母亲素日都承凤姐的照顾，也巴不得一声儿。他两个也愿意在园内顽耍，至晚便不回家了。

邢夫人直至晚间散时，当着许多人陪笑和凤姐求情说：“我听见昨儿晚上二奶奶生气，打发周管家的娘子捆了两个老婆子，可也不知犯了什么罪。论理我不该讨情，我想老太太好日子，发狠的还舍钱舍米，周贫济老，咱们家先倒折磨起老人家来了。不看我的脸，权且看老太太，竟放了他们罢。”说毕，上车去了。凤姐听了这话，又当着许多人，又羞又气，一时抓寻不着头脑，憋得脸紫涨，回头向赖大家的等笑道：“这是那里的话。昨儿因为这里的人得罪了那府里的大嫂子，我怕大嫂子多心，所以尽让他发放，并不为得罪了我。这又是谁的耳报神这么快？”王夫人因问为什么事，凤姐儿笑将昨日的事说了。尤氏也笑道：“连我并不知道，你原也太多事了。”

凤姐儿道："我为你脸上过不去，所以等你开发，不过是个礼。就如我在你那里有人得罪了我，你自然送了来尽我开发。凭他是什么好奴才，到底错不过这个礼去。这又不知谁过去没的献勤儿，这也当作一件事情去说？"王夫人道："你太太说的是。就是珍哥儿媳妇也不是外人，也不用这些虚礼。老太太的千秋要紧，放了他们为是。"说着，回头便命人去放了那两个婆子。凤姐由不得越想越气越愧，不觉的灰心转悲，滚下泪来。因赌气回房哭泣，又不使人知觉。偏是贾母打发了琥珀来叫立等说话。琥珀见了，诧异道："好好的，这是什么原故？那里立等你呢。"凤姐听了，忙擦干了泪，洗面另施了脂粉，方同琥珀过来。

贾母因问道："前儿这些人家送礼来的共有几家有围屏？"凤姐儿道："共有十六家有围屏，十二架大的，四架小的炕屏。内中只有江南甄家一架大屏十二扇，大红缎子缂丝'满床笏'，一面是泥金'百寿图'的，是头等的。还有粤海将军邬家一架玻璃的还罢了。"贾母道："既这样，这两架别动，好生搁着，我要送人的。"凤姐儿答应了。鸳鸯忽过来向凤姐儿面上只管瞧，引的贾母问说："你不认得他，只管瞧什么。"鸳鸯笑道："怎么他的眼肿肿的，所以我诧异，只管看。"贾母听说，便叫进前来，也觑着眼看。凤姐笑道："才觉的一阵痒痒，揉肿了些。"鸳鸯笑道："别又是受了谁的气了不成？"凤姐道："谁敢给我气受？便受了气，老太太好日子，我也不敢哭的。"贾母道："正是呢。我正要吃晚饭，你在这里打发我吃，剩下的你就和珍儿媳妇吃了。你两个在这里帮着两个师傅替我拣佛豆儿，你们也积积寿，前儿你姊妹们和宝玉都拣了，如今也叫你们拣拣，别说我偏心。"说话时，先摆上一桌素的来。两个姑子吃了，然后才摆上荤的，贾母吃毕，抬出外间。尤氏、凤姐儿二人正吃，贾母又叫把喜鸾、四姐儿二人也叫来，跟他二人吃毕，洗了手，点上香，捧过一升豆子来。两个姑子先念了佛偈，然后一个一个的拣在一个簸箩内，每拣一个，念一声佛。明日煮熟了，令人在十字街结寿缘。贾母歪着听两个姑子又说些佛家的因果善事。

鸳鸯早已听见琥珀说凤姐哭之事，又和平儿前打听得原故。晚间人散时，便回说："二奶奶还是哭的，那边大太太当着人给二奶奶没脸。"贾母因问为什么原故，鸳鸯便将原故说了。贾母道："这才是凤丫头知礼处，难道为我的生日由着奴才们把一族中的主子都得罪了也不管罢？这是大太太素日没好气，不敢发作，所以今儿拿着这个作法子，明是当着众人给凤儿没脸罢了。"正说着，只见宝琴等进来，也就不说了。

贾母因问："你在那里来？"宝琴道："在园里林姐姐屋里大家说话的。"贾母忽想起一事来，忙唤一个老婆子来，吩咐他："到园里各处女人们跟前嘱咐嘱咐，留下的喜姐儿和四姐儿虽然穷，也和家里的姑娘们是一样，大家照看经心些。我知道咱们家的男男女女都是'一个富贵心，两只体面眼'，未必把他两个放在眼里。有人小看了他们，我听见可不依。"婆子应了方要走时，鸳鸯道："我说去罢，他们那里听他的话。"说着，便一径往园子来。

先到稻香村中，李纨与尤氏都不在这里。问丫鬟们，说："都在三姑娘那里呢。"鸳鸯回身又来至晓翠堂，果见那园中人都在那里说笑。见他来了，都笑说："你这会子又跑来做什么？"又让他坐。鸳鸯笑道："不许我也逛逛么？"于是把方才的话说了一遍。李纨忙起身听了，就叫人把各处的头儿唤了一个来。令他们传与诸人知道。不在话下。这里尤氏笑道："老太太也太想的到，实在我们年轻力壮的人捆上十个也赶不上。"李纨道："凤丫头仗着鬼聪明儿，还离脚踪儿不远。咱们是不能的了。"鸳鸯道："罢哟，还提凤丫头、虎丫头呢，他也可怜见儿的。虽然这几年没有在老太太、太太跟前有个错缝儿，暗里也不知得罪了多少人。总而言之，为人是难作的：若太老实了没有个机变，公婆又嫌太老实了，家里人也不怕。若有些机变，未免又治一经损一经。如今咱们家里更好，新出来的这些底下奴字号的奶奶们，一个个心满意足，都不知要怎么样才好，稍有不得意，不是背地里咬舌根，就是挑三窝四的。我怕老太太生气，一点儿也不肯说。不然我告诉出来，大家别过太平日子。这不是我当着三姑娘说，老太太偏疼宝玉，有人背地里怨言还罢了，算是偏心。如今老太太偏疼你，我听着也是不好。这可笑不可笑？”探春笑道：“糊涂人多，那里较量得许多？我说倒不如小人家人少，虽然寒素些，倒是欢天喜地，大家快乐。我们这样人家人多，外头看着我们不知千金万金小姐，何等快乐，殊不知我们这里说不出来的烦难，更利害。”宝玉道：“谁都像三妹妹好多心。事事我常劝你，总别听那些俗语，想那俗事，只管安富尊荣才是。比不得我们没这清福，该应浊闹的。”尤氏道：“谁都像你，真是一心无挂碍，只知道和姊妹们玩笑，饿了吃，困了睡，再过几年，不过还是这样，一点后事也不虑。”宝玉笑道：“我能够和姊妹们过一日是一日，死了就完了。什么后事不后事？”李纨等都笑道：“这可又是胡说。就算你是个没出息的，终老在这里，难道他姊妹们都不出阁的？”尤氏笑道：“怨不得人都说他是假长了一个胎子，究竟是个又傻又呆的。”宝玉笑道：“人事莫定，知道谁死谁活？倘或我在今日明日，今年明年死了，也算是遂心一辈子了。”众人不等说完，便说：“可是又疯了，别和他说话才好。若和他说话，不是呆话就是疯话。”喜鸾因笑道：“二哥哥，你别这样说，等这里姐姐们果然都出了阁，横竖老太太、太太也寂寞，我来和你作伴儿。”李纨、尤氏等都笑道：“姑娘也别说呆话，难道你是不出阁的，这话哄谁？”说的喜鸾低了头。当下已是起更时分，大家各自归房安歇，众人都且不提。

且说鸳鸯一径回来，刚至园门前，只见角门虚掩，犹未上闩。此时园内无人来往，只有该班的房内灯光掩映，微月半天。鸳鸯又不曾有个作伴的，也不曾提灯笼，独自一个，脚步又轻，所以该班的人皆不理会。偏生又要小解，因下了甬路，寻微草处，行至一湖山石后大桂树阴下来。刚转过石后，只听一阵衣衫响，吓了一惊不小。定睛一看，只见是两个人在那里，见他来了，便想往石后树丛藏躲。鸳鸯眼尖，趁月色见准一个穿红裙子梳鬅头高大丰壮身材，的是迎春房里的司棋。鸳鸯只当他和别的女孩子也在此方便，见自己来了，故意藏躲恐吓着耍，因便笑叫道："司棋，你不快出来，吓着我，我就喊起来当贼拿了。这么大丫头了，没个黑家白日的只是顽不够。"这本是鸳鸯的戏语，叫他出来。谁知他贼人胆虚，只当鸳鸯已看见他的首尾了，生恐叫喊起来使众人知觉更不好，且素日鸳鸯又和自己亲厚不比别人，便从树后跑出来，一把拉住鸳鸯，便双膝跪下，只说："好姐姐，千万别嚷。"鸳鸯反不知因何，忙拉他起来，笑问道："这是怎么说？"司棋满脸红胀，又流下泪来。鸳鸯再一回想，那一个人影恍惚像个小厮，心下便猜着了八九，自己反羞的面红耳赤，又怕起来。因定了一会，忙悄问："那个是谁？"司棋复跪下道："是我姑舅兄弟。"鸳鸯啐了一口，道："要死，要死。"司棋又回头悄道："你不用藏着，姐姐已看见了，快出来磕头。"那小厮听了，只得也从树后爬出来，磕头如捣蒜。鸳鸯忙要回身，司棋拉住苦求，哭道："我们的性命，都在姐姐身上，只求姐姐超生要紧。"鸳鸯道："你放心，我横竖不告诉一个人就是了。"一语未了，只听角门上有人说道："金姑娘已出去了，角门上锁罢。"鸳鸯正被司棋拉住，不得脱身，听见如此说，便接声道："我在这里有事，且略住手，我出来了。"司棋听了，只得松手让他去了——

笺证

写重大庆典，却偏要拿人心莫测或猥亵行为进行干扰，这就是《红楼梦》所擅长的隔山打虎的叙事策略。隔山打虎本来是指进行远距离控制或攻击，形容有力不能及之虞，但就是尽力克服力不能及的短板而及之。

这种叙事策略，似乎关注于此，却把注意力转移于彼，达到明修栈道，暗度陈仓的效果。第七十一回浓墨重彩地写贾母八十大寿庆典，也算煞有介事；但回目却是“嫌隙人有心生嫌隙　鸳鸯女无意遇鸳鸯”，使贾母生日的描写，花开两朵，兼写两面，在冠冕堂皇的典礼下面滚动着混浊的暗流。从贾母生日起笔，是非常冠冕堂皇的：“因今岁八月初三日乃贾母八旬之庆，又因亲友全来，恐筵宴排设不开，便早同贾赦及贾珍贾琏等商议，议定于七月二十八日起至八月初五日止荣宁两处齐开筵宴，宁国府中单请官客，荣国府中单请堂客，大观园中收拾出缀锦阁并嘉荫堂等几处大地方来作退居。二十八日请皇亲、驸马、王公、诸公主、郡主、王妃、国君、太君、夫人等，二十九日便是阁下、都府、督镇及诰命等，三十日便是诸官长及诰命并远近亲友及堂客。初一日是贾赦的家宴，初二日是贾政，初三日是贾珍贾琏，初四日是贾府中合族长幼大小共凑的家宴。初五日是赖大林之孝等家下管事人等共凑一日。自七月上旬，送寿礼者便络绎不绝。礼部奉旨：钦赐金玉如意一柄，彩缎四端，金玉环四个，帑银五百两。元春又命太监送出金寿星一尊，沉香拐一只，伽南珠一串，福寿香一盒，金锭一对，银锭四对，彩缎十二匹，玉杯四只。馀者自亲王驸马以及大小文武官员之家凡所来往者，莫不有礼，不能胜记。”庆典中特别点出：“江南甄家（送的）一架大屏十二扇，大红缎子缂丝‘满床笏’，一面是泥金‘百寿图’的，是头等的。”庚辰本夹批说：“好，一提甄事。盖真事将显，假事将尽。”看似涉笔成趣，却不忘《红楼梦》本旨的真假变幻，或如一首《真真假假》歌词所说：“真真假假真，假假真真真。……世事如棋，根本是贪过瘾。让潮流循环如三脚凳，间中假会变真，会变假，会更真，到真假不分。”在繁华典重的祝寿场面的背面，却是“奴字号的奶奶们，一个个心满意足，都不知要怎么样才好，稍有不得意，不是背地里咬舌根，就是挑三窝四的”。贾府邢夫人的管家女仆因门户之见，以“各家门各家户”为由，拒绝为宁府尤氏传人办事。尤氏发狠要给他们点颜色看看，凤姐说等贾母生日完了再治他们，而王夫人的陪房周瑞家的素日因与邢夫人的陪房费婆子不睦，当即把费婆子的亲家绑起来了，交到马圈里派人看守。还假传凤姐的话把管家林之孝家的半夜提溜进园子一趟，林之孝家的遇到费婆子亲家的女儿求情，直接指点她们去找邢夫人求情。费婆子倚老卖老，仗着邢夫人，常吃些酒，嘴里胡骂乱怨的出气。如今贾母庆寿这样大事，干看着人家逞才卖技办事，呼幺喝六弄手脚，心中早已不自在，指鸡骂狗，闲言闲语的乱闹。如今听了周瑞家的捆了他亲家，越发火上浇油，仗着酒兴，指着隔断的墙大骂了一阵，便走上来求邢夫人，说他亲家并没什么不是，“不过和那府里的大奶奶的小丫头白斗了两句话，周瑞家的便调唆了咱家二奶奶捆到马圈里，等过了这两日还要打。求太太——我那亲家娘也是七八十岁的老婆子——和二奶奶说声，饶他这一次罢。”邢夫人就上门骂凤姐：“我听见昨儿晚上二奶奶生气，打发周管家的娘子捆了两个老婆子，可也不知犯了什么罪。论理我不该讨情，我想老太太好日子，发狠的还舍钱舍米，周贫济老，咱们家先倒折磨起老人家来了。不看我的脸，权且看老太太，竟放了他们罢。”这些话字字刺痛了凤姐的心。凤姐因为尤氏而受婆婆刁难，尤氏反而脱鳖说“连我并不知道”，指责凤姐“你原也太多事了”，使得凤姐里外不是人，只好回到家中哭个稀里哗啦。以上是邢夫人的陪房与王夫人的陪房鸡争狗斗，此是贾母寿礼下面的浊流之一。浊流之二，是邢夫人之女迎春的丫头司棋的风流案。鸳鸯看见凤姐眼睛哭得红肿，出来打听原由，却在湖山石后的草丛中碰见迎春的丫鬟司棋与其做小厮的姑舅表弟潘又安在苟且入港。此事成了后来抄检大观园的导火线。戚蓼生本回末总评说：“叙一番灯火未息，门户未关。叙一番赵姨失体，费婆憋气。叙一番林家托大，周家献勤。叙一番凤姐灰心，鸳鸯传信。非为本文渲染，全为下文引逗，良工苦心，可谓惨淡经营。”[1]写贾母生日庆典，偏不潜下心来写，而写凤姐的伤心；写凤姐的伤心，又牵连出荣府内部、荣宁二府之间的上上下下的明争暗斗。从而把贾母的八十寿辰庆典，写得遍地鸡毛。如此隔山打虎，惨淡经营隔着贾母这座大山而打出来的竟然是一群阿猫阿狗，一群轻贱之辈的利害关系和情欲游戏，可见贾府的人文生态已经乱了套、脱了轨。

[1] 朱一玄编：《红楼梦资料汇编》，南开大学出版社1985年版，第486页。

第七十二回
王熙凤恃强羞说病
来旺妇倚势霸成亲

且说鸳鸯出了角门，脸上犹红，心内突突的，真是意外之事。因想这事非常，若说出来，奸盗相连，关系人命，还保不住带累了旁人。横竖与自己无干，且藏在心内，不说与一人知道。回房复了贾母的命，大家安息。从此凡晚间便不大往园中来。因思园中尚有这样奇事，何况别处，因此连别处也不大轻走动了。

原来那司棋因从小儿和他姑表兄弟在一处顽笑起住时，小儿戏言，便都订下将来不娶不嫁。近年大了，彼此又出落的品貌风流，常时司棋回家时，二人眉来眼去，旧情不忘，只不能入手。又彼此生怕父母不从，二人便设法彼此里外买嘱园内老婆子们留门看道，今日趁乱方初次入港。虽未成双，却也海誓山盟，私传表记，已有无限风情了。忽被鸳鸯惊散，那小厮早穿花度柳，从角门出去了。司棋一夜不曾睡着，又后悔不来。至次日见了鸳鸯，自是脸上一红一白，百般过不去。心内怀着鬼胎，茶饭无心，起坐恍惚。挨了两日，竟不听见有动静，方略放下了心。这日晚间，忽有个婆子来悄告诉他道："你兄弟竟逃走了，三四天没归家。如今打发人四处找他呢。"司棋听了，气个倒仰，因思道："纵是闹了出来，也该死在一处。他自为是男人，先就走了，可见是个没情意的。"因此又添了一层气。次日便觉心内不快，百般支持不住，一头睡倒，恹恹的成了大病。

鸳鸯闻知那边无故走了一个小厮，园内司棋又病重，要往外挪，心下料定是二人惧罪之故，"生怕我说出来，方吓到这样"。因此自己反过意不去，指着来望候司棋，支出人去，反自己立身发誓，与司棋说："我若告诉一个人，立刻现死现报。你只管放心养病，别白糟踏了小命儿。"司棋一把拉住，哭道："我的姐姐，咱们从小儿耳鬓厮磨，你不曾拿我当外人待，我也不敢怠慢了你。如今我虽一着走错，你若果然不告诉一个人，你就是我的亲娘一样。从此后我活一日是你给我一日，我的病好之后，把你立个长生牌位，我天天焚香礼拜，保佑你一生福寿双全。我若死了时，变驴变狗报答你。再俗语说，'千里搭长棚，没有不散的筵席'。再过三二年，咱们都是要离这里的。俗语又说，'浮萍尚有相逢日，人岂全无见面时'。倘或日后咱们遇见了，那时我又怎么报你的德行？"一面说，一面哭。这一席话反把鸳鸯说的心酸，也哭起来了。因点头道："正是这话。我又不是管事的人，何苦我坏你的声名，我白去献勤。况且这事我自己也不便开口向人说。你只放心。从此养好了，可要安分守己，再不许胡行乱作了。"司棋在枕上点首不绝。

鸳鸯又安慰了他一番，方出来。因知贾琏不在家中，又因这两日凤姐儿声色怠惰了些，不似往日一样，因顺路也来望候。因进入凤姐院门，二门上的人见是他来，便立身待他进去。鸳鸯刚至堂屋中，只见平儿从里间出来，见了他来，便忙上来悄声笑道："才吃了一口饭歇了午睡，你且这屋里略坐坐。"鸳鸯听了，只得同平儿到东边房里来。小丫头倒了茶来。鸳鸯因悄问："你奶奶这两日是怎么了？我看他懒懒的。"平儿见问，因房内无人，便叹道："他这懒懒的也不止今日了，这有一月之前便是这样。又兼这几日忙乱了几天，又受了些闲气，从新又勾起来。这两日比先又添了些病，所以支持不住，便露出马脚来了。"鸳鸯忙道："既这样，怎么不早请大夫来治？"平儿叹道："我的姐姐，你还不知道他的脾气的。别说请大夫来吃药，我看不过，白问了一声身上觉怎么样，他就动了气，反说我咒他病了。饶这样，天天还是察三访四，自己再不肯看破些且养身子。”鸳鸯道：“虽然如此，到底该请大夫来瞧瞧是什么病，也都好放心。”平儿道：“我的姐姐，说起病来，据我看也不是什么小症候。”鸳鸯忙道：“是什么病呢？”平儿见问，又往前凑了一凑，向耳边说道：“只从上月行了经之后，这一个月竟沥沥淅淅的没有止住。这可是大病不是？”鸳鸯听了，忙答道：“嗳哟，依你这话，这可不成了血山崩了？”平儿忙啐了一口，又悄笑道：“你女孩儿家，这是怎么说的，倒会咒人呢。”鸳鸯见说，不禁红了脸，又悄笑道：“究竟我也不知什么是崩不崩的，你倒忘了不成，先我姐姐不是害这病死了。我也不知是什么病，因无心听见妈和亲家妈说，我还纳闷，后来也是听见妈细说原故，才明白了一二分。”平儿笑道：“你该知道的，我竟也忘了。”

二人正说着，只见小丫头进来向平儿道：“方才朱大娘又来了。我们回了他奶奶才歇午觉，他往太太上头去了。”平儿听了点头。鸳鸯问：“那一个朱大娘？”平儿道：“就是官媒婆那朱嫂子。因有什么孙大人家来和咱们求亲，所以他这两日天天弄个帖子来赖死赖活。”一语未了，小丫头跑来说：“二爷进来了。”说话之间，贾琏已走至堂屋门，口内唤平儿。平儿答应着才迎出去，贾琏已找至这间房内来。至门前，忽见鸳鸯坐在炕上，便煞住脚，笑道：“鸳鸯姐姐，今儿贵脚踏贱地。”鸳鸯只坐着，笑道：“来请爷奶奶的安，偏又不在家的不在家，睡觉的睡觉。”贾琏笑道：“姐姐一年到头辛苦服侍老太太，我还没看你去，那里还敢劳动来看我们。正是巧的很，我才要找姐姐去。因为穿着这袍子热，先来换了夹袍子再过去找姐姐，不想天可怜，省我走这一趟，姐姐先在这里等我了。”一面说，一面在椅上坐下。鸳鸯因问：“又有什么说的？”贾琏未语先笑道：“因有一件事，我竟忘了，只怕姐姐还记得。上年老太太生日，曾有一个外路和尚来孝敬一个蜡油冻的佛手，因老太太爱，就即刻拿过来摆着了。因前日老太太生日，我看古董帐上还有这一笔，却不知此时这件东西着落何方。古董房里的人也回过我两次，等我问准了好注上一笔。所以我问姐姐，如今还是老太太摆着呢，还是交到谁手里去了呢？”鸳鸯听说，便道：“老太太摆了几日厌烦了，就给了你们奶奶。你这会子又问我来。我连日子还记得，还是我打发了老王家的送来的。你忘了，或是问你们奶奶和平儿。”平儿正拿衣服，听见如此说，忙出来回说：“交过来了，现在楼上放着呢。奶奶已经打发过人出去说过给了这屋里，他们发昏，没记上，又来叨登这些没要紧的事。”贾琏听说，笑道：“既然给了你奶奶，我怎么不知道，你们就昧下了。”平儿道：“奶奶告诉二爷，二爷还要送人，奶奶不肯，好容易留下的。这会子自己忘了，倒说我们昧下。那是什么好东西，什么没有的物儿？比那强十倍的东西也没昧下一遭，这会子爱上那不值钱的？”贾琏垂头含笑想了一想，拍手道：“我如今竟糊涂了。丢三忘四，惹人抱怨，竟大不像先了。”鸳鸯笑道：“也怨不得。事情又多，口舌又杂，你再喝上两杯酒，那里清楚的许多。”一面说，一面就起身要去。

贾琏忙也立身说道：“好姐姐，再坐一坐，兄弟还有事相求。”说着便骂小丫头：“怎么不沏好茶来？快拿干净盖碗，把昨儿进上的新茶沏一碗来。”说着向鸳鸯道：“这两日因老太太的千秋，所有的几千两银子都使了。几处房租地税通在九月才得，这会子竟接不上。明儿又要送南安府里的礼，又要预备娘娘的重阳节礼，还有几家红白大礼，至少还得三二千两银子用，一时难去支借。俗语说，‘求人不如求己’。说不得，姐姐担个不是，暂且把老太太查不着的金银家伙偷着运出一箱子来，暂押千数两银子支腾过去。不上半年的光景，银子来了，我就赎了交还，断不能叫姐姐落不是。”鸳鸯听了，笑道：“你倒会变法儿，亏你怎么想来。”贾琏笑道：“不是我扯谎，若论除了姐姐，也还有人手里管的起千数两银子的，只是他们为人都不如你明白有胆量。我若和他们一说，反吓住了他们。所以我‘宁撞金钟一下，不打破鼓三千’。”一语未了，忽有贾母那边的小丫头子忙忙走来找鸳鸯，说“老太太找姐姐半日，我们那里没找到，却在这里”，鸳鸯听说，忙的且去见贾母。

笺证

在写了贾母八十庆典的背后是遍地鸡毛之后，继续又来了一个贾府旮旯处的鸡毛遍地。事事都是那样平庸、琐屑、卑下，而又事事是那样麻烦、混乱、糟糕，但这是这些鸡毛蒜皮的事情，牵连着人物心肠肝肺，牵连着贾府的捉襟见肘、亏空衰败。这里看不到什么惊涛骇浪，一切是那么琐琐屑屑，由琐琐屑屑透视人性和家族的实情。第七十二回写鸳鸯顺道看望凤姐，平儿叹说：“他（凤姐）这懒懒的也不止今日了，这有一月之前便是这样。又兼这几日忙乱了几天，又受了些闲气，从新又勾起来。这两日比先又添了些病，所以支持不住，便露出马脚来了。”平儿又谈论病情说：“只从上月行了经之后，这一个月竟沥沥淅淅的没有止住。这可是大病不是？”鸳鸯听了，惊说：“嗳哟，依你这话，这可不成了血山崩了？”如此严重的问题，只作侧面着墨，当事人强撑，旁观者着急。贾琏回来后，不是关心凤姐，而是使话题发生转换，贾琏恳求鸳鸯想法弥补他的亏空：“姐姐担个不是，暂且把老太太查不着的金银家伙偷着运出一箱子来，暂押千数两银子支腾过去。”他相信鸳鸯敢于做成此事，“我‘宁撞金钟一下，不打破鼓三千’。”所谓不打破鼓三千，隐含着对凤姐的不耐烦。鸳鸯这口金钟还未应允，贾母就派人传唤鸳鸯离开了。这又在叙事的要紧处戛然而止。《红楼梦》于此使用了欲擒故纵的蘑菇叙事法。戚蓼生本回首总评说：“此回似着意似不着意，似接续似不接续，在画师为浓淡相间，在墨客为骨肉停匀，在乐工为笙歌间作，在文坛为养局为别调。前后文气，至此一歇。”[1] 蘑菇叙事法极尽侧写、转写、截断描写之能事，磨来磨去，也是以文不厌曲的招数描写鸡毛遍地。

贾琏见他去了，只得回来瞧凤姐。谁知凤姐已醒了，听他和鸳鸯借当，自己不便答话，只躺在榻上。听见鸳鸯去了，贾琏进来，凤姐因问道："他可应准了？"贾琏笑道："虽然未应准，却有几分成手，须得你晚上再和他一说，就十分成了。"凤姐笑道："我不管这事。倘或说准了，这会子说得好听，到有了钱的时节，你就丢在脖子后头，谁去和你打饥荒去。倘或老太太知道了，倒把我这几年的脸面都丢了。"贾琏笑道："好人，你若说定了，我谢你如何？"凤姐笑道："你说，谢我什么？"贾琏笑道："你说要什么就给你什么。"平儿一旁笑道："奶奶倒不要谢的。昨儿正说，要作一件什么事，恰少一二百银子使，不如借了来，奶奶拿一二百银子，岂不两全其美？"凤姐笑道："幸亏提起我来，就是这样也罢。"贾琏笑道："你们太也狠了。你们这会子别说一千两的当头，就是现银子要三五千，只怕也难不倒。我不和你们借就罢了。这会子烦你说一句话，还要个利钱，真真了不得。"凤姐听了，翻身起来说："我有三千五万，不是赚的你的。如今里里外外上上下下背着我嚼说我的不少，就差你来说了，可知没家亲引不出外鬼来。我们王家可那里来的钱，都是你们贾家赚的。别叫我恶心了。你们看着你家什么石崇、邓通，把我王家的地缝子扫一扫，就够你们过一辈子呢，说出来的话也不怕臊。现有对证：把太太和我的嫁妆细看看，比一比你们的，那一样是配不上你们的。"贾琏笑道："说句顽话就急了。这有什么这样的，要使一二百两银子值什么，多的没有，这还有，先拿进来，你使了再说，如何？"凤姐道："我又不等着衔口垫背，忙了什么？"贾琏道："何苦来，不犯着这样肝火盛。"凤姐听了，又自笑起来，"不是我着急，你说的话戳人的心。我因

❶朱一玄编：《红楼梦资料汇编》，南开大学出版社1985年版，第486页。

为我想着后日是尤二姐的周年，我们好了一场，虽不能别的，到底给他上个坟烧张纸，也是姊妹一场。他虽没留下个男女，也不要‘前人撒土迷了后人的眼’才是。”一语倒把贾琏说没了话，低头打算了半晌，方道：“难为你想的周全，我竟忘了。既是后日才用，若明日得了这个，你随便使多少就是了。”

一语未了，只见旺儿媳妇走进来。凤姐便问：“可成了没有？”旺儿媳妇道：“竟不中用。我说须得奶奶作主就成了。”贾琏便问：“又是什么事？”凤姐儿见问，便说道：“不是什么大事。旺儿有个小子，今年十七岁了，还没得女人，因要求太太房里的彩霞，不知太太心里怎么样，就没有计较得。前日太太见彩霞大了，二则又多病多灾的，因此开恩打发他出去了，给他老子娘随便自己拣女婿去罢。因此旺儿媳妇来求我。我想他两家也就算门当户对的，一说去自然成的，谁知他这会子来了，说不中用。”贾琏道：“这是什么大事，比彩霞好的多着呢。”旺儿家的陪笑道：“爷虽如此说，连他家还看不起我们，别人越发看不起我们了。好容易相看准一个媳妇，我只说求爷奶奶的恩典，替作成了。奶奶又说他必肯的，我就烦了人走过去试一试，谁知白讨了没趣。若论那孩子倒好，据我素日私意儿试他，他心里没有甚说的，只是他老子娘两个老东西太心高了些。”一语戳动了凤姐和贾琏，凤姐因见贾琏在此，且不作一声，只看贾琏的光景。贾琏心中有事，那里把这点子事放在心里。待要不管，只是看着他是凤姐儿的陪房，且又素日出过力的，脸上实在过不去，因说道：“什么大事，只管咕咕唧唧的。你放心且去，我明儿作媒打发两个有体面的人，一面说，一面带着定礼去，就说我的主意。他十分不依，叫他来见我。”旺儿家的看着凤姐，凤姐便扭嘴儿。旺儿家的会意，忙爬下就给贾琏磕头谢恩。贾琏忙道：“你只给你姑娘磕头。我虽如此说了这样行，到底也得你姑娘打发个人叫他女人上来，和他好说更好些。虽然他们必依，然这事也不可霸道了。”凤姐忙道：“连你还这样开恩操心呢，我倒反袖手旁观不成。旺儿家的，你听见说了这事，你也忙忙的给我完了事来。说给你男人，外头所有的帐，一概赶今年年底下收了进来，少一个钱我也不依的。我的名声不好，再放一年，都要生吃了我呢。”旺儿媳妇笑道：“奶奶也太胆小了，谁敢议论奶奶？若收了时，公道说，我们倒还省些事，不大得罪人。”凤姐冷笑道：“我也是一场痴心白使了。我真个的还等钱作什么，不过为的是日用出的多，进的少。这屋里有的没的，我和你姑爷一月的月钱，再连上四个丫头的月钱，通共一二十两银子，还不够三五天的使用呢。若不是我千凑万挪的，早不知道到什么破窑里去了。如今倒落了一个放帐破落户的名儿。既这样，我就收了回来。我比谁不会花钱，咱们以后就坐着花，到多早晚是多早晚。这不是样儿：前儿老太太生日，太太急了两个月，想不出法儿来，还是我提了一句，后楼上现有些没要紧的大铜锡家伙四五箱子，拿去弄了三百银子，才把太太遮羞礼儿搪过去了。我是你们知道的，那一个金自鸣钟卖了五百六十两银子。没有半个月，大事小事倒有十来件，白填在里头。今儿外头也短住了，不知是谁的主意，搜寻上老太太了。明儿再过一年，各人搜寻到头面衣服，可就好了。”旺儿媳妇笑道：“那一位太太、奶奶的头面衣服折变了不够过一辈子的，只是不肯罢了。”凤姐道：“不是我说没了能耐的话，要像这样，我竟不能了。昨晚上忽然作了一个梦，说来也可笑，梦见一个人，虽然面善，却又不知名姓，找我。问他作什么，他说娘娘打发他来要一百匹锦。我问他是那一位娘娘，他说的又不是咱们家的娘娘。我就不肯给他，他就上来夺。正夺着，就醒了。”旺儿家的笑道：“这是奶奶的日间操心，常应候宫里的事。”

一语未了，人回“夏太府打发了一个小内监来说话”，贾琏听了，忙皱眉道：“又是什么话，一年他们也搬够了。”凤姐道：“你藏起来，等我见他，若是小事罢了，若是大事，我自有话回他。”贾琏便躲入内套间去。这里凤姐命人带进小太监来，让他椅子上坐了吃茶，因问何事。那小太监便说："夏爷爷因今儿偶见一所房子，如今竟短二百两银子，打发我来问舅奶奶家里，有现成的银子暂借一二百，过一两日就送过来。"凤姐儿听了，笑道："什么是送过来，有的是银子，只管先兑了去。改日等我们短了，再借去也是一样。"小太监道："夏爷爷还说了，上两回还有一千二百两银子没送来，等今年年底下，自然一齐都送过来。"凤姐笑道："你夏爷爷好小气，这也值得提在心上。我说一句话，不怕他多心，若都这样记清了还我们，不知还了多少了。只怕没有，若有，只管拿去。"因叫旺儿媳妇来，"出去不管那里先支二百两来。"旺儿媳妇会意，因笑道："我才因别处支不动，才来和奶奶支的。"凤姐道："你们只会里头来要钱，叫你们外头弄去就不能了？"说着叫平儿，"把我那两个金项圈拿出去，暂且押四百两银子。"平儿答应了，去半日，果然拿了一个锦盒子来，里面两个锦袱包着。打开时，一个金累丝攒珠的，那珍珠都有莲子大小，一个点翠嵌宝石的。两个都与宫中之物不离上下。一时拿去，果然拿了四百两银子来。凤姐命与小太监打叠起一半，那一半命人与了旺儿媳妇，命他拿去办八月中秋的节。那小太监便告辞了，凤姐命人替他拿着银子，送出大门去了。这里贾琏出来笑道："这一起外祟何日是了。"凤姐笑道："刚说着，就来了一股子。"贾琏道："昨儿周太监来，张口一千两。我略应慢了些，他就不自在，将来得罪人之处不少。这会子再发个三二百万的财就好了。"一面说，一面平儿服侍凤姐另洗了面，更衣往贾母处去伺候晚饭。

这里贾琏出来，刚至外书房，忽见林之孝走来。贾琏因问何事。林之孝说道："方才听得雨村降了，却不知因何事，只怕未必真。"贾琏道："真不真，他那官儿也未必保得长。将来有事，只怕未必不连累咱们，宁可疏远着他好。"林之孝道："何尝不是，只是一时难以疏远。如今东府大爷和他更好，老爷又喜欢他，时常来往，那个不知。"贾琏道："横竖不和他谋事，也不相干。你去再打听真了，是为什么？"林之孝答应了，却不动身，坐在下面椅子上，且说些闲话。因又说起家道艰难，便趁势又说："人口太重了。不如拣个空日回明老太太、老爷，把这些出过力的老家人用不着的，开恩放几家出去。一则他们各有营运，二则家里一年也省些口粮月钱。再者里头的姑娘也太多。俗语说‘一时比不得一时’，如今说不得先时的例了，少不得大家委屈些，该使八个的使六个，该使四个的便使两个。若各房算起来，一年也可以省得许多月米月钱。况且里头的女孩子们一半都太大了，也该配人的配人。成了房，岂不又孳生出人来？”贾琏道：“我也这样想着，只是老爷才回家来，多少大事未回，那里议到这个上头。前儿官媒拿了个庚帖来求亲，太太还说老爷才来家，每日欢天喜地的说骨肉完聚，忽然就提起这事，恐老爷又伤心，所以且不叫提这事。”林之孝道：“这也是正理，太太想的周到。”贾琏道：“正是，提起这话我想起了一件事来。我们旺儿的小子要说太太房里的彩霞。他昨儿求我，我想什么大事，不管谁去说一声去。这会子有谁闲着，我打发个人去说一声，就说我的话。”林之孝听了，只得应着，半晌笑道：“依我说，二爷竟别管这件事。旺儿的那小儿子虽然年轻，在外头吃酒赌钱，无所不至。虽说都是奴才们，到底是一辈子的事。彩霞那孩子这几年我虽没见，听得越发出挑的好了，何苦来白糟踏一个人。”贾琏道：“他小儿子原会吃酒，不成人。”林之孝冷笑道：“岂只吃酒赌钱，在外头无所不为。我们看他是奶奶的人，也只见一半不见一半罢了。”贾琏道：“我竟不知道这些事。既这样，那里还给他老婆？且给他一顿棍，锁起来，再问他老子娘。”林之孝笑道：“何必在这一时。那是错也等他再生事，我们自然回爷处治。如今且恕他。”贾琏不语，一时林之孝出去。

晚间凤姐已命人唤了彩霞之母来说媒。那彩霞之母满心纵不愿意，见凤姐亲自和他说，何等体面，便心不由意的满口应了出去。今凤姐问贾琏可说了没有，贾琏因说：“我原要说的，打听得他小儿子大不成人，故还不曾说。若果然不成人，且管教他两日，再给他老婆不迟。”凤姐听说，便说：“你听见谁说他不成人？”贾琏道：“不过是家里的人，还有谁？”凤姐笑道：“我们王家的人，连我还不中你们的意，何况奴才呢。我才已经和他母亲说了，他娘已经欢天喜地应了，难道又叫进他来不要了不成？”贾琏道：“既你说了，又何必退，明儿说给他老子好生管他就是了。”这里说话不提。

且说彩霞因前日出去，等父母择人，心中虽是与贾环有旧，尚未作准。今日又见旺儿每每来求亲，早闻得旺儿之子酗酒赌博，而且容颜丑陋，一技不知，自此心中越发懊恼。生恐旺儿仗凤姐之势，一时作成，终身为患，不免心中急躁。遂至晚间悄命他妹子小霞进二门来找赵姨娘，问了端的。赵姨娘素日深与彩霞契合，巴不得与了贾环，方有个膀臂，不承望王夫人又放了出去。每唆贾环去讨，一则贾环羞口难开，二则贾环也不大甚在意，不过是个丫头，他去了，将来自然还有，遂迁延住不说，意思便丢开手。无奈赵姨娘又不舍，又见他妹子来问，是晚得空，便先求了贾政。贾政因说道：“且忙什么，等他们再念一二年书再放人不迟。我已经看中了两个丫头，一个与宝玉，一个给环儿。只是年纪还小，又怕他们误了书，所以再等一二年。”赵姨娘道：“宝玉已有了二年了，老爷还不知道。”贾政听了忙问道：“谁给的？”赵姨娘方欲说话，只听外面一声响，不知何物，大家吃了一惊不小。要知端的，且听下回分解。

笺证

见缝插针，细针密缕，使《红楼梦》成了色彩斑斓的织锦画。第七十二回“来旺妇倚势霸成亲”，自然是凤姐陪房来旺家的，依持贾府权势，强娶彩霞为妻。为何陪房这么强势？大家族的小姐出嫁时从娘家带过去的奴才作为活的嫁妆，如果是单身的丫头则叫陪房丫头，如果是以家庭为单位的全家跟着小姐到夫家的奴才则叫陪房，王夫人从娘家带过去的奴才周瑞一家子就叫陪房，凤姐从娘家带过去的奴才来旺一家子也是陪房。陪房的势力与主子的势力丝缕交织，互为表里，凤姐的强势导致来旺一家子的强势。贾琏只是看着来旺是凤姐儿的陪房，且又素日出过力的，脸上实在过不去，因而对来旺的儿子要娶彩霞，就拍着胸脯说：“什么大事，只管咕咕唧唧的。你放心且去，我明儿作媒打发两个有体面的人，一面说，一面带着定礼去，就说我的主意。他十分不依，叫他来见我。”林之孝告知旺儿的那小儿子在外头吃酒赌钱，无所不至，“彩霞那孩子这几年我虽没见，听得越发出挑的好了，何苦来白糟踏一个人”。但是凤姐晚间已命人唤了彩霞之母来说媒。那彩霞之母满心纵不愿意，见凤姐亲自和他说，何等体面，便心不由意的满口应了出去。奴才是以主子的权势为体面的。彩霞本人心中虽是与贾环有旧，尚未作准。今日又见旺儿每每来求亲，早闻得旺儿之子酗酒赌博，而且容颜丑陋，一技不知，自此心中越发懊恼。生恐旺儿仗凤姐之势，一时作成，终身为患，不免心中急躁。遂至晚间悄命他妹子小霞进二门来找赵姨娘，问明原因。赵姨娘就求贾政。贾政因说道：“且忙什么，等他们再念一二年书再放人不迟。我已经看中了两个丫头，一个与宝玉，一个给环儿。只是年纪还小，又怕他们误了书，所以再等一二年。”赵姨娘说出宝玉已有人二年了，贾政问是谁。赵姨娘方欲说话，只听外面一声响，不知何物，大家吃了一惊不小。故事就此打住。问题在于故事叙述过程中见缝插针，又插进了一些故事碎片。夏太监看好一所房子，要暂借一二百两银子；周太监张口借一千两。略应慢了些，就不自在。林之孝又报告贾雨村降了，贾琏主张宁可疏远着他。这种见缝插针、节外生枝的叙事法，充分利用一切可能的时间、空间和一切时机，在人事关系中又插入其他人事关系，照顾周密，编织工巧，使《红楼梦》描绘的社会人生不只是一些线条，而是一方织锦，提花画面富有立体感、品质档次高、绚丽而厚实。

第七十三回

痴丫头误拾绣春囊　懦小姐不问累金凤

话说那赵姨娘和贾政说话，忽听外面一声响，不知何物。忙问时，原来是外间窗屉不曾扣好，塌了屈戌了吊下来。赵姨娘骂了丫头几句，自己带领丫鬟上好，方进来打发贾政安歇。不在话下。

却说怡红院中宝玉正才睡下，丫鬟们正欲各散安歇，忽听有人击院门。老婆子开了门，见是赵姨娘房内的丫鬟名唤小鹊的。问他什么事，小鹊不答，直往房内来找宝玉。只见宝玉才睡下，晴雯等犹在床边坐着，大家顽笑，见他来了，都问："什么事，这时候又跑了来作什么？"小鹊笑向宝玉道："我来告诉你一个信儿。方才我们奶奶这般如此在老爷前说了你。仔细明儿老爷问你话。"说着回身就去了。袭人命留他吃茶，因怕关门，遂一直去了。

这里宝玉听了，便如孙大圣听见了紧箍咒一般，登时四肢五内一齐皆不自在起来。想来想去，别无他法，且理熟了书预备明儿盘考。口内不舛错，便有他事，也可搪塞一半。想罢，忙披衣起来要读书。心中又自后悔，这些日子只说不提了，偏又丢生，早知该天天好歹温习些的。如今打算打算，肚子内现可背诵的，不过只有"学""庸""二论"是带注背得出的。至上本《孟子》，就有一半是夹生的，若凭空提一句，断不能接背的，至"下孟"，就有一大半忘了。算起"五经"来，因近来作诗，常把《诗经》读些，虽不甚精阐，还可塞责。别的虽不记得，素日贾政也幸未吩咐过读的，纵不知，也还不妨。至于古文，这是那几年所读过的几篇，连《左传》、《国策》、《公羊》、《谷梁》、汉唐等文，不过几十篇，这几年竟未曾温得半篇片语，虽闲时也曾遍阅，不过一时之兴，随看随忘，未下苦工夫，如何记得。这是断难塞责的。更有时文八股一道，因平素深恶此道，原非圣贤之制撰，焉能阐发圣贤之微奥，不过作后人饵名钓禄之阶。虽贾政当日起身时选了百十篇命他读的，不过偶因见其中或一二股内，或承起之中，有作的或精致、或流荡、或游戏、或悲感，稍能动性者，偶一读之，不过供一时之兴趣，究竟何曾成篇潜心玩索。如今若温习这个，又恐明日盘诘那个；若温习那个，又恐盘驳这个。况一夜之功，亦不能全然温习。因此越添了焦燥。自己读书不知紧要，却带累着一房丫鬟们皆不能睡。袭人、麝月、晴雯等几个大的是不用说，在旁剪烛斟茶，那些小的，都困眼朦胧，前仰后合起来。晴雯因骂道："什么蹄子们，一个个黑日白夜挺尸挺不够，偶然一次睡迟了些，就装出这腔调来了。再这样，我拿针戳你们两下子。"

话犹未了，只听外间咕咚一声，急忙看时，原来是一个小丫头子坐着打盹，一头撞到壁上了，从梦中惊醒，恰正是晴雯说这话之时，他怔怔的只当是晴雯打了他一下，遂哭央说："好姐姐，我再不敢了。"众人都发起笑来。宝玉忙劝道："饶他去罢，原该叫他们都睡去才是。你们也该替换着睡去。"袭人忙道："小祖宗，你只顾你的罢。统共这一夜的工夫，你把心暂且用在这几本书上，等过了这一关，由你再张罗别的去，也不算误了什么？"宝玉听他说的恳切，只得又读。读了没有几句，麝月又斟了一杯茶来润舌，宝玉接茶吃了。因见麝月只穿着短袄，解了裙子，宝玉道："夜静了，冷，到底穿一件大衣裳才是。"麝月笑指着书道："你暂且把我们忘了，把心且略对着他些罢。"

话犹未了，只听金星玻璃从后房门跑进来，口内喊说："不好了，一个人从墙上跳下来了。"众人听说，忙问在那里，即喝起人来，各处寻找。晴雯因见宝玉读书苦恼，劳费一夜神思，明日也未必妥当，心下正要替宝玉想出一个主意来脱此难，正好忽然逢此一惊，即便生计，向宝玉道："趁这个机会快装病，只说唬着了。"此话正中宝玉心怀，因而遂传起上夜人等来，打着灯笼，各处搜寻，并无踪迹，都说："小姑娘们想是睡花了眼出去，风摇的树枝儿，错认作人了。"晴雯便道："别放诌屁。你们查的不严，怕担不是，还拿这话来支吾。才刚并不是一个人见的，宝玉和我们出去有事，大家亲见的。如今宝玉唬的颜色都变了，满身发热，我如今还要上房里取安魂丸药去。太太问起来，是要回明白的，难道依你说就罢了不成？"众人听了，吓的不敢则声，只得又各处去找。晴雯和玻璃二人果出去要药，故意闹的众人皆知宝玉吓着了。王夫人听了，忙命人来看视给药，又吩咐各上夜人仔细搜查，又一面叫查二门外邻园墙上夜的小厮们。于是园内灯笼火把，直闹了一夜。至五更天，就传管家男女，命仔细查一查，拷问内外上夜男女等人。

贾母闻知宝玉被吓，细问原由，不敢再隐，只得回明。贾母道："我料到必有此事。如今各处上夜都不小心，还是小事，只怕他们就是贼也未可知。"当下邢夫人并尤氏等都过来请安，凤姐、李纨及姊妹等皆陪侍，听贾母如此说，都默无所答。独探春出位笑道："近因凤姐姐身子不好，几日园内的人比先放肆了许多。先前不过是大家偷着一时半刻，或夜里坐更时，三四个人聚在一处，或掷骰或斗牌，小小的顽意，不过为熬困。近来渐次放诞，竟开了赌局，甚至有头家局主，或三十吊五十吊三百吊的大输赢。半月前竟有争斗相打之事。"贾母听了，忙说："你既知道，为何不早回我们来？"探春道："我因想着太太事多，且连日不自在，所以没回。只告诉了大嫂子和管事的人们，戒饬过几次，近日好些。"贾母忙道："你姑娘家，如何知道这里头的利害。你自为耍钱常事，不过怕起争端。殊不知夜间既耍钱，就保不住不吃酒，既吃酒，就免不得门户任意开锁。或买东西，寻张觅李，其中夜静人稀，趋便藏贼引奸引盗，何等事作不出来？况且园内的姊妹们起居所伴者皆系丫头媳妇们，贤愚混杂，贼盗事小，再有别事，倘略沾带些，关系不小。这事岂可轻恕?”探春听说，便默然归坐。凤姐虽未大愈，精神固比素常稍减，今见贾母如此说，便忙道:“偏生我又病了。”遂回头命人速传林之孝家的等总理家事四个媳妇到来，当着贾母申饬了一顿。贾母命即刻查了头家赌家来，有人出首者赏，隐情不告者罚。

林之孝家的等见贾母动怒，谁敢徇私，忙至园内传齐人，一一盘查。虽不免大家赖一回，终不免水落石出。查得大头家三人，小头家八人，聚赌者通共二十多人，都带来见贾母，跪在院内磕响头求饶。贾母先问大头家名姓和钱之多少。原来这三个大头家，一个就是林之孝的两姨亲家，一个就是园内厨房内柳家媳妇之妹，一个就是迎春之乳母。这是三个为首的，馀者不能多记。贾母便命将骰子牌一并烧毁，所有的钱入官分散与众人，将为首者每人打四十大板，撵出，总不许再入，从者每人打二十大板，革去三月月钱，拨入圊厕行内。又将林之孝家的申饬了一番。林之孝家的见他的亲戚又与他打嘴，自己也觉没趣。迎春在坐，也觉没意思。黛玉、宝钗、探春等见迎春的乳母如此，也是物伤其类的意思，遂都起身笑向贾母讨情说:“这个妈妈素日原不顽的，不知怎么也偶然高兴。求看二姐姐面上，饶他这次罢。”贾母道:“你们不知。大约这些奶子们，一个个仗着奶过哥儿姐儿，原比别人有些体面，他们就生事，比别人更可恶，专管调唆主子护短偏向。我都是经过的。况且要拿一个作法，恰好果然就遇见了一个。你们别管，我自有道理。”宝钗等听说，只得罢了。

一时贾母歇晌，大家散出，都知贾母今日生气，皆不敢各散回家，只得在此暂候。尤氏便往凤姐儿处来闲话了一回，因他也不自在，只得往园内寻众姑嫂闲谈。邢夫人在王夫人处坐了一回，也就往园内散散心来。刚至园门前，只见贾母房内的小丫头子名唤傻大姐的笑嘻嘻走来，手内拿着个花红柳绿的东西，低头一壁瞧着，一壁只管走，不防迎头撞见邢夫人，抬头看见，方才站住。邢夫人因说："这痴丫头，又得了个什么狗不识儿这么欢喜，拿来我瞧瞧。"原来这傻大姐年方十四五岁，是新挑上来的与贾母这边提水桶扫院子专作粗活的一个丫头。只因他生得体肥面阔，两只大脚作粗活简捷爽利，且心性愚顽，一无知识，行事出言，常在规矩之外。贾母因喜欢他爽利便捷，又喜他出言可以发笑，便起名为"呆大姐"，常闷来便引他取笑一回，毫无避忌，因此又叫他作"痴丫头"。他纵有失礼之处，见贾母喜欢他，众人也就不去苛责。这丫头也得了这个力，若贾母不唤他时，便入园内来顽耍。今日正在园内掏促织，忽在山石背后得了一个五彩绣香囊，其华丽精致，固是可爱，但上面绣的并非花鸟等物，一面却是两个人赤条条的盘踞相抱，一面是几个字。这痴丫头原不认得是春意，便心下盘算："敢是两个妖精打架，不然必是两口子相打。"左右猜解不来，正要拿去与贾母看，是以笑嘻嘻的一壁看，一壁走，忽见了邢夫人如此说，便笑道："太太真个说的巧，真个是狗不识呢，太太请瞧一瞧。"说着，便送过去。邢夫人接来一看，吓得连忙死紧攥住，忙问："你是那里得的？"傻大姐道："我掏促织儿在山石上捡的。"邢夫人道："快休告诉一人。这不是好东西，连你也要打死。皆因你素日是傻子，以后再别提起了。"这傻大姐听了，反吓的黄了脸，说"再不敢了"，磕了个头，呆呆而去。邢夫人回头看时，都是些女孩儿，不便递与，自己便塞在袖内，心内十分罕异，揣摩此物从何而至，且不形于声色，且来至迎春室中。

笺证

性风气、性习俗是特定的社会伦理在人的心理行为上的折射。性污秽的禁忌带有民俗信仰的性质，而由"性即罪""万恶淫为首"的禁忌引起对越轨性行为的围歼，就具有极大的爆炸力和杀伤力了。最虚伪的道学家往往操持者“万恶淫为首”的禁忌和性不洁观，制约着人们的生理、心理、婚姻、家庭、社会交往以及子孙生育，道貌岸然地压制人性、摧残人性，反而在阴暗处释放出畸形的性欲观念与行为。色欲幻想，情痴与性道德的关系，是《红楼梦》必须精心辨析的重要命题。在贾宝玉的天真无邪之外，大观园还有一种恶浊不堪的阴暗，甚至阴险的性心理行为。第七十三回题目是“痴丫头误拾绣春囊 懦小姐不问累金凤”，本应使用“花开两朵，各表一枝”的叙事法，但却增添了千里游龙，蜿蜒而来，从远处落笔，抖落出众多线头。先写贾宝玉听说贾政找他问话，就如孙大圣听了紧箍咒，登时四肢五内一齐皆不自在起来，就想急来抱佛脚，恶补“四书五经”、八股文，一夜功夫补此失彼，焦头烂额。还不时要丫鬟轮流去睡觉，衣服单了要加衣。庚辰本夹批说：“此处岂是读书之处，又岂是伴读之人？古今天下误尽多少纨绔！何况又是此等时之怡红院，此等之鬟婢，又是此等一个宝玉哉！”[1]晴雯等丫鬟就刻意拿“有人从墙上跳下来”的事件敲锣打鼓大做文章，谎称宝玉受惊病倒，来躲过此劫。谁想此事引起贾母的干预，盘查出几位值夜婆子玩忽职守，合群聚赌，查得大头家三人，小头家八人，聚赌者通共二十多人。三个大头家包括林之孝的两姨亲家、园内厨房内柳家媳妇之妹，以及迎春之乳母。贾母就命将骰子牌一并烧毁，将为首的三人各打四十大板，赶出园子。这就为其后众人说情埋下伏线。这也才有了邢夫人在贾母处侍候，然后往园内散心，碰上为贾母提水桶扫院子专作粗活的丫头傻大姐，她在园内掏促织时，忽在山石背后捡到一个五彩绣香囊，其华丽精致，固是可爱，但上面绣的并非花鸟等物，一面却是两个人赤

[1]（清）曹雪芹著，脂砚斋评：《脂砚斋重评石头记庚辰校本》，作家出版社2006年版，第1251页。

条条的盘踞相抱，一面是几个字。这痴丫头原不认得是春意，猜测“敢是两个妖精打架，不然必是两口子相打”。这就以傻不愣登的方式将性魔鬼化了。傻大姐左右猜解不来，正要拿去与贾母看。庚辰本夹批说：“险极妙极！荣府堂堂诗礼之家，且大观园又何等严肃清幽之地，金闺玉阁尚有此等秽物，天下浅阁薄幕之家宁不慎乎！虽然，但此等偏出大官世族之中者，盖因其房室香宵、鬟婢混杂，焉保其个个守礼持节哉？此正为大官世族而告诫。其浅阁薄幕之处，母女主婢日夕耳鬓交磨，一止一动悉在耳目之中，又何必谆谆再四焉！”傻大姐笑嘻嘻的一边看，一边走，忽见邢夫人就笑说：“太太真个说的巧，真个是狗不识呢。”庚辰本夹批又说：“妙！寓言也，大凡知此交媾之情者真狗畜之说耳，非肆言恶詈凡识此事者即狗矣。然则云与贾母看，则先骂贾母矣。此处邢夫人亦看，然则又骂邢夫人乎？故作者又难。”[2]面对“狗不识”之物，有人偏要冒充有识之狗。邢夫人接过五彩绣香囊一看，吓得连忙死紧攥住，告诉傻大姐：“快休告诉一人。这不是好东西，连你也要打死。皆因你素日是傻子，以后再别提起了。”邢夫人就把五彩绣香囊塞在袖内，揣摩此物从何而至，且不形于声色。庚辰本夹批又说：“妙！这一‘吓’字方是写世家夫人之笔。虽前文明书邢夫人之为人稍劣，然（不）［亦］在情理之中，若不用慎重之笔，则邢夫人直系一小家卑污极轻贱极轻之人矣，岂得与荣府联房哉？所谓此书针线慎密处，全在无意中一字一句之间耳，看者细心方得。”[3]也就是说，虽然是狗，毕竟还有点“识”。随着邢夫人就把五彩绣香囊塞在袖内，“痴丫头误拾绣春囊”的故事至此戛然而止，蓄势待发。却又转向迎春的乳母获罪逐出园子，乳母的媳妇前来请求说情。“花开两朵，各表一枝”的叙事法，这才另表一枝“懦小姐不问累金凤”。戚蓼生本回首总评说：“贾母一席话，隐隐照起全文，便可一直叙去，接笔却置贼不论，转出赌钱，接笔又置赌钱不论，转出奸证，接笔又置奸证不论，转出讨情，一波未平，一波又起，势如怒蛇出穴，蜿蜒不就捕。”[4]其所说“势如怒蛇出穴，蜿蜒不就捕”，蛇而怒，可见气势和速度，曲折穿行，捉捕难以下手，如此形容这种叙事方式，是颇为到位得体的。

迎春正因他乳母获罪，自觉无趣，心中不自在，忽报母亲来了，遂接入内室。奉茶毕，邢夫人因说道："你这么大了，你那奶妈子行此事，你也不说说他。如今别人都好好的，偏咱们的人做出这事来，什么意思？"迎春低着头弄衣带，半晌答道："我说他两次，他不听也无法。况且他是妈妈，只有他说我的，没有我说他的。"邢夫人道："胡说！你不好了他原该说，如今他犯了法，你就该拿出小姐的身分来。他敢不从，你就回我去才是。如今直等外人共知，是什么意思？再者，只他去放头儿，还恐怕他巧言花语的和你借贷些簪环衣履作本钱，你这心活面软，未必不周接他些。若被他骗去，我是一个钱没有的，看你明日怎么过节？"迎春不语，只低头弄衣带。邢夫人见他这般，因冷笑道："总是你那好哥哥好嫂子，一对儿赫赫扬扬，琏二爷、凤奶奶，两口子遮天盖日，百事周到，竟通共这一个妹子，全不在意。但凡是我身上掉下来的，又有一话说——只好凭他们罢了。况且你又不是我养的，你虽然不是同他一娘所生，到底是同出一父，也该彼此瞻顾些，也免别人笑话。我想天下的事也难较定，你是大老爷跟前人养的，这里探丫头也是二老爷跟前人养的，出身一样。如今你娘死了，从前看来你两个的娘，只有你娘比如今赵姨娘强十倍的，你该比探丫头强才是，怎么反不及他一半。谁知竟不然，这可不是异事。倒是我一生无儿无女的，一生干净，也不能惹人笑话。"旁边伺候的媳妇们便趁机道："我们的姑娘老实仁德，那里像他们三姑娘伶牙俐齿，会要姊妹们的强。他们明知姐姐这样，他竟不顾恤一点儿。"邢夫人道："连他哥哥嫂子还如是，别人又作什么呢？"一言未了，人回："琏二奶奶来了。"邢夫人听了，冷笑两声，命人出去说："请他自去养病，我这里不用他伺候。"接着又有

❷（清）曹雪芹著，脂砚斋评：《脂砚斋重评石头记庚辰校本》，作家出版社2006年版，第1254页。

❸（清）曹雪芹著，脂砚斋评：《脂砚斋重评石头记庚辰校本》，作家出版社2006年版，第1254页。

❹朱一玄编：《红楼梦资料汇编》，南开大学出版社2012年版，第502页。

探事的小丫头来报说："老太太醒了。"邢夫人方起身前边来。迎春送至院外方回。

绣桔因说道："如何，前儿我回姑娘，那一个攒珠累丝金凤竟不知那里去了。回了姑娘，姑娘竟不问一声儿。我说必是老奶奶拿去典了银子放头儿的，姑娘不信，只说司棋收着呢。问司棋，司棋虽病着，心里却明白。我去问他，他说没有收起来，还在书架上匣内暂放着，预备八月十五日恐怕要戴呢。姑娘就该问老奶奶一声，只是脸软怕人恼。如今竟怕无着落，明儿要都戴时，独咱们不戴，是何意思呢？"迎春道："何用问，自然是他拿去暂时借一肩了。我只说他悄悄的拿了出去，不过一时半晌，仍旧悄悄的送来就完了，谁知他就忘了。今日偏又闹出来，问他想也无益。"绣桔道："何曾是忘记？他是试准了姑娘的性格，所以才这样。如今我有个主意：我竟走到二奶奶房里将此事回了他，或他着人去要，或他省事拿几吊钱来替他赔补。如何？"迎春忙道："罢，罢，罢，省些事罢。宁可没有了，又何必生事？"绣桔道："姑娘怎么这样软弱？都要省起事来，将来连姑娘还骗了去呢，我竟去的是。"说着便走。迎春便不言语，只好由他。

谁知迎春乳母之媳王住儿媳妇正因他婆婆得了罪，来求迎春去讨情，听他们正说金凤一事，且不进去。也因素日迎春懦弱，他们都不放在心上。如今见绣桔立意去回凤姐，估着这事脱不去的，且又有求迎春之事，只得进来，陪笑先向绣桔说："姑娘，你别去生事。姑娘的金丝凤，原是我们老奶奶老糊涂了，输了几个钱，没的捞梢，所以暂借了去。原说一日半晌就赎的，因总未捞过本儿来，就迟住了。可巧今儿又不知是谁走了风声，弄出事来。虽然这样，到底主子的东西，我们不敢迟误下，终久是要赎的。如今还要求姑娘看从小儿吃奶的情常，往老太太那边去讨个情面，救出他老人家来才好。"迎春先便说道："好嫂子，你趁早儿打了这妄想，要等我去说情儿，等到明年也不中用的。方才连宝姐姐、林妹妹大伙儿说情，老太太还不依，何况是我一个人？我自己愧还愧不来，反去讨臊去。"绣桔便说："赎金凤是一件事，说情是一件事，别绞在一处说。难道姑娘不去说情，你就不赎了不成。嫂子且取了金凤来再说。"王住儿家的听见迎春如此拒绝他，绣桔的话又锋利无可回答，一时脸上过不去，也明欺迎春素日好性儿，乃向绣桔发话道：“姑娘，你别太仗势了。你满家子算一算，谁的妈妈奶子不仗着主子哥儿姐儿多得些益，偏咱们就这样丁是丁卯是卯的，只许你们偷偷摸摸的哄骗了去。自从邢姑娘来了，太太吩咐一个月俭省出一两银子来与舅太太去，这里饶添了邢姑娘的使费，反少了一两银子。常时短了这个，少了那个，那不是我们供给？谁又要去？不过大家将就些罢了。算到今日，少说些也有三十两了。我们这一向的钱，岂不白填了限呢？”绣桔不待说完，便啐了一口，道：“作什么你白填了三十两，我且和你算算帐，姑娘要了些什么东西？”迎春听见这媳妇发邢夫人之私意，忙止道：“罢，罢，罢。你不能拿了金凤来，不必牵三扯四乱嚷，我也不要那凤了。便是太太们问时，我只说丢了，也妨碍不着什么的，你出去歇息歇息倒好。”一面叫绣桔倒茶来。绣桔又气又急，因说道：“姑娘虽不怕，我们是作什么的，把姑娘的东西丢了。他倒赖说姑娘使了他们的钱，这如今竟要准折起来。倘或太太问姑娘为什么使了这些钱，敢是我们就中取势了。这还了得？”一行说，一行就哭了。司棋听不过，只得勉强过来，帮着绣桔问着那媳妇。迎春劝止不住，自拿了一本《太上感应篇》来看。

三人正没开交，可巧宝钗、黛玉、宝琴、探春等因恐迎春今日不自在，都约来安慰他。走至院中，听得两三个人较口。探春从纱窗内一看，只见迎春倚在床上看书，若有不闻之状。探春也笑了。小丫鬟们忙打起帘子，报道：“姑娘们来了。”迎春方放下书起身。那媳妇见有人来，且又有探春在内，不劝而自止了，遂趁便要去。探春坐下，便问：“才刚谁在这里说话？倒像拌嘴似的。”迎春笑道：“没有说什么，左不过是他们小题大作罢了。何必问他？”

探春笑道:“我才听见什么‘金凤’,又是什么‘没有钱只和我们奴才要’,谁和奴才要钱了?难道姐姐和奴才要钱了不成?难道姐姐不是和我们一样有月钱的,一样有用度不成?”司棋、绣桔道:“姑娘说的是了。姑娘们都是一样的,那一位姑娘的钱不是由着奶奶妈妈们使,连我们也不知道怎么是算帐,不过要东西只说得一声儿。如今他偏要说姑娘使过了头儿,他赔出许多来了。究竟姑娘何曾和他要什么了?”探春笑道:“姐姐既没有和他要,必定是我们或者和他们要了不成?你叫他进来,我倒要问问他。”迎春笑道:“这话又可笑。你们又无沾碍,何得带累于他?”探春笑道:“这倒不然。我和姐姐一样,姐姐的事和我的也是一般,他说姐姐就是说我。我那边的人有怨我的,姐姐听见也即同怨姐姐是一理。咱们是主子,自然不理论那些钱财小事,只知想起什么要什么,也是有的事。但不知金累丝凤因何又夹在里头?”那王住儿媳妇生恐绣桔等告出他来,遂忙进来用话掩饰。探春深知其意,因笑道:“你们所以糊涂。如今你奶奶已得了不是,趁此求求二奶奶,把方才的钱尚未散人的拿出些来赎取了就完了。比不得没闹出来,大家都藏着留脸面,如今既是没了脸,趁此时纵有十个罪,也只一人受罚,没有砍两颗头的理。你依我,竟是和二奶奶说去。在这里大声小气,如何使得?”这媳妇被探春说出真病,也无可赖了,只不敢往凤姐处自首。探春笑道:“我不听见便罢,既听见,少不得替你们分解分解。”谁知探春早使个眼色与待书出去了。

这里正说话,忽见平儿进来。宝琴拍手笑说道:“三姐姐敢是有驱神召将的符术?”黛玉笑道:“这倒不是道家玄术,倒是用兵最精的,所谓‘守如处女,脱如狡兔’,出其不备之妙策也。”二人取笑。宝钗便使眼色与二人,令其不可,遂以别话岔开。探春见平儿来了,遂问:“你奶奶可好些了?真是病糊涂了,事事都不在心上,叫我们受这样的委屈。”平儿忙道:“姑娘怎么委屈?谁敢给姑娘气受,姑娘快吩咐我。”当时住儿媳妇儿方慌了手脚,遂上来赶着平儿叫:“姑娘坐下,让我说原故请听。”平儿正色道:“姑娘这里说话,也有你我混插口的礼?你但凡知礼,只该在外头伺候。不叫你进不来的地方,几曾有外头的媳妇子们无故到姑娘们房里来的例?”

绣桔道："你不知我们这屋里是没礼的，谁爱来就来。"平儿道："都是你们的不是。姑娘好性儿，你们就该打出去，然后再回太太去才是。"王住儿媳妇见平儿出了言，红了脸方退出去。探春接着道："我且告诉你，若是别人得罪了我，倒还罢了。如今那住儿媳妇和他婆婆仗着是妈妈，又瞅着二姐姐好性儿，如此这般私自拿了首饰去赌钱，而且还捏造假帐折算，威逼着还要去讨情，和这两个丫头在卧房里大嚷大叫，二姐姐竟不能辖治，所以我看不过，才请你来问一声：还是他原是天外的人，不知道理？还是谁主使他如此，先把二姐姐制伏，然后就要治我和四姑娘了？"平儿忙陪笑道："姑娘怎么今日说这话出来？我们奶奶如何当得起。"探春冷笑道："俗语说的'物伤其类'，'齿竭唇亡'，我自然有些惊心。"平儿问迎春道："若论此事，还不是大事，极好处置。但他现是姑娘的奶嫂，据姑娘怎么样为是？"当下迎春只和宝钗阅"感应篇"故事，究竟连探春之语亦不曾闻得，忽见平儿如此说，仍笑道："问我，我也没什么法子。他们的不是，自作自受，我也不能讨情，我也不去苛责就是了。至于私自拿去的东西，送来我收下，不送来我也不要了。太太们要问，我可以隐瞒遮饰过去，是他的造化，若瞒不住，我也没法，没有个为他们反欺枉太太们的理，少不得直说。你们若说我好性儿，没个决断，竟有好主意可以八面周全，不使太太们生气，任凭你们处治，我总不知道。"众人听了，都好笑起来。黛玉笑道："真是'虎狼屯于阶陛，尚谈因果'。若使二姐姐是个男人，这一家上下若许人，又如何裁治他们。"迎春笑道："正是。多少男人尚如此，何况我哉。"一语未了，只见又有一人进来。正不知道是那个，且听下回分解。

笺证

第七十三回各表一枝的另一枝花“懦小姐不问累金凤”，线头还是从邢夫人责备迎春纵容乳母，没有拿出小姐身份制止乳母的违法行为说起。迎春不语，只低头弄衣带。邢夫人又旁敲侧击，讥讽贾琏、凤姐一手遮天，同样庶出，探春比迎春强。旁边伺候的媳妇们只好打圆场说，迎春“老实仁德”，哪里像探春“伶牙俐齿”？明知迎春这样，探春“竟不顾恤一点儿”。庚辰本夹批对此大发肝火说：“杀杀杀！此辈专生离异。余因实受其蛊，今读此文，直欲拔剑劈纸。又不知作者多少眼泪洒出此回也。又问：不知如何顾恤些？又不知有何可顾恤之处？直令人不解愚奴贱婢之言。酷肖之至。”[5] 各表一枝中的这一枝又分了杈，头一杈是邢夫人在迎春面前，挑唆迎春与凤姐、探春的关系。第二杈的探春、平儿进来，修理惹是生非的奶妈儿媳王住儿媳妇。迎春的攒珠累丝金凤，被乳母拿去抵押聚赌输掉，丫鬟要去索回，迎春忙说：“罢，罢，罢，省些事罢。宁可没有了，又何必生事？”乳母的儿媳王住儿媳妇来求迎春去为婆婆讨情，半劝半压地说：“姑娘的金丝凤，原是我们老奶奶老糊涂了，输了几个钱，没的捞梢，所以暂借了去。原说一日半晌就赎的，因总未捞过本儿来，就迟住了。可巧今儿又不知是谁走了风声，弄出事来。虽然这样，到底主子的东西，我们不敢迟误下，终久是要赎的。如今还要求姑娘看从小儿吃奶的情常，往老太太那边去讨个情面，救出他老人家来才好。”探春等来安慰迎春，看见王住儿媳妇在胡搅乱缠，探春就使眼色让待书出去找来平儿。平儿正色说：“姑娘这里说话，也有你我混插口的礼？你但凡知礼，只该在外头伺候。不叫你进不来的地方，几曾有外头的媳妇子们无故到姑娘们房里来的例？”平儿斥退王住儿媳妇，探春却将了平儿的主子凤姐一军：“如今那住儿媳妇和他婆婆仗着是妈妈，又瞅着二姐姐好性儿，如此这般私自拿了首饰去赌钱，而且还捏造假帐折算，威逼着还要去讨情，和这两个丫头在卧房里大嚷大叫，二姐姐竟不能辖治，所以我看不过，才请你来问一声：还是他原是天外的人，不知道理？还是谁主使他如此，先把二姐姐制伏，然后就要治我和四姑娘了？”不由平儿解释，探春又说：“俗语说的‘物伤其类’，‘齿竭唇亡’，我自然有些惊心。”而作为描写重心的迎春对这些人事纷扰，一概充耳不闻，只倚着床拿着一本《太上感应篇》看。庚辰本夹批说：“神妙至极！从书上跳出一位懦弱小姐，且书又有奇文，妙！”[6]令人感慨的是，迎春老实、懦弱、窝囊、任人摆布，“三脚踢不出一个屁来”的性格，在此处写得最是淋漓尽致。惜春学佛，迎春学道，手持《太上感应篇》，简直成了贴在迎春身上的文化标签。《太上感应篇》是什么？它是一部世俗道教经典，被誉为“古今第一善书”。《太上感应篇集注》云：“太上者，道门至尊之称也，由此动彼谓之感，由彼答此谓之应，应善恶感动天地，必有报应也。”所谓“感应”是指善恶报应，由天地神鬼根据世上人们的所作所为给以相应的奖惩。它开宗明义就告诫世人：“太上曰：祸福无门，唯人自召。善恶之报，如影随形。”其一千二百多字的格言箴语，主要强调因果法则，宣扬冥冥中有三尸神、灶神上天告状，劝人时刻注意止恶修善、自利利他，并列举了二十六条善行和一百七十条恶行，作为趋善避恶的标准，最后强调现世报应，“诸恶莫作，众善奉行”、“一日有三善，三年天必降之福；一日有三恶，三年天必降之祸”。此书源出于《抱朴子》，后经宋代李昌龄、郑清之等人阐发，流通于世，上自朝廷，下至民间，刊印传播者众多，到明清时期达到高峰。此书在宣扬得道成仙的理想下，竖起了一架可以登临的梯子，即在鬼神监督下，对行善心态和避恶行为加以落实。迎春手持此书，并非潜心钻研，只不过是在不可寻找中，寻找一种精神慰藉的幌子。戚蓼生本回末总评说：“一篇奸盗淫邪文字，反以四子五经、《公羊》、《谷梁》、秦汉诸作起，以《太上感应篇》结，彼何心哉！他深见‘书中自有

[5]（清）曹雪芹著，脂砚斋评：《脂砚斋重评石头记庚辰校本》，作家出版社2006年版，第1256页。

[6]（清）曹雪芹著，脂砚斋评：《脂砚斋重评石头记庚辰校本》，作家出版社2006年版，第1258页。

黄金屋’‘书中有女美如玉’等语误尽天下苍生，而大奸大盗皆从此出。故特作此一起结，为五阴浊世顶门一声棒喝也。眼空似箕，笔大如椽，何得以寻行数墨绳之。”[7]戚评未免云山雾罩，不着边际，但它点出本回以四书五经、《公羊》、《谷梁》、秦汉诸作起，以《太上感应篇》结，借用经籍来衬托人物志趣和品性，也有发人深思之处。如此多的经传、善书，也难以抵御乌云推拥、山雨欲来的气候变幻。在贾府的运行体制面前，这些书只不过是一纸空文。

[7] 朱一玄编：《红楼梦资料汇编》，南开大学出版社2001年版，第505页。

第七十四回

惑奸谗抄检大观园
矢孤介杜绝宁国府

话说平儿听迎春说了正自好笑，忽见宝玉也来了。原来管厨房柳家媳妇之妹，也因放头开赌得了不是。这园中有素与柳家不睦的，便又告出柳家来，说他和他妹子是伙计，虽然他妹子出名，其实赚了钱两个人平分。因此凤姐要治柳家之罪。那柳家的因得此信，便慌了手脚，因思素与怡红院人最为深厚，故走来悄悄的央求晴雯、金星玻璃等人。金星玻璃告诉了宝玉。宝玉因思内中迎春之乳母也现有此罪，不若来约同迎春去讨情，比自己独去单为柳家说情又更妥当，故此前来。忽见许多人在此，见他来时，都问："你的病可好了，跑来作什么？"宝玉不便说出讨情一事，只说："来看二姐姐。"当下众人也不在意，且说些闲话。平儿便出去办累丝金凤一事。那王住儿媳妇紧跟在后，口内百般央求，只说："姑娘好歹口内超生，我横竖去赎了来。"平儿笑道："你迟也赎，早也赎，既有今日，何必当初？你的意思得过去就过去了。既是这样，我也不好意思告人，趁早去赎了来交与我送去，我一字不提。"王住儿媳妇听说，方放下心来，就拜谢，又说："姑娘自去贵干，我赶晚拿了来，先回了姑娘，再送去，如何？"平儿道："赶晚不来，可别怨我。"说毕，二人方分路各自散了。

平儿到房，凤姐问他："三姑娘叫你作什么？"平儿笑道："三姑娘怕奶奶生气，叫我劝着奶奶些，问奶奶这两天可吃些什么？"凤姐笑道："倒是他还记挂着我。刚才又出来了一件事：有人来告柳二媳妇和他妹子通同开局，凡妹子所为，都是他作主。我想，你素日肯劝我'多一事不如省一事’，就可闲一时心，自己保养保养也是好的。我因听不进去，果然应了些，先把太太得罪了，而且自己反赚了一场病。如今我也看破了，随他们闹去罢，横竖还有许多人呢。我白操一会子心，倒惹的万人咒骂。我且养病要紧，便是好了，我也作个好好先生，得乐且乐，得笑且笑，一概是非都凭他们去罢。所以我只答应着知道了，白不在我心上。”平儿笑道：“奶奶果然如此，便是我们的造化。”

笺证

《红楼梦》叙事往往出人意外，却合乎情理。出人意外是奇笔，合乎情理是常情，以常情支撑着奇笔，两头连结着的是人书与天书。清初艾衲居士编《豆棚闲话》第四则有总评说：“凡著小说，既要入人情中，又要出人意外，如水穷云起，树转峰来。使阅者应接不暇，却掩卷而思，不知后来一段路迳才妙。”[1]晚清朱庭珍《筱园诗话》卷三论诗说：“七律贵有奇句，然须奇而不诡于正，若奇而无理，殊伤雅音，所谓‘奇过则凡’也。如赵秋谷之‘客舍三千两鸡狗，岛人五百一头颅’，不惟显露槎丫，绝无馀味，亦嫌求奇太过，无理取闹矣。此外如诗话所传‘金欲两千酧漂母，鞭须六百报平王’，‘羲画破天烦妹补，羿弓饶月待妻奔’，皆故为过火语，实无取义，不可为训。石破天惊之句，出人意外者，其意仍须在人意中也。”[2]第七十四回宝玉受芳官之托，想为柳家的求情，来不及开口。但凤姐处理无事生非者告柳家的状，出于对以往争强好胜心态的后悔，而息事宁人，无意中应了宝玉的不求之求。贾母本来盘查值夜婆子玩忽职守，合群聚赌，查出的大头家三人中有柳家媳妇之妹，下令各打四十大板，赶出园子。柳家

[1]（清）艾衲居士编著：《豆棚闲话》，人民文学出版社2006年版，第44页。

[2] 郭绍虞编，富寿荪校：《清诗华续编》（下），上海古籍出版社1983年版，第2377页。

媳妇闻信就慌了手脚，央求怡红院丫鬟托宝玉说情。宝玉想到迎春的乳母也是聚赌大头家，打算约同迎春讨情，但到了迎春处，见前来安慰的人很多，就没有启口。但平儿从迎春处回来，凤姐却笑说："刚才又出来了一件事：有人来告柳二媳妇和他妹子通同开局，凡妹子所为，都是他作主。我想，你素日肯劝我'多一事不如省一事'，就可闲一时心，自己保养保养也是好的。……如今我也看破了，随他们闹去罢，横竖还有许多人呢。我白操一会子心，倒惹的万人咒骂。我且养病要紧，便是好了，我也作个好好先生，得乐且乐，得笑且笑，一概是非都凭他们去罢。所以我只答应着知道了，白不在我心上。"柳二媳妇及其妹子的一个死结，就这么"踏破芒鞋无觅处，得来全不费工夫"，轻轻松松地不解自解了。在不解自解中，却捎带着宝玉的仗义行事和凤姐的性格变迁，从而把出乎意料的结果蕴含在合乎情理的人物性格之中。历史的因果链条并非总是那么简单明了，时或在接榫脱节、歪打正着中运行。接榫脱节、歪打正着的原因，都隐藏在人物性格的深层变化之中。

一语未了，只见贾琏进来，拍手叹气道："好好的又生事，前儿我和鸳鸯借当，那边太太怎么知道了。才刚太太叫过我去，叫我不管那里先迁挪二百银子，做八月十五日节间使用。我回没处迁挪。太太就说：'你没有钱就有地方迁挪，我白和你商量，你就搪塞我，你就说没地方。前儿一千银子的当是那里的？连老太太的东西你都有神通弄出来，这会子二百银子，你就这样？幸亏我没和别人说去。'我想太太分明不短，何苦来要寻事奈何人？"凤姐儿道："那日并没一个外人，谁走了这个消息？"平儿听了，也细想那日有谁在此，想了半日，笑道："是了。那日说话时没一个外人，但晚上送东西来的时节，老太太那边傻大姐的娘也可巧来送浆洗衣服。他在下房里坐了一会子，见一大箱子东西，自然要问，必是小丫头们不知道，说了出来，也未可知。"因此便唤了几个小丫头来问，那日谁告诉呆大姐的娘。众小丫头慌了，都跪下赌咒发誓，说："自来也不敢多说一句话。有人凡问什么，都答应不知道。这事如何敢多说？"凤姐详情说："他们必不敢，倒别委屈了他们。如今且把这事靠后，且把太太打发了去要紧。宁可咱们短些，又别讨没意思。”因叫平儿：“把我的金项圈拿来，且去暂押二百银子来送去完事。”贾琏道：“越性多押二百，咱们也要使呢。”凤姐道：“很不必，我没处使钱。这一去还不知指那一项赎呢。”平儿拿去，吩咐一个人唤了旺儿媳妇来领去，不一时拿了银子来。贾琏亲自送去，不在话下。

笺证

《红楼梦》的叙事智慧，或通于兵学智慧，谋篇布局如排阵用兵，精心经营，出奇制胜。第七十四回讲到，邢夫人似乎知道贾琏通过鸳鸯把贾母保存器物的箱子，抵押了一千两银子，就叫贾琏挪出二百两银子给她使用。如此秘密的事，是谁走漏了消息？平儿想了半日，笑说：“那日说话时没一个外人，但晚上送东西来的时节，老太太那边傻大姐的娘也可巧来送浆洗衣服。他在下房里坐了一会子，见一大箱子东西，自然要问，必是小丫头们不知道，说了出来，也未可知。”但是几个小丫头都跪下赌咒发誓，咬定没有与呆大姐的娘多说一句话，凤姐思量“她们必不敢，倒别委屈了他们”，采取息事宁人的处理方法。此事虽然暗示大观园没有不透风的墙，或“连没缝儿的鸡蛋还要下蛆”，但作者的居心，也许看重“老太太那边傻大姐的娘”这种设置。它在“惑奸谗抄检大观园”的风暴到来之前，有意暗示一下捡到五彩绣香囊的傻大姐。同时也暗示了邢夫人为贾赦纳妾之事，结怨于鸳鸯。一件事缠绕着多重心思。因而庚辰本夹批说：“奇奇怪怪，从何处转至素日成真，如常山之蛇。”[3] 所谓常山之蛇，源自《孙子兵法·九地篇》所

[3]（清）曹雪芹著，脂砚斋评：《脂砚斋重评石头记庚辰校本》，作家出版社2006年版，第1273页。

说："故善用兵者，譬如率然。率然者，常山之蛇也。击其首则尾至，击其尾则首至，击其中则首尾俱至。"[4]暗示捡到五彩绣香囊的傻大姐，就是击打常山之蛇的头部，它可以引起蛇尾的缠绕反击。这就是《红楼梦》为文如用兵，运用之妙或有暗合《孙子兵法》的地方。

这里凤姐和平儿猜疑，终是谁人走的风声，竟拟不出人来。凤姐儿又道："知道这事还是小事，怕的是小人趁便又造非言，生出别的事来。打紧那边正和鸳鸯结下仇了，如今听得他私自借给琏二爷东西，那起小人眼馋肚饱，连没缝儿的鸡蛋还要下蛆呢，如今有了这个因由，恐怕又造出些没天理的话来也定不得。在你琏二爷还无妨，只是鸳鸯正经女儿，带累了他受屈，岂不是咱们的过失？"平儿笑道："这也无妨。鸳鸯借东西看的是奶奶，并不为的是二爷。一则鸳鸯虽应名是他私情，其实他是回过老太太的。老太太因怕孙男弟女多，这个也借，那个也要，到跟前撒个娇儿，和谁要去，因此只装不知道。纵闹了出来，究竟那也无碍。"凤姐儿道："理固如此。只是你我是知道的，那不知道的，焉得不生疑呢？"

一语未了，人报"太太来了"。凤姐听了诧异，不知为何事亲来，与平儿等忙迎出来。只见王夫人气色更变，只带一个贴己的小丫头走来，一语不发，走至里间坐下。凤姐忙奉茶，因陪笑问道："太太今日高兴，到这里逛逛。"王夫人喝命"平儿出去"，平儿见了这般，着慌不知怎么样了，忙应了一声，带着众小丫头一齐出去，在房门外站住，越性将房门掩了，自己坐在台矶上，所有的人，一个不许进去。凤姐也着了慌，不知有何等事。只见王夫人含着泪，从袖内掷出一个香袋子来，说："你瞧。"凤姐忙拾起一看，见是十锦春意香袋，也吓了一跳，忙问："太太从那里得来？"王夫人见问，越发泪如雨下，颤声说道："我从那里得来？我天天坐在井里，拿你当个细心人，所以我才偷个空儿。谁知你也和我一样。这样的东西大天白日明摆在园里山石上，被老太太的丫头拾着，不亏你婆婆遇见，早已送到老太太跟前去了。我且问你，这个东西如何遗在那里来？"凤姐听得，也更了颜色，忙问："太太怎知是我的？"王夫人又哭又叹说道："你反问我？你想，一家子除了你们小夫小妻，馀者老婆子们，要这个何用？再女孩子们是从那里得来？自然是那琏儿不长进下流种子那里弄来。你们又和气，当作一件顽意儿，年轻人儿女闺房私意是有的，你还和我赖。幸而园内上下人还不解事，尚未捡得。倘或丫头们捡着，你姊妹看见，这还了得？不然有那小丫头们捡着，出去说是园内拣着的，外人知道，这性命脸面要也不要？”凤姐听说，又急又愧，登时紫涨了面皮，便依炕沿双膝跪下，也含泪诉道：“太太说的固然有理，我也不敢辩我并无这样的东西。但其中还要求太太细详其理：那香袋是外头雇工仿着内工绣的，带这穗子一概是市卖货。我便年轻不尊重些，也不要这劳什子，自然都是好的，此其一。二者这东西也不是常带着的，我纵有，也只好在家里，焉肯带在身上各处去？况且又在园里去，个个姊妹我们都肯拉拉扯扯，倘或露出来，不但在姊妹前，就是奴才看见，我有什么意思？我虽年轻不尊重，亦不能糊涂至此。三则论主子内我是年轻媳妇，算起奴才来，比我更年轻的又不止一个人了。况且他们也常进园，晚间各人家去，焉知不是他们身上的？四则除我常在园里之外，还有那边太太常带过几个小姨娘来，如嫣红、翠云等人，皆系年轻侍妾，他们更该有这个了。还有那边珍大嫂子，他也不算甚老，他也常带过佩凤等人来，焉知又不是他们的？五则园内丫头太多，保的住个个都是正经的不成？也有年纪大些的知道了人事，或者一时半刻人查问不到偷着出去，或借着因由同二门上小幺儿们打牙犯嘴，外头得了来的，也未可知。如今不但我没此事，就连平儿我也可以下保的。太太请细想。”王夫人听了这一席话大近情理，因叹道：“你起来。我也知道你是大家小姐出身，焉得轻薄至此，不过我气急了，拿了话激你。但如今却怎么

❹（春秋）孙武撰，（三国）曹操等注：《十一家注孙子校理》，中华书局1999年版，第250页。

处？你婆婆才打发人封了这个给我瞧，说是前日从傻大姐手里得的，把我气了个死。”凤姐道：“太太快别生气。若被众人觉察了，保不定老太太不知道。且平心静气暗暗访察，才得确实，纵然访不着，外人也不能知道，这叫作‘胳膊折在袖内’。如今惟有趁着赌钱的因由革了许多的人这空儿，把周瑞媳妇、旺儿媳妇等四五个贴近不能走话的人安插在园里，以查赌为由。再如今他们的丫头也太多了，保不住人大心大，生事作耗，等闹出事来，反悔之不及。如今若无故裁革，不但姑娘们委屈烦恼，就连太太和我也过不去。不如趁此机会，以后凡年纪大些的，或有些咬牙难缠的，拿个错儿撵出去配了人。一则保得住没有别的事，二则也可省些用度。太太想我这话如何？”王夫人叹道：“你说的何尝不是？但从公细想来，你这几个姊妹也甚可怜了。也不用远比，只说如今你林妹妹的母亲，未出阁时，是何等的娇生惯养，是何等的金尊玉贵，那才像个千金小姐的体统。如今这几个姊妹，不过比人家的丫头略强些罢了。通共每人只有两三个丫头像个人样，馀者纵有四五个小丫头子，竟是庙里的小鬼。如今还要裁革了去，不但于我心不忍，只怕老太太未必就依。虽然艰难，难不至此。我虽没受过大荣华富贵，比你们是强的。如今我宁可省些，别委屈了他们，以后要省俭先从我来倒使的。如今且叫人传了周瑞家的等人进来，就吩咐他们快快暗地访拿这事要紧。”凤姐听了，即唤平儿进来吩咐出去。

笺证

扣屎盆子是一种心术不正的污名手段，居心不良的人把恶名或坏事反扣在对手头上，假装正经来撇清自己，来显得自己衣衫干净。第七十四回就可领略到这种下三滥的战法，处心积虑给人妄加罪名，进行诬蔑。引起抄检大观园风暴的异物，傻大姐捡时叫“五彩绣香囊”，凤姐见时叫“十锦春意香袋”，凤姐为有人在园子里捡到这种猥亵功能的香囊吓了一跳。事情的经过是，邢夫人给王夫人出了一个大难题，把傻大姐捡到的香囊交给王夫人去找凤姐，当然是想将这瓢脏水泼到凤姐的头上。王夫人哭着叹说：

“你反问我？你想，一家子除了你们小夫小妻，馀者老婆子们，要这个何用？再女孩子们是从那里得来？自然是那琏儿不长进下流种子那里弄来。你们又和气，当作一件顽意儿，年轻人儿女闺房私意是有的。”王夫人又哭又叹，表明她对凤姐是同情的，是“同一条战壕的战友”，所说的话自然是邢夫人推测此物属于凤姐夫妇的原由。凤姐却列举五条理由对泼来的脏水进行反驳，尤其是第五条理由“园内丫头太多，保的住个个都是正经的不成？也有年纪大些的知道了人事，或者一时半刻人查问不到偷着出去，或借着因由同二门上小幺儿们打牙犯嘴，外头得了来的，也未可知”，更是并非无的放矢。凤姐提出的解决方法是：“且平心静气暗暗访察，才得确实，纵然访不着，外人也不能知道，这叫作‘胳膊折在袖内’。”无奈邢夫人否决了暗暗访察的方法，而想大张旗鼓地把抄检的刀锋砍向大观园，结果是泼脏水者反被脏水淋了一身，“搬起石头砸自己的脚”。作者在设计这种结果时，可能对那种兴风作浪的人的卑劣人格暗中发笑，觉得天理难容。这令人联想到元代李行道《包待制智赚灰阑记》杂剧第一折，女主人公唱道：“他道我共奸夫背地常来往，他道我会支吾对面舌头强。不争将滥名儿揣在我跟前，姐姐也，便是将个屎盆儿套在他头上。”扣屎盆子的污名手段，实际上是以自己的道德为代价而一起扣出去的。

一时，周瑞家的与吴兴家的、郑华家的、来旺家的、来喜家的现在五家陪房进来，馀者皆在南方各有执事。王夫人正嫌人少不能勘察，忽见邢夫人的陪房王善保家的走来，方才正是他送香囊来的。王夫人向来看视邢夫人之得力心腹人等原无二意，今见他来打听此事，十分关切，便向他说："你去回了太太，也进园内照管照管，不比别人又强些？"这王善保家的正因素日进园去那些丫鬟们不大趋奉他，他心里大不自在，要寻他们的故事又寻不着，恰好生出这事来，以为得了把柄。又听王夫人委托，正撞在心坎上，说："这个容易。不是奴才多话，论理这事该早严紧的。太太也不大往园里去，这些女孩子们一个个倒像受了封诰似的，他们就成了千金小姐了。闹下天来，谁敢哼一声儿。不然，就调唆姑娘的丫头们，说欺负了姑娘们了，谁还耽得起？"王夫人道："这也有的常情，跟姑娘的丫头原比别的娇贵些，你们该劝他们。连主子们的姑娘不教导尚且不堪，何况他们？"王善保家的道："别的都还罢了。太太不知道，一个宝玉屋里的晴雯，那丫头仗着他生的模样儿比别人标致些，又生了一张巧嘴，天天打扮的像个西施的样子，在人跟前能说惯道，掐尖要强。一句话不投机，他就立起两个骚眼睛来骂人，妖妖趫趫，大不成个体统。"王夫人听了这话，猛然触动往事，便问凤姐道："上次我们跟了老太太进园逛去，有一个水蛇腰，削肩膀，眉眼又有些像你林妹妹的，正在那里骂小丫头。我的心里很看不上那个轻狂样子，因同老太太走，我不曾说得。后来要问是谁，又偏忘了。今日对了坎儿，这丫头想必就是他了。"凤姐道："若论这些丫头们，共总比起来，都没晴雯生得好。论举止言语，他原有些轻薄。方才太太说的倒很像他，我也忘了那日的事，不敢乱说。"王善保家的便道："不用这样，此刻不难叫了他来太太瞧瞧。"王夫人道："宝玉房里常见我的只有袭人、麝月，这两个笨笨的倒好。若有这个，他自不敢来见我的。我一生最嫌这样的人，况且又出来这个事。好好的宝玉，倘或叫这蹄子勾引坏了，那还了得？"因叫自己的丫头来，吩咐他到园里去，"只说我说有话问他们，留下袭人、麝月服侍宝玉不必来，有一个晴雯最伶俐，叫他即刻快来，你不许和他说什么。"

小丫头子答应了，走入怡红院，正值晴雯身上不自在，睡中觉才起来，正发闷，听如此说，只得随了他来。素日这些丫鬟皆知王夫人最嫌趫妆艳饰、语薄言轻者，故晴雯不敢出头。今因连日不自在，并没十分妆饰，自为无碍。及到了凤姐房中，王夫人一见他钗亸鬓松，衫垂带褪，有春睡捧心之遗风，而且形容面貌恰是上月的那人，不觉勾起方才的火来。王夫人原是天真烂漫之人，喜怒出于心臆，不比那些饰词掩意之人，今既真怒攻心，又勾起往事，便冷笑道："好个美人。真像病个西施了。你天天作这轻狂样儿给谁看？你干的事，打量我不知道呢？我且放着你，自然明儿揭你的皮。宝玉今日可好些？"晴雯一听如此说，心内大异，便知有人暗算了他。虽然着恼，只不敢作声。他本是个聪敏过顶的人，见问宝玉可好些，他便不肯以实话对，只说："我不大到宝玉房里去，又不常和宝玉在一处，好歹我不能知道，只问袭人、麝月两个。"王夫人道："这就该打嘴。你难道是死人，要你们作什么？"晴雯道："我原是跟老太太的人。因老太太说园里空大人少，宝玉害怕，所以拨了我去外间屋里上夜，不过看屋子。我原回过我笨，不能服侍。老太太骂了我，说：'又不叫你管他的事，要伶俐的作什么。'我听了这话才去的。不过十天半个月之内，宝玉闷了大家顽一会子就散了。至于宝玉饮食起坐，上一层有老奶奶老妈妈们，下一层又有袭人、麝月、秋纹几个人。我闲着还要作老太太屋里的针线，所以宝玉的事竟不曾留心。太太既怪，从此后我留心就是了。"王夫人信以为实了，忙说："阿弥陀佛，你不近宝玉是我的造化，竟不劳你费心。既是老太太给宝玉的，我明儿回了老太太，再撵你。"因向王善保家的道："你们进去，好生防他几日，不许他在宝玉房里睡觉。等我回过老太太，再处治他。"喝声："去！站在这里，我看不上这浪样儿。谁许你这样花红柳绿的妆扮？"晴雯只得出来，这气非同小可，一出门便拿手帕子握着脸，一头走，一头哭，直哭到园门内去。

笺证

邢夫人想借王夫人的刀杀人，把第一瓢脏水泼向凤姐不果之后，邢夫人的陪房王善保家的想把第二瓢脏水泼在晴雯的头上，第七十四回王善保家的就对王夫人进谗言说："太太不知道，一个宝玉屋里的晴雯，那丫头仗着他生的模样儿比别人标致些，又生了一张巧嘴，天天打扮的像个西施的样子，在人跟前能说惯道，掐尖要强。一句话不投机，他就立起两个骚眼睛来骂人，妖妖趫趫，大不成个体统。"于是在大开杀戒之前，先把生病的晴雯招来，晴雯一听问话就心内大异，知有人暗算了她，也就拿出贾母的关系来应对说："我原是跟老太太的人。因老太太说园里空大人少，宝玉害怕，所以拨了我去外间屋里上夜，不过看屋子。我原回过我笨，不能服侍。老太太骂了我，说'又不叫你管他的事，要伶俐的作什么'。我听了这话才去的。不过十天半个月之内，宝玉闷了大家顽一会子就散了。至于宝玉饮食起坐，上一层有老奶奶老妈妈们，下一层又有袭人、麝月、秋纹几个人。我闲着还要作老太太屋里的针线，所以宝玉的事竟不曾留心。"一番话就解除了王夫人的戒心。后来抄检怡红院时，轮到了晴雯的箱子，因问："是谁的，怎不开了让搜？"袭人等方欲代晴雯开时，只见晴雯挽着头发闯进来，豁啷一声将箱子掀开，两手捉着底子朝天，往地下尽情一倒，将所有之物尽都倒出。王善保家的也觉没趣，看了一看，也无甚私弊之物。泼来的第二瓢脏水也就不了了事，但晴雯命运的危机已经在愈描愈黑之中伏下，只等后话了。

这里王夫人向凤姐等自怨道："这几年我越发精神短了，照顾不到，这样妖精似的东西竟没看见。只怕这样的还有，明日倒得查查。"凤姐见王夫人盛怒之际，又因王善保家的是邢夫人的耳目，常调唆着邢夫人生事，纵有千百样言词，此刻也不敢说，只低头答应着。王善保家的道："太太且请养息身体要紧，这些小事只交与奴才。如今要查这个主儿也极容易，等到晚上园门关了的时节，内外不通风，我们竟给他们个猛不防，带着人到各处丫头们房里搜寻。想来谁有这个，断不单只有这个，自然还有别的东西。

那时翻出别的来，自然这个也是他的。”王夫人道：“这话倒是。若不如此，断不能清的清、白的白。”因问凤姐如何。凤姐只得答应说：“太太说的是，就行罢了。”王夫人道：“这主意很是，不然一年也查不出来。”于是大家商议已定。

至晚饭后，待贾母安寝了，宝钗等入园时，王善保家的便请了凤姐一并入园，喝命将角门皆上锁，便从上夜的婆子处抄检起，不过抄检出些多馀攒下蜡烛灯油等物。王善保家的道：“这也是赃，不许动，等明儿回过太太再动。”于是先就到怡红院中，喝命关门。当下宝玉正因晴雯不自在，忽见这一干人来，不知为何直扑了丫头们的房内去，因迎出凤姐来，问是何故。凤姐道：“丢了一件要紧的东西，因大家混赖，恐怕有丫头们偷了，所以大家都查一查去疑。”一面说，一面坐下吃茶。王善保家的等搜了一回，又细问这几个箱子是谁的，都叫本人来亲自打开。袭人因见晴雯这样，知道必有异事，又见这番抄检，只得自己先出来打开了箱子并匣子，任其搜检一番，不过是平常动用之物。随放下又搜别人的，挨次都一一搜过。到了晴雯的箱子，因问：“是谁的，怎不开了让搜？”袭人等方欲代晴雯开时，只见晴雯挽着头发闯进来，豁啷一声将箱子掀开，两手捉着底子朝天，往地下尽情一倒，将所有之物尽都倒出。王善保家的也觉没趣，看了一看，也无甚私弊之物。回了凤姐，要往别处去。凤姐儿道：“你们可细细的查，若这一番查不出来，难回话的。”众人都道：“都细翻看了，没什么差错东西。虽有几样男人物件，都是小孩子的东西，想是宝玉的旧物件，没甚关系的。”凤姐听了，笑道：“既如此咱们就走，再瞧别处去。”

说着，一径出来，因向王善保家的道：“我有一句话，不知是不是。要抄检只抄检咱们家的人，薛大姑娘屋里，断乎检抄不得的。”王善保家的笑道：“这个自然，岂有抄起亲戚家来的，”凤姐点头道：“我也这样说呢。”一头说，一头到了潇湘馆内。黛玉已睡了，忽报这些人来，也不知为甚事。才要起来，只见凤姐已走进来，忙按住他不许起来，只说：“睡罢，我们就走。”这边且说些闲话。那个王善保家的带了众人到丫鬟房中，也一一开箱倒笼抄检了一番。因从紫鹃房中抄出两副宝玉常换下来的寄名符儿，一副束带上的披带，两个荷包并扇套，套内有扇子。打开看时皆是宝玉往年往日手内曾拿过的。王善保家的自为得了意，遂忙请凤姐过来验视，又说：“这些东西从那里来的？”凤姐笑道：“宝玉和他们从小儿在一处混了几年，这自然是宝玉的旧东西。这也不算什么罕事，撂下再往别处去是正经。”紫鹃笑道：“直到如今，我们两下里的东西也算不清。要问这一个，连我也忘了是那年月日有的了。”王善保家的听凤姐如此说，也只得罢了。

又到探春院内，谁知早有人报与探春了。探春也就猜着必有原故，所以引出这等丑态来，遂命众丫鬟秉烛开门而待。一时众人来了。探春故问何事。凤姐笑道：“因丢了一件东西，连日访察不出人来，恐怕旁人赖这些女孩子们，所以越性大家搜一搜，使人去疑，倒是洗净他们的好法子。”探春冷笑道：“我们的丫头自然都是些贼，我就是头一个窝主。既如此，先来搜我的箱柜，他们所有偷了来的都交给我藏着呢。”说着便命丫头们把箱柜一齐打开，将镜奁、妆盒、衾袱、衣包若大若小之物一齐打开，请凤姐去抄阅。凤姐陪笑道：“我不过是奉太太的命来，妹妹别错怪我。何必生气？”因命丫鬟们快快关上。平儿、丰儿等忙着替待书等关的关，收的收。探春道：“我的东西倒许你们搜阅，要想搜我的丫头，这却不能。我原比众人歹毒，凡丫头所有的东西我都知道，都在我这里间收着，一针一线他们也没的收藏，要搜所以只来搜我。你们不依，只管去回太太，只说我违背了太太，该怎么处治，我去自领。你们别忙，自然连你们抄的日子有呢。你们今日早起不曾议论甄家，自己家里好好的抄家，果然今日真抄了。咱们也渐渐的来了。可知这样大族人家，若从外头杀来，一时是杀不死的，这是古人曾说的‘百足之虫，死而不僵’，必须先从家里自杀自灭起来，才能一败涂地。”说着，不觉流下泪来。凤姐只看着众媳妇们。周瑞家的便道：“既是女孩子的东西全在这里，奶奶且请到别处去罢，也让姑娘好安寝。”凤姐便起身告辞。探春道：“可细细的搜明白了。若明日再来，我就不依了。”凤姐笑道：“既然丫头们的东西都在这里，就不必搜了。”探春冷笑道：“你果然倒乖，连我的包袱都打开了，还说没翻。明日敢说我护着丫头们，不许你们翻了。你趁早说明，若还要翻，不妨再翻一遍。”凤姐知道探春素日与众不同的，只得陪笑道：“我已经连你的东西都搜查明白了。”探春又问众人：“你们也都搜明白了不曾？”周瑞家的等都陪笑说：“都翻明白了。”那王善保家的本是个心内没成算的人，素日虽闻探春的名，他自为众人没眼力没胆量罢了，那里一个姑娘家就这样起来，况且又是庶出，他敢怎么。他自恃是邢夫人陪房，连王夫人尚另眼相看，何况别个。今见探春如此，他只当是探春认真单恼凤姐，与他们无干。他便要趁势作脸献好，因越众向前拉起探春的衣襟，故意一掀，嘻嘻笑道：“连姑娘身上我都翻了，果然没有什么。”凤姐见他这样，忙说：“妈妈走罢，别疯疯颠颠的。”一语未了，只听“拍”的一声，王家的脸上早着了探春一掌。探春登时大怒，指着王家的问道：“你是什么东西，敢来拉扯我的衣裳。我不过看着太太的面上，你又有年纪，叫你一声妈妈，你就狗仗人势，天天作耗，专管生事。如今越性了不得了。你打谅我是同你们姑娘那样好性儿，由着你们欺负他，就错了主意。你搜检东西我不恼，你不该拿我取笑。”说着，便亲自解衣卸裙，拉着凤姐儿细细的翻。又说：“省得叫奴才来翻我身上。”凤姐、平儿等忙与探春束裙整袂，口内喝着王善保家的说：“妈妈吃两口酒就疯疯颠颠起来。前儿把太太也冲撞了。快出去，不要提起了。”又劝探春休得生气。探春冷笑道："我但凡有气性，早一头碰死了。不然岂许奴才来我身上翻贼赃了。明儿一早，我先回过老太太、太太，然后过去给大娘陪礼，该怎么，我就领。"那王善保家的讨了个没意思，在窗外只说："罢了，罢了，这也是头一遭挨打。我明儿回了太太，仍回老娘家去罢。这个老命还要他做什么？"探春喝命丫鬟道："你们没听他说的这话，还等我和他对嘴去不成？"待书等听说，便出去说道："你果然回老娘家去，倒是我们的造化了，只怕舍不得去。"凤姐笑道："好丫头，真是有其主必有其仆。"探春冷笑道："我们作贼的人，嘴里都有三言两语的。这还算笨的，背地里就只不会调唆主子。"平儿忙也陪笑解劝，一面又拉了待书进来。周瑞家的等人劝了一番。凤姐直待服侍探春睡下，方带着人往对过暖香坞来。

笺证

清初李渔《巧团圆·掠妪》说："奉令严搜，抄家若篦头。"搜查并没收家产的抄家，就像篦子梳头，以比梳子更细密的篦齿，篦得连头皮屑和躲藏的虱子都不放过。第七十四回抄检大观园，是第一〇五回贾府抄家的预演。抄家可不是开诗社，《红楼梦》从诗回到日常却险恶的生活，换了一个角度打量大观园儿女的生存状态和人生态度。怡红院、潇湘馆先被抄检，但由于宝玉、黛玉毕竟是贾母的心肝肉，又有凤姐的斡旋，王善保家的对之无可奈何。王善保家的自恃是邢夫人陪房，连王夫人尚另眼相看，何况探春是庶出的姑娘家？想不到在探春这里碰了一个大大的钉子。探春把箱柜一齐打开，冷笑说："我们的丫头自然都是些贼，我就是头一个窝主。既如此，先来搜我的箱柜，他们所有偷了来的都交给我藏着呢。"就请凤姐去抄阅。探春连凤姐的面子都不给，还担忧起贾府的命运："我的东西倒许你们搜阅，要想搜我的丫头，这却不能。我原比众人歹毒，凡丫头所有的东西我都知道，都在我这里间收着，一针一线他们也没的收藏，要搜所以只来搜我。你们不依，只管去回太太，只说我违背了太太，该怎么处治，我去自领。你们别忙，自然连你们抄的日子有呢。你们今日早起不曾议论甄家，自己家里好好的抄家，果然今日真抄了。咱们也渐渐的来了。可知这样大族人家，若从外头杀来，一时是杀不死的，这是古人曾说的‘百足之虫，死而不僵’，必须先从家里自杀自灭起来，才能一败涂地。”应该说，探春比起凤姐，对贵族中国衰弊的原因和命运更有远见，更有仁心关怀。这里又以作为贾府真假影子的江南甄府被抄家，作为贾府命运的镜子，惊鸿一瞥，令人心灵震惊。王善保家的只当是探春单恼凤姐，而看不出探春恼怪凤姐和鄙视自己存在着本质的不同，就趁势作脸献好，掀起探春的衣襟，嘻嘻笑说：“连姑娘身上我都翻了，果然没有什么。”只听“拍”的一声，王善保家的脸上早着了探春一巴掌，怒斥她“狗仗人势，天天作耗，专管生事。……你搜检东西我不恼，你不该拿我取笑”。王善保家的仓皇逃到窗外还悻悻地说：“罢了，罢了，这也是头一遭挨打。我明儿回了太太，仍回老娘家去罢。这个老命还要他做什么？”她的嘴脸由看小到献媚，又转为耍赖，真成了猴子脸十八变的丑角了。抄检别人，反而成了对抄检者自己灵魂的抄检。这就是《红楼梦》刻画人生的真功夫。

彼时李纨犹病在床上，他与惜春是紧邻，又与探春相近，故顺路先到这两处。因李纨才吃了药睡着，不好惊动，只到丫鬟们房中一一的搜了一遍，也没有什么东西，遂到惜春房中来。因惜春年少，尚未识事，吓的不知当有什么故事，凤姐也少不得安慰他。谁知竟在入画箱中寻出一大包金银锞子来，约共三四十个，又有一副玉带板子并一包男人的靴袜等物。入画也黄了脸。因问是那里来的，入画只得跪下哭诉真情，说：“这是珍大爷赏我哥哥的。因我们老子娘都在南方，如今只跟着叔叔过日子。我叔叔婶子只要吃酒赌钱，我哥哥怕交给他们又花了，所以每常得了，悄悄的烦了老妈妈带进来叫我收着的。”惜春胆小，见了这个也害怕，说：“我竟不知道，这还了得。二嫂子，你要打他，好歹带他出去打罢，我听不惯的。”凤姐笑道：“这话若果真呢，也倒可恕，只是不该私自传送进来。这个可以传递，什么不可以传递。这倒是传递人的不是了。若这话不真，倘是偷来的，你可就别想活了。”入画跪着哭道：“我不敢扯谎。奶奶只管明日问我们奶奶和大爷去，若说不是赏的，就拿我和我哥哥一同打死无怨。”凤姐道：“这个自然要问的，只是真赏的也有不是。谁许你私自传送东西的？你且说是谁作接应，我便饶你。下次万万不可。”惜春道：“嫂子别饶他这次方可。这里人多，若不拿一个人作法，那些大的听见了，又不知怎样呢。嫂子若饶他，我也不依。”凤姐道：“素日我看他还好，谁没一个错，只这一次。二次犯下，二罪俱罚。但不知传递是谁？”惜春道：“若说传递，再无别个，必是后门上的张妈。他常肯和这些丫头们鬼鬼祟祟的，这些丫头们也都肯照顾他。”凤姐听说，便命人记下，将东西且交给周瑞家的暂拿着，等明日对明再议。于是别了惜春，方往迎春房内来。

迎春已经睡着了，丫鬟们也才要睡，众人叩门半日才开。凤姐吩咐：“不必惊动小姐。”遂往丫鬟们房里来。因司棋是王善保的外孙女儿，凤姐倒要看看王家的可藏私不藏，遂留神看他搜检。先从别人箱子搜起，皆无别物。及到了司棋箱子中搜了一回，王善保家的说：“也没有什么东西。”才要盖箱时，周瑞家的道：“且住，这是什么？”说着，便伸手掣出一双男子的锦带袜并一双缎鞋来。又有一个小包袱，打开看时，里面有一个同心如意并一个字帖儿。一总递与凤姐。凤姐因当家理事，每每看开帖并帐目，也颇识得几个字了。便看那帖子是大红双喜笺帖，上面写道：“上月你来家后，父母已觉察你我之意。但姑娘未出阁，尚不能完你我之心愿。若园内可以相见，你可托张妈给一信息。若得在园内一见，倒比来家得说话。千万，千万。再所赐香袋二个，今已查收外，特寄香珠一串，略表我心。千万收好。表弟潘又安拜具。”凤姐看罢，不怒而反乐。别人并不识字，王家的素日并不知道他姑表姊弟有这一节风流故事，见了这鞋袜，心内已是有些毛病，又见有一红帖，凤姐又看着笑，他便说道："必是他们胡写的帐目，不成个字，所以奶奶见笑。"凤姐笑道："正是这个帐竟算不过来。你是司棋的老娘，他的表弟也该姓王，怎么又姓潘呢？"王善保家的见问的奇怪，只得勉强告道："司棋的姑妈给了潘家，所以他姑表兄弟姓潘。上次逃走了的潘又安就是他表弟。"凤姐笑道："这就是了。"因道"我念给你听听"，说着从头念了一遍，大家都唬了一跳。这王家的一心只要拿人的错儿，不想反拿住了他外孙女儿，又气又臊。周瑞家的四人又都问着他："你老可听见了？明明白白，再没的话说了。如今据你老人家，该怎么样？"这王家的只恨没地缝儿钻进去。凤姐只瞅着他嘻嘻的笑，向周瑞家的笑道："这倒也好。不用你们作老娘的操一点儿心，他鸦雀不闻的给你们弄了一个好女婿来，大家倒省心。"周瑞家的也笑着凑趣儿。王家的气无处泄，便自己回手打着自己的脸，骂道："老不死的娼妇，怎么造下孽了。说嘴打嘴，现世现报在人眼里。"众人见这般，俱笑个不住，又半劝半讽的。凤姐见司棋低头不语，也并无畏惧惭愧之意，倒觉可异。料此时夜深，且不必盘问，只怕他夜间自愧去寻拙志，遂唤两个婆子监守起他来。带了人，拿了赃证回来，且自安歇，等待明日料理。谁知到夜里又连起来几次，下面淋血不止。

笺证

《红楼梦》叙事有意营造悖论，悖者亦惑亦谬，违道成理，以悖论深挖社会的颠三倒四，深挖人心的是非邪正，取得了奇异的效果。悖论亦称为吊诡或诡局，存在于表面上同一命题或推理中隐含着两个对立的结论，而这两个结论都能自圆其说。公元前6世纪，克利特哲学家埃庇米尼得斯（Epimenides）说：“所有克利特人都说谎。”这句话是一个经典悖论，即“说谎者悖论”。因为如果艾皮米尼地斯所言为真，那么克利特人就全都是说谎者，身为克利特人之一的埃庇米尼得斯自然也不例外，于是他所说的这句话应为谎言，但这跟先前假设此言为真相矛盾；又假设此言为假，那么也就是说所有克利特人都不说谎，自己也是克利特人的埃庇米尼得斯就不是在说谎，就是说这句话是真的，但如果这句话是真的，又会产生矛盾。这个悖论困扰人类几千年。英国哲学家罗素曾经试图用命题分层的办法解决这个悖论，结果他说：“1903年和1904年这一整个时期，我差不多完全是致力于这一件事，但是毫不成功。”似非而是、似非而是的佯谬，使悖论震撼了逻辑和数学的基础，激发了人们求知的探索和精密的思考，以创造性的思考给人类带来全新的观念。“搬起石头砸自己的脚”，是中国人形容悖谬行为的俗语，本意是想砸别人的脚，结果却砸自己的脚，害人反害了自己。这种悖论如孟子引《太甲》曰：“天作孽，犹可违；自作孽，不可活 。”邢夫人的陪房王善保家的到处泼脏水，最后一瓢脏水竟然泼在自己外孙女司棋的头上。对此，《红楼梦》早有伏笔。第七十一回“鸳鸯女无意遇鸳鸯”记述，鸳鸯在湖山石后大桂树阴下草丛中，遇见司棋与姑舅兄弟潘又安苟且野合。鸳鸯是答应为其保守秘密的，但到了第七十四回，王善保家的却风风火火抄检大观园，好坐实傻大姐捡到的春意香囊的罪魁祸首，结果捅破的脓包，竟然是自己外孙女司棋，从她箱子里搜出的大红双喜笺帖泄露了司棋和潘又安姑表姊弟的风流故事。庚辰本夹批感慨说：“玄妙奇诡，出人意外。”[5]就是形容这番悖谬行为的。王善保家的气无处泄，只有回手打自己脸的份儿，自己咒骂：“老不死的娼妇，怎么造下孽了。说嘴打嘴，现世现报在人眼里。”戚蓼生本回首总评说：“司棋一事，在七十一回叙明，暗用山石伏线，七十三回用绣春囊在山石上一逗便住，至此回可直叙去，又用无数曲折渐渐逼来，及至司棋，忽然顿住，结到入画，文气如黄河出昆仑，横流数万里，九曲至龙门，又有孟门、吕梁峡束，不得入海。是何等奇险怪特文字，令我拜服！”[6]这种奇险怪特的悖论，以颠倒错综的方式，说嘴打嘴，现世现报，抄检者的灵魂反被抄检，反推着对人生哲学在正、反两面作出创造性的思考。

至次日，便觉身体十分软弱，起来发晕，遂撑不住。请太医来，诊脉毕，遂立药案云："看得少奶奶系心气不足，虚火乘脾，皆由忧劳所伤，以致嗜卧好眠，胃虚土弱，不思饮食。今聊用升阳养荣之剂。"写毕，遂开了几样药名，不过是人参、当归、黄芪等类之剂。一时退去，有老嬷嬷们拿了方子回过王夫人，不免又添一番愁闷，遂将司棋等事暂未理。

可巧这日尤氏来看凤姐，坐了一回，到园中去又看过李纨。才要望候众姊妹们去，忽见惜春遣人来请，尤氏遂到了他房中来。惜春便将昨晚之事细细告诉与尤氏，又命将入画的东西一概要来与尤氏过目。尤氏道："实是你哥哥赏他哥哥的，只不该私自传送，如今官盐竟成了私盐了。"因骂入画："糊涂脂油蒙了心的。"惜春道："你们管教不严，反骂丫头。这些姊妹，独我的丫头这样没脸，我如何去见人？昨儿我立逼着凤姐姐带了他去，他只不肯。我想，他原是那边的人，凤姐姐不带他去，也原有理。我今日正要送过去，嫂子来的恰好，快带了他去。或打，或杀，或卖，我一概不管。"入画听说，又跪下哭求，说："再不敢了。只求姑娘看从小儿的情常，好歹生死在一处罢。"尤氏和奶娘等人也都十分了解，说他"不过一时糊涂了，下次再不敢的。他从小儿服侍你一场，到底留着他为是"。谁知惜春虽然年幼，却天生地一种百折不回的廉介孤独僻性，任人怎说，他只以为丢了他的体面，咬定牙断乎不肯。更又说的好："不但不要入画，如今我也大了，连我也不便往你们那边去了。况且近日我每每风闻得有人背地里议论什么多少

❺（清）曹雪芹著，脂砚斋评：《脂砚斋重评石头记庚辰校本》，作家出版社2006年版，第1286页。

❻朱一玄编：《红楼梦资料汇编》，南开大学出版社1985年版，第491页。

不堪的闲话，我若再去，连我也编派上了。”尤氏道:“谁议论什么?又有什么可议论的?姑娘是谁，我们是谁?姑娘既听见人议论我们，就该问着他才是。”惜春冷笑道:“你这话问着我倒好。我一个姑娘家，只有躲是非的，我反去寻是非，成个什么人了。还有一句话:我不怕你恼，好歹自有公论，又何必去问人?古人说得好‘善恶生死，父子不能有所勖助’，何况你我二人之间?我只知道保得住我就够了，不管你们。从此以后，你们有事别累我。”尤氏听了，又气又好笑，因向地下众人道:“怪道人人都说这四丫头年轻糊涂，我只不信。你们听才一篇话，无原无故，又不知好歹，又没个轻重。虽然是小孩子的话，却又能寒人的心。”众嬷嬷笑道:“姑娘年轻，奶奶自然要吃些亏的。”惜春冷笑道:“我虽年轻，这话却不年轻。你们不看书不识几个字，所以都是些呆子，看着明白人，倒说我年轻糊涂。”尤氏道:“你是状元榜眼探花，古今第一个才子。我们是糊涂人，不如你明白，何如?”惜春道:“状元榜眼难道就没有糊涂的不成?可知他们也有不能了悟的。”尤氏笑道:“你倒好，才是才子，这会子又作大和尚了，又讲起了悟来了。”惜春道:“我不了悟，我也舍不得入画了。”尤氏道:“可知你是个心冷口冷、心狠意狠的人。”惜春道:“古人曾也说的‘不作狠心人，难得自了汉’。我清清白白的一个人，为什么教你们带累坏了我?”尤氏心内原有病，怕说这些话。听说有人议论，已是心中羞恼激射，只是在惜春分上不好发作，忍耐了大半。今见惜春又说这句，因按捺不住，因问惜春道:“怎么就带累了你了?你的丫头的不是，无故说我，我倒忍了这半日，你倒越发得了意，只管说这些话。你是千金万金的小姐，我们以后就不亲近，仔细带累了小姐的美名。即刻就叫人将入画带了过去。”说着，便赌气起身去了。惜春道:“若果然不来，倒也省了口舌是非，大家倒还清净。”尤氏也不答话，一径往前边去了。不知后事如何——

笺证

第七十四回“矢孤介杜绝宁国府”，描写惜春固执、孤僻、耿介的性格，及其对宁国府拖累自己生活的拒绝，从行文脉络上说，这只不过是铺天盖地抄检大观园的补叙。把它与"惑奸谗抄检大观园"并列为第七十四回的回目，未免小题大做，有以小搏大之嫌。王善保家的抄检惜春所住蓼风轩时，在丫鬟入画箱中寻出一大包金银锞子来，约共三四十个，又有一副玉带板子并一包男人的靴袜等物。入画跪下哭诉真情说："这是珍大爷赏我哥哥（在贾珍身边当小厮）的。因我们老子娘都在南方，如今只跟着叔叔过日子。我叔叔婶子只要吃酒赌钱，我哥哥怕交给他们又花了，所以每常得了，悄悄的烦了老妈妈带进来叫我收着的。"入画的行为虽有小疵，实无大过，凤姐、尤氏都加以优容。但惜春虽然年幼，却天生成一种百折不回的廉介孤独僻性，任人怎说，只以为入画丢了她的体面，咬定牙断乎不肯容留。尤氏反驳她的知书识理："你是状元榜眼探花，古今第一个才子。我们是糊涂人，不如你明白，何如？"惜春却说："状元榜眼难道就没有糊涂的不成？可知他们也有不能了悟的。"尤氏笑道："你倒好，才是才子，这会子又作大和尚了，又讲起了悟来了。"惜春道："我不了悟，我也舍不得入画了。"了悟，在佛教中本是认识内心的佛性，即明心见性。《景德传灯录·智威禅师》说："师知其了悟，乃付以山门。"《剪灯余话·芙蓉屏记》记述："公遣人说院主曰：'夫人喜诵佛经，无人作伴，闻慧圆了悟，今礼为师，愿勿却也。'"《古今小说·梁武帝累修归极乐》也记载："武帝每日退朝，便到阁子中，与支公参究禅理，求解了悟。"这是一种彻底的省悟。但惜春借来作自我撇清的护身符。因而尤氏反驳道："可知你是个心冷口冷、心狠意狠的人。"但惜春又有新解说："古人曾也说的'不作狠心人，难得自了汉'。我清清白白的一个人，为什么教你们带累坏了我？"意思是不下狠心断绝世间的种种感情纠葛，便不能成为一个自由自在的人。惜春认定："这些姊妹，独我的丫头这样没脸，我如何去见人？昨儿我立逼着凤姐姐带了他去，他只不肯。我想，他原是那边的人，凤姐姐不带他去，也原有理。我今日正要送过去，嫂子来的恰好，快带了他去。或打，或杀，或卖，我一概不管。"作为宁国府贾敬之女、贾珍的胞妹，惜春如此拒斥宁国府，反映了她"心冷口冷"的性格，其处世哲学是"我只能保住自己就够了"。这种处世哲学使惜春冷眼观察荣、宁二府的萧索和肮脏，孑身独处，从而脱离了大观园儿女的生存方式和命运圈套。

第七十五回
开夜宴异兆发悲音
赏中秋新词得佳谶

话说尤氏从惜春处赌气出来，正欲往王夫人处去。跟从的老嬷嬷们因悄悄的回道："奶奶且别往上房去。才有甄家的几个人来，还有些东西，不知是作什么机密事。奶奶这一去恐不便。"尤氏听了道："昨日听见你爷说，看邸报甄家犯了罪，现今抄没家私，调取进京治罪。怎么又有人来？"老嬷嬷道："正是呢。才来了几个女人，气色不成气色，慌慌张张的，想必有什么瞒人的事情。"

笺证

《红楼梦》中，江南甄府虽然着墨不多，但时时与长安贾府相映照，真假奇幻，牵动了全书的主旨。真假奇幻是中国明清时代几部顶级小说的惯技，比如《西游记》有真假孙悟空，《水浒传》有真假李逵。《红楼梦》也有真假宝玉，其中甄宝玉只相当于六耳猕猴的假孙悟空、李鬼装扮的假李逵，原由在于贾宝玉衔玉而生，是木石前盟的石的一方，既有一僧一道的点化，甄士隐、贾雨村的见证，又有太虚幻境的神游，进入了《红楼梦》的主体叙事和整个神话体系之中，这都是甄宝玉所不及。金陵省体仁院总裁甄应嘉的府宅被抄时，甄宝玉十四岁，早在七月底至八月初，贾母八旬大寿，甄府厚礼庆贺。八月十二日，贾府盛传甄府获罪革职抄家。次日，甄府派人转移家产到贾府寄存。第七十五回这里的尤氏从惜春处赌气出来，正欲往王夫人处去，问起“昨日听见你爷说，看邸报甄家犯了罪，现今抄没家私，调取进京治罪。怎么又有人来？”老嬷嬷回答说：“正是呢。才来了几个女人，气色不成气色，慌慌张张的，想必有什么瞒人的事情。”庚辰本夹批说：“前只有探春一语，过至此回又用尤氏略为陪点，且轻轻淡染出甄家事故，此画家历来落墨之法也。”[1]《红楼梦》虽然用了间接写法，写得有点音影模糊，神神秘秘，但甄府抄家之事一再皴染，竟然也算是落实了。

[1]（清）曹雪芹著，脂砚斋评：《脂砚斋重评石头记庚辰校本》，作家出版社2006年版，第1308页。

尤氏听了，便不往前去，仍往李氏这边来了。恰好太医才诊了脉去。李纨近日也略觉精爽了些，拥衾倚枕，坐在床上，正欲一二人来说些闲话。因见尤氏进来不似往日和蔼可亲，只呆呆的坐着。李纨因问道：“你过来了这半日，可在别屋里吃些东西没有？只怕饿了。”命素云瞧有什么新鲜点心拣了来。尤氏忙止道：“不必，不必。你这一向病着，那里有什么新鲜东西？况且我也不饿。”李纨道：“昨日他姨娘家送来的好茶面子，倒是对碗来你喝罢。”说毕，便吩咐人去对茶。尤氏出神无语。跟来的丫头媳妇们因问：“奶奶今日中晌尚未洗脸，这会子趁便可净一净好？”尤氏点头。李纨忙命素云来取自己妆奁。素云一面取来，一面将自己的胭粉拿来，笑道：“我们奶奶就少这个。奶奶不嫌脏，这是我的，能着用些。”李纨道：“我虽没有，你就该往姑娘们那里取去。怎么公然拿出你的来？幸而是他，若是别人，岂不恼呢？”尤氏笑道：“这又何妨？自来我凡过来，谁的没使过，今日忽然又嫌脏了？”一面说，一面盘膝坐在炕沿上。银蝶上来忙代为卸去腕镯戒指，又将一大袱手巾盖在下截，将衣裳护严。小丫鬟炒豆儿捧了一大盆温水走至尤氏跟前，只弯腰捧着。银蝶笑道：“说一个个没机变的，说一个葫芦就是一个瓢。奶奶不过待咱们宽些，在家里不管怎样罢了，你就得了意，不管在家出外，当着亲戚也只随着便了。”尤氏道：“你随他去罢，横竖洗了就完事了。”炒豆儿忙赶着跪下。尤氏笑道：“我们家上下大小的人只会讲外面假礼假体面，究竟作出来的事都够使的了。”李纨听如此说，便知他已知道昨夜的事，因笑道：“你这话有因，谁作事究竟够使了？”尤氏道：“你倒问我，你敢是病着死过去了？”

一语未了，只见人报：“宝姑娘来了。”忙说快请时，宝钗已走进来。尤氏忙擦脸起身让坐，因问：“怎么一个人忽然走来，别的姊妹都怎么不见？”宝钗道：“正是我也没有见他们。只因今日我们奶奶身上不自在，家里两个女人也都因时症未起炕，别的靠不得，我今儿要出去伴着老人家夜里作伴儿。要去回老太太、太太，我想又不是什么大事，且不用提，等好了我横竖进来的，所以来告诉大嫂子一声。”李纨听说，只看着尤氏笑，尤氏也只看着李纨笑。一时尤氏盥沐已毕，大家吃面茶。李纨因笑道：“既这样，且打发人去请姨娘的安，问是何病？我也病着，不能亲自来的。好妹妹，你去只管去，我自打发人去到你那里去看屋子。你好歹住一两天还进来，别叫我落不是。”宝钗笑道：“落什么不是呢，这也是通共常情，你又不曾卖放了贼。依我的主意，也不必添人过去，竟把云丫头请了来，你和他住一两日，岂不省事？”尤氏道：“可是史大妹妹往那里去了？”宝钗道：“我才打发他们找你们探丫头去了，叫他同到这里来，我也明白告诉他。”

正说着，果然报“云姑娘和三姑娘来了”。大家让坐已毕，宝钗便说要出去一事，探春道：“很好。不但姨妈好了还来的，就便好了不来也使得。”尤氏笑道：“这话奇怪，怎么撵起亲戚来了？”探春冷笑道：“正是呢，有叫人撵的，不如我先撵。亲戚们好，也不在必要死住着才好。咱们倒是一家子亲骨肉呢，一个个不像乌眼鸡似的，恨不得你吃了我，我吃了你。”尤氏忙笑道：“我今儿是那里来的晦气，偏都碰着你姊妹们的气头儿上了。”探春道：“谁叫你赶热灶来了。”因问：“谁又得罪了你呢？”因又寻思道：“惜丫头不犯罗唣你，却是谁呢？”尤氏只含糊答应。探春知他畏事不肯多言，因笑道：“你别装老实了。除了朝廷治罪，没有砍头的，你不必畏头畏尾。

实告诉你罢，我昨日把王善保家的那老婆子打了，我还顶着个罪呢。不过背地里说我些闲话，难道也还打我一顿不成？”宝钗忙问因何又打他，探春悉把昨夜怎的抄检，怎的打他，一一说了出来。尤氏见探春已经说了出来，便把惜春方才之事也说了出来。探春道：“这是他的僻性，孤介太过，我们再傲不过他的。”又告诉他们说：“今日一早不见动静，打听凤辣子又病了。我就打发我妈妈出去打听王善保家的是怎样。回来告诉我说，王善保家的挨了一顿打，大太太嗔着他多事。”尤氏、李纨道：“这倒也是正理。”探春冷笑道：“这种掩饰谁不会作，且再瞧就是了。”尤氏、李纨皆默无所答。一时估着前头用饭，湘云和宝钗回房打点衣衫，不在话下。

尤氏等遂辞了李纨，往贾母这边来。贾母歪在榻上，王夫人说甄家因何获罪，如今抄没了家产，回京治罪等语。贾母听了正不自在，恰好见他姊妹来了，因问：“从那里来的？可知凤姐妯娌两个的病今日怎样？”尤氏等忙回道：“今日都好些。”贾母点头叹道：“咱们别管人家的事，且商量咱们八月十五日赏月是正经。”王夫人笑道：“都已预备下了。不知老太太拣那里好，只是园里空，夜晚风冷。”贾母笑道：“多穿两件衣服何妨，那里正是赏月的地方，岂可倒不去的？”说话之间，早有媳妇丫鬟们抬过饭桌来，王夫人、尤氏等忙上来放箸捧饭。贾母见自己的几色菜已摆完，另有两大捧盒内捧了几色菜来，便知是各房另外孝敬的旧规矩。贾母因问：“都是些什么？上几次我就吩咐，如今可以把这些蠲了罢，你们还不听。如今比不得在先辐辏的时光了。”鸳鸯忙道：“我说过几次，都不听，也只罢了。”王夫人笑道：“不过都是家常东西。今日我吃斋没有别的。那些面筋豆腐老太太又不大甚爱吃，只拣了一样椒油莼齑酱来。”贾母笑道：“这样正好，正想这个吃。”鸳鸯听说，便将碟子挪在跟前。宝琴一一的让了，方归坐。贾母便命探春来同吃。探春也都让过了，便和宝琴对面坐下。待书忙去取了碗来。鸳鸯又指那几样菜道：“这两样看不出是什么东西来，大老爷送来的。这一碗是鸡髓笋，是外头老爷送上来的。”一面说，一面就只将这碗笋送至桌上。贾母略尝了两点，便命：“将那两样着人送回去，就说我吃了。以后不必天天送，我想吃自然来要。”媳妇们答应着，仍送过去，不在话下。贾母因问：“有稀饭吃些罢了？”尤氏早捧过一碗来，说是红稻米粥。贾母接来吃了半碗，便吩咐：“将这粥送给凤哥儿吃去。”又指着，“这一碗笋和这一盘风腌果子狸给颦儿、宝玉两个吃去，那一碗肉给兰小子吃去”。又向尤氏道：“我吃了，你就来吃了罢。”尤氏答应着，待贾母漱口洗手毕，贾母便下地和王夫人说闲话行食。尤氏告坐，探春、宝琴二人也起来了，笑道：“失陪，失陪。”尤氏笑道：“剩我一个人，大排桌的不惯。”贾母笑道：“鸳鸯、琥珀来趁势也吃些，又作了陪客。”尤氏笑道：“好，好，好，我正要说呢。”贾母笑道：“看着多多的人吃饭，最有趣的。”又指银蝶道：“这孩子也好，也来同你主子一块来吃，等你们离了我，再立规矩去。”尤氏道：“快过来，不必装假。”贾母负手看着取乐。因见伺候添饭的人手内捧着一碗下人的米饭，尤氏吃的仍是白粳米饭，贾母问道：“你怎么昏了，盛这个饭来给你奶奶？”那人道：“老太太的饭完了。今日添了一位姑娘，所以短了些。”鸳鸯道：“如今都是可着头做帽子了，要一点儿富馀也不能的。”王夫人忙回道：“这一二年旱涝不定，田上的米都不能按数交的。这几样细米更艰难了，所以都可着吃的多少关去，生恐一时短了，买的不顺口。”贾母笑道：“这正是‘巧媳妇做不出没米的粥’来。”众人都笑起来。鸳鸯道：“既这然，你就去把三姑娘的饭拿来添也是一样，就这样笨。”尤氏笑道：“我这个就够了，也不用取去。”鸳鸯道：“你够了，我不会吃的。”地下的媳妇们听说，方忙着取去了。一时王夫人也去用饭，这里尤氏直陪贾母说话取笑。

到起更的时候，贾母说：“黑了，过去罢。”尤氏方告辞出来。走至大门前上了车，银蝶坐在车沿上。众媳妇放下帘子来，便带着小丫头们先直走过那边大门口等着去了。因二府之门相隔没有一箭之路，每日家常来往不必定要周备，况天黑夜晚之间回来的遭数更多，所以老嬷嬷带着小丫头，只几步便走了过来。两边大门上的人都列在东西街口，早把行人断住。尤氏大车上也不用牲口，只用七八个小厮挽环拽轮，轻轻的便推拽过这边阶矶上来。于是众小厮退过狮子以外，众嬷嬷打起帘子，银蝶先下来，然后搀下尤氏来。大小七八个灯笼照的十分真切。尤氏因见两边狮子下放着四五辆大车，便知系来赴赌之人所乘，遂向银蝶众人道："你看，坐车的是这样，骑马的还不知有几个呢。马自然在圈里拴着，咱们看不见。也不知道他娘老子挣下多少钱与他们，这么开心儿。"一面说，一面已到了厅上。贾蓉之妻带领家下媳妇丫头们，也都秉烛接了出来。尤氏笑道："成日家我要偷着瞧瞧他们，也没得便。今儿倒巧，就顺便打他们窗户跟前走过去。"众媳妇答应着，提灯引路，又有一个先去悄悄的知会服侍的小厮们不要失惊打怪。于是尤氏一行人悄悄的来至窗下，只听里面称三赞四，耍笑之音虽多，又兼有恨五骂六，忿怨之声亦不少。

笺证

《红楼梦》在第七十五回这里巧妙地使用了一明一暗的两面叠合叙事，展示了一种"两面空间"，以及两面空间中不同的行为心理状态。"两面空间"是一种人文化的空间，所谓隔墙有耳，一方是贾珍一伙在屋内聚赌胡闹，一方是尤氏悄悄的伏在窗外偷听，描写的是偷听者对胡闹者的感觉。偷听的意义，是被偷听者浑然不觉，精神放松，真相毕露；而偷听者欲窥秘密，精神不安，感慨多端。这种胡闹是在热孝期间发生的，丧礼禁忌给这种两面空间投下了浓重的阴影。《论语·八佾篇》："林放问礼之本。子曰：'大哉问！礼，与其奢也，宁俭；丧，与其易也，宁戚。'"朱熹《朱子语类》卷二十五解释说："问'丧与其易也，宁戚'，曰：其他冠婚祭祀，皆是礼，故皆可谓与其奢也宁俭。惟丧礼独不可，故言与其易也宁戚。易者，治也，言治丧礼至于习熟也。丧者，人情之所不得已。若习治其礼有可观，则是乐于丧，而非哀戚之情也，故礼云：丧事欲其纵纵尔。"[2]这里讲了居丧礼仪的儒家标准。但是第七十五回写贾珍全然不顾这些，在居父丧期间，竟然哀戚之情淡薄，却变着法子消遣，夜设赌局，斗叶掷骰，聚众赌博。这种荒唐现象，是从尤氏一行人由荣府归来，悄悄来到窗下，偷听到的。一是只听里面称三赞四，耍笑之音虽多。庚辰本夹批说："妙！先画赢家。"二是又兼有恨五骂六，忿怨之声亦不少。庚辰本夹批又说："妙！又画输家。"[3]这种偷听行为，一方面固然鞭挞贾珍的居孝荒唐，另一方面也透露了尤氏对荒唐丈夫的不放心的监控。《管子·君臣下》说："墙有耳，伏寇在侧。墙有耳者，微谋外泄之谓也。"这就是一明一暗、两面叠合的叙事方法，通过叠合，然后从这张牌搓出另一张别有意义的牌。

原来贾珍近因居丧，每不得游顽旷荡，又不得观优闻乐作遣。无聊之极，便生了个破闷之法。日间以习射为由，请了各世家弟兄及诸富贵亲友来较射。因说："白白的只管乱射，终无裨益，不但不能长进，而且坏了式样，必须立个罚约，赌个利物，大家才有勉力之心。"因此在天香楼下箭道内立了鹄子，皆约定每日早饭后来射鹄子。贾珍不肯出名，便命贾蓉作局家。这些来的皆系世袭公子，人人家道丰富，且都在少年，正是斗鸡走狗，问柳评花的一干游侠纨裤。因此大家议定，每日轮流作晚饭之主，——每日来射，不便独扰贾蓉一人之意。于是天天宰猪割羊，屠鹅戮鸭，好似临潼斗宝一般，都要卖弄自己家的好厨役好烹炮。不到半月工夫，贾赦、贾政听见这般，不知就里，反说这才是正理，文既误矣，武事当亦该习，况在武荫之属。两处遂也命贾环、贾琮、宝玉、贾兰等四人于饭后过来，跟着贾珍习射一回，方许回去。

贾珍志不在此，再过一二日便渐次以歇臂养力为由，晚间或抹抹骨牌，赌个酒东而已，至后渐次至钱。如今三四月的光景，竟一日一日赌胜于射了，公然斗叶掷骰，放头开局，夜赌起来。家下人借此各有些进益，巴不得的如此，所以竟成了势了。外人皆不知一字。近日邢夫人之胞弟邢德全也酷好如此，故也在其中。又有薛蟠，头一个惯喜送钱与人的，见此岂不快乐？这邢德全虽系邢夫人之胞弟，却居心行事大不相同。这个邢德全只知吃酒赌钱、眠花宿柳为乐，手中滥漫使钱，待人无二心，好酒者喜之，不饮者则不去亲近，无论上下主仆皆出自一意，并无贵贱之分，因此都唤他“傻大舅”。薛蟠是早已出名的呆大爷。今日二人皆凑在一处，都爱“抢新快”爽利，便又会了两家，在外间炕上“抢新快”。别的又有几家在当地下大桌上打公番。里间又一起斯文些的，抹骨牌打天九。此间服侍的小厮都是十五岁以下的孩子，若成丁的男子到不了这里，故尤氏方潜至窗外偷看。其中有两个十六七岁娈童以备奉酒的，都打扮的粉妆玉琢。今日薛蟠又输了一张，正没好气，幸而掷第二张完了，算来除翻过来倒反赢了，心中只是兴头起来。贾珍道：“且打住，吃了东西再来。”因问那两处怎样。里头打天九的，也作了帐等吃饭。打公番的未清，且不肯吃。于是各不能顾，先摆下一大桌，贾珍陪着吃，命贾蓉落后陪那一起。薛蟠兴头了，便搂着一个娈童吃酒，又命将酒去敬邢傻舅。傻舅输家，没心绪，吃了两碗，便有些醉意，嗔着两个娈童只赶着赢家不理输家了，因骂道：“你们这起兔子，就是这样专洑上水。天天在一处，谁的恩你们不沾，只不过我这一会子输了几两银子，你们就三六九等了。难道从此以后再没有求着我们的事了？”众

❷（宋）黎靖德编：《朱子语类》（第一卷），岳麓书社1997年版，第547—548页。

❸（清）曹雪芹著，脂砚斋评：《脂砚斋重评石头记庚辰校本》，作家出版社2006年版，第1314页。

人见他带酒，忙说：“很是，很是。果然他们风俗不好。”因喝命“快敬酒赔罪”，两个娈童都是演就的局套，忙都跪下奉酒，说：“我们这行人，师父教的不论远近厚薄，只看一时有钱有势就亲敬，便是活佛神仙，一时没了钱势了，也不许去理他。况且我们又年轻，又居这个行次，求舅太爷体恕些我们就过去了。”说着，便举着酒俯膝跪下。邢大舅心内虽软了，只还故作怒意不理。众人又劝道：“这孩子是实情话。老舅是久惯怜香惜玉的，如何今日反这样起来？若不吃这酒，他两个怎样起来？”邢大舅已撑不住了，便说道：“若不是众位说，我再不理。”说着，方接过来一气喝干了。又斟一碗来。这邢大舅便酒勾往事，醉露真情起来，乃拍案对贾珍叹道：“怨不的他们视钱如命。多少世宦大家出身的，若提起‘钱势’二字，连骨肉都不认了。老贤甥，昨日我和你那边的令伯母赌气，你可知道否？”贾珍道：“不曾听见。”邢大舅叹道：“就为钱这件混帐东西，利害，利害！”贾珍深知他与邢夫人不睦，每遭邢夫人弃恶，扳出怨言，因劝道：“老舅，你也太散漫些。若只管花去，有多少给老舅花的。”邢大舅道：“老贤甥，你不知我邢家底里。我母亲去世时我尚小，世事不知。他姊妹三个人，只有你令伯母年长出阁，一分家私都是他把持带来。如今二家姐虽也出阁，他家也甚艰窘，三家姐尚在家里，一应用度都是这里陪房王善保家的掌管。我便来要钱，也非要的是你贾府的，我邢家家私也就够我花了。无奈竟不得到手，所以有冤无处诉。”贾珍见他酒后叨叨，恐人听见不雅，连忙用话解劝。

笺证

《红楼梦》拥有一个奇异的镜像世界，它不是单面镜子照人，而是四面架起相互折射的镜子，把空间作为艺术构想的有机部分，聚合多种个人化的处境与体验，形成镜镜相映的景观，由“现实”转化出“幻象”又抽象为“观念”，给人以文化审美的无限乐趣。镜像的特点在于，无真不成像，有像即是虚，形成了一种真虚循环。这里写邢夫人的胞弟邢德全好男色，但他输了银子，娈童就不陪他吃酒。引得他感叹“钱这件混帐东西，利害，利害！”钱成了人的身份的镜子，反照出世态炎凉。由于他每遭邢夫人弃恶，就大骂邢夫人把父母遗留一份家私当了嫁妆带走，剩下的都由陪房王善保家的掌管，自己一点家私都拿不到手，有冤无处诉。他又成了邢夫人的镜子。庚辰本夹批总括几回书，又在四面八方竖起相互映照的镜子，说：“‘众恶之，必察也。’今邢夫人一人，贾母先恶之，恐贾母心偏，亦可解之。若贾琏、阿凤之怨，恐儿女之私，亦可解之。若探春之怒，恐女子不识大而知小，亦可解之。今又忽用乃弟一怨，吾不知将又何如矣。”[4]这就是窗户外面尤氏听得十分真切，为何乃悄悄地向随身丫鬟银蝶笑说：“你听见了。这是北院里大太太的兄弟抱怨他呢。可怜他亲兄弟还是这样说，这就怨不得这些人了。”躲不开的人生镜里，化作镜里人生，多重镜像，聚合成一个既是碎片，又是聚合成圆形的人。

[4]（清）曹雪芹著，脂砚斋评：《脂砚斋重评石头记庚辰校本》，作家出版社2006年版，第1316页。

外面尤氏听得十分真切，乃悄向银蝶笑道：“你听见了。这是北院里大太太的兄弟抱怨他呢。可怜他亲兄弟还是这样说，这就怨不得这些人了。”因还要听时，正值打公番者也歇住了，要吃酒。因有一个问道：“方才是谁得罪了老舅，我们竟不曾听明白，且告诉我们评评理。”邢德全见问，便把两个娈童不理输的只赶赢的话说了一遍。这一个年少的纨裤道：“这样说，原可恼的，怨不得舅太爷生气。我且问你两个：舅太爷虽然输了，输的不过是银子钱，并没有输丢了鸡巴，怎就不理他了？”说着，众人大笑起来，连邢德全也喷了一地饭。尤氏在外面悄悄的啐了一口，骂道：“你听听，这一起子没廉耻的小挨刀的，才丢了脑袋骨子，就胡唚嚼毛了。再肏攮下黄汤去，还不知唚出些什么来呢。”一面说，一面便进去卸妆安歇。至四更时，贾珍方散，往佩凤房里去了。

次日起来，就有人回西瓜月饼都全了，只待分派送人。贾珍吩咐佩凤道:“你请你奶奶看着送罢，我还有别的事呢。”佩凤答应去了，回了尤氏，尤氏只得一一分派遣人送去。一时佩凤又来说:“爷问奶奶，今儿出门不出？说咱们是孝家，明儿十五过不得节，今儿晚上倒好，可以大家应个景儿，吃些瓜饼酒。”尤氏道:“我倒不愿出门呢。那边珠大奶奶又病了，凤丫头又睡倒了，我再不过去，越发没个人了。况且又不得闲，应什么景儿。”佩凤道:“爷说了，今儿已辞了众人，直等十六才来呢，好歹定要请奶奶吃酒的。”尤氏笑道:“请我？我没的还席。”佩凤笑着去了，一时又来笑道:“爷说，连晚饭也请奶奶吃，好歹早些回来，叫我跟了奶奶去呢。”尤氏道:“这样，早饭吃什么？快些吃了，我好走。”佩凤道:“爷说早饭在外头吃，请奶奶自己吃罢。”尤氏问道:“今日外头有谁？”佩凤道:“听见说外头有两个南京新来的，倒不知是谁？”说话之间，贾蓉之妻也梳妆了来见过。少时摆上饭来，尤氏在上，贾蓉之妻在下相陪，婆媳二人吃毕饭。尤氏便换了衣服，仍过荣府来，至晚方回去。

果然贾珍煮了一口猪，烧了一腔羊，备了一桌菜及果品之类，不可胜记，就在会芳园丛绿堂中，屏开孔雀，褥设芙蓉，带领妻子姬妾，先饭后酒，开怀赏月作乐。将一更时分，真是风清月朗，上下如银。贾珍因要行令，尤氏便叫佩凤等四个人也都入席，下面一溜坐下，猜枚划拳，饮了一回。贾珍有了几分酒，益发高兴，便命取了一竿紫竹箫来，命佩凤吹箫，文花唱曲，喉清嗓嫩，真令人魄醉魂飞。唱罢复又行令。那天将有三更时分，贾珍酒已八分。大家正添衣饮茶，换盏更酌之际，忽听那边墙下有人长叹之声。大家明明听见，都悚然疑畏起来。贾珍忙厉声叱咤，问:“谁在那里？”连问几声，没有人答应。尤氏道:“必是墙外边家里人也未可知。”贾珍道:“胡说。这墙四面皆无下人的房子，况且那边又紧靠着祠堂，焉得有人？”一语未了，只听得一阵风声，竟过墙去了。恍惚闻得祠堂内槅扇开阖之声。只觉得风气森森，比先更觉凉飒起来，月色惨淡，也不似先明朗。众人都觉毛发倒竖。贾珍酒已醒了一半，只比别人撑持得住些，心下也十分疑畏，便大没兴头起来。勉强又坐了一会子，就归房安歇去了。次日一早起来，乃是十五日，带领众子侄开祠堂行朔望之礼，细查祠内，都仍是照旧好好的，并无怪异之迹。贾珍自为醉后自怪，也不提此事。礼毕，仍闭上门，看着锁禁起来。

笺证

祖宗崇拜是存在于中国人中的一种广泛深厚的民俗信仰，代表着祖宗崇拜之重心的宗祠祭祀，使家族成了连续过去与未来的基本环节，维系着社会、道德、财富和传统。香火代代相传，所谓慎终追远，民德归厚，以亡灵神格化携带着祖宗基业、道德规训、福禄保佑，在以家族为本位的中国社会扮演着血脉传承的根基作用。《红楼梦》一再以宁、荣二府祖宗的英灵，来告诫子孙摈弃荒唐，重振家声，或在太虚幻境，或在祖庙祠堂。这或是曹雪芹在家族衰败之后，回首前尘，对子孙责任念兹在兹的忏悔。但《红楼梦》首先关注的是长房宁府。第七十五回热孝中宁府的贾珍赌博淫乐之后，中秋节前约齐妻妾吃瓜饼酒，吹箫唱曲，魄醉魂飞，忽听那边墙下有人长叹之声。大家明明听见，都悚然疑畏起来。庚辰本夹批说："余亦悚然疑畏。"[5] 这声长叹，牵系着祖宗崇拜而产生的无名的敬畏和恐惧。贾珍忙厉声叱呵，问："谁在那里？"连问几声，没有人答应。尤氏道："必是墙外边家里人也未可知。"贾珍道："胡说。这墙四面皆无下人的房子，况且那边又紧靠着祠堂，焉得有人。"一语未了，只听得一阵风声，竟过墙去了。恍惚闻得祠堂内槅扇开阖之声。只觉得风气森森，比先更觉凉飒起来，月

❺（清）曹雪芹著，脂砚斋评：《脂砚斋重评石头记庚辰校本》，作家出版社2006年版，第1318页。

色惨淡，也不似先明朗。众人都觉毛发倒竖。庚辰本夹批又说："奇绝神想，余更为之悚惧矣。"[6]供在祠堂里的祖宗，对贾珍一流不肖子孙在冥冥中发出长叹，失望感慨于朽烂的木头岂能支撑倾危的家族大厦？对于第七十五回"开夜宴异兆发悲音"，庚辰本总括夹批说："未写荣府庆中秋，却先写宁府开夜宴，未写荣府数尽，先写宁府异道。盖宁乃家宅，凡有关于吉凶者，故必先示之。且列祖祠在此，岂无得而警乎？凡人先人虽远，然气运相关，必有之理也。非宁府之祖独有感应也。"[7]对于先人气运相关的悲音，戚蓼生本回首总评说："贾珍居长，不能承先启后，丕震家风，兄弟问柳寻花，父子呼幺喝六，贾氏宗风，其坠地矣。安得不发先灵一叹！"[8]《红楼梦》描写宁、荣二府胡作乱为，不时反顾祖宗创业的荣耀，以"祖灵一叹"，反衬出这个家族陷入"生于末世运偏消"的困境，透出了阴间祖先瞪着眼睛严峻地看阳间子孙的浸入骨髓的悲凉。

贾珍夫妻至晚饭后方过荣府来。只见贾赦、贾政都在贾母房内坐着说闲话，与贾母取笑。贾琏、宝玉、贾环、贾兰皆在地下侍立。贾珍来了，都一一见过。说了两句话后，贾母命坐，贾珍方在近门小杌子上告了座，警身侧坐。贾母笑问道："这两日你宝兄弟的箭如何了？"贾珍忙起身笑道："大长进了，不但样式好，而且弓也长了一个力气。"贾母道："这也够了，且别贪力，仔细努伤。"贾珍忙答应几个"是"。贾母又道："你昨日送来的月饼好，西瓜看着好，打开却也罢了。"贾珍笑道："月饼是新来的一个专做点心的厨子，我试了试果然好，才敢做了孝敬。西瓜往年都还可以，不知今年怎么就不好了。"贾政道："大约今年雨水太勤之故。"贾母笑道："此时月已上了，咱们且去上香。"说着，便起身扶着宝玉的肩，带领众人齐往园中来。

当下园之正门俱已大开，吊着羊角大灯。嘉荫堂前月台上，焚着斗香，秉着风烛，陈献着瓜饼及各色果品。邢夫人等一干女客皆在里面久候。真是月明灯彩，人气香烟，晶艳氤氲，不可形状。地下铺着拜毯锦褥。贾母盥手上香拜毕，于是大家皆拜过。贾母便说："赏月在山上最好。"因命在那山脊上的大厅上去。众人听说，就忙着在那里去铺设。贾母且在嘉荫堂中吃茶少歇，说些闲话。一时，人回“都齐备了”，贾母方扶着人上山来。王夫人等因说：“恐石上苔滑，还是坐竹椅上去。”贾母道：“天天有人打扫，况且极平稳的宽路，何必不疏散疏散筋骨？”于是贾赦、贾政等在前导引，又是两个老婆子秉着两把羊角手罩，鸳鸯、琥珀、尤氏等贴身搀扶，邢夫人等在后围随，从下逶迤而上，不过百馀步，至山之峰脊上，便是这座敞厅。因在山之高脊，故名曰凸碧山庄。于厅前平台上列下桌椅，又用一架大围屏隔作两间。凡桌椅形式皆是圆的，特取团圆之意。上面居中贾母坐下，左垂首贾赦、贾珍、贾琏、贾蓉，右垂首贾政、宝玉、贾环、贾兰，团团围坐。只坐了半壁，下面还有半壁馀空。贾母笑道：“常日倒还不觉人少，今日看来，还是咱们的人也甚少，算不得甚么。想当年过的日子，到今夜男女三四十个，何等热闹？今日就这样，太少了。待要再叫几个来，他们都是有父母的，家里去应景，不好来的。如今叫女孩们来坐那边罢。”于是令人向围屏后将迎春、探春、惜春三个请出来。贾琏、宝玉等一齐出坐，先尽他姊妹坐了，然后在下方依次坐定。贾母便命折一枝桂花来，命一媳妇在屏后击鼓传花。若花到谁手中，饮酒一杯，罚说笑话一个。

于是先从贾母起，次贾赦，一一接过。鼓声两转，恰恰在贾政手中住了，只得饮了酒。众姊妹弟兄皆你悄悄的扯我一下，我暗暗的又捏你一把，都含笑倒要听是何笑话。贾政见贾母喜悦，只得承欢。方欲说时，贾母又笑道：“若说的不笑了，还要罚。”贾政笑道：“只得一个，说来不笑，也只好受罚了。”因笑道：“一家子一个人最怕老婆的……”才说了一句，大家都笑了。因从不曾见贾政说过笑话，所

❻（清）曹雪芹著，脂砚斋评：《脂砚斋重评石头记庚辰校本》，作家出版社2006年版，第1318页。

❼（清）曹雪芹著，脂砚斋评：《脂砚斋重评石头记庚辰校本》，作家出版社2006年版，第1318页。

❽朱一玄编：《红楼梦资料汇编》，南开大学出版社1985年版，第495页。

以才笑。贾母笑道："这必是好的。"贾政笑道："若好，老太太多吃一杯。"贾母笑道："自然。"贾政又说道："这个怕老婆的人从不敢多走一步。偏是那日是八月十五，到街上买东西，便遇见了几个朋友，死活拉到家里去吃酒。不想吃醉了，便在朋友家睡着了，第二日才醒，后悔不及，只得来家赔罪。他老婆正洗脚，说：'既是这样，你替我舔舔就饶你。'这男人只得给他舔，未免恶心要吐。他老婆便恼了，要打，说：'你这样轻狂。唬得他男人忙跪下求说：并不是奶奶的脚脏，只因昨晚吃多了黄酒，又吃了几块月饼馅子，所以今日有些作酸呢。'"说的贾母与众人都笑了。贾政忙斟了一杯，送与贾母。贾母笑道："既这样，快叫人取烧酒来，别叫你们受累。"众人又都笑起来。

于是又击鼓，便从贾政传起，可巧传至宝玉鼓止。宝玉因贾政在坐，自是踧踖不安，花偏又在他手内，因想："说笑话倘或说不好了，又说没口才，连一笑话不能说，何况别的，这有不是。若说好了，又说正经的不会，只惯油嘴贫舌，更有不是。不如不说的好。"乃起身辞道："我不能说笑话，求再限别的罢了。"贾政道："既这样，限一个'秋'字，就即景作一首诗。若好，便赏你，若不好，明日仔细。"贾母忙道："好好的行令，如何又要作诗？"贾政道："他能的。"贾母听说，道："既这样就作。"命人取了纸笔来，贾政道："只不许用那些冰玉晶银彩光明素等样堆砌字眼，要另出己见，试试你这几年的情思。"宝玉听了，碰在心坎上，遂立想了四句，向纸上写了，呈与贾政看，道是……贾政看了，点头不语。贾母见这般，知无甚大不好，便问："怎么样？"贾政因欲贾母喜悦，便说："难为他。只是不肯念书，到底词句不雅。"贾母道："这就罢了。他能多大，定要他做才子不成。这就该奖励他，以后越发上心了。"贾政道："正是。"因回头命个老嬷嬷出去吩咐书房内的小厮，"把我海南带来的扇子取两把给他"，宝玉忙拜谢，仍复归座行令。当下贾兰见奖励宝玉，他便出席也做一首递与贾政看时，写道是……贾政看了喜不自胜，遂并讲与贾母听时，贾母也十分欢喜，也忙令贾政赏他。于是大家归坐，复行起令来。

这次在贾赦手内住了，只得吃了酒，说笑话。因说道："一家子一个儿子最孝顺。偏生母亲病了，各处求医不得，便请了一个针灸的婆子来。这婆子原不知道脉理，只说是心火，如今用针灸之法，针灸针灸就好了。这儿子慌了，便问：'心见铁即死，如何针得？'婆子道：'不用针心，只针肋条就是了。'儿子道：'肋条离心甚远，怎么就好？'婆子道：'不妨事。你不知天下父母心偏的多呢。'"众人听说，都笑起来。贾母也只得吃半杯酒，半日笑道："我也得这个婆子针一针就好了。"贾赦听说，便知自己出言冒撞，贾母疑了心，忙起身笑与贾母把盏，以别言解释。贾母亦不好再提，且行起令来。

不料这次花却在贾环手里。贾环近日读书稍进，其脾味中不好务正也与宝玉一样，故每常也好看些诗词，专好奇诡仙鬼一格。今见宝玉作诗受奖，他便技痒，只当着贾政不敢造次。如今可巧花在手中，便也索纸笔来立挥一绝与贾政。贾政看了，亦觉罕异，只是词句终带着不乐读书之意，遂不悦道："可见是弟兄了。发言吐气总属邪派，将来都是不由规矩准绳，一起下流货。妙在古人中有'二难'，你两个也可以称'二难'了。只是你两个的'难'字，却是作难以教训之'难'字讲才好。哥哥是公然以温飞卿自居，如今兄弟又自为曹唐再世了。"说的贾赦等都笑了。贾赦乃要诗瞧了一遍，连声赞好，道："这诗据我看甚是有骨气。想来咱们这样人家，原不比那起寒酸，定要'雪窗荧火'，一日蟾宫折桂，方得扬眉吐气。咱们的子弟都原该读些书，不过比别人略明白些，可以做得官时就跑不了一个官的。何必多费了工夫，反弄出书呆子来。所以我爱他这诗，竟不失咱们侯门的气概。"因回头吩咐人去取了自己的许多玩物来赏赐与他。因又拍着贾环的头，笑道："以后就这么做去，方是咱们的口气，将来这世袭的前程定跑不了你袭呢。”贾政听说，忙劝说：“不过他胡诌如此，那里就论到后事了。”

说着便斟上酒，又行了一回令。贾母便说：“你们去罢。自然外头还有相公们候着，也不可轻忽了他们。况且二更多了，你们散了，再让我和姑娘们多乐一回，好歇着了。”贾赦等听了，方止了令，又大家公进了一杯酒，方带着子侄们出去了。要知端详，再听下回。

笺证

第七十五回贾府“祖灵一叹”，换来贾珍赶忙厉声叱呵，问：“谁在那里？”这毕竟阴阳阻隔，世间的老祖宗贾母带着贾赦、贾政众人到凸碧山庄中秋拜月，击鼓传花，饮酒罚说笑话。对于贾政说最怕老婆的笑话，庚辰本夹批说：“奇妙！偏在政老手中，竟能使政老一谑，真大文章矣。”[9]众姊妹弟兄皆你悄悄的扯我一下，我暗暗的又捏你一把，都含笑倒要听是何笑话。庚辰本夹批又说：“余也要细听。”[10]贾赦讲了最孝顺儿子关于偏心的笑话：“一家子一个儿子最孝顺。偏生母亲病了，各处求医不得，便请了一个针灸的婆子来。婆子原不知道脉理，只说是心火，如今用针灸之法，针灸针灸就好了。这儿子慌了，便问：‘心见铁即死，如何针得？’婆子道：‘不用针心，只针肋条就是了。’儿子道：‘肋条离心甚远，怎么就好？’婆子道：‘不妨事。你不知天下父母心偏的多呢。’”贾母也只得吃半杯酒，半日笑道：“我也得这个婆子针一针就好了。”贾母半日才笑说，可见她明白贾赦在暗指她的心偏向贾政，荣府二房的矛盾都在心照不宣中。其后，宝玉、贾环、贾兰先后作诗。贾环近日读书稍进，其脾味中不好务正也与宝玉一样，故每常也好看些诗词，专好奇诡仙鬼一格。今见宝玉作诗受奖，他便技痒，只当着贾政不敢造次。如今可巧花在手中，便也索纸笔来立挥一绝与贾政。庚辰本夹批说：“偏让贾政戏谑，已是奇文，而贾环作诗，更奇中又奇之奇文也。总在人意料之外。竟有人曰：‘贾环如何又有好诗，似前言不搭后文矣。’盖不可详。试问，贾环亦荣公之正脉，虽少年顽劣，乃今古小儿之常情耳。读书岂无长进之理哉？况贾政之教，使子弟自已大觉悚忽矣。若是贾环连一平仄也不知，岂荣府是寻常膏粱不知诗书之家哉？然后知宝玉这一种情思，正非有益之聪明，不得谓比诸人皆妙者也。”[11]贾政看了贾环的诗，亦觉罕异，只是词句终带着不乐读书之意，就不高兴地说：“发言吐气总属邪派，将来都是不由规矩准绳，一起下流货。……哥哥是公然以温飞卿自居，如今兄弟又自为曹唐再世了。”贾赦却对贾环的诗连声赞好：“这诗据我看甚是有骨气。想来咱们这样人家，原不比那起寒酸，定要‘雪窗荧火’，一日蟾宫折桂，方得扬眉吐气。咱们的子弟都原该读些书，不过比别人略明白些，可以做得官时就跑不了一个官的。何必多费了工夫，反弄出书呆子来。所以我爱他这诗，竟不失咱们侯门的气概。”贾赦吩咐取出许多玩物赏赐贾环，还拍着贾环的头笑说，“以后就这么做去，方是咱们的口气，将来这世袭的前程定跑不了你袭呢”。贾赦此举与贾政不同调，显然是故意噎贾政，无端顶撞贾政。贾政却用咬文嚼字、比拟古人，加以化解，他把宝玉比作文思敏捷、富有天才、文采艳丽的温庭筠，又把贾环比作晚唐诗风奇诡的曹唐。据《太平广记》卷第二百五十六《嘲诮》记载：“唐进士曹唐《游仙诗》，才情缥缈，岳阳守李远每吟其诗而思其人。一日，曹往谒之，李倒屣而迎。曹仪质充伟，李戏之曰：‘昔者未见标仪，将谓可乘鸾鹤。此际拜见，安知壮水牛亦恐不胜其载！’时人闻而笑之。世谓浑诗远赋，不如不作。非言其无才藻，鄙其无教化也。”[12]《五代史补》卷一则具体展示其《游仙诗》，说：“曹唐，柳州人。少好道，为大小《游仙诗》各百篇，又著《紫府玄珠》一卷，皆叙三清十极纪胜之事。其《游仙》之句，则有《汉武帝宴西王母》诗云：‘花影暗回三殿月，树声深锁九门霜。’又云：‘树底有天春寂寂，人闲无路月茫茫。’皆为士林所称。其

⑨（清）曹雪芹著，脂砚斋评：《脂砚斋重评石头记庚辰校本》，作家出版社2006年版，第1320页。

⑩（清）曹雪芹著，脂砚斋评：《脂砚斋重评石头记庚辰校本》，作家出版社2006年版，第1320页。

⑪（清）曹雪芹著，脂砚斋评：《脂砚斋重评石头记庚辰校本》，作家出版社2006年版，第1322页。

⑫（宋）李昉等编：《太平广记》，中华书局1961年版，第1996页。

后游信州，馆于开元寺三学院。一旦卧疾，众僧忽见二青衣缓步而至，且四向顾视，相谓曰：‘只此便是，树底有天春寂寂，人闲无路月茫茫。’言讫，直入唐之卧室。众僧惊异，亦随之而入，逾阈而青衣不复见，但见唐已殂矣。先是，唐与罗隐相遇，隐有《题牡丹》诗云：‘若教解语应倾国，任是无情亦动人。’唐因戏隐曰：‘此非赋牡丹，乃题女子障耳。’隐应声曰：‘犹胜足下鬼诗。’唐曰：‘其词安在？’隐曰：‘只“树底有天春寂寂，人闲无路月茫茫”，得非鬼诗？’唐无言以对。至是青衣亦援引此句，而唐寻卒，则隐之言岂偶然哉！”虽然行文没有公开宝玉、贾环的诗篇，但在贾政的评议中，宝玉诗才高于贾环；在贾赦心目中，贾环的前程好于宝玉，其中隐含着他们不同的评价标准。戚蓼生本回末总评“赏中秋新词得佳谶”说：“下回有一篇极清雅文字，下幅有半篇极整齐文字，故先叙抢快摸牌，沉湎酒色为反振，有骏马下坡、鸷鸟将翔之势。看聚赌一段，宛然‘宵小群居终日图’，看赏月一段，又宛然‘望族序齿燕毛录’，说火则热，而说冰则寒，文心故无所不可。”[13]贾政、贾赦说笑话，是从贾母的角度品其逗乐的滋味；宝玉、贾环作诗，是从贾政、贾赦的角度看其优劣，品的、看的是彼，而折射出来的品者、看者的胸臆。看人需眼力，狗眼看人势利，猫眼看人神秘，这就是《红楼梦》中看人者被看的循环往复的叙事艺术。

[13] 朱一玄编：《红楼梦资料汇编》，南开大学出版社1985年版，第498页。

第七十六回
凸碧堂品笛感凄清
凹晶馆联诗悲寂寞

话说贾赦、贾政带领贾珍等散去不提。且说贾母这里命将围屏撤去，两席并而为一。众媳妇另行擦桌整果，更杯洗箸，陈设一番。贾母等都添了衣，盥漱吃茶，方又入坐，团团围绕。贾母看时，宝钗姊妹二人不在坐内，知他们家去圆月去了，且李纨、凤姐二人又病着，少了四个人，便觉冷清了好些。贾母因笑道："往年你老爷们不在家，咱们越性请过姨太太来，大家赏月，却十分闹热。忽一时想起你老爷来，又不免想到母子夫妻儿女不能一处，也都没兴。及至今年你老爷来了，正该大家团圆取乐，又不便请他们娘儿们来说说笑笑。况且他们今年又添了两口人，也难丢了他们跑到这里来。偏又把凤丫头病了，有他一人来说说笑笑，还抵得十个人的空儿。可见天下事总难十全。"说毕，不觉长叹一声，遂命拿大杯来斟热酒。王夫人笑道："今日得母子团圆，自比往年有趣。往年娘儿们虽多，终不似今年自己骨肉齐全的好。"贾母笑道："正是为此，所以才高兴拿大杯来吃酒。你们也换大杯才是。"邢夫人等只得换上大杯来。因夜深体乏，且不能胜酒，未免都有些倦意，无奈贾母兴犹未阑，只得陪饮。

贾母又命将罽毡铺于阶上，命将月饼西瓜果品等类都叫搬下去，令丫头媳妇们也都团团围坐赏月。贾母因见月至中天，比先越发精彩可爱，因说："如此好月，不可不闻笛。"因命人将十番上女孩子传来。贾母道："音乐多了，反失雅致，只用吹笛的远远的吹起来就够了。"说毕，刚才去吹时，只见跟邢夫人的媳妇走来向邢夫人前说了两句话。贾母便问："什么事？”那媳妇便回说：“方才大老爷出去，被石头绊了一下，蹉了腿。”贾母听说，忙命两个婆子快看去，又命邢夫人快去。邢夫人遂告辞起身。贾母便又说：“珍哥媳妇也趁着便就家去罢，我也就睡了。”尤氏笑道：“我今日不回去了，定要和老祖宗吃一夜。”贾母笑道：“使不得，使不得。你们小夫妻家，今夜不要团圆团圆，如何为我耽搁了？”尤氏红了脸，笑道：“老祖宗说的我们太不堪了。我们虽然年轻，已经是十来年的夫妻，也奔四十岁的人了。况且孝服未满，陪着老太太顽一夜还罢了，岂有自去团圆的理？”贾母听说，笑道：“这话很是，我倒也忘了孝未满。可怜你公公已死二年多了，可是我倒忘了，该罚我一大杯。既这样，你就越性别送，陪着我罢了。你叫蓉儿媳妇送去，就顺便回去罢。”尤氏说了。蓉妻答应着，送出邢夫人，一同至大门，各自上车回去。不在话下。

这里贾母仍带众人赏了一回桂花，又入席换暖酒来。正说着闲话，猛不防只听那壁厢桂花树下，呜呜咽咽，悠悠扬扬，吹出笛声来。趁着这明月清风，天空地静，真令人烦心顿解，万虑齐除，都肃然危坐，默默相赏。听约两盏茶时，方才止住，大家称赞不已。于是遂又斟上暖酒来。贾母笑道：“果然可听么？”众人笑道：“实在可听。我们也想不到这样，须得老太太带领着，我们也得开些心胸。”贾母道：“这还不大好，须得拣那曲谱越慢的吹来越好。”说着，便将自己吃的一个内造瓜仁油松穰月饼，又命斟一大杯热酒，送给谱笛之人，慢慢的吃了再细细的吹一套来。媳妇们答应了，方送去，只见方才瞧贾赦的两个婆子回来了，说：“右脚面上白肿了些，如今调服了药，疼的好些了，也没甚大关系。”贾母点头叹道：“我也太操心。打紧说我偏心，我反这样。”因就将方才贾赦的笑话说与王夫人、尤氏等听。王夫人等因笑劝道："这原是酒后大家说笑，不留心也是有的，岂有敢说老太太之理？老太太自当解释才是。"只见鸳鸯拿了软巾兜与大斗篷来，说："夜深了，恐露水下来，风吹了头，须要添了这个。坐坐也该歇了。"贾母道："偏今儿高兴，你又来催。难道我醉了不成，偏到天亮。"因命再斟酒来。一面戴上兜巾，披了斗篷，大家陪着又饮，说些笑话。只听桂花阴里，呜呜咽咽，袅袅悠悠，又发出一缕笛音来，果真比先越发凄凉。大家都寂然而坐。夜静月明，且笛声悲怨，贾母年老带酒之人，听此声音，不免有触于心，禁不住堕下泪来。众人此时都不禁有凄凉寂寞之意，半日，方知贾母伤感，才忙转身陪笑，发语解释。又命暖酒，且住了笛。尤氏笑道："我也就学了一个笑话，说与老太太解解闷。"贾母勉强笑道："这样更好，快说来我听。"尤氏乃说道："一家子养了四个儿子：大儿子只一个眼睛，二儿子只一个耳朵，三儿子只一个鼻子眼，四儿子倒都齐全，偏又是个哑巴。"正说到这里，只见贾母已朦胧双眼，似有睡去之态。尤氏方住了，忙和王夫人轻轻的请醒。贾母睁眼笑道："我不困，白闭闭眼养神。你们只管说，我听着呢。"王夫人等笑道："夜已四更了，风露也大，请老太太安歇罢。明日再赏十六，也不辜负这月色。"贾母道："那里就四更了？"王夫人笑道："实已四更，他们姊妹们熬不过，都去睡了。"贾母听说，细看了一看，果然都散了，只有探春在此。贾母笑道："也罢。你们也熬不惯，况且弱的弱，病的病，去了倒省心。只是三丫头可怜见的，尚还等着。你也去罢，我们散了。"说着，便起身，吃了一口清茶，便有预备下的竹椅小轿，便围着斗篷坐上，两个婆子搭起，众人围随出园去了。不在话下。

这里众媳妇收拾杯盘碗盏时，却少了个细茶杯，各处寻觅不见，又问众人："必是谁失手打了。撂在那里，告诉我拿了磁瓦去交收是证见，不然又说偷起来了。"众人都说："没有打了，只怕跟姑娘的人打了，也未可知。你细想想，或问问他们去。"一语提醒了这管家伙的媳妇，因笑道："是了，那一会儿记得是翠缕拿着的，我去问他。"说着便去找时，刚下了甬路，就遇见了紫鹃和翠缕来了。翠缕便问道："老太太散了，可知我们姑娘那去了？"这媳妇道："我来问那一个茶钟往那里去了，你们倒问我要姑娘。"翠缕笑道："我因倒茶给姑娘吃的，展眼回头，就连姑娘也没了。"那媳妇道："太太才说都睡觉去了。你不知那里顽去了，还不知道呢。"翠缕和紫鹃道："断乎没有悄悄的睡去之理，只怕在那里走了一走。如今见老太太散了，赶过前边送去，也未可知。我们且往前边找找去。有了姑娘，自然你的茶钟也有了。你明日一早再找，有什么忙的？"媳妇笑道："有了下落就不必忙了，明儿就和你要罢。"说毕回去，仍查收家伙。这里紫鹃和翠缕便往贾母处来。不在话下。

笺证

第七十六回贾母登上大观园最高处凸碧山庄观赏中秋月，因几个媳妇、少女都回去与家人团聚，身边冷清了一些，就感叹："天下事总难十全。"老祖宗的感慨，勾引着对月圆而人事难圆的凄凉感觉，触及中国社会的民俗信仰。俗话说，事难十全。《西游记》第三十六回，八戒就埋怨说："这月啊，缺之不久又团圆，似我生来不十全。吃饭嫌我肚子大，拿碗又说有粘涎。"清康熙朝艾衲居士《豆棚闲话》，第二则也借老者的口说："天地间也没有这十全的事，红颜薄命，自古皆然。或者有色的未必有才，有才的未必有色，有色有才的未必有德，即使有才、有色、有德的，后来也未必就有好的结局。三皇以前远不可考，只就三代夏、商、周而言，当在兴时，看来虽有几个贤圣之后，那才、貌、德、色也不闻有全备之称。及至亡国之时，每代出了个妖物，倒是才色兼备的。"[1]但是追求十全，是上至帝王，下至平民的原型心结。清乾隆帝自号十全老人，自撰《御制十全记》，以为天下古今未有之尊荣。据清朝庆桂等《国朝

[1]（清）艾衲居士：《豆棚闲话》，中华书局2000年版，第9—10页。

宫史续编》卷九十三记载，清乾隆帝还钦定《十全集》一部："乾隆五十九年，尚书〔臣〕彭元瑞，敬纪高宗纯皇帝武功十全，恭录圣制文四十四篇，圣制诗一千五百二十首，汇为斯集。曰初定金川，曰初定准噶尔，曰再定准噶尔，曰平定回部，曰再定两金川，曰平定台湾，曰平定缅甸，曰平定安南，曰初定廓尔喀，曰再定廓尔喀。书成，命武英殿刊行。凡五十四卷。"这种风气渗透于民间，清徐珂《清稗类钞》九十二《饮食类》记载："通俗所行之酒令，两人相对出手，各猜其所伸手指之数而合计之，以分胜负。五代时，史宏肇与苏逢吉饮酒，酒令作手势，即今搳拳之所昉也。搳拳之口语，一为一定，二为二喜，三为连升三级，四为四季平安，五为五经魁首，六为六顺风，七为七巧，八为八马，九为九连灯，十为十全如意。又有所谓加帽者，则于每句之上，皆加'全福寿'三字，或惟以'全'字为帽。"清代《梼杌闲评》第四十四回描写崔呈秀赴魏忠贤宴席归来，说："我已年过五旬，受过无限风浪，才得到此地位。如今百事称心，黄金百斗，玉带横腰，只有燕、赵、吴、越的才貌兼全的美女未得其人。家中虽有几个，皆非绝色。怎么得个十全的软玉温香如西子、王嫱一般的才妙。"[2]有诗为证："不惜屈身求富贵，又思娱老觅蝉娟。"这种奸佞之辈的所谓"十全"，就是贪得无厌。十全信仰的扩散，因而戏有《十全福》。医药有《周礼·天官冢宰》记述："医师掌医之政令，聚毒药以共医事。凡邦之有疾病者、疕疡者造焉，则使医分而治之。岁终，则稽其医事以制其食。十全为上，十失一次之，十失二次之，十失三次之，十失四为下。"[3]医药讲究治病救人，万无一失，也就开出了十全博救方、卫生十全方、保生十全方、十全大补汤、十全大补丸。对于民俗信仰上的十全病态，鲁迅在《再论雷峰塔的倒掉》中说："我们中国的许多人，——我在此特别整重声明：并不包括四万万同胞全部！——大抵患有一种'十景病'，至少是'八景病'，沉重起来的时候大概在清朝。凡看一部县志，这一县往往有十景或八景……'十'字形的病菌，似乎已经侵入血管，流布全身，其势力早不在'！'形惊叹亡国病菌之下了。点心有十样锦，菜有十碗，音乐有十番，阎罗有十殿，药有十全大补，猜拳有全福手福手全，连人的劣迹或罪状，宣布起来也大抵是十条，仿佛犯了九条的时候总不肯歇手。……然而十全停滞的生活，世界上是很不多见的事。……瓦砾场上还不足悲，在瓦砾场上修补老例是可悲的。我们要革新的破坏者，因为他内心有理想的光。”[4]十全的思想模式，是一种满足现状而只求对老例修修补补的精神状态，心中没有理想的光。贾母叹息“天下事总难十全”，心中何尝有什么理想的光？她提议“如此好月，不可不闻笛”，就命令将十番上女孩子吹笛。却听闻贾赦被石头绊倒，蹉了腿；又闻尤氏因贾珍孝期未满不回去团圆。到了听到桂花阴里呜呜咽咽、袅袅悠悠的笛音，就倍感凄凉，不免有触于心，禁不住堕下泪来。尤氏说的笑话是“一家子养了四个儿子：大儿子只一个眼睛，二儿子只一个耳朵，三儿子只一个鼻子眼，四儿子倒都齐全，偏又是个哑巴……”这是“反十全”的笑话，但贾母已经疲困，朦胧双眼，听不齐全了。虽然赏月之举，强撑到四更，已是意兴阑珊，浑无趣味了。贾府的团圆节，就是如此无精打采，以“反十全”“非团圆”了了收场。

❷（明）无名氏撰；金心点校:《梼杌闲评》，中华书局，2005年版，第394页。

❸（汉）郑玄注，（唐）贾公彦疏:《周礼注疏》，北京大学出版社1999年版，第107—108页。

❹鲁迅:《鲁迅散文》，人民文学出版社2014年版，第78—81页。

原来黛玉和湘云二人并未去睡觉。只因黛玉见贾府中许多人赏月，贾母犹叹人少，不似当年热闹，又提宝钗姊妹家去母女弟兄自去赏月等语，不觉对景感怀，自去俯栏垂泪。宝玉近因晴雯病势甚重，诸务无心，王夫人再四遣他去睡，他也便去了。探春又因近日家事着恼，无暇游玩。虽有迎春、惜春二人，偏又素日不大甚合。所以只剩了湘云一人宽慰他，因说：“你是个明白人，何必作此形景自苦？我也和你一样，我就不似你这样心窄。何况你又多病，还不自己保养。可恨宝姐姐，姊妹天天说亲道热，早已说今年中秋要大家一处赏月，必要起社，大家联句，到今日便弃了咱们，自己赏月去了。社也散了，诗也不作了。倒是他们父子叔侄纵横起来。你可知宋太祖说的好：‘卧榻之侧，岂容他人酣睡。’他们不作，咱们两个竟联起句来，明日羞他们一羞。”黛玉见他这般劝慰，不肯负他的豪兴，因笑道：“你看这里这等人声嘈杂，有何诗兴？”湘云笑道：“这山上赏月虽好，终不及近水赏月更妙。你知道这山坡底下就是池沿，山坳里近水一个所在就是凹晶馆。可知当日盖这园子时就有学问。这山之高处，就叫凸碧。山之低洼近水处，就叫作凹晶。这‘凸’‘凹’二字，历来用的人最少。如今直用作轩馆之名，更觉新鲜，不落窠臼。可知这两处一上一下，一明一暗，一高一矮，一山一水，竟是特因玩月而设此处。有爱那山高月小的，便往这里来。有爱那皓月清波的，便往那里去。只是这两个字俗念作‘洼’‘拱’二音，便说俗了，不大见用，只陆放翁用了一个‘凹’字，说‘古砚微凹聚墨多’，还有人批他俗，岂不可笑？”林黛玉道：“也不只放翁才用，古人中用者太多。如江淹《青苔赋》，东方朔《神异经》，以至《画记》上云张僧繇画一乘寺的故事，不可胜举。只是今人不知，误作俗字用了。实和你说罢，这两个字还是我拟的呢。因那年试宝玉，因他拟了几处，也有存的，也有删改的，也有尚未拟的。这是后来我们大家把这没有名色的也都拟出来了，注了出处，写了这房屋的坐落，一并带进去与大姐姐瞧了。他又带出来，命给舅舅瞧过。谁知舅舅倒喜欢起来，又说：‘早知这样，那日该就叫他姊妹一并拟了，岂不有趣？’所以凡我拟的，一字不改都用了。如今就往凹晶馆去看看。”

说着，二人便同下了山坡。只一转弯，就是池沿，沿上一带竹栏相接，直通着那边藕香榭的路径。因这几间就在此山怀抱之中，乃凸碧山庄之退居，因洼而近水，故颜其额曰“凹晶溪馆”。因此处房宇不多，且又矮小，故只有两个老婆子上夜。今日打听得凸碧山庄的人应差，与他们无干，这两个老婆子关了月饼果品并犒赏的酒食来，二人吃得既醉且饱，早已熄灯睡了。

黛玉、湘云见熄了灯，湘云笑道：“倒是他们睡了好。咱们就在这卷棚底下近水赏月如何？”二人遂在两个湘妃竹墩上坐下。只见天上一轮皓月，池中一轮水月，上下争辉，如置身于晶宫鲛室之内。微风一过，粼粼然池面皱碧铺纹，真令人神清气净。湘云笑道："怎得这会子坐上船吃酒倒好。这要是我家里这样，我就立刻坐船了。"黛玉笑道："正是古人常说的好，'事若求全何所乐'。据我说，这也罢了，偏要坐船起来。"湘云笑道："得陇望蜀，人之常情。可知那些老人家说的不错。说贫穷之家自为富贵之家事事称心，告诉他说竟不能遂心，他们不肯信的；必得亲历其境，他方知觉了。就如咱们两个，虽父母不在，然却也忝在富贵之乡，只你我竟有许多不遂心的事。"黛玉笑道："不但你我不能称心，就连老太太、太太以至宝玉、探丫头等人，无论事大事小，有理无理，其不能各遂其心者，同一理也，何况你我旅居客寄之人哉。"湘云听说，恐怕黛玉又伤感起来，忙道："休说这些闲话，咱们且联诗。"

笺证

第七十六回一曲悠扬笛声，吹起于贾母凸碧山庄赏月，回旋于黛玉、湘云在凹晶溪馆赋诗。贾母之处，多俗趣，"天下事总难十全"，一再出现令人败兴的事；黛、湘之处，多雅兴，而且牵引来槛外人的幽情，两相对照，展示了大观园的中秋风情的多维度景观。这令人联想到南唐冯延巳《归国谣·何处笛》所说："何处笛？深夜梦回情脉脉，竹风檐雨寒窗隔。……江水碧，江上何人吹玉笛，扁舟远送潇湘客。芦花千里霜月白，伤行色，来朝便是关山隔。"[5]一凸一凹，一凄清一吟味凄清。凹晶溪馆的湘云、黛玉才情高妙，又学富五车。湘云笑说："这山上赏月虽好，终不及近水赏月更妙。你知道这山坡底下就是池沿，山坳里近水

[5]（南唐）李煜：《李煜词集》，上海古籍出版社2014年版，第143—144页。

一个所在就是凹晶馆。可知当日盖这园子时就有学问。这山之高处，就叫凸碧。山之低洼近水处，就叫作凹晶。这‘凸’‘凹’二字，历来用的人最少。如今直用作轩馆之名，更觉新鲜，不落窠臼。可知这两处一上一下，一明一暗，一高一矮，一山一水，竟是特因玩月而设此处。有爱那山高月小的，便往这里来。有爱那皓月清波的，便往那里去。只是这两个字俗念作‘洼’‘拱’二音，便说俗了，不大见用，只陆放翁用了一个‘凹’字，说‘古砚微凹聚墨多’，还有人批他俗，岂不可笑？”林黛玉接着道出了凹凸的出处和二馆名字的来由，说：“也不只放翁才用，古人中用者太多。如江淹《青苔赋》，东方朔《神异经》，以至《画记》上云张僧繇画一乘寺的故事，不可胜举。只是今人不知，误作俗字用了。实和你说罢，这两个字还是我拟的呢。因那年试宝玉，因他拟了几处，也有存的，也有删改的，也有尚未拟的。这是后来我们大家把这没有名色的也都拟出来了，注了出处，写了这房屋的坐落，一并带进去与大姐姐瞧了。他又带出来，命给舅舅瞧过。谁知舅舅倒喜欢起来，又说：‘早知这样，那日该就叫他姊妹一并拟了，岂不有趣？’所以凡我拟的，一字不改都用了。如今就往凹晶馆去看看。”这番话足见黛玉的博学到了喜欢掉书袋，也许全凭记忆，脱口而出，与文献记载略有出入。江淹《青苔赋》云：“嗟青苔之依依兮，无色类而可方。必居间而就寂，似幽意之深伤。故其处石，则松栝交阴，泉雨长注。横涧俯视，崩壁仰顾。悲凹崄兮，唯流水而驰骛。遂能崎屈上生，班驳下布。”[6]赋中以“凹崄”代替“凹凸”。西汉东方朔《神异经》云：“北方荒中有石湖，方千里，岸深五丈余，恒冰，惟夏至左右五六十日解耳。有横公鱼，长七八尺，形如鲤而目赤，昼在湖中，夜化为人，刺之不入，煮之不死。以乌梅二枚煮之则熟，食之可止邪病。其湖无凸凹，平满无高下。”[7]这则凸凹材料见于西汉，比南朝江淹早五百年。至于说《画记》上记述的张僧繇画一乘寺的故事，实际上见于《建康实录》。《太平御览》卷六百五十八引《建康实录》曰：“一乘寺，梁劭陵王纶造。梁末贼起，遂延烧。陈尚书令江总舍堂宇寺，今之堂是也。寺门遍画凹凸花，代称张僧繇手迹，其花乃天竺遗法，朱及青绿缘所成，远望眼晕如凹凸，就视即平，世咸异之，拇墅凹凸寺。”[8]对前人把古语误作俗字的批评，倒有点像清人翟灏《通俗编》卷二引明代杨慎《丹铅录》所说：“土窪曰凹，土高曰凸，古之象形字也，击伯温乃云凹当作坳，凸当作垤，俗作凹凸非是，反以古字为俗字矣。”[9]其实，黛玉熟悉的明代戏曲家汤显祖“临川四梦”之也有凹凸一词，《紫箫记》第二十三出《话别》的唱词有：“公母笋嵌着没凹凸，牝牡铜铸得没歪邪。”《红楼梦》本回叙事的难中生妙，有如戚蓼生本回首总评所说：“此回着笔最难，不叙中秋夜宴则漏，叙夜宴又与上元相犯；不叙诸人酬和则俗，叙酬和又与起社相犯。诸人在贾政前吟诗，诸人各自为一席，又非礼。既叙夜宴再叙酬和，不漏不俗，更不相犯。云行月移，水流花放，别有机括，深宜玩索。”[10]至于描写黛玉、湘云赋诗的凹晶馆环境，说是“因此处房宇不多，且又矮小，故只有两个老婆子上夜。今日打听得凸碧山庄的人应差，与他们无干，这两个老婆子关了月饼果品并犒赏的酒食来，二人吃得既醉且饱，早已熄灯睡了”。庚辰本夹批说：“妙极！此处又进一步写法。如王夫人云‘他姊妹可怜，那里像当日林姑妈那样’，又如贾母云‘如今人少，那里有当日人多’等数语，此谓进一步法也。也有退一步法，如宝钗之对邢岫烟云‘此一时也，彼一时也，如今比不得先的话了，只好随事适分’，又如凤姐之对平儿云‘如今我也明白了，我如今也要作好好先生罢’等类，此谓退一步法也。今有方收拾过贾母高乐，却又写出二婆子高乐，此（进）一步之实事也。如前文海棠诗四首已足，忽又用湘云独成二律反压卷，此又进一步之实事也。所谓‘法法皆全，丝丝不爽’也。”[11]同样叙写某件事，入手处可进可退，前后左右总相宜，妙处全在于作家的筹措。行文接着写黛玉笑说：“不但你我不能称心，就连老太太、太太以至宝玉、

[6]（清）严可均辑：《全梁文》（上），商务印书馆1999年版，第367页。

[7]金沛霖主编：《四库全书·子部精要》（下），天津天津古籍出版社；中国世界语出版社1998年版，第924页。

[8]（宋）李昉等编纂：《太平御览》第六卷，河北教育出版社1994年版，第171页。

[9]（清）翟灏撰：《通俗编·附直语补证》，商务印书馆1958年版，第42页。

[10]朱一玄校录：《红楼梦脂评校录》，齐鲁书社1986年版，第543页。

[11]（清）曹雪芹著，脂砚斋评：《脂砚斋重评石头记庚辰校本》，作家出版社2006年版，第1343页。

探丫头等人，无论事大事小，有理无理，其不能各遂其心者，同一理也，何况你我旅居客寄之人哉！”庚辰本夹批说：“以点化不怡然得享自然之乐者矣。书中若干女子从主及婢，又未（有）必各有所觉、各有所试、各有所长者，皆未如宝黛无可关切筹划，可叹。”[12]接着又写，正说间，只听笛韵悠扬起来。黛玉笑道：“今日老太太、太太高兴了，这笛子吹的有趣，倒是助咱们的兴趣了。”庚辰本夹批说：“妙！正是吹笛之时。勿认作又一处之笛也。”[13]一处笛声两处闻，闻者感受各不同，这就相互掩映，趣味攸深，呈现了《红楼梦》精妙的对接术，把不同的两种情景对头接合，生发出令人神往、令人感慨的人生哲学。

正说间，只听笛韵悠扬起来。黛玉笑道：“今日老太太、太太高兴了，这笛子吹的有趣，倒是助咱们的兴趣了。咱两个都爱五言，就还是五言排律罢。”湘云道：“限何韵？”黛玉笑道：“咱们数这个栏杆的直棍，这头到那头为止。他是第几根就用第几韵。若十六根，便是‘一先’起，这可新鲜？”湘云笑道：“这倒别致。”于是二人起身，便从头数至尽头，止得十三根。湘云道：“偏又是‘十三元’了。这个韵少，作排律只怕牵强不能押韵呢？少不得你先起一句罢了。”黛玉笑道：“倒要试试咱们谁强谁弱，只是没有纸笔记。”湘云道：“不妨，明儿再写。只怕这一点聪明还有。”黛玉道：“我先起一句现成的俗语罢。”因念道“三五中秋夕”，湘云想了一想，道：“清游拟上元。撒天箕斗灿，”林黛玉笑道：“匝地管弦繁。几处狂飞盏，”湘云笑道：“这一句‘几处狂飞盏’有些意思。这倒要对的好呢。”想了一想，笑道：“谁家不启轩。轻寒风剪剪，”黛玉道：“对的比我的却好。只是底下这句又说熟话了，就该加劲说了去才是。”湘云道：“诗多韵险，也要铺陈些才是。纵有好的，且留在后头。”

黛玉笑道：“到后头没有好的，我看你羞不羞。”因联道：“良夜景暄暄。争饼嘲黄发，”湘云笑道：“这句不好，是你杜撰，用俗事来难我了。”黛玉笑道：“我说你不曾见过书呢。吃饼是旧典，唐书唐志你看了来再说。”湘云笑道：“这也难不倒我，我也有了。”因联道：“分瓜笑绿媛。香新荣玉桂。”黛玉笑道：“分瓜可是实实的你杜撰了。”湘云笑道：“明日咱们对查了出来大家看看，这会子别耽误工夫。”

黛玉笑道：“虽如此，下句也不好，不犯着又用‘玉桂’‘金兰’等字样来塞责。”因联道：“色健茂金萱。蜡烛辉琼宴。”湘云笑道：“‘金萱’二字便宜了你，省了多少力。这样现成的韵被你得了，只是不犯着替他们颂圣去。况且下句你也是塞责了。”黛玉笑道：“你不说‘玉桂’，我难道强对个‘金萱’么？再也要铺陈些富丽，方才是即景之实事。”湘云只得又联道：“觥筹乱绮园。分曹尊一令。”黛玉笑道：“下句好，只是难对些。”因想了一想，联道：“射覆听三宣。骰彩红成点，”

湘云笑道：“‘三宣’有趣，竟化俗成雅了。只是下句又说上骰子。”少不得联道：“传花鼓滥喧。晴光摇院宇。”黛玉笑道：“对的却好。下句又溜了，只管拿些风月来塞责。”湘云道：“究竟没说到月上，也要点缀点缀，方不落题。”黛玉道：“且姑存之，明日再斟酌。”因联道：“素彩接乾坤。赏罚无宾主。”湘云道：“又说他们作什么，不如说咱们。”只得联道：“吟诗序仲昆。构思时倚槛，”黛玉道：“这可以入上你我了。”因联道：“拟景或依门。酒尽情犹在，”湘云说道：“是时候了。”乃联道：“更残乐已谖。渐闻语笑寂，”黛玉说道：“这时候可知一步难似一步了。”因联道：“空剩雪霜痕。阶露团朝菌，”

湘云笑道：“这一句怎么押韵，让我想想。”因起身负手，想了一想，笑道：“够了，幸而想出一个字来，几乎败了。”因联道：“庭烟敛夕棔。秋湍泻石髓，”黛玉听了，不禁也起身叫妙，说：“这促狭鬼，果然留下好的。这会子才说‘棔’字，亏你想得出。”湘云道：“幸而昨日看历朝文选见了这个字，我不知是何树，因要查一查。宝姐姐说不用

⑫（清）曹雪芹著，脂砚斋评：《脂砚斋重评石头记庚辰校本》，作家出版社2006年版，第1344页。

⑬（清）曹雪芹著，脂砚斋评：《脂砚斋重评石头记庚辰校本》，作家出版社2006年版，第1344页。

查，这就是如今俗叫作明开夜合的。我信不及，到底查了一查，果然不错。看来宝姐姐知道的竟多。”黛玉笑道：“‘棔’字用在此时更恰，也还罢了。只是‘秋湍’一句亏你好想。只这一句，别的都要抹倒。我少不得打起精神来对一句，只是再不能似这一句了。”因想了一想，道：“风叶聚云根。宝婺情孤洁，”

湘云道：“这对的也还好。只是下一句你也溜了，幸而是景中情，不单用‘宝婺’来塞责。”因联道：“银蟾气吐吞。药经灵兔捣。”黛玉不语点头，半日随念道：“人向广寒奔。犯斗邀牛女。”湘云也望月点首，联道：“乘槎待帝孙。虚盈轮莫定。”黛玉笑道：“又用比兴了。”因联道：“晦朔魄空存。壶漏声将涸。”

湘云方欲联时，黛玉指池中黑影与湘云看道：“你看那河里怎么像个人在黑影里去了，敢是个鬼罢。”湘云笑道：“可是又见鬼了。我是不怕鬼的，等我打他一下。”因弯腰拾了一块小石片向那池中打去，只听打得水响，一个大圆圈将月影荡散复聚者几次。只听那黑影里嘎然一声，却飞起一个白鹤来，直往藕香榭去了。黛玉笑道：“原来是他，猛然想不到，反吓了一跳。”湘云笑道：“这个鹤有趣，倒助了我了。”因联道：“窗灯焰已昏。寒塘渡鹤影，”

林黛玉听了，又叫好，又跺足，说：“了不得，这鹤真是助他的了。这一句更比‘秋湍’不同，叫我对什么才好？‘影’字只有一个‘魂’字可对，况且‘寒塘渡鹤’何等自然，何等现成，何等有景且又新鲜，我竟要搁笔了。”湘云笑道：“大家细想就有了，不然就放着明日再联也可。”黛玉只看天，不理他，半日，猛然笑道：“你不必捞嘴，我也有了，你听听。”因对道：“冷月葬诗魂。”湘云拍手赞道：“果然好极，非此不能对。好个‘葬诗魂’！”因又叹道：“诗固新奇，只是太颓丧了些。你现病着，不该作此过于清奇诡谲之语。”黛玉笑道：“不如此如何压倒你。下句竟还未得，只为用工在这一句了。”

笺证

对于作诗的苦心和逸兴，唐人贾岛《题诗后》强调苦吟精神说：“两句三年得，一吟双泪流。知音如不赏，归卧故山秋。”南宋诗人陆游的《文章》诗，却强调灵感的偶然突发性云：“文章本天成，妙手偶得之。”陆游与贾岛作诗的心理状态很不一样。第七十六回凹晶馆中秋夕黛玉、湘云五言联句，终结于“寒塘渡鹤影，冷月葬诗魂”。本是你追我赶的联句，最终跳出如此绝妙好联，令人“一吟双泪流”，只能归功于“妙手天成”。“寒塘渡鹤影”句，也可以说脱胎于杜甫《和裴迪登新津寺寄王侍郎》诗：“蝉声集古寺，鸟影度寒塘。”又牵连着苏轼《后赤壁赋》“适有孤鹤，横江东来”。湘云长有“鹤势螂形”的矫健身姿，“寒塘渡鹤影”隐喻着湘云将来丧偶寡居的幽寒情境。此句情调清奇，以一个“渡”字写出了鹤的飘逸以及环境的冷清。“鹤影”又指鸟魂，令人联想到黛玉《葬花吟》所说：“昨宵庭外悲歌发，知是花魂与鸟魂？花魂鸟魂总难留，鸟自无言花自羞。愿奴胁下生双翼，随花飞到天尽头。天尽头，何处有香丘？未若锦囊收艳骨，一抔净土掩风流。”与“花魂鸟魂总难留”相呼应，“冷月葬诗魂”是黛玉用来对应“鸟魂”的对句，意境幽清，宛若天成，甫出黛玉之口就使得湘云认输，妙玉叹服。潇湘妃子以敏捷才思，隐喻着她的花魂葬于冷月之下的悲剧命运，这就令人在叹服其妙不可言时，可以感受到寓意无穷，在鸟与月之间寻味着清冷的魂魄。黛玉是绛珠仙草转世，自然可以称作花魂。却用了一个不祥的“葬”字，把清雅的气韵化作哀伤的谶语。《红楼梦》设此妙对，其苦心孤诣直通西方灵河岸上三生石畔，绛珠草受到赤瑕宫神瑛侍者日以甘露灌溉，想到人间把一生所有的眼泪还给神瑛侍者的诗化神话。诗到了妙不可言之时，是缥缈于天人之际的。

一语未了，只见栏外山石后转出一个人来，笑道："好诗，好诗，果然太悲凉了。不必再往下联，若底下只这样去，反不显这两句了，倒觉得堆砌牵强。"二人不防，倒唬了一跳。细看时，不是别人，却是妙玉。二人皆诧异，因问："你如何到了这里？"妙玉笑道："我听见你们大家赏月，又吹的好笛，我也出来玩赏这清池皓月。顺脚走到这里，忽听见你两个联诗，更觉清雅异常，故此听住了。只是方才我听见这一首中，有几句虽好，只是过于颓败凄楚。此亦关人之气数而有，所以我出来止住。如今老太太都已早散了，满园的人想俱已睡熟了，你两个的丫头还不知在那里找你们呢。你们也不怕冷了？快同我来，到我那里去吃杯茶，只怕就天亮了。"黛玉笑道："谁知道就这个时侯了。"

三人遂一同来至栊翠庵中。只见龛焰犹青，炉香未烬。几个老嬷嬷也都睡了，只有小丫鬟在蒲团上垂头打盹。妙玉唤他起来，现去烹茶。忽听叩门之声，小丫鬟忙去开门看时，却是紫鹃、翠缕与几个老嬷嬷来找他姊妹两个。进来见他们正吃茶，因都笑道："要我们好找，一个园里走遍了，连姨太太那里都找到了。才到了那山坡底下小亭里找时，可巧那里上夜的正睡醒了。我们问他们，他们说，方才亭外头棚下两个人说话，后来又添了一个，听见说大家往庵里去。我们就知是这里了。"妙玉忙命小丫鬟引他们到那边去坐着歇息吃茶。自取了笔砚纸墨出来，将方才的诗命他二人念着，遂从头写出来。黛玉见他今日十分高兴，便笑道："从来没见你这样高兴。若不见你这样高兴，我也不敢唐突请教，这还可以见教否？若不堪时，便就烧了。若或可改，即请改正改正。"妙玉笑道："也不敢妄加评赞。只是这才有了二十二韵。我意思想着你二位警句已出，再若续时，恐后力不加。我竟要续貂，又恐有玷。"黛玉从没见妙玉作过诗，今见他高兴如此，忙说："果然如此，我们的虽不好，亦可以带好了。"妙玉道："如今收结，到底还该归到本来面目上去。若只管丢了真情真事且去搜奇捡怪，一则失了咱们的闺阁面目，二则也与题目无涉了。"二人皆道极是。妙玉遂提笔一挥而就，递与他二人道：“休要见笑。依我必须如此，方翻转过来，虽前头有凄楚之句，亦无甚碍了。”二人接了看时，只见他续道：

香篆销金鼎，脂冰腻玉盆。箫增嫠妇泣，衾倩侍儿温。空帐悬文凤，闲屏掩彩鸳。露浓苔更滑，霜重竹难扪。犹步萦纡沼，还登寂历原。石奇神鬼搏，木怪虎狼蹲。赑屃朝光透，罘罳晓露屯。振林千树鸟，啼谷一声猿。歧熟焉忘径，泉知不问源。钟鸣栊翠寺，鸡唱稻香村。有兴悲何继，无愁意岂烦。芳情只自遣，雅趣向谁言。彻旦休云倦，烹茶更细论。”后书：《右中秋夜大观园即景联句三十五韵》。

黛玉湘云二人皆赞赏不已，说：“可见我们天天是舍近而求远。现有这样诗仙在此，却天天去纸上谈兵。”妙玉笑道：“明日再润色。此时想也快天亮了，到底要歇息歇息才是。”林史二人听说，便起身告辞，带领丫鬟出来。妙玉送至门外，看他们去远，方掩门进来。不在话下。

笺证

第七十六回妙玉继黛玉、湘云的联句之后续成《中秋夜大观园即景联句三十五韵》。对于湘云、黛玉的“寒塘渡鹤影，冷月葬诗魂”，妙玉连称“好诗，好诗”，但她又觉得“果然太悲凉了”，因此不能不续。妙玉何许人也？《红楼梦十二曲·世难容》充满隐喻地形容她：“气质美如兰，才华阜比仙。天生成孤癖人皆罕。你道是啖肉食腥膻，视绮罗俗厌，却不知太高人愈妒，过洁世同嫌。可叹这，青灯古殿人将老，辜负了，红粉朱楼春色阑。到头来，依旧是风尘肮脏违心愿。好一似，无瑕白玉遭泥陷，又何须，王孙公子叹无缘！”她有一种孤癖过洁的品质，却又难免风尘肮脏。他看透了人间，说：“古人中自汉、晋、五代、唐宋以来，皆无好诗，只有两句好。说是：‘纵有千年铁门槛，终须一个土馒头’。”妙玉听到寒塘冷月之句，就说“有几句虽好，只是过于颓败凄楚。此亦关人之气数而有，所以我出来止住”，似乎她对于前途，仍想见到一线光明，想续上几句，把它翻转过来；但妙玉所续，或关乎品性，更是凄凉险怪。“石奇神鬼搏，木怪虎狼蹲”，“振林千树鸟，啼谷一声猿”，自然也是好句，却怪诞奇险，鬼搏虎蹲，鸟飞猿啼，隐喻着人间际遇，险象丛生。烹茶细论，所指云何？也是冥冥漠漠，无从预测。

这里翠缕向湘云道：“大奶奶那里还有人等着咱们睡去呢。如今还是那里去好？”湘云笑道：“你顺路告诉他们，叫他们睡罢。我这一去未免惊动病人，不如闹林姑娘半夜去罢。”说着，大家走至潇湘馆中，有一半人已睡去。二人进去，方才卸妆宽衣，盥漱已毕，方上床安歇。紫鹃放下绡帐，移灯掩门出去。谁知湘云有择席之病，虽在枕上，只是睡不着。黛玉又是个心血不足常常失眠的，今日又错过困头，自然也是睡不着。二人在枕上翻来覆去。黛玉因问道：“怎么你还没睡着？”湘云微笑道：“我有择席的病，况且走了困，只好躺躺罢。你怎么也睡不着？”黛玉叹道：“我这睡不着也并非今日，大约一年之中，通共也只好睡十夜满足的。”湘云道：“却是你病的原故，所以……”不知下文什么——

第七十七回
俏丫鬟抱屈夭风流
美优伶斩情归水月

话说王夫人见中秋已过，凤姐病已比先减了，虽未大愈，然亦可以出入行走得了，仍命大夫每日诊脉服药，又开了丸药方子来配调经养荣丸。因用上等人参二两，王夫人命人取时，翻寻了半日，只向小匣内寻了几枝簪挺粗细的。王夫人看了嫌不好，命再找去，又找了一大包须末出来。王夫人焦躁道:“用不着偏有，但用着了，再找不着。成日家我说叫你们查一查，都归拢在一处。你们白不听，就随手混搁。你们不知他的好处，用起来得多少换买来还不中使呢。”彩云道:“想是没了，就只有这个。上次那边的太太来寻了些去，太太都给过去了。”王夫人道:“没有的话，你再细找找。”彩云只得又去找，拿了几包药材来说:“我们不认得这个，请太太自看。除这个再没有了。”王夫人打开看时，也都忘了，不知都是什么药，并没有一枝人参。因一面遣人去问凤姐有无，凤姐来说:“也只有些参膏芦须。虽有几枝，也不是上好的，每日还要煎药里用呢。”王夫人听了，只得向邢夫人那里问去。邢夫人说:“因上次没了，才往这里来寻，早已用完了。”王夫人没法，只得亲身过来请问贾母。贾母忙命鸳鸯取出当日所馀的来，竟还有一大包，皆有手指头粗细的，遂称二两与王夫人。王夫人出来交与周瑞家的拿去令小厮送与医生家去，又命将那几包不能辨得的药也带了去，命医生认了，各包记号了来。

一时，周瑞家的又拿了进来说:“这几包都各包好记上名字了。但这一包人参固然是上好的，如今就连三十换也不能得这样的了，但年代太陈了。

这东西比别的不同，凭是怎样好的，只过一百年后，便自己就成了灰了。如今这个虽未成灰，然已成了朽糟烂木，也无性力的了。请太太收了这个，倒不拘粗细，好歹再换些新的倒好。”王夫人听了，低头不语，半日才说：“这可没法了，只好去买二两来罢。”也无心看那些，只命“都收了罢”，因向周瑞家的说：“你就去说给外头人们，拣好的换二两来。倘一时老太太问，你们只说用的是老太太的，不必多说。”周瑞家的方才要去时，宝钗因在坐，乃笑道：“姨娘且住。如今外头卖的人参都没好的，虽有一枝全的，他们也必截做两三段，镶嵌上芦泡须枝，掺匀了好卖，看不得粗细。我们铺子里常和参行交易，如今我去和妈说了，叫哥哥去托个伙计过去和参行商议说明，叫他把未作的原枝好参兑二两来。不妨咱们多使几两银子，也得了好的。”王夫人笑道：“倒是你明白，就难为你亲自走一趟更好。”于是宝钗去了，半日回来说：“已遣人去，赶晚就有回信的，明日一早去配也不迟。”王夫人自是喜悦，因说道：“‘卖油的娘子水梳头’，自来家里有好的，不知给了人多少。这会子轮到自己用，反倒各处求人去了。”说毕长叹。宝钗笑道：“这东西虽然值钱，究竟不过是药，原该济众散人才是。咱们比不得那没见世面的人家，得了这个，就珍藏密敛的。”王夫人点头道：“这话极是。”

一时宝钗去后，因见无别人在室，遂唤周瑞家的来问前日园中搜检的事情可得个下落。周瑞家的是已和凤姐等人商议停妥，一字不隐，遂回明王夫人。王夫人听了，虽惊且怒，却又作难，因思司棋系迎春之人，皆系那边的人，只得令人去回邢夫人。周瑞家的回道：“前日那边太太嗔着王善保家的多事，打了几个嘴巴子，如今他也装病在家，不肯出头了。况且又是他外孙女儿，自己打了嘴，他只好装个忘了，日久平服了再说。如今我们过去回时，恐怕又多心，倒像似咱们多事似的。不如直把司棋带过去，一并连赃证与那边太太瞧了，不过打一顿配了人，再指个丫头来，岂不省事？如今白告诉去，那边太太再推三阻四的，又说‘既这样你太太就该料理，又来说什么’，岂不反耽搁了。倘那丫头瞅空寻了死，反不好了。如今看了两三天，人都有个偷懒的时候，倘一时不到，岂不倒弄出事来。”王夫人想了一想，说：“这也倒是。快办了这一件，再办咱们家的那些妖精。”

周瑞家的听说，会齐了那几个媳妇，先到迎春房里，回迎春道：“太太们说了，司棋大了，连日他娘求了太太，太太已赏了他娘配人，今日叫他出去，另挑好的与姑娘使。”说着，便命司棋打点走路。迎春听了，含泪似有不舍之意，因前夜已闻得别的丫鬟悄悄的说了原故，虽数年之情难舍，但事关风化，亦无可如何了。那司棋也曾求了迎春，实指望迎春能死保赦下的，只是迎春语言迟慢，耳软心活，是不能作主的。司棋见了这般，知不能免，因哭道：“姑娘好狠心，哄了我这两日，如今怎么连一句话也没有？”周瑞家的等说道：“你还要姑娘留你不成？便留下，你也难见园里的人了。依我们的好话，快快收了这样子，倒是人不知鬼不觉的去罢，大家体面些。”迎春含泪道：“我知道你干了什么大不是，我还十分说情留下，岂不连我也完了。你瞧入画也是几年的人，怎么说去就去了。自然不止你两个，想这园里凡大的都要去呢。依我说，将来终有一散，不如你各人去罢。”周瑞家的道：“所以到底是姑娘明白。明儿还有打发的人呢，你放心罢。”司棋无法，只得含泪与迎春磕头，和众姊妹告别，又向迎春耳根说：“好歹打听我要受罪，替我说个情儿，就是主仆一场。”迎春亦含泪答应“放心”。

于是周瑞家的人等带了司棋出了院门，又命两个婆子将司棋所有的东西都与他拿着。走了没几步，后头只见绣桔赶来，一面也擦着泪，一面递与司棋一个绢包说：“这是姑娘给你的。主仆一场，如今一旦分离，这个与你作个想念罢。”司棋接了，不觉更哭起来了，又和绣桔哭了一回。周瑞家的不耐烦，只管催促，二人只得散了。司棋因又哭告道：“婶子大娘们，好歹略徇个情儿，如今且歇一歇，让我到相好的姊妹跟前辞一辞，也是我们这几年好了一场。”周瑞家的等人皆各有事务，作这些事便是不得已了，况且又深恨他们素日大样，如今那里有工夫听他的话，因冷笑道：“我劝你走罢，别拉拉扯扯的了。我们还有正经事呢。谁是你一个衣包里爬出来的，辞他们作什么，他们看你的笑声还看不了呢。你不过是挨一会是一会罢了，难道就算了不成？依我说快走罢。”一面说，一面总不住脚，直带着往后角门出去了。司棋无奈，又不敢再说，只得跟了出来。

笺证

黛玉、湘云、妙玉在诗的世界完成《中秋夜大观园即景联句三十五韵》之后，《红楼梦》第七十七回转回世俗世界，对抄检大观园的公案进行补叙。断续弥补，左右手轮番发力，事件的因果链在跳跃中激发活力，可以避免在一个故事上滞留过久产生的趣味积食和审美疲劳。那么，抄检大观园公案的补叙，从何入手？焦点人物司棋是邢夫人那边的人，王夫人就主张令人去回邢夫人。王夫人陪房周瑞家的审时度势说：“前日那边太太嗔着王善保家的多事，打了几个嘴巴子，如今他也装病在家，不肯出头了。况且又是他外孙女儿，自己打了嘴，他只好装个忘了，日久平服了再说。如今我们过去回时，恐怕又多心，倒像似咱们多事似的。不如直把司棋带过去，一并连赃证与那边太太瞧了，不过打一顿配了人，再指个丫头来，岂不省事？如今白告诉去，那边太太再推三阻四的，又说‘既这样你太太就该料理，又来说什么’，岂不反耽搁了。倘那丫头瞅空寻了死，反不好了。如今看了两三天，人都有个偷懒的时候，倘一时不到，岂不倒弄出事来。”这里暗藏着的依然是王夫人及其陪房周瑞家的，与邢夫人与其陪房王善保家的两派势力耍尽心机，相互较力；以司棋为题目，用的是柿子捡软的捏的策略，稍为用力就捏出糖水来。王夫人的陪房周瑞家的要按照抄检大观园发现司棋的隐私，做出处罚，当然会避实就虚，不会找地位与自己相当的邢夫人陪房王善保家的算账，而是直接拉走王善保家的外孙女司棋，把她逐出大观园，另择一个小子发配。又因为司棋的主子迎春语言迟慢，耳软心活，是不能作主的，也无多少阻力。只是司棋见了宝玉，就拉着请他“好歹求求太太去”，宝玉不禁也伤心，含泪说：“我不知你作了什么大事，晴雯也病了，如今你又去。都要去了，这却怎么的好。”这就把司棋与晴雯的命运扯在一起，不过，宝玉更揪心的是晴雯的好歹。庚辰本夹批说：“宝玉之语全作囫囵意，最是极无味之语，偏是极浓极有情之语也。只合如此写方是宝玉，稍有真切则不是宝玉了。”❶值得注意者，这里的第七十七回“俏丫鬟抱屈夭风流”，本要写晴雯，却拿司棋作铺垫。两件事都属于抄检大观园的余波，如戚蓼生本回首总评说：“司棋一事，前文着实写来，此却随笔收去；晴雯一事，前文不过带叙，此却竭力发挥。前文借晴雯一衬，文不寂寞；此文借司棋一引，文愈曲折。”❷一衬一引的主次换位，实际上反映了大观园里门户角力、整理家风、蔑视人命的窝里斗，更有如韩愈《柳子厚墓志铭》所说：“落陷阱不一引手救，反挤之，又下石焉者，皆是也。”这种血迹斑斑的补叙，使《红楼梦》行文摇曳多姿，又暗潮汹涌，在家族的墙头上激起千层浪。其中千层浪是要以几条性命作代价的，血迹斑斑。

可巧正值宝玉从外而入，一见带了司棋出去，又见后面抱着些东西，料着此去再不能来了。因闻得上夜之事，又兼晴雯之病亦因那日加重，细问晴雯，又不说是为何。上日又见入画已去，今又见司棋亦走，不觉如丧魂魄一般，因忙拦住问道：“那里去？”周瑞家的等皆知宝玉素日行为，又恐唠叨误事，因笑道：“不干你事，快念书去罢。”宝玉笑道：“好姐姐们，且站一站，我有道理。”周瑞家的便道：“太太不许少捱一刻，又有什么道理。我们只知遵太太的话，管不得许多。”司棋见了宝玉，因拉住哭道：“他们做不得主，你好歹求求太太去。”宝玉不禁也伤心，含泪说道：“我不知你作了什么大事，晴雯也病了，如今你又去。都要去了，这却怎么的好？”周瑞家的发躁向司棋道：“你如今不是副小姐了，若不听话，我就打得你。别想着往日姑娘护着，任你们作耗。越说着，还不好好走。如今和小爷们拉拉扯扯，成个什么体统？”那几个媳妇不由分说，拉着司棋便出去了。

宝玉又恐他们去告舌，恨的只瞪着他们，看已去远，方指着恨道：“奇怪，奇怪，怎么这些人只一嫁了汉子，染了男人的气味，就这样混帐起来，比男人更可杀了。”守园门的婆子听了，也不禁好笑起来，因问道：“这样说，凡女儿个个是好的了，女人个个是坏的了？”宝玉点头道：“不错，不错。”婆子们笑道：“还有一句话我们糊涂不解，倒要请问请问？”方欲说时，只见几个老婆子走来，忙说道：“你们小心，传齐了伺候着。此刻太太亲自来园里，在那里查人呢。只怕还查到这里来呢。又吩咐快叫怡红院的晴雯姑娘的哥嫂来，在这里等着领出他妹妹去。”因笑道：“阿弥陀佛，今日天睁了眼，把这一个祸害妖精退送了，大家清净些。”宝玉一闻得王夫人进来亲查，便料定晴雯也保不住了，早飞也似的赶了去，所以这后来趁愿之语竟未得听见。

宝玉及到了怡红院，只见一群人在那里，王夫人在屋里坐着，一脸怒色，见宝玉也不理。晴雯四五日水米不曾沾牙，恹恹弱息，如今现从炕上拉了下来，蓬头垢面，两个女人才架起来去了。王夫人吩咐，只许把他贴身衣服撂出去，馀者好衣服留下给好丫头们穿。又命把这里所有的丫头们都叫来一一过目。原来王夫人自那日着恼之后，王善保家的去趁势告倒了晴雯，本处有人和园中不睦的，也

❶（清）曹雪芹著，脂砚斋评：《脂砚斋重评石头记庚辰校本》，作家出版社2006年版，第1374页。

❷朱一玄校录：《红楼梦脂评校录》，齐鲁书社1986年版，第546页。

就随机趁便下了些话。王夫人皆记在心中。因节间有碍，故忍了两日，今日特来亲自阅人。一则为晴雯犹可，二则因竟有人指宝玉为由，说他大了，已解人事，都由屋里的丫头们不长进教习坏了。因这事更比晴雯一人较甚，乃从袭人起以至于极小作粗活的小丫头们，个个亲自看了一遍。因问："谁是和宝玉一日的生日？"本人不敢答应，老嬷嬷指道："这一个蕙香，又叫作四儿的，是同宝玉一日生日的。"王夫人细看了一看，虽比不上晴雯一半，却有几分水秀。视其行止，聪明皆露在外面，且也打扮的不同。王夫人冷笑道："这也是个不怕臊的。他背地里说的，同日生日就是夫妻。这可是你说的，打谅我隔的远，都不知道呢。可知道我身子虽不大来，我的心耳神意时时都在这里。难道我通共一个宝玉，就白放心凭你们勾引坏了不成？"这个四儿见王夫人说着他素日和宝玉的私语，不禁红了脸，低头垂泪。王夫人即命也快把他家的人叫来，领出去配人。又问："谁是耶律雄奴？"老嬷嬷们便将芳官指出。王夫人道："唱戏的女孩子，自然是狐狸精了。上次放你们，你们又懒待出去，可就该安分守己才是。你就成精鼓捣起来，调唆着宝玉无所不为。"芳官笑辩道："并不敢调唆什么。"王夫人笑道："你还强嘴。我且问你，前年我们往皇陵上去，是谁调唆宝玉要柳家的丫头五儿了？幸而那丫头短命死了，不然进来了，你们又连伙聚党遭害这园子呢。你连你干娘都欺倒了。岂止别人？"因喝命："唤他干娘来领去，就赏他外头自寻个女婿去吧，把他的东西一概给他。"又吩咐上年凡有姑娘们分的唱戏的女孩子们，一概不许留在园里，都令其各人干娘带出，自行聘嫁。一语传出，这些干娘皆感恩趁愿不尽，都约齐来与王夫人磕头领去。王夫人又满屋里搜捡宝玉之物，凡略有眼生之物，一并命收的收，卷的卷，着人拿到自己房内去了，因说"这才干净，省得旁人口舌"。因又吩咐袭人、麝月等人："你们小心！往后再有一点分外之事，我一概不饶。因叫人查看了，今年不宜迁挪，暂且挨过今年，明年一并给我仍旧搬出去心净。"说毕，茶也不吃，遂带领众人又往别处去阅人。暂且说不到后文。

如今且说宝玉只当王夫人不过来搜检搜检，无甚大事，谁知竟这样雷嗔电怒的来了。所责之事皆系平日私语，一字不爽，料必不能挽回的。虽心下恨不能一死，但王夫人盛怒之际，自不敢多言一句，多动一步，一直跟送王夫人到沁芳亭。王夫人命：“回去好生念念那书，仔细明儿问你，才已发下狠了。”宝玉听如此说，方回来，一路打算：“谁这样犯舌？况这里事也无人知道，如何就都说着了。”一面想，一面进来，只见袭人在那里垂泪。且又去了心上第一等的人，岂不伤心，便倒在床上也哭起来。袭人知他心内别的还犹可，独有晴雯是第一件大事，乃推他劝道：“哭也不中用了。你起来我告诉你，晴雯已经好了，他这一家去，倒心净养几天。你果然舍不得他，等太太气消了，你再求老太太，慢慢的叫进来也不难。不过太太偶然信了人的诽言，一时气头上如此罢了。”宝玉哭道：“我究竟不知晴雯犯了何等滔天大罪！”袭人道：“太太只嫌他生的太好了，未免轻佻些。在太太是深知这样美人似的人必不安静，所以恨嫌他，像我们这粗粗笨笨的倒好。”宝玉道：“这也罢了。咱们私自顽话怎么也知道了？又没外人走风的，这可奇怪。”袭人道：“你有甚忌讳的，一时高兴了，你就不管有人无人了。我也曾使过眼色，也曾递过暗号，倒被那别人已知道了，你反不觉。”宝玉道：“怎么人人的不是太太都知道，单不挑出你和麝月、秋纹来？”袭人听了这话，心内一动，低头半日，无可回答，因便笑道：“正是呢，若论我们也有顽笑不留心的孟浪去处，怎么太太竟忘了？想是还有别的事，等完了再发放我们，也未可知。”宝玉笑道：“你是头一个出了名的至善至贤之人，他两个又是你陶冶教育的，焉得还有孟浪该罚之处？只是芳官尚小，过于伶俐些，未免倚强压倒了人，惹人厌。四儿是我误了他，还是那年我和你拌嘴的那日起，叫上来作些细活，未免夺占了地位，故有今日。只是晴雯也是和你一样，从小儿在老太太屋里过来的，虽然他生得比人强，也没甚妨碍去处。就只是他的性情爽利，口角锋芒些，究竟也不曾得罪你们。想是他过于生得好了，反被这好所误。”说毕，复又哭起来。袭人细揣此话，好似宝玉有疑他之意，竟不好再劝，因叹道：“天知道罢了。此时也查不出人来了，白哭一会子也无益。倒是养着精神，等老太太喜欢时，回明白了再要他是正理。”宝玉冷笑道：“你不必虚宽我的心。等到太太平服了再瞧势头去要时，知他的病等得等不得。他自幼上来娇生惯养，何尝受过一日委屈。连我知道他的性格，还时常冲撞了他。他这一下去，就如同一盆才抽出嫩箭来的兰花送到猪窝里去一般。况又是一身重病，里头一肚子的闷气。他又没有亲爷热娘，只有一个醉泥鳅姑舅哥哥。他这一去，一时也不惯的，那里还等得几日。知道还能见他一面两面不能了。”说着又越发伤心起来。袭人笑道：“可是你‘只许州官放火，不许百姓点灯’。我们偶然说一句略妨碍些的话，就说是不吉利之谈，你如今好好的咒他，是该的了？他便比别人娇些，也不至这样起来。”宝玉道：“不是我妄口咒他，今年春天已有兆头的。”袭人忙问何兆。宝玉道：“这阶下好好的一株海棠花，竟无故死了半边，我就知有异事，果然应在他身上。”袭人听了，又笑起来，因说道：“我待不说，又撑不住，你太也婆婆妈妈的了。这样的话，岂是你读书的男人说的？草木怎又关系起人来？若不是婆婆妈妈的，真也成了个呆子了。”宝玉叹道：“你们那里知道，不但草木，凡天下之物，皆是有情有理的，也和人一样，得了知己，便极有灵验的。若用大题目比，就有孔子庙前之桧，坟前之蓍，诸葛祠前之柏，岳武穆坟前之松。这都是堂堂正大随人之正气，千古不磨之物。世乱则萎，世治则荣，几千百年了，枯而复生者几次，这岂不是兆应？小题目比，就有杨太真沉香亭之木芍药，端正楼之相思树，王昭君冢上之草，岂不也有灵验。所以这海棠亦应其人欲亡，故先就死了半边。”袭人听了这篇痴话，又可笑，又可叹，因笑道：“真真的这话越发说上我的气来了。那晴雯是个什么东西，就费这样心思，比出这些正经人来。还有一说，他纵好，也灭不过我的次序去。便是这海棠，也该先来比我，也还轮不到他。想是我要死了。”宝玉听说，忙握他的嘴，劝道：“这是何苦，一个未清，你又这样起来。罢了，再别提这事，别弄的去了三个，又饶上一个。”袭人听说，心下暗喜道：“若不如此，你也不能了局。”宝玉乃道：“从此休提起，全当他们三个死了，不过如此。况且死了的也曾有过，也没有见我怎么样，此一理也。如今且说现在的，倒是把他的东西，作瞒上不瞒下，悄悄的打发人送出去与了他。再或有咱们常时积攒下的钱，拿几吊出去给他养病，也是你姊妹好了一场。”袭人听了，笑道：“你太把我们看的又小器又没人心了。这话还等你说，我才已将他素日所有的衣裳以至各什各物总打点下了，都放在那里。如今白日里人多眼杂，又恐生事，且等到晚上，悄悄的叫宋妈给他拿出去。我还有攒下的几吊钱也给他罢。”宝玉听了，感谢不尽。袭人笑道：“我原是久已出了名的贤人，连这一点子好名儿还不会买来不成？”宝玉听他方才的话，忙陪笑抚慰一时。晚间果密遣宋妈送去。

宝玉将一切人稳住，便独自得便出了后角门，央一个老婆子带他到晴雯家去瞧瞧。先是这婆子百般不肯，只说怕人知道，“回了太太，我还吃饭不吃饭？”无奈宝玉死活央告，又许他些钱，那婆子方带了他来。这晴雯当日系赖大家用银子买的，那时晴雯才得十岁，尚未留头。因常跟赖嬷嬷进来，贾母见他生得伶俐标致，十分喜爱。故此赖嬷嬷就孝敬了贾母使唤，后来所以到了宝玉房里。这晴雯进来时，也不记得家乡父母。只知有个姑舅哥哥，专能庖宰，也沦落在外，故又求了赖家的收买进来吃工食。赖家的见晴雯虽到贾母跟前，千伶百俐，嘴尖性大，却倒还不忘旧，故又将他姑舅哥哥收买进来，把家里一个女孩子配了他。成了房后，谁知他姑舅哥哥一朝身安泰，就忘却当年流落时，任意吃死酒，家小也不顾。偏又娶了个多情美色之妻，见他不顾身命，不知风月，一味死吃酒，便不免有蒹葭倚玉之叹，红颜寂寞之悲。又见他器量宽宏，并无嫉衾妒枕之意，这媳妇遂恣情纵欲，满宅内便延揽英雄，收纳材俊，上上下下竟有一半是他考试过的。若问他夫妻姓甚名谁，便是上回贾琏所接见的多浑虫灯姑娘儿的便是了。目今晴雯只有这一门亲戚，所以出来就在他家。

此时多浑虫外头去了，那灯姑娘吃了饭去串门子，只剩下晴雯一人，在外间房内爬着。宝玉命那婆子在院门瞭哨，他独自掀起草帘进来，一眼就看见晴雯睡在芦席土炕上，幸而衾褥还是旧日铺的。心内不知自己怎么才好，因上来含泪伸手轻轻拉他，悄唤两声。当下晴雯又因着了风，又受了他哥嫂的歹话，病上加病，嗽了一日，才朦胧睡了。忽闻有人唤他，强展星眸，一见是宝玉，又惊又喜，又悲又痛，忙一把死攥住他的手。哽咽了半日，方说出半句话来："我只当不得见你了。"接着便嗽个不住。宝玉也只有哽咽之分。晴雯道："阿弥陀佛，你来的好，且把那茶倒半碗我喝。渴了这半日，叫半个人也叫不着。"宝玉听说，忙拭泪问："茶在那里？"晴雯道："那炉台上就是。"宝玉看时，虽有个黑沙吊子，却不像个茶壶。只得桌上去拿了一个碗，也甚大甚粗，不像个茶碗，未到手内，先就闻得油膻之气。宝玉只得拿了来，先拿些水洗了两次，复又用水汕过，方提起沙壶斟了半碗。看时，绛红的，也太不成茶。晴雯扶枕道："快给我喝一口罢。这就是茶了，那里比得咱们的茶？"宝玉听说，先自己尝了一尝，并无清香，且无茶味，只一味苦涩，略有茶意而已。尝毕，方递与晴雯。只见晴雯如得了甘露一般，一气都灌下去了。宝玉心下暗道："往常那样好茶，他尚有不如意之处，今日这样。看来，可知古人说的'饱饫烹宰，饥餍糟糠'，又道是'饭饱弄粥'，可见都不错了。"一面想，一面流泪问道："你有什么说的，趁着没人告诉我。"晴雯呜咽道："有什么可说的？不过挨一刻是一刻，挨一日是一日。我已知横竖不过三五日的光景，就好回去了。只是一件，我死也不甘心的：我虽生的比别人略好些，并没有私情密意勾引你怎样，如何一口死咬定了我是个狐狸精，我太不服。今日既已担了虚名，而且临死，不是我说一句后悔的话，早知如此，我当日也另有个道理。不料痴心傻意，只说大家横竖是在一处。不想平空里生出这一节话来，有冤无处诉。”说毕又哭。宝玉拉着他的手，只觉瘦如枯柴，腕上犹戴着四个银镯，因泣道：“且卸下这个来，等好了再戴上罢。”因与他卸下来，塞在枕下。又说：“可惜这两个指甲，好容易长了二寸长，这一病好了，又损好些。”晴雯拭泪，就伸手取了剪刀，将左手上两根葱管一般的指甲齐根铰下，又伸手向被内将贴身穿着的一件旧红绫袄脱下，并指甲都与宝玉道：“这个你收了，以后就如见我一般。快把你的袄儿脱下来我穿，我将来在棺材内独自躺着，也就像还在怡红院的一样了。论理不该如此，只是担了虚名，我可也是无可如何了。”宝玉听说，忙宽衣换上，藏了指甲。晴雯又哭道：“回去他们看见了要问，不必撒谎，就说是我的。既担了虚名，越性如此，也不过这样了。”

笺证

《红楼梦》善于描写那种精彩绝伦，却又把握不住、如梦如烟的超爱情。这是一种超越了皮肉之亲的有花无果的青春故事。宝玉与晴雯的情感，就属于这种打破主仆关系的纯洁不过的超爱情。第七十七回晴雯被逐回姑舅哥哥多浑虫灯姑娘家中。王夫人对晴雯的驱逐，“雷嗔电怒”，而且把怡红院的私房话都打探得脱了桶底，滴水不留，竟然为了宝玉不被诱惑变坏，而采取阴险狠毒的行为，老谋深算使王善保家的、或赵姨娘难望其项背。这就深深地刺伤了宝玉的心，以致宝玉说出了这样的痴话：“这阶下好好的一株海棠花，竟无故死了半边，我就知有异事，果然应在他身上。”生命的宝贵，是连通天地之理、草木之魂的。宝玉偷偷出来探望晴雯，实际上是他不离不弃、难以磨灭的痴情的心理补偿。只见晴雯睡在芦席土炕，病上加病，蒙眬睡了，惊喜宝玉来看她，忙一把死攥住他的手，哽咽了半日，方说出半句话来："我只当不得见你了。"可见晴雯死前的唯一念头，就是与宝玉告别。宝玉要给晴雯倒茶服务，发现这里茶碗粗糙，散发着油膻之气，绛红色的汤水，也太不成茶。只见晴雯如得了甘露一般，一气都灌下去了。"甘露一般"，是因为晴雯渴极了，还是因为出自宝玉的服务，才有如此滋味？晴雯呜咽道："有什么可说的？不过挨一刻是一刻，挨一日是一日。我已知横竖不过三五日的光景，就好回去了。只是一件，我死也不甘心的：我虽生的比别人略好些，并没有私情密意勾引你怎样，如何一口死咬定了我是个狐狸精，我太不服。今日既已担了虚名，而且临死，不是我说一句后悔的话，早知如此，我当日也另有个道理。不料痴心傻意，只说大家横竖是在一处。不想平空里生出这一节话来，有冤无处诉。"这种对"痴心傻意"的悔恨，这种"太不服"，是对强调男女之大防的礼教的控诉。于是，晴雯要撕下礼教的假面具，剪下两根葱管一般的指甲，脱下贴身穿着的旧红绫袄，递给宝玉说："这个你收了，以后就如见我一般。快把你的袄儿脱下来我穿，我将来在棺材内独自躺着，也就像还在怡红院的一样了。论理不该如此，只是担了虚名，我可也是无可如何了。"这是何等催人心肝的悔恨和控诉，在至情人的心目中，虚名何必担，且去收藏一个无怨无悔又有悔有恨的灵魂。灵魂是可以收藏的，只要真诚，就值得收藏。戚蓼生本回末总评说："看晴雯与宝玉永绝一段，端的是消魂文字；看宝玉几番呆论，真是至诚种子；看宝玉给晴雯斟茶，又真是呆公子。前文叙袭人奔丧时，宝玉夜来吃茶，先呼袭人，此又夜来吃茶，先呼晴雯。字字龙跳天门，虎卧凤阙；语语婴儿恋母，稚鸟寻巢。"[3]还可联想到，贾宝玉神游太虚幻境薄命司，首先看到的是金陵十二钗又副册中晴雯的判词，居于袭人之前，词曰："霁月难逢，彩云易散。心比天高，身为下贱。风流灵巧招人怨。寿夭多因毁谤生，多情公子空牵念。"她是除了正册的秦可卿之外，在前八十回中又副册中第一个殒命的大丫鬟，留下了"霁月难逢，彩云易散"的富有色彩的青春悲剧。

一语未了，只见他嫂子笑嘻嘻掀帘进来，道：“好呀，你两个的话，我已都听见了。”又向宝玉道：“你一个作主子的，跑到下人房里作什么？看我年轻又俊，敢是来调戏我么？”宝玉听说，吓的忙陪笑央道：“好姐姐，快别大声。他服侍我一场，我私自来瞧瞧他。”灯姑娘便一手拉了宝玉进里间来，笑道：“你不叫嚷也容易，只是依我一件事。”说着，便坐在炕沿上，却紧紧的将宝玉搂入怀中。宝玉如何见过这个，心内早突突的跳起来了，急的满面红涨，又羞又怕，只说：“好姐姐，别闹。”灯姑娘乜斜醉眼，笑道：“呸！成日家听见你风月场中惯作工夫的，怎么今日就反讪起来？”宝玉红了脸，笑道：“姐姐放手，有话咱们好说。外头有老妈妈，听见什么意思？”灯姑娘笑道：“我早进来了，却叫婆子去园门等着呢。我等什么似的，今儿等着了你。虽然闻名，不如见面，空长了一个好模样儿，竟是没药性的炮仗，只好装幌子罢了，倒比我还发讪怕羞。可知人的嘴一概听不得的。就比如方才我们姑娘下来，我也料定你们素日偷鸡盗狗的。我进来一会在窗下细听，屋内只你二人，若有偷鸡盗狗的事，岂有不谈及于此，谁知你两个竟还是各不相扰，可知天下委屈事也不少。如今我反后悔错怪了你们。既然如此，你但放心。以后你只管来，我也不罗唣你。”宝玉听说，才放下心来，方起身整衣央道：“好姐姐，你千万照看他两天。我如今去了。”说毕出来，又告诉晴雯。二人自是依依不舍，也少不得一别。晴雯知宝玉难行，遂用被蒙头，总不理他，宝玉方出来。意欲到芳官、四儿处去，无奈天黑，出来了半日，恐里面人找他不见，又恐生事，遂且进园来了，明日再作计较。因乃至后角门，小厮正抱铺盖，里边嬷嬷们正查人，若再迟一步也就关了。

❸ 朱一玄校录：《红楼梦脂评校录》，齐鲁书社1986年版，第548—549页。

宝玉进入园中，且喜无人知道。到了自己房内，告诉袭人只说在薛姨妈家去的，也就罢了。一时铺床，袭人不得不问今日怎么睡。宝玉道："不管怎么睡罢了。"原来这一二年间。袭人因王夫人看重了他了，他越发自要尊重。凡背人之处，或夜晚之间，总不与宝玉狎昵，较先幼时反倒疏远了。况虽无大事办理，然一应针线并宝玉及诸小丫头们凡出入银钱衣履什物等事，也甚烦琐，且有吐血旧症虽愈，然每因劳碌风寒所感，即嗽中带血，故迩来夜间总不与宝玉同房。宝玉夜间常醒，又极胆小，每醒必唤人。因晴雯睡卧警醒，且举动轻便，故夜晚一应茶水起坐呼唤之任皆悉委他一人，所以宝玉外床只是他睡。今他去了，袭人只得要问，因思此任比日间紧要之意。宝玉既答不管怎样，袭人只得还依旧年之例，遂仍将自己铺盖搬来设于床外。

宝玉发了一晚上呆。及催他睡下，袭人等也都睡后，听着宝玉在枕上长吁短叹，复去翻来，直至三更以后。方渐渐的安顿了，略有鼾声。袭人方放心，也就朦胧睡着。没半盏茶时，只听宝玉叫"晴雯"。袭人忙睁开眼连声答应，问作什么。宝玉因要吃茶。袭人忙下去向盆内蘸过手，从暖壶内倒了半盏茶来吃过。宝玉乃笑道："我近来叫惯了他，却忘了是你。"袭人笑道："他一乍来时你也曾睡梦中直叫我，半年后才改了。我知道这晴雯人虽去了，这两个字只怕是不能去的。"说着，大家又卧下。宝玉又翻转了一个更次，至五更方睡去时，只见晴雯从外头走来，仍是往日形景，进来笑向宝玉道："你们好生过罢，我从此就别过了。"说毕，翻身便走。宝玉忙叫时，又将袭人叫醒。袭人还只当他惯了口乱叫，却见宝玉哭了，说道："晴雯死了。"袭人笑道："这是那里的话。你就知道胡闹，被人听着什么意思。"宝玉那里肯听，恨不得一时亮了就遣人去问信。

笺证

《红楼梦》多有超现实、超逻辑的思维，也有超感官知觉，即第六感觉。第七十七回宝玉五更方睡去时，只见晴雯从外头走来，仍是往日形景，进来笑向宝玉道："你们好生过罢，我从此就别过了。"说毕，翻身便走。宝玉哭说："晴雯死了。"这是以梦与醒的边缘，写宝玉的第六感觉。追溯原由，王夫人驱逐晴雯、芳官、四儿，本是感到人言可畏，认为："这才干净，省得旁人口舌。"王夫人似乎是为了顾全宝玉的名声，才使出如此狠毒的手段。王夫人又吩咐袭人、麝月等人："你们小心！往后再有一点分外之事，我一概不饶。因叫人查看了，今年不宜迁挪，暂且挨过今年，明年一并给我仍旧搬出去心净。"搬出大观园，本是袭人的建议，投合了王夫人的心意。庚辰本夹批说："一段神奇鬼讶之文不知从何想来，王夫人从来未理家务，岂不一木偶哉？且前文隐隐约约已有无限口舌，浸润之谮原非一日矣。若无此一番更变，不独终无散场之局，且亦大不近乎情理。况此亦是余旧日目睹亲闻，作者身历之现成文字，非捏造而成者，故迥不与小说之离合悲欢窠臼相对。想遭零落之大族儿子见此，虽事有各殊，然其情理似亦有默契于心者焉。此一段不独批此，直从抄检大观园及贾母对月兴尽生悲，皆可附者也。"[4]岂只人事，也是气运，这就只能启动超现实、超逻辑的思维。有感于晴雯的悲剧，宝玉说："这阶下好好的一株海棠花，竟无故死了半边，我就知有异事，果然应在他身上。"袭人笑他"草木怎又关系起人来？若不婆婆妈妈的，真也成了个呆子了"。宝玉感叹："你们那里知道，不但草木，凡天下之物，皆是有情有理的，也和人一样，得了知己，便极有灵验的。若用大题目比，就有孔子庙前之桧，坟前之蓍，诸葛祠前之柏，岳武穆坟前之松。这都是堂堂正大随人之正气，千古不磨之物。世乱则萎，世治则荣，几千百年了，枯而复生者几次，这岂不是兆应？小题目比，就有杨太真沉香亭之木芍药，端正楼之相思树，王昭君冢上之草，岂

[4]（清）曹雪芹著，脂砚斋评：《脂砚斋重评石头记庚辰校本》，作家出版社2006年版，第1376页。

不也有灵验。所以这海棠亦应其人欲亡，故先就死了半边。”树犹如此，人何以堪，因此宝玉只能“全当他们三个死了”。庚辰本夹批说：“宝玉至终一着全作如是想，所以始于情终于悟者。既能终于悟而止，则情不得滥漫而涉于淫佚之事矣。一人前事，一人了法，皆非‘弃竹而复惘笋’之意。”[5]宝玉终究不能弃竹惘笋、移情别恋，既不能把对黛玉之心移到宝钗身上，也不能把对晴雯之情移到袭人身上，超现实、超逻辑思维的结果，最终只有悬崖撒手，成了他的不二选择了。在现实逻辑和超现实逻辑的交织中，宝玉出家，是对无涯苦海的了悟超脱。

及至天亮时，就有王夫人房里小丫头立等叫开前角门传王夫人的话：“‘即时叫起宝玉，快洗脸，换了衣裳快来，因今儿有人请老爷寻秋赏桂花，老爷因喜欢他前儿作得诗好，故此要带他们去。’这都是太太的话，一句别错了。你们快飞跑告诉他去，立逼叫他快来，老爷在上房里还等他吃面茶呢。环哥儿已来了。快跑，快跑。再着一个人去叫兰哥儿，也要这等说。”里面的婆子听一句，应一句，一面扣扭子，一面开门。一面早有两三个人一行扣衣，一行分头去了。袭人听得叩院门，便知有事，忙一面命人问时，自己已起来了。听得这话，忙促人来舀了面汤，催宝玉起来盥漱。他自去取衣。因思跟贾政出门，便不肯拿出十分出色的新鲜衣履来。只拣那二等成色的来。宝玉此时亦无法，只得忙忙的前来。果然贾政在那里吃茶，十分喜悦。宝玉忙行了省晨之礼。贾环、贾兰二人也都见过宝玉。贾政命坐吃茶，向环、兰二人道：“宝玉读书不如你两个，论题联和诗这种聪明，你们皆不及他。今日此去，未免强你们做诗，宝玉须听便助他们两个。”王夫人等自来不曾听见这等考语，真是意外之喜。

一时候他父子二人等去了，方欲过贾母这边来时，就有芳官等三个的干娘走来，回说：“芳官自前日蒙太太的恩典赏了出去，他就疯了似的，茶也不吃，饭也不用，勾引上藕官、蕊官，三个人寻死觅活，只要剪了头发做尼姑去。我只当是小孩子家一时出去不惯也是有的，不过隔两日就好了。谁知越闹越凶，打骂着也不怕。实在没法，所以来求太太，或者就依他们做尼姑去，或教导他们一顿，赏给别人作女儿去罢，我们也没这福。”王夫人听了道：“胡说！那里由得他们起来，佛门也是轻易人进去的？每人打一顿给他们，看还闹不闹了！”当下因八月十五日各庙内上供去，皆有各庙内的尼姑来送供尖之例，王夫人曾于十五日就留下水月庵的智通与地藏庵的圆信住两日，至今日未回，听得此信，巴不得又拐两个女孩子去作活使唤，因都向王夫人道：“咱们府上到底是善人家，因太太好善，所以感应得这些小姑娘们皆如此。虽说佛门轻易难入，也要知道佛法平等。我佛立愿，原是一切众生无论鸡犬皆要度他，无奈迷人不醒。若果有善根能醒悟，即可以超脱轮回。所以经上现有虎狼蛇虫得道者就不少。如今这两三个姑娘既然无父无母，家乡又远，他们既经了这富贵，又想从小儿命苦入了这风流行次，将来知道终身怎么样，所以苦海回头，立意出家修修来世，也是他们的高意。太太倒不要限了善念。”王夫人原是个好善的，先听彼等之语不肯听其自由者，因思芳官等不过皆系小儿女，一时不遂心，故有此意，但恐将来熬不得清净，反致获罪。今听这两个拐子的话大近情理，且近日家中多故，又有邢夫人遣人来知会，明日接迎春家去住两日，以备人家相看，且又有官媒婆来求说探春等事，心绪正烦，那里着意在这些小事上。既听此言，便笑答道：“你两个既这等说，你们就带了作徒弟去如何？”两个姑子听了，念一声佛道：“善哉，善哉！若如此，可是你老人家阴德不小。”说毕，便稽首拜谢。王夫人道：“既这样，你们问他们去。若果真心，即上来当着我拜了师父去罢。”这三个女人听了出去，果然将他三人带来。王夫人问之再三，他三人已是立定主意，遂与两个姑子叩了头，又拜辞了王夫人。王夫人见他们意皆决断，知不可强了，反倒伤心可怜，忙

❺（清）曹雪芹著，脂砚斋评：《脂砚斋重评石头记庚辰校本》，作家出版社2006年版，第1379页。

命人取了些东西来赍赏了他们，又送了两个姑子些礼物。从此芳官跟了水月庵的智通，蕊官、藕官二人跟了地藏庵的圆信，各自出家去了。再听下回分解。

笺证

《红楼梦》叙事，喜欢打岔。打岔的干扰、牵制或阻止，使事件的因果链中断，既是设置悬念，也是储蓄势能。晚清韩庆邦《海上花列传》第五十回的回目，就是“软厮缠有意捉讹头，恶打岔无端尝毒手”。打岔中的悬念和势能，并不能排除隐藏着一个“恶”字，更不能排除作者在暗中嘲讽着这种“恶”。宝玉梦见晴雯从外头走来，笑着向他告别，醒来哭诉：“晴雯死了。”这是把内心的焦虑，把第六感觉，诉诸梦境。没有等宝玉打听清楚晴雯的生死，亲临祭奠，就插进了贾政说他作得诗好，让他与贾环、贾兰赶忙去陪客人，寻秋赏桂花。但父子还未出门，又来了一个打岔，有芳官、藕官、蕊官三人的干娘前来投告，这三个戏子寻死觅活，要剪了头发去做尼姑。恰遇王夫人八月十五日到家庙上供，留住在水月庵的智通与地藏庵的圆心处。经两庵住持的劝说怂恿，就答应了芳官在水月庵，蕊官、藕官在地藏庵出家去了。如此弯弯曲曲的叙写，隔断了晴雯魂归太虚幻境的情境，使得人们都在焦灼等待着这番未了情所积蓄的势能的爆发。也可以说，有了这番蓄势，感情一再受挫，才反弹出后来的《芙蓉女儿诔》。

第七十八回

老学士闲征姽婳词　痴公子杜撰芙蓉诔

话说两个尼姑领了芳官等去后，王夫人便往贾母处来省晨，见贾母喜欢，便趁便回道："宝玉屋里有个晴雯，那个丫头也大了，而且一年之间，病不离身，我常见他比别人分外淘气，也懒，前日又病倒了十几天，叫大夫瞧，说是女儿痨，所以我就赶着叫他下去了。若养好了也不用叫他进来，就赏他家配人去也罢了。再那几个学戏的女孩子，我也作主放出去了。一则他们都会戏，口里没轻没重，只会混说，女孩儿们听了如何使得？二则他们既唱了会子戏，白放了他们，也是应该的。况丫头们也太多，若说不够使，再挑上几个来也是一样。"贾母听了，点头道："这倒是正理，我也正想着如此呢。但晴雯那丫头我看他甚好，怎么就这样起来。我的意思这些丫头的模样爽利言谈针线多不及他，将来只他还可以给宝玉使唤得，谁知变了。"王夫人笑道："老太太挑中的人原不错。只是他命里没造化，所以得了这个病。俗语又说'女大十八变'。况且有了本事的人，未免就有些调歪。老太太还有什么不曾经验过的？三年前我也就留心这件事。先只取中了他，我便留心。冷眼看去，他色色虽比人强，只是不大沉重。若说沉重知大礼，莫若袭人第一。虽说贤妻美妾，然也要性情和顺、举止沉重的更好些。就是袭人模样虽比晴雯略次一等，然放在房里，也算是一二等的了。况且行事大方，心地老实，这几年来，从未逢迎着宝玉淘气。凡宝玉十分胡闹的事，他只有死劝的。因此品择了二年，一点不错了，我就悄悄的把他丫头的月分钱止住，我的月分银子里批出二两银子来给他。不过使他自己知道越发小心效好之意。且不明说者，一则宝玉年纪尚小，老爷知道了又恐说耽误了书，二则宝玉再自为已是跟前的人不敢劝他说他，反倒纵性起来。所以直到今日才回明老太太。”贾母听了，笑道：“原来这样，如此更好了。袭人本来从小儿不言不语，我只说他是没嘴的葫芦。既是你深知，岂有大错误的？而且你这不明说与宝玉的主意更好。且大家别提这事，只是心里知道罢了。我深知宝玉将来也是个不听妻妾劝的。我也解不过来，也从未见过这样的孩子。别的淘气都是应该的，只他这种和丫头们好却是难懂。我为此也耽心，每每的冷眼查看他。只和丫头们闹，必是人大心大，知道男女的事了，所以爱亲近他们。既细细查试，究竟不是为此，岂不奇怪？想必原是个丫头错投了胎不成？”说着，大家笑了。王夫人又回今日贾政如何夸奖，又如何带他们逛去，贾母听了，更加喜悦。

一时，只见迎春妆扮了前来告辞过去。凤姐也来省晨，伺候过早饭，又说笑了一回。贾母歇晌后，王夫人便唤了凤姐，问他丸药可曾配来。凤姐儿道：“还不曾呢，如今还是吃汤药。太太只管放心，我已大好了。”王夫人见他精神复初，也就信了。因告诉撵逐晴雯等事，又说：“怎么宝丫头私自回家睡了，你们都不知道？我前儿顺路都查了一查。谁知兰小子这一个新进来的奶子也十分的妖乔，我也不喜欢他。我也说与你嫂子了，好不好叫他各自去罢。况且兰小子也大了，用不着奶子了。我因问你大嫂子：‘宝丫头出去难道你也不知道不成？’他说是告诉了他的，不过住两三日，等你姨妈好了就进来。姨妈究竟没甚大病，不过还是咳嗽腰疼，年年是如此的。他这去必有原故，敢是有人得罪了他不成？那孩子心重，亲戚们住一场，别得罪了人，反不好了。”凤姐笑道：“谁可好好的得罪着他？况且他天天在园里，左不过是他们姊妹那一群人。”王夫人道：“别是宝玉有嘴无心，傻子似的从没个忌讳，高兴了信嘴胡说也是有的。”凤姐笑道：“这可是太太过于操心了。若说他出去干正经事说正经话去，却像个傻子，若只叫进来在这些姊妹跟前以至于大小的丫头们跟前，他最有尽让，又恐怕得罪了人，那是再不得有人恼他的。我想薛妹妹出去，想必为着前时搜检众丫头的东西的原故。他自然为信不及园里的人才搜检，他又是亲戚，现也有丫头老婆在内，我们又不好去搜检，恐我们疑他，所以多了这个心，自己回避了。也是应该避嫌疑的。”

王夫人听了这话不错，自己遂低头想了一想，便命人请了宝钗来分晰前日的事以解他疑心，又仍命他进来照旧居住。宝钗陪笑道：“我原要早出去的，只是姨娘有许多的大事，所以不便来说。可巧前日妈又不好了，家里两个靠得的女人也病着，我所以趁便出去了。姨娘今日既已知道了，我正好明讲出情理来，就从今日辞了好搬东西的。”王夫人、凤姐都笑着：“你太固执了。正经再搬进来为是，休为没要紧的事反疏远了亲戚。”宝钗笑道：“这话说的太不解了，并没为什么事我出去。我为的是妈近来神思比先大减，而且夜间晚上没有得靠的人，通共只我一个。二则如今我哥哥眼看要娶嫂子，多少针线活计并家里一切动用的器皿，尚有未齐备的，我也须得帮着妈去料理料理。姨妈和凤姐姐都知道我们家的事，不是我撒谎。三则自我在园里，东南上小角门子就常开着，原是为我走的，保不住出入的人就图省路也从那里走，又没人盘查，设若从那里生出一件事来，岂不两碍脸面？而且我进园里来住原不是什么大事，因前几年年纪皆小，且家里没事，有在外头的，不如进来姊妹相共，或作针线，或玩笑，皆比在外头闷坐着好。如今彼此都大了，也彼此皆有事。况姨娘这边历年皆遇不遂心的事故，那园子也太大，一时照顾不到，皆有关系，惟有少几个人，就可以少操些心。所以今日不但我执意辞去，此外还要劝姨娘如今该减些的就减些，也不为失了大家的体统。据我看，园里这一项费用也竟可以免的，说不得当日的话。姨娘深知我家的，难道我们家当日也是这样冷落不成？”凤姐听了这篇话，便向王夫人笑道：“这话竟是，不必强他了。”王夫人点头道：“我也无可回答，只好随你便罢了。”

说话之间，只见宝玉等已回来，因说他父亲还未散，恐天黑了，所以先叫我们回来了。王夫人忙问：“今日可有丢了丑？”宝玉笑道：“不但不丢丑，倒拐了许多东西来。”接着，就有老婆子们从二门上小厮手内接了东西来。王夫人一看时，只见扇子三把，扇坠三个，笔墨共六匣，香珠三串，玉绦环三个。宝玉说道：“这是梅翰林送的，那是杨侍郎送的，这是李员外送的，每人一分。”说着，又向怀中取出一个旃檀香小护身佛来，说：“这是庆国公单给我的。”王夫人又问在席何人，作何诗词等语毕，只将宝玉一分令人拿着，同宝玉、兰、环前来见过贾母。贾母看了，喜欢不尽，不免又问些话。无奈宝玉一心记着晴雯，答应完了话时，便说骑马颠了，骨头疼。贾母便说：“快回房去换了衣服，疏散疏散就好了，不许睡倒。”宝玉听了，便忙入园来。

当下麝月、秋纹已带了两个丫头来等候，见宝玉辞了贾母出来，秋纹便将笔墨拿起来，一同随宝玉进园来。宝玉满口里说“好热”，一壁走，一壁便摘冠解带，将外面的大衣服都脱下来麝月拿着，只穿着一件松花绫子夹袄，袄内露出血点般大红裤子来。秋纹见这条红裤是晴雯手内针线，因叹道：“这条裤子以后收了罢，真是物件在人去了。”麝月忙也笑道：“这是晴雯的针线。”又叹道：“真真物在人亡了。”秋纹将麝月拉了一把，笑道：“这裤子配着松花色袄儿，石青靴子，越显出这靛青的头，雪白的脸来了。”宝玉在前只装听不见，又走了两步，便止步道：“我要走一走，这怎么好？”麝月道：“大白日里，还怕什么。还怕丢了你不成？”因命两个小丫头跟着，“我们送了这些东西去再来。”宝玉道：“好姐姐，等一等我再去。”麝月道：“我们去了就来。两个人手里都有东西，倒像摆执事的，一个捧着文房四宝，一个捧着冠袍带履，成个什么样子？”宝玉听见，正中心怀，便让他两个去了。

他便带了两个小丫头到一石后，也不怎么样，只问他二人道：“自我去了，你袭人姐姐打发人瞧晴雯姐姐去了不曾？”这一个答道：“打发宋妈妈瞧去了。”宝玉道：“回来说什么？”小丫头道：“回来说晴雯姐姐直着脖子叫了一夜，今日早起就闭了眼，住了口，世事不知，也出不得一声儿，只有倒气的分儿了。”宝玉忙道：“一夜叫的是谁？”小丫头子说：“一夜叫的是娘。”宝玉拭泪道：“还叫谁？”小丫头子道：“没有听见叫别人了。”宝玉道：“你糊涂，想必没有听真。”旁边那一个小丫头最伶俐，听宝玉如此说，便上来说：“真个他糊涂，”又向宝玉道：“不但我听得真切，我还亲自偷着看去的。”宝玉听说，忙问：“你怎么又亲自看去？”小丫头道：“我因想晴雯姐姐素日与别人不同，待我们极好。如今他虽受了委屈出去，我们不能别的法子救他，只亲去瞧瞧，也不枉素日疼我们一场。就是人知道了回了太太，打我们一顿，也是愿受的。所以我拼着挨一顿打，偷着下去瞧了一瞧。谁知他平生为人聪明，至死不变。他因想着那起俗人不可说话，所以只闭眼养神，见我去了便睁开眼，拉我的手问：‘宝玉那去了？’我告诉他实情。他叹了一口气说：‘不能见了’。我就说：‘姐姐何不等一等他回来见一面，岂不两完心愿？’他就笑道：‘你们还不知道。我不是死，如今天上少了一位花神，玉皇敕命我去司主。我如今在未正二刻到任司花，宝玉须待未正三刻才到家，只少得一刻的工夫，不能见面。世上凡该死之人阎王勾取了过去，是差些小鬼来捉人魂魄。若要迟延一时半刻，不过烧些纸钱浇些浆饭，那鬼只顾抢钱去了，该死的人就可多待些个工夫。我这如今是有天上的神仙来召请，岂可捱得时刻？’我听了这话，竟不大信，及进来到房里留神看时辰表时，果然是未正二刻他咽了气，正三刻上就有人来叫我们，说你来了。这时候倒都对合。”宝玉忙道：“你不识字看书，所以不知道。这原是有的，不但花有一个神，一样花有一位神之外还有总花神。但他不知是作总花神去了，还是单管一样花的神？”这丫头听了，一时诌不出来。恰好这是八月时节，园中池上芙蓉正开。这丫头便见景生情，忙答道：“我也曾问他是管什么花的神，告诉我们日后也好供养的。他说：天机不可泄漏。你既这样虔诚，我只告诉你，你只可告诉宝玉一人。除他之外若泄了天机，五雷就来轰顶的。他就告诉我说，他就是专管这芙蓉花的。”宝玉听了这话，不但不为怪，亦且去悲而生喜，乃指芙蓉笑道：“此花也须得这样一个人去司掌。我就料定他那样的人必有一番事业做的。虽然超出苦海，从此不能相见，也免不得伤感思念。”因又想：“虽然临终未见，如今且去灵前一拜，也算尽这五六年的情常。”

笺证

叙事分量的设置，是以作家的价值观、作家对生命意义的思考来衡量的。《红楼梦》既然以感天动地的一个“情”字作为估量一切事物的不二砝码，宝玉与黛玉、晴雯之情，自然也就具有重如泰山的分量。何况晴雯，不过是贾府怡红院一个大丫鬟而已，但晴雯的死就由于这个感天动地的“情”字，成了《红楼梦》中的头等大文章。这里有生与死的意义、性与爱的价值、灵魂与超越的思考，虔诚地探索人的深层精神生活的困惑和解脱，倾吐着心灵的历程与磨难，即如同晚唐李商隐《无题》诗所云“神女生涯元是梦”，或如宋代赵长卿《探春令》词云：“凋墙风定，绮窗烛灺，沉吟独坐。料雪霜深处，司花神女，暗里焚百和。恼人一阵香初。把清愁薰破。更那堪得，冰姿玉貌，痛与惜则个。”[1] 第七十八回贾宝玉未能亲见晴雯魂归离恨天，却倾心于小丫头编造了晴雯临终之言：“我不是死，如今天上少了一位花神，玉皇敕命我去司主。我如今在未正二刻到任司花，宝玉须待未正三刻才到家，只少得一刻的工夫，

[1]《全宋词》(五)，中华书局1965年版，第2571页。

不能见面。世上凡该死之人阎王勾取了过去，是差些小鬼来捉人魂魄。若要迟延一时半刻，不过烧些纸钱浇些浆饭，那鬼只顾抢钱去了，该死的人就可多待些个工夫。”庚辰本夹批说：“好，奇之至！又从来皆说‘阎王注定三更死，谁敢留人至五更’之语，今忽借此小女儿一篇无稽之谈，反成无人敢翻之案，且又寓意调侃，骂尽世态。岂非之至文章耶？寄语观者：至此（一）［不］浮一大白者，已后不必看书也。”[2]庚辰本以下的夹批又说：“收拾晴雯，（故）［固］为红颜一哭。然亦大令人不堪。◇上云王夫人怕女儿痨不祥，今则忽从宝玉心中道其苦。又非模拟出，是已悒郁其词，其母子至心中体贴眷爱之情，曲委已尽。”[3]不仅如此，这个小丫头回答宝玉追问晴雯所司何种花，恰好这是八月时节，园中池上芙蓉正开。这丫头便见景生情，忙回答说：“我也曾问他是管什么花的神，告诉我们日后也好供养的。他说：‘天机不可泄漏。你既这样虔诚，我只告诉你，你只可告诉宝玉一人。除他之外若泄了天机，五雷就来轰顶的。’他就告诉我说，他就是专管这芙蓉花的。”大概许多美妙的民间传说就是这样形成的，小丫头开启的口头传统，就成了宝玉作《芙蓉女儿诔》的极佳由头。人死了不能进入口头传统，实在是活得没有味道。晴雯死后，不仅进入口头传统，而且进入诗文传统。诔是哀悼死者的文体。《说文》云：“诔，谥也。从言，耒声。累列生时行迹，读之以作谥者。”《左传·鲁哀公十六年》记载：“夏四月己丑，孔丘卒。公诔之曰：‘旻天不吊，不慭遗一老。俾屏余一人以在位，茕茕余在疚。呜呼哀哉！尼父。无自律。’”[4]宝玉为晴雯作诔，不是官样文章，而是发于至性至情的情感仪式，或仪式化的情感，以仪式使情感凝重。《易纬韩凿度》卷上说：“圣人则象，月即轻疾，日则凝重，天地之理然也。”宝玉为晴雯作诔而行祭奠仪式，是以人书通向天书的。

想毕忙至房中，又另穿戴了，只说去看黛玉，遂一人出园来，往前次之处去，意为停柩在内。谁知他哥嫂见他一咽气便回了进去，希图早些得几两发送例银。王夫人闻知，便命赏了十两烧埋银子。又命：“即刻送到外头焚化了罢。女儿痨死的，断不可留。”他哥嫂听了这话，一面得银，一面就雇了人来入殓，抬往城外化人场上去了。剩的衣履簪环，约有三四百金之数，他兄嫂自收了为后日之计。二人将门锁上，一同送殡去未回。宝玉走来扑了个空。

宝玉自立了半天，别无法儿，只得复身进入园中。待回至房中，甚觉无味，因乃顺路来找黛玉。偏黛玉不在房中，问其何往，丫鬟们回说："往宝姑娘那里去了。"宝玉又至蘅芜苑中，只见寂静无人，房内搬的空空落落的，不觉吃一大惊。忽见个老婆子走来，宝玉忙问这是什么原故。老婆子道："宝姑娘出去了。这里交我们看着，还没有搬清楚。我们帮着送了些东西去，这也就完了。你老人家请出去罢，让我们扫扫灰尘也好，从此你老人家省跑这一处的腿子了。"宝玉听了，怔了半天，因看着那院中的香藤异蔓，仍是翠翠青青，忽比昨日好似改作凄凉了一般，更又添了伤感。默默出来，又见门外的一条翠樾埭上也半日无人来往，不似当日各处房中丫鬟不约而来者络绎不绝。又俯身看那埭下之水，仍是溶溶脉脉的流将过去。心下因想："天地间竟有这样无情的事。"悲感一番，忽又想到去了司棋、入画、芳官等五个，死了晴雯，今又去了宝钗等一处，迎春虽尚未去，然连日也不见回来，且接连有媒人来求亲：大约园中之人不久都要散的了。纵生烦恼，也无济于事。不如还是找黛玉去相伴一日，回来还是和袭人厮混，只这两三个人，只怕还是同死同归的。想毕，仍往潇湘馆来，偏黛玉尚未回来。宝玉想亦当出去候送才是，无奈不忍悲感，还是不去的是，遂又垂头丧气的回来。

正在不知所以之际，忽见王夫人的丫头进来找他说："老爷回来了，找你呢，又得了好题目来了。快走，快走！"宝玉听了，只得跟了出来。到王夫人房中，他父亲已出去了。王夫人命人送宝玉至书房中。

❷（清）曹雪芹著，脂砚斋评：《脂砚斋重评石头记庚辰校本》，作家出版社2006年版，第1409页。

❸（清）曹雪芹著，脂砚斋评：《脂砚斋重评石头记庚辰校本》，作家出版社2006年版，第1410页。

❹（周）左丘明传，（晋）杜预注，（唐）孔颖达疏：《春秋左传正义》，北京大学出版社1999年版，第1689页。

彼时贾政正与众幕友们谈论寻秋之胜，又说："快散时忽然谈及一事，最是千古佳谈，'风流隽逸，忠义慷慨'八字皆备，倒是个好题目，大家要作一首挽词。"众幕宾听了，都忙请教是系何等妙事。贾政乃道："当日曾有一位王封曰恒王，出镇青州。这恒王最喜女色，且公馀好武，因选了许多美女，日习武事。每公馀辄开宴连日，令众美女习战斗功拔之事。其姬中有姓林行四者，姿色既冠，且武艺更精，皆呼为林四娘。恒王最得意，遂超拔林四娘统辖诸姬，又呼为'姽婳将军'。"众清客都称："妙极神奇。竟以'姽婳'下加'将军'二字，反更觉妩媚风流，真绝世奇文也。想这恒王也是千古第一风流人物了。"贾政笑道："这话自然是如此，但更有可奇可叹之事。"众清客都愕然惊问道："不知底下有何奇事？"贾政道："谁知次年便有'黄巾''赤眉'一干流贼馀党复又乌合，抢掠山左一带。恒王意为犬羊之恶，不足大举，因轻骑前剿。不意贼众颇有诡谲智术，两战不胜，恒王遂为众贼所戮。于是青州城内文武官员，各各皆谓'王尚不胜，你我何为'，遂将有献城之举。林四娘得闻凶报，遂集聚众女将，发令说道：'你我皆向蒙王恩，戴天履地，不能报其万一。今王既殒身国事，我意亦当殒身于王。尔等有愿随者，即时同我前往。有不愿者，亦早各散。'众女将听他这样，都一齐说愿意。于是林四娘带领众人连夜出城，直杀至贼营里头。众贼不防，也被斩戮了几员首贼。然后大家见是不过几个女人，料不能济事，遂回戈倒兵，奋力一阵，把林四娘等一个不曾留下，倒作成了这林四娘的一片忠义之志。后来报至中都，自天子以至百官，无不惊骇道奇。其后朝中自然又有人去剿灭，天兵一到，化为乌有，不必深论。只就林四娘一节，众位听了，可羡不可羡呢？"众幕友都叹道："实在可羡可奇，实是个妙题，原该大家挽一挽才是。"说着，早有人取了笔砚，按贾政口中之言稍加改易了几个字，便成了一篇短序，递与贾政看了。贾政道："不过如此。他们那里已有原序。昨日因又奉恩旨，着察核前代以来应加褒奖而遗落未经请奏各项人等，无论僧尼乞丐与女妇人等，有一事可嘉，即行汇送履历至礼部备请恩奖。所以他这原序也送往礼部去了。大家听见这新闻，所以都要作一首《姽婳词》，以志其忠义。"众人听了，都又笑道："这原该如此。只是更可羡者，本朝皆系千古未有之旷典隆恩，实历代所不及处，可谓‘圣朝无阙事’，唐朝人预先竟说了，竟应在本朝。如今年代方不虚此一句。”贾政点头道：“正是。”

笺证

“姽婳”一词，意思是娴静美好的样子，始见于战国晚期宋玉《神女赋》，其中宋玉对楚王问曰：“夫何神女之姣丽兮，含阴阳之渥饰。被华藻之可好兮，若翡翠之奋翼。其象无双，其美无极，毛嫱鄣袂，不足程式。西施掩面，比之无色。近之既妖，远之有望，骨法多奇，应君之相。视之盈目，孰者克尚。私心独悦，乐之无量。交希恩疏，不可尽畅。他人莫睹，王览其状。其状峨峨，何可极言。貌丰盈以庄姝兮，苞温润之玉颜。眸子炯其精朗兮，瞭多美而可观。眉联娟以蛾扬兮，朱唇的其若丹。素质干之醲实兮，志解泰而体闲。既姽婳于幽静兮，又婆娑乎人间。（唐李善注曰：言志操解散，奢泰多闲，不急躁也。谓在人中最好无比也。婆娑，犹盘姗也。《说文》曰：姽，靖好貌。《广雅》曰：婳，好也，音画。《说文》曰：静，审也。《韩诗》曰：静，贞也。）宜高殿以广意兮，翼放纵而绰宽。动雾縠以徐步兮，拂墀声之珊珊。望余帷而延视兮，若流波之将澜。奋长袖以正衽兮，立踯躅而不安。澹清静其愔嫕兮，性沈详而不烦。时容与以微动兮，志未可乎得原。意似近而既远兮，若将来而复旋。褰余帱而请御兮，愿尽心之惓惓。怀贞亮之洁清兮，卒与我兮相难。陈嘉辞而云对兮，吐芬芳其若兰。精交接以来往兮，心凯康以乐欢。神独亨而未结兮，魂茕茕以无端。含然诺其不分兮，喟扬音而哀叹。頩薄怒以自持兮，曾不可乎犯干。于是摇珮饰，鸣玉鸾，整衣服，敛容颜，顾女师，命太傅，欢情未接，将辞而去，迁延引身，不可亲附。似逝未行，中若相首。目略微眄，精彩相授。志态横出，不可胜记。意离未绝，神心怖覆。礼不遑讫，辞不及究，愿假须臾，神女称遽。徊肠伤气，颠倒失据，暗然而瞑，忽不知处。情独私怀，谁者可语。惆怅垂涕，求之至曙。”[5]从宋玉赋中撷取“婉嫿”之语为题目，说明《红楼梦》传承了楚骚的余韵，而且是多情种子宋玉的余韵。宝玉的才情，属于重性情的宋玉类型，而非重政治的屈原类型。当然宝玉以自己的眼光看屈宋，也可以说是上承屈宋的楚辞传统而独出机杼。

说话间，贾环叔侄亦到，贾政命他们看了题目。他两个虽能诗，较腹中之虚实虽也去宝玉不远，但第一件他两个终是别路，若论举业一道，似高过宝玉，若论杂学，则远不能及。第二件他二人才思滞钝，不及宝玉空灵娟逸，每作诗亦如八股之法，未免拘板庸涩。那宝玉虽不算是个读书人，然亏他天性聪敏，且素喜好些杂书，他自为古人中也有杜撰的，也有误失之处，拘较不得许多。若只管怕前怕后起来，纵堆砌成一篇，也觉得甚无趣味。因心里怀着这个念头，每见一题，不拘难易，他便毫无费力之处，就如世上的流嘴滑舌之人，无风作有，信着伶口俐舌，长篇大论，胡扳乱扯，敷演出一篇话来。虽无稽考，却都说得四座春风。虽有正言厉语之人，亦不得压倒这一种风流去。近日贾政年迈，名利大灰，然起初天性也是个诗酒放诞之人，因在子侄辈中，少不得规以正路。近见宝玉虽不读书，竟颇能解此，细评起来，也还不算十分玷辱了祖宗。就思及祖宗们，各各亦皆如此，虽有深精举业的，也不曾发迹过一个，看来此亦贾门之数。况母亲溺爱，遂也不强以举业逼他了。所以近日是这等待他。又要环、兰二人举业之馀，怎得亦同宝玉才好，所以每欲作诗，必将三人一齐唤来对作。

闲言少述。且说贾政又命他三人各吊一首，谁先成者赏，佳者额外加赏。贾环、贾兰二人近日当着多人皆作过几首了，胆量逾壮，今看了题，遂自去思索。一时，贾兰先有了。贾环生恐落后也就有了。二人皆已录出，宝玉尚出神。贾政与众人且看他二人的二首。贾兰的是一首七言绝句，写道是："姽婳将军林四娘，玉为肌骨铁为肠，捐躯自报恒王后，此日青州土亦香。"

众幕宾看了，便皆大赞："小哥儿十三岁的人就如此，可知家学渊源，真不诬矣。"贾政笑道："稚子口角，也还难为他。"又看贾环的，是首五言律，写道是："红粉不知愁，将军意未休。掩啼离绣幕，抱恨出青州。自谓酬王德，讵能复寇仇。谁题忠义墓，千古独风流。"

❺（梁）萧统编，（唐）李善注：《文选》，上海古籍出版社1986年版，第888—889页。

众人道："更佳。倒是大几岁年纪，立意又自不同。"贾政道："还不甚大错，终不恳切。"众人道："这就罢了。三爷才大不多两岁，俱在未冠之时如此，用了工夫，再过几年，怕不是大阮小阮了？"贾政笑道："过奖了，只是不肯读书过失。"因又问宝玉怎样，众人道："二爷细心镂刻，定又是风流悲感，不同此等的了。"宝玉笑道："这个题目似不称近体，须得古体，或歌或行，长篇一首，方能恳切。"众人听了，都立身点头拍手道："我说他立意不同。每一题到手必先度其体格宜与不宜，这便是老手妙法。就如裁衣一般，未下剪时，须度其身量。这题目名曰《姽婳词》，且既有了序，此必是长篇歌行方合体的。或拟白乐天《长恨歌》，或拟温八叉《击瓯歌》，或拟李长吉《会稽歌》，或拟咏古词，半叙半咏，流利飘逸，始能近妙。"贾政听说，也合了主意，遂自提笔向纸上要写，又向宝玉笑道："如此，你念我写。若不好了，我捶你那肉。谁许你先大言不惭了？"宝玉只得念了一句，道是：

恒王好武兼好色，

贾政写了看时，摇头道："粗鄙。"一幕宾道："要这样方古，究竟不粗。且看他底下的。"贾政道："姑存之。"宝玉又道：

遂教美女习骑射。秾歌艳舞不成欢，列阵挽戈为自得。

贾政写出，众人都道："只这第三句便古朴老健，极妙。这四句平叙出，也最得体。"贾政道："休谬加奖誉，且看转的如何？"宝玉念道：

眼前不见尘沙起，将军俏影红灯里。

众人听了这两句，便都叫："妙！好个'不见尘沙起'！又承了一句'俏影红灯里'，用字用句，皆入神化了。"宝玉道：

叱咤时闻口舌香，霜矛雪剑娇难举。

众人听了，便拍手笑道："益发画出来了。当日敢是宝公也在座，见其娇且闻其香否，不然，何体贴至此？"宝玉笑道："闺阁习武，任其勇悍，怎似男人，不待问而可知娇怯之形的了。"贾政道："还不快续，这又有你说嘴的了。"宝玉只得又想了一想，念道：

丁香结子芙蓉绦，

众人都道："转'绦'，'萧'韵，更妙，这才流利飘荡。而且这一句也绮靡秀媚的妙。"贾政写了，看道："这一句不好。已写过'口舌香''娇难举'，何必又如此？这是力量不加，故又用这些堆砌货来搪塞。"宝玉笑道："长歌也须得要些词藻点缀点缀，不然便觉萧索。"贾政道："你只顾用这些，但这一句底下如何能转至武事？若再多说两句，岂不蛇足了。"宝玉道："如此，底下一句转煞住，想亦可矣。"贾政冷笑道："你有多大本领？上头说了一句大开门的散话，如今又要一句连转带煞，岂不心有馀而力不足些？"宝玉听了，垂头想了一想，说了一句道：

不系明珠系宝刀。

忙问："这一句可还使得？"众人拍案叫绝。贾政写了，看着笑道："且放着，再续。"宝玉道："若使得，我便要一气下去了。若使不得，越性涂了，我再想别的意思出来，再另措词。"贾政听了，便喝道："多话。不好了再作，便作十篇百篇，还怕辛苦了不成？"宝玉听说，只得想了一会，便念道：

战罢夜阑心力怯，脂痕粉渍污鲛鮹。

贾政道："又一段。底下怎样？"宝玉道：

明年流寇走山东，强吞虎豹势如蜂。

众人道："好个'走'字，便见得高低了。且通句转的也不板。"宝玉又念道：

王率天兵思剿灭，一战再战不成功。腥风吹折陇头麦，日照旌旗虎帐空。青山寂寂水澌澌，正是恒王战死时。雨淋白骨血染草，月冷黄沙鬼守尸。

众人都道："妙极，妙极！布置，叙事，词藻，无不尽美。且看如何至四娘，必另有妙转奇句。"宝玉又念道：

纷纷将士只保身，青州眼见皆灰尘。不期忠义明闺阁，愤起恒王得意人。

众人都道："铺叙得委婉。"贾政道："太多了，底下只怕累赘呢。"宝玉乃又念道：

恒王得意数谁行，姽婳将军林四娘，号令秦姬驱赵女，艳李秾桃临战场。绣鞍有泪春愁重，铁甲无声夜气凉。胜负自然难预定，誓盟生死报前王。贼势猖獗不可敌，柳折花残实可伤，魂依城郭家乡近，马践胭脂骨髓香。星驰时报入京师，谁家儿女不伤悲。天子惊慌恨失守，此时文武皆垂首。何事文武立朝纲，不及闺中林四娘。我为四娘长太息，歌成馀意尚傍徨！

念毕，众人都大赞不止，又都从头看了一遍。贾政笑道："虽然说了几句，到底不大恳切。"因说："去罢。"三人如得了赦的一般，一齐出来，各自回房。

笺证

第七十八回贾政的精神状态值得注意，他觉得贾环、贾兰虽然留意举业，却才思滞钝，不及宝玉空灵娟逸，每作诗亦如八股之法，未免拘板庸涩。那宝玉虽不算是个读书人，然亏他天性聪敏，且素喜好些杂书，他自为古人中也有杜撰的，也有误失之处，拘较不得许多。虽无稽考，却都说得四座春风。近日贾政年迈，名利大灰，然起初天性也是个诗酒放诞之人，因在子侄辈中，少不得规以正路，看来此亦贾门之数。严父心境的这种微妙变化，使宝玉头上的金箍儿圈为之些微一松，成就了他迸发出灿烂的才华的精神契机。果然贾环、贾兰的《姽婳诗》比起宝玉的《姽婳词》，形若土狗，浑无生气，倒是宝玉之作，光华四射。考之姽婳将军林四娘的故事，实在是凝聚着有清一代士人浓郁兴趣的一桩公案。巾帼从戎，本来就有传奇意味。清初蒲松龄（1640—1715）《聊斋志异》卷二《林四娘》一篇记述："青州道陈公宝钥，闽人。夜独坐，有女子搴帏入，视之，不识，而艳绝，长袖宫装。笑云：'清夜兀坐，得勿寂耶？'公惊问何人，曰：'妾家不远，近在西邻。'公意其鬼，而心好之。捉袂挽坐，谈词风雅，大悦。拥之，不甚抗拒，顾曰：'他无人耶？'公急阖户，曰：'无。'促其缓裳，意殊羞怯，公代为之殷勤。女曰：'妾年二十，犹处子也，狂将不堪。'狎亵既竟，流丹浃席。既而枕边私语，自言'林四娘'。公详诘之，曰：'一世坚贞，业为君轻薄殆尽矣。有心爱妾，但图永好可耳，絮絮何为？'无何，鸡鸣，遂起而去。"[6]这里已经出现游宦青州的陈宝钥的名字，但林四娘尚未有姽婳将军之称，还是《聊斋》中花妖狐魅的意态情缘。与蒲松龄同时代的王士祯（1634—1711）《池北偶谈》卷二十一《谈异二·林四娘》条目说："闽陈宝钥，字绿崖，观察青州。一日，燕坐斋中，忽有小鬟，年可十四五，姿首甚美，搴帘入曰：'林四娘见。'陈惊愕，莫知所以。逡巡间，四娘已至前万福，蛮髻朱衣，绣半臂，凤觜靴，腰佩双剑。陈疑其仙侠，不得已，揖就坐。四娘曰：'妾故衡王宫嫔也，生长金陵。衡王昔以千金聘妾，入后宫，宠绝伦辈，不幸早死，殡于宫中。不数年，国破，遂北去。妾魂魄犹恋故墟，今宫殿荒芜，聊欲假君亭馆延客，固无益于君，亦无所损于君，愿无疑焉。'陈唯唯。自是日必一至。每张筵，初不见有宾客，但闻笑语酧酢。久之，设具宴陈，及陈乡人公车者十数辈咸在坐。嘉肴旨酒，不异人世，然亦不知何从至也。酒酣，四娘叙述宫中旧事，悲不自胜，引节而歌，声甚哀怨，举坐沾衣罢酒。如是年余。一日，黯然有离别之色，告陈曰：‘妾尘缘已尽，当往终南，以君情谊厚，一来取别耳。’自后遂绝。有诗一卷，长山李五弦司寇（化熙）有写本云。又程周量会元记其一诗云：‘静锁深宫忆往年，楼台箫鼓遍烽烟。红颜力弱难为厉，黑海心悲只学禅。细读莲花千百偈，闲看贝叶两三篇。梨园高唱《升平曲》，君试听之亦惘然。’”[7]故事比起蒲松龄所述更为繁复，林四娘“蛮髻朱衣，绣半臂，凤觜靴，腰佩双剑”，已有将军装束，未有姽婳之号。清初略晚的张潮（1650—约1709）辑《虞初新志》卷五著录林云铭（西仲）的《林四娘记》说：“晋江陈公宝钥，号绿厓。康熙二年（1663），任山东青州道佥事。夜辄闻传桶有敲击声，问之，则寂无应者。其仆不胜扰，持枪往伺，欲刺之。是夜但闻怒詈声。已而推中门突入，则见有鬼，青面獠牙，赤体挺立，头及屋檐。仆震骇，失枪仆地。陈急出，诃之曰：‘此朝廷公署，汝何方妖魅，敢擅至此？’鬼笑曰：‘闻尊仆欲见刺，特来受枪耳。’陈怒，思檄兵格之。甫起念，鬼又笑曰：‘檄兵格我，计何疏也？’陈愈怒。迟明，调标兵二十名守门。抵夜，鬼却从墙角出，长仅三尺许，头大如轮，口张如箕，双眸开合有光，蹩跚于地，冷气袭人。兵大呼发炮矢，炮火不燃。检韔中矢，又无一存者。鬼反持弓回射，矢如雨集，俱向众兵头面掠过，亦不之伤。兵惧，奔溃。陈又延神巫作法驱遣，夜宿署中。时腊月严寒，陈甫就寝，鬼直诣巫卧所，攫去衾毡衣裤。巫窘急呼救。陈不得已，出为哀祈。鬼笑曰：‘闻此神巫乃有法者也，技止此乎？’遂掷还所攫。次日，神巫惭惧，辞去。自后署中飞炮掷瓦，晨昏不宁。或见墙覆栋崩，急避之，仍无他故。陈患焉。嗣余有同年友刘望龄，赴都，取道青州。询知其故，谓陈曰：‘君自取患耳。天下之理，有阳则有阴。

[6]（清）蒲松龄：《聊斋志异》，人民文学出版社1989年版，第289页。

[7]孙文光编：《中国历代笔记选粹》（下），华东师范大学出版社1998年版，第1215—1216页。

若不急于驱遣，亦未扰扰至此。’语未竟，鬼出谢之。刘视其狞恶可畏，劝令改易颜面，鬼即辞入暗室中。少选复出，则一国色丽人，云鬟靓妆，袅袅婷婷而至。衣皆鲛绡雾縠，亦无缝缀之迹，香气飘扬，莫可名状。自称为林四娘，有一仆名实道，一婢名东姑，皆有影无形。唯四娘则与生人了无异相也。陈日与欢饮赋诗，亲狎备至，唯不及乱而已。凡署中文牒，多出其手。遇久年疑狱，则为廉访始末，陈一讯皆服。观风试士，衡文甲乙悉当，名誉大振。先是陈需次燕邸，贷京商二千缗。商急索，不能应，议偿其半，不允。四娘出责之曰：‘陈公岂负债者？顾一时力不及耳。若必取盈，陷其图利败检，于汝安乎？我鬼也，不从吾言，力能祸汝。’京商素不信鬼，笑曰：‘汝乃丽人，以鬼怖我。若果鬼也，当知我在京庐舍职业。’四娘曰：‘庐舍职业，何难详道。汝近日于某处行一负心之事，说出恐就死耳。’京商大骇，辞去。陈密叩商所为，终不泄，其隐人之恶如此。性耽吟咏，所著诗，多感慨凄楚之音，人不忍读。凡吾闽有访陈者，必与狎饮。临别则赠诗，其中庾词，日后多验。有一士人悦其姿容，偶起淫念。四娘怒曰：‘此獠何得无礼。’喝令杖责。士人欻然仆地，号痛求哀，两臂杖痛周匝。举坐为之请，乃呼婢东姑持药饮之，了无痛苦，仍与欢饮如初。陈叩其为神始末，答曰：‘我莆田人也，故明崇祯年间，父为江宁府库官，逋帑下狱。我与表兄某悉力营救，同卧起半载，实无私情。父出狱，而疑不释。我因投缳以明无他，烈魂不散耳。与君有桑梓之谊而来，非偶然也。’计在署十有八月而别，别后陈每思慕不置。康熙六年，陈补任江南驿传道。为余述其事，属记之。林子曰：‘《左氏传》言涉鬼神，后儒病其诬。余窃疑天下大矣，二百四十余年中，岂无一二人出于见闻所不及乎？今陈公绿厓，正士也，非能造言语者。且吾乡士人，往往有亲见之者。王龙溪云：神怪之事，圣人不语。力与乱，明明是有。怪与神，岂得云无？鬼能见形预人事，不可谓非神怪矣。然强魄暂留人间，终归变灭，不能久存。是在精气为物，游魂为变之外，非可以常理推究，言有言无，皆惑也。此圣人所以不语也夫！’张山来曰：‘先君明季时客楚抚军署中，宾客杂遝，室无空虚。旁有园，扃鐍甚固。先君谓众客曰：曷不迁入此中，俾稍稍舒眉乎？或答曰：此内有鬼，是以未敢耳。因询其状，乃知前抚军有女，及笄而死，遂葬此中。每际清风明月，辄见形于回廊曲槛间，徘徊徙倚，如不胜情。人惧其为祟，故常扃之。先君大喜曰：审若是，是故我所祷祀而求者也。遂请独居其内，日以二小童给侍，夜则遣去，冀有所遇，而卒无见闻。事载《天山楼随笔》。’今林四娘独能变现若此，则又何也？岂必无罪而冤死者乃能为厉耶？”[8]这里的鬼物，青面獠牙，赤体挺立，头及屋檐。又变化从墙角出，长仅三尺许，头大如轮，口张如箕，双眸开合有光，蹩跚于地，冷气袭人。其后变成一个国色丽人，云鬟靓妆，袅袅婷婷。衣皆鲛绡雾縠，亦无缝缀之迹，香气飘扬，莫可名状。自称为林四娘，而且帮助陈宝钥排忧解难。行文状物的怪诞程度，超过蒲松龄、王士祯。至于陈宝钥其人，字绿崖，福建晋江人，南明唐王隆武二年（1646）举人，永历九年（1655）郑成功设六部官，陈宝钥被委任为协理礼官。次年，因郑成功对他是否尽忠明室有所猜疑，陈宝钥畏惧获罪，自泉州降清。清廷以监司用，顺康之际，在青州海防道任。康熙元年壬寅（1662），吴三桂弑永历于云南，明统绝祀。郑成功、李定国以忧愤卒。清廷委陈宝钥招降南明残部，是年十月，命周亮工为青州海防道。陈宝钥后来又任江南驿传盐驿道，兼扬州钞关。康熙九年（1670），赴贵州粮驿道任。吴三桂反清，陈宝钥从之，被委以按察使之任。康熙十八年（1679）二月，复降于清，回乡终老。有《陈绿崖诗集》传世，清代被列入《禁毁书目》。陈宝钥反清降清的过程中，在顺治、康熙之际，曾任青州海防道。遇见林四娘事，系于康熙二年（1663）。这篇故事最早的记述者林云铭（1628—1697）比王士祯长6岁、比蒲松龄长12岁，因《庄子因》《楚词灯》《韩文起》而驰名，他以同乡好友的情谊，

[8]（清）张潮辑：《虞初新志》，上海古籍出版社2012年版，第63—65页。

记述了陈宝钥与林四娘的故事。王士祯、蒲松龄、涨潮（实为林云铭）三人，年代与曹雪芹（约1715—约1763）的祖辈相当。因此《红楼梦》汲取清初姽婳将军林四娘的传说而加以脱胎换骨的阐扬，自在情理之中。降至于晚清戏曲家杨恩寿（1835—1891），著有《姽婳封》《桂枝香》《麻滩驿》《再来人》《桃花源》《理灵坡》等传奇，《曲录》总名《坦园》六种。他演绎姽婳将军林四娘的巾帼武勇，当然不排除取材于《红楼梦》第七十八回。其《姽婳封传奇》有王先谦序云："乃有续宋稗之闲谈，记明藩之遗事。林外留其仙眷，黄家号以四娘。……习骑射以教侍妾……严部署而令美人。……恒王则油戟停驱，雕屏坐列，呼宠妃为队长，拟壮女是新军。六院皆奇，布花鬘而作阵；十旌俱建，施锦障以成围。舞出宫腰，营真细柳；移来仙步，军尽凌波。纵闻鼓而止闻金，前视心而后视背。叱咤轻，则兰麝生于口角；威容炽，则云霞烂于亭台。立号将军，肇嘉姽婳。醉月坐花之候，僮婢三挝；刀光烛影之旁，君王一笑。捷将菸竹，争夸处女神奇；敕到锦袍，不赏平阳歌舞。宫惟讲武，馆不忘忧，武乡侯肯用巾帼相遗，李光颜岂以女色为乐。洵磐宗之盛事，枝昵之美谈也已。无何，动渔阳之鼓，惊破霓裳；灌西谷之堤，壅来缣幔。蚰蜒堑塞，龙武军孤，书白土于洛阳，封徐内应；铸金枷于梨树，结赞阴权。报国纳光弼之短刀，受降按萧王之轻辔。师将授子，楚邓曼见而长叹；送不出门，越夫人立而饮泣。盖不待三军纷雨，一蠹愁云而早已。毁此娥媌，厉填土去笄之节；思君阵侧，作挟弓带剑之辞。俄而松柏哀于国人，福禄斟于凶虏。金瓯破碎，花泪惊溅，锦瑟凄凉，刀头罢唱。既不能引麓度曲，如朝云之吹散生羌；复不能持节登车，似冯嫽之说降外域。黄泉碧血，妾身愿得同归；素甲白缯，姊妹因而合队。信蛾眉之肯让，剺面寻仇；饵虎口以横挑，张拳冒刃。阵皆设牝鬼，岂忘雄卒之？百骑奋而犹孱，两甄鸣而更败。精士垂尽，夜将仍飞；游魂不归，皓齿何在？君子人也，临大节而棱然；丈夫女哉，蹈危机而顾。……此尤一时之冠绝，只千古而无伦。"[9]从清初林云铭、王士祯、蒲松龄的林四娘传说，到清中期《红楼梦》的姽婳将军林四娘故事和《姽婳词》，再到晚清杨恩寿《姽婳封传奇》，这个巾帼传奇流传演变了二百余年，彰显了才士文人的猎奇情结，尤其是作为女儿崇拜情结，植入了《红楼梦》，铸造成了清代文学史的一大关节。

众人皆无别话，不过至晚安歇而已。独有宝玉一心凄楚，回至园中，猛然见池上芙蓉，想起小丫鬟说晴雯作了芙蓉之神，不觉又喜欢起来，乃看着芙蓉嗟叹了一会。忽又想起死后并未到灵前一祭，如今何不在芙蓉前一祭，岂不尽了礼？比俗人去灵前祭吊又更觉别致。想毕，便欲行礼。忽又止住道："虽如此，亦不可太草率，也须得衣冠整齐，奠仪周备，方为诚敬。"想了一想，"如今若学那世俗之奠礼，断然不可。竟也还要别开生面，另立排场，风流奇异，于世无涉，方不负我二人之为人。况且古人有云：'潢污行潦，蘋蘩蕴藻之贱，可以羞王公，荐鬼神。'原不在物之贵贱，全在心之诚敬而已。此其一也。二则诔文挽词也须另出己见，自放手眼，亦不可蹈袭前人的套头，填写几字搪塞耳目之文，亦必须洒泪泣血，一字一咽，一句一啼，宁使文不足悲有馀，万不可尚文藻而反失悲戚。况且古人多有微词，非自我今作俑也。奈今人全惑于功名二字，尚古之风一洗皆尽，恐不合时宜，于功名有碍之故。我又不希罕那功名，不为世人观阅称赞，何必不远师楚人之《大言》《招魂》《离骚》《九辩》《枯树》《问难》《秋水》《大人先生传》等法，或杂参单句，或偶成短联，或用实典，或设譬喻，随意所之，信笔而去，喜则以文为戏，悲则以言志痛，辞达意尽为止，何必若世俗之拘拘于方寸之间哉！"宝玉本是个不读书之人，再心中有了这篇歪意，怎得有好诗好文作出来。他自己却任意纂著，并不为人知慕，所以大肆妄诞，竟杜撰成一篇长文，用晴雯素日所喜之冰鲛縠一幅楷字写成，名曰《芙蓉女儿诔》，前序后歌。又备

⑨（清）杨恩寿：《杨恩寿集》，岳麓书社2010年版，第494—495页。

了四样晴雯所喜之物，于是夜月下，命那小丫头捧至芙蓉花前。先行礼毕，将那诔文即挂于芙蓉枝上，乃泣涕念曰：

“维太平不易之元，蓉桂竞芳之月，无可奈何之日，怡红院浊玉，谨以群花之蕊，冰鲛之縠，沁芳之泉，枫露之茗，四者虽微，聊以达诚申信，乃致祭于白帝宫中抚司秋艳芙蓉女儿之前曰：

笺证

对于第七十八回《芙蓉女儿诔》此序，庚辰本逐句作了夹批说：“年便奇”；“是八月”；“日更奇。细思日何难于直说某某，今偏用如此说，则可知矣”。[10] 其实这是呼应第一回石兄所言“若云无朝代可考，今我师竟假借汉唐等年纪添缀，又有何难？”属于一种真事隐去、假语村言的写法。庚辰本接着对“怡红院浊玉”夹批说：“自谦得更奇。盖常以‘浊’字评天下之男子，竟自谓，所谓‘以责人之心责己’矣。”[11] 至于“谨以群花之蕊，冰鲛之縠，沁芳之泉，枫露之茗”，夹批逐一说：“奇香”；“奇帛”；“奇奠”；“奇茗”。对于“乃致祭于白帝宫中抚司秋艳芙蓉女儿之前”，夹批说：“奇称。”按庚辰本的评点，序中就聚集了五奇，以五奇引导出整篇奇文。如陶渊明《移居》诗云：“奇文共欣赏，疑义相与析。”这是一种清旷高逸的写作心态。

“窃思女儿自临浊世，迄今凡十有六载。其先之乡籍姓氏，湮沦而莫能考者久矣。而玉得于衾枕栉沐之间，栖息宴游之夕，亲昵狎亵，相与共处者，仅五年八月有畸。噫！女儿曩生之昔，其为质则金玉不足喻其贵，其为性则冰雪不足喻其洁，其为神则星日不足喻其精，其为貌则花月不足喻其色。姊妹悉慕媖娴，妪媪咸仰惠德。孰料鸠鸩恶其高，鹰鸷翻遭罦罬，薋葹妒其臭，茝兰竟被芟鉏。花原自怯，岂奈狂飙；柳本多愁，何禁骤雨？偶遭蛊虿之谗，遂抱膏肓之疚。故尔樱唇红褪，韵吐呻吟。杏脸香枯，色陈顑颔。诼谣謑诟，出自屏帏，荆棘蓬榛，蔓延户牖。岂招尤则替，实攘诟而终。既忳幽沉于不尽，复含罔屈于无穷。高标见嫉，闺帏恨比长沙；直烈遭危，巾帼惨于羽野。自蓄辛酸，谁怜夭折？仙云既散，芳趾难寻。洲迷聚窟，何来却死之香；海失灵槎，不获回生之药。眉黛烟青，昨犹我画；指环玉冷，今倩谁温？鼎炉之剩药犹存，襟泪之馀痕尚渍。镜分鸾别，愁开麝月之奁。梳化龙飞，哀折檀云之齿。委金钿于草莽，拾翠匐于尘埃。楼空鳷鹊，徒悬七夕之针；带断鸳鸯，谁续五丝之缕？况乃金天属节，白帝司时，孤衾有梦，空室无人。桐阶月暗，芳魂与倩影同销；蓉帐香残，娇喘共细言皆绝。连天衰草，岂独蒹葭；匝地悲声，无非蟋蟀。露苔晚砌，穿帘不度寒砧。雨荔秋垣，隔院希闻怨笛。芳名未泯，檐前鹦鹉犹呼；艳质将亡，槛外海棠预老。捉迷屏后，莲瓣无声。斗草庭前，兰芽枉待。抛残绣线，银笺彩缕谁裁？折断冰丝，金斗御香未熨。昨承严命，既趋车而远涉芳园。今犯慈威，复泣杖而遽抛孤匶。及闻槥棺被燹，惭违共穴之盟；石椁成灾，愧迨同灰之诮。尔乃西风古寺，淹滞青燐。落日荒丘，零星白骨。楸榆飒飒，蓬艾萧萧。隔雾圹以啼猿，绕烟塍而泣鬼。自为红绡帐里，公子情深；始信黄土垄中，女儿命薄。汝南泪血，斑斑洒向西风。梓泽余衷，默默诉凭冷月。呜呼！固鬼蜮之为灾，岂神灵而亦妒？钳诐奴之口，讨岂从宽；剖悍妇之心，忿犹未释。在君之尘缘虽浅，然玉之鄙意岂终。因蓄惓惓之思，不禁谆谆之问。始知上帝垂旌，花宫待诏，生侪兰蕙，死辖芙蓉。听小婢之言，似涉无稽。以浊玉之思，则深为有据。何也？昔叶法善摄魂以撰碑，李长吉被诏而为记，事虽殊，其理则一也。故相物以配才，苟非其人，恶乃滥乎？始信上帝委托权衡，可谓至洽至协，庶不负其所秉赋也。因希其不昧之灵，或陟降于兹。特不揣鄙俗之词，有

❿（清）曹雪芹著，脂砚斋评：《脂砚斋重评石头记庚辰校本》，作家出版社2006年版，第1419页。

⓫（清）曹雪芹著，脂砚斋评：《脂砚斋重评石头记庚辰校本》，作家出版社2006年版，第1419页。

污慧听。乃歌而招之曰:

天何如是之苍苍兮，乘玉虬以游乎穹窿耶？地何如是之茫茫兮，驾瑶象以降乎泉壤耶？望繖盖之陆离兮，抑箕尾之光耶？列羽葆而为前导兮，卫危虚于旁耶？驱丰隆以为比从兮，望舒月以离耶？听车轨而伊轧兮，御鸾鹥以征耶？问馥郁而薆然兮，纫蘅杜以为纕耶？炫裙裾之烁烁兮，镂明月以为珰耶？籍葳蕤而成坛畤兮，檠莲焰以烛兰膏耶？文瓟瓟以为觯斝兮，漉醽醁以浮桂醑耶？瞻云气而凝盼兮，仿佛有所觇耶？俯窈窕而属耳兮，恍惚有所闻耶？期汗漫而无夭阏兮，忍捐弃余于尘埃耶？倩风廉之为余驱车兮，冀联辔而携归耶？余中心为之慨然兮，徒嗷嗷而何为耶？君偃然而长寝兮，岂天运之变于斯耶？既窀穸且安稳兮，反其真而复奚化耶？余犹桎梏而悬附兮，灵格余以嗟来耶？来兮止兮，君其来耶？

若夫鸿蒙而居，寂静以处，虽临于兹，余亦莫睹。搴烟萝而为步幛，列枪蒲而森行伍。警柳眼之贪眠，释莲心之味苦。素女约于桂岩，宓妃迎于兰渚。弄玉吹笙，寒簧击敔。征嵩岳之妃，启骊山之姥。龟呈洛浦之灵，兽作咸池之舞。潜赤水兮龙吟，集珠林兮凤翥。爰格爰诚，匪簠匪筥。发轫乎霞城，返旌乎玄圃。既显微而若通，复氤氲而倏阻。离合兮烟云，空蒙兮雾雨。尘霾敛兮星高，溪山丽兮月午。何心意之忡忡，若寤寐之栩栩。余乃欷歔怅望，泣涕傍徨。人语兮寂历，天籁兮筼筜。鸟惊散而飞，鱼唼喋以响。志哀兮是祷，成礼兮期祥。呜呼哀哉！尚飨！

读毕，遂焚帛奠茗，犹依依不舍。丫鬟催至再四，方才回身。忽听山石之后有一人笑道:“且请留步。”二人听了，不免一惊。那丫鬟回头一看，却是个人影从芙蓉花中走出来，他便大叫:“不好，有鬼！晴雯真来显魂了！”唬得宝玉也忙看时，——且听下回分解。

笺证

第七十八回《芙蓉女儿诔》，是贾宝玉“洒泪泣血，一字一咽，一句一啼，宁使文不足悲有馀，万不可尚文藻而反失悲戚”的至情至性的奇文妙笔。芙蓉女儿，明诔晴雯，暗喻黛玉，同是花魂。拓而言之，诔花，即诔红楼群艳，群艳以花魂通于天地精神。以文脉而言，此诔上承楚辞系统，带有庄子、屈宋的精神气韵。宝玉为此开了一个驳杂的书单："远师楚人之《大言》（宋玉赋）、《招魂》（太史公认为屈原作，王逸署为宋玉）、《离骚》（屈原）、《九辩》（宋玉）、《枯树》（北周庾信）、《问难》（章学诚《文史通义》卷一：庄周之惠施问难）、《秋水》（庄子）、《大人先生传》（阮籍）等法，或杂参单句，或偶成短联，或用实典，或设譬喻，随意所之，信笔而去，喜则以文为戏，悲则以言志痛，辞达意尽为止，何必若世俗之拘拘于方寸之间哉！"这个书单，错综排比了庄子、屈原、宋玉、阮籍、庾信的诗文，而以宋玉、庄子为核心，强调"喜则以文为戏，悲则以言志痛，辞达意尽为止"。诔文悲怀晴雯的同时，揭露了"孰料鸠鸩恶其高，鹰鸷翻遭罦罬，薋葹妒其臭，茝兰竟被芟鉏"，不能排除这是对摧折晴雯的恶禽莠草，包括王夫人势力在内的贬责。悲愤为文，也就顾不得更多，不如此就不足呈献宝玉对晴雯的打破主仆界限的诚敬。这是楚辞"芳草美人"之喻的延伸。实际上，此诔融合了《九辩》的悲悯凄苦，《离骚》的求索苦心和《招魂》的怀人情思，上天入地，呕心沥血。戚蓼生本回首总评说："文有宾主不可误。此文以《芙蓉诔》为主，以《姽婳词》为宾，以宝玉古歌为主，以贾环、贾兰诗绝为宾。文有宾中宾，不可误。以清客作序为宾，以宝玉出游作诗为宾中宾。由虚入实，可歌可咏。"[12]这是从本回行文的主次轻重立论的，虽说"以《芙蓉诔》为主，以《姽婳词》为宾"，但二者出自一人，相互掩映，相得益彰。如此写法，令人联想到南宋杨万里的《过松源晨炊漆公店》诗："莫言下岭便无难，赚得行人空喜欢。正入万山

[12] 朱一玄校录：《红楼梦脂评校录》，齐鲁书社1986年版，第550页。

圈子里，一山放过一山拦。”宝玉于此时进入万山圈子里，攀登了一座高峰又一座高峰，其难度不言自明。有了《姽婳词》和《芙蓉女儿诔》，就可以毫无愧色地说，贾宝玉有资格与林黛玉一同并列为《红楼梦》中最有成就的诗人。

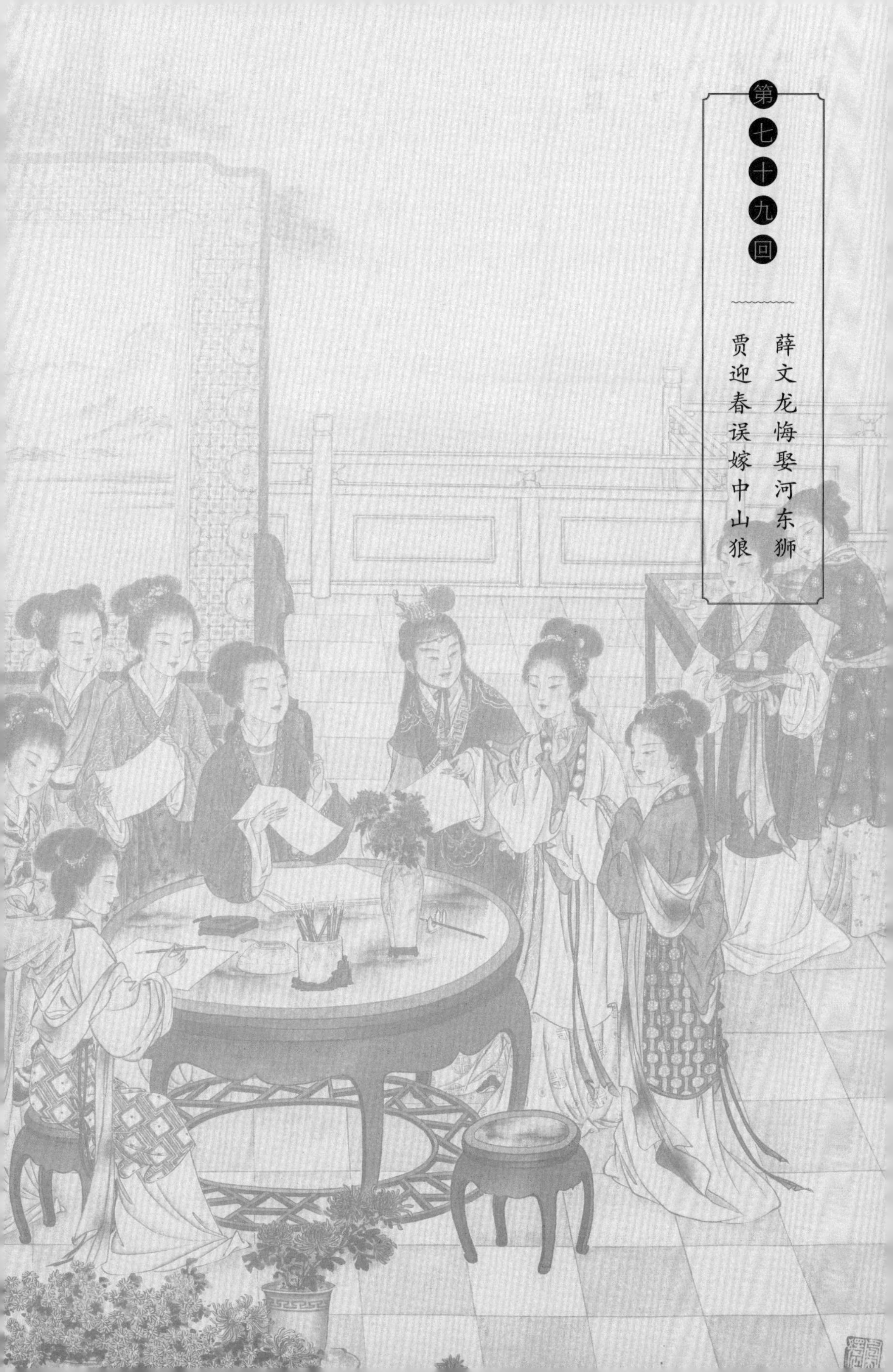

第七十九回

薛文龙悔娶河东狮
贾迎春误嫁中山狼

话说宝玉才祭完了晴雯，只听花影中有人声，倒唬了一跳。走出来细看，不是别人，却是林黛玉，满面含笑，口内说道："好新奇的祭文，可与曹娥碑并传的了。"宝玉听了，不觉红了脸，笑答道："我想着世上这些祭文都蹈于熟滥了，所以改个新样，原不过是我一时的顽意，谁知又被你听见了。有什么大使不得的，何不改削改削？"黛玉道："原稿在那里？倒要细细一读。长篇大论，不知说的是些什么，只听见中间两句，什么'红绡帐里，公子多情；黄土垄中，女儿薄命'。这一联意思却好，只是'红绡帐里'未免熟滥些。放着现成真事，为什么不用？"宝玉忙问："什么现成的真事？"黛玉笑道："咱们如今都系霞影纱糊的窗槅，何不说'茜纱窗下，公子多情'呢？"宝玉听了，不禁跌足笑道："好极，是极。到底是你想的出，说的出。可知天下古今现成的好景妙事尽多，只是愚人蠢子说不出想不出罢了。但只一件：虽然这一改新妙之极，但你居此则可，在我实不敢当。"说着，又接连说了一二百句"不敢"。黛玉笑道："何妨。我的窗即可为你之窗，何必分晰得如此生疏。古人异姓陌路，尚然同肥马，衣轻裘，敝之而无憾，何况咱们？"宝玉笑道："论交之道，不在肥马轻裘，即黄金白璧，亦不当锱铢较量。倒是这唐突闺阁，万万使不得的。如今我越性将'公子''女儿'改去，竟算是你诔他的倒妙。况且素日你又待他甚厚，故今宁可弃此一篇大文，万不可弃此'茜纱'新句。竟莫若改作'茜纱窗下，小姐多情；黄土垄中，丫鬟薄命'。如此一改，虽于我无涉，我也是惬怀的。”黛玉笑道：“他又不是我的丫头，何用作此语？况且小姐丫鬟亦不典雅，等我的紫鹃死了，我再如此说，还不算迟。”宝玉听了，忙笑道：“这是何苦又咒他。”黛玉笑道：“是你要咒的，并不是我说的。”宝玉道：“我又有了，这一改可极妥当了。莫若说‘茜纱窗下，我本无缘；黄土垄中，卿何薄命’。”黛玉听了，忡然变色，心中虽有无限的狐疑乱拟，外面却不肯露出，反连忙含笑点头称妙，说：“果然改的好。再不必乱改了，快去干正经事罢。才刚太太打发人叫你明儿一早快过大舅母那边去。你二姐姐已有人家求准了，想是明儿那家人来拜允，所以叫你们过去呢。”宝玉拍手道：“何必如此忙？我身上也不大好，明儿还未必能去呢。”黛玉道：“又来了，我劝你把脾气改改罢。一年大二年小，……”一面说话，一面咳嗽起来。宝玉忙道：“这里风冷，咱们只顾呆站在这里，快回去罢。”黛玉道：“我也家去歇息了，明儿再见罢。”说着，便自取路去了。宝玉只得闷闷的转步，又忽想起来黛玉无人随伴，忙命小丫头子跟了送回去。自己到了怡红院中，果有王夫人打发老嬷嬷来，吩咐他明日一早过贾赦那边去，与方才黛玉之言相对。

笺证

第七十九回林黛玉对贾宝玉的《芙蓉女儿诔》，满面含笑地说：“好新奇的祭文，可与曹娥碑并传的了。”黛玉从来没有如此高度赞赏宝玉的诗文。曹娥碑是东汉人为颂扬曹娥的美德，纪念她的孝行而立的石碑。碑以扬孝，孝以文扬。蔡邕闻讯来观，手摸碑文读后，书“黄绢幼妇，外孙齑臼”八字于碑阴，隐“绝妙好辞”四字。也就是说，黛玉称《芙蓉女儿诔》是“绝妙好辞”。宝玉诔晴雯，评论此诔的是黛玉，这实在是命运的安排。宝玉一篇千六百字的《芙蓉女儿诔》，黛玉只取“红绡帐里，公子多情；黄土垄中，女儿薄命”一句，拟改为“茜纱窗下，公子多情”，反讽推敲，却从宝玉口中说出“茜纱窗下，我本无缘；黄土垄中，卿何薄命”。这使黛玉听了，忡然变色，心中虽有无限的狐疑乱拟，外面却不肯露出，反连忙含笑点头称妙，可以体验到黛玉尴尬中感伤命运之无常。命运感是黛玉忡然变色的深层心理导因。庚辰本连续作夹批说：“明是为与阿颦作谶，却先偏说紫鹃（？晴雯），总用此狡猾之法”；“如此，我亦为妥极。但试问当面用‘尔’‘我’字样，究竟不知是为谁之谶，一笑一叹。◇一篇诔文总因此二句而有，又当知虽诔晴雯而又实诔黛玉也。奇幻至此！若云必因晴雯诔，则呆之至矣”；“慧心人可为一哭。观此句便知诔文实不为晴雯而作也”。[1] 在讨论修改诔文时，黛玉笑说：“我的窗即可为你之窗，何必分晰得如此生疏。古人异姓陌路，尚然同肥马，衣轻裘，敝之而无憾，何况咱们？”我的窗即可为你之窗，互通心灵门户，是一种囫囵语，两人说时心照不宣。所谓古人的话，出自《论语·公冶长篇》子路曰：“愿车马、衣轻裘，与朋友共，敝之而无憾。”宋儒程颐说：“子路曰‘愿车马、衣轻裘，与朋友共，敝之而无憾’，此勇于义者。观其志，岂可以势利拘之哉？”之表达了子路的慷慨豪侠以期，而黛玉说“何况咱们”，这“咱们”就比朋友间的豪侠慷慨更进一层了。如此画龙点睛的点题，点到了人物的爱情和命运的命门。

原来贾赦已将迎春许与孙家了。这孙家乃是大同府人氏，祖上系军官出身，乃当日宁荣府中之门生，算来亦系世交。如今孙家只有一人在京，现袭指挥之职，此人名唤孙绍祖，生得相貌魁梧，体格健壮，弓马娴熟，应酬权变，年纪未满三十，且又家资饶富，现在兵部候缺题升。因未有室，贾赦见是世交之孙，且人品家当都相称合，遂青目择为东床娇婿。亦曾回明贾母。贾母心中却不十分称意，想来拦阻亦恐不听，儿女之事自有天意前因，况且他是亲父主张，何必出头多事，为此只说“知道了”三字，馀不多及。贾政又深恶孙家，虽是世交，当年不过是彼祖希慕荣宁之势，有不能了结之事才拜在门下的，并非诗礼名族之裔，因此倒劝谏过两次，无奈贾赦不听，也只得罢了。

宝玉却从未会过这孙绍祖一面的，次日只得过去聊以塞责。只听见说娶亲的日子甚急，不过今年就要过门的，又见邢夫人等回了贾母将迎春接出大观园去等事，越发扫去了兴头，每日痴痴呆呆的，不知作何消遣。又听得说陪四个丫头过去，更又跌足自叹道："从今后这世上又少了五个清洁人了。"因此天天到紫菱洲一带地方徘徊瞻顾，见其轩窗寂寞，屏帐翛然，不过有几个该班上夜的老妪。再看那岸上的蓼花苇叶，池内的翠荇香菱，也都觉摇摇落落，似有追忆故人之态，迥非素常逞妍斗色之可比。既领略得如此寥落凄惨之景，是以情不自禁，乃信口吟成一歌曰：

池塘一夜秋风冷，吹散芰荷红玉影。蓼花菱叶不胜愁，重露繁霜压纤梗。不闻永昼敲棋声，燕泥点点污棋枰。古人惜别怜朋友，况我今当手足情？

❶（清）曹雪芹著，脂砚斋评：《脂砚斋重评石头记庚辰校本》，作家出版社2006年版，第1443页。

笺证

《红楼梦》写法或虚或实，此处又出现回目顺序与行文顺序的颠倒错综。虚实颠倒，似乎乱了方寸，其实乱中不可错失人生启示录。可叹凡夫俗子贪恋执着人间婚姻大事，却所择非人，落入世事无常，人生如梦。假如冷眼旁观，岂能有不谢之花、不散之筵席，岂能有不死之人、不衰之王朝？竟然以幻为实，以梦为真，忘掉了人生路上的生生死死、血血泪泪。第七十九回"薛文龙悔娶河东狮　贾迎春误嫁中山狼"，贾府闺秀落难、薛家闹内起火，露出来四大家族的一派扰乱的衰象。回目却颠倒次序，先写贾赦不顾贾政劝阻，自作主张把迎春许配孙绍祖，宝玉天天到紫菱洲一带地方徘徊瞻顾，见人去园空，池内的翠荇香菱，也都觉摇摇落落，似有追忆故人之态，作诗凭吊。人与草木池沼对话，透出浓重的衰败萧瑟气息。庚辰本夹批说："此回题上半截是'悔娶河东狮'，今却偏逢'中山狼'，倒装上下情孽，细腻写来，可见迎春是书中正传，阿呆夫妻是副，宾主次序严肃之至。其婚娶俗礼一概不及，只用宝玉一人过去，正是书中之大旨。"❷这种批语只是随文而发，"偏逢'中山狼'"，只是宝玉眼中一笔带过，属于虚写，以便腾出篇幅写"悔娶河东狮"。虚实颠倒，以虚为实，乱象丛生，增加了梦幻破灭的喧嚣、悔恨和无可奈何。

宝玉方才吟罢，忽闻背后有人笑道："你又发什么呆呢？"宝玉回头忙看是谁，原来是香菱。宝玉便转身笑问道："我的姐姐，你这会子跑到这里来做什么？许多日子也不进来逛逛。"香菱拍手笑嘻嘻的说道："我何曾不要来。如今你哥哥回来了，那里比先时自由自在的了。才刚我们奶奶使人找你凤姐姐的，竟没找着，说往园子里来了。我听见了这话，我就讨了这件差进来找他。遇见他的丫头，说在稻香村呢。如今我往稻香村去，谁知又遇见了你。我且问你，袭人姐姐这几日可好？怎么忽然把个晴雯姐姐也没了，到底是什么病？二姑娘搬出去的好快，你瞧瞧这地方好空落落的。"宝玉应之不迭，又让他同到怡红院去吃茶。香菱道："此刻竟不能，等找着琏二奶奶，说完了正经事再来。"宝玉道："什么正经事这么忙？"香菱道："为你哥哥娶嫂子的事，所以要紧。"宝玉道"正是。说的到底是那一家的？只听见吵嚷了这半年，今儿又说张家的好，明儿又要李家的，后儿又议论王家的。这些人家的女儿他也不知道造了什么罪了，叫人家好端端议论。"香菱道："这如今定了，可以不用搬扯别家了。"宝玉忙问："定了谁家的？"香菱道："因你哥哥上次出门贸易时，在顺路到了个亲戚家去。这门亲原是老亲，且又和我们是同在户部挂名行商，也是数一数二的大门户。前日说起来，你们两府都也知道的。合长安城中，上至王侯，下至买卖人，都称他家是'桂花夏家'。"宝玉笑问道："如何又称为'桂花夏家'？"香菱道："他家本姓夏，非常的富贵。其馀田地不用说，单有几十顷地独种桂花，凡这长安城里城外桂花局俱是他家的，连宫里一应陈设盆景亦是他家贡奉，因此才有这个浑号。如今太爷也没了，只有老奶奶带着一个亲生的姑娘过活，也并没有哥儿兄弟，可惜他竟一门尽绝了后。”宝玉忙道：“咱们也别管他绝后不绝后，只是这姑娘可好？你们大爷怎么就中意了？”香菱笑道：“一则是天缘，二则是‘情人眼里出西施’。当年又是通家来往，从小儿都一处厮混过。叙起亲是姑舅兄妹，又没嫌疑。虽离开了这几年，前儿一到他家，夏奶奶又是没儿子的，一见了你哥哥出落的这样，又是哭，又是笑，竟比见了儿子的还胜。又令他兄妹相见，谁知这姑娘出落得花朵似的了，在家里也读书写字，所以你哥哥当时就一心看准了。连当铺里老朝奉伙计们一群人蹧扰了人家三四日，他们还留多住几日，好容易苦辞才放回家。你哥哥一进门，就咕咕唧唧求我们奶奶去求亲。我们奶奶原也是见过这姑娘的，且又门当户对，也就依了。和这里姨太太凤姑娘商议了，打发人去一说就成了。只是娶的日子太急，所以我们忙乱的很。我也巴不得早些过来，又添一个作诗的人了。”宝玉冷笑道：“虽如此说，但只我听这话不知怎么倒替你耽心虑后呢。”香菱听了，不觉红了脸，正色道：“这是什么话？素日咱们都是厮抬厮敬的，今日忽然提起这些事来，是什么意思。怪不得人人都说你是个亲近不得的人。”一面说，一面转身走了。

❷（清）曹雪芹著，脂砚斋评：《脂砚斋重评石头记庚辰校本》，作家出版社2006年版，第1445页。

笺证

《红楼梦》写人物命运，时或使用姓氏谐音来暗示。比如对于第七十九回此节薛蟠迎娶“桂花夏家”，庚辰本夹批就说：“夏日何得有桂？又桂花时节焉得又有雪？三是原系风马牛，今若强凑合，故终不相符。来此败运之事，大都如此，当局者自不解耳。”[3]评点家在这里成了测字先生，拆字算命，预言吉凶。庚辰本夹批又说：“阿呆求妇一段文字却从香菱口中补明，省却许多闲文累笔。”[4]香菱说：“我也巴不得早些过来，又添一个作诗的人了。”庚辰本夹批发感慨：“妙极！香菱口声，断不可少。看他下‘作（死）[诗]’语，便知其心中略无忌讳疑虑等意，直是浑然天真之人，余为一哭。”[5]这种高雅的期待，竟被日甚一日的村俗泼悍所打破。“又添一个作诗的人了”，香菱心中只有“诗”，盼望诗人的陪伴，导致了有期待的毁灭，是最沉痛的毁灭。

宝玉见他这样，便怅然如有所失，呆呆的站了半天，思前想后，不觉滴下泪来，只得没精打彩，还入怡红院来。一夜不曾安稳，睡梦之中犹唤晴雯，或魇魔惊怖，种种不宁。次日便懒进饮食，身体作热。此皆近日抄检大观园、逐司棋、别迎春、悲晴雯等羞辱惊恐悲凄之所致，兼以风寒外感，故酿成一疾，卧床不起。贾母听得如此，天天亲来看视。王夫人心中自悔不合因晴雯过于逼责了他。心中虽如此，脸上却不露出。只吩咐众奶娘等好生服侍看守，一日两次带进医生来诊脉下药。一月之后，方才渐渐的痊愈。贾母命好生保养，过百日方许动荤腥油面等物，方可出门行走。这一百日内，连院门前皆不许到，只在房中顽笑。四五十日后，就把他拘约的火星乱迸，那里忍耐得住。虽百般设法，无奈贾母、王夫人执意不从，也只得罢了。因此和那些丫鬟们无所不至，恣意耍笑作戏。又听得薛蟠摆酒唱戏，热闹非常，已娶亲入门，闻得这夏家小姐十分俊俏，也略通文翰，宝玉恨不得就过去一见才好。再过些时，又闻得迎春出了阁。宝玉思及当时姊妹们一处，耳鬓厮磨，从今一别，纵得相逢，也必不似先前那等亲密了。眼前又不能去一望，真令人凄惶迫切之至。少不得潜心忍耐，暂同这些丫鬟们厮闹释闷，幸免贾政责备逼迫读书之难。这百日内，只不曾拆毁了怡红院，和这些丫头们无法无天，凡世上所无之事，都顽耍出来。如今且不消细说。

笺证

第七十九回宝玉因为抄检大观园、逐司棋、别迎春、悲晴雯等羞辱惊恐悲凄，兼以风寒外感而生病，贾母要他百日养病，不能出门。这就略去许多正面描写，只用宝玉的封闭视角，交代“又听得薛蟠摆酒唱戏，热闹非常，已娶亲入门，闻得这夏家小姐十分俊俏，也略通文翰，宝玉恨不得就过去一见才好。再过些时，又闻得迎春出了阁。宝玉思及当时姊妹们一处，耳鬓厮磨，从今一别，纵得相逢，也必不似先前那等亲密了。”看来，点染宝玉的心事于此也是草草，只不过在这里纠上一个结（心结）；以便腾出篇幅换上香菱的视角，牵出描写“薛文龙悔娶河东狮”的线索。这就令人联想到清代康雍乾时期的“扬州八怪”之一郑板桥有题书斋联曰：“删繁就简三秋树，领异标新二月花。”他追求状物传神应该删繁就简，删减细枝密叶，使三秋之树瘦劲秀挺。这就腾出手来“自出手眼，自树脊骨”，开辟成一条“一花引来百花开”的二月花那样生机勃勃的新路，创造出一种与众不同的新格调。曹雪芹承接的清代康、雍、乾时期，就有如此异样的人才。

❸（清）曹雪芹著，脂砚斋评：《脂砚斋重评石头记庚辰校本》，作家出版社2006年版，第1446页。

❹（清）曹雪芹著，脂砚斋评：《脂砚斋重评石头记庚辰校本》，作家出版社2006年版，第1447页。

❺（清）曹雪芹著，脂砚斋评：《脂砚斋重评石头记庚辰校本》，作家出版社2006年版，第1447页。

且说香菱自那日抢白了宝玉之后，心中自为宝玉有意唐突他，“怨不得我们宝姑娘不敢亲近，可见我不如宝姑娘远矣。怨不得林姑娘时常和他角口气的痛哭，自然唐突他也是有的了。从此倒要远避他才好。”因此，以后连大观园也不轻易进来。日日忙乱着，薛蟠娶过亲，自为得了护身符，自己身上分去责任，到底比这样安宁些。二则又闻得是个有才有貌的佳人，自然是典雅和平的：因此他心中盼过门的日子比薛蟠还急十倍。好容易盼得一日娶过了门，他便十分殷勤小心服侍。

原来这夏家小姐今年方十七岁，生得亦颇有姿色，亦颇识得几个字。若论心中的邱壑经纬，颇步熙凤之后尘。只吃亏了一件，从小时父亲去世的早，又无同胞弟兄，寡母独守此女，娇养溺爱，不啻珍宝，凡女儿一举一动，彼母皆百依百随，因此未免娇养太过，竟酿成个盗跖的性气。爱自己尊若菩萨，窥他人秽如粪土，外具花柳之姿，内秉风雷之性。在家中时常就和丫鬟们使性弄气，轻骂重打的。今日出了阁，自为要作当家的奶奶，比不得作女儿时腼腆温柔，须要拿出这威风来，才钤压得住人。况且见薛蟠气质刚硬，举止骄奢，若不趁热灶一气炮制熟烂，将来必不能自竖旗帜矣，又见有香菱这等一个才貌俱全的爱妾在室，越发添了“宋太祖灭南唐”之意，“卧榻之侧岂容他人酣睡”之心。因他家多桂花，他小名就唤做金桂。他在家时不许人口中带出金桂二字来，凡有不留心误道一字者，他便定要苦打重罚才罢。他因想桂花二字是禁止不住的，须另唤一名，因想桂花曾有广寒嫦娥之说，便将桂花改为嫦娥花，又寓自己身分如此。

薛蟠本是个怜新弃旧的人，且是有酒胆无饭力的，如今得了这样一个妻子，正在新鲜兴头上，凡事未免尽让他些。那夏金桂见了这般形景，便也试着一步紧似一步。一月之中，二人气概还都相平，至两月之后，便觉薛蟠的气概渐次低矮了下去。一日薛蟠酒后，不知要行何事，先与金桂商议，金桂执意不从。薛蟠忍不住便发了几句话，赌气自行了，这金桂便气的哭如醉人一般，茶汤不进，装起病来。请医疗治，医生又说:“气血相逆，当进宽胸顺气之剂。”薛姨娘恨的骂了薛蟠一顿，说:“如今娶了亲，眼前抱儿子了，还是这样胡闹。人家凤凰蛋似的，好容易养了一个女儿，比花朵儿还轻巧，原看的你是个人物，才给你作老婆。你不说收了心安分守己，一心一计和和气气的过日子，还是这样胡闹，嗏嗓了黄汤，折磨人家。这会子花钱吃药白遭心。”一席话说的薛蟠后悔不迭，反来安慰金桂。金桂见婆婆如此说丈夫，越发得了意，便装出些张致来，总不理薛蟠。薛蟠没了主意，惟自怨而已，好容易十天半月之后，才渐渐的哄转过金桂的心来，自此便加一倍小心，不免气概又矮了半截下来。那金桂见丈夫旗纛渐倒，婆婆良善，也就渐渐的持戈试马起来。先时不过挟制薛蟠，后来倚娇作媚，将及薛姨妈，又将至薛宝钗。宝钗久察其不轨之心，每随机应变，暗以言语弹压其志。金桂知其不可犯，每欲寻隙，又无隙可乘，只得曲意俯就。一日金桂无事，因和香菱闲谈，问香菱家乡父母。香菱皆答忘记，金桂便不悦，说有意欺瞒了他。回问他“香菱”二字是谁起的名字，香菱便答：“姑娘起的。”金桂冷笑道：“人人都说姑娘通，只这一个名字就不通。”香菱忙笑道：“嗳哟，奶奶不知道，我们姑娘的学问连我们姨老爷时常还夸呢。”欲明后事，且见下回。

笺证

《红楼梦》第七十九回采用欲抑先扬的叙事法，这也是常用的叙事法。如清刘熙载《艺概·经义概》所说：“抑扬之法有四，曰：欲抑先扬，欲扬先抑，欲抑先抑，欲扬先扬。沈郁顿挫，必于是得之。振字诀其用有三，曰：振下，振上，兼振上下。”[6] 欲抑先扬被放在抑扬四法之首，可见运用频率甚高。这一回，先写香菱闻得夏金桂是个有才有貌的佳人，自然是典雅和平的：因此她心中盼夏金桂过门的日子比薛蟠还急十倍。这属于叙事法的先扬，随之行文急转直下，属于叙事法的后抑，也可以说是叙事法的跷跷板原理。不承想这夏家小姐美貌识文，却因父亲早逝，寡母娇养太过，竟酿成个盗跖的性气：爱自己尊若菩萨，窥他人秽如粪土，外具花柳之姿，内秉风雷之性。如今做了奶奶，就要压服薛蟠、整治香菱。自己小名金桂，连“桂花”二字都禁忌，改为嫦娥花。薛蟠行事，不管金桂执意不从，赌气自行了。金桂就哭闹便装病。害得薛姨娘恨骂薛蟠一

[6]（清）刘熙载著，刘立人、陈文和点校：《刘熙载集》，华东师范大学出版社1993年版，第192页。

顿，说："人家凤凰蛋似的，好容易养了一个女儿，比花朵儿还轻巧，原看的你是个人物，才给你作老婆。你不说收了心安分守己，一心一计和和气气的过日子，还是这样胡闹。"夏金桂听说香菱的名字是宝钗起的，就说"这一个名字就不通"，非要她改名"秋菱"不可。夏金桂纵横捭阖，要对本来还算风平浪静的薛家来一个通吃，对此薛蟠、薛姨妈、香菱都无法阻挡，唯有宝钗心知肚明。夏金桂在《红楼梦》裙钗中，成了一个异数，异于群芳的魔头。异数的突起，虽然介绍有点模式化，但还是显示了《红楼梦》准情度理的叙事力度和智慧。本回标题"薛文龙悔娶河东狮"，取义于苏轼《寄吴德仁兼简陈季常》诗。明蒋一葵《尧山堂外纪》卷五十三记述："东坡在黄州，与陈季常游。季常自以饱禅学，而妻柳氏颇悍，季常畏之，至或诟骂未已，声达于外。东坡因以诗戏云：'谁似龙丘居士贤，谈空说有夜不眠。忽闻河东狮子吼，拄杖落手心茫然。'（狮子吼出《传灯录》）"这就用佛教语，嘲讽了禅学先生。狮子吼比喻佛说法时发出很大的声音，震慑世界。《维摩诘经》卷一《佛国品》说："狮子吼，无畏音也，凡所言说不畏群邪异学，谕狮子吼众兽下之。"苏轼《闻潮阳吴子野出家》诗云："当为狮子吼，佛法无南北。"可见他的"河东狮吼"的比喻，源自佛典。人生无常，佛典中放出的这只母狮子闯入了薛家。

第八十回

美香菱屈受贪夫棒　王道士胡诌妒妇方

话说金桂听了，将脖项一扭，嘴唇一撇，鼻孔里哧哧两声，拍着掌冷笑道:“菱角花谁闻见香来着。若说菱角香了，正经那些香花放在那里?可是不通之极。”香菱道:“不独菱花，就连荷叶莲蓬，都是有一股清香的。但他那原不是花香可比，若静日静夜或清早半夜细领略了去，那一股清香比是花儿都好闻呢。就连菱角、鸡头、苇叶、芦根得了风露，那一股清香，就令人心神爽快的。”金桂道:“依你说，那兰花桂花倒香的不好了？”香菱说到热闹头上，忘了忌讳，便接口道:“兰花桂花的香，又非别花之香可比。”一句未完，金桂的丫鬟名唤宝蟾者，忙指着香菱的脸儿说道:“要死，要死，你怎么直叫起姑娘的名字来。”香菱猛省了，反不好意思，忙陪笑赔罪说:“一时说顺了嘴，奶奶别计较。”金桂笑道:“这有什么，你也太小心了。但只是我想这个‘香’字到底不妥，意思要换一个字，不知你服不服？”香菱忙笑道:“奶奶说那里话，此刻连我一身一体俱属奶奶，何得换一名字反问我服不服，叫我如何当得起？奶奶说那一个字好，就用那一个。”金桂笑道:“你虽说的是，只怕姑娘多心，说‘我起的名字，反不如你？你能来了几日，就驳我的回了’。”香菱笑道:“奶奶有所不知，当日买了我来时，原是老奶奶使唤的，故此姑娘起得名字。后来我自服侍了爷，就与姑娘无涉了。如今又有了奶奶，益发不与姑娘相干。况且姑娘又是极明白的人，如何恼得这些呢。”金桂道:“既这样说，‘香’字竟不如‘秋’字妥当。菱角菱花皆盛于秋，岂不比‘香’字有来历些？”香菱道:“就依奶奶这样罢了。”自此后遂改了“秋”字，宝钗亦不在意。

笺证

《红楼梦》擅长白描手法，用最简练的笔墨，不加涂抹烘托，就描画出一个鲜明生动的人物形象和一片清新潇洒的景致。清初沈谦《填词杂说》云：“白描不可近俗，修饰不得太文，生香真色，在离即之间，不特难知，亦难言。”[1]比如第八十回写金桂要给香菱改名，就“将脖项一扭，嘴唇一撇，鼻孔里哧哧两声”，庚辰本夹批说：“画出一个悍妇来”；“真真追魂摄魄之笔”。[2]在回答夏金桂所问“菱角花谁闻见香来着？”时，香菱说：“不独菱花，就连荷叶莲蓬，都是有一股清香的。但他那原不是花香可比，若静日静夜或清早半夜细领略了去，那一股清香比是花儿都好闻呢。就连菱角、鸡头、苇叶、芦根得了风露，那一股清香，就令人心神爽快的。”庚辰本夹批说：“说的出便是慧心人，何况菱卿哉？”香菱的花香体验，带有诗人的慧心。接着金桂反问：“依你说，那兰花桂花倒香的不好了？”庚辰本夹批说：“又陪一个兰花，一则是自高声价，二则是诱人犯法。”[3]所谓“诱人犯法”就是引诱香菱说出与她的小名相关的桂花，冲犯了她把桂花改名嫦娥花的禁忌。名字禁忌是古代中国最重要的忌讳，最普遍的民俗信仰。陈垣《史讳举例·序》说：这种风俗“起于周，成于秦，盛于唐宋，其历史垂二千年”，纵横的牵涉面之广，以致中国学问中必须有一门“避讳学”来解释研究它。凡遇到帝王和孔子的名字时，不能直说直写，这是避国讳；凡遇到祖先和长辈的名字，就要避家讳。夏金桂建立家讳，就是要在家庭中树立唯我独尊的权威。她的这些动作和言谈应对，都略

[1] （清）徐釚编著，王百里校笺：《词苑丛谈校笺》，人民文学出版社1988年版，第57页。

[2] 朱一玄编：《红楼梦资料汇编》，南开大学出版社2012年版，第525页。

[3] 朱一玄编：《红楼梦资料汇编》，南开大学出版社2012年版，第525页。

加勾勒，不假修饰，就勾出了人物的肝肠肺腑。这一点可以参看以白描著称的宋朝女词人李清照《声声慢》一词，情感真率细腻，用语朴素流畅，无造作之态，有自然之美，成了一篇脍炙人口的悲秋赋。开篇独出机杼，连用十四个叠字“寻寻觅觅，冷冷清清，凄凄惨惨戚戚”，有如大珠小珠落玉盘，婉转凄楚，徘徊低迷，低声倾诉，弥漫着一种莫名其妙的愁绪，恰到好处地渲染了孤独凄戚的氛围。接着写风送雁声，反增添了思乡怀人的惆怅，看见菊花也已憔悴不堪，落红满地，衬托了独坐无聊，内心难以承受的苦闷。“梧桐更兼细雨，到黄昏，点点滴滴”，化用了温庭筠《更漏子》中“梧桐树，三更雨，不道离情正苦；一叶叶，一声声，空阶滴到明”的意境，却采取“点点滴滴”的口语进行白描，更为不隔地滴穿了那个无可奈何的黯淡黄昏。雨滴绵延，陪同着孤雁、残菊、梧桐，重重叠叠增添了词人的哀愁，再也无须什么渲染，什么比赋兴，就简单直白叹一口气罢：“这次第，怎一个愁字了得？”如此真情毕露，毫无卖弄做作，反而神妙有韵味，耐人吟味咀嚼。这就应合了鲁迅《南腔北调集·作文秘诀》中所说：“‘白描’却并没有秘诀。如果要说有，也不过是和障眼法反一调：有真意，去粉饰，少做作，勿卖弄而已。”

只因薛蟠天性是“得陇望蜀”的，如今得娶了金桂，又见金桂的丫鬟宝蟾有三分姿色，举止轻浮可爱，便时常要茶要水的故意撩逗他。宝蟾虽亦解事，只是怕着金桂，不敢造次，且看金桂的眼色。金桂亦颇觉察其意，想着：“正要摆布香菱，无处寻隙，如今他既看上了宝蟾，如今且舍出宝蟾去与他，他一定就和香菱疏远了，我且乘他疏远之时，便摆布了香菱。那时宝蟾原是我的人，也就好处了。”打定了主意，伺机而发。

这日薛蟠晚间微醺，又命宝蟾倒茶来吃。薛蟠接碗时，故意捏他的手。宝蟾又乔装躲闪，连忙缩手。两下失误，豁啷一声，茶碗落地，泼了一身一地的茶。薛蟠不好意思，佯说宝蟾不好生拿着。宝蟾说：“姑爷不好生接。”金桂冷笑道：“两个人的腔调儿都够使了，别打谅谁是傻子。”薛蟠低头微笑不语，宝蟾红了脸出去。一时安歇之时，金桂便故意的撵薛蟠别处去睡，“省得你馋痨饿眼”。薛蟠只是笑。金桂道：“要作什么和我说，别偷偷摸摸的不中用。”薛蟠听了，仗着酒盖脸，便趁势跪在被上拉着金桂笑道：“好姐姐，你若要把宝蟾赏了我，你要怎样就怎样，你要人脑子也弄来给你。”金桂笑道：“这话好不通。你爱谁，说明了，就收在房里，省得别人看着不雅。我可要什么呢？”薛蟠得了这话，喜的称谢不尽，是夜曲尽丈夫之道，奉承金桂。次日也不出门，只在家中厮奈，越发放大了胆。

至午后，金桂故意出去，让个空儿与他二人，薛蟠便拉拉扯扯的起来。宝蟾心里也知八九，也就半推半就，正要入港。谁知金桂是有心等候的，料必在难分之际，便叫丫头小舍儿过来。原来这小丫头也是金桂从小儿在家使唤的，因他自幼父母双亡，无人看管，便大家叫他作小舍儿，专作些粗笨的生活。金桂如今有意独唤他来吩咐道：“你去告诉秋菱，到我屋里将手帕取来，不必说我说的。”小舍儿听了，一径寻着香菱说：“菱姑娘，奶奶的手帕子忘记在屋里了，你去取来送上去岂不好？”香菱正因金桂近日每每的折挫他，不知何意，百般竭力挽回不暇。听了这话，忙往房里来取。不防正遇见他二人推就之际，一头撞了进去，自己倒羞的耳面飞红，忙转身回避不迭。那薛蟠自为是过了明路的，除了金桂，无人可怕，所以连门也不掩，今见香菱撞来，故也略有些惭愧，还不十分在意。无奈宝蟾素日最是说嘴要强的，今遇见了香菱，便恨无地缝儿可入，忙推开薛蟠，一径跑了，口内还恨怨不迭，说他强奸力逼等语。薛蟠好容易圈哄的要上手，却被香菱打散，不免一腔兴头变作了一腔恶怒，都在香菱身上，不容分说，赶出来啐了两口，骂道：“死娼妇，你这会子作什么来撞尸游魂？”香菱料事不好，三步两步早已跑了。薛蟠再来找宝蟾，已无踪迹了，于是恨的只骂香菱。至晚饭后，已吃得醺醺然，洗澡时不防水略热了些，烫了脚，便说香菱有意害他，赤条精光赶着香菱踢打了两下。香菱虽未受过这气苦，既到此时，也说不得了，只好自悲自怨，各自走开。

彼时金桂已暗和宝蟾说明，今夜令薛蟠和宝蟾在香菱房中去成亲，命香菱过来陪自己先睡。先是香菱不肯，金桂说他嫌脏了，再必是图安逸，怕夜里劳动服侍，又骂说："你那没见世面的主子，见一个，爱一个，把我的人霸占了去，又不叫你来。到底是什么主意，想必是逼我死罢了。"薛蟠听了这话，又怕闹黄了宝蟾之事，忙又赶来骂香菱："不识抬举，再不去便要打了。"香菱无奈，只得抱了铺盖来。金桂命他在地下铺睡。香菱无奈，只得依命。刚睡下，便叫倒茶，一时又叫捶腿，如是一夜七八次，总不使其安逸稳卧片时。那薛蟠得了宝蟾，如获珍宝，一概都置之不顾。恨的金桂暗暗的发恨道："且叫你乐这几天，等我慢慢的摆布了来，那时可别怨我。"一面隐忍，一面设计摆布香菱。

半月光景，忽又装起病来，只说心疼难忍，四肢不能转动。请医疗治不效，众人都说是香菱气的。闹了两日，忽又从金桂的枕头内抖出纸人来，上面写着金桂的年庚八字，有五根针钉在心窝并四肢骨节等处。于是众人反乱起来，当作新闻，先报与薛姨妈。薛姨妈先忙手忙脚的，薛蟠自然更乱起来，立刻要拷打众人。金桂笑道："何必冤枉众人，大约是宝蟾的镇魇法儿。"薛蟠道："他这些时并没多空儿在你房里，何苦赖好人？"金桂冷笑道："除了他还有谁，莫不是我自己不成。虽有别人，谁可敢进我的房呢？"薛蟠道："香菱如今是天天跟着你，他自然知道，先拷问他就知道了。"金桂冷笑道："拷问谁，谁肯认？依我说竟装个不知道，大家丢开手罢了。横竖治死我也没什么要紧，乐得再娶好的。若据良心上说，左不过你三个多嫌我一个。"说着，一面痛哭起来。薛蟠更被这一席话激怒，顺手抓起一根门闩来，一径抢步找着香菱，不容分说便劈头劈面打起来，一口咬定是香菱所施。香菱叫屈，薛姨妈跑来禁喝说："不问明白，你就打起人来了！这丫头服侍了你这几年，那一点不周到，不尽心。他岂肯如今作这没良心的事？你且问个清浑皂白，再动粗卤。”金桂听见他婆婆如此说着，怕薛蟠耳软心活，便益发嚎啕大哭起来，一面又哭喊说：“这半个多月把我的宝蟾霸占了去，不容他进我的房，唯有秋菱跟着我睡。我要拷问宝蟾，你又护到头里，你这会子又赌气打他去。治死我，再拣富贵的标致的娶来就是了，何苦作出这些把戏来？”薛蟠听了这些话，越发着了急。薛姨妈听见金桂句句挟制着儿子，百般恶赖的样子，十分可恨。无奈儿子偏不硬气，已是被他挟制软惯了。如今又勾搭上丫头，被他说霸占了去，他自己反要占温柔让夫之礼。这魇魔法究竟不知谁作的，实是俗语说的“清官难断家务事”，此事正是公婆难断床帏事了。因此无法，只得赌气喝骂薛蟠说：“不争气的孽障，骚狗也比你体面些。谁知你三不知的把陪房丫头也摸索上了，叫老婆说嘴霸占了丫头，什么脸出去见人！也不知谁使的法子，也不问青红皂白，好歹就打人。我知道你是个得新弃旧的东西，白辜负了我当日的心。他既不好，你也不许打，我即刻叫人牙子来卖了他，你就心净了。”说着，命香菱“收拾了东西跟我来”，一面叫人去，“快叫个人牙子来，多少卖几两银子，拔去肉中刺，眼中钉，大家过太平日子。”薛蟠见母亲动了气，早也低下头了。金桂听了这话，便隔着窗子往外哭道：“你老人家只管卖人，不必说着一个扯着一个的。我们很是那吃醋拈酸容不下人的不成，怎么‘拔出肉中刺，眼中钉’？是谁的钉，谁的刺？但凡多嫌着他，也不肯把我的丫头也收在房里了。”薛姨妈听说，气的身战气咽道：“这是谁家的规矩？婆婆这里说话，媳妇隔着窗子拌嘴，亏你是旧家人家的女儿。满嘴里大呼小喊，说的是什么？”薛蟠急的跺脚说：“罢哟，罢哟，看人听见笑话！”金桂意谓一不作，二不休，越发发泼喊起来了，说：“我不怕人笑话，你的小老婆治我害我，我倒怕人笑话了！再不然，留下他，就卖了我。谁还不知道你薛家有钱，行动拿钱垫人，又有好亲戚挟制着别人。你不趁早施为，还等什么？嫌我不好，谁叫你们瞎了眼，三求四告的跑了我们家作什么去了？这会子人也来了，金的银的也赔了，略有个眼睛鼻子的也霸占去了，该挤发我了！”一面哭喊，一面滚揉，自己拍打。薛蟠急的说又不好，劝又不好，打又不好，央告又不好，只是出入咳声叹气，抱怨说运气不好。当下薛姨妈早被薛宝钗劝进去了，只命人来卖香菱。宝钗笑道：“咱们家从来只知买人，并不知卖人之说。妈可是气的糊涂了，倘或叫人听见，岂不笑话？哥哥嫂子嫌他不好，留着我使唤，我正也没人使呢。”薛姨妈道：“留着他还是淘气，不如打发了他倒干净。”宝钗笑道：“他跟着我也是一样，横竖不叫他到前头去。从此断绝了他那里，也如卖了一般。”香菱早已跑到薛姨妈跟前痛哭哀求，只不愿出去，情愿跟着姑娘，薛姨妈也只得罢了。

自此以后，香菱果跟随宝钗到园内去了，把前面路径竟一心断绝。虽然如此，终不免对月伤悲，挑灯自叹。本来怯弱，虽在薛蟠房中几年，皆由血分中有病，是以并无胎孕。今复加以气怒伤感，内外折挫不堪，竟酿成干血之症，日渐羸瘦作烧，饮食懒进，请医诊视服药亦不效验。那时金桂又吵闹了数次，气的薛姨妈母女惟暗自垂泪，怨命而已。薛蟠虽曾仗着酒胆挺撞过两三次，持棍欲打，那金桂便递与他身子随意叫打。这里持刀欲杀时，便伸与他脖项。薛蟠也实不能下手，只得乱闹了一阵罢了。如今习惯成自然，反使金桂越发长了威风，薛蟠越发软了气骨。虽是香菱犹在，却亦如不在的一般，虽不能十分畅快，就不觉的碍眼了，且姑置不究。如此又渐次寻趁宝蟾。宝蟾却不比香菱的情性，最是个烈火干柴，既和薛蟠情投意合，便把金桂忘在脑后。近见金桂又作践他，他便不肯服低容让半点。先是一冲一撞的拌嘴口角，后来金桂气急了，甚至于骂，再至于打。他虽不敢还言还手，便大撒泼性，拾头打滚，寻死觅活，昼则刀剪，夜则绳索，无所不闹。薛蟠此时一身难以两顾，惟徘徊观望于二者之间，十分闹的无法，便出门躲在外厢。金桂不发作性气，有时欢喜，便纠聚人来斗纸牌，掷骰子作乐。又生平最喜啃骨头，每日务要杀鸡鸭，将肉赏人吃，只单以油炸焦骨头下酒。吃的不耐烦或动了气，便肆行海骂，说:“有别的忘八粉头乐的，我为什么不乐？”薛家母女总不去理他。薛蟠亦无别法，惟日夜悔恨不该娶这搅家星罢了，都是一时没了主意。于是宁荣二宅之人，上上下下，无有不知，无有不叹者。

此时宝玉已过了百日，出门行走。亦曾过来见过金桂，“举止形容也不怪厉，一般是鲜花嫩柳，与众姊妹不差上下的人，焉得这等样情性，可为奇之至极”，因此心下纳闷。这日与王夫人请安去，又正遇见迎春奶娘来家请安，说起孙绍祖甚属不端，“姑娘惟有背地里淌眼抹泪的，只要接了来家散诞两日”。王夫人因说:“我正要这两日接他去，只因七事八事的都不遂心，所以就忘了。前儿宝玉去了，回来也曾说过的。明日是个好日子，就接他去。”正说着，贾母打发人来找宝玉，说:“明儿一早往天齐庙还愿。”宝玉如今巴不得各处去逛逛，听见如此，喜的一夜不曾合眼，盼明不明的。

次日一早，梳洗穿带已毕，随了两三个老嬷嬷坐车出西城门外天齐庙来烧香还愿。这庙里已是昨日预备停妥的。宝玉天生性怯，不敢近狰狞神鬼之像。这天齐庙本系前朝所修，极其宏壮。如今年深岁久，又极其荒凉。里面泥胎塑像皆极其凶恶，是以忙忙的焚过纸马钱粮，便退至道院歇息。一时吃过饭，众嬷嬷和李贵等人围随宝玉到处散诞顽耍了一回。宝玉困倦，复回至静室安歇。众嬷嬷生恐他睡着了，便请当家的老王道士来陪他说话儿。这老王道士专意在江湖上卖药，弄些海上方治人射利，这庙外现挂着招牌，丸散膏丹，色色俱备，亦长在宁荣两宅走动熟惯，都与他起了个浑号，唤他作“王一贴”，言他的膏药灵验，只一贴百病皆除之意。当下王一贴进来，宝玉正歪在炕上想睡，李贵等正说“哥儿别睡着了”，厮混着。看见王一贴进来，都笑道：“来的好，来的好。王师父，你极会说古记的，说一个与我们小爷听听。”王一贴笑道：“正是呢。哥儿别睡，仔细肚里面筋作怪。”说着，满屋里人都笑了。宝玉也笑着起身整衣。王一贴喝命徒弟们快泡好酽茶来。茗烟道：“我们爷不吃你的茶，连这屋里坐着还嫌膏药气息呢。”王一贴笑道：“没当家花花的，膏药从不拿进这屋里来的。知道哥儿今日必来，头三五天就拿香熏了又熏的。”宝玉道：“可是呢，天天只听见你的膏药好，到底治什么病？”王一贴道：“哥儿若问我的膏药，说来话长，其中细理，一言难尽。共药一百二十味，君臣相济，宾主得宜，温凉兼用，贵贱殊方。内则调元补气，开胃口，养荣卫，宁神安志，去寒去暑，化食化痰，外则和血脉，舒筋络，出死肌，生新肉，去风散毒。其效如神，贴过的便知。”宝玉道：“我不信一张膏药就治这些病。我且问你，倒有一种病可也贴的好么？”王一贴道：“百病千灾，无不立效。若不见效，哥儿只管揪着胡子打我这老脸，拆我这庙何如？只说出病源来。”宝玉笑道：“你猜，若你猜的着，便贴的好了。”王一贴听了，寻思一会，笑道：“这倒难猜，只怕膏药有些不灵了。”宝玉命李贵等：“你们且出去散散，这屋里人多，越发蒸臭了。”李贵等听说，且都出去自便，只留下茗烟一人。这茗烟手内点着一枝梦甜香，宝玉命他坐在身旁，却倚在他身上。王一贴心有所动，便笑嘻嘻走近前来，悄悄的说道：“我可猜着了。想是哥儿如今有了房中的事情，要滋助的药，可是不是？”话犹未完，茗烟先喝道：“该死，打嘴！”宝玉犹未解，忙问：“他说什么？”茗烟道：“信他胡说。”唬的王一贴不敢再问，只说：“哥儿明说了罢。”宝玉道：“我问你，可有贴女人的妒病方子没有？”王一贴听说，拍手笑道：“这可罢了。不但说没有方子，就是听也没有听见过。”宝玉笑道：“这样还算不得什么？”王一贴又忙道：“贴妒的膏药倒没经过，倒有一种汤药或者可医，只是慢些儿，不能立竿见影的效验。”宝玉道：“什么汤药，怎么吃法？”王一贴道：“这叫做‘疗妒汤’：用极好的秋梨一个，二钱冰糖，一钱陈皮，水三碗，梨熟为度，每日清早吃这么一个梨，吃来吃去就好了。”宝玉道：“这也不值什么，只怕未必见效。”王一贴道：“一剂不效吃十剂，今日不效明日再吃，今年不效吃到明年。横竖这三味药都是润肺开胃不伤人的，甜丝丝的，又止咳嗽，又好吃。吃过一百岁，人横竖是要死的，死了还妒什么？那时就见效了。”说着，宝玉、茗烟都大笑不止，骂“油嘴的牛头”。王一贴笑道：“不过是闲着解午盹罢了，有什么关系？说笑了你们就值钱。实告诉你们说，连膏药也是假的。我有真药，我还吃了作神仙呢。有真的，跑到这里来混？”正说着，吉时已到，请宝玉出去焚化钱粮散福。功课完毕，方进城回家。

笺证

《红楼梦》的一大特点，是善于寻找和开发新的文化空间，从而在文化空间的特殊形态和样式中，以文化创意打破叙事对象同质化的恶性循环。以其对新发现的文化空间之独特性格的精到理解和深度体味，开发出别具滋味的人生哲学的可能性和人生形态的某些潜能。第八十回宝玉受贾母托付，到西城门外天齐庙来烧香还愿。天齐庙是道教庙宇，相传姜子牙册封的东岳天齐仁圣王黄飞虎掌管人间吉凶祸福、贫富贵贱、生老病死，执掌幽冥地府十八重地狱，俗称“天齐神”，故此兴建“天齐庙”来供奉。《旧唐书·礼仪志三》说，唐玄宗开元三十三年，“封泰山神为天齐王”。清朱彝尊、于敏中《日下旧闻考》卷八十五记述：“乾隆二十三年御制《仁育宫颂言叠旧作岱庙诗韵》有序：玉泉山西择爽垲地建东岳天齐庙，而名之曰仁育宫。天齐之称见于《史记》，东岳岱宗则虞帝之所柴望也。今祠宇遍天下，明灵扬诩，理大物博，岂非以仁育万汇，不崇朝而雨天下。”[4]民国蒋芷侪《都门识小录摘录》记载：“天齐庙（朝阳门外元时建）。”宝玉烧香还愿的天齐庙，反而在西城门外，总之，天齐庙是扑朔迷离的京城庙宇。宝玉天生性怯，不敢接近庙中狰狞神鬼之像，陪同的人们只好请当家的王一贴道士陪他聊天。王一贴是极其风趣的卖嘴道士，他炫耀自己膏药的好处说：“哥儿若问我的膏药，说来话长，其中细理，一言难尽。共药一百二十味，君臣相济，宾主得宜，温凉兼用，贵贱殊方。内则调元补气，开胃口，养荣卫，宁神安志，去寒去暑，化食化痰；外则和血脉，舒筋络，出死肌，生新肉，去风散毒。其效如神，贴过的便知。”这些话就不是到大观园诊病的太医或庸医说得出，把治病当成一种开心醒脾的游戏。而且王一贴还宣称：“百病千灾，无不立效。若不见效，哥儿只管揪着胡子打我这老脸，拆我这庙何如？只说出病源来。”宝玉让他猜自己想治的病，王一贴猜测宝玉“有了房中的事情，要滋助的药”，被茗烟喝斥“该死，打嘴！”宝玉终于说出要治女人妒病的膏药，潜台词是想疗救夏金桂的妒病，这里蕴含着宝玉对香菱受虐的怜惜之情。妒病乃是某种女人的绝症，如清初蒲松龄《聊斋志异》之《马介甫》篇末，有异史氏曰：“惧内，天下之通病也。……呜呼！百年鸳偶，竟成附骨之疽。……娘子军肆其横暴，苦疗妒之无方。胭脂虎啖尽生灵，幸渡迷之有楫。”清代《红楼梦》三大评点家之一王希廉《石头记分评》第八十回评述说：“王熙凤之挑唆秋桐，是借剑杀人。夏金桂之甘舍宝蟾，是以新间旧。一样行为，两样心事。纸人镇压，香菱受屈。为后文砒霜毒人，金桂自害引子。妇人诸病可医，惟妒之一字，不死不休。王道士疗妒方，不是胡诌，是作者借此诙谐，说透妒病。”[5]要医治妒病，可就使得王一贴有点为难，他说贴妒的膏药没有，倒有一种汤药或者可医：“这叫做‘疗妒汤’：用极好的秋梨一个，二钱冰糖，一钱陈皮，水三碗，梨熟为度，每日清早吃这么一个梨，吃来吃去就好了。”要治的妒病和开出的疗妒汤，都匪夷所思，千奇百怪。王一贴解释这种疗妒汤没有立竿见影的效验：“一剂不效吃十剂，今日不效明日再吃，今年不效吃到明年。横竖这三味药都是润肺开胃不伤人的，甜丝丝的，又止咳嗽，又好吃。吃过一百岁，人横竖是要死的，死了还妒什么？那时就见效了。”说得宝玉、茗烟大笑不止，骂他是“油嘴的牛头”。王一贴最终才翻开谜底，笑说：“不过是闲着解午晌罢了，有什么关系？说笑了你们就值钱。实告诉你们说，连膏药也是假的。我有真药，我还吃了作神仙呢。有真的，跑到这里来混？”这个疗妒汤的故事，简直可以收入《笑林广记》，其隐含的人生哲学乃是妒悍顽疾，无药可治。天齐庙王一贴老道的诙谐滑稽的智慧，乃是《红楼梦》开发的一个新的文化空间，可以借这个“油嘴的牛头”来激发意外的想象、梦幻的超越。

❹（清）于敏中编纂：《日下旧闻考》，北京古籍出版社1981年版，第1419页。

❺朱一玄编：《红楼梦资料汇编》，南开大学出版社1985年版，第605页。

那时迎春已来家好半日，孙家的婆娘媳妇等人已待过晚饭，打发回家去了。迎春方哭哭泣泣的在王夫人房中诉委曲，说孙绍祖“一味好色，好赌酗酒，家中所有的媳妇丫头将及淫遍。略劝过两三次，便骂我是‘醋汁子老婆拧出来的’。又说老爷曾收着他五千银子，不该使了他的。如今他来要了两三次不得，他便指着我的脸说道：‘你别和我充夫人娘子，你老子使了我五千银子，把你准折卖给我的。好不好，打一顿撵在下房里睡去。当日有你爷爷在时，希图上我们的富贵，赶着相与的。论理我和你父亲是一辈，如今强压我的头，卖了一辈。又不该作了这门亲，倒没的叫人看着赶势利似的。’”一行说，一行哭的呜呜咽咽，连王夫人并众姊妹无不落泪。王夫人只得用言语解劝说：“已是遇见了这不晓事的人，可怎么样呢？想当日你叔叔也曾劝过大老爷，不叫作这门亲的。大老爷执意不听，一心情愿，到底作不好了。我的儿，这也是你的命！”迎春哭道：“我不信我的命就这么不好。从小儿没了娘，幸而过婶子这边过了几年心净日子，如今偏又是这么个结果。”王夫人一面解劝，一面问他随意要在那里安歇。迎春道：“乍乍的离了姊妹们，只是眠思梦想。二则还记挂着我的屋子，还得在园里旧房子里住得三五天，死也甘心了。不知下次还可能得住不得住了呢？”王夫人忙劝道：“快休乱说。不过年轻的夫妻们，闲牙斗齿，亦是万万人之常事，何必说这丧话！”仍命人忙忙的收拾紫菱洲房屋，命姊妹们陪伴着解释，又吩咐宝玉：“不许在老太太跟前走漏一些风声，倘或老太太知道了这些事，都是你说的。”宝玉唯唯的听命。

迎春是夕仍在旧馆安歇，众姊妹丫鬟等更加亲热异常。一连住了三日，才往邢夫人那边去。先辞过贾母及王夫人，然后与众姊妹分别，更皆悲伤不舍。还是王夫人、薛姨妈等安慰劝释，方止住了过那边去。又在邢夫人处住了两日，就有孙绍祖的人来接去。迎春虽不愿去，无奈惧孙绍祖之恶，只得勉强忍情作辞了。邢夫人本不在意，也不问其夫妻和睦，家务烦难，只面情塞责而已。终不知端的，且听下回分解。

笺证

第八十回题目中所谓“贾迎春误嫁中山狼”，在此节才算写得刻骨铭心。但采取的是间接叙事法，不是直接展示孙绍祖为非作歹的场面，而是通过贾迎春的感受作概括性的控诉。庚辰本夹批说：“凡迎春之文皆从宝玉眼中写出。前‘悔娶河东狮’是实写，‘误嫁中山狼’出迎春口中可为虚写，以虚虚实实变幻体格，各尽其法。”[6]所谓虚虚实实，就有间接叙事。与直接叙事的差异，就在于它融入了讲述者的情感体验。迎春在王夫人房中哭哭啼啼诉说，“子系中山狼，得志便猖狂”的孙绍祖，“一味好色，好赌酗酒，家中所有的媳妇丫头将及淫遍。略劝过两三次，便骂我是‘醋汁子老婆拧出来的’。又说老爷曾收着他五千银子，不该使了他的。如今他来要了两三次不得，他便指着我的脸说道：‘你别和我充夫人娘子，你老子使了我五千银子，把你准折卖给我的。好不好，打一顿撵在下房里睡去。当日有你爷爷在时，希图上我们的富贵，赶着相与的。论理我和你父亲是一辈，如今强压我的头，卖了一辈。又不该作了这门亲，倒没的叫人看着赶势利似的。’”孙绍祖满口胡诌，丧尽天良，如《礼记·曲礼上》所说：“鹦鹉能言，不离飞鸟。猩猩能言，不离禽兽。今人而无礼，虽能言，不亦禽兽之心乎？”只不过孙绍祖已经是甚于鹦鹉、猩猩的豺狼了。对于孙绍祖骂贾迎春的“醋汁子老婆拧出来的”这句的话，意思指你是吃醋的老婆生养的。庚辰本夹批说：“奇文奇骂。为迎春一哭。◇恨薛蟠何等刚霸，偏不能以此语及金桂，使人忿忿。此书中全是不平，又全是意外之料。”[7]联想到第五回太虚幻境薄命司“金陵十二钗正册”贾迎春的图画和判词是：画一恶狼，追扑一美女，欲啖之意。其书云：“子系中山狼，得志便猖狂。金闺花柳质，一载赴黄粱。”《红楼梦十二曲》第八支《喜冤家》又充满隐喻地说：“中山狼，无情兽，全不念当日根由。一味的骄奢淫荡贪还构。觑着那，侯门艳质同蒲柳；作践的，公府千金似下流。叹芳魂艳魄，一载荡悠悠。”迎春有父（贾赦）无母，老实无能，懦弱怕事，有“二木头”的诨名。迎春肌肤微丰，合中身材，腮凝新荔，鼻腻鹅脂，是“金闺花柳质”。贾赦欠了孙家五千两银子还不出，就把她嫁给孙家，实际上拿她抵债。出嫁后不久（一年后），她就被孙绍祖虐待而死，即所谓“一载赴黄粱”。可知在金陵十二钗正册中，迎春是继秦可卿之后，较早弃世者。戚蓼生本回末总评说：“此文一为择婿者说法，一为择妻者说法。择婿者必以得人物轩昂、家道丰厚、荫袭公子为快，择妻者必以得容貌艳丽、妆奁富厚、子女盈门为快，殊不知‘以貌取人，失之子羽’。试看桂花夏家、指挥孙家，何等可羡可乐。卒至迎春含悲，薛蟠贻恨，可慨也夫！”[8]清代康熙年间的小说《林兰香》，描写明代世家巨族耿家百余年盛衰荣枯的经历，既有兴旺时的富丽繁华，也有没落时的悲惨凄凉。其后出现的曹雪芹《红楼梦》描写贾府由极

[6]（清）曹雪芹：《脂砚斋重评石头记》（下），天津古籍出版社2006年版，第629页。

[7]朱一玄编：《红楼梦资料汇编》，南开大学出版社2012年版，第527页。

[8]朱一玄编：《红楼梦资料汇编》，南开大学出版社2012年版，第527页。

盛而极衰的过程，与《林兰香》可谓一脉相承。《林兰香》第二十回说：“若以缘论，夫妻是最有缘的了。然其中有恩爱夫妻，有生死夫妻，有患难夫妻，有冤业夫妻，故谓之有缘不可，谓之无缘亦不可。谓之非缘不可，谓之是缘亦不可。谓之由于缘不可，谓之不由于缘亦不可。总之，随缘而已。”[9]贾迎春与孙绍祖的婚姻不是恩爱夫妻，竟是冤业夫妻，原因全在于孙绍祖的中山狼本性。明代马中锡《东田集》的寓言故事《中山狼传》记述：“赵简子大猎于中山，虞人导前，[illegible]奚骖右，捷禽鸷兽应弦而倒者，不可胜数。有狼当道，人立而啼。简子怒，唾手奋髯，援乌号之弓，挟肃慎氏之矢，一发饮羽，狼失声而逋。简子怒，驱车逐之，惊尘蔽天，十步之外不辨人马。时墨者东郭先生，将北适中山，以干仕。策蹇驴，囊图书，夙行失道，卒然值之，惶不及避。狼顾而人言曰：‘先生岂相厄哉。昔隋侯救蛇丽获珠，蛇固弗灵于狼也。今日之事，何不使我得早处囊中，以延残喘。异时脱颖而出，先生之恩大矣，敢不努力以效隋侯之蛇？’先生曰：‘嘻！私汝狼以犯赵孟，祸且不测，敢望报乎？然墨者之道，兼爱为本，吾固当有以活汝也。’遂出图书，空囊橐，徐实狼其中。前虞跋胡，后虞囊尾，三纳之而未克。徘徊筹处，追者益近。狼请曰：‘事急矣，惟先生速图。’乃跼蹐其四足，索绳于先生束缚之，下首至尾，曲脊掩胡，蝟缩蠖屈，蛇盘龟息以听命先生。先生如其指，入狼于囊，遂括囊口，肩举驴上，引避道左，以待赵人之过。已而简子至，求狼弗得，不胜怒，拔剑斩辕端示先生。骂曰：‘敢讳狼方向者，有如此辕。’先生伏质就地，匍匐以进，跪而言曰：‘鄙人不慧，将有志于世，奔走四方，实迷其途，又安能指迷于夫子也？然闻之，大道以多岐亡羊。夫羊，一童子可制之，尚以多岐而亡。今狼非羊比也，况中山之岐可以亡狼者何限。乃区区循大道以求之，不几于守株缘木者乎？况田猎，虞人之所有事也。今兹之失，君请问诸皮冠，行道之人何罪哉？且鄙人虽愚，亦熟知夫狼矣，性贪而狠，助豺为虐，君能除之，固当窥左足以效微劳也，又安敢讳匿其踪迹哉。’简子默然，回车就道。先生亦驱驴兼程而进。良久，羽旄之影渐没，车马之音不闻。狼度简子之去已远，乃作声囊中曰：‘先生可以留意矣。愿先生出我囊，解我缚，拔流矢我臂，我将逝矣。’先生举手出狼。狼出，咆哮谓先生曰：‘适为赵逐，其来甚远，虽先生生我，然饥馁特甚。使不食，亦终必亡而已矣。与其饿死道路为鸟鸢食，毋宁毙于虞人之手，以俎豆赵孟之堂也。先生既墨者，摩顶放踵，利天下为之，又何吝一躯不以啖我而活此微命乎？’遂鼓吻奋爪以向先生，先生仓卒以手搏之，且搏且却，拥蔽驴后，狼逐之，便旋而走，自朝至于日中昃，狼终不能有加于先生。先生亦极力为之拒，遂至俱倦，隔驴喘息。先生曰：‘狼负我！狼负我！’狼曰：‘吾不获食汝不止。’相持既久，日晷渐移。先生心口私语曰：‘天色苟暮，狼若群至，吾死矣夫。’绐狼曰：‘民俗为疑，必询三老。第行矣，求三老而质之。苟谓我当食，我死且无憾。’狼大喜，即与偕行。逾时道无行人，狼馋甚，望见老树僵立路侧，谓先生曰：‘可问是老。’先生曰：‘草木无知，叩焉何益？’狼曰：‘第问之，彼当为汝言矣。’先生不得已，揖老树具述其始末，问曰：‘狼当食我邪？’树中轰轰有声如人，谓先生曰：‘是当食汝。且我杏也，往年老圃种我，不过费一核耳。逾年华，再逾年实，三年拱把，十年合抱，于今三十年矣。老圃我食之，老圃之妻子我食之，外至宾客，下至奴仆我食之。又时复鬻我实于市以规利。其有德于老圃甚腆。今老矣，不能敛华就实。老圃怒，伐我条枚芟我枝叶，且将售我工师之肆取值焉。噫！以樗朽之材，当桑榆之景，求免于主人斧钺之诛而不可得。汝何德于狼，乃觊幸免乎？’言下，狼鼓吻奋爪以向先生，先生曰：‘狼爽盟矣。矢询三老，今值其一，何遽见食邪？’复与偕行。狼愈馋甚，望见老牸曝日败垣中，谓先生曰：‘可问是老。’先生曰：‘向者草木无知，谬言害事。今牛又禽兽耳，何问焉？’狼曰：‘第问之，不问将咥汝矣。’先生不得已，揖老牸，再述其

❾（清）随缘下士编辑；徐明点校：《林兰香》，中华书局2004年版，第78页。

始末。问曰：‘狼当食我邪？’牛皱眉瞪目，舐鼻张口向先生作人言曰：‘是当食汝。我头角茧栗时，筋力颇健，老农锺爱我，使贰群牛，从事于南亩。既壮，群牛日以老惫，我都其事。老农出，我驾车先驱，老农耕，我引犁效力。老农视我如左右手，一岁中衣食仰我而给，婚姻仰我而毕，赋税仰我而输。今欺我老弱，逐我于野，酸风射眸，寒日吊影，瘦骨如山，老泪如雨，涎垂而不可收，步艰而不可举，皮毛俱亡，疮痍未差。迩闻老农将不利我于，其妻复妒，又朝夕进说其夫曰：牛之一身无弃物也。其肉可脯，皮可革，骨角可切磋为器。’指大儿曰：‘汝受业庖丁之门有年矣，胡不砺刃于硎以待乎？迹是观之，我不知死所矣。夫我有功老农如是其大且久，尚将蒙祸，汝何德于狼，乃觊幸免乎？’言下，狼又鼓吻奋爪以向先生，先生曰：‘毋欲速。’遥望老子杖藜而来，须眉皓然，衣冠闲雅，盖有道者也。先生且愕且喜，舍狼而前，拜跪涕泣致辞曰：‘乞丈人一言而生。’丈人问故。先生曰：‘是狼为赵人窘，几死，求救于我。我生之，今反欲咥我，我力求不免，誓决三老。初逢老树，强我问之，草木无知，几杀我。次逢老牸，强我问之，禽兽无知，又几杀我。今逢丈人，是天未丧斯文也，愿赐一言而生。’因顿首杖下，俯伏听命。丈人闻之，欷歔再三，以杖叩狼胫，厉声曰：‘汝误矣。夫人有恩而背之，不祥莫大焉。汝速去，不然将杖杀汝。’狼艴然不悦曰：‘丈人知其一，未知其二。初先生救我，束缚我足，闭我囊中，我局蹐不敢息。又蔓辞以说简子，语刺刺不能休，且诋毁我。其意盖将死我于囊，而独窃其利也。是安得不咥？’丈人顾先生曰：‘果如是，亦羿有罪焉。’先生不平，具道其囊狼之意。狼亦巧言不已以求胜。丈人曰：‘是皆不足信也。尝试囊之，我观其状果困苦否。’狼欣然从之。先生囊缚如前，而狼未之知也。丈人附耳曰：‘有匕首否？’先生曰：‘有。’于是出匕，丈人目先生，使引匕搞狼。先生犹豫未忍，丈人抚掌笑曰：‘禽兽负恩如是，而犹不忍杀，子则仁矣，其如愚何？’遂举手助先生操刃，共殪狼，弃道上而去。”[10]这个寓言情节曲折，行为诙谐，富有人生哲理。狼在本质上总是要吃人的，东郭先生滥施仁慈，救助被赵简子追猎的中山狼，狼获救后却诬陷东郭先生以布囊藏它，使它受尽磨难，要以东郭先生充饥作为补偿，叩问杏树、老牛都断言中山狼有理，东郭先生应该被狼吃掉。其后老丈要东郭先生还原狼在布囊中受委屈的状况，并示意东郭先生以匕首杀死恩将仇报的中山狼。太虚幻境薄命司判词“子系中山狼”中的“子系”二字，合成“孙”的繁体字，指的是迎春的丈夫孙绍祖。“中山狼”采用《中山狼传》的典故，比喻迎春丈夫孙绍祖的险恶狠毒、忘恩负义。清初西周生《醒世姻缘传》第十五回卷首有《增字浪淘沙》词云：“世态黑沉沉，刻毒机深。恩情用去怨来寻。到处中山狼一只，张牙爪，便相侵。当日说知心，绵里藏针。险过远水与遥岑。何事腹中方寸地，把刀戟，摆森森。”[11]诗里针砭的社会黑暗，人心险恶。中山狼作为一个反面意象，已经列入中国人需要处处提防的人型黑名单，警醒世人防患未然的意识。第八十回以迎春哭诉的“世态黑沉沉，刻毒机深”结尾，这是一个令人做不成好梦的不祥预兆。

[10]（明）林希元撰，何丙仲校注：《林次崖先生文集》（下），厦门大学出版社2015年版，第469—472页。

[11]（清）西周生辑著：《醒世姻缘传》，岳麓书社2004年版，第113页。